U0895866

重庆经济年鉴·2020

重庆市人民政府办公厅　主管

张　波　主编

CHONGQING

ECONOMY

YEAR BOOK

社会科学文献出版社
SOCIAL SCIENCES ACADEMIC PRESS (CHINA)

2020

《重庆经济年鉴》编辑部

初心不改　使命如磐

时光荏苒，岁月如梭。转眼间,《重庆经济年鉴》已编撰二十周年。二十年成长，见证历史；二十载努力，忠诚记录。《重庆经济年鉴》始终认真地履行着自己经济类工具书的使命，忠诚、客观地记录着重庆经济的发展变化。

2019 年，于重庆而言，是极不平凡的一年。这一年，习近平总书记视察重庆并发表重要讲话，为重庆发展导航定向。习总书记要求重庆用好“四大优势”、发挥“三个作用”，从战略和全局高度赋予重庆新的重大使命，给予了最根本的遵循和指引、最强大的动力和鞭策。

过去一年，高质量发展态势明显，产业转型升级加快。产业结构持续优化，传统产业转型升级步伐加快，高技术制造业和战略性新兴产业增加值稳步提升，区域创新能力持续增强。大力推进大数据智能化发展，加快数字产业化、产业数字化，加快建设国家数字经济创新发展试验区，促进智能产业、智能制造、智慧城市协同发展，集中力量建设“智造重镇”“智慧名城”。瞄准高端人才的“塔尖”政策和针对青年人才的“塔基”政策，大力实施重庆英才计划，办好重庆英才大会，唱响重庆英才品牌。智博会、西洽会、中新金融峰会等展会成效明显。“晒文化·晒风景”成为文旅营销、经济美学的创新范例，中国繁荣城市、十大夜经济影响力城市榜首、美好生活城市十强等荣誉成为重庆的文化旅游新名片。

过去一年，持续实施内陆开放高地建设行动计划，加快成渝地区双城经济圈建设。积极融入“一带一路”建设和长江经济带发展，推动全方位开放，增强通道辐射能力，统筹东西南北四个方向、铁公水空四种方式，高标准建设出市出海出境大通道，构建内陆国际物流枢纽支撑。两江新区保税商圈、中新互联互通项目、自贸试验区等多平台开放协同，增强资源集聚能力，加快各类开放通道互联互通。唱好“双城记”、建好“经济圈”，深化川渝合作，努力在西部形成高质量发展的重要增长极。加强顶层设计和统筹协调，突出中心城市带动作用，强化要素市场化配置，牢固树立一体化发展理念，做到统一谋划、一体部署、相互协作、共同实施。发挥比较优势，使成渝地区成为具有全国影响力的重要经济中心、科技创新中心、改革开放新高地、高品质生活宜居地。

过去一年，决战脱贫攻坚、决胜全面小康。党的十九大以来，市委、市政府带领全市各级各部门深入学习贯彻习近平总书记关于扶贫工作重要论述和视察重庆重要讲话精神，坚决贯彻党中央、国务院决策部署，始终把脱贫攻坚作为头等大事和第一民生工程，作为全面建成小康社会的底线任务和标志性指标，大力度、高频度推动脱贫攻坚责任落实、政策落实、工作落实，脱贫攻坚取得决定性进展。2019 年，全市上下认真贯彻落实习近平总书记在决战决胜脱贫攻坚座谈会上重要讲话精神，全力打好定点攻坚战、百日大会战、收官大决战“三大战役”，实施脱贫攻坚总攻“十大专项行动”，以“更大决心、更强力度”和“不停顿、不大意、不放松”的决胜姿态，决战脱贫攻坚、决胜全面小康。

过去一年，加强生态文明建设，彰显山城江城特色。筑牢长江上游重要生态屏障，加快建设山清水秀美丽之地。聚焦“两江四岸”主轴，创新体制机制，优化空间布局，完善功能配套，彰显“山水之城·美丽之地”的独特魅力。强化生态保护修复，严格管控生态空间，开展国家山水林田湖草生态保护修复工程试点。开展广阳岛片区长江经济带绿色发展示范，编制实施广阳岛片区总体规划。主城“四山”保护提升取得阶段性成效，“两江四岸”治理也持续推进。利用城市边角地再建设一批社区体育文化公园，营造推窗见绿、出门见景、四季有花的良好环境，构建山城步道、山城公园、山城夜景等山城品牌。

过去一年，增进民生福祉，努力创造高品质生活。一批老百姓的身边事、烦心事得到解决。退役军人服务管理保障体系全面建立。开展市域社会治理现代化试点，拓展群众参与基层社会治理制度化渠道，深化“三社联动”实践，健全党组织领导的自治、法治、德治相结合的城乡基层治理体系。加强和创新社会治理，全力做好防风险保安全护稳定迎大庆工作，扫黑除恶专项斗争纵深推进，安全生产、食品药品安全、防灾减灾救灾工作取得积极成效，信访工作扎实开展，社会保持和谐稳定，市民满意度调查得分创历史最高水平。

回望过去的一年，是负重前行、备尝艰辛的一年，也是逆势而上、硕果累累的一年。2020 年，等待我们的有各种挑战，也有各种果实。

2020 年，是全面建成小康社会和“十三五”规划收官之年。“久困于穷，冀以小康”这一中华民族千年梦想，将在我们这一代人手中实现。重庆人民也将始终保持乐观的态度，以必胜的信念、昂扬的斗志、坚毅的行动，决胜全面小康，迈向全面建设社会主义现代化国家新的征程。

二十年易春秋，风华正茂；二十载沐耕耘，硕果累累。重庆经济年鉴，在新征程中将初心不改、使命如磐，一如既往、兢兢业业地记载重庆经济运行轨迹，见证重庆经济的每一步成长。

是为序。

目　录

第一编　特载

重庆市人民政府工作报告
——2020 年 1 月 11 日在重庆市第五届人民代表大会第三次会议上 …………… 重庆市人民政府市长　唐良智　003
关于重庆市 2019 年国民经济和社会发展计划执行情况及 2020 年计划草案的报告
——2020 年 1 月 11 日在重庆市第五届人民代表大会第三次会议上 ……… 重庆市发展和改革委员会　董建国　018
关于重庆市 2019 年预算执行情况和 2020 年预算草案的报告
——2020 年 1 月 11 日在重庆市第五届人民代表大会第三次会议上 ……………………… 重庆市财政局　封　毅　042
2019 年重庆市国民经济和社会发展统计公报 ……………………… 重庆市统计局　国家统计局重庆调查总队　056

第二编　部门经济运行与管理

重庆经济发展概况……………………………… 069
科技管理……………………………………… 074
民政工作……………………………………… 080
重庆财政……………………………………… 085
人力资源和社会保障………………………… 088
城乡规划和自然资源………………………… 093
生态环境……………………………………… 098
住房和城乡建设……………………………… 102
城市管理……………………………………… 108
交通建设……………………………………… 112
水利建设……………………………………… 116
重庆商务……………………………………… 125
文化旅游……………………………………… 129
卫生健康……………………………………… 134
重庆审计……………………………………… 138
国资管理……………………………………… 142
重庆税务……………………………………… 145
林业管理……………………………………… 150
重庆海关……………………………………… 153
市场监管……………………………………… 157
药品管理……………………………………… 162
知识产权……………………………………… 166
中新互联互通项目…………………………… 170

第三编 产业发展

第一产业

农业发展…… 179

烟草业…… 184

第二产业

重庆市工业经济发展综述…… 189

工业投资运行与发展…… 193

工业企业改革与转制…… 196

工业绿色发展…… 199

汽车工业…… 202

摩托车工业…… 204

轻工业…… 207

纺织工业…… 209

装备工业…… 211

材料工业…… 213

城镇天然气工业…… 217

化学工业…… 220

智能终端产业…… 223

其他电子制造业…… 225

医药工业…… 228

建筑业…… 231

第三产业

道路运输…… 237

航空运输…… 243

重庆水运…… 246

证券业…… 251

银行保险业…… 255

通信业…… 260

邮政业…… 264

煤矿安全管理…… 268

房地产业…… 271

生产性服务业…… 275

第四编 开发区与园区建设

工业园区发展综述…… 279

两江新区…… 282

高新技术产业开发区…… 286

重庆经济技术开发区…… 291

两路寸滩保税港区…… 295

万盛经济技术开发区…… 298

双桥经济技术开发区…… 303

万州经济技术开发区…… 307

永川高新技术产业开发区…… 311

巫溪工业园区…… 315

第五编　区县经济

万州区…… 321
黔江区…… 326
涪陵区…… 330
渝中区…… 335
大渡口区…… 339
江北区…… 343
沙坪坝区…… 346
九龙坡区…… 350
南岸区…… 354
北碚区…… 358
渝北区…… 363
巴南区…… 366
长寿区…… 370
江津区…… 375
合川区…… 378
永川区…… 382
南川区…… 386
綦江区…… 389
大足区…… 393
璧山区…… 397
铜梁区…… 401
潼南区…… 407
荣昌区…… 410
开州区…… 414
梁平区…… 418
武隆区…… 422
城口县…… 426
丰都县…… 429
垫江县…… 433
忠　县…… 437
云阳县…… 441
奉节县…… 445
巫山县…… 450
巫溪县…… 454
石柱土家族自治县…… 458
秀山土家族苗族自治县…… 462
酉阳土家族苗族自治县…… 466
彭水苗族土家族自治县…… 472

第六编　附录

2019 年重庆经济和社会发展要事选登 ……479
2019 年直辖市及西部省（区）经济发展统计比较 ……491
编纂说明……499

CONTENTS

Part I Special Features

The Working Report of Chongqing Government
Tang Liangzhi / 003

The Chongqing's National Economic and Social Development in 2019 and the Draft Plan for 2020
Dong Jianguo / 018

The Report on the Implementation of Local Budget for 2019 and on the Local Budgets Draft for 2020 of Chongqing
Feng Yi / 042

Statistical Communique of Chongqing on the 2019 National Economic and Social Development
Chongqing Statistics / 056

Part II Operation and Management of Economy

Overview Chongqing Economic and Social Development / 069

Management of Science and Technology / 074

Civil Administration / 080

Chongqing Finance / 085

Human Resources and Social Security / 088

Planning and Natural Resources / 093

Ecology and Environment / 098

House and Urban-Rural / 102

Urban Management / 108

Transportation Construction / 112

Water Resources Construction / 116

Chongqing Commerce / 125

Cultural Tourism / 129

Chongqing Health / 134

Chongqing Audit / 138

State-owned Assets / 142

Chongqing Tax / 145

Forestry Management / 150

Chongqing Customs / 153

Market Regulation / 157

Medicine Management / 162

Intellectual Property / 166

China-Singapore (Chongqing) Demonstration Initiative / 170

Part III Industry Situation

Primary Industry

Development and Operation of the Rural Economy in 2019 / 179

The Tobacco Industry / 184

Secondary Industry

Overview of Chongqing Industrial Economic Development / 189

Operation and Development of Chongqing Industrial Investment / 193

Industrial Enterprise Reform / 196

Industrial Green Development / 199

Automobile Industry / 202

Motorcycle Industry / 204

Light Industry /207
Textile Industry /209
Equipment Manufacturing Industry /211
Materials Industry /213
Natural Gas Industry /217
Chemical Industry /220
Intelligent Terminal /223
Electronics Manufacturing /225
Pharmaceutical Industry /228
Building Industry /231

Tertiary Industry

Road Transportation /237
Air Transportation /243
Water Transportation /246
Securities Industry /251
Bank and Insurance Industry /255
Communicaion Indastry /260
The Postal Service /264
Coal safety /268
Real Estate /271
Production Service /275

Part IV The Construction of Development Zones and Industrial Parks

Review of the Specialized Industrial Park in Chongqing /279
Liang Jiang New Area of Chongqing /282
High and New Tech Development Zone /286
Chongqing Economic Development District /291
Lianglu-Cuntan Free Trade Port Area /295
Wansheng Economic and Technological Development Zone /298
Shuangqiao Economic and Technological Development Zone /303
Wanzhou Ecnomic and Technological Development Zone /307
Yongchuan High and New Tech Development Zone /311
Wuxi Industry Park /315

Part V Regional Districts

Wanzhou Distric /321
Qianjiang Distric /326
Fuling Distric /330
Yuzhong District /335
Dadukou District /339
Jiangbei District /343
Shapingba District /346
Jiulongpo District /350
Nan'an District /354
Beibei District /358
Yubei District /363
Ba'nan District /366
Changshou County /370
Jiangjin County /375
Hechuan County /378
Yongchuan County /382
Nanchuan County /386
Qijiang County /389
Dazu County /393
Tongnan County /397
Tongliang County /401
Bishan County /407
Rongchang County /410
Liangping County /414
Wulong County /418
Chengkou County /422
Dianjiang County /426

Fengdu County / 429
Zhongxian County / 433
Kaizhou District / 437
Yunyan County / 441
Fengjie County / 445
Wushan County / 450
Wuxi County / 454
Shizhu Tujia Autonomous County / 458
Xiushan Tujia and Miao Autonomous County / 462
Youyang Tujia and Miao Autonomous County / 466
Pengshui Miao and Tujia Autonomous County / 472

Part VI Appendix

Essential Economic Events of Chongqing in 2019 / 479
Statistical Graph of Economic Development of Chongqing Municipality and Western Regional Provinces in 2019 / 491
Comments of Compilation / 499

第一编　特载

重庆市人民政府工作报告

——2020 年 1 月 11 日在重庆市第五届人民代表大会第三次会议上

重庆市人民政府市长　唐良智

各位代表：

现在，我代表市人民政府向大会报告工作，请予审议，并请市政协委员和其他列席人员提出意见。

一、2019 年工作回顾

刚刚过去的 2019 年，是新中国成立 70 周年，是重庆发展进程中极不平凡的一年，是我们感恩奋进、砥砺奋斗的一年。4 月 15 日至 17 日，习近平总书记亲临重庆视察指导，要求我们用好“四大优势”、发挥“三个作用”，从战略和全局高度赋予重庆新的重大使命，给了我们最根本的遵循和指引、最强大的动力和鞭策；8 月 26 日，总书记再次向智博会发来贺信，为我们推动大数据智能化发展进一步指明了方向。全市上下倍感振奋、倍受鼓舞、倍增信心，凝聚起建功新时代、创造新业绩的蓬勃力量。

一年来，在以习近平同志为核心的党中央坚强领导下，在中共重庆市委直接领导下，在市人大、市政协监督支持下，我们坚持以习近平新时代中国特色社会主义思想为指导，全面落实总书记对重庆提出的“两点”定位、“两地”“两高”目标、发挥“三个作用”和营造良好政治生态的重要指示要求，统筹推进“五位一体”总体布局，协调推进“四个全面”战略布局，坚持稳中求进工作总基调，深入贯彻新发展理念，落实高质量发展要求，深化供给侧结构性改革，持续打好“三大攻坚战”，大力实施“八项行动计划”，统筹推进稳增长、促改革、调结构、惠民生、防风险、保稳定，坚决肃清孙政才恶劣影响和薄熙来、王立军流毒，认真开展“不忘初心、牢记使命”主题教育，成功举办庆祝新中国成立 70 周年系列活动，全市政治生态整体向好，干部群众精神面貌焕然一新，全面从严治党扎实推进，经济高质量发展势头强劲，社会大局和谐稳定，人民群众获得感、幸福感、安全感不断增强。

——经济运行逐步向好。地区生产总值增速保持在合理区间，全年增长 6.3%、达到 2.36 万亿元，人均地区生产总值突破 1 万美元。工业经济逐步回暖，规上工业增加值增长 6.2%。服务业支撑力增强，服务业增加值增长 6.4%，对经济增长贡献率达到 51.3%。物价形势总体稳定，居民消费价格上涨 2.7%。

——高质量发展态势更加明显。产业结构持续优化，传统产业转型升级步伐加快，高技术制造业和战略性新兴产业增加值分别增长 12.6%、11.6%。区域创新能力持续增强，预计全社会研发经费支出达到460亿元、增长12.1%，每万人发明专利拥有量达到10.5件、增长15.2%。质量效益稳步提升，扣除减税因素后全市税收增长6.6%左右，市属国企利润总额增长8.4%，民营经济对经济增长贡献率达到55%左右。

——三大攻坚战取得关键进展。脱贫攻坚成效明显，“两不愁三保障”突出问题动态清零，城口、巫溪、酉阳、彭水4个县能够摘帽，11.44万贫困人口脱贫，全市贫困发生率降至0.12%。生态环境质量持续改善，长江干流重庆段水质总体为优，空气质量优良天数达到316天，PM2.5平均浓度下降5%。金融风险有效防控，银行业不良率、小贷不良率、融资担保代偿率均处于全国较低水平，政府债务风险总体可控。

——城乡面貌发生可喜变化。农村人居环境持续改善，新建“四好农村路”2.5万公里，建成入户便道6762公里，改造农村危房3.9万户，农村卫生厕所普及率达到79.7%，行政村生活垃圾有效治理率达到93%。城市功能品质进一步提升，现代综合立体交通网络不断完善，“两江四岸”十大公共空间加快建设，改造棚户区5万户，完成坡坎崖绿化美化地块125个、577万平方米，开工建设11条重点特色山城步道，累计利用边角地建成社区体育文化公园50个，城市综合管理七大工程扎实开展，干净整洁有序、山清水秀城美、宜业宜居宜游的城市环境正加快形成。

——人民生活水平稳步提高。城乡居民人均可支配收入分别增长8.7%、9.8%。基本养老、医疗保险参保率稳定在95%以上。学前教育普惠率、义务教育巩固率分别达到81.6%、95%。“三通”紧密型医共体试点覆盖18个区县，县域内就诊率高于全国平均水平。

一年来，主要抓了以下工作。

（一）扎实做好“六稳”工作

面对经济下行压力，我们坚持以稳求进，努力稳住经济基本面，培育新的增长点，不断提升发展质量和效益。着力稳就业，落实援企稳岗政策，多渠道开发就业岗位，城镇新增就业75万人。着力稳金融，加大重点领域和薄弱环节信贷投放力度，拓展直接融资渠道，推动金融服务实体经济，全年新增社会融资规模5100亿元左右，中长期贷款余额增长15.1%。着力稳外贸，妥善应对中美经贸摩擦，积极开拓多元化市场，全市进出口总值增长11%，对东盟、欧盟及“一带一路”沿线国家进出口分别增长43.2%、8.4%、32.1%。着力稳外资，实行重大外资项目“直通车”制度，实际利用外资超过100亿美元，外商投资主体增至6000余户。着力稳投资，坚持周调度、月通报、季点评，开展重大项目视频调度，深化与航天科技、华润集团、中铝集团、三峡集团、中铁、中建、中交等78家央企合作，工业投资增长8.8%，基础设施和房地产投资保持稳定，全市固定资产投资增长5.7%。着力稳预期，出台营商环境优化提升工作方案，为企业减负降本1000亿元左右，工业用电量、用气量、货运量等先行指标走势向好，日均新增市场主体超过1200户，招商引资签约项目正式合同额突破1.4万亿元，良好社会预期加快形成。

（二）推进产业转型升级

加快建设现代产业体系，推动经济高质量发展。突出抓好大数据智能化发展。加快数字产业化、产业数字化，获批建设国家数字经济创新发展试验区，数字经济增加值增长15%左右。壮大“芯屏器核网”全产业链，华为鲲鹏计算产业生态重庆中心、海康威视重庆基地二期等项目落地，紫光华智数字工厂、瑞声智能制造产业园等项目开工，联合微电子中心、英特尔 FPGA 中国创新中心、工业大数据制造业创新中心等项目投入运营，智能产业销售收入增长 14%。实施智能化改造项目 1280 个，建成数字化车间和智能工厂 140 个，工业技改投资占工业投资比重达到 39%。全面推行“云长制”，出台新型智慧城市建设方案和政务数据资源管理暂行办法，两江数字经济产业园加快建设，礼嘉智慧公园建成投用。巩固提升支柱产业。实施制造业高质量发展专项行动方案，落实汽车产业“1+2”政策和集成电路、智能制造等专项政策，出台生物医药、区块链、工业互联网等专项政策，启动消费品工业品牌培育专项行动，汽车产业加速转型，电子、材料产业增加值分别增长 14.3%、14.7%，装备、医药、消费品产业较快增长。加快发展现代服务业。编制实施现代服务业发展计划，启动国际消费中心城市创建。解放碑纳入全国首批步行街改造提升试点，累计建成百亿级商圈 12 个，夜经济成为消费新动力。社会消费品零售总额增长 8.7%，网络零售额突破 1200 亿元。规模以上软件和信息服务业营业收入增长 45.2%。金融业增加值增长 8%。获批国家物流降本增效综合改革试点。举办国际性展会论坛 153 场，智博会、西洽会、重庆英才大会、中新金融峰会等展会成效明显。“晒文化 · 晒风景”成为文旅营销、经济美学的创新范例，带动旅游总收入增长 32.1%，文化产业增加值增长 10% 左右。

（三）深化改革开放创新

加快建设内陆开放高地，以开放促改革、促发展、促创新。推进全方位开放。落实国家西部陆海新通道总体规划，推动形成西部 12 省区市和海南、广东湛江“13+1”合作共建机制，铁海联运班列开行 923 班、增长 51%。中欧班列（重庆）开行超过 1500 班，运输重箱量和货值增长均超过 48%。19 个国家级开放平台引领辐射功能增强，中新互联互通项目累计签约项目 204 个、总金额超过 300 亿美元，重庆自贸试验区形成 240 项制度创新成果、新增注册企业超过 1.2 万户，两江新区深化服务贸易创新发展试点取得新进展。果园港区口岸开放，涪陵综保区封关运行。国际贸易“单一窗口”实现主要业务全覆盖，重庆口岸进出口整体通关时间进一步压缩。深化对外交流合作，国际友城达到 48 个，驻渝领馆增至 12 家，过境免签延长至 144 小时。推进重点领域改革。获批国家城乡融合发展试验区、国家首批交通强国建设试点和整市推进农村产权制度改革试点。出台推动高质量发展的实施意见。全面完成机构改革任务。深入推进行政审批制度改革，政务服务“线下一窗受理”“线上一网通办”效率大幅提升，“渝快办”实现政务服务事项全覆盖，工程建设项目审批时限压缩 50% 以上。支持困难企业改革脱困、转型发展。新增上市公司 5 家。推进创新资源集聚。实施重庆高新区、经开区体制改革和扩容升级，高标准规划建设重庆科学城，加快两江协同创新区发展。加大“双一流”建设支持力度，启动 6 个环大学创新生态圈建设，10 所高职院校入选国家“双高计划”。新增超声医学工程、山区桥梁及隧道工程 2 个省部共建国家重点实验室，新创建 2 家国家级工业设计中心，国家儿童健康与疾病临床医学研究中心启动建设，引进新型研发机构 31 家。实施重庆英才计划，引进各类紧缺优秀人才 7000 余名。获批国家海外人才离岸创新创业基地，知识价值信用贷款规模达到 66 亿元，高新技术企业超过 3100 家，科技型企业突破 1.6 万家。

（四）推进城乡区域协调发展

扎实推动乡村振兴。新建高标准农田 150 万亩，新增特色产业种植面积 140 万亩，成功创建

2个国家现代农业产业园，“巴味渝珍”品牌授权农产品达到431个，农产品加工产值、乡村旅游综合收入、农产品网络零售额分别增长10%、20%、35%。农村“三变”改革试点和“三社”融合发展稳步推进，村级集体经济“空壳村”占比降至22.1%。“大棚房”整治任务全面完成。实施三峡后续项目519个。扎实推动城市提升。形成全市国土空间总体规划方案。提速实施交通建设三年行动计划，扎实推进高铁建设五年行动方案，郑万高铁、渝湘高铁主城至黔江段、重庆东站等项目加快建设，渝昆高铁、成渝铁路主城至江津段改造项目开工，黔张常铁路开通运营。加快实施“850+”城市轨道交通成网计划，璧铜线开工建设，环线海峡路至二郎段、尖璧线建成投用，城市轨道交通运营总里程达到329公里。编制实施高速公路网规划，奉建高速、巫开高速等445公里项目开工建设，潼荣高速建成通车，高速公路通车总里程达到3235公里，省界收费站全部取消。江北机场国际航线增至95条，旅客吞吐量达到4479万人次，货邮吞吐量达到41万吨，巫山机场、永川大安通用机场通航。获批港口型国家物流枢纽，嘉陵江利泽、乌江白马、涪江双江航电枢纽开工建设。持续完善城市路网，龙洲湾隧道、新南立交等项目建成通车，全国市政最长山岭隧道——铁峰山隧道全线贯通，城市公交优先道增至160公里。开通5G基站1万个，布点覆盖38个区县。推进“两江四岸”治理提升，编制完成“两江四岸”核心区整体提升规划方案，实施“清水绿岸”工程，启动大田湾—文化宫—大礼堂文化风貌片区保护提升。大城细管、大城智管、大城众管不断深化，“马路办公”督办解决问题13万个，数字城管覆盖率达到90%。统筹推动区域协调发展。建立市级统筹协调机制和分区域协调发展联席会议机制，实行市领导包片联系，加强规划统筹和分类指导，着力构建“一区两群”协调发展格局。川渝“2+16”合作协议签订实施，渝桂、渝黔、渝陕等合作取得新进展，与西部地区协同联动发展持续增强。

（五）加强生态文明建设

筑牢长江上游重要生态屏障，加快建设山清水秀美丽之地。强化生态保护修复。严格管控生态空间，开展国家山水林田湖草生态保护修复工程试点，治理水土流失面积1426平方公里，全市森林覆盖率达到50.1%。获批开展广阳岛片区长江经济带绿色发展示范，编制实施广阳岛片区总体规划。缙云山、水磨溪等自然保护区问题整改基本完成，主城“四山”保护提升取得阶段性成效。加强环境污染治理。全面推行河长制，启动林长制试点。开展河道“清四乱”和污水偷排直排乱排专项整治，推进长江入河排污口排查整治试点，42个国考断面水质优良比例达到97.6%。加强交通、工业、扬尘和生活污染防治，空气质量持续改善。主城区获批“无废城市”试点，土壤、声环境质量总体稳定。配合完成第二轮中央生态环保督察。大力发展绿色产业。创建绿色园区2个、绿色工厂42家、绿色矿山101家。实施生活垃圾分类管理办法，主城区生活垃圾回收利用率提高到28%。成立全市首家绿色银行，发行绿色债券44.6亿元。

（六）全力保障和改善民生

把增进民生福祉作为发展的根本目的，努力创造高品质生活。从最困难的群体入手。持续提高城乡低保标准和特困人员救助供养标准。针对猪肉价格上涨，实施稳产保供措施，及时向困难群众发放价格临时补贴。从最突出的问题着眼。实施城镇小区配套幼儿园专项整治，实现义务教育发展基本均衡区县全覆盖。退休职工基本养老金进一步调增。高血压、糖尿病等门诊用药纳入医保保障范围，公立医疗卫生机构全面取消医用耗材加成。从最具体的工作抓起。15件重点民生实事完成年度任务，新配租公租房2.26万套，新增公共停车位1.05万个，4000个村民小组通了公路，一批老百姓的身边事、烦心事得到解决。退役军人服务管理保障体系全面建立。加强和创新社会治理，全力做好防风险保安全护稳定迎大庆工作，扫黑除恶专项斗争纵深推进，安全生产、食品药品安全、防灾减灾救灾工作取得积极成效，信访工作扎实开展，社会保持和谐稳定。

一年来，我们坚决落实全面从严治党要求，着力加强政府自身建设，扎实开展“不忘初心、牢记使命”主题教育，进一步形成了增强“四个意识”、坚定“四个自信”、做到“两个维护”的良好政治氛围。严格落实向市委请示报告制度，自觉接受人大和政协监督，定期向人大报告工作、向政协通报情况，办理市人大代表建议1179件、市政协提案889件。严格落实中央八项规定精神和市委实施意见，集中整治形式主义、官僚主义，为基层减负取得积极进展。严格落实过“紧日子”要求，压减财政一般性项目和专项支出125亿元。扎实推进法治政府建设。圆满完成第四次全国经济普查任务。国防动员和后备力量建设稳步推进，双拥工作和军民共建深入开展。民族宗教、国家安全、外事、侨务、港澳台、审计、统计、档案、保密、参事、史志、消防、人防、气象、地震等工作取得新成效，工会、妇女、儿童、青年、老龄、慈善、残疾人、红十字等事业实现新发展。

各位代表！回顾过去一年，我们用汗水浇灌收获，以实干笃定前行，成绩来之不易。这是以习近平同志为核心的党中央坚强领导的结果，是习近平新时代中国特色社会主义思想科学指引的结果，是市委团结带领全市干部群众沉心静气、真抓实干的结果。在此，我代表市人民政府，向全市各族人民，向人大代表、政协委员，向各民主党派、工商联、人民团体和社会各界人士，向驻渝部队和武警官兵，向关心支持重庆发展的中央各部门、各兄弟省区市及港澳台同胞、海外侨胞和国际友人，表示崇高的敬意和衷心的感谢！

我们也清醒地认识到，对照全面建成小康社会目标，对照新发展理念、高质量发展要求，对照人民群众对高品质生活的新期待，重庆发展仍面临一些矛盾和问题。主要是：经济平稳运行的基础还不够牢固，投资增长后劲不足，传统消费进入瓶颈期、新兴消费增长尚弱，外贸新增长点仍需加快培育；产业结构处于深度调整期，支柱产业核心竞争力亟待提升，战略性新兴产业支撑能力不足；科教、人才综合实力不强，集聚创新资源仍需持续用力；城市功能还不够完善，安全高效运行水平和应急管理能力有待提升；农业稳定发展、农民持续增收难度加大；生态环境较为脆弱，污染防治任务较重；交通、水利、能源等基础设施仍有欠账，“一老一小”等民生保障还有不少短板；政府职能转变不够到位，营商环境有待进一步改善。面对困难和问题，我们有信心有决心，把短板补得再扎实一些，把基础打得再牢靠一些，推动全市各项事业迈上新台阶。

二、2020年工作安排

今年是全面建成小康社会和“十三五”规划收官之年，是具有里程碑意义的一年，做好政府工作十分重要。习近平总书记对重庆的重要指示要求，是对重庆战略地位的再提升、发展定位的再拓展，为做好重庆各项工作提供了科学指引和行动指南。共建“一带一路”、长江经济带发展、新一轮西部大开发等国家战略交汇叠加，进一步拓展了重庆的发展空间。特别是新年伊始，以习近平同志为核心的党中央作出推动成渝地区双城经济圈建设的重大战略部署，充分体现了对优化区域经济布局的高度重视、对新时代西部大开发形成新格局的大力支持、对重庆发展的亲切关怀，是赋予重庆的重大责任和重要使命，是重庆改革开放和高质量发展的重大机遇。我们要更加注重从全局谋划一域、以一域服务全局，对标对表抓落实，沉心静气谋发展，努力在推进新时代西部大开发中发挥支撑作用、在推进共建“一带一路”中发挥带动作用、在推进长江经济带绿色发展中发挥示范作用。

今年政府工作的总体要求是：以习近平新时代中国特色社会主义思想为指导，全面贯彻党的十九大、十九届二中三中四中全会精神和中央经济工作会议精神，增强“四个意识”，坚定“四个自信”，做到“两个维护”，深化落实习近平总书记对重庆提出的“两点”定位、“两地”“两高”目标、发挥“三个作用”和营造良好政治生态的重要指示要求，贯彻落实党中央关于推动成渝地区双城经济圈建设的重大战略部署，紧扣全面建成小康社会目标任务，坚持稳中求进工作总基调，坚持新发展理念，坚持以供给侧结构性改革为主线，坚持以改革开放为动力，坚决打赢“三大攻坚战”，深入实施“八项行动计划”，全面做好“六稳”工作，推动高质量发展之路越走越宽广，确保重庆经济实现量的合理增长和质的稳步提升，确保全面建成小康社会和“十三五”规划圆满收官。

今年经济社会发展的主要预期目标是：地区生产总值增长6%；固定资产投资增长6%左右，社会消费品零售总额增长7.5%左右，进出口稳中提质；城镇新增就业60万人以上，城镇调查失业率5.5%左右；居民消费价格涨幅3.5%左右；居民收入增长与经济增长基本同步；现行标准下农村贫困人口全部脱贫；节能减排降碳完成国家下达任务。

实现这些目标，我们必须坚决做到“两个维护”，始终胸怀“两个大局”，统筹推进“五位一体”总体布局，协调推进“四个全面”战略布局，紧紧围绕把总书记殷殷嘱托全面落实在重庆大地上这条主线，坚定不移落实稳中求进工作总基调，坚持稳字当头、积极进取，努力实现稳得更加巩固、进得更加积极；坚定不移贯彻新发展理念，把注意力集中到解决各种不平衡不充分的问题上来，推动经济社会发展更有效率、更加公平、更可持续；坚定不移推动高质量发展，坚持巩固、增强、提升、畅通的方针，以创新驱动和改革开放为两个轮子，聚焦高质量、供给侧、智能化，加快建设现代化经济体系；坚定不移践行以人民为中心的发展思想，围绕民生“七有”，做好普惠性、基础性、兜底性民生建设，提高全面建成小康社会的成色。

今年，重点抓好十个方面的工作。

（一）着力抓重点、补短板、强弱项，坚决打好三大攻坚战

坚决打好脱贫攻坚战。动态解决“两不愁三保障”突出问题，强化产业扶贫，实施就业扶贫、旅游扶贫、消费扶贫，加强易地扶贫搬迁后续扶持，深化东西部扶贫协作，开展脱贫攻坚普查，抓好中央脱贫攻坚专项巡视“回头看”和国家脱贫攻坚成效考核反馈意见整改。聚焦深度贫困攻坚，加大18个深度贫困乡镇政策倾斜力度，对特殊贫困人口采取综合性保障措施，统筹抓好非贫困区县、非贫困村帮扶发展。巩固拓展脱贫攻坚成果，把防止返贫摆在更加重要位置，坚持“四个不摘”，深化“志智双扶”，将返贫人口和新发生贫困人口及时纳入帮扶，探索建立解决相对贫困的长效机制，推动脱贫攻坚与乡村振兴统筹衔接，确保脱贫攻坚任务如期完成、全面小康路上一个都不能少。

坚决打好污染防治攻坚战。深入实施五大环保行动，扎实推进第二轮中央生态环保督察和推长办反馈问题整改。打赢蓝天保卫战，突出抓好交通、扬尘污染防治，统筹治理工业、生活等污染源，确保空气质量优良天数稳定在 300 天以上。打好碧水保卫战，深入推进河长制，实施流域环境综合整治和工业污染防治，开展示范河湖建设和污水处理提质增效行动，确保 42 个国考断面水质优良比例稳定在 95.2% 以上，让一江碧水向东流。打好净土保卫战，加强土壤环境监测保护，推进土壤污染综合防治示范区建设，深化“无废城市”建设试点，确保土壤环境质量总体稳定。

坚决打好防范化解重大风险攻坚战。防范化解政府债务风险，严格落实政府债务限额管理要求，加快区县政府融资平台转型，用好政府债券，优化债务结构，防控债务违约风险。防范化解金融风险，妥善处置重点企业信用风险，持续开展互联网金融、非法集资等专项整治，守住不发生系统性金融风险的底线。防范化解房地产领域风险，落实稳地价、稳房价、稳预期长效管控机制，逐步建立租购并举的住房制度，促进房地产市场平稳健康发展。防范化解城市安全运行风险，把安全风险防控落实到城市工作各环节各领域，完善防控机制，强化系统治理，全面提高城市安全保障水平，确保城市安全、社会安定、市民安宁。

（二）推动成渝地区双城经济圈建设，努力在西部形成高质量发展的重要增长极。认真贯彻落实党中央决策部署，统筹推进区域协调发展，深化川渝合作，唱好“双城记”、建好“经济圈”，为全国发展大局作出新贡献

推动成渝地区双城经济圈建设开好局、起好步。紧扣目标定位，尊重客观规律，发挥比较优势，推进成渝地区统筹发展，促进产业、人口及各类生产要素合理流动和高效集聚，使成渝地区成为具有全国影响力的重要经济中心、科技创新中心、改革开放新高地、高品质生活宜居地。把握原则要求，加强顶层设计和统筹协调，突出中心城市带动作用，强化要素市场化配置，牢固树立一体化发展理念，做到统一谋划、一体部署、相互协作、共同实施。抓住战略重点，加强交通基础设施建设，加快现代产业体系建设，增强协同创新发展能力，优化国土空间布局，加强生态环境保护，推进体制创新，强化公共服务共建共享，构建高质量发展的新动力源。

推动“一区两群”协调发展。完善国土空间规划，制定“一区两群”协调发展实施意见，促进各片区发挥优势、彰显特色、协同发展。主城都市区，增强中心城市综合承载能力，完善重要节点城市专业化服务功能，建设具有国际影响力和竞争力的现代化都市区。渝东北三峡库区城镇群，突出“库区”“山区”特点，更加注重生态经济要素集成与协同，建设长江经济带三峡库区生态优先绿色发展先行示范区。渝东南武陵山区城镇群，突出“山水”“民俗”特色，促进生态康养、文化旅游、特色资源加工等产业发展，建设武陵山区文旅融合发展示范区。

（三）坚持把制造业高质量发展放到更加突出的位置，加快构建现代产业体系。深入实施以大数据智能化为引领的创新驱动发展战略行动计划和军民融合发展战略行动计划，加快建设国家数字经济创新发展试验区，促进智能产业、智能制造、智慧城市协同发展，集中力量建设“智造重镇”“智慧名城”

推动支柱产业迭代升级。汽车产业，加快向中高端、电动化、智能化、共享化方向转型，支持长安汽车、北京现代新品研发投放，推动长安福特林肯、上汽红岩、长城汽车放量生产，加快小康中高端智能网联汽车、比亚迪动力电池等项

目建设，争创国家车联网先导区。摩托车产业，重点发展电动摩托车、踏板车、中大排量摩托车，推动雅迪高端电动摩托车等项目建设。消费品产业，实施增品种、提品质、创品牌战略，重点培育以“十个一”为代表的拳头产品，壮大健康食品、特色轻工、精品服饰等优势产业集群。生物医药产业，构建新药研发从源头创新到产业化全链条体系，加快创新药品临床试验和上市步伐，加强医疗装备引育，发展中医药产业，建设重庆国际生物城，努力打造国家生物医药产业集群。材料产业，着力发展轻金属材料、复合材料、化工合成材料等新型材料，推动中铝高端制造等项目建设。装备产业，大力发展高端化、智能化、成套化装备产品，推动机器人放量生产和数控机床提档升级，加快康明斯大马力发动机、海装风电、ABB搬迁技改等项目建设。能源产业，继续抓好页岩气勘探开发，加快可再生能源和新能源发展，强化能源保障体系建设。深入推进智能制造，再实施1250个智能化改造项目，建设110个数字化车间和智能工厂，用大数据智能化为制造业赋能。

壮大“芯屏器核网”全产业链。“芯”，重点推动万国半导体、SK海力士等产能释放，加快启动华润微电子功率半导体芯片等项目。“屏”，重点推动京东方6代柔性面板建设，积极培育超高清视频领域产品。“器”，重点推动OPPO、vivo等5G手机量产，发展智能穿戴、智能音箱、智能家居等新品。“核”，重点提升汽车电子、智能传感等核心器件发展水平。“网”，重点培育10家工业互联网平台，支持中移物联网、宗申忽米网、飞象工业互联网等企业发展，加快中小企业“上云上平台”。提档升级区块链产业创新基地，促进区块链技术和产业创新发展。

建设“云联数算用”要素集群。“云”，建成数字重庆云平台，基本完成政务信息系统迁移上云，市级系统整合率达到75%，两江云计算产业园服务器能力达到30万台。“联”，实施5G融合应用行动计划，新建5G基站3万个，提升中新国际数据通道性能，互联网骨干直联点省际直联城市增加到32个。“数”，落实“三清单”制度，初步建成城市大数据资源中心，建立政务数据“聚通用”规范管理机制。“算”，建设智能中枢核心能力平台，统一提供共性技术、业务协同能力组件200个，建设以AI计算、区块链等为支撑的赋能平台。“用”，在政府管理、公共服务、社会治理等领域开展应用示范，打造30个典型智能化应用场景。

推动先进制造业和现代服务业融合发展。顺应制造业服务化、服务业制造化趋势，推进研发设计和制造业有机融合、金融服务和制造业高效融合、现代物流和制造业紧密融合、生产型制造和服务型制造深度融合、平台经济和产业发展创新融合。金融业，围绕建设立足西部、面向东盟的内陆国际金融中心，增强资本市场、跨境融资、创业投资、资产管理、新型金融等核心功能，持续实施经济证券化五年行动计划，提升金融体系的全球资源配置能力和区域辐射能力。物流业，围绕建设内陆国际物流枢纽，构建“通道+枢纽+网络+平台”的物流运行体系，促进物流供应链、产业链、价值链融合发展。软件及技术服务业，围绕创建中国软件名城，实施“千家软件企业培育工程”，引进创意设计等生产服务类企业，建设重庆软件园、信息安全产业示范园、国家检验检测高技术服务业集聚区等重点园区。服务外包业，围绕建设国家级服务外包示范城市，培育一批特色服务出口基地，拓展服务外包行业领域，推进向价值链高端延伸。商贸服务业，围绕建设国际消费中心城市，实施国际消费集聚区建设等十大工程，提档改造中央商务区，建设智慧商圈和国际邮轮母港，培育首店经济，发展夜经济。会展服务业，围绕建设内陆国际会展名城，培育引进国际会展品牌，完善会展功能配套，优化生产性、生活性会展服务，高水平筹办特色展、专业展。大健康产业，围绕建设西部健康服务领先城市，推动健康与养老、体育等融合发展。文化旅游业，围绕建设国际知名文化旅游目的地，坚持以文塑旅、以旅彰文，构建大都市、大三峡、大武陵旅游品牌，推进国家全域旅游示范区创建，用好 144 小时过境免签政策，让八方游客来重庆“行千里 · 致广大”。

（四）推进以科技创新为核心的全面创新，使创新成为高质量发展的强大动能。深入实施科教兴市和人才强市行动计划，加快提升科技实力和创新能力，营造“近悦远来”的人才环境，让每一个有创新梦想的人都能专注创新，让每一份创新活力都能充分迸发

提升创新平台。高标准规划建设重庆科学城，聚焦科学主题“铸魂”、面向未来发展“筑城”，营造创新生态环境，发展高新产业，培育创新企业，谋划大科学装置，集聚重点实验室，努力建设科学之城、创新高地。深化开发区创新发展，健全重庆高新区园区协同管理机制，拓展重庆经开区发展空间，完善两江协同创新区功能，加快建设国家临空经济示范区，争取潼南、铜梁、涪陵等获批国家级高新区，增强各类开发区持续创新能力、资源整合能力、产业生成能力、经济产出能力。加快建设科技创新基地，大力推进中国自然人群资源库重庆中心等重大科技基础设施建设，创建集成电路特色工艺及封装测试国家制造业创新中心、国家生猪产业技术创新中心和国家新一代人工智能创新发展试验区。

壮大创新主体。加强“双一流”建设，实施高校科技创新能力提升计划，推进一流学科建设专项，强化高校原始创新和协同攻关，支持市属高校建设特色高水平大学。培育新型研发机构，推动规上工业企业研发机构逐步实现全覆盖，引导市属科研机构市场化转型，引进国内外知名高校、院所、企业来渝设立研发机构，加快建设以企业为主体、市场为导向、产学研相结合的技术创新体系，以创新重塑“重庆制造”。发展创新型企业，实施科技型企业成长工程，开展优秀创新型企业评选，加快培育高成长性企业，力争高新技术企业达到 3500 家、科技型企业突破 2 万家。

优化创新生态。加大科技创新投入，引进知名创投机构，发展壮大创投基金，扩大知识价值信用贷款规模，支持企业在科创板等多层次资本市场上市，全社会研发经费支出占地区生产总值比重达到 2.1% 左右。深化科技体制改革，开展赋予科研人员职务科技成果所有权或长期使用权试点，探索关键核心技术集成攻关机制。促进科技成果转化，加快环大学创新生态圈建设，引进培育一流科技企业孵化器，推进首台（套）重大技术装备示范应用，努力催生新科技、转化新成果、孵化新产业、培育新业态。

集聚创新人才。抓好人才引育，完善瞄准高端人才的“塔尖”政策和针对青年人才的“塔基”政策，大力实施重庆英才计划，办好重庆英才大会，唱响重庆英才品牌。强化人才激励，设立“重庆市杰出英才奖”，分类推进人才评价机制改革，落实以增加知识价值为导向的分配政策。优化人才服务，实施人才安居工程，完善全过程、专业化、多层次人才服务体系，让创新人才激情工作、快乐生活、张弛有道。

（五）加强改革系统集成协同高效，推动各项制度更加成熟更加定型。通过改革破除发展面临的体制机制障碍，加快建设高标准市场体系，激活蛰伏的发展潜能

深化供给侧结构性改革。持续巩固去产能成果，有序推进“僵尸企业”处置，防止出现新的

过剩产能。持续推动企业降本减负，把该减的税减到位、把该降的费降到位，进一步降低企业用工、用能、物流、融资等各类成本，增强企业获得感。持续优化资源配置，建立资源高效利用制度，加快放开竞争性领域和环节价格，坚决破除各类要素流动壁垒。

深化财政金融改革。创新投资机制，完善重大项目储备库，拓宽资金渠道，引导资金投向先进制造、民生建设、基础设施等领域。强化金融创新，创建长江经济带（重庆）绿色金融改革创新试验区，深入实施金融科技应用试点和金融标准创新建设试点，深化区域性股权市场改革，拓展跨境结算与投融资便利化应用场景。完善财政体制，落实推进财政事权和支出责任划分改革总体方案，全面实施预算绩效管理，优化财政支出结构，用政府的“紧日子”换老百姓的“好日子”。

深化国资国企改革。持续推动国有经济布局向战略性新兴产业、基础设施、公共服务领域聚焦。发展混合所有制经济，“一企一策”推动重点困难企业改革脱困，引入优质战略投资者参与市属国企集团层面混改，加大充分竞争领域子企业混改力度。完善市场化机制，深化“三项制度”改革，在竞争性国企综合运用各类激励举措，积极探索建立中国特色现代国有企业制度。以管资本为主加强国有资产监管，深化国有资本投资、运营公司改革试点，推动经营性国有资产集中统一监管。

激发民营经济活力。坚持“两个毫不动摇”，促进非公有制经济健康发展和非公有制经济人士健康成长。营造公平环境，清理与企业性质挂钩的歧视性规定和做法，取消一批社会投资工程建设项目审批事项。强化主体培育，完善中小企业发展的政策体系，引导民营市场主体“个转企”“微升小”“小升规”。优化金融服务，拓展“渝快融”“渝企金服”等平台功能，发展数字化普惠金融，增加制造业中长期融资，推动企业商业价值信用贷款试点扩容增效，支持企业上市融资，扩大直接融资比重，发挥纾困基金和债委会作用，缓解企业融资难融资贵。构建亲清政商关系，健全政商交往制度和定期联系企业制度，弘扬企业家精神，完善企业家参与涉企政策制定机制，让企业家放心投资、专心创业、安心经营。

营造市场化法治化国际化营商环境。对接世界银行评价指标体系，拿出刀刃向内、自我革命的勇气，持续优化营商环境。推进市场化，纵深推进“放管服”改革，全面实施市场准入负面清单制度，放宽支柱产业和民生领域准入门槛，深化公共资源交易监管改革，开展自贸试验区“证照分离”改革全覆盖试点，加强事中事后监管，大力简政利企便民，切实解决“政府闷头做、企业没感觉”的问题。推进法治化，落实《外商投资法》和《优化营商环境条例》，加强知识产权保护运用，健全社会信用体系，依法兑现政府承诺，全力抓好政策落实，决不让好政策“悬空”。推进国际化，加强与国际通行经贸规则对接，提升跨境贸易投资便利化水平，完善国际化公共服务体系，发展会计、法律、咨询、翻译等专业服务，实施双语标识建设工程。优化涉企服务，树立服务意识，倡导服务精神，聚焦企业全生命周期，围绕减环节、减时间、减成本，破解企业开办、施工许可办理、财产登记等方面痛点难点问题，困难由政府解决，把方便留给企业、留给群众。

（六）加快建设内陆开放高地，努力在西部地区带头开放带动开放。全面融入共建“一带一路”和长江经济带发展，深入实施内陆开放高地建设行动计划，推动对外开放继续往更大范围、更宽领域、更深层次的方向走

完善出海出境大通道。统筹东西南北四个方

向、铁公水空四种方式、人流物流资金流信息流四类要素，构建内陆国际物流枢纽支撑。推进西部陆海新通道建设，组建通道物流和运营组织中心，完善沿线合作共建机制，强化货物运输组织，促进通道物流降本增效。拓展中欧班列（重庆）功能，开拓货源市场，组织进口整车和冷链肉类班列，强化运输安全国际警务执法合作，完善通道辐射、集散和服务网络。释放长江黄金水道运能，加强沿江重点港口建设，争取启动朝天门至涪陵段 4.5 米水深航道整治，开行“渝沪直达快线”，提升渝甬班列品质。增开渝满俄班列，探索开行更多货物品种公共班列，扩大汽车整车及零部件等产品出口。建设航空货运基地，发展基地航空，拓展客货中转业务，增加商务航线和直达航线，国际航线超过 100 条。发展多式联运，构建以果园港、国际物流枢纽园区、航空物流园、公路物流基地为支撑的现代化物流枢纽体系，推进多式联运“一单制”和铁路运单物权化，建设内陆国际物流分拨中心和国际多式联运中心。

建设引领性开放平台。加强 19 个国家级开放平台建设，推动各类平台协同发展。高标准实施中新互联互通项目，发挥运营中心作用，办好中新金融峰会和陆海新通道国际合作论坛，加快中新金融科技合作示范区、多式联运示范基地、航空产业园等重点项目建设，促进重庆与新加坡“点对点”项目合作、西部地区与东盟“面对面”互联互通。高水平建设自贸试验区，开展陆上贸易规则、物流金融、多式联运等首创性探索，加快构建适应高水平开放的行政管理体制和适合重庆特点的账户体系，对标自由贸易港探索实施更高水平的对外开放政策。高质量发展两江新区，推进两江数字经济产业园、礼嘉智慧公园二期建设，加快高端高质高新产业集聚，建设智慧城市和公园城市样板。推动高新区、经开区和各类园区转型升级、创新发展，加快中国智谷重庆科技园建设。高效能拓展开放口岸，完善国际贸易“单一窗口”功能，开展中新关际合作试点，加快智慧口岸建设，优化海关特殊监管区布局，推动保税区高质量发展。

提升开放型经济水平。加快外贸转型升级，创建国家外贸转型升级示范基地，推动汽摩、通机等优势产品出口，壮大加工贸易产业，优化进口商品结构，发展服务贸易、跨境电商，培育总部贸易、转口贸易、“保税 +”贸易。开拓多元化市场，谋划实施与东盟经贸合作规划，巩固欧盟、日韩市场，稳定美国市场，拓展“一带一路”沿线国家和南美、非洲等新兴市场。提高利用外资质量，全面实施 2019 版外商投资准入负面清单，在先进制造、高新技术、金融服务、现代物流、文化旅游等领域推出一批合作项目，建设高质量外资集聚地。深化对外交流合作，加大招商引资力度，有序推动企业“走出去”，争取更多国际组织来渝设立分支机构，推动友城拓展和务实合作，高标准办好智博会、西洽会等国际展会，加快建设中西部国际交往中心。

（七）持续推进乡村振兴，努力实现乡村让人们更向往。精准落实“五个振兴”要求，深入实施乡村振兴战略行动计划，促进农业农村优先发展

推动农业提质增效。因地制宜发展多品种、小规模、高品质、好价钱的现代山地特色高效农业，提高农业综合效益和竞争力。优化农业结构，抓好高标准农田建设和农田宜机化改造，稳定粮食产能；重点抓好标准化、规模化畜禽养殖，加快恢复生猪生产，加强非洲猪瘟等疫病防控；新改建柑橘、榨菜、柠檬、中药材、调味品等特色产业基地 100 万亩，保障“米袋子”“菜篮子”供给。做强农业品种品质品牌，推进现代农业产业园建设，全过程强化农产品质量安全追

溯管理，深化“巴味渝珍”品牌创建，完善科技特派员制度，健全农业科技服务体系。促进农业“接二连三”，培育新型农业经营主体，实施农产品加工业提升行动，完善农村流通体系和农业社会化服务体系，壮大乡村旅游、农村电商，扩大优质特色农产品出口。

推进农业农村改革。深化土地制度改革，扎实开展第二轮土地承包到期后再延长30年试点，持续推进承包地“三权分置”改革，稳步推进宅基地改革。深化产权制度改革，完成整市推进农村集体产权制度改革试点，扩面深化“三变”改革试点，全面推进“三社”融合发展，完善小农户与现代农业有机衔接机制，壮大村级集体经济。深化投融资改革，完善农业金融多层次服务网络，持续推进农村产权抵押融资，创新农业保险服务，引导更多社会资本投入乡村振兴。

建设生态宜居美丽乡村。分类分档实施“五沿带动、全域整治”行动，营造小组团、微田园、生态化、有特色的农村人居环境。完善基础设施，新建“四好农村路”1.4万公里，实施农村饮水安全巩固提升、农村电网改造和“智慧农业·数字乡村”建设工程。提升村容村貌，整治农村旧房7万户，推进农村“厕所革命”，加强农村垃圾污水、面源污染治理和农业生产废弃物资源化利用。健全管理机制，完善乡村规划建设管理，建立健全基础设施长效管护机制，努力形成政府引导、农民共同参与的良好局面。

（八）持续推进城市提升，努力实现城市让生活更美好。全面贯彻“一尊重五统筹”要求，聚焦国际化、绿色化、智能化、人文化，深入实施城市提升行动计划，建设“近者悦、远者来”的美好城市

以构建综合交通枢纽为目标推进基础设施互联互通。坚持以轨道交通引领城市发展格局，推动“三铁”融合，开展交通强国建设试点，完善现代综合立体交通网络，打通交通大动脉。重点构建“五张网”:“米”字型高铁网，按照“五年全开工、十年全开通”目标，深入实施高铁建设五年行动方案，加快郑万高铁、渝昆高铁、渝湘高铁主城至黔江段建设，同步建设渝湘高铁黔江枢纽和吉首东站接轨工程，推进渝湘高铁黔江至吉首段规划建设，开工建设成渝中线、渝万、渝西高铁，开展渝汉、渝贵、兰渝、郑万高铁巫溪支线等高铁前期工作，统筹推进重庆东站、重庆站、万州北站等综合交通枢纽建设，加快成渝铁路主城至江津段改造、枢纽东环线等普速铁路项目建设；城市轨道交通网，提速实施“850+”城市轨道交通成网计划，持续推进第二期、第三期项目，启动第四期项目，加快璧铜线建设，建成6号线支线二期等项目，实施轨道交通与地面公交换乘整体提升规划，推动主城都市区城轨快线规划建设，促进市域铁路公交化，加快实现主城公交全国一卡通；国际航空枢纽网，开工建设江北机场T3B航站楼和第四跑道，争取第二枢纽机场纳入国家“十四五”规划，基本建成仙女山机场；高速公路网，落实“三环十八射”高速公路网规划，开工渝武扩能等224公里项目，建成渝长扩能、永泸等243公里项目，加快垫丰武、开梁等项目前期工作，省际出口通道增至25个；城市路网，深入实施缓堵保畅行动计划，加快曾家岩、红岩村等跨江大桥和金凤、土主等穿山隧道建设，争取开工建设渝蓉高速进城通道和两江新区至长寿快速通道，启动内环快速路综合整治，推进主城区至涪陵、永川、合川等快速通道前期工作，优化城市骨架路网和干支路网，打通“断头路”，畅通“微循环”，发展智慧交通，持续缓解城市交通拥堵。加快通信网、水利网、能源网建设，完善人工智能、智

慧广电等新型基础设施，打造“千兆城市”；优化长江黄金水道功能，实施水源工程建设三年行动，全面推进渝西水资源配置工程，开工建设云阳向阳等大中小型水库；推进川渝电网和电力市场一体化发展，开展“疆电入渝”前期工作，启动渝西天然气输气管网建设。

以彰显山城江城特色为重点推进城市有机更新。聚焦“两江四岸”主轴，创新体制机制，优化空间布局，完善功能配套，彰显“山水之城·美丽之地”的独特魅力。强化“四山”保护提升，持续开展违建整治，巩固缙云山整治成果，推动南山城市山地公园建设，保护修复“四山”自然人文环境。加快“两江四岸”治理提升，启动核心区整体提升重点项目，高标准建设长嘉汇大景区，精心塑造十大公共空间，实施60公里贯通工程、“清水绿岸”工程，全面升级“两江游”，构建江城桥都、江城半岛、江城湾区等江城品牌。推动公共空间品质提升，实施坡坎崖绿化美化工程和“增园添绿”工程，利用城市边角地再建设一批社区体育文化公园，营造推窗见绿、出门见景、四季有花的良好环境，构建山城步道、山城公园、山城夜景等山城品牌。实施“小街区规制”，建设开放通透、配套完善、富有人情味的活力街区，改善城市空间品质，塑造美好生活场景。完善城市文化功能，实施传统风貌街区保护提升工程，推进市规划展览馆迁建，规划建设长江文化艺术湾区，启动系列文化艺术场馆规划建设。推进城镇老旧小区和棚户区改造，完善小区基础设施和公共服务设施，提升建筑品质，优化物业管理，改善市民居住条件和生活环境。

以深化大城细管、大城智管、大城众管为抓手提升城市治理水平。加强城市管理制度化建设，落实法治化、标准化、规范化、智能化管理。建设新型智慧城市运行管理中心，推动数字城管全覆盖，延伸智慧链条，拓展应用场景。深化“马路办公”，落实“门前三包”，推广“五长制”。持续实施城市综合管理七大工程，全面推进生活垃圾分类，开展店招店牌、建筑立面、供水安全等专项整治。强化城市运行安全保障，实施高层建筑消防、道路交通、地下管线等重点领域安全隐患排查治理，提高各类灾害事故救援能力，形成全天候、系统性、现代化的城市运行安全保障体系。

（九）加快建设山清水秀美丽之地，努力探索生态优先、绿色发展新路子。坚持“共抓大保护、不搞大开发”，学好用好“两山论”，走深走实“两化路”，深入实施生态优先绿色发展行动计划，努力实现百姓富、生态美有机统一

筑牢长江上游重要生态屏障。组织实施“三线一单”，抓好三峡库区后续工作，完成国土绿化提升行动三年计划，实施“两岸青山·千里林带”工程。深化国家山水林田湖草生态保护修复工程试点，加强地质灾害综合防治，完成1100平方公里水土流失和10个重点区县岩溶石漠化治理。深入推进广阳岛片区长江经济带绿色发展示范，建设“长江风景眼、重庆生态岛”。

倡导绿色生产生活方式。把“绿色+”融入经济社会发展各方面，大力发展循环经济、绿色产业和节能环保产业，全面推进节能降耗。落实最严格水资源管理制度和国家节水行动方案。引导市民践行绿色消费方式，推广节能环保产品，倡导绿色低碳出行，创建绿色家庭、绿色学校、绿色社区，让绿色生活走入寻常百姓家。

完善生态文明体制机制。建立健全国土空间规划和用途统筹协调管控制度，健全自然资源产权制度。建立完善生态环境监管大数据平台和智

能环保服务支撑体系。理顺城乡污水管网建设管理体制。严明生态环保责任制度，深化生态环境保护综合行政执法改革。推进流域横向生态保护补偿改革，探索政府主导、社会参与、市场化运作的生态价值实现路径。

（十）大力发展民生和社会事业，努力创造高品质生活。深入实施保障和改善民生行动计划，加快补齐民生短板，滚动实施15件重点民生实事，确保民生特别是困难群众基本生活得到有效保障和改善

加强就业和社会保障。实施就业优先政策，开展职业技能提升行动，抓好高校毕业生、农民工等重点群体就业，建立促进创业带动就业、多渠道灵活就业机制。落实养老服务发展实施方案，推动城乡社区居家养老服务全覆盖，实施农村失能特困人员集中照护和敬老院提档升级工程，加快建设居家社区机构相协调、医养康养相结合的养老服务体系。稳步提升城乡低保标准，完善分类救助政策。实施青年发展规划。发展儿童、残疾人等福利事业，促进慈善事业发展。提升退役军人服务管理保障水平。建设“劳动者港湾”，让劳动者累了能歇脚、渴了能喝水、饭凉能加热。

办好人民满意教育。普及普惠安全优质学前教育，力争公办园在园幼儿占比达到50%。推进义务教育优质均衡发展，基本消除城镇大班额，规范校外培训机构，完善考试招生制度。统筹推进普通高中新课程改革和高考综合改革。实施职业教育“双高计划”。深化“四新”专业建设，推进一流本科专业和一流课程“双万计划”，实施研究生教育创新计划，提升高等教育整体实力。加快构建服务全民终身学习的教育体系。保护教师合法权益，加强师德师风建设，打造高素质专业化创新型教师队伍，营造“教师节一年只有一天，尊师重教必须365天”的良好社会风尚。

实施健康中国重庆行动。创建国家区域医疗中心，加快建设西部医学中心。扩大“三通”紧密型医共体试点。完善医保综合监管体系，开展新增医疗服务项目价格审批，推进药品耗材集中带量采购和保供稳价。建设“美丽医院”“智慧医院”。做好重大疾病防治，加强疫苗监管。促进中医药传承创新发展。办好市六运会，筹备第18届亚洲杯足球赛，加强重点体育设施建设，开展全民健身，建设体育强市。

丰富群众精神文化生活。弘扬社会主义核心价值观。加强公共文化服务体系标准化建设，实施文化惠民工程。倡导全民阅读，建设书香重庆。发展数字创意文化产业，创建国家级文化产业示范园区。壮大铜梁龙文化产业。鼓励文艺精品创作。推动媒体深度融合。繁荣发展哲学社会科学。抓好大足石刻保护利用，推进钓鱼城遗址、白鹤梁题刻申遗。保护红岩革命文物，用好红色资源，讲好红色故事，传承红色基因。

加强和创新社会治理。深化“枫桥经验”重庆实践十项行动，完善信访制度，健全社会矛盾纠纷多元预防调处化解综合机制。完善立体化、信息化社会治安防控体系，深化扫黑除恶专项斗争。开展市域社会治理现代化试点，拓展群众参与基层社会治理制度化渠道，深化“三社联动”实践，健全党组织领导的自治、法治、德治相结合的城乡基层治理体系。开展城市安全示范创建，推进消防安全、校园安全、道路运输安全、食品药品安全等专项治理。完善应急四大体系，开展大排查大整治大执法，坚决遏制重特大生产安全事故。加强自然灾害防范应对。做好第七次全国人口普查。做好公共法律服务和普法工作。深化民族团结进步创建，依法管理宗教事务。持续推动侨务工作改革创新。加强国防动员和后备力量建设，完善双拥工作和军民共建机制，巩固

发展军政军民团结局面。

各位代表，今年还有一项重要工作，就是研究编制“十四五”规划纲要。我们要紧扣把总书记殷殷嘱托全面落实在重庆大地上这条主线，紧扣贯彻新发展理念、推动高质量发展，突出成渝地区双城经济圈建设，充分发扬民主，凝聚各方智慧，科学确定总体思路、主要目标和重点任务，描绘重庆未来发展美好蓝图。

三、切实加强政府自身建设

今年经济社会发展要求高、难度大、任务重，我们要忠诚履职，科学理政，依法行政，加快推进政府治理体系和治理能力现代化。

坚持把党的领导贯彻到政府工作全过程。以党的政治建设为统领，增强“四个意识”，坚定“四个自信”，做到“两个维护”。深学笃用习近平新时代中国特色社会主义思想，建立不忘初心、牢记使命的制度，巩固拓展主题教育成果。严明政治纪律和政治规矩，完善贯彻落实总书记对重庆重要讲话和重要指示批示精神“回头看”制度，严格执行重大事项请示报告制度。持续深入肃清孙政才恶劣影响和薄熙来、王立军流毒，全面净化政治生态，坚决兑现市委“三个确保”政治承诺。

严格按照制度履行职责行使权力。加强行政立法，推进制度创新，严格规范公正文明执法，加快建设法治政府，着力构建职责明确、依法行政的政府治理体系。完善行政体制，健全部门协调配合机制。优化职责体系，实行政府权责清单制度，推进服务型政府建设。健全决策机制，加强重大决策调查研究、科学论证、风险评估。自觉接受人大监督、政协监督、监察监督、司法监督、社会监督，发挥审计监督、统计监督职能作用，推进政务公开、办事公开。制度的生命力在于执行。我们要自觉尊崇制度，严格执行制度，坚决维护制度，不断提高运用制度干事创业的能力，努力把制度优势转化为治理效能。

切实增强斗争精神和斗争本领。弘扬真抓实干、雷厉风行的良好政风，大力纠治形式主义、官僚主义，以钉钉子精神抓好工作部署、协调调度、督促检查和考核评估。注重学习提能，加强思想淬炼、政治历练、实践锻炼、专业训练，在斗争中经风雨、见世面、壮筋骨、长才干，练就担当作为的硬脊梁、铁肩膀、真本事。完善担当作为的激励机制和容错纠错机制，为担当者担当，为负责者负责，为干事者撑腰。

始终保持清正廉洁的公仆本色。压紧压实政府系统党组织管党治党政治责任，严格落实中央八项规定精神和市委实施意见，坚决整治群众身边腐败和作风问题。加强审批监管、工程建设等重点领域反腐，深化“以案四说”“以案四改”，一体推进不敢腐、不能腐、不想腐。政府系统工作人员要明大德、守公德、严私德，知敬畏、存戒惧、守底线，以为政清廉取信于民。

各位代表！70年后再出发，而今迈步从头越。让我们更加紧密地团结在以习近平同志为核心的党中央周围，坚持以习近平新时代中国特色社会主义思想为指导，全面贯彻落实总书记对重庆的重要指示要求，在中共重庆市委领导下，不忘初心、牢记使命，只争朝夕、不负韶华，为决胜全面建成小康社会、开启社会主义现代化建设新征程而不懈奋斗！

关于重庆市 2019 年国民经济和社会发展计划执行情况及 2020 年计划草案的报告

——2020 年 1 月 11 日在重庆市第五届人民代表大会第三次会议上

重庆市发展和改革委员会　董建国

各位代表：

受市人民政府委托，现将 2019 年国民经济和社会发展计划执行情况及 2020 年计划草案提请大会审查，并请各位政协委员提出意见。

一、2019 年国民经济和社会发展计划执行情况

2019 年，全市上下坚持以习近平新时代中国特色社会主义思想为指导，全面落实习近平总书记对重庆提出的“两点”定位、“两地”“两高”目标、发挥“三个作用”和营造良好政治生态的重要指示要求，统筹推进“五位一体”总体布局，协调推进“四个全面”战略布局，坚持稳中求进工作总基调，深入贯彻新发展理念，落实高质量发展要求，深化供给侧结构性改革，持续打好“三大攻坚战”，大力实施“八项行动计划”，统筹推进稳增长、促改革、调结构、惠民生、防风险、保稳定，坚决肃清孙政才恶劣影响和薄熙来、王立军流毒，认真开展“不忘初心、牢记使命”主题教育，成功举办庆祝新中国成立 70 周年系列活动，地区生产总值增长 6.3%，全市经济韧性增强、新的动能集聚、市场活力提升，高质量发展态势更加明显，保持了经济持续健康发展和社会大局稳定，全面建成小康社会取得新的重大进展。

——新旧动能转换加速。支柱产业升级换代加快，智能制造加速推进，工业技改投资占工业投资比重达到 39%。智能产业销售收入增长 14%，高技术制造业和战略性新兴产业增加值分别增长 12.6%、11.6%。服务贸易增长 11% 左右，加工贸易增长 12.5%。科技型企业突破 1.6 万家、增长 45% 以上，高新技术企业超过 3100 家、增长 20% 以上。全市新增市场主体 46.2 万户，民营经济增加值增长 7%，占比达 51.5%。

——经济结构不断优化。三次产业结构占比为 6.6 ∶ 40.2 ∶ 53.2。现代服务业占服务业比重超过 60%，商贸、金融、数字服务、大健康、文化旅游、物流业六大产业增加值占服务业增加值比重达 75%。工业投资增长 8.8%，占投资比重约 26%。出口商品结构优化，电子信息产品对出口增长的贡献率达 89.8%，高新技术产品出口占比提高到 70.8%。

——社会民生不断改善。全面完成脱贫攻坚年度目标任务，4 个县能够摘帽，33 个村、11.44 万贫困人口脱贫。城镇新增就业 75 万人，城镇调查失业率 5% 左右。全市居民人均可支配收入增长 9.6%，高于经济增速 3.3 个百分点。长江干

流重庆段水质总体为优，城市生活垃圾无害化处理率保持 100%。居民消费价格指数 102.7% 左右，物价稳定在合理水平。

一年来重点抓了以下工作。

（一）统筹发展工业、服务业、农业，发展基础进一步夯实

一是聚焦大数据智能化抓工业。出台推动制造业高质量发展专项行动方案，材料、消费品、电子、装备、生物医药等支柱产业保持较快增长，工业经济持续回暖。多措并举推动汽车产业尽快企稳，汽车产业增加值降幅逐月收窄。大力发展新一代信息技术、高端装备制造、新能源汽车等战略性新兴产业，加快打造重庆制造“升级版”。持续壮大“芯屏器核网”全产业链，促进智能产业、智能制造、智慧城市协同发展。实施 1280 项智能化改造项目，建成智能工厂、数字化车间 140 个。海康威视重庆基地二期等项目落地，紫光华智数字工厂等项目开工，OPPO（重庆）智能生态科技园一期等项目投产，联合微电子中心等投入运营，出台新型智慧城市建设方案和政务数据资源管理暂行办法，全面推行“云长制”，管云管数管用全面推进，礼嘉智慧公园建成投用，大数据智能化商用、政用、民用价值加速释放。启动建设国家数字经济创新发展试验区，新增大数据智能化企业 1200 余家，数字经济增加值增长 15% 左右。

二是聚焦新业态新技术新模式抓服务业。出台我市现代服务业发展计划，推进国家服务业综合改革试点，推动生产性服务业向专业化和价值链高端延伸、生活性服务业向高品质和多样化升级。服务业增加值增长 6.4%，对经济增长贡献率达到 51.3%。获批国家物流降本增效综合改革试点，率先在全国探索分区协同、城乡一体等共同配送模式，全社会物流总费用占 GDP 比例下降至 14.7% 左右。江北嘴金融科技港揭牌，已引进度小满金融、小米金融科技西部中心等 20 余家机构和企业入驻。实施重庆市会展业创新提升行动计划，实现会展直接收入 213.8 亿元。出台加快电子商务产业发展的意见，网络零售额增长 25%，跨境电商进出口及结算增长 17.8%。成功举办第六届中国西部旅游产业博览会，巫山县、武隆区成功入选首批国家全域旅游示范区。持续推进降低国有重点景区门票价格，都市旅游、乡村古镇游、红色旅游持续火爆。全市接待境内外游客 6.6 亿人次，实现旅游总收入 5734 亿元，分别增长 10% 和 32.1%。

三是推动乡村产业高质量发展。在稳定粮食生产、保障重要农产品有效供给基础上，持续深化农业供给侧结构性改革，坚持以实施“十百千”工程为抓手调整优化农业结构，全年新发展特色产业 140 万亩、总面积达到 3075 万亩。全力保障口粮安全，稳定发展水稻 980 万亩，优质率提高到 53%。千方百计稳定生猪生产，实现新增产能 164 万头。农业“接二连三”态势良好，农产品加工产值、乡村旅游综合收入、农产品网络零售额分别增长 10%、20% 和 35%。“巴味渝珍”区域公用品牌累计授权使用产品 431 个。新创建国家农业绿色发展先行区 3 个，4 个国家农村产业融合发展示范园通过国家认定。3 个国家现代农业产业园建设初见成效，首批 20 个重点现代农业产业园加快建设。

（二）统筹协调投资、消费、出口，发展引擎进一步做强

一是持续扩大有效投资。加强重大项目投资调度，协调解决卡点难点事项 74 项。2019 年实际执行重大建设项目 734 个，年度完成投资 3670 亿元，为年初计划投资的 106%。224 项重大前期项目总体进展顺利。渝昆高铁、乌江白马

航电枢纽工程等140余个项目实现开工，巫山机场、永川大安通用机场等项目正式投用，黔张常铁路正式通车运营。加大工业投资推进力度，新开工10亿元以上的工业投资项目34个，总投资865亿元。推进基础设施建设，加快主城区936公里城市快速路、主干路及次支道路建设，续建60座、新开工35座中小型水源工程。加大资金保障力度，建立“项目池”与“资金池”对接机制，鼓励金融机构积极为重大项目提供融资。发行政府债券1253亿元。大力推进招商引资，智博会、西洽会搭建起招商引资、扩大开放的国际性平台。全年新签约招商引资正式合同项目近2000个、合同总额突破1.4万亿元，其中工业项目合同额占比超过40%，覆盖大数据智能化、新能源汽车、高端装备、生物医药、新材料等领域。

二是促进消费优化升级。实施消费升级行动计划，出台加快建设国际消费中心城市的实施意见，完善促进消费体制机制，进一步激发居民消费潜力。探索打造国际消费示范区，统筹推进中央商务区、商圈、特色商业街规划建设，推进以解放碑步行街为重点的步行街改造提升试点工作。累计建成百亿级商圈12个、市级特色商业街22条、市级夜市33条、中华美食街17条、市级美食街53条。加快构建“线上+线下、商品+服务、零售+体验”的现代零售体系，跨境电商O2O体验店超过1500家。大力开展各类消费促进活动，举办国际美食节，联动500余家企业惠民促销。首店经济、夜间经济等新消费业态加快发展，商旅文融合进一步加快。

三是切实抓好外贸进出口。密切关注中美经贸摩擦对企业的影响，采取有效措施降低企业生产经营风险，防止产业链外迁。加大对“一带一路”沿线国家、东盟、欧盟的市场拓展力度，进出口额分别增长32.1%、43.2%和8.4%，占全市进出口总额的比重分别达到28%、19%和18.4%，在对美进出口增速下降7.4%的情况下，对进出口增长形成有力支撑。加快推进加工贸易承接转移示范地建设，提升一般贸易出口产品附加值，加快发展整车进口保税、总部贸易、转口贸易、跨境电商、保税贸易等新业态。推进两江新区深化服务贸易创新发展试点，服务贸易进出口增长20%，“保税+飞机租赁”累计完成9架次。

（三）统筹推进改革、开放、创新，发展活力进一步增强

一是狠抓重点改革。全面优化营商环境，出台我市营商环境优化提升工作方案。深入推进“放管服”改革，政府服务“全渝通办”“网上办”事项比例超过80%，一般社会投资项目审批时间压减至50个工作日以内，企业开办时间压缩至3个工作日以内、前置审批事项减少至32项。推进自贸区“证照分离”改革全覆盖试点，对所有涉企经营许可事项实行清单管理。完善公共资源交易制度体系，出台深化公共资源交易监督管理改革系列文件，实现公共资源交易集中统一监管。整合建立重庆市公共资源交易中心，推动公共资源交易全程电子化，基本形成“云+网+端”运行模式和全市一张网交易体系。贯彻落实国家减税降费政策，大力实施我市“涉企减负30条”“支持实体经济18条”“降低制造业企业成本36条”“降低企业用电成本16条”等措施，全年为企业减负降本1000亿元左右。推进涉企行政事业性收费零收费。深化科技体制改革，知识价值信用贷款改革试点实现全覆盖，2118家科技型企业获得知识价值信用贷款66亿元，分别增长3.2倍和3.8倍，成为国务院第6次大督查向全国推广的32个典型经验做法之一。深化财政金融改革，全面实施预算绩效管理，推进市区县财政事权和支出责任划分改革。有序推进

国企国资改革，市属国有重点企业及下属企业中混合所有制改革进度加快。深化社会信用体系建设，形成守信联合激励和失信联合惩戒格局。出台促进我市国家级开发区改革和创新发展若干政策措施，重庆高新区、经开区管理体制进一步完善。

二是狠抓开放合作。召开全面融入共建“一带一路”加快建设内陆开放高地推进大会。积极推动国家出台西部陆海新通道总体规划并上升为国家战略，促成西部12省区市、海南省、广东湛江市签订“合作共建西部陆海新通道框架协议”。成功举办上海合作组织地方领导人会晤和博鳌亚洲论坛第二届亚欧合作对话。圆满召开中新双边合作机制会议，自贸协定升级版正式生效，中新金融科技合作示范区初步启动。中新（重庆）国际互联网数据专用通道建成开通。自贸试验区陆上贸易规则探索取得重要进展，联合国贸法会和商务部在重庆举办“国际贸易中的铁路运单使用及未来法律框架高级别研讨会”。自贸试验区新增注册企业1.2万家，占全市比重10%。铁海联运班列、东盟公路班车、国际铁路联运三种方式进出口额分别增长48.1%、70.4%和5.1倍。中欧班列（重庆）累计开行超过4500班，2019年折重列、重箱量排名全国中欧班列第一。集装箱船舶三峡大坝优先过闸实现制度化，渝沪直达快线开行超260航次，果园港港口型国家物流枢纽纳入2019年国家物流枢纽建设名单，也是内陆地区唯一港口型国家物流枢纽。大力打造国际航空枢纽，新开重庆至布达佩斯、斯哈恩、万象等13条国际航线，累计开通国际航线95条。加快智慧口岸建设，整体通关时间大幅压缩，果园港区口岸开放获国务院批复，涪陵综合保税区封关运行。

三是狠抓全面创新。推进创新平台升级，国家（西部）科技创新中心建设方案加快编制，重庆科学城规划建设稳步推进，重庆高新区体制改革基本完成。两江协同创新区加快建设，长安汽车全球智慧研发平台暨全球研发中心等多个平台建成投用。中国智谷（重庆）科技园创新资源加快集聚，积极探索校地协同创新。与国家自然基金委设立联合基金，获批国防科技创新快速响应小组，新增超声医学工程、山区桥梁及隧道工程2个国家重点实验室，新签约引进新型研发机构31家。新增46个博士后流动站和工作站、1个市级留学人员创业园。加快推进“双一流”建设，启动建设6个环大学创新生态圈，搭建各类创新平台36个，培育引进科技创新项目175个，集聚创新创业人才3800余名。全社会研发经费支出增长12.1%。全市发明专利授权量5641件、增长16.5%，有效发明专利32304件、增长23.8%，万人发明专利拥有量10.5件、增长15.2%。技术合同成交2317项、总金额134亿元，分别增长80.5%、131.6%。大力实施“重庆英才计划”，成功召开“2019重庆英才大会”，新引进国内外院士等高端人才57人，新增国家“万人计划”等国家级人才71人，累计达到667名，柔性引进“两院院士”61名，新引进外国高层次人才276人。

（四）统筹抓好扶贫、就业、社会事业，发展成果进一步共享

一是持续推进脱贫攻坚。聚焦解决“两不愁三保障”突出问题，制定实施方案，优化政策供给，开展多轮次排查，推动扶贫政策到户到人，“两不愁三保障”问题动态清零。一体推进中央巡视、国家考核和督查等各类反馈问题和自身检视问题整改。全面完成“十三五”期间易地扶贫搬迁任务25.2万人，加强搬迁后续帮扶，确保搬得出、稳得住。深入推进就业扶贫、电商扶贫、消费扶贫、生态扶贫、资产收益扶贫等，持续增

强贫困地区和贫困群众发展能力。深入推进产业扶贫，各贫困区县均培育1个以上主导产业，全市累计建立扶贫产业基地653万亩，扶贫产业到户35万余户，覆盖贫困人口122万人。深化鲁渝扶贫协作，落实帮扶资金6.63亿元，引进山东企业33家来渝投资43亿元，新增结对学校57所，总数达180所。

二是持续推进就业创业。大力实施就业优先政策，持续实施“就在山城”就业促进计划和“渝创渝新”创业促进计划，精准帮扶高校毕业生、退役军人、返乡农民工等重点群体就业创业，开展就业援助月、春风行动、梦想驿站、雪中炭火等专项活动。建立就业扶贫车间216个，吸纳建卡贫困人员就业1924人。应届高校毕业生、退役军人、农民工、城镇登记失业人员、就业困难人员等重点群体就业形势稳定。

三是大力发展社会事业。15件重点民生实事年度任务全面完成，其中3件提前完成总目标任务（即主城区新增公厕725座,“增绿添园”超1000万平方米，建成公共直饮水点456个）。统筹实施住房保障，新增配租2.26万套公租房。筹集1.1万套“拎包入住”的人才公寓供高层次人才使用，为青年人才提供定向配租住房2.5万套。推动学前教育普及普惠和义务教育优质均衡发展。统筹推进普通高中课程改革和高考综合改革。持续推进基本公共卫生服务均等化。实施新一轮改善医疗服务行动计划和基层医疗卫生机构医防融合发展机制试点，医防融合试点已扩大到25个区县130个基层医疗卫生机构。推进分级诊疗制度建设，开展县域紧密型医共体试点。全面执行“4+7”国家药品集中采购试点，25个药品平均降幅52%。社会组织持续健康发展，全市民政部门登记社会组织1.76万个。加强养老服务和社会保障体系建设，颁布我市养老机构管理办法，取消养老机构设立许可，支持社会力量举办养老机构，出台全市社区居家养老服务全覆盖实施方案，促进居家社区机构协调发展。加强防灾减灾、安全生产等工作，连续三年无重特大事故发生。

（五）统筹保卫碧水、蓝天、净土，绿色发展本底进一步厚植

一是坚决保护好长江母亲河。严格执行长江干流及主要支流管控政策，完成重庆市长江经济带战略环境评价“三线一单”编制，初步建立全市生态环境分区管控体系。加强长江岸线保护利用，加快实施长江及支流两岸废弃露天矿山修复，巩固长江干流非法码头、非法采砂整治成果。全年完成植树造林绿化477.3万亩，全市森林覆盖率达到50.1%。做好三峡库区后续工作，加大水土流失、地质灾害和消落区整治力度，系统性保护修复长江生态环境，基本实现三峡水库江清岸洁。广阳岛成为长江上游地区首个国家支持开展长江经济带绿色发展示范的区域。

二是持续改善生态环境质量。着力打好碧水保卫战，全面落实河长制，深入推进“三水共治”，率先开展长江入河排污口排查整治试点，实施污水处理提质增效三年行动，常态化开展污水偷排直排乱排专项整治，长江干流重庆段水质总体为优，纳入国家考核的42个断面水质优良比例达到97.6%，同比上升7.1个百分点。坚决打赢蓝天保卫战，突出控制交通、工业、扬尘和生活污染，开展冬春季、秋冬季蓝天保卫战攻坚行动和夏季臭氧污染应对专项行动，空气质量优良天数达到316天。扎实推进净土保卫战，土壤污染风险得到有效管控，土壤环境质量总体稳定。医疗废物集中无害化处置实现镇级全覆盖，主城区纳入全国“无废城市”试点。切实减少社会生活噪声、交通噪声扰民，加强施工噪声、工

业噪声管控，声环境质量保持稳定。严控核与辐射安全风险，辐射环境质量保持稳定。加强生态环境监管和执法，保持打击环境违法行为高压态势，未发生较大及以上突发环境事件。

三是切实解决突出生态环境问题。扎实抓好第一轮中央生态环保督察反馈问题、2018 年生态环境警示片披露问题整改落实，整改工作取得显著成效。缙云山自然保护区环境综合整治、乡镇污水治理、餐饮船舶取缔、水磨溪自然保护区整改等一批整改成效被国家作为示范典型予以宣传推介。认真做好配合第二轮中央生态环保督察工作，顺利完成督察期间各项配合工作。

四是着力形成绿色发展方式和生活方式。大力发展绿色产业，深入推进清洁生产，扎实推进绿色制造体系建设，培育壮大以生态旅游、生态康养等为重点的生态产业体系。建设绿色家园，引导群众植绿、增绿、爱绿、护绿，养成尊重自然、节约资源、保护环境的行为习惯。构建绿色体制，出台我市建立市场化多元化生态保护补偿机制实施方案，积极推动与四川、贵州等地建立省际流域横向生态保护补偿机制，全国首创建立横向生态补偿提高森林覆盖率机制，开展“林长制”试点，完善排污权交易配套政策。

（六）统筹实施乡村振兴、城市提升、区域协同，发展格局进一步优化

一是扎实推进乡村振兴。统筹推进乡村产业、人才、文化、生态、组织“五个振兴”。大力发展现代山地特色高效农业，持续做大做强柑橘、榨菜、柠檬、草食牲畜等 11 个优势特色产业，促进全产业链增值增效。“大棚房”问题集中专项整治全面完成，非洲猪瘟、草地贪夜蛾防控有力有效。累计培育家庭农场 1.4 万家、农民专业合作社 3.6 万个，回引 9166 名本土优秀人才回村挂职、创业。累计完成 922 个乡镇（街道）、7642 个村（社区）综合文化服务中心建设和提升，创建全国文明村镇 101 个。深入推进农村人居环境“五沿带动、全域整治”，村庄清洁行动全面有序实施，完成 45.1 万户左右农村户厕改造，农村卫生厕所普及率达到 79.7%；行政村生活垃圾有效治理率达到 93%，1000 人以上常住人口农村聚居点集中式污水处理设施基本实现全覆盖，畜禽粪污资源化利用率达到 73%。持续深化农业农村改革，全市农村承包土地、农户确权率均达 99% 以上，证书颁发率 94.8%，土地流转率 44.4%，适度规模集中度 37.3%。农村“三变”改革试点村新增 99 个，总数达到 137 个。获批全国农村集体产权制度改革整市推进试点，西部片区（9 个区）成功纳入全国首批城乡融合发展试验区。360 个“三社”融合发展试点成效初显。

二是统筹推进城市提升。基本形成全市国土空间总体规划方案，启动区县国土空间总体规划编制，科学谋划未来发展空间格局。大力推进主城“四山”和“两江四岸”治理提升。推动以“两江四岸”为主轴的城市有机更新，策划打造文化艺术、历史人文、生态文明、智能创新“四大湾区”。实施“治乱拆违、街净巷洁、路平桥安、整墙修面、灯明景靓、江清水畅、城美山青”七大工程，完成阶段性目标。促进产城景有机融合，推进历史文化保护传承规划和实施方案，做好长嘉汇大景区整体提升，构建山城江城系列特色品牌。开工建设 11 条重点特色山城步道，渝中区环城墙步道山城巷支线、南岸区黄桷垭老街等已成为热门旅游景点。着力完善服务高品质生活的公共服务体系，推进托幼、上学、就医、养老、文化等设施均衡布局。利用“四边地”留白增绿添园，建设一批社区体育文化公园。加快推进老旧小区和棚户区改造，惠及群众 7.5 万户。大城细管、大城智管、大城众管不断深化，“马路办公”成为常态，城市环境明显改

善，城市美誉度不断提高。

三是深入推进区域协调发展。与四川省签署“2+16”合作协议，切实强化顶层设计和统筹协调。开通成渝两地跨省门诊费用直接结算试点。不断深化与周边省市战略合作，加快落实与有关省份合作协议。贯彻落实中央关于建立更加有效的区域协调发展新机制的意见，研究制定我市实施意见，加快编制关于主城都市区、渝东北三峡库区城镇群、渝东南武陵山区城镇群分类发展实施方案，研究制定差异化配套政策。统筹推进新型城镇化工作，积极支持引导有关区县开展国家新型城镇化综合试点，推动全市特色小镇规范有序发展。

市五届人大二次会议批准的《关于重庆市2018年国民经济和社会发展计划执行情况及2019年计划草案的报告》明确的32个指标中，单位地区生产总值二氧化碳排放等7个约束性指标全部完成，有18个预期性指标顺利完成，特别是地区生产总值增速在全国位次从2018年的第25位提升到了第17位，城镇新增就业比年初预期目标多15万人，居民人均可支配收入增速分别比经济增速和预期目标高2.7个和1个百分点，与民生相关的指标完成较好，人民群众的获得感、幸福感、安全感明显增强。

表1　2019年国民经济和社会发展计划主要指标预期目标完成情况

序号	指标名称	2019年预期	2019年实际
1	地区生产总值增速（%）	6	6.3
2	农业增加值增速（%）	4.5左右	4左右#
3	规上工业增加值增速（%）	4左右	6.2
4	战略性新兴产业增加值增速（%）	15左右	11.6#
5	高技术产业增加值占工业比重（%）	20左右	19左右
6	数字经济增加值增速（%）	12左右	15左右
7	规上工业全员劳动生产率（万元/人年）	34左右	34以上
8	科技进步贡献率（%）	58左右	58左右
9	规上工业企业利润增速（%）	5左右	−2#
10	新登记市场主体增速（%）	14左右	18.3
	其中：市场主体净增长（%）	6以上	8.7
11	服务业增加值增速（%）	8左右	6.1左右#
12	文化产业增加值增速（%）	7左右	10左右
13	固定资产投资增速（%）	8左右	5.7#
	其中：民间投资增速（%）	10左右	3.3
14	社会消费品零售总额增速（%）	7左右	8.7
15	进出口总值增速（%）	正增长	11
16	服务贸易增速（%）	15左右	11左右#
17	实际利用外资（亿美元）	100以上	100以上

续表

序号	指标名称	2019 年预期	2019 年实际
18	全社会研发经费支出占地区生产总值比重（%）	2 以上	2.05 左右
19	非公经济增加值占地区生产总值比重（%）	62 以上	62.1
	其中：民营经济占比（%）	51 以上	51.5
20	一般公共预算收入增速（%）	0	−5.8#
	其中：税收增速（%）	4 左右	−3.9
21	全体居民人均可支配收入增速（%）	8 左右	9.6
	其中：农村居民人均可支配收入增速（%）	8.6 左右	9.8
22	主城区空气质量优良天数（天）*	300 以上	316
23	森林覆盖率（%）*	49 以上	50.1
24	能源消耗总量增速（%）*	4	4
25	单位地区生产总值能耗下降（%）*	1.2 ▽	1.2 ▽
26	单位地区生产总值二氧化碳排放下降（%）*	1.2 ▽	1.2 ▽
27	主要污染物排放总量减少（%）*		
	# 化学需氧量（%）	7.0 ▽	7.0 ▽
	# 二氧化硫（%）	21.3 ▽	21.3 ▽
	# 氨氮（%）	6.0 ▽	6.0 ▽
	# 氮氧化物（%）	14.9 ▽	14.9 ▽
28	减少农村贫困人口（万人）*	10	11.44
29	常住人口城镇化率（%）	65.3	66.8
30	新增城镇就业（万人）	60 以上	75
31	城镇登记失业率（%）	4 左右	2.3 左右
	城镇调查失业率（%）	5.5 左右	5 左右
32	居民消费价格指数（%）	103 左右	102.7

注：1.“*”为约束性指标，其他为预期性指标。

2.“▽”为预期下降目标，以国家复核数为准。

3.“#”为完成难度较大的预期性指标。其中税收增速目标，2019 年 5 月经市人大常委会审议通过从年初确定的 7% 下调为 4% 左右，一般公共预算收入预期相应调整为正增长（扣除减税因素后，全市税收增长 6.6% 左右）。

4.“主要污染物排放总量减少”的基期是 2015 年，即表中下降百分比为 2019 年水平与 2015 年水平相比较的结果。

但有 8 个预期性指标达到预期目标有难度：一是规上工业企业利润增速，主要是因为我市以中低端产品为主的汽车、电子信息等产业及相关企业受国内外市场冲击的影响较大，其中汽车产业利润同比净减少 99.6 亿元、拉低全市工业利润增速 10 个百分点，加之原材料上涨等因素导致企业利润下降较大。二是一般公共预算收入增速，主要是因为严格落实中央更大规模减税降费政策，拉低我市地方级税收增幅；同时，汽车、电子信息、房地产等税收占比较大的行业增速大幅放缓甚至为负，新兴产业税收贡献度有所提升但短期内其增长拉动作用有限。三是固定资产投资增速，主要是由于市场预期不稳、投资回报低等因素持续影响，企业投资意愿不足和投资能力减弱，房地产投资从年初的15.4%持续回落至4.5%，民间投资增速从年初的15.3%持续回落至3.3%；同时，受债务管控、投资信心不足等因素影响，基础设施投资下降0.7%。此外，受房地产业和传统消费增速放缓影响，服务业增长不及预期；受外部需求减弱影响，战略性新兴产业增加值增速不及预期；部分电子信息企业结算业务调整，对我市服务贸易增长产生较大影响；非洲猪瘟影响生猪产量，对农业增加值增长有小幅拖累。

二、2020年国民经济和社会发展计划总体考虑

2020年是全面建成小康社会和“十三五”规划的收官之年，是实现第一个百年奋斗目标、为“十四五”发展和实现第二个百年奋斗目标打好基础的起步之年，做好全市经济社会发展各项工作意义重大。我们要坚持底线思维，保持战略定力，从长期大势认识当前形势，抓住用好战略机遇，推动高质量发展之路越走越宽广。

（一）宏观形势判断

当前世界经济增长持续放缓，仍处在国际金融危机后的深度调整期，世界大变局加速演变的特征更趋明显，全球动荡源和风险点显著增多。我国正处在转变发展方式、优化经济结构、转换增长动力的攻关期，结构性、体制性、周期性问题相互交织，“三期叠加”影响持续深化，经济下行压力加大。我市经济基本面总体向好，但经济发展结构性体制性矛盾还比较突出，推动高质量发展仍面临不少困难。一是经济平稳运行的基础还不够牢固。投资增长后劲不足，传统消费进入瓶颈期、新兴消费增长尚弱，稳定利用外资压力增大，外贸新增长点亟待培育。二是产业结构处于深度调整期。支柱产业核心竞争力亟待提升，产业链水平总体偏低。创新能力依然不强，集聚创新资源需要持续用力。优质市场主体不足，营商环境有待优化。三是金融等领域风险仍需加强防控。一些区县税收增长压力、财政收支平衡压力、化解政府债务压力并存。部分重点企业债务风险集聚，防范风险传导压力较大。四是民生等领域短板亟待补齐。生态环境较为脆弱，污染防治任务较重，交通、水利、能源等基础设施仍有欠账，民生保障仍有不少短板。

在看到经济运行中风险挑战上升的同时，更要看到我市经济发展面临的重大机遇。一是习近平总书记亲临重庆视察指导，要求全市用好“四大优势”、发挥“三个作用”，从战略和全局的高度赋予重庆新的重大使命，给了我们最根本的遵循和指引、最强大的动力和鞭策。二是中央财经委员会第六次会议提出要推动成渝地区双城经济圈建设，在西部形成高质量发展的重要增长极，使成渝地区成为具有全国影响力的重要经济中心、科技创新中心、改革开放新高地、高品质生活宜居地，必将为我市高质量发展注入强大动力。三是党的十九届四中全会明确了发挥制度优势、提高治理效能的主攻点和着力点。全市深入学习贯彻党的十九届四中全会精神，持续用力把制度自信转化为政治自觉，把制度优势转化为治理效能，把制度意识转化为执行能力，以高水平治理推动高质量发展。四是中央经济工作会议明确了经济工作的总体要求和重点工作。全市深入贯彻中央经济工作会议精神，从“中华民族伟大复兴的战略全局、世界百年未有之大变局”两个

大局出发谋划工作，对标对表推进部署，事项化、清单化、项目化抓落实，科学稳健把握宏观政策逆周期调节力度，从系统论出发优化经济治理方式，通过改革破除发展面临的体制机制障碍，牢牢守住不发生系统性风险的底线，确保全市经济实现量的合理增长和质的稳步提升。五是自 2017 年 7 月以来，全市政治生态持续向好，干部群众精神状态积极向上，经济社会发展各项事业稳步向前，人民群众获得感、幸福感、安全感不断增强，经济高质量发展势头强劲。

（二）总体要求

以习近平新时代中国特色社会主义思想为指导，全面贯彻党的十九大、十九届二中三中四中全会精神和中央经济工作会议精神，增强“四个意识”，坚定“四个自信”，做到“两个维护”，深化落实习近平总书记对重庆提出的“两点”定位、“两地”“两高”目标、发挥“三个作用”和营造良好政治生态的重要指示要求，贯彻落实党中央关于推动成渝地区双城经济圈建设的重大战略部署，紧扣全面建成小康社会目标任务，坚持稳中求进工作总基调，坚持新发展理念，坚持以供给侧结构性改革为主线，坚持以改革开放为动力，坚决打赢“三大攻坚战”，深入实施“八项行动计划”，全面做好“六稳”工作，推动高质量发展之路越走越宽广，确保重庆经济实现量的合理增长和质的稳步提升，确保全面建成小康社会和“十三五”规划圆满收官。

（三）主要发展目标

为全面贯彻落实习近平总书记视察重庆重要讲话精神，对标高质量发展指标体系和全面建成小康社会的需要，结合“三大攻坚战”和“八项行动计划”目标管理体系要求，2020 年国民经济和社会发展计划指标继续沿用 2019 年的 32 个指标，充分体现高质量发展的要求。32 个指标中，减少农村贫困人口数、主城区空气质量优良天数、森林覆盖率、能源消耗总量增速、主要污染物排放总量减少、单位地区生产总值能耗下降和二氧化碳排放下降等 7 个为约束性指标，是政府履行公共职能必须达到的；其余 25 个为预期性指标，体现导向性，实际工作中允许出现适度偏离。

综合考虑高质量发展这一根本要求和决胜脱贫攻坚、决胜全面建成小康社会的需要，对标对表中央经济工作会议总体要求，按照底线思维、把握主动的原则，综合分析 2020 年国内外经济形势、宏观政策取向和经济增长支撑因素，提出全市经济增长预期目标 6%。一是习近平总书记赋予了重庆发挥“三个作用”的重大使命，对重庆高质量发展寄予了厚望，2020 年目标定为 6%、争取实现更好结果。稳就业、增收入、惠民生、防风险以及稳预期都需要一定的经济增速作为支撑，目标不宜过低。二是自 2018 年四季度起，我市 GDP 增速逐季回升，主要经济指标增势向好，老问题逐步消化，新动能加速成长，2020 年将延续 2019 年稳中提质的发展态势。三是从三次产业增长的潜力分析，汽车产业有望止滑企稳实现正增长，在智能手机、笔记本电脑、消费品工业等产业拉动下，预计规上工业增加值增长 6% 左右；在大数据、大健康、大旅游等新兴服务业带动下，预计服务业增加值增长 6% 左右；建筑业和农业增加值有望分别达到 7% 和 4%。从投资、消费、出口“三驾马车”的支撑分析，在一大批重大项目支撑下，工业投资、基础设施投资力争保持 7%、6% 左右的增长，预计投资增长 6% 左右；在国家消费刺激政策、城市“热点效应”、消费模式升级等带动下，预计社零总额增长 7.5% 左右；虽然中美经贸摩擦对稳外贸产生较大影响，但在外贸市场持续开拓下，预计进出口总值增长 5% 左右。综合判断，2020 年实现6%的经济增长是有条件的。

对照党的十八大对全面建成小康社会提出的“两个翻番”量化指标看，2018年人均地区生产总值、居民人均可支配收入已经提前实现在2010年基础上翻一番目标。对照“十三五”规划目标看，五大类38项（含子项）指标中，16项约束性指标全部达到进度要求。按照目前确定的2020年预期目标，多数指标能够实现规划目标，但有个别预期性指标在当时受孙政才恶劣影响、目标定得不科学不合理（比如，地区生产总值年均增速9%、2020年需增长12.9%；外贸进出口总值1万亿元，而2019年不到5800亿元，服务贸易500亿美元，而2019年仅270亿美元），无法完成“十三五”规划预期目标。

表2 2020年国民经济和社会发展计划草案

序号	指标名称	2019年实际	2020年预期
1	地区生产总值增速（%）	6.3	6
2	农业增加值增速（%）	4左右	4左右
3	规上工业增加值增速（%）	6.2	6左右
4	战略性新兴产业增加值增速（%）	11.6	10以上
5	高技术产业增加值占工业比重（%）	19左右	20左右
6	数字经济增加值增速（%）	15左右	15左右
7	规上工业全员劳动生产率（万元/人年）	34以上	35以上
8	科技进步贡献率（%）	58左右	59左右
9	规上工业企业利润增速（%）	−2	正增长
10	新登记市场主体增速（%）	18.3	14左右
11	服务业增加值增速（%）	6.1左右	6左右
12	文化产业增加值增速（%）	10左右	8左右
13	固定资产投资增速（%）	5.7	6左右
	其中：民间投资增速（%）	3.3	3.5左右
14	社会消费品零售总额增速（%）	8.7	7.5左右
15	进出口总值增速（%）	11	5左右
16	服务贸易增速（%）	11左右	10左右
17	实际利用外资（亿美元）	100以上	100左右
18	全社会研发经费支出占地区生产总值比重（%）	2.05左右	2.1左右
19	非公经济增加值占地区生产总值比重（%）	62.1	62.5左右
	其中：民营经济占比（%）	51.5	52左右
20	一般公共预算收入增速（%）	−5.8	1左右
	其中：税收增速（%）	−3.9	1左右
21	全体居民人均可支配收入增速（%）	9.6	8左右
	其中：农村居民人均可支配收入增速（%）	9.8	8.6左右
22	主城区空气质量优良天数（天）*	316	300以上
23	森林覆盖率（%）*	50.1	50以上
24	能源消耗总量增速（%）*	4	5.5
25	单位地区生产总值能耗下降（%）*	1.2▽	1.3▽

续表

序号	指标名称	2019年实际	2020年预期
26	单位地区生产总值二氧化碳排放下降（%）*	1.2 ▽	1.9 ▽
27	主要污染物排放总量减少（%）*		
	# 化学需氧量（%）	7.0 ▽	7.4 ▽
	# 二氧化硫（%）	21.3 ▽	22 ▽
	# 氨氮（%）	6.0 ▽	6.3 ▽
	# 氮氧化物（%）	14.9 ▽	18 ▽
28	减少农村贫困人口（万人）*	11.44	2.5左右（剩余）
29	常住人口城镇化率（%）	66.8	67以上
30	新增城镇就业（万人）	75	60以上
31	城镇登记失业率（%）	2.3左右	4.5以内
	城镇调查失业率（%）	5左右	5.5左右
32	居民消费价格指数（%）	102.7	103.5左右

注：1."*"为约束性指标，其他为预期性指标。

2."▽"为预期下降目标，以国家复核数为准。

3."主要污染物排放总量减少"的基期是2015年，即表中下降百分比为2020年水平与2015年水平相比较的结果。

（四）重大项目安排

2020年计划安排市级重大项目1181个，包括年度建设项目938个，总投资2.7万亿元，年度计划完成投资3610亿元；重大前期项目243个，总投资1.5万亿元。年度建设项目具体分五类安排：重大乡村振兴项目48个，总投资805亿元，年度计划完成投资151亿元；重大基础设施项目377个，总投资13850亿元，年度计划完成投资1712亿元；重大产业项目298个，总投资5587亿元，年度计划完成投资895亿元；重大民生工程项目113个，总投资1557亿元，年度计划完成投资380亿元；重大区域协调发展项目102个，总投资4801亿元，年度计划完成投资472亿元。

三、2020年实现国民经济和社会发展计划的重点工作

为确保国民经济和社会发展达到预期目标，2020年要紧紧围绕把总书记殷殷嘱托全面落实在重庆大地上这条主线，坚定不移落实稳中求进工作总基调，坚定不移贯彻新发展理念，坚定不移推动高质量发展，坚定不移践行以人民为中心的发展思想，落实落细市委决策部署，对标对表全面建成小康社会和决胜"三大攻坚战"、实施"八项行动计划"目标任务，全力做好"六稳"工作，结合科学编制"十四五"规划工作，统一思想、坚定信心、精心谋划，找准差距、补齐短板、夯实基础，努力在推进西部大开发形成新格局中展现新作为、实现新突破。重点抓好以下九个方面的工作。

（一）坚决打好"三大攻坚战"，确保取得决定性胜利

对标对表"三大攻坚战"核心目标任务，精准发力、倒排工期，着力解决瓶颈制约问题，巩固既有成果，提高工作质量，形成长效机制。

一是坚决打好脱贫攻坚战。聚焦深度贫困地区、特殊贫困群体和"两不愁三保障"中的

薄弱环节，扎实开展脱贫攻坚“回头看”，全面排查解决突出问题，确保剩余贫困人口全部脱贫。完成国家对城口、彭水、酉阳、巫溪脱贫摘帽评估核查，开展脱贫攻坚全面普查，确保脱贫质量。巩固扩大脱贫攻坚成果，把防止返贫摆在重要位置，落实“脱贫摘帽不摘责任，摘帽不摘政策，摘帽不摘帮扶，摘帽不摘监管”要求，编制“十四五”巩固拓展脱贫成果规划，探索建立解决相对贫困的长效机制，保持脱贫攻坚政策的稳定性和连续性，确保返贫率控制在 0.5% 以内。深化东西部扶贫协作、中央单位定点扶贫和市内结对帮扶，提升社会扶贫效果。开展易地扶贫搬迁工程验收和成效评估，强化易地扶贫搬迁后续扶持，落实就业扶贫、旅游扶贫、消费扶贫、产业扶贫、电商扶贫等举措。

二是坚决打好污染防治攻坚战。深入实施五大环保行动，扎实推进第二轮中央生态环保督察和推长办反馈问题整改。持续推进水污染防治，以实施“双总河长制”为抓手，深入推进“三水共治”，强化长江经济带环境保护联防联控，加强重点流域、重点河段监测分析预警，推进实施流域环境综合治理和工业污染防治，开展示范河湖建设和污水处理提质增效行动，确保长江干流重庆段水质总体为优，纳入国家考核的 42 个断面水质优良比例达到 95.2% 以上。持续推进大气污染防治，突出抓好交通、扬尘污染防治和烟花爆竹禁限放，全面开展“散乱污”企业整治，统筹治理工业、生活等污染源，确保空气质量优良天数稳定在 300 天以上，细颗粒物年均浓度达到国家考核要求，重污染天数控制在较低水平。持续推进土壤污染防治，加快土壤污染综合防治示范区建设，加强农用地、建设用地和固体废物污染防治，确保土壤环境质量总体稳定。深化“无废城市”建设试点，推进废铅蓄电池集中收集转运试点。

三是坚决打好防范化解重大风险攻坚战。把握好处置风险的节奏和力度，稳妥处置突出金融风险点，重点防范化解部分大型困境企业债务风险、中小银行流动性风险和信用风险。发挥好债委会机制，加快推进企业重组步伐。按照国家部署持续推动互联网金融风险专项整治，严厉打击非法金融活动，坚决守住不发生系统性金融风险底线。稳妥化解政府隐性债务存量，有效遏制增量。密切关注中美经贸摩擦对企业的影响，采取有效措施降低企业风险。坚持“房子是用来住的，不是用来炒的”定位，落实稳地价、稳房价、稳预期长效管理调控机制，逐步建立租购并举的住房制度，稳慎做好房地产市场资金管控，有序均衡供应住宅用地，整顿规范房地产市场秩序，促进房地产市场平稳健康发展。

（二）深入推动成渝地区双城经济圈建设，促进城乡区域协调发展

深入贯彻中央关于成渝地区双城经济圈建设、新时代推进西部大开发形成新格局等战略部署，促进形成优势互补高质量发展的区域经济布局。

一是推动成渝地区双城经济圈建设，在西部形成高质量发展的重要增长极。加强顶层设计和统筹协调，突出中心城市带动作用，强化要素市场化配置，牢固树立一体化发展理念，做到统一谋划、一体部署、相互协作、共同实施，助推成渝地区成为具有全国影响力的重要经济中心、科技创新中心、改革开放新高地、高品质生活宜居地，实现高质量发展。促进产业、人口及各类生产要素合理流动和高效集聚，加强交通基础设施建设，加快现代产业体系建设，增强协同创新发展能力，优化国土空间布局，加强生态环境保护，推进体制创新，强化公共服务共建共享。继续做好与四川深化合作和向上争取工作，加快推

进“1+12”“2+16”合作协议落地。积极承接东部产业转移，引进培育一批重大产业项目。加快推进川渝合作示范区广安片区、潼南片区合作事项和项目，支持璧山、潼南、遂宁等成渝轴线联盟成员高新产业协同发展，推动川渝毗邻市、区（县）深化合作，建立渝北、长寿、广安、垫江经济协作区。推进基础设施互联互通，力争开工成渝中线高铁等项目，启动广安至涪陵至柳州货运铁路等项目前期论证，建设成南达万高铁、省际公路等一批交通基础设施项目，加快 5G 网络建设，推动国家级互联网骨干直联点宽带扩容。推进公共服务共建共享，推动两地养老保险关系转移接续，在试点基础上逐步完善异地就医门诊费用的直接结算体系，建立成渝两地工伤认定调查协作机制。加快建设国家健康医疗大数据应用示范城市，研究设立成渝教育一体化发展试验区。

二是坚持一体化发展方向，加快推动“一区”引领发展。增强中心城市综合承载能力，完善重要节点城市专业化服务功能，建设具有国际影响力和竞争力的现代化都市区。探索推进主城都市区基础设施一体化规划、一体化建设、一体化运营。积极推动江津、铜梁、潼南、合川、永川、綦江、涪陵、长寿至中心城区市域铁路建设或前期论证，实现市域铁路江跳线、璧铜线与城市轨道交通贯通直达，推进高速铁路、市域铁路、城市轨道“三铁融合”发展。分步实施渝黔、渝长、渝湘、渝遂、渝武等中心城区射线高速扩能改造，建设永川至江津等高速联络线，力争开工建设两江新区至长寿快速通道，加快推进主城区至涪陵、合川、永川、綦江、铜梁等快速通道前期工作，加大普通干线公路升级改造力度。推动产业融合发展，加快发展高端制造业、现代服务业和都市农业，发挥两江新区、高新区和经开区等国家级开发区引领作用，进一步凸显主城都市区先进制造业和现代服务业主战场地位，打造国家先进制造业重镇。

三是坚持生态优先、绿色发展，加快推动“两群”特色发展。渝东北三峡库区城镇群突出“库区”“山区”特点，更加注重生态经济要素集成与协同，建设长江经济带三峡库区生态优先绿色发展先行示范区。因地制宜发展生态产业、特色产业，做靓“大三峡”精品文旅品牌，做优“三峡牌”特色高效农业，做强“三峡造”绿色产业体系。渝东南武陵山区城镇群突出“山水”“民俗”特色，促进生态康养、文化旅游等产业发展，建设武陵山区文旅融合发展示范区。强化基础设施“补短板”，争取新开工渝万高铁、梁平至开江高速、巫溪至巫山高速、开州至万州至梁平高速、垫江至丰都至武隆高速、武隆至道真高速、秀山至印江高速、石柱港区江家槽作业区工程等重点项目，加快建设渝湘高铁、万州和黔江机场改扩建、开州至云阳高速、巫溪至镇坪高速、梁平至黔江高速、彭水至酉阳高速等项目，力争完工武隆机场、忠县港区新生作业区一期工程等项目，加快梁平至开州高速、涪陵至南天湖至黔江高速、黔江至忠县至广安铁路、长寿至垫江至梁平至万州货运铁路等项目前期及论证工作，推动对外大通道建设和完善区域内部交通网络，着力提升清洁能源、农村水资源保障能力。

四是坚持农业农村优先，促进城乡融合发展。建立健全有利于城乡要素合理配置的体制机制，促进人才、资金、科技、信息等要素更多向乡村流动，加快建设国家城乡融合发展试验区。统筹各类专家服务基层活动，智力帮扶基层脱贫攻坚和乡村振兴。健全农业转移人口市民化机制，新增农业转移人口和其他非户籍常住人口落户城镇 20 万人左右，城镇化率达到 67% 以上。建立健全有利于城乡基本公共服务普惠共享的体制机制，推动公共服务向农村延伸、社会事业向农村覆盖，实现村级综合文化服务中心全覆盖。完善统一的城乡居民基本医疗保险、大病保险和基本养老保险制度，确保城乡养老保险和医疗保险参保率稳定在95%以上。深入推进“6+5”乡村振兴试验示范，首批优选20个镇村重点打造乡村振兴示范样板。深化农村土地制度改革，扎实开展第二轮土地承包到期后再延长30年试点，持续推进承包地“三权分置”改革，稳步推进宅基地改革。完成整市推进农村集体产权制度改革试点，扩面深化“三变”改革试点，全面推进“三社”融合发展。加强脱贫攻坚和乡村振兴衔接，因地制宜推进人居环境整治，抓好农村面源污染治理，废弃农膜回收利用率达到80%，农作物秸秆综合利用率达到85%。

（三）加快构建现代产业体系，推动经济高质量发展

加快传统产业改造提升，着力培育壮大新动能，找准供给侧和需求侧之间的最佳接合部和关键点，推进先进制造业和现代服务业深度融合发展，大力发展现代农业，持续提升产业链、创新链、价值链水平，集中力量建设“智造重镇”“智慧名城”。

一是推动支柱产业迭代升级。开展质量提升行动，支持“双百企业”稳产增效，提速推动一批新项目早开工早投产早达产，推进国家产业转型升级示范区建设，培育壮大先进制造业集群，确保规上工业增加值增长6%左右。汽车产业加快向中高端、电动化、网联化、智能化、轻量化、共享化方向转型，支持长安汽车、长安福特、北京现代等加快新产品开发投放，推进东风汽车与小康股份深化合作，促进长安福特林肯、长城汽车、金康新能源、上汽红岩等放量生产，积极引进行业优质企业战略重组北汽银翔、力帆乘用车，全面提升核心零部件配套供应水平。摩托车产业顺应轻量化、电动化、网联化发展趋势，强化新技术与新工艺应用，大力发展电动、踏板、中大排量车型，扩大出口份额，重塑“重庆摩托”品牌形象。消费品产业实施增品种、提品质、创品牌战略，聚焦“重庆味道”“重庆工艺”“重庆品位”，重点培育以“十个一”为代表的拳头产品，推动益海嘉里扩能等项目建设，搭建消费品工业创意设计公共服务平台，深化与文化创意、电子商务、特色旅游融合，壮大健康食品、特色轻工、精品服饰等优势产业集群，培育智能家居、大健康用品等新兴消费品。生物医药产业以建设首批国家战略性新兴产业集群和国家医疗器械产业基地为重点，加快重大药品临床试验和上市步伐，加大超声医疗等大型医疗装备引育力度，推进宸安生物等项目建设，加快建设重庆市中医药科技产业园区，大力发展中医药产业。材料产业着力发展轻金属材料、铜材精深加工、化工合成材料、精细化工、先进陶瓷、装配式建筑材料等，推动中铝全产业链集群建设、华峰己二酸（四、五期）、氨纶三期和聚氨酯二期项目、中化涪陵搬迁项目和世界村草铵膦项目建设。装备产业重点发展高端化、智能化、成套化装备产品，抓好轨道交通、航空航天、数控机床、机器人等领域高端装备引进培育，加快推进康明斯大马力发动机、海装风电、ABB搬迁技改等项目建设。推动能源产业不断延长链条、拓展市场。支持铜梁、开州等地加大页岩气勘探开发，推进页岩气第二个百亿产能基地建设，加快可再生能源和新能源发展。全力推动建筑业高质量发展。积极推动本地建筑企业扩大生产规模，打造一批建筑业知名品牌。积极支持外地建筑企业来渝发展，努力培植新税源。积极推动大数据、物联网、区块链等信息技术与建筑业深度融合，大力推进智慧工地、智慧小区、绿色建筑建

设，努力实现建造数字化、管理智慧化、产品绿色化。

二是培育壮大战略性新兴产业。以“芯屏器核网”智能产业为引领，着力推动数字经济和实体经济深度融合，加快建设国家数字经济创新发展试验区，力争智能产业实现销售收入 7500 亿元，战略性新兴产业增加值占工业比重提高到 25%、对工业增长贡献率达 50% 以上。集成电路产业加快完善全产业链条，推动万国半导体、SK 海力士、平伟实业、华芯智造等项目产能释放，加快建设国家重要功率半导体生产基地和紫光存储芯片等项目。新型显示产业聚焦京东方 6 代柔性面板建设，力争在超高清视频、激光投影等领域招商引资取得突破。推动智能终端扩品种、提品质，重点推动 vivo、OPPO 等 5G 手机量产，导入苹果手表、比亚迪电子、小米生态链，发展智能穿戴、智能音箱和智能家居等新品。核心器件产业重点发展壮大汽车电子、智能传感等产品，加快推动电子、电路产业园等项目建设。壮大工业互联网、物联网等平台经济，重点培育 10 家有影响力的工业互联网平台，支持中移物联网、飞象工业互联网等企业做大做强，发挥国家机器人检测与评定中心、英特尔 FPGA 中国创新中心、重庆工业赋能创新中心、工业大数据创新中心等平台作用。实施“千家软件企业培育工程”，推进信息安全产业示范园、仙桃国际大数据谷、重庆软件园、360 网络安全协同创新产业园、电竞产业园等建设，创建中国软件名城。加快新能源汽车及智能网联汽车产业集群发展，重点推动长安、庆铃等企业加快新能源汽车整车开发、量产步伐。推动军民融合深度发展，推进北斗综合性应用示范区、大江科创城建设，引进一批人工智能、航空航天、海洋装备等军民融合示范项目。

三是推动现代服务业提质增效。以大数据智能化提升现代服务业，积极争取服务扩大开放综合试点，推动服务业高质量发展。完善金融市场体系，加快建设内陆国际金融中心，积极争取设立金融科技认证中心，推动保交所西部中心落地。积极申报金融租赁、理财公司等新型金融机构牌照。拓宽企业股权融资渠道，重点推进 6 家已报会企业在主板等市场的上市进程。加快引进全国排名前 20 的创业风险投资机构落户，引进培育国际知名会计师事务所、信用评级机构等中介金融服务机构。加快探索物流金融新制度、新规则，推动设立西部陆海新通道基金。出台全市物流业中长期发展规划和物流降本增效综合改革试点方案，推动物流业高质量发展。布局建设陆港型、空港型、港口型、生产服务型、商贸服务型五大国家物流枢纽网络体系，发展物流装备制造、仓储运输等物流产业集群，大力推进冷链物流、电商物流发展，进一步开放物流基础设施投资和运营准入，引进汉宏、中远海运等大型物流企业来渝设立区域总部或分支机构。实施会展业创新提升行动计划，全力办好智博会、西洽会等一批具有国际影响力的重点展会，推动国博中心、国际会展中心建设智慧场馆，全面提升重庆展会品质和影响力。推动旅游业提档升级，全力打好三峡、山城、人文、温泉、乡村“五张牌”，力争旅游总收入增长 20% 以上。持续举办全球旅行商大会，重点打造世界温泉谷、长江三峡国际旅游集散中心、都市旅游、立体气候四季康养四大项目集群，扎实推进彭水蚩尤九黎城、黔江濯水古镇、涪陵武陵山大裂谷、石柱大风堡—太阳湖、奉节白帝城·瞿塘峡、巫山巫峡神女景区、合川钓鱼城、铜梁安居古城、开州汉丰湖、红岩联线、潼南大佛寺—双江古镇、磁器口古镇、丰都名山、巫溪红池坝景区等创建国家 5A 级景区工作，加快建成市级以上旅游度假区 19 个。打造旅游精品线路，推出首批“红色旅游优质服务示范景区”，打造全国有影响力的党员教育培训基地，推进綦江石壕红军墓、王良故居等长征国家文化公园建设，提速建设大足石刻文创园等一批精品旅游景区。积极推动五里坡申报世界自然遗产，优化提升“两江四岸”文化旅游精品线路、打造长嘉汇大景区。推进文旅深度融合，面向市场深度开发传统工艺、特色节会、博物馆文创、文化民宿，做好“印象武隆”“烽烟三国”“川军血战”“归来三峡”“天上黄水”“苗祖蚩尤”“魔幻之都·极限快乐SHOW”等旅游演艺，支持铜梁龙文化演艺中心建设，办好中华龙文化艺术节等重大节庆活动，推动南滨路创建国家级文化产业示范园区，开展新一批市级文化产业示范园区、基地评选命名。

四是深入推进现代山地特色高效农业发展。加快农业供给侧结构性改革，实施乡村产业高质量发展“十百千”深化拓展工程，加快建设10个千亿级产业集群，重点打造20个重点现代农业产业园；扶持壮大100个年产值上亿元的农业产业化龙头企业，做优做靓100条乡村旅游精品线路；推进1000个“一村一品”示范村镇建设，创建1000个农民专业合作社市级以上示范社。深入推进农业“接二连三”，做大做强农产品精深加工业，大力发展农村电商服务业，着力推进农村一二三产业融合发展。继续推进国家农村产业融合发展示范园创建工作。支持开州、武隆加快建设国家农业绿色发展先行区。实施农业品种品质品牌建设工程，新发展农林特色产业100万亩，加强“三品一标”认证和管理，推进农业标准化应用，构建农产品质量安全全程追溯体系，持续建设以“巴味渝珍”为龙头的多层次、多品类农产品品牌体系，复兴传统“老字号”品牌，整合做大巫山脆李、奉节脐橙、梁平柚、涪陵丰都龙眼荔枝、开州春橙、忠县忠橙、潼南柠檬、铜梁莲藕、黔江猕猴桃、永川秀芽、巴南银针、綦江草蔸萝卜、南川方竹笋等特色品牌。大力发展智慧农业，支持规模养殖场、特色产业基地等实施物联网智能化改造，加快“互联网+现代农业”试验示范，推动大数据智能化为现代农业赋能。推进畜禽养殖和食品加工产业发展。

五是加快打造国际消费中心城市。积极争取国家首批国际消费中心城市试点，深入推进消费升级行动计划，实施国际消费集聚区建设、国际消费品牌集聚、国际消费营销推广等十大工程，打造国际化的消费环境。推进中央商务区及商圈提档升级，实施名品、名店、名街工程，持续推动“中华老字号”“重庆老字号”创新发展，加快推进两江国际商务中心建设，加快建设两江交汇核心区，提档升级解放碑、朝天门、江北嘴、弹子石中央商务区，开展步行街改造提升试点，打造一批品质商圈、特色商业名街。统筹开展系列消费促进活动，稳定汽车、百货消费，培育网络零售、绿色循环、文旅体育、康养家政等新增长点，大力发展特色“夜间经济”，提档升级“大九街”、洪崖洞、磁器口古镇等“夜生活”休闲区。大力发展定制消费、时尚消费、体验消费等新模式，发展智慧零售、无人零售等新形态，促进商品消费和服务消费融合互动。实施“互联网+品牌”专项行动，积极引进大型电商平台来渝设立区域总部或结算中心，加快建设重庆智慧商务大数据平台。积极推动“产城景”融合，打造一批精致文化旅游看点，延长游客停留时间，提升游客文化旅游消费水平。加快推进社区服务业发展，促进社区养老、托育、家政等服务业提质扩容。

（四）持续扩大有效投资，发挥投资稳增长关键作用

把促投资与补短板、调结构、优供给紧密结合，聚焦基础设施建设、产业技术改造、民生工程等重点领域，充分挖掘市场潜力，精准把握投

资方向，不断增强发展后劲。

一是加大投资补短板力度。紧扣改善农村民生，深入实施农村居民饮水巩固提升、农村电网改造、“信息乡村”建设等工程，全面开工建设渝西水资源配置工程和开州跳蹬、云阳向阳大型水库等一批骨干水源工程。新建“四好农村路”1.4 万公里，改造普通干线公路 2400 公里，实现具备条件的建制村 100% 通客运。深入推进农村改厕工作，整治提升农村旧房 7 万户。扎实推进农田“宜机化”改造，完成农田改造 2 万亩。全面推进城市提升 21 个专项、78 个子项，建成一批标志性、带动性项目。推动城市有机更新，深入实施“两江四岸”核心区整体提升，精心塑造十大公共空间，推进 60 公里贯通工程、353 公里山城步道等项目建设。加强城市交通互联互通，加快实施 7 桥 4 隧、800 公里城市快速路、主干路及次支道路建设，提升轨道与地面公交换乘水平，促进交通设施融合发展。完善城市文化功能，规划建设长江文化艺术湾区，启动重庆音乐厅、博物馆、芭蕾舞剧院等项目规划建设。稳步推进棚户区及老旧小区改造提升，计划实施棚户区改造约 3.3 万户，启动和实施老旧小区改造提升 3000 万平方米。加快城乡污水垃圾处理设施等建设。

二是大力促进重点领域投资。瞄准互联互通、产业转型等重点领域，争取更多重大项目进入国家盘子，充分发挥有效投资关键作用。推动跨区域、标志性重大项目建设，力争基础设施投资增长 6% 左右。加快推进“外电入渝”工程，力争疆电入渝、川渝电网加强工程纳入国家规划，开工建设渝西天然气输气管网一期工程、中航油西南战略储运基地等项目，推进乌江白马航电、重庆电厂环保迁建、伏牛溪油库搬迁、綦江蟠龙抽水蓄能电站，以及铜锣峡、黄草峡储气库等项目建设。实施交通强国建设试点，加快推进渝汉、渝贵、兰渝高铁等前期工作，争取尽快开工。研究蒙晋煤入渝铁路联络线实施方案，争取第二枢纽机场和货运机场纳入国家“十四五”规划，开工渝西高铁、江北机场 T3B 航站楼和第四跑道等项目，加快郑万、渝湘、渝昆高铁及重庆东站建设，提速 192 公里城市轨道交通建设。加大工业投资力度，加快建设比亚迪动力电池和中船重工智能制造产业园、广州铜梁“一带一路”高新产业合作区、中建材“三新”产业园等项目，开工华润微电子、奥特斯三期等项目，力争工业投资增长 7% 左右。深入实施智能制造工程，新认定 100 个数字化车间和 10 个智能工厂，再实施 1250 个智能化改造项目，带动工业技改投资持续增长。保持房地产开发投资稳定增长，力争投资增长 3% 左右。加快现有项目建设进度，督促开发企业按照土地出让合同约定开竣工，适度增加商品房新开工量。有序发展住房租赁市场，切实降低商品房和商业商务用房空置率，加大建安投资力度。

三是加强新型基础设施建设。加快 5G、物联网、工业互联网等新型基础设施建设，制定适用的管理机制、市场机制、准入办法、保障机制、投融资机制，加快信息技术与传统基础设施融合升级。网络基础设施重点推动双千兆网络和 5G 基站建设，加快 5G 网络规模化建设，推动场所实现千兆宽带、5G 网络连续覆盖，力争新增 5G 基站 3 万个。实施 5G+ 工业互联网等十二大优先行动，打造一批 5G 融合应用试点示范项目。区块链基础设施重点推进高性能、安全隐私、高可用性和高可扩展性的联盟链核心技术突破，发展国产自主可控的区块链技术平台，推动区块链在教育、医疗、网络空间安全等领域应用。泛在传感基础设施以深化智慧物联感知网络建设为抓手，推进 e-MTC 等物联网基础设施建设，积极创建国家级传感器产业创新中心。加快建设智慧城市，聚焦“云联数算用”，大力推进数字重庆云平台、城市大数据资源中心、腾龙5G产业公园等重点项目，建设全国大数据智能化应用示范城市。

四是强化项目前期工作和资金要素保障。围绕战略性新兴产业和总部经济、平台经济、共享经济、绿色经济等新型业态，策划一批产业链长、带动性强的大型项目。瞄准世界500强、中国500强、行业100强等龙头企业，以及具备良好发展前景的“独角兽”企业，狠抓精准招商、专业招商，全年签约正式合同额不低于1.2万亿元。做好项目前期工作，对重大项目加大土地、环保、能耗等政策支持力度，提高招商项目转化落地率。进一步完善专项债券管理和项目安排协调机制，积极争取地方政府新增债券额度达到1500亿元，重点用于交通、能源、农林水利、生态环保、社会事业、物流、市政和产业园区基础设施等项目。加大财政补助争取力度。适度下调部分领域基础设施等项目资本金最低比例。完善向民间资本推介项目长效机制，鼓励民间资本参与基础设施补短板项目建设，支持金融机构加大对社会领域民间投资的支持力度。依法依规加强PPP合作。

（五）深化重点领域改革，营造市场化法治化国际化营商环境

聚焦突出矛盾和关键环节，落实供给侧结构性改革重点任务，加快重点领域改革，健全与高质量发展相适应的体制机制，进一步强化预期管理，及时回应社会关切，稳定市场主体生产经营信心，营造公平竞争的市场环境，充分释放市场活力和社会创造力。

一是加快打造市场化法治化国际化营商环境。对标世界银行营商环境评价体系，落实优化营商环境、鼓励外商投资等法律法规。加强重大政策出台和调整综合影响评估，建立健全企业家参与涉企政策制定机制。不断深化“放管服”改革，完善“全渝通办”，构建“数字型”政府，打造全市统一架构、三级联动的线上政务服务网络，加快推进政务信息资源共享应用，真正实现“网上办”“马上办”“一次办”。继续推进“证照分离”改革，推动照后减证和简化审批。深化外商投资和对外投资管理体制改革，全面实行外商投资准入前国民待遇加负面清单管理制度。用好外籍人士144小时过境免签政策，打造优质高效出入境软环境。落实好外商投资法，依法保护外国投资者在我市的投资、收益和其他合法权益。加大知识产权保护力度，探索推进知识产权市场化发展。全面落实公平竞争审查制度，加大反垄断执法力度。进一步完善社会信用体系，加强“信易贷”等“信用+”创新应用，加快构建以信用为基础的新型监管机制。

二是切实推进实体经济减负降本。贯彻落实国家减税降费政策措施，深化增值税改革，巩固和拓展减税降费成效，助力我市实体经济发展。落实好降低社保缴费费率相关政策，全面执行降低“五险一金”各项措施。加大市场化改革力度，进一步理顺能源、环境服务、交通运输、公用事业等领域价格机制。加快电力市场建设，推进新增配网改革试点，争取新增“三峡电”入渝。加快推动铁海联运“一单制”试点、物流公共信息平台建设等，推进物流降本增效。深入推进城乡配送网络建设、技术与模式创新、标准化信息化建设，促进城乡配送协同高效、降本增效。

三是深化公共资源交易监管改革。统一监管体制，加快构建公共资源交易监管部门统一监管、行业主管部门行业监管相结合的协同监管格局。统一制度规则，完善以合同管理为核心的管理制度等监管制度，加强对项目法人、参与竞标

企业、招标代理机构、评标专家等各方的监管。统一平台交易，清单化设置公共资源交易目录，逐步实现全市公共资源交易一个平台、一张网。统一服务标准，推进服务事项、数据、流程，特别是交易文件标准化。统一信息管理，促进交易信息资源整合共享，形成守信联合激励、失信联合奖惩机制。加强监管协同，严惩公共资源交易违纪违法违规行为，营造公平、公正、公开的良好环境。建立完善项目法人主体责任制、全过程合同管理、科学确定交易价格规则、统筹信用体系等制度。

四是推进金融改革。围绕建设内陆国际金融中心，加强科技金融、普惠金融等产品创新，探索建立区域性绿色金融服务体系，积极创建长江经济带（重庆）绿色金融改革创新试验区。积极发挥宏观审慎评估的逆周期调节和结构导向作用，用好各项货币政策工具，确保社会融资规模合理增长。常态化推进银企对接，持续推动金融机构总部战略合作协议落地落实，不断扩大信贷规模。支持金融机构加强制造业、基建等领域的项目储备，促进中长期贷款稳定增长，推动企业商业价值信用贷款试点扩容增效。实施经济证券化五年行动计划，扩大境内外上市公司规模，抓住“科创板 + 注册制”机遇，推动符合上市条件的科技型企业在科创板上市，提高直接融资比重，不断提升经济证券化水平。深入推进金融科技应用试点和金融标准创新建设试点，大力发展供应链金融、融资租赁等服务。鼓励保险机构针对“三农”需求创新保险产品，推动农业保险“扩面”、“增品”和巨灾保险升级扩面。积极推进基金小镇建设，打造风险投资聚集地，加快形成良好创投生态圈。

五是提升国资国企改革综合成效。坚持政企分开、政资分开，以管资本为主完善国有资产监管体制，有效发挥国有资本投资、运营公司功能作用，做强做优做大国有资本。强化国有企业资产负债约束管理，严控企业贸易风险和债务风险，守住不发生系统性风险的底线。“一企一策”推进化医集团、能源集团、粮食集团等企业市场化、法制化重组，推进市属国有酒店宾馆、水利企业、担保公司专业化重组整合。推动市属国企实施混合所有制改革，孵化储备一批企业上市。持续深化“三项制度”改革，综合运用骨干员工持股、超额利润分享、股权激励等举措，增强国企发展内生活力。

六是激发民营经济活力。加快贯彻落实国家营造更好发展环境支持民营企业改革发展的意见，建立民营经济高质量发展的体制机制。在市场准入、审批许可、招标投标等方面做到“非禁即入、平等对待”，鼓励民营企业进入基础设施建设、文化传媒等领域。完善中小企业发展政策体系，支持民营市场主体“个转企”“微升小”“小升规”“规改股”“股上市”。积极推进民营小微金融服务“首次贷款扩面增量”行动，支持优质民营企业扩大债券融资规模。完善中小微企业转贷应急机制，加快筹建支持民营企业稳定发展基金，加大扶持贷款、商业贷款贴息、会展补助等政策支持力度。做好力帆、隆鑫等重点民营企业纾困工作。

（六）持续提高内陆开放水平，培育国际合作和竞争新优势

坚持“引进来”和“走出去”并重，深入实施全面融入共建“一带一路”加快建设内陆开放高地行动计划，用好全球多元化市场，积极促进“一带一路”国际合作，显著提升对外经贸合作水平，推动开放功能体系进一步完善、对外开放水平进一步提升、开放型经济进一步发展、辐射带动作用进一步增强。

一是拓展开放通道。统筹东南西北四个方

向、铁公水空四种方式、人流物流资金流信息流四类要素，探索建立开放通道可持续发展机制，大力发展通道经济、枢纽经济，形成内陆国际物流枢纽支撑。加速推进西部陆海新通道建设，组建通道物流和运营组织中心，完善省际协商合作机制，强化货物运输，降低运营成本，提升运营效率。拓展中欧班列（重庆）功能，积极拓展国外分拨点，完善集散体系，扩大适载货源种类和辐射范围，推动线路向北欧市场延伸。加快推动将中欧班列（重庆）成功经验复制推广到渝满俄国际铁路班列，扩大班列运输规模。发挥长江黄金水道作用，加快周边省市市场开发，推动江海直达联运，加密渝沪直达快线和渝甬铁海联运班列。大力发展各类多式联运，加快建设港口型国家物流枢纽，建设好果园港铁公水联运、西部陆海新通道多式联运等国家多式联运示范项目，开展市级多式联运示范工程建设。初步建成国际物流分拨中心。打造国际航空枢纽，实现国际航线超过 100 条。

二是提升开放平台。高标准实施中新互联互通项目，加快推进中新金融科技合作示范区、中新航空产业园、仙桃数据谷通信技术领域合作示范点等项目建设，建设中新国际冷链及农产品贸易平台，推动中新（重庆）国际互联网数据专用通道政策创新和应用拓展。创新推进自贸试验区建设，制定自贸试验区深化改革开放方案，全面探索提升贸易、投资、运输、资金、就业、数据等方面开放度和竞争力，开展陆上贸易规则、物流金融、多式联运等首创性差异化改革探索。两江新区加快集聚高端产业和创新资源，推进两江数字经济产业园、礼嘉智慧公园二期建设，建设智慧城市和公园城市样板，促进形成体现新发展理念的先行示范区。优化海关特殊监管区布局，加快智慧口岸建设，推动综合保税区高质量发展，协调争取万州综合保税区获批，启动永川设立综合保税区前期工作。

三是加强开放合作。推动与“一带一路”沿线国家和地区的合作，探索建设“一带一路”综合试验区。高标准办好市长顾问团年会、中新金融峰会、“一带一路”陆海联动发展论坛。构建以“一带一路”为重点的国家友好城市网络，争取更多国际组织来渝设立分支机构，促进科技服务、文体教育、医疗卫生、农业、国际执法等多领域开放交流合作，打造中西部国际交往中心。在高端装备、航空产业、现代物流、金融服务等领域加大引进外资力度，努力建设高质量外资集聚地。深度参与“一带一路”科技创新行动计划，支持市内有关单位“走出去”，设立海外研发中心、联合实验室、技术转移机构等。推动渝黔合作先行示范区建设，深化与广西、贵州、陕西、云南等周边省区的合作。

四是抓好对外贸易。推动对外贸易转型升级，积极创建国家级外贸转型升级示范基地，优化发展加工贸易，积极承接国内外产业转移。加快发展一般贸易，优化进口商品结构。积极培育总部贸易、转口贸易、跨境电商、整车进口保税等外贸新增长点，基本完成跨境电商智能货物集散中心建设。加快发展服务贸易，深入推进深化服务贸易创新发展试点，扩大服务业对外开放，加快国家级服务外包示范城市建设。积极应对中美经贸摩擦，谋划实施好重庆与东盟经贸合作规划，支持企业以“一带一路”为重点，拓展多元化国际市场。

（七）深入实施创新驱动发展战略，积聚经济发展新动能

深入实施以大数据智能化为引领的创新驱动发展战略行动计划、科教兴市和人才强市行动计划，加快构建开放型融合发展的协同创新共同体，加大科技创新投入，集聚国际国内优质创新

资源，提升科技实力和创新能力，为高质量发展注入强劲动能。

一是加快提档升级创新平台。高起点、高标准规划建设重庆科学城，打造高新区升级版，以汇聚高层次科学家团队为引领，谋划建设大科学装置，加快聚集重点实验室，引进培育高端研发机构，引进落地百亿级高新产业项目，大力实施科学大道、科学会堂、科学公园等一批重大项目，努力建设科学之城、创新高地。加快建设两江协同创新区、中国智谷（重庆）科技园，推动两江新区、重庆高新区、重庆经开区打造国家新一代人工智能创新发展试验区，引进培育一批科技企业总部和百亿级产业项目。推动军工企业在渝建立军民融合、产学研一体的协同创新平台。引导各类开发区创新发展，加快向创新型园区转型，努力建设创新驱动、高质量发展示范区。争取潼南、铜梁、涪陵获批国家级高新区，加快培育建设一批市级高新区，支持荣昌、永川与泸州、内江共建国家高新技术产业联盟，支持有条件的区县建设区域性科技创新中心和打造科技创新小镇。

二是加快集聚科技创新资源。持续深化与国内外知名高校、科研院所和企业的合作，通过政策引导、产业主导，重点引进一批人工智能、装备制造、集成电路、生物医药等领域高端创新资源，吸引“高精尖缺”人才和团队。力争全市万人有效发明专利拥有量达到 12 件以上，全市科技进步贡献率达到 59%。谋划建设流域地表过程与生态环境模拟实验系统、中国自然人群资源库重庆中心等重大科技基础设施。全力创建长江生态环境等国家重点实验室，集成电路特色工艺及封装测试国家制造业创新中心、工业大数据国家制造业创新中心、生物制造与人工智能学科交叉国家研究中心、国家智能汽车技术创新中心、国家生猪产业技术创新中心等科技创新基地，夯实基础研究体系。

三是加快培育优质创新主体。持续优化创新生态环境，壮大创投基金规模，扩大知识价值信用贷款规模，培育支持一批企业在科创板上市。激励企业加大研发投入、建立研发机构、吸纳研发人才、开展研发活动，扩大高校和科研院所科研自主权，力争全社会研发经费投入强度达到 2.1% 左右。重点发展重庆大学产业技术研究院、西南大学产业技术研究院等一批“四不像”的新型研发机构。打造环大学创新生态圈，引进全球一流的科技企业孵化器，支持发展孵化平台、投资机构和科技中介服务机构，孵化培育 1000 家科技型企业。引进培育 10 家准独角兽企业，提质发展 100 家亿级高新技术企业，力争科技型企业达到 2 万家、高新技术企业达到 3500 家。

四是加快引进各类创新人才。实施更加积极、更加开放的人才政策，办好“重庆英才大会”，落实“重庆英才计划”，持续实施“三百”科技领军人才、“双创”示范团队等人才专项，力争高层次创新人才达到 800 人以上。研究完善瞄准高端人才的“塔尖”政策和针对青年人才的“塔基”政策，启动院士培育工程，大力实施博士后倍增计划，培养青年创新人才梯队。支持高校加快推进“双一流”建设，实施高校科技创新能力提升计划，推进一流学科建设专项，支持市属高校建设特色高水平大学，推进高校及其院系与中国科学院各个科研院所的“一对一”合作。举办第二届全球科学家高峰会等国际性学术会议。完善人才服务体系，不断提升人才服务质量。

（八）坚持生态优先绿色发展，建设山清水秀美丽之地

牢固树立绿水青山就是金山银山的理念，坚持生态优先、绿色发展，构建节约资源和保护环境的空间格局，筑牢长江上游重要生态屏障，加快建设山清水秀美丽之地。

一是加强生态修复治理。严守生态保护红线，加强生态文明建设示范区、重要生态功能区、生态功能退化区、城市生态系统、自然保护地和生态文明示范区建设。加快实施国家山水林田湖草生态保护修复工程试点。实施新一轮退耕还林、国家储备林、长江防护林三期、石漠化地区及矿山植被恢复人工造林工程。深入实施坡耕地水土流失综合治理工程和国家水土保持重点工程，治理水土流失面积1100平方公里。组织实施历史遗留矿山恢复治理工程，恢复面积100公顷。持续开展湿地自然恢复和人工修复。实施10个重点区县岩溶石漠化治理400平方公里，加强重大生物灾害防治。高水平规划建设广阳岛“长江风景眼、重庆生态岛”，统筹打造一批生态低碳宜居卫星城、绿色小镇和美丽乡村，积极申报2020年第四批国家“绿水青山就是金山银山”实践创新基地。

二是推动形成绿色生产生活方式。加快推进产业绿色化发展，大力实施清洁生产改造和污染治理技术升级，强化清洁生产审核，加快绿色矿山建设和绿色矿业发展。有序发展风电、水电、生物质发电等可再生能源，稳步推进页岩气勘探开发，构建清洁低碳、安全高效的能源体系。加快新能源汽车推广应用，增设新能源汽车充电设施，全年推广新能源汽车1万辆。完成城市污水处理厂提标改造和改（扩）建，城市污水处理厂全面达到一级A排放标准。深入推进垃圾分类，加快建立分类投放、分类收集、分类运输、分类处理的垃圾处理系统，推动固体废弃物精细化处理，扩大垃圾分类覆盖范围。

三是完善生态文明体制机制。完善生态环境分区管控体系，推动重庆市长江经济带战略环境评价“三线一单”应用。严格落实河长制，健全河库水域岸线管理保护制度，严格生态空间管控。建立健全渝东北三峡库区和渝东南武陵山区生态补偿机制，加快完善主体功能区配套政策。加强与三峡集团、中节能等央企在生态环保领域的合作，加快推进龙溪河流域水环境综合治理与可持续发展试点PPP项目。推进重庆三峡国家气象公园建设试点，建立气象资源转化为旅游和养生资源的机制。完善并严格执行环境保护工作责任有关规定，健全生态环保督察工作机制。

（九）着力保障和改善民生，增强人民群众获得感幸福感安全感

坚持以人民为中心的发展思想，聚焦群众最关心、最直接、最现实的问题，尽力而为、量力而行，深入实施保障和改善民生行动计划，滚动实施一批重点民生实事，着力加强普惠性、基础性、兜底性民生建设，不断增进民生福祉。

一是实施就业优先政策。探索经济发展与扩大就业联动机制，推动就业工作与产业发展同频共振，增加就业岗位。建立就业补助资金倾斜等激励机制，强化社保降费、稳岗返还等扶持政策落地。全年城镇新增就业60万人以上，城镇调查失业率控制在5.5%左右。加快实施职工技能提升行动，推进企校双制、工学一体，支持各类职业院校、普通高校、职业培训机构和企业开展培训活动，全年开展职业技能培训50万人次。抓好高校毕业生就业创业促进计划和基层成长计划实施工作，确保高校毕业生就业率保持在90%以上。进一步完善农民工返乡创业资金补助政策，探索建立农民工返乡创业服务体系，促进农民工返乡创业，带动农业富余劳动力就近就业。加强对贫困劳动力、就业困难人员、下岗失业人员的实名管理服务，发挥榜样作用，精准帮扶就业。

二是提高社会保障水平。持续推进全民参保计划，促进法定人员“应保尽保”，引导灵活就业人员和城乡居民积极参保。进一步聚焦贫困人口基本医疗保障，深入落实贫困人口参保资助政策，确保应助尽助。完善低保对象、特困人员

等低收入家庭救助政策，提供多元化、针对性救助服务，进一步缩小城乡低保标准差距。加强残疾儿童、农村留守儿童和困境儿童关爱工作，加强事实无人抚养儿童保障。加大特困供养救助力度，将有集中供养意愿的特困人员逐步纳入集中供养。大力发展残疾人福利事业，推动精神障碍社区康复服务，持续实施“福康工程”项目。

三是提高公共服务建设水平。积极推进完善住房保障体系试点工作，继续推进统筹实施住房保障，提供 2 万套公租房面向符合条件的保障对象配租，提供 5000 套公租房统筹用作安置房。筹集人才公寓和青年人才定向配租住房，进一步加强人才安居制度建设。推进学前教育普及普惠安全优质发展，拓展普惠性托育服务资源，加强公办幼儿园建设和薄弱幼儿园改造，力争公办园在园幼儿占比达到 50%。抓实义务教育薄弱环节改善与能力提升工作，办好乡村小规模学校和乡镇寄宿制学校。继续实施消除大班额计划，做好普通高中攻坚计划，加强乡村教师队伍建设，促进民办教育健康发展。实施健康中国重庆行动，创建国家医疗中心，加快建设西部医学中心，开展“美丽医院”“智慧医院”建设、卫生创建、农村改厕、控烟履约等工作。深化医药卫生体制改革，扩大“三通”紧密型医共体试点范围，完善基本药物制度，建立医疗服务价格动态调整机制。深化健康扶贫，完善联动报销机制，落实县域内“先诊疗后付费”“一站式”结算制度。开展公办养老机构社会化改革试点，健全多渠道投入机制，加快建设居家社区机构相协调、医养康养相结合的养老服务体系。支持社会力量发展养老服务，新增护理型养老床位 3000 张，新增社会办养老床位 6000 张，大力推进“智慧养老”。积极推进社会足球场地建设，大力发展校园足球。

四是及时解决社会高度关切的民生问题。保障“米袋子”和“菜篮子”供给，保持粮食、肉类、水果、蔬菜等民生商品价格的基本稳定，特别是积极恢复生猪生产，做好储备调节工作，防患猪肉价格大幅波动，确保物价涨幅控制在 3.5% 左右。着力抓好食品药品安全，严格遵循“四个最严”要求，扎实推进食品安全放心工程建设攻坚行动，开展食品药品安全突出问题专项整治，严守食品药品安全底线。进一步加强安全生产工作，全面排查整治各类安全生产事故隐患，加快推进应急管理体系建设，坚决防范遏制重特大事故，切实维护社会和谐稳定。

精心组织编制“十四五”规划，认真谋划未来发展美好蓝图。围绕推动高质量发展、建设现代化经济体系、增进人民福祉等要求，深入研究关系发展全局的重大问题，提出发展目标、重大举措和重大工程，做好区县规划、市级专项规划与全市发展规划的衔接，形成规划合力。持续深入推进“多规合一”，全面完成重庆市国土空间规划编制工作。深化完善“一区两群”协调发展机制，统筹重大项目布局和建设，完善城乡基础设施和公共服务配套，加快构建“一区两群”协调发展新格局。积极主动对接国家编制“十四五”规划工作，提前谋划符合国家发展方向的重大政策、重大工程、重大项目，争取纳入国家“十四五”总体规划和专项规划。

2020 年发展蓝图美好，但任务同样艰巨。我们将更加紧密地团结在以习近平同志为核心的党中央周围，坚持以习近平新时代中国特色社会主义思想为指导，全面贯彻落实总书记对重庆的重要指示要求，在中共重庆市委坚强领导下，在市人大监督和市政协民主监督下，不忘初心、牢记使命，以更加开阔的视野、更加务实的作风、更加有为的担当，攻坚克难、开拓进取，确保全年经济持续健康发展和社会大局稳定，为决胜全面建成小康社会、开启社会主义现代化建设新征程而不懈奋斗！

关于重庆市 2019 年预算执行情况和 2020 年预算草案的报告

——2020 年 1 月 11 日在重庆市第五届人民代表大会第三次会议上

重庆市财政局　封　毅

各位代表：

受市人民政府委托，现将重庆市 2019 年预算执行情况和 2020 年预算草案的报告提请大会审查，并请各位政协委员提出意见。

一、2019 年财政工作情况

2019 年，全市财政系统坚持以习近平新时代中国特色社会主义思想为指导，全面落实总书记对重庆提出的“两点”定位、“两地”“两高”目标、发挥“三个作用”和营造良好政治生态的重要指示要求，统筹推进“五位一体”总体布局，协调推进“四个全面”战略布局，坚持稳中求进工作总基调，深入贯彻新发展理念，落实高质量发展要求，深化供给侧结构性改革，全力保障“三大攻坚战”和“八项行动计划”推进落实，着力做好稳增长、促改革、调结构、惠民生、防风险、保稳定工作，较好地服务了全市经济社会发展大局。

（一）落实市人大预算决议情况

第一，落实积极财政政策，推动经济高质量发展。围绕供给侧结构性改革主线，加力提效积极财政政策，不断增强发展动力。不折不扣落实减税降费政策，全面推进小微企业普惠性减税、个人所得税专项附加扣除、深化增值税改革等政策落地，落实社保降费政策，清理规范政府性基金和行政事业性收费，全年预计新增减税约 380 亿元，降费约 340 亿元。全市制造业、批发零售业等行业减税额度超过新增减税总额的 50%，民营经济减税额度超过新增减税总额的 62.5%，基本实现“三个确保”，企业和居民获得感明显增强。发挥政府投资在稳增长中的关键作用，完善“资金池”与“项目池”对接机制，统筹“资源、资产、资金”管理，加大一般公共预算、政府性基金和政府债券统筹力度，筹措资金约 3000 亿元，保障高速铁路、城市轨道、重大水利等基础设施建设，保障脱贫攻坚、生态环保等民生领域重点项目建设。深入实施创新驱动发展战略，以科技创新引领高质量发展。通过压减一般性支出，新增 10 亿元，支持重点实验室等高端创新资源培育，推动大数据智能化技术创新。落实企业研发准备金补助、重大新产品研发成本补助等激励政策，营造良好财税环境，激发企业创新活力。研究制定高新区等开发区财税扶持政策，加强创新平台功能建设，提升科技创新能力。

第二，聚焦关键领域，继续支持打好三大攻坚战。着力抓重点、补短板、强弱项，全力保障打好精准脱贫、防范化解重大风险、污染防治的攻坚战。大力支持脱贫攻坚，扎实推进中央脱贫攻坚专项巡视和国家脱贫攻坚成效考核反馈意见整改，抓好财政责任、政策、工作落实。继续推进贫困区县涉农资金整合，保障重点扶贫项目实施。健全财政扶贫资金动态监管机制，提高资金使用效益。强化债务风险防控，通过发行再融资债券、安排预算资金等方式，偿还政府债务到期本息，全市政府债务率控制在 80% 以内。优化债务期限结构，发行 30 年期超长期限政府债券，缓解偿债压力。严肃查处违法违规举债融资行为，坚决遏制隐性债务增量。加大污染防治投入力度，实施五大环保行动，支持广阳岛片区长江经济带绿色发展示范，开展国家山水林田湖草生态保护修复和城市黑臭水体整治示范试点。推进三峡库区生态修复，筑牢长江上游重要生态屏障，加快建设山清水秀美丽之地。

第三，坚持以人民为中心，切实保障和改善民生。优先保障基本民生领域资金需求，全年民生支出占一般公共预算支出的 80% 左右。积极促进就业创业，统筹失业保险基金，采取技能培训、稳岗返还等措施，提升职业技能，促进稳定和扩大就业。提高城乡低保、城乡特困人员等困难群体救助标准，积极应对猪肉等食品价格上涨，启动社会救助标准与物价上涨联动机制，发放临时价格补贴 2.4 亿元。支持教育事业发展，稳步扩大普惠性学前教育资源，继续巩固完善城乡义务教育经费保障机制，推进新高考综合改革。落实高职院校扩招要求，支持 10 所高职院校进入国家“双高计划”建设名单，加快推动高等学校“双一流”建设。资助困难群众参加城乡居民医疗保险，加大大病医保和医疗救助倾斜力度，切实减轻困难群众医疗负担。加强基本住房保障，支持公租房建设运营、城市老旧小区改造和农村危旧房改造，启动支持发展租购并举的住房市场。完善公交运营补贴机制，支持城市公交发展，提升市民出行舒适度和便捷度。

第四，深化财政改革管理，不断提升财政管理水平。坚决贯彻中央改革部署，加快推进财税体制改革。推动财政事权和支出责任划分改革，出台财政事权和支出责任划分改革总体方案、基本公共服务领域和医疗卫生领域改革方案。加快推进市级党政机关和事业单位所属企业改革，关闭注销 195 户僵尸、空壳及低效企业，转让退出 31 户市场充分竞争企业，整合形成 50 户一级企业，移交市属重点企业，纳入集中统一监管体系。全面推进预算绩效管理，出台部门整体、政策和项目等绩效管理制度，搭建绩效指标体系框架，试编部门整体绩效目标，扩大绩效监控和评价范围，建立绩效评价结果与预算安排和政策调整挂钩机制。强化预算执行动态监控，完善财政资金监控机制，提升财政信息化监管能力。严肃财经纪律，对巡视、审计、督察等反馈的问题，督促整改落实，依法依规从严处理。

（二）服务代表委员情况

一是提高依法理财能力。严格执行《预算法》《重庆市预算审查监督条例》等各项规定，按照市五届人大二次会议批准的《关于重庆市 2018 年预算执行情况和 2019 年预算草案的报告》和市五届人大常委会第 10 次会议、第 13 次会议批准的调整预算方案，认真执行各项财政收支预算。改进 2020 年市级预算公开评审机制，邀请市人大专门委员会委员、人大代表、专家学者提前介入预算审查，以绩效为导向开展重点专项公开评审，进一步规范预算编制。

二是抓好建议、提案办理。突出问题导向，抓好责任落实，不断提升建议、提案办理质量，提高代表、委员满意度。2019年，市财政局办理建议、提案共558件。其中，人大建议301件，占全市办理人大建议件数的24.1%，含主办件59件；政协提案257件，含主办件8件。有的建议、提案已形成财政政策，有的建议、提案已纳入改革计划，有的建议、提案已开展前期调研和工作谋划，为推动财政改革管理工作发挥了积极作用。

三是完善沟通联系机制。研究出台《关于落实人大预算审查监督重点向支出预算和政策拓展实施方案》，进一步完善预决算编制和服务人大审查监督机制。积极配合做好人大预算联网监督工作，建立财政相关业务系统与人大预算联网监督系统的连接通道，实现部门预算、国库集中支付、政府债务和预决算执行分析等财政信息共享。围绕财政改革管理、政策和财经动态等，向代表委员推送《财政工作信息》共12期。同时，在年度预算报告形成过程中，积极参与片区会议，收集人大代表意见、建议共201条，均已分类办理。

二、2019年预算执行情况

（一）全市预算执行情况

1. 全市一般公共预算

——全市一般公共预算收入2135亿元，下降5.8%。其中，税收收入1541亿元，下降3.9%；非税收入594亿元，下降10.4%（扣除减税因素后，全市税收增长6.6%左右）。加上中央补助1883亿元、地方政府债务收入335亿元，以及动用预算稳定调节基金、上年结转、调入资金等1109亿元后，收入总计5462亿元。

表1　2019年全市一般公共预算收支平衡情况

单位：亿元

收入	执行数	支出	执行数
总计	5462	总计	5462
一、本级收入	2135	一、本级支出	4848
税收	1541	二、转移性支出	614
非税	594	上解中央	49
二、转移性收入	3327	地方政府债务还本支出	165
中央补助	1883	安排预算稳定调节基金	177
动用预算稳定调节基金	134	结转下年	223
调入资金	749		
地方政府债务收入	335		
上年结转	226		

——全市一般公共预算支出4848亿元，增长6.8%。加上上解中央49亿元、地方政府债务还本支出165亿元，以及安排预算稳定调节基金和结转下年等400亿元后，支出总计5462亿元。

2. 全市政府性基金预算

表2　2019年全市政府性基金预算收支平衡情况

单位：亿元

收入	执行数	支出	执行数
总计	3761	总计	3761
一、本级收入	2248	一、本级支出	2419
二、转移性收入	1513	二、转移性支出	1342
中央补助	74	调出资金	656
地方政府债务收入	922	地方政府债务还本支出	177
上年结转	517	结转下年	509

——全市政府性基金预算收入2248亿元，下降2.9%。加上中央补助74亿元、地方政府债务收入922亿元，以及上年结转517亿元后，收入总计3761亿元。

——全市政府性基金预算支出2419亿元，下降9.7%。加上地方政府债务还本支出177亿元，以及调出资金和结转下年等1165亿元后，支出总计3761亿元。

3. 全市国有资本经营预算

表3 2019年全市国有资本经营预算收支平衡情况

单位：亿元

收入	执行数	支出	执行数
总计	143	总计	143
一、本级收入	132	一、本级支出	46
二、转移性收入	11	二、转移性支出	97
中央补助	2	调出资金	92
上年结转	9	结转下年	5

——全市国有资本经营预算收入132亿元，增长25.3%。加上中央补助2亿元、上年结转9亿元后，收入总计143亿元。

——全市国有资本经营预算支出46亿元，下降11.4%。加上调出资金92亿元、结转下年5亿元后，支出总计143亿元。

4. 全市社会保险基金预算

—全市社会保险基金预算收入1950亿元，增长2.2%。从资金来源看，财政补助565亿元，占比为29.0%。其中，基本养老保险基金收入1339亿元，基本医疗保险基金收入565亿元，失业保险基金收入22亿元，工伤保险基金收入24亿元。

——全市社会保险基金预算支出1823亿元，增长9.5%。其中，基本养老保险基金支出1253亿元，基本医疗保险基金支出493亿元，失业保险基金支出57亿元，工伤保险基金支出20亿元。加上结转下年支出127亿元后，支出总计1950亿元。历年滚存结余1825亿元。

（二）市级预算执行情况

1. 市级一般公共预算

表4 2019年市级一般公共预算收支平衡情况

单位：亿元

收入	执行数	支出	执行数
总计	3494	总计	3494
一、本级收入	772	一、本级支出	1360
税收	518	二、转移性支出	2134
非税	254	上解中央	49
二、转移性收入	2722	补助区县	1545
中央补助	1883	地方政府债务还本支出	80
区县上解	192	安排预算稳定调节基金	124
动用预算稳定调节基金	58	地方政府债务转贷支出	245
调入资金	163	结转下年	91
地方政府债务收入	335		
上年结转	91		

（1）收入项目执行情况

市本级一般公共预算收入772亿元，下降10.1%，完成预算的98.1%。其中，税收收入518亿元，下降5.4%；非税收入254亿元，下降18.5%。加上中央补助1883亿元、地方政府债务收入335亿元，以及区县上解、动用预算稳定调节基金、上年结转、调入资金等504亿元后，收入总计3494亿元。

（2）支出项目执行情况

市本级一般公共预算支出1360亿元，增长2.3%，完成预算的92.8%。加上补助区县1545亿元、地方政府债务转贷支出245亿元、地方政府债务还本支出80亿元，以及上解中央、安排预算稳定调节基金、结转下年等264亿元后，支出总计3494亿元。

特别需要说明的是，2019年市本级预备费预算21亿元，实际支出3.6亿元。预备费剩余资金加上政府性基金结转超当年收入30%的部分、零结转收回部门预算资金等，全部依法补充预算稳定调节基金。2019年底预算稳定调节基金余额268亿元，2020年初动用166亿元平衡预算，余额102亿元将严格按照《预算法》和财政部《预算稳定调节基金管理暂行办法》的规定，用于兑现跨年度据实结算事项和弥补2020年及以后年度预算资金的不足。按照《重庆市市级部门预算零结转管理办法》规定，市本级一般公共预算支出中，包含按权责发生制列支的已签订合同的政府采购、中央专款以及科研等项目支出21亿元。

市级主要支出政策落实情况如下。

——一般公共服务方面支出合计76亿元。其中，市本级一般公共服务支出76亿元，增长11.9%，完成预算的93.8%。主要用于：保障党政机关、人大、政协和民主党派、群团组织运转及履职，促进立法、监督及参政议政能力建设。保障机构改革期间涉改部门的正常运转，以及新成立单位的经费投入。

——公共安全方面支出合计122亿元。其中，市本级公共安全支出108亿元，增长8%，完成预算的92.6%；专项补助区县14亿元。主要用于：保障公安、检察、法院、司法等单位依法履职，支持扫黑除恶等重点工作，维护公共安全和社会公平正义。保障政法部门执法办案、应急处置、基础装备等经费需求。促进区县法检单位支出保障水平更加均衡。完善司法救助体系，支持公共法律服务平台建设。

——教育方面支出合计224亿元。其中，市本级教育支出121亿元，增长8.4%，完成预算的92.7%；专项补助区县103亿元。主要用于：及时足额保障各级各类学校的生均公用经费和学生资助，支持学校改善办学条件。持续推进学前教育三期行动计划，大力发展公办幼儿园，支持普惠性民办园，扎实推进城镇小区配套幼儿园治理。扎实开展义务教育薄弱环节改善与能力提升专项工作，加强乡村寄宿制学校和小规模学校建设。支持实施高中阶段教育普及攻坚计划，做好新高考综合改革基础条件保障。深入实施校企合作产教融合计划，落实“双高计划”建设补助，推动现代职业教育质量提升。加大优质高等教育资源引进力度，深化高等学校“双一流”建设，统筹推进高水平人才队伍建设。加强教师队伍建设，提高教师工资待遇，提标乡村教师岗位生活补助，推进乡村教师周转房建设，改善乡村教师住宿条件。

——科学技术方面支出合计35亿元。其中，市本级科学技术支出30亿元，增长1.2%，完成预算的94.2%；专项补助区县5亿元。主要用于：聚焦民生服务、产业融合、生态宜居等智慧应用领域，推动科技特派员等科技惠民工程实施，加快建设智慧城市。支持创新主体培育引进，加强创新人才队伍建设，增强科技创新供给能力。强化高端创新平台支撑，支持环大学创新生态圈和国家重点实验室、野外科学观察研究站等基础研究基地建设，加快建设重庆市实验室。探索建立产学研相结合的基础研究新体系，加快推动基础研究与技术创新融通，加入国家区域创新发展联合基金。持续做实做强种子、天使、风险等政府投资引导基金和知识价值信用贷款风险补偿基金，缓解中小微科技型企业融资难问题，强化科技金融支撑。深化科研项目经费管理改革，试点“包干制”，完善科技资源共享机制，提升科技创新服务。

——文化旅游体育与传媒方面支出合计20亿元。其中，市本级文化体育与传媒支出15亿元，增长 10.6%，完成预算的 94.5%；专项补助区县 5 亿元。主要用于：深入挖掘本土文化，扶持打造符合时代特色的原创和精品文艺力作。深入推进基本公共文化体育服务惠民工程，保障全市 41 个图书馆、40 个文化馆、9 个美术馆、818 个乡镇文化站、204 个社区文化中心、31 个博物馆纪念馆以及 69 个体育场馆免费或低收费开放。支持加强全市 69 处革命文物、抗战遗址等重点文物日常维护。继续实施惠民电影、戏曲进乡村、县级融媒体等文化惠民工程，加快公共文化服务标准化、数字化、智能化建设。支持“山水之城，美丽之地”全域旅游宣传推广，推动传统媒体与新兴媒体、文化与旅游深度融合发展。

——社会保障和就业方面支出合计 630 亿元。其中，市本级社会保障和就业支出 511 亿元，增长 19.7%，完成预算的 91%；专项补助区县 119 亿元。主要用于：实施更加积极的就业政策，帮扶高校毕业生、农民工、退役军人等重点人群就业。提高困难群体救助标准，将城市和农村低保救助标准分别提高到每月 580 元、440 元，将城乡特困人员供养保障标准提高到每月 754 元，将集中供养和散居孤儿基本生活保障标准分别提高到每月 1404 元、1204 元。积极支持做好新时代退役军人工作，落实优抚安置保障政策，支持退役军人服务保障体系建设。支持推进社区养老服务“千百工程”，启动社区居家养老服务全覆盖项目建设。按平均约 5% 的幅度，提高退休人员基本养老金水平。支持残疾人、红十字等福利、慈善事业发展。

——卫生健康方面支出合计 223 亿元。其中，市本级卫生健康支出 38 亿元，下降 21.3%，完成预算的 94.9%；专项补助区县 185 亿元。主要用于：支持公立医院综合改革，推进符合区域卫生规划的公立医院建设，根据绩效情况对基层医疗共同体“三通”建设等试点工作给予奖补。支持加强卫生人才队伍建设，实施住院医师规范化培训、医学高端人才培养等项目。深化医疗保障制度改革，将城乡居民医保补助标准从人均 490 元提高到 520 元，推动医保跨省异地就医联网结算，方便群众就医报销。支持将基本公共卫生服务经费人均财政补助标准从 55 元调整到 69 元。实施重大公共卫生服务项目，加强艾滋病、结核病等疾病预防控制，保障健康中国重庆行动方案实施。

——节能环保方面支出合计 100 亿元。其中，市本级节能环保支出 39 亿元，增长 8.5%，完成预算的 92.5%；专项补助区县 61 亿元。主要用于：支持打赢蓝天保卫战，持续推进玻璃、化工等重点行业燃煤污染控制和废气深度治理，鼓励餐饮店企开展餐厨油烟整治，进一步削减大气污染物。支持推进重点流域水污染防治，开展集中式饮用水源地规范化建设和城乡污水管网改造，处理达标排放城市生活污水约 14 亿吨。支持开展工业用地、农业用地土壤污染详查评估，推进主城区垃圾焚烧无害化处理，减少垃圾填埋对土地的占用和二次污染。推动生活垃圾分类工作。加大农村环境整治力度，推动 400 个行政村生活污水垃圾集中处理。

——农林水方面支出合计 289 亿元。其中，市本级农林水支出 35 亿元，下降 20.7%，完成预算的 93.1%；专项补助区县 254 亿元。主要用于：持续支持 11 个区县开展乡村振兴示范工作，集中打造 10 个市级现代农业产业园。支持政策性农业保险扩面、提标，增强农业抗风险能力。支持推进国土绿化提升行动，扩大森林资源增量，提高森林覆盖率。实施新一轮退耕还林、长江防护林三期和石漠化地区生态恢复工程，改造农田林网和特色经济林。加快水利基础设施建设，有序推进渝西水资源配置工程、金佛山观景口等大中型重点水源工程建设。加大城镇防洪、中小河流综合治理、病险水库除险加固等方面投入力度，做好水旱灾害防御、水库移民后扶等工作。

——交通运输方面支出合计271亿元。其中，市本级交通运输支出131亿元，增长2.1%，完成预算的92.9%；专项补助区县140亿元。主要用于：支持实施高铁建设五年行动方案，加快推进郑万高铁、涪怀二线等铁路项目建设和成渝铁路改造项目开工建设。加快推进城口至开州等高速公路建设。继续补助区县国省干线公路建设。大力支持渝东北三峡库区城镇群、渝东南武陵山区城镇群基础设施建设，支持巫山机场建成通航，加快推进渝西高铁、巫山至镇坪高速、渝湘高速扩能、武隆机场等项目建设。支持实施开放通道拓展行动，推动中欧班列（重庆）、西部陆海新通道、国际航空枢纽发展。

——城乡社区方面支出合计149亿元。其中，市本级城乡社区支出149亿元，下降30.3%，完成调整预算的92.6%。主要用于：保障国土空间总体规划、“两江四岸”核心区等城市提升专项规划编制，支持基础测绘及地理国情监测。保障轨道第四轮线网规划前期工作。支持主城区路桥通行费征收改革，兑现通行费套餐优惠补助。支持西永综合保税区基础设施建设，完善开放平台功能。补助主城区次支路网、人行过街设施和公共停车场建设，改善路网结构。支持智能交通、智慧住建等智慧城市建设。支持特色小城镇建设和传统村落保护发展。推进市政设施和绿化品质改善提升，主城区新建公厕130座、新增绿化面积1100万平方米。

——产业发展方面支出合计69亿元（资源勘探信息、商业服务业、金融、粮油物资储备四个科目之和）。其中，市本级产业发展等支出36亿元，下降4.8%，完成预算的100%；专项补助区县33亿元。主要用于：支持智能化改造，引导企业开展机器换人、数字化装备普及、工业互联网、“上云上平台”建设。培育壮大战略性新兴产业，推动集成电路、新能源和智能网联汽车、生物医药、军民融合等重点行业领域发展。支持举办智博会、西洽会、中新金融峰会，建设智慧城市智能中枢和中新国际数据通道。落实稳外贸、稳外资、稳外经政策，引导企业开拓“一带一路”国际市场。支持实施消费升级行动，推动电商扶贫。组建100亿元规模的民营企业纾困基金，促进产业引导基金投资提质上量，支持实施知识价值和商业价值信用贷款，落实好中小微企业贷款贴息、转贷应急周转、担保补贴、风险补偿等政策，缓解企业融资难题。支持建成保险资产管理结算系统，落地重庆首家全国性金融要素平台。保障粮食政策性储备，做好猪肉、成品油、食盐、医药等保供与稳价工作。

——自然资源海洋气象和应急管理等方面支出合计27亿元。其中，市本级自然资源海洋气象和应急管理等方面支出20亿元，增长13.3%，完成预算的100%；专项补助区县7亿元。主要用于：支持土地资源利用与保护，开展耕地占补平衡与保护、农村土地整治，积极推动第三次国土调查。支持开展地质矿产资源调查和矿产资源利用与保护。支持应急救援支撑体系建设，加强重大安全隐患治理，提高安全监管能力。保障洪水、干旱、地质灾害等自然灾害应急救援和人民群众生活补助。

——住房保障方面支出合计75亿元。其中，市本级住房保障支出25亿元，增长1.4%，完成预算的100%；专项补助区县50亿元。主要用于：支持农村危旧房、城市老旧小区改造，加快保障性安居工程配套基础设施建设。保障公租房平稳有序运行，解决住房困难群众居住问题。

2019年，市对区县转移支付共计1545亿元，占区县一般公共预算支出的44.3%。主要用于：

安排教育、医疗、养老、住房保障等基本公共服务领域财力和民生补助802亿元，安排基础设施建设、三次产业发展、科技创新等领域建设发展补助489亿元，安排生态环保、文化旅游、脱贫攻坚等领域补助137亿元，按分税制财政体制安排税收返还117亿元。

2. 市级政府性基金预算

表5 2019年市级政府性基金预算收支平衡情况

单位：亿元

收入	执行数	支出	执行数
总计	2443	总计	2443
一、本级收入	1122	一、本级支出	740
其中：国有土地使用权出让收入	895	二、转移性支出	1703
二、转移性收入	1321	补助区县	682
中央补助	74	调出资金	121
区县上解	38	地方政府债券转贷支出	551
地方政府债务收入	922	地方政府债务还本支出	37
上年结转	287	结转下年	312

（1）收入项目执行情况

市本级政府性基金收入1122亿元，下降7.2%，完成预算的110%。加上中央补助74亿元、地方政府债务收入922亿元，以及上年结转和区县上解等325亿元后，收入总计2443亿元。

——国有土地使用权出让收入895亿元。

——城市基础设施配套费收入170亿元，主要是城市基础设施配套费按房屋建筑面积征收，2019年新开工项目面积增加。同时，主管部门加强配套费征管，确保应收及收。

（2）支出项目执行情况

市本级政府性基金预算支出740亿元，下降23.1%，完成预算的77.9%。加上补助区县682亿元、地方政府债务转贷支出551亿元、地方政府债务还本支出37亿元，以及结转下年和调出资金等433亿元后，支出总计2443亿元。

从项目看，上述支出主要用于：

——土地成本支出363亿元，用于土地收储、拆迁补偿和整治投入。

——城市基础设施建设项目支出170亿元，支持轨道交通环线西南半环、尖璧线建成通车，加快推进四号线、五号线、九号线和十号线等城市轨道建设；加快重庆西站综合交通枢纽市政配套道路、通江立交、一纵线成渝高速至华岩隧道西延伸段等续建项目建设；支持新燕尾山隧道、盘溪立交、茶惠大道等项目新开工；保障公租房建设债务偿还。

——交通基础设施建设项目支出192亿元，加快推进渝湘高铁、重庆东站等项目建设，支持渝昆高铁等项目开工；推动奉建、大内、渝遂扩能等高速公路建设，增加高速公路出省通道；继续补助区县国省干线公路、“四好农村路”建设；推动枢纽港建设升级，加快机场建设，构建综合交通体系。

特别需要说明的是，按照《重庆市市级部门预算零结转管理办法》规定，市本级政府性基金预算支出中，包含按权责发生制列支的支出2亿元。

3. 市级国有资本经营预算

表6 2019年市级国有资本经营预算收支平衡情况

单位：亿元

收入	执行数	支出	执行数
总计	66	总计	66
一、本级收入	63	一、本级支出	20
二、转移性收入	3	二、转移性支出	46

（1）收入项目执行情况

市本级国有资本经营预算收入63亿元，增长10.8%，完成预算的87.3%。加上中央补助2亿元、上年结转1亿元后，收入总计66亿元。

——利润收入 30 亿元，主要是市属重点企业按规定上缴的利润。

——其他收入 33 亿元，主要是国有企业产权转让收入。

（2）支出项目执行情况

市本级国有资本经营预算支出 20 亿元，下降 27.8%，完成预算的 64.7%。加上调出资金 42 亿元、补助区县 3 亿元和结转下年 1 亿元后，支出总计 66 亿元。

各位代表，2019 年是重庆财政不平凡的一年。过去一年，在落实更大规模减税降费政策的同时，通过压减支出规模、调整优化支出结构，实现了全年收支平衡；在推动区域协调发展的同时，通过加大补助力度、加强资金调度，保障了困难区县财政平稳运行；在守住债务风险底线的同时，通过加强“资源、资产、资金”统筹、拓展筹资渠道，确保了政府投资强度不减。这些成绩来之不易，是习近平新时代中国特色社会主义思想科学指引的结果，是认真贯彻中央和市委重大决策部署的结果，是区县和部门大力支持、共同努力的结果。但是，我们也清醒认识到，全市财政工作还面临一些问题，主要表现在：艰苦奋斗、勤俭节约观念还不够牢固，还存在花钱大手大脚的现象；不规范使用财政资金的行为时有发生，资金分散、闲置浪费等问题仍然存在，资金使用绩效还不够高；部分领域项目储备不充分，还存在钱等项目的问题。对此，我们将高度重视，积极采取措施予以解决。

三、2020 年财政工作安排

2020 年是全面建成小康社会和“十三五”规划收官之年。全市财政系统将认真贯彻中央和市委决策部署，落实市人大决议，主动适应新时代、聚焦新目标，坚定发展信心，更好发挥财政在国家治理中的基础和重要支柱作用，努力开创财政改革发展新局面。

（一）预算编制指导思想

综合分析全市财经形势，2020 年预算编制指导思想是：以习近平新时代中国特色社会主义思想为指导，全面贯彻党的十九大、十九届二中三中四中全会精神和中央经济工作会议精神，增强“四个意识”，坚定“四个自信”，做到“两个维护”，深化落实习近平总书记对重庆提出的“两点”定位、“两地”“两高”目标、发挥“三个作用”和营造良好政治生态的重要指示要求，贯彻落实党中央关于推动成渝地区双城经济圈建设的重大决策部署，紧扣全面建成小康社会目标任务，坚持稳中求进工作总基调，坚持新发展理念，坚持以供给侧结构性改革为主线，坚持以改革开放为动力，全力保障“三大攻坚战”和“八项行动计划”推进落实，全面做好“六稳”工作，推动高质量发展之路越走越宽广，确保重庆经济实现量的合理增长和质的稳步提升，确保全面建成小康社会和“十三五”规划圆满收官。积极的财政政策要大力提质增效，更加注重结构调整，巩固和拓展减税降费成效；认真贯彻“以收定支”原则，加大优化财政支出结构力度，坚持政府过紧日子，切实做到有保有压；用好地方政府债券，规范政府举债融资行为，防范化解地方政府隐性债务风险；深化财税体制改革，加快建立完善现代财政制度，促进经济持续健康发展。

（二）2020 年重点工作

2020 年，全市财政系统将重点做好以下五个方面的工作。

第一，坚持精准发力，全力打好三大攻坚战。在巩固已有成果、打好重点战役、建立长效机制上下功夫，支持打赢打好三大攻坚战。支持打好精准脱贫攻坚战，严格按照“四个不摘”要求，切实保障扶贫资金需求，全面加强扶贫资金监管，巩固脱贫攻坚成果。支持打好污染防治攻坚战，坚持方向不变、力度不减，加强财政投入保障，持续提升生态环境质量。支持打好防范化解重大风险攻坚战，落实风险防控主体责任，稳妥化解存量隐性债务，坚决守住不发生区域性系统性金融风险的底线。

第二，坚持提质增效，落实积极财政政策。优化财政资源配置，不断提高政策精准性和有效性。坚决落实各项减税降费政策，巩固和拓展减税降费成效，密切关注各行业税负变化，及时研究企业反映的突出问题，牢牢把握“三个确保”要求，让企业和人民群众有实实在在的获得感。千方百计扩大有效投资，发挥政府投资的关键作用，加强“资源、资产、资金”统筹，多渠道争取中央债券、资金和政策支持，做好项目前期储备，保障好高速铁路、高速公路、重大水利和生态环保、乡村振兴等重点项目建设。

第三，坚持底线思维，着力保障和改善民生。围绕民生大事急事难事，精准发力、持续用力，不断增进人民群众福祉。坚持尽力而为，围绕就业、教育、健康、养老、基本住房等重点领域，增加基本民生投入，加快补齐民生短板，确保民生特别是困难群众基本生活得到有效保障。同时，支持困难区县增强财政保障能力，兜实兜牢保工资、保运转、保基本民生的底线。坚持量力而行，明确重点民生领域支出政策的“红黄线”，坚决制止超越发展阶段和地方财力的政策，让民生政策多一些“雪中送炭”。

第四，坚持统筹推进，促进区域协调发展。增强财税政策与产业、金融、人才等政策协同，促进形成区域协调发展新格局。支持融入国家发展战略，发挥财政政策和资金引导作用，积极对接中央实施新一轮西部大开发、推动长江经济带发展、西部陆海新通道和成渝地区双城经济圈等重大战略。支持“一区两群”协调发展，突出分类指导，完善差异化财税扶持政策，推动各区域各区县协同化发展。支持经开区等国家级开发区发展，优化两江新区、高新区财政体制，激发经济发展动力。

第五，坚持蹄疾步稳，深化财政管理改革。对标对表中央要求，扎实推进财政管理各项改革。推动转移支付全域统筹，将18个贫困区县转移支付统筹改革推广到全市所有区县。完善预算绩效管理制度，建立绩效挂钩奖惩机制，开展绩效排名，将结果与重点专项总额、部门一般性项目和公用经费挂钩。加强支出标准控制，新增支出“先建标准，再核额度”，逐步实现从“控盘子”向“控标准”转变。继续推进财政事权和支出责任划分、国有金融资本管理等改革事项。

（三）2020年财政主要支出政策安排

1. 支持创新驱动发展方面

优化重点创新区域财政扶持政策，支持高标准规划建设重庆科学城，将高新区的市级税收增量全部用于其科技创新和产业发展，推动重庆高新区升级，打造两江协同创新园。强化企业创新主体地位，优化并落实研发准备金、重大新产品研发成本补助政策，鼓励加大R&D投入，支持开展工业设计和产学研创新活动，推动高水平建设国家级和市级制造业创新中心、企业技术中心、重点实验室。加大产业转型发展投入保障力度，采取投资补助、后奖补、贴息、政府基金股权投资等方式，支持一批智能制造、技术改造、工业互联网项目实施，大力发展大数据、人工智能和“智能+”产业，加快战略性新兴产业集群化发展，推进传统制造业改造升级，打造消费品工业集群。加强基础科学研究财政投入保障，支持培育一批新型高端研发机构，建设高水平创新基地，提升高校原始创新能力，配合做好超瞬态物质科学实验装置等国家重大科技基础设施建设。优化落实重庆英才计划、高层次人才引进计划等奖励资助政策，吸引一批科研人才和团队落户重庆。

2. 支持打好精准脱贫攻坚战和实施乡村振兴战略方面

严格按照“四个不摘”要求，确保完成脱贫攻坚目标任务。落实摘帽不摘责任，深化贫困区县涉农资金整合试点，优先保障扶贫资金需求，及时足额拨付扶贫资金。落实摘帽不摘政策，保障产业扶贫、社保兜底、教育资助、危房改造、易地扶贫搬迁后续扶持等扶贫政策继续执行。落实摘帽不摘帮扶，发挥市与区县、乡镇（街道）财政部门联动作用，多措并举做好定点帮扶工作。落实摘帽不摘监管，完善扶贫资金监管机制，加强资金动态监管，实施扶贫资金全过程绩效管理。继续做好脱贫攻坚与乡村振兴政策衔接，构建完善财政支持乡村振兴战略的政策体系和体制机制，支持区县发展现代山地特色高效农业，实施乡村振兴试验示范、现代农业产业园、“四好农村路”等项目建设，促进农村一二三产业融合发展，扶持壮大农村集体经济。落实农村“厕所革命”整村推进奖补政策，加强农村生活垃圾和污水治理，提升村容村貌，建设生态宜居美丽乡村。优化农业保险财政支持政策，探索建立财政支持区县特色农产品保险的以奖代补机制，提高小农户农业保险参保率。

3. 支持基础设施建设方面

统筹土地出让收入，盘活国有资产，拓宽投融资渠道，用好用足项目资本金政策，确保市级重大项目顺利推进，支持构建“米”字型高铁网，推动渝湘、渝昆等高铁项目建设，加快推进重庆东站等综合交通枢纽项目建设；支持完善高速路网，推动渝长、渝湘扩能等高速公路项目建设；支持实施“850+”城市轨道交通成网计划，启动城市轨道交通四期项目，推进成渝铁路改造、枢纽东环线等市域铁路项目；继续推进渝西水资源配置工程项目建设。厘清政府与市场边界，合理划分市与区县支出责任，完善财政补助机制，支持“两江四岸”核心区整体提升，加快推进十大公共空间建设，推动山城步道建设，促进城市有机更新；完善城市路网，加快城市路桥隧道建设，优化城市骨架路网和干支路网，提高城市通行能力。

4. 支持污染治理和生态环境保护方面

坚持资金投入同污染防治攻坚任务相匹配，强化财政资金配置，引导社会投入，支持打赢污染防治攻坚战。用好中央资金，盘活土地资源，支持广阳岛片区长江经济带绿色发展示范。改革市级环保专项资金分配方式，完善以水、土、大气等环境质量考核结果为导向的“以奖促治”机制，推进重点流域水污染防治，开展工业用地、农业用地土壤污染详查评估，推动重点行业企业废气深度治理。加大财政投入，推进山水林田湖草生态保护修复试点，支持主城区“四山”保护，加快“清水绿岸”治理，实施新一轮退耕还林和天然林保护工程，推进国土绿化提升行动，开展矿山恢复治理，强化湿地保护和恢复。继续推动流域横向生态保护补偿机制改革，积极对接国家绿色发展基金，建立多元化、市场化的生态保护补偿机制。

5. 保障和改善民生方面

完善就业创业扶持及奖补政策，稳定就业总量，突出支持做好高校毕业生、农民工、退役军人等重点人群就业工作。继续统筹失业保险基金，落实稳岗返还、在岗培训补贴等政策，进一步加强援企稳岗。多渠道增加普惠性学前教育资源供给，继续巩固完善城乡统一义务教育经费保障机制，改善普通高中基本办学条件。支持加快高等学校“双一流”建设和高职院校“双高”建设，将高职扩招学生纳入现有资助体系同等保障，分类别研究并落实扩招学生生均公用经费保障政策。健全各类教育生均拨款动态调整机制，推动深化教育综合改革。优化落实政府财政投入责任，推动建立现代医院管理制度，支持扩大基层医疗共同体“三通”建设试点范围。适度提高城乡居民医保财政补助标准和困难群众基本生活救助标准。适当提高退休人员基本养老金水平。发挥财政政策引导作用，完善住房保障体系，稳步推进棚户区改造、城镇老旧小区改造，支持住房租赁市场发展，培育专业化、规模化租赁企业。支持消防专业装备配备和智能管理，提升高层建筑消防安全保障能力。优化财政补助结构和方向，强化农村危房改造和农村旧房整治提升，改善农房品质和农村生活条件。健全公共文化服务财政保障机制，改善城乡公共文化体育基础条件，促进基本公共文化服务标准化均等化，提升公共文化服务水平。

上述支出政策中，涉及预算草案批准前必须安排的人员、基本运转等支出，按照《预算法》第五十四条规定，已作相应安排。

四、2020 年预算安排

（一）全市预算草案

1. 一般公共预算

全市一般公共预算收入预计 2156 亿元，增长 1%，其中，税收收入预计 1556 亿元，增长 1%。全市一般公共预算收入加上中央提前下达转移支付、地方政府债务收入、动用预算稳定调节基金、调入资金等 2639 亿元后，收入总计 4795 亿元。全市一般公共预算支出安排 4456 亿元，加上上解中央及地方政府债务还本支出 339 亿元后，支出总计 4795 亿元。

表 7　2020 年全市一般公共预算收支平衡情况

单位：亿元

收入	预算数	支出	预算数
总计	4795	总计	4795
一、本级收入	2156	一、本级支出	4456
税收	1556	二、转移性支出	339
非税	600	上解中央	49
二、转移性收入	2639	地方政府债务还本支出	290
中央补助	1608		
动用预算稳定调节基金	225		
地方政府债务收入	385		
调入资金	421		

2. 政府性基金预算

全市政府性基金预算收入预计 2115 亿元，加上中央提前下达转移支付及地方政府债务收入 501 亿元后，收入总计 2616 亿元。全市政府性基金预算支出安排 2005 亿元，加上调出资金及地方政府债务还本支出 611 亿元后，支出总计 2616 亿元。

表 8　2020 年全市政府性基金预算收支平衡情况

单位：亿元

收入	预算数	支出	预算数
总计	2616	总计	2616
一、本级收入	2115	一、本级支出	2005
二、转移性收入	501	二、转移性支出	611
中央补助	59	调出资金	390
地方政府债务收入	442	地方政府债务还本支出	221

3. 国有资本经营预算

全市国有资本经营预算收入预计 85 亿元。全市国有资本经营预算支出安排 55 亿元，加上调出资金 30 亿元后，支出总计 85 亿元。

表 9　2020 年全市国有资本经营预算收支平衡情况

单位：亿元

收入	预算数	支出	预算数
总计	85	总计	85
一、本级收入	85	一、本级支出	55
		二、转移性支出	30
		调出资金	30

4. 社会保险基金预算

全市社会保险基金预算收入预计 2098 亿元。其中，基本养老保险基金收入 1417 亿元，基本医疗保险基金收入 636 亿元，失业保险基金收入 24 亿元，工伤保险基金收入 21 亿元。全市社会保险基金预算支出安排 1956 亿元。其中，基本养老保险基金支出 1367 亿元，基本医疗保险基金支出 545 亿元，失业保险基金支出 23 亿元，工伤保险基金支出 21 亿元。加上结转下年支出预计 142 亿元后，支出总计 2098 亿元。

（二）市级预算草案

1. 市级一般公共预算

表 10　2020 年市级一般公共预算收支平衡情况

单位：亿元

收入	预算数	支出	预算数
总计	3064	总计	3064
一、本级收入	780	一、本级支出	1284
税收	523	二、转移性支出	1780
非税	257	上解中央	49
二、转移性收入	2284	补助区县	1346
中央补助	1608	地方政府债务还本支出	90
区县上解	61	地方政府债务转贷支出	295
动用预算稳定调节基金	165		
地方政府债务收入	385		
调入资金	65		

（1）收入项目预算情况

市本级一般公共预算收入预计 780 亿元，增长 1%，其中，税收收入预计 523 亿元，增长 1%；非税收入 257 亿元，增长 1%。

市本级一般公共预算收入加上中央提前下达转移支付、动用预算稳定调节基金、调入资金、区县上解、地方政府债务收入等 2284 亿元后，收入总计 3064 亿元。

（2）支出项目预算情况

市本级一般公共预算支出安排 1284 亿元，加上市对区县转移支付、上解中央、地方政府债务还本支出、地方政府债务转贷支出等 1780 亿元后，支出总计 3064 亿元。

——市本级一般公共服务支出安排 113 亿元。

——市本级公共安全支出安排 104 亿元，补助区县 7 亿元。

——市本级教育支出安排 117 亿元，补助区县 93 亿元。

——市本级科学技术支出安排 20 亿元，补助区县 2 亿元。

——市本级文化旅游体育与传媒支出安排 17 亿元，补助区县 1 亿元。

——市本级社会保障和就业支出安排 424 亿元，补助区县 99 亿元。

——市本级卫生健康支出安排 46 亿元，补助区县 171 亿元。

——市本级节能环保支出安排 32 亿元，补助区县 18 亿元。

——市本级城乡社区支出安排 106 亿元，补助区县 14 亿元。

——市本级农林水支出安排 21 亿元，补助区县 212 亿元。

——市本级交通运输支出安排 116 亿元，补助区县 85 亿元。

——市本级产业发展等支出安排 34 亿元，补助区县 23 亿元。

——市本级自然资源海洋气象和应急管理等方面支出安排 30 亿元，补助区县 19 亿元。

——市本级住房保障支出安排 51 亿元，补助区县 26 亿元。

——其他支出安排 4 亿元。

——预备费安排 21 亿元。

2. 市级政府性基金预算

表 11　2020 年市级政府性基金预算收支平衡情况

单位：亿元

收入	预算数	支出	预算数
总计	1546	总计	1546
一、本级收入	1045	一、本级支出	675
其中：国有土地使用权出让收入	881	二、转移性支出	871
二、转移性收入	501	补助区县	422
中央补助	59	地方政府债务转贷支出	340
地方政府债务收入	442	地方政府债务还本支出	53
		调出资金	56

市本级政府性基金预算收入预计 1045 亿元，主要包括国有土地使用权出让收入 881 亿元。加上中央提前下达转移支付及地方政府债务收入 501 亿元后，收入总计 1546 亿元。

市本级政府性基金预算支出安排 675 亿元，加上市对区县转移支付、调出资金、地方政府债务转贷支出、地方政府债务还本支出等 871 亿元后，支出总计 1546 亿元。

3. 市级国有资本经营预算

表 12　2020 年市级国有资本经营预算收支平衡情况

单位：亿元

收入	预算数	支出	预算数
总计	31	总计	31
一、本级收入	31	一、本级支出	22
		二、转移性支出	9
		调出资金	9

市本级国有资本经营预算收入预计 31 亿元。

市本级国有资本经营预算支出安排 22 亿元，加上调出资金 9 亿元后，支出总计 31 亿元。

各位代表！做好 2020 年的财政工作，责任重大，任务艰巨，使命光荣！全市财政系统将坚持以习近平新时代中国特色社会主义思想为指导，全面贯彻落实总书记对重庆的重要指示要求，在市委的坚强领导下，主动接受人大依法监督和政协民主监督，迎难而上、真抓实干，以更加务实的作风、以更加有为的担当，扎扎实实做好财政各项工作，为决胜全面建成小康社会、开启社会主义现代化建设新征程贡献力量！

2019年重庆市国民经济和社会发展统计公报

重庆市统计局　国家统计局重庆调查总队

2019年，全市上下坚持以习近平新时代中国特色社会主义思想为指导，全面落实习近平总书记对重庆提出的“两点”定位、“两地”“两高”目标、发挥“三个作用”和营造良好政治生态的重要指示要求，坚持稳中求进工作总基调，深入贯彻新发展理念，落实高质量发展要求，深化供给侧结构性改革，持续打好“三大攻坚战”，大力实施“八项行动计划”，统筹推进稳增长、促改革、调结构、惠民生、防风险、保稳定，全市经济稳中有进，符合预期，经济高质量发展势头强劲。

一、综合

初步核算，全年地区生产总值23605.77亿元，比上年增长6.3%。按产业分，第一产业增加值1551.42亿元，增长3.6%；第二产业增加值9496.84亿元，增长6.4%；第三产业增加值12557.51亿元，增长6.4%。三次产业结构比为6.6:40.2:53.2。非公有制经济增加值14699.61亿元，增长6.9%，占全市经济总量的62.3%。按常住人口计算，全市人均地区生产总值75828元，比上年增长5.4%。全员劳动生产率为128035元/人，比上年增长6.5%。

全市常住人口3124.32万人，比上年增加22.53万人。其中，城镇人口2086.99万人，占常住人口的比重（常住人口城镇化率）为66.8%，比上年提高1.3个百分点。全年外出市外人口474.02万人，市外外来人口182.05万人。

全年人口出生率为10.48‰，死亡率为7.57‰，人口自然增长率为2.91‰。全市常住人口性别比（以女性为100，男性对女性的比例）为101.71，出生婴儿性别比为107.22。

表1　2019年年末常住人口数及其构成

单位：万人，%

指标	年末数	比重
全市常住人口	3124.32	100.0
按城乡分		
城镇	2086.99	66.8
乡村	1037.33	33.2
按性别分		
男性	1575.40	50.4
女性	1548.92	49.6
按年龄段分		
0~15岁（含不满16周岁）	566.75	18.14
16~59岁（含不满60周岁）	1913.96	61.26
60周岁及以上	643.61	20.60
#65周岁及以上	467.40	14.96

城镇新增就业人员 75.16 万人，比上年下降 0.2%。年末城镇登记失业率 2.6%，比上年末下降 0.7 个百分点；全年城镇调查失业率稳定在 5.1% 左右的较低水平。

全市农民工总量 758.6 万人，比上年下降 1.0%。其中，外出农民工 541.9 万人，下降 2.2%；本地农民工 216.7 万人，增长 2.2%。

全年居民消费价格比上年上涨 2.7%，其中食品价格上涨 9.6%。工业生产者出厂价格下降 0.2%。工业生产者购进价格上涨 0.1%。固定资产投资价格上涨 3.4%。农产品生产者价格上涨 12.1%。

表 2 2019 年居民消费价格比上年涨跌幅度

单位：%

指标	比上年增长
居民消费价格	2.7
食品烟酒	6.8
衣着	0.2
居住	2.0
生活用品及服务	0.6
交通和通信	-1.4
教育文化及娱乐	1.9
医疗保健	0.7
其他用品和服务	2.8

截至年底，全市共有各类市场主体 274.68 万户，比上年增长 8.7%。其中，内资企业 84.83 万户，外资企业 0.66 万户，个体工商户 185.55 万户，农民专业合作社 3.64 万户。

供给侧结构性改革持续推进。全年规模以上工业产能利用率为 75.9%。其中，煤炭开采和洗选业产能利用率为 80.1%，比上年提高 6.7 个百分点；黑色金属冶炼和压延加工业产能利用率为 86.2%，提高 14.2 个百分点。全年交通、水利投资分别比上年增长 5.4% 和 14.5%。

新动能产业加快发展。全年规模以上工业战略性新兴制造业增加值比上年增长 11.6%，高技术制造业增加值增长 12.6%，占规模以上工业增加值的比重分别为 25.0% 和 19.2%。新一代信息技术产业、生物产业、新材料产业、高端装备制造产业分别增长 16.0%、7.9%、10.3% 和 7.8%。全年高技术产业投资比上年增长 18.0%，占固定资产投资（不含农户）的比重为 6.8%；工业技术改造投资增长 6.9%，占工业投资的比重为 39.0%。全市限额以上批发和零售企业实现网上商品零售额比上年增长 13.5%，高出非网上商品零售额增速 8.6 个百分点。

脱贫攻坚成效明显。2019 年末全市农村贫困人口 2.4 万人，比上年末减少 11.5 万人；贫困发生率 0.12%，比上年下降 0.58 个百分点。全年全市贫困地区农村居民人均可支配收入 13832 元，比上年增长 10.9%，扣除价格因素，实际增长 8.0%。

二、农业

全年农林牧渔业增加值 1581.15 亿元，比上年增长 3.7%。其中，种植业 1042.23 亿元，增长 5.5%；畜牧业 345.87 亿元，下降 5.7%；林业 82.02 亿元，增长 10.8%；渔业 81.30 亿元，增长 2.8%；农林牧渔服务业 29.74 亿元，增长 8.4%。

全年粮食播种面积 2998.9 万亩，比上年下降 0.9%。粮食综合单产 358.5 公斤 / 亩，增长 0.5%。

全年粮食总产量 1075.2 万吨，比上年减产 0.4%。其中，夏粮产量 120.2 万吨，减产 1.6%；秋粮产量 955.0 万吨，减产 0.2%。全年谷物产量 750.6 万吨，减产 0.4%。其中，稻谷产量 487.0 万吨，与上年持平；小麦产量 6.9 万吨，减产 15.2%；玉米产量 249.5 万吨，减产 0.7%。全年猪肉产量 112.07 万吨，下降 15.2%。生猪出栏

1480.42万头，下降15.8%。年末生猪存栏921.62万头，下降21.0%。

表3 2019年主要农产品产量及其增长速度

产品名称	产量	比上年增长（%）
粮食（万吨）	1075.2	-0.4
禽蛋（万吨）	43.52	5.0
牛奶（万吨）	4.19	-14.3
出栏生猪（万头）	1480.42	-15.8
出栏牛（万头）	54.90	0.8
出栏羊（万只）	449.41	0.5
出栏家禽（万只）	22415.23	5.0
猪肉（万吨）	112.07	-15.2
水产品（万吨）	54.17	2.29

三、工业和建筑业

全年工业增加值6656.72亿元，比上年增长6.4%。规模以上工业增加值比上年增长6.2%。分经济类型看，国有控股企业增加值增长2.8%，股份制企业增长8.0%，外商及港澳台商投资企业下降0.4%，私营企业增长8.3%。分门类看，采矿业增长2.6%，制造业增长6.5%，电力、热力、燃气及水生产和供应业增长5.2%。

全年规模以上工业中，分产业看，汽车产业增加值比上年下降4.1%，摩托车产业增长2.4%，电子产业增长14.3%，装备产业增长6.8%，化工产业增长3.1%，医药产业增长7.1%，材料产业增长14.7%，消费品产业增长6.1%，能源工业增长5.3%。分行业看，农副食品加工业增加值比上年增长4.4%，化学原料和化学制品制造业增长4.2%，非金属矿物制品业增长7.9%，黑色金属冶炼和压延加工业增长27.4%，有色金属冶炼和压延加工业增长24.3%，通用设备制造业增长6.2%，铁路、船舶、航空航天和其他运输设备制造业下降0.4%，电气机械和器材制造业增长8.1%，计算机、通信和其他电子设备制造业增长14.1%，电力、热力生产和供应业增长6.8%。

表4 2019年规模以上工业主要产品产量及其增长速度

产品名称	产量	比上年增长（%）
汽车（万辆）	138.30	-19.9
#新能源汽车	3.73	-3.0
笔记本计算机（万台）	6422.31	12.1
打印机（万台）	1365.83	-14.1
集成电路（亿块）	33.71	523.6
液晶显示屏（亿片）	2.18	36.4

全年规模以上工业企业利润总额比上年下降4.3%。分经济类型看，国有控股企业利润下降39.2%，集体企业下降14.3%，股份制企业下降1.0%，外商及港澳台商投资企业下降32.0%，私营企业增长4.5%。分门类看，采矿业利润比上年增长4.0%，制造业下降6.1%，电力、热力、燃气及水生产和供应业增长28.1%。

全年建筑业增加值2840.12亿元，比上年增长6.6%。全市总承包和专业承包建筑业企业总产值8222.96亿元，增长5.2%。

四、服务业

全年批发和零售业增加值2192.06亿元，比上年增长6.6%；交通运输、仓储和邮政业增加值977.14亿元，增长6.9%；住宿和餐饮业增加值501.98亿元，增长7.5%；金融业增加值2087.95亿元，增长8.0%；房地产业增加值1473.04亿元，增长2.7%；其他服务业增加值5325.34亿元，增长6.3%。全年规模以上服务业企业营业收入3788.66亿元，比上年增长

14.0%。

全年货物运输总量 11.28 亿吨。货物运输周转量 3610.54 亿吨公里。全年内河港口货物吞吐量 17126.77 万吨，增长 9.0%。空港货物吞吐量 41.40 万吨，增长 7.8%。国际标准集装箱吞吐量 149.33 万标准箱，其中铁路吞吐量 24.21 万标准箱，增长 15.4%。

表 5　2019 年各种运输方式货物运输量及其增长速度

指标	绝对量	比上年增长（%）
货物运输量（万吨）	112765.38	—
铁路	1692.45	-0.8
公路	89965.00	—
水运	21093.77	8.4
航空	14.16	7.5
货物周转量（亿吨公里）	3610.54	—
铁路	202.37	0.6
公路	952.59	—
水运	2453.38	9.6
航空	2.20	12.6

全年旅客运输总量 6.36 亿人次，比上年下降 0.1%。旅客运输周转量 967.74 亿人公里，增长 6.9%。空港旅客吞吐量 4643.63 万人次，增长 8.3%。

表 6　2019 年各种运输方式旅客运输量及其增长速度

指标	绝对量	比上年增长（%）
旅客运输量（万人次）	63558.26	-0.1
铁路	8406.80	9.1
公路	50990.00	-2.2
水运	756.34	3.5
航空	3405.12	11.7
旅客周转量（亿人公里）	967.69	6.9
铁路	236.35	5.6
公路	242.98	-6.7
水运	5.73	2.6
航空	482.64	16.1

年末全市民用车辆拥有量 653.95 万辆，比上年末增长 3.5%。其中私人汽车拥有量 403.20 万辆，增长 11.0%。民用轿车拥有量 236.01 万辆，增长 11.1%。其中私人轿车 215.24 万辆，增长 10.6%。

全年完成邮政业务总量 166.31 亿元，比上年增长 23.4%。邮政业全年完成邮政函件业务 1459.36 万件，包裹业务 22.31 万件，快递业务 5.53 亿件，快递业务收入 70.45 亿元。

全年完成电信业务总量 2601.49 亿元，增长 68.8%。电信业移动电话交换机容量 4613 万户。全市电话用户 4282.99 万户，其中移动电话用户 3678.80 万户。移动电话普及率为 118.60 部 / 百人。互联网用户 4389.05 万户，其中移动互联网用户 3016.64 万户，固定宽带互联网用户 1372.41 万户；手机上网用户 3012.26 万户，增长 5.6%。

五、国内贸易

全年社会消费品零售总额比上年增长 8.7%，扣除价格因素实际增长 6.9%。按经营地统计，城镇消费品零售额增长 8.5%；乡村消费品零售额增长 12.3%。按消费类型统计，商品零售额增长 7.7%；餐饮收入额增长 13.6%。

在限额以上法人企业商品零售额中，粮油、食品类比上年增长 14.4%，饮料类和烟酒类增长 11.7%，服装、鞋帽、针纺织品类下降 6.4%，化妆品类增长 7.7%，金银珠宝类增长 5.1%，日用品类增长 13.0%，体育、娱乐用品类下降 16.0%，家用电器和音像器材类下降 6.3%，中西药品类增长 7.8%，文化办公用品类下降 1.0%，家具类增长 30.1%，通讯器材类增长 16.1%，建筑及装潢材料类增长 1.4%，石油及制品类增长 14.8%，汽车类增长 0.6%。

从零售业态看，全年无店铺零售实现零售额比上年增长11.7%。其中，网上商店增长14.0%、邮购下降3.4%、电话购物增长35.0%；在有店铺零售企业中，百货店下降2.0%，超市和大型超市增长12.3%，购物中心、仓储会员店和厂家直销中心增长6.4%。

六、固定资产投资

全年固定资产投资总额比上年增长5.7%。其中，基础设施建设投资下降0.7%，民间投资增长3.3%。

表7 2019年按产业分固定资产投资增长速度

单位：%

指标	比上年增长
全市固定资产投资总额	5.7
第一产业	21.9
第二产业	8.9
#工业	8.8
汽车产业	-2.3
摩托车产业	-26.3
电子产业	13.1
装备产业	5.2
化工产业	26.1
医药产业	-3.4
材料产业	28.0
消费品产业	13.1
能源工业	7.7
第三产业	4.3
#房地产开发	4.5

全年房地产开发投资4439.30亿元，比上年增长4.5%。其中，住宅投资3246.77亿元，增长7.8%；办公楼投资112.85亿元，增长7.7%；商业营业用房投资529.48亿元，下降6.2%。

全年全市城市棚户区改造5万户，农村危旧房改造3.9万户。

表8 2019年商品房建设与销售主要指标及其增长速度

指标	绝对量	比上年增长（%）
施工面积（万平方米）	27986.64	2.8
#住宅	18466.12	3.4
办公楼	727.73	-10.1
商业营业用房	3474.74	-9.4
新开工面积（万平方米）	6725.40	-8.9
#住宅	4593.17	-10.7
办公楼	126.42	-4.7
商业营业用房	579.82	-20.0
竣工面积（万平方米）	5069.17	24.1
#住宅	3400.08	22.1
办公楼	99.11	-23.2
商业营业用房	613.18	20.4
销售面积（万平方米）	6104.68	-6.6
#住宅	5149.08	-5.1
办公楼	83.64	-34.3
商业营业用房	417.88	-18.7
销售额（亿元）	5129.42	-2.7
#住宅	4457.78	0.3
办公楼	102.29	-26.4
商业营业用房	422.60	-21.2

全市高速公路通车总里程3233公里。公路路网密度211公里/百平方公里。铁路营运里程2394公里。轨道交通营运里程328.5公里，日均客运量285.40万人次。

七、对外经济

全年货物进出口总额5792.78亿元，比上年增长 11.0%。其中，出口 3712.92 亿元，增长 9.4%；进口 2079.86 亿元，增长 13.8%。按美元计算，货物进出口 839.64 亿美元，比上年增长 6.3%。其中，出口 537.99 亿美元，增长 4.8%；进口 301.65 亿美元，增长 9.0%。全市货物出口前三位国家（地区）是欧盟、美国和德国，分别出口 949.01 亿元、926.57 亿元和 391.03 亿元，分别比上年增长 15.2%、下降 7.1%、增长 1.2%。货物进口前三位国家（地区）为东盟、韩国和台湾省，分别进口 697.21 亿元、308.41 亿元和 299.04亿元，分别比上年增长62.1%、下降0.9%、增长 40.8%。

表 9 2019 年货物进出口总额及其增长速度

单位：亿元，%

指标	绝对量	比上年增长
进出口总额	5792.78	11.0
出口额	3712.92	9.4
#国有企业	106.71	-2.5
外资企业	2269.54	6.5
民营企业	1335.35	15.8
#一般贸易	996.35	-5.9
加工贸易	2533.24	12.2
#机电产品	3337.44	11.5
#高新技术产品	2690.87	16.2
#笔记本电脑	1486.16	11.1
进口额	2079.86	13.8
#国有企业	421.11	-12.5
外资企业	1071.23	30.8
民营企业	584.07	10.8
#一般贸易	765.37	-12.2
加工贸易	440.15	17.7
#机电产品	1529.36	23.2
#高新技术产品	1380.83	34.7

全市新签订外资项目 223 个，比上年下降 3.9%。全年实际使用外资金额 103.10 亿美元，增长 0.4%。其中，外商直接投资 23.65 亿美元，下降 27.2%。截至年底，累计有 293 家世界 500 强企业落户重庆。

全年对外承包工程签订合同额 6.69 亿美元，比上年下降 79.4%；实现工程营业额 10.06 亿美元，下降 2.0%。

中国（重庆）自由贸易试验区经济建设成效显著，智能制造、商贸物流、新兴金融、医疗健康等产业集群化发展，助推区内外产业转型升级。2019 年，重庆自贸试验区新增注册企业（含分支机构）13345 户，注册资本总额 2155.37 亿元。其中，新增注册外资企业（含分支机构）156 户，注册资本 3.3 亿美元。重庆自贸试验区引进项目 980 个，签订合同（协议）总额 2551.42 亿元，覆盖大数据、大交通、大健康、总部经济、文化旅游、教育、农业农村、扶贫、环保等领域。截至年底，百度、阿里巴巴、腾讯三大互联网巨头先后落户重庆自贸试验区。

八、财政金融

全年一般公共预算收入 2134.9 亿元，比上年下降 5.8%。其中税收收入 1541.2 亿元，下降 3.9%。一般公共预算支出 4847.8 亿元，比上年增长 6.8%。

金融机构资产规模 6.03 万亿元，比上年增长 8.4%。年末全市金融机构本外币存款余额 39483.20 亿元，比上年末增长 7.0%。其中，人民币存款余额 37953.11 亿元，增长 6.5%。金融机构本外币贷款余额 37105.02 亿元，比上年末增长 15.1%。其中，人民币贷款余额 36233.20 亿元，增长 15.3%。

表 10 2019 年年末金融机构存贷款余额及其增长速度

单位：亿元，%

指标	年末数	比上年末增长
本外币存款余额	39483.20	7.0
#人民币存款余额	37953.11	6.5
#住户存款	17860.40	12.3
非金融企业存款	10416.71	2.8
政府存款	6994.29	5.1
非银行业金融机构存款	2645.82	-10.0
本外币贷款余额	37105.02	15.1
#人民币贷款余额	36233.20	15.3
#短期贷款	6091.24	13.4
中长期贷款	27571.85	15.1
#个人贷款及透支	14143.85	21.9

全市共有证券公司总部 1 家，证券营业部 205 家，证券分公司 42 家。境内上市公司 54 家，总股本 805.30 亿股，股票总市值 6277.94 亿元。全年全市通过境内证券市场累计融资 2197.74 亿元。

全市共有保险法人机构 5 家，营业性保险分公司 56 家。保费总收入 916.46 亿元。其中，财产保险收入 220.22 亿元，人寿保险收入 506.49 亿元，健康和意外伤害保险收入 189.74 亿元。全年赔付各类保险金 278.99 亿元，其中，财产保险赔付 115.95 亿元，人寿保险赔付 83.09 亿元，健康和意外伤害保险赔付 79.95 亿元。

九、居民收入消费和社会保障

全市居民人均可支配收入 28920 元，比上年增长 9.6%。按常住地分，城镇居民人均可支配收入 37939 元，增长 8.7%；农村居民人均可支配收入 15133 元，增长 9.8%。按全体常住居民五等份收入分组，低收入组人均可支配收入 9050 元，中等偏下收入组人均可支配收入 16455 元，中等收入组人均可支配收入 24609 元，中等偏上收入组人均可支配收入 36586 元，高收入组人均可支配收入 65941 元。

全市居民人均消费支出 20774 元，比上年增长 7.9%。按常住地分，城镇居民人均消费支出 25785 元，增长 6.8%；农村居民人均消费支出 13112 元，增长 9.5%。全市居民恩格尔系数为 32.1%，比上年下降 0.2 个百分点。其中城镇为 31.2%，农村为 34.9%。

表 11 2019 年居民人均可支配收入及其增长速度

单位，元，%

指标	全市居民		城镇常住居民		农村常住居民	
	绝对量	比上年增长	绝对量	比上年增长	绝对量	比上年增长
人均可支配收入	28920	9.6	37939	8.7	15133	9.8
工资性收入	15475	11.1	22119	10.3	5317	9.7
经营净收入	4697	8.9	4361	9.8	5210	8.2
财产净收入	1792	8.7	2724	7.4	367	9.8
转移净收入	6957	7.1	8734	4.9	4240	12.0

全市城镇企业职工基本养老保险参保人数 1127.72 万人，比上年增长 7.3%。城乡居民社会养老保险参保人数 1162.68 万人，增长 3.8%。城镇职工基本医疗保险参保人数 720.63 万人，增长 6.2%。城乡居民基本医疗保险参保人数 2551.44 万人，下降 1.4%。工伤保险参保人数 661.67 万人，增长 14.7%。生育保险参保人数 466.95 万人，增长 6.2%；享受生育保险待遇 29.35 万人次，增长 9.1%。失业保险参保人数 514.95 万人，增长 5.1%。

年末全市共有 28.10 万人享受城市居民最低生活保障，57.89 万人享受农村居民最低生活保障。城市特困人员救助供养人数 8.61 万人，农村特困人员救助供养人数 9.87 万人。全年资助 164.74 万困难群众参加医疗保险。

城市居民最低生活保障标准为 580 元 / 月，农村居民最低生活保障标准为 440 元 / 月，特困人员救助供养标准为 754 元 / 月，集中供养孤儿补助标准 1404 元 / 月，社会散居孤儿补助标准 1204 元 / 月。

十、科学技术和教育

全年研究与试验发展（R&D）经费支出占全市地区生产总值的比重约为 1.95%。截至年底，市级及以上重点实验室 182 个，其中国家重点实验室 10 个。市级及以上工程技术研究中心 364 个，其中国家级中心 10 个。新型研发机构 83 个，其中高端研发机构 34 个。有效期内高新技术企业 3141 家。全年技术市场签订成交合同 3822 项，成交金额 150.3 亿元。

全年共受理专利申请 6.73 万件，其中发明专利申请 2.01 万件。获得专利授权 4.39 万件，其中发明专利授权 0.70 万件。有效发明专利 3.24 万件。

全市共有注册商标 50.22 万件，比上年增长 29.8%。驰名商标 159 件，地理标志 256 件。

年末全市共有产品检验检测机构 653 个，其中国家检测中心 17 个。现有产品质量、体系认证机构 6 个。法定计量技术机构 7 个，全年强制检定计量器具 597 万台（件）。全年修订、制定地方标准 94 项。

全市共有普通高等教育学校 65 所，成人高校 4 所，中等职业学校 180 所，普通中学 1127 所，普通小学 2860 所，幼儿园 5660 所，特殊教育学校 39 所。高等教育毛入学率为 49.0%，高中阶段教育毛入学率 98.46%，初中入学率为 99.86%，小学入学率为 99.99%，学前教育三年毛入园率 89.00%。在园幼儿普惠率 81.60%。九年义务教育巩固率 95.00%。

表 12　2019 年全市教育主要指标

单位：万人

指标	招生数	在校学生数	毕业生数
研究生教育	2.53	7.26	1.67
普通高校本专科教育	28.77	83.49	20.08
成人本专科教育	3.24	9.18	4.49
中等职业学校教育	15.36	41.42	11.71
普通高中教育	20.98	61.66	20.66
普通初中教育	39.63	111.58	33.00
普通小学教育	34.04	206.29	38.43
特殊教育	0.45	2.54	0.32
指标	入园人数	在园幼儿数	离园人数
学前教育	36.54	98.25	35.56

十一、文化旅游、卫生健康和体育

全市共有博物馆 104 个，文化馆 41 个，公共图书馆 43 个，公有制艺术表演团体 22 个。广播综合人口覆盖率 99.17%；电视综合人口覆盖率 99.40%。全年生产电视剧 2 部、电影 21 部、电视动画片 1 小时 40 分钟。出版各类报纸 16813 万份，各类期刊 4300 万册，图书 13777 万册（张）。全市共有国家级综合档案馆 40 个、市级专业档案馆 1 个、市级部门档案馆 4 个。

全年旅行社组织出境旅游人数 38.74 万人。全年接待入境旅游人数 411.34 万人次，旅游外汇收入25.25亿美元，分别增长6.0%和15.3%。年末全市拥有国家A级景区242个，其中5A级景区8个，4A级景区106个。

年末全市共有各级各类医疗卫生机构21058个。其中，医院847个，社区卫生服务中心（站）536个，乡镇卫生院860个，村卫生室10580个。医疗卫生机构实有床位数23.19万张。其中，医院床位17.12万张，乡镇卫生院床位4.55万张。全市共有卫生技术人员22.39万人。其中，执业医师和执业助理医师8.22万人，注册护士10.32万人。

我市获世界三大赛奖牌11枚，其中金牌7枚。获全国最高水平比赛奖牌36枚，其中金牌13枚。

十二、资源、环境和应急管理

全年规模以上工业综合能源消费量比上年增长4.3%，其中，六大高耗能行业综合能源消费量增长4.7%。单位工业增加值能耗下降1.8%。全社会用电量增长3.7%。

全年水资源总量497.28亿立方米。年平均降水量1105.5毫米。全年总用水量76.63亿立方米。治理水土流失面积1426平方公里。

全市自然保护区58个，其中国家级自然保护区7个。完成营造林面积约42.67万公顷。全市森林覆盖率50.1%。

全市功能区声环境质量稳中向好，昼间达标率为99.2%，全市城市区域环境噪声昼间平均等效声级为52.0分贝，道路交通噪声昼间平均等效声级为64.6分贝。城市区域噪声总体水平等级为二级，评价为较好；道路交通噪声总体水平等级为一级，评价为好。

全市环境空气质量满足优良天数316天，与上年持平。主城区环境空气细颗粒物（PM2.5）平均浓度为38微克/立方米，下降5%。

全年生产安全事故死亡人数1047人，比上年下降4.0%；较大生产安全事故7起，下降61.1%。亿元地区生产总值生产安全事故死亡人数0.044人，比上年下降18.5%。工矿商贸企业就业人员每10万人生产安全事故死亡人数2.307人，比上年下降2.8%。道路交通万车死亡人数1.79人，下降5.3%。煤矿百万吨死亡人数0.424人，下降65.5%。

全年共发生地质灾害117起，直接经济损失3415万元。

注：

1.本公报中2019年数据均为初步统计数，部分数据因四舍五入的原因，存在与分项合计不等的情况。内河港口完成货物吞吐量、公路货物运输量、公路货物运输周转量、金融机构资产规模、城镇企业职工基本养老保险参保人数等数据由于口径调整，与上年不可比。

2.由于统计调查制度规定的口径调整、统计执法、剔除重复数据、企业改革剥离、第四次全国经济普查核实调整等因素，2019年规模以上工业企业财务指标增速及变化按可比口径计算。

3.地区生产总值、各产业增加值绝对量按现价计算，增长速度按可比价计算。

4.全员劳动生产率为地区生产总值（以2015年价格计算）与全部就业人员的比率，因2019年全市就业人员为预计数，故全员劳动生产率数据也是预计数。

5.其他服务业包括农、林、牧、渔专业及辅助性活动，信息传输、软件和信息技术服务业，租赁和商务服务业，科学研究和技术服务业，水利、环境和公共设施管理业，居民服务、修理和其他服务业，教育，卫生和社会工作，文化、体育和娱乐业，公共管理、社会保障和社会组织等行业。

6.常住人口是指在本乡镇（街道）居住半年以上的人口，或虽居住不满半年，但离开户口登记地半年以上人口以及户口待定人口。外出市外人口是指户口所在地为重庆市，现居住在重庆市外，离开户口登记地半年以上的人口。市外外来人口是指户口所在地为重庆市外，现居住在重庆市内，离开户口登记地半年以上的人口。

7.外出农民工是指在户籍所在乡镇地域外从业的农民工；本地农民工是指在户籍所在乡镇地域以内从业的农民工。

8.高技术制造业包括医药制造业，航空、航天器及设备制造业，电子及通信设备制造业，计算机及办公设备制造业，医疗仪器设备及仪器仪表制造业，信息化学品制造业。

9.工业战略性新兴制造业包括新一代信息技术产业，高端装备制造产业，新材料产业，生物产业，新能源汽车产业，新能源产业，节能环保产业和数字创意产业等八大产业中的工业相关行业。2019年工业战略性新兴制造业增加值增速按可比口径计算。

10.基础设施投资是指建造或购置为社会生产和生活提供基础性、大众性服务的工程和设施的支出。本公报中的基础设施投资包括电力、热力、燃气及水生产和供应业，交通运输、邮政业，电信、广播电视和卫星传输服务业，互联网和相关服务业，水利、环境和公共设施管理业投资。

11.民间固定资产投资是指具有集体、私营、个人性质的内资企事业单位以及由其控股（包括绝对控股和相对控股）的企业单位建造或购置固定资产的投资。

12.居民五等份收入分组是指将所有调查户按人均收入水平从低到高顺序排列，平均分为五个等份，处于最高20%的收入群体为高收入组，依此类推依次为中等偏上收入组、中等收入组、中等偏下收入组、低收入组。

13.行业统计标准：

规模以上工业：年主营业务收入2000万元及以上的工业法人单位。

有资质的建筑业：有总承包和专业承包资质的建筑业法人单位。

限额以上批发和零售业：年主营业务收入2000万元及以上的批发业、年主营业务收入500万元及以上的零售业法人单位。

限额以上住宿和餐饮业：年主营业务收入200万元及以上的住宿和餐饮业法人单位。

房地产开发经营业：全部房地产开发经营业法人单位。

规模以上服务业：年营业收入1000万元及以上，或年末从业人员50人及以上的交通运输、仓储和邮政业，信息传输、软件和信息技术服务业，房地产业（不含房地产开发经营），租赁和商务服务业，科学研究和技术服务业，水利、环境和公共设施管理业，教育，卫生和社会工作；年营业收入500万元及以上，或年末从业人员50人及以上的居民服务、修理和其他服务业，文化、体育和娱乐业法人单位。

资料来源（以文中数据为序）：

本公报中城镇新增就业、登记失业、社会保障数据来自市人力社保局；各类市场主体、质量检测数据来自市市场监管局；贫困人口、贫困发生率数据来自市扶贫办；水产品数据来自市农业农村委；交通数据来自市交通局；民用汽车数据来自市公安局；邮政数据来自市邮政管理局；通信数据来自市通信管理局；城市棚户区和农村危旧房改造数据来自市住房城乡建委；货物进出口数据来自重庆海关；对外经济数据来自市商务委；财政数据来自市财政局；部分金融数据来自市金融监管局和人行重庆营管部；证券数据来自重庆证监局；保险数据来自重庆银保监局；医疗保险数据来自市医保局；城乡低保、城乡特困人员救助数据来自市民政局；科技数据来自市科技局；专利、商标、地理标志量数据来自市知识产权局；教育数据来自市教委；文化、旅游数据来自市文化旅游委；电影、报纸、期刊数据来自市委宣传部；档案数据来自市档案馆；医疗卫生数据来自市卫生健康委；体育数据来自市体育局；水资源数据来自市水利局；自然保护区、林业、森林数据来自于市林业局；噪音、空气监测数据来自市生态环境局；生产安全事故数据来自市应急局；地质灾害数据来自市规划自然资源局。其他数据来自市统计局、国家统计局重庆调查总队。

第二编　部门经济运行与管理

重庆经济发展概况

一、2019 年发展回顾

2019 年，在市委、市政府的坚强领导下，市发展改革委深学笃用习近平新时代中国特色社会主义思想，紧紧围绕习近平总书记对重庆提出的“两点”定位、“两地”“两高”目标、发挥“三个作用”和营造良好政治生态的重要指示要求，按照陈敏尔书记提出的“五个新作为”要求，全力推动全市经济高质量发展。

（一）持续抓好统筹协调，在谋划重大战略规划上实现新作为

一是深入谋划发挥“三个作用”。推动国家出台《西部陆海新通道总体规划》，助推我市建设通道物流和运营组织中心纳入国家规划，促成西部 12 省区市、海南省、广东湛江市签署合作共建西部陆海新通道协议。推动果园港成功入选首批也是内陆地区唯一获批的港口型国家物流枢纽。争取国家推长办支持广阳岛片区开展长江经济带绿色发展示范。二是助推三大攻坚战取得关键进展。牵头建立“三大攻坚战”“八项行动计划”目标管理体系，303 项目标任务有序推进，全年目标任务完成率达到 98%。坚决抓好中央脱贫攻坚专项巡视反馈意见整改，25.2 万人易地扶贫搬迁任务基本完成，41 个集中安置示范点全部开工建设。积极促成鲁渝东西扶贫协作高层互访，争取山东省下达年度投资计划 6.36 亿元。认真履行防范化解经济领域风险牵头职责。能耗“双控”国考在“十三五”期间连续三年达到“超额完成”等级。三是突出规划战略导向作用。牵头起草全市《关于统一规划体系更好发挥全市发展规划战略导向作用的实施意见》。狠抓“十三五”规划实施，规划纲要确定的五大类 28 项指标执行进展顺利。全面启动“十四五”规划编制，精心谋划前期重大课题研究，策划储备一批事关全市发展全局的重大项目、重大政策、重大改革，形成纳入国家“十四五”规划基本思路的建议。四是完善高质量发展体制机制。对标对表中央《关于推动高质量发展的意见》，推动出台《重庆市高质量发展实施意见》，谋划建立高质量发展指标体系。牵头起草《关于新时代服务业高质量发展的实施意见》。

（二）不断激发动力活力，在推进重大改革事项上实现新作为

一是深化供给侧结构性改革。不断巩固“三去一降一补”成果，关闭退出煤矿 3 个、去产能 170 万吨，累计签署市场化债转股协议 436 亿

元。贯彻落实国家减税降费政策，大力实施我市“涉企减负30条”“支持实体经济18条”“降低企业用电成本16条”，全年为企业减负1000亿元左右。二是加快打造市场化法治化国际化营商环境。统筹全市优化营商环境工作，全面梳理已有改革成果，提出91项目标任务、206项具体工作举措，推动出台《重庆市营商环境优化提升工作方案》。对标对表世行评价标准，等高对接北京、上海相关先进经验，加快推进11个测评指标的改革工作。全面实施市场准入负面清单制度。三是深入推进投融资体制改革。下放PPP实施方案审批权，针对轨道交通、铁路、高速公路、机场等七大板块基础设施分类形成商业模式指导意见。大力精简企业投资报建审批程序，推行“区域整体评价”和跨部门并联审批。加强生态环保、社会事业、商贸物流等领域项目推介，推介86个项目吸引民间资本1543亿元。四是有序推进公共资源交易监督管理改革。有序推进全市公共资源交易体制机制改革，出台“1+4+9”系列改革文件。不断深化公共资源交易全程电子化建设，电子招投标系统已在市交易中心和30多个区县平台完成部署。开展公共资源交易平台“五减三强化”服务提升专项行动，减少工作环节26个、减少提交资料14件、减少办理时间20天。五是纵深推进能源和价格体制改革。深化售电侧改革试点，积极拓展售电主体业务范畴，全市获得市场准入售电公司达151家，全年完成市场化售电264亿千瓦时。有序推进“四网融合”工作，新增松藻项目纳入国家第四批增量配电业务试点。争取国家同意三峡电站增发电量留三峡库区，推动疆渝两地签署800万千瓦时“疆电入渝”合作协议。首创并推广重庆石油天然气交易中心“单一底价成交”的竞标交易模式。推进涉企行政事业性收费零收费。农业水价综合改革实现涉农区县全覆盖。

（三）着力创新宏观调控，在制定务实有效政策举措上实现新作为

一是加强经济运行监测分析。强化国民经济和社会发展计划编制和执行，持续抓好月度会商、双月分析、季度调度，及时研判经济走势和苗头性倾向性潜在性问题。精准化充实稳增长政策储备，研究提出全市经济一季度“开门红”18条政策措施。二是助推产业转型升级。大力推动制造业高质量发展，策划争取7个项目获得国家增强制造业核心竞争力专项资金2.5亿元，推动一批重大技术装备项目示范应用。牵头推进北汽银翔战略重组取得实质性进展，加速行业品牌产能整合优化。超前谋划“两江四岸”核心区，争取“十四五”国家服务业综合改革试点，加快建设全市首批九大类23个战略性新兴服务业集聚示范区。扎实推进“优质粮食工程”项目建设，万州、永川、潼南、梁平成功创建首批农村产业融合发展示范园。三是深入推动以大数据智能化引领创新驱动发展。成功争取我市成为首批6个“国家数字经济创新发展试验区”省市之一，研究形成建设数字经济创新发展试验区工作方案，加快开展新型基础设施、区块链发展等重大事项的顶层设计和规划研究。全力推动重庆大学“超瞬态物质科学实验装置”、璧山“无线能量传输与环境安全”、360集团“国家网络安全”等一批重大科技基础设施建设，策划组建先进传感器国家产业创新中心，推动华邦制药等6家企业获批国家企业技术中心，全市获批国家认定企业技术中心达36家。

（四）持续扩大有效投资，在推动重大项目上有新作为

一是强化投资要素保障。强化政府投资计划管理，进一步强化“项目池”与“资金池”对

接，相关工作在今年的国务院第六次大督查中得到通报表扬。全年争取国家下达中央预算内投资115亿元，发行政府债券1253亿元，争取国家提前下达我市2020年专项债券401亿元，指导储备项目763个，总投资5949亿元。帮助各类市场主体获批发行企业债券18支212亿元。二是推进重大项目加快实施。健全重大项目工作机制，研究制定《关于进一步完善全市重大项目推进机制的意见》。立足补短板、强弱项，形成总项目743个、总投资2.2万亿元的年度市级重大项目名单。全年组织市政府重大项目调度会、专题协调会20余次，协调解决卡点难点事项79件次，全年重大项目完成投资3670亿元。三是加强重大项目谋划储备。围绕落实国家战略，形成《"十四五"规划重大项目建设思路》，谋划"大通道、大枢纽、大中心、大平台、大生态、大网络、大民生"七大领域、127个（项）重大项目，总投资约2万亿元。

（五）全面推进融合联动，在统筹城乡区域协调发展上实现新作为

一是推动成渝地区双城经济圈建设。连续多次开展成渝地区双城经济圈建设战略研究，促成中央财办来渝专题调研，成功推动成渝地区双城经济圈建设上升为国家战略。建立完善川渝合作四级运行机制，研究制定重大规划、重大项目、重要政策机制"三张清单"，成立川渝毗邻地区合作联盟，共同推动"2+16"合作协议落实。二是推动"一区两群"协调发展。牵头起草"一区两群"协调发展实施意见，研究制定差异化配套政策。积极谋划创建重庆市渝东南武陵山区文旅融合发展示范区。三是统筹抓好城乡融合发展。研究形成《建立健全城乡融合发展体制机制和政策体系实施意见》，以完善产权制度和要素市场化配置为重点，提出五个方面27条工作任务，推动"重庆西部片区"成功获批全国城乡融合发展试验区，且试验范围最大。统筹推进新型城镇化建设，助推荣昌安陶小镇顺利入选全国特色小镇典型案例。

二、发展中存在的问题

对照全面建成小康社会目标，对照新发展理念、高质量发展要求，对照人民群众对高品质生活的新期待，我委经济运行管理工作还存在一些短板和不足。主要是：巩固经济平稳运行的办法还不够多，投资增长后劲不足，新兴消费增长尚弱。激发市场活力有待加强，支柱产业核心竞争力亟待提升，产业链水平总体偏低，优质市场主体不足，营商环境有待优化。金融等领域风险仍需加强防控，部分重点企业债务风险集聚，防范风险传导压力较大。民生等领域短板亟待补齐，污染防治任务较重，交通、水利、能源等基础设施仍有欠账，民生保障仍有不少短板。

三、2020年发展思路

2020年，我们将统筹推进疫情防控和经济社会发展，全面落实"六稳""六保"任务，抓住用好国家支持的政策机遇、产业升级的转型机遇、疫情催生的市场机遇和成渝地区双城经济圈的战略机遇，全力稳住经济基本盘，加快培育新的增长点，推动实现全年经济社会发展目标任务。

（一）加快推进复工复产，努力把疫情影响降到最低

统筹推进疫情防控和经济社会发展工作，成立疫情影响工作专班，做好逆周期调节政策储备，出台助企纾困支持政策。密切关注企业复工

复产后用能变化，研究制定能源保障预案，支持各类企业有序恢复生产经营。压实粮食安全省长责任制，加强协作联动，健全粮食应急处置机制，加大对粮油加工、批发、零售等重点环节的监督检查力度，保持粮油市场价格基本稳定。加强与四川、贵州、湖北等周边省联防联控。

（二）坚决打好“三大攻坚战”，确保取得决定性胜利

全力以赴协同完成剩余贫困人口脱贫任务，精准帮扶彭水县三义乡脱贫攻坚。细化落实解决“两不愁三保障”突出问题等重点任务，扎实做好易地扶贫搬迁后续扶持工作。深化东西部扶贫协作，全面落实鲁渝扶贫协作“6+1”重点任务。着力抓好长江经济带突出环境问题整改，深入推进落实生态环境污染治理“4+1”工程。牵头做好全市经济安全风险防控工作。

（三）持续扩大有效投资，发挥投资稳增长关键作用

加强重大项目谋划储备，围绕基础设施建设、科技创新、产业能力、乡村振兴、区域协调发展、改善民生、环境保护等领域，谋划部署一批各层级具有新时代标志的重大工程。抢抓国家政策“窗口期”机遇，加快5G通信、物联网、超算中心、工业互联网、实验室体系等新型基础设施策划和建设。积极争取中央预算内投资120亿元以上。再推出一批投资规模大、示范作用强的PPP合作项目。

（四）优化提升营商环境，加快建设营商环境样本城市

研究起草《重庆市优化营商环境条例》，针对世行的11个评价指标形成专项工作方案，及时清理修订规章制度，推动在世行启动2020年评价工作前推出一批“短平快”的政策措施，针对性“对标补差”“查漏补缺”。积极争取国家有关部委的指导帮助，加强与世行专家沟通衔接，学习借鉴北京、上海等城市先进做法和参评经验。开展大规模集中培训，确保相关工作人员、窗口服务人员“应训尽训”。

（五）推动产业高质量发展，促进产业迈向中高端水平

持续对接争取国家战略性新兴产业集群支持政策，积极争取国家优质成长型企业库建设试点。出台建设国家数字经济创新发展试验区工作方案。深入探索“两业”融合新业态新模式，积极创建国家先进制造业和现代服务业融合发展试点示范区。推动出台《重庆市新时代服务业高质量发展的实施意见》，筹备办好全市服务业发展大会。推动“两江四岸”核心区争取国家服务业综合改革试点。

（六）加快推进成渝地区双城经济圈建设，培育壮大发展动力源

积极推动规划纲要编制，启动编制成渝地区双城经济圈交通一体化发展规划。加强基础设施互联互通建设，力争开工沿江高铁主城至万州段、成渝中线高铁。加快推进川渝合作示范区广安片区、潼南片区合作事项和项目。抓紧完善“一区两群”分片区协调发展机制和政策，尽快出台区域协调发展实施意见和分片区建设行动方案，筹备办好三大片区会。推动出台《关于建立健全城乡融合发展体制机制和政策体系的实施意见》，高标准建设国家城乡融合发展试验区。

（七）加大重点难点领域改革力度，有效激发市场活力和创造力

推动出台《重庆市政府投资管理办法》《市级

政府投资项目三年滚动规划（2020—2022年）和2020年度投资计划》，进一步优化审批环节和流程。持续推进PPP改革，激发民间投资活力。持续加大售电侧改革力度，有序推进“四网融合”、增量配电业务试点，推动综合能源服务和市场化方式降低企业用电成本。深化油气体制改革试点。建立健全物资储备机制，推动能源、粮食安全保障体系建设。启动新一轮定价目录修订工作。

（八）切实办好民生实事，加快补齐民生短板

进一步压实“米袋子”和“菜篮子”责任制，持续加大优质粮食工程项目实施力度。密切关注猪肉价格走势，及时充实和投放冻猪肉储备，继续做好生猪保供稳价工作。积极推动城企联动普惠养老服务、区域医疗中心建设试点、产教融合工程试点基本公共服务标准化建设等改革工作，深化相关领域体制机制创新。抓好重大民生项目建设，加快推动大田湾体育场改造、青少年活动中心等项目前期工作。

（九）科学编制“十四五”规划，提高规划编制的质量和水平

抓好“十三五”规划收官，加强对四大类40项主要发展指标完成情况的跟踪监测，对未达到进度的指标加大统筹推进力度，确保圆满完成。科学谋划“十四五”发展思路，认真分析“十四五”时期国际国内发展环境变化，围绕2035年基本实现现代化的总体思路，立足重庆阶段性发展特征，科学前瞻设定发展目标任务。争取有关我市的重大定位、重大政策和重大项目纳入国家盘子。

（执笔人：高波）

科技管理

重庆市科技局

一、2019年科技创新工作回顾

2019年，重庆市科技创新继续保持向好势头，高质量发展的新动能蓄势发力。

——研发投入快速增长。2019年，预计全社会研发经费支出460亿元、同比增长12.1%。

——高端产业强劲发展。高技术制造业和战略性新兴产业增加值分别增长11.8%、11.5%，高新技术产品出口占比提高到70.8%。

——创新主体加快集聚。新增超声医学工程、山区桥梁及隧道工程2个省部共建国家重点实验室，加快建设儿童健康与疾病国家临床医学研究中心。科技型企业达到16918家、高新技术企业3141家。引进知名高校、科研机构、企业来渝建设研发机构65家。

——创新成果不断涌现。取得光电芯片、硅基氮化镓第三代半导体材料、全玻纤复合材料固定翼四座轻型飞机、高分子太阳能电池、全人抗体转基因小鼠等一批重大科技成果。获得国家科技奖励12项，获奖数量和奖励等级实现历史性突破。每万人发明专利拥有量10.5件、增长15.2%。

——创新评价持续向好。综合科技创新水平指数和区域创新能力排名由全国第8位提升到第7位、保持西部第1。首次入围“世界知识产权组织2019全球创新指数”城市创新集群100强、排名第88位，比上年提升了15个位次。

一年来，重点推进了七个方面的工作。

（一）着力抓好大数据智能化技术创新

抓研发创新。组织编制《重庆市技术图谱》，实施基础前沿研究和技术创新项目1939项、投入市级财政资金4.5亿元，争取国家科技项目883项、获国拨资金8.8亿元，加快突破关键核心技术。抓补链成群。围绕“芯屏器核网”产业链，加快引进建设中国航天科工5G通信技术研究院等研发机构，新建市级技术创新中心14家、市级制造业创新中心2家，引进打造华为鲲鹏产业生态体系，累计组建人工智能、集成电路等产业技术创新战略联盟120家，畅通集成电路等产业创新链条。抓应用示范。实施智能化应用示范项目和改造示范项目1000余个，建设智能工厂39个、市级示范性数字化车间177个。围绕智慧城市建设推进大数据智能化应用示范，智慧教育、智慧交通、智慧医疗、智慧农业取得积极进展。

（二）着力抓好优质创新主体汇聚

培育科技型企业。出台税收政策服务举措

13条，开展“民营企业创新发展服务月”活动，制定实施研发投入激励方案，扩大研发费用加计扣除等政策知晓度和享受面，推动科技型企业蓬勃发展，科技型企业、高新技术企业分别增长53.4%、24%。渝北区科技型企业1900家、居全市第一，两江新区高新技术企业420家、居全市第一。引进发展研发机构。新引进上海交通大学、中国科学院金属研究所等知名高校、科研机构来渝建设研发机构31个，联合微电子中心光电芯片开发取得较快进展。支持在渝科研机构加快发展，中科院重庆研究院取得了世界最高效率的高分子太阳能电池、国内首款金属空间在轨增材制造实验样机等多项成果，市科学技术研究院加快推进易智网、重科智谷、环重科院创新生态圈建设，市畜科院建立国内唯一的无菌猪培育和应用平台、培育中国第一个拥有自主知识产权的全人抗体转基因小鼠，市农科院重点打造30个科技引领示范村（镇）。建设科技创新基地。有序推进国家智能网联汽车技术、国家生猪产业2个技术创新中心建设，编报雪峰山能源装备安全、金佛山喀斯特生态系统国家野外科学观测站建设方案，累计建成市级以上科技创新基地796家。推进超瞬态物质科学实验装置建设，完成流域地表过程与生态环境模拟实验系统、中国自然人群资源库重庆中心的专家论证。提升高校创新能力。推进“双一流”建设，促使7所高校与中国科学院22个院所合作，引进北京大学、同济大学等6所知名高校与市属高校联合举办二级学院6个，累计建成“协同创新中心”48个，新增ESI学科排名前1%学科10个，重庆大学工程学进入前1‰，重庆邮电大学、重庆交通大学工程学首次进入前1%。支持高校牵头实施国家或市级科研项目2041项、财政资金资助7亿元。

（三）着力抓好创新人才队伍引育

加快引育创新人才。新增国家高层次人才72名，累计达到668名，同比增长9.7%。新引进国内外院士等高层次人才345名。实施“重庆英才计划”，遴选支持首批重庆英才·创新创业领军人才165名、团队95个。实施博士后倍增计划，新增市级以上博士后科研流动（工作）站46个，新进站博士后357名。强化人才服务保障。优化外国人来华工作许可制度，为高端人才开辟“绿色通道”，适度放宽紧缺急需的技能型外籍人才在年龄、学历、工作经历等方面的限制。实施人才服务证制度，为高层次人才提供医疗、子女入学等“一站式”服务1.8万余人次。实施人才安居工程，筹建人才公寓1.05万套，定向配租住房2.5万套。深入实施科技特派员制度。担当脱贫攻坚责任，选派国家“三区人才”275名、市级科技特派员928名助力精准脱贫，我市4名科技特派员和3家实施单位在科技特派员制度推行20周年总结会上获通报表扬。

（四）着力抓好开放创新

着力提升合作平台。邀请139名学界专家和215名国内外大数据智能化领域行业精英参加智博会，有效提升智博会的专业化和国际化水平。举办2019重庆全球科学家高峰会，20余名世界顶尖科学家来渝开展科学交流。举办2019西部高技术成果对接交易会，47个项目达成合作意向。大力拓展合作范围。与世界主要大国和“一带一路”关键小国在先进制造、新一代信息技术等领域进行合作。加强川渝科技合作，与吉林省签署科技创新合作协议，深入推进渝鲁科技扶贫协作。不断丰富合作形式。坚持“引进来”“走出去”相结合，引进美国加密实验室、俄罗斯托木斯克理工大学等来渝共建研发机构，支持长安公司、金康新能源汽车、博腾制药等企业海外研发中心发展。

（五）着力抓好高端创新平台打造

布局建设各类创新园区。加快编制国家（西部）科技创新中心建设方案，国家新一代人工智能创新发展试验区顺利通过评审。累计建设创新园区41个，铜梁、潼南、涪陵、合川积极升级创建国家高新区，长寿、涪陵、江津、永川4个国家农业科技园区通过国家科技部验收，忠县国家农业科技园区获得综合评估优秀等次。打造重庆高新区升级版。重庆科学城国土空间总体规划方案初步形成，以重庆科学城为抓手打造重庆高新区“升级版”，深化重庆高新区管理体制机制改革，建立“一区多园”格局，引进中国移动5G实验室等一批研发平台，签约落地生物医药等一批产业化项目。推进两江新区创新发展。引进长春理工大学等高校科研院所建设研发机构16个，加快建设两江协同创新区。

（六）着力抓好创新活力激发

打造环大学创新生态圈。积极建设重庆大学、西南大学、重庆医科大学、重庆师范大学、重庆邮电大学、重庆文理学院6个环大学创新生态圈，打造各类创新平台36个，培育引进项目175个，集聚创新创业人才3800余名。建设“双创”平台。加快推进两江新区、永川区、猪八戒网络公司3个国家“双创”示范基地建设，两江新区成为国务院通报表彰的14个基地之一，猪八戒网成为全国线上线下创新创业孵化领域最具规模和影响力的平台之一。累计建设市级以上科技企业孵化器、众创空间等孵化平台390家，其中国家级86家。强化科技金融支撑。深入推进知识价值信用贷款改革试点，为2244家科技型企业发放贷款66.1亿元，同比分别增长3.4倍和4.1倍。“重庆探索知识价值信用贷款改革打开科技型企业轻资产融资之门”列入国务院第6次大督查推广的典型经验做法之一。种子投资、天使投资、风险投资三支政府引导基金参股组建子基金84支、规模222.8亿元，投资项目1188个、投资金额142.7亿元，累计推动161家科技型企业进入多层次资本市场。营造“双创”氛围。全市举办第八届中国创新创业大赛、大足锻打刀具创意设计专业赛等“双创”活动450余场次、参赛项目5200余个。建设科普基地170家，举办特色科普活动350余场、参与人次200多万人次。举办“创新渝论”沙龙活动15场，众筹科技创新决策智慧。

（七）着力抓好科技体制改革

深化科研项目管理改革。开展科研项目经费“包干制”、科研项目结题备案制、非共识项目生成机制、科技创新基地稳定支持、重大技术需求项目张榜招标等改革试点，优化项目管理方式，精简项目管理流程，下放经费管理权限，实行管理过程、责任主体“两个全覆盖”的科研诚信管理。深化科技成果管理改革。修订《重庆市促进科技成果转化条例》，制定了促进高校科研院所科技成果转化若干措施，出台了成果使用、处置不再审批或备案和不进行资产评估、可协议定价的衔接配套制度。深化科技人才评价改革。制定了科技人才分类评价实施方案，出台了职称制度改革实施意见和大数据智能化等10个领域人才评价办法，畅通特殊人才职称评定“绿色通道”，301名特殊人才获得高级职称。强化科技创新服务。15项服务事项纳入全市一体化政务服务平台，实行科研项目第三方管理，一个服务窗口对外。完善科技资源共享机制，开放共享科技资源数据273TB、科研仪器设施9558台（套），为6341家企业提供检验检测、研究开发等服务1.4万余次。建立西部科技金融路演中心，设立科技金融服务中心45个，服务企业4526家。依托技术创新专利导航平台，开发应用“对手通”系统，服务企业近2万家。

二、科技创新存在的不足

一是顶尖企业不足，创新不能充分满足经济社会需求。二是研发投入水平偏低，原创成果与核心技术不足。三是极化效应明显，区域科技创新能力不平衡。

三、2020年发展思路

科技创新是推动国家发展的重要动力，也是实现国家安全的重要保障。当前和今后一段时期，我们要紧扣新动能这条主线，聚焦建设具有全国影响力的科技创新中心这个目标，突出聚资源、强技术、壮主体、育人才、优环境五项任务，强化部市会商、部门协同、区县协商三大工作机制，凸显科技创新的策划者、科技资源的招商者、科技协同的召集者、创新主体的服务者四个职能定位，以担当之责、精准之策、有力之举，实现科技创新的新突破。

（一）在聚资源上下功夫、见成效

坚持创新链围绕产业链、实现价值耦合，着力打造创新资源集聚地，让科技赋能产业发展。一是增强协同创新发展能力。聚焦推动成渝地区双城经济圈建设，着眼建设科技创新中心，制定实施增强协同创新发展能力行动方案，共同推进区域协同创新共同体建设、关键核心技术联合攻关、科技成果转化和产业化、国际科技合作交流、科技创新环境营造，实现高新产业功能互补、设施平台互联、人才技术互通、政策制度互惠。二是打造高水平创新平台。以“一城多园”模式合作共建西部科学城，高标准建设重庆科学城，推进大科学装置建设，加快建设科技企业孵化器，培育创新企业，发展高新产业。打造重庆高新区升级版，深化高新区管理体制机制改革，统筹推进“一区多园”发展。完善两江协同创新区功能。三是推动高水平开放创新。协同办好国际智能产业博览会。谋划共建“一带一路”科技创新合作区和国际技术转移中心，共同谋划“一带一路”科技交流大会。对接中科院、工程院等创新资源，加强与京津冀、长三角、大湾区的创新合作。发挥国防科技创新快速响应小组（重庆）机制和模式创新优势，引进建设一批军民融合协同创新平台。

（二）在壮主体上下功夫、见成效

坚持规模与质量并重、传统与新兴并行，培育发展优质创新主体，提升创新供给水平。一是实施科技企业成长工程。出台针对性扶持政策和服务措施，集成人才、平台、资本、项目等创新要素，构建科技型企业培育链，培育引进独角兽企业和独角兽目标企业，推动规上工业企业研发机构全覆盖，提高大中型工业企业研发活动占比，持续开展优秀创新型企业评选，科技型企业突破2万家、高新技术企业达到3500家。二是支持发展新型研发机构。支持中央在渝科研院所、市属科研院所开展重大科技攻关和成果转移转化，推动科研院所市场化转型。实施引进科技创新资源行动计划，构建市区、部门科技招商联动机制，引进建设一批新型研发机构。三是加快建设高水平创新基地。依托高校、科研机构和企业，推进建设重大科技基础设施，谋划建设国家实验室，培育一批国家重点实验室，启动建设重庆实验室，创建国家技术创新中心、制造业创新中心。

（三）在强技术上下功夫、见成效

坚持重制强智、扶优扶新，聚焦“智造重镇”“智慧名城”，推进大数据智能化创新，提升产业基础能力和产业链现代化水平。一是强化支柱产业科技支撑。聚焦电子信息、汽车摩托车等支柱产业领域技术创新主攻方向实施一批主题专项，推进市区（县）联动实施、产学研协同攻关，研究核心技术，开发硬核产品。二是建设国家新一代人工智能创新发展试验区。制定实施试验区建设行动方案，推进关键核心技术攻关，加强技术集成和应用示范，丰富技术应用场景。抓住“新基建”契机，布局建设以5G、人工智能、工业互联网、物联网为代表的新型基础设施。开展智能制造、智能网联汽车等示范工程，建设人工智能公共服务平台，打造具有山城特色场景的智慧城市。开展人工智能政策试验和社会实验，构建具有全国示范引领的人工智能政策框架和法规标准体系。三是推进大健康产业科技创新。制定实施大健康产业科技创新行动方案，体系化布局建设创新基地，协同化组织实施科技创新，强化医疗医药技术研发，推进精准医疗、中医药、抗体、疫苗等方面重点突破，支持生物经济、健康经济发展。四是强化科技支撑乡村振兴。深入实施科技特派员制度，促进人才下沉、科技下乡、服务“三农”。组织实施一批农业重点研发项目，推进农业与生物技术融合创新。加强鲁渝科技扶贫协作，提升科技扶贫精准度，支撑脱贫攻坚圆满收官。

（四）在育人才上下功夫、见成效

坚持放眼国内和国外、注重引进与培育，实施更加积极、更加开放的人才政策，聚天下英才而用之。一是汇聚高层次科学家团队。推进“重庆英才计划”，实施创新领军人才、创业领军人才、创新创业示范团队等人才专项，开展海外高层次人才引进专项行动。二是健全人才评价激励机制。完善瞄准高端人才的“塔尖”政策和针对青年人才的“塔基”政策体系，深化科技人才评价改革，落实以增加知识价值为导向的分配政策，发挥144小时过境签证政策红利，探索建立外籍高层次人才创办企业、职称评定、出入境、停留居留的绿色通道。三是完善人才服务体系。建立全过程、专业化、一站式人才服务体系，提供住房落户、子女就学、配偶就业、医疗保障等方面便利。

（五）在优环境上下功夫、见成效

坚持深耕细作、积厚成势，推进科技创新治理体系和治理能力现代化，营造优良创新生态环境，激活蛰伏的创新创业创造潜能。一是深化科技体制改革。完善科研项目形成和分类实施机制，推进科研项目经费“包干制”、科研项目结题备案制、非共识项目生成机制、科技创新基地稳定支持、重大技术需求项目张榜招标等改革试点。开展职务科技成果所有权或长期使用权等改革试点，支持高校、科研机构建设技术转移示范机构，促进科技成果转化和产业化。研究制定提升高等学校专利质量、破除科技评价中“唯论文”不良导向、规范高等学校SCI论文相关指标使用等实施意见。强化作风学风建设，加强科研诚信管理，营造风清气正的科研生态。二是打造创新创业升级版。提质发展环大学创新生态圈，支持建设高质量、规模化、专业型科技企业孵化器，促进孵化平台、投资机构和服务机构互动协同，提升科技企业孵化绩效。壮大创业投资基金规模，推进知识价值信用贷款改革试点，推动优质科技企业到多层次资本市场融资。办好创新创业赛事活动，打造创新创业活动品牌。推动科普能力建设，举办科技活动周、科普日等示范科普活动。三是优化科技创新服务。深入开展“民营企业创新发展服务月”活动，强化科技创新政策宣传和服务供给。依托科技资源共享服务平台，加快推进大型科研仪器开放共享。完善科技金融服务体系，提升西部科技金融路演中心服务水平。推进“易智网”建设，提升科技成果转化交易撮合等服务。依托重庆技术创新专利导航平台，探索建立区域重点产业专利导航多元化服务体系。支持高新区打造科技服务综合体，采取落地建设、服务代办、服务联盟等方式集聚一批科技服务机构。

（执笔人：胡艳）

民政工作

重庆市民政局

一、2019年发展回顾

2019年，全市民政系统在市委、市政府的坚强领导下，坚持以习近平新时代中国特色社会主义思想为指导，认真落实习近平总书记对重庆提出的“两点”定位、“两地”“两高”目标、发挥“三个作用”和营造良好政治生态的重要指示要求，深入贯彻党的十九大及十九届二中、三中、四中全会精神和习近平总书记对民政工作的重要指示及第十四次全国民政会议精神，以养老服务、基层社会治理、社会救助工作为突破口，抓改革、促创新、补短板、惠民生，全力推进全市民政工作会议明确的目标任务，加快构建“八大格局”，全市民政事业实现高质量发展。

（一）强化政治引领，“大党建”格局加快构建

市委常委会议、市政府常务会议传达学习习近平总书记对民政工作的重要指示和第十四次全国民政会议精神，陈敏尔书记、唐良智市长对全市民政工作作出批示，市政府出台加强和改进新时代民政工作的意见，并召开第四次全市民政会议。“不忘初心、牢记使命”主题教育扎实开展，接受市委第五轮巡视，做到边巡边改，持续开展农村低保专项治理，全市民政系统“四个意识”切实增强，“四个自信”更加坚定，“两个维护”全面落实。杨春敏获“全国最美社区工作者”称号，项忠红荣获“孺子牛”奖，典型示范效应充分发挥。

（二）强化弱有所扶，“大救助”格局基本形成

23.05万名扶贫对象纳入低保，占全市农村低保总人数的40.05%；1.19万名扶贫对象纳入特困供养，占全市农村特困供养总人数的12.1%；社会组织累计实施扶贫项目1300余个，投入扶贫资金超过10亿元，每年受益困难群众超过64万人次，民政兜底保障作用有效发挥。城乡低保标准分别提高到每人每月580元、440元，城乡差距缩小到1∶0.76；特困人员保障标准提高到每人每月754元，同比增长5.6%；支出临时救助金3.3亿元，救助困难群众12.74万人次；发放困难群众价格临时补贴1.82亿元，惠及城乡困难群众104.46万人。调整提高残疾人“两项补贴”标准为每人每月70元、80元，全年支出3.8亿元，惠及困难重度残疾人47.83万人。继续实施“民政惠民济困

保”，对突发性、紧急性、临时性困难群众实施救助，全年理赔资金1.2亿元。全面推广永川“一门受理、协同办理”社会救助综合改革试点经验，逐步解决工作中项目繁多、管理多头、条块分割、资源分散等问题，群众救助更加便捷、精准、高效。

（三）强化老有所养，“大养老”格局已具雏形

加速推进社区居家养老服务全覆盖工程，新增社区养老服务中心（站）440个，城市社区设施覆盖率从年初的39%提高到62%，社会化运营比例从年初的13.3%提高到45%。制定出台推进养老服务发展实施方案，市政府颁布《重庆市养老机构管理办法》，吸引泰康、光大等集团来渝投资开办品质化养老机构，全年新增社会办养老机构37家、床位6000余张，平均入住率提高到69%。居家养老服务破题起步，开展居家上门服务的站点达572个，占比从年初的29.6%提高到46.8%。推进医养服务深度融合，已有80家养老机构内设医疗机构、75家医疗机构开办养老机构，养老机构与医疗机构签订协议1095家，医养服务能力达85%以上。养老产业链条不断延伸，第十四届中国（重庆）老年产业博览会成果丰硕，签约375亿元、落地175亿元。打造老年用品互联网交易中心，智慧养老大数据云平台试点运行。建成康养小镇7个，试点开展6个社区养老场所和100户困难空巢老年人家庭适老化改造。

（四）强化幼有所育，“大关爱”格局初步建立

市政府出台《关于加强农村留守儿童关爱保护工作的实施意见》《关于进一步加强困境儿童保障工作的实施意见》，全面建立儿童关爱保护联席会议制度，形成相关部门各司其职、齐抓共管的工作格局。构建四级儿童工作网络，市、区（县）政府全面建立农村留守儿童关爱保护工作联席会议制度，乡镇（街道）配备儿童督导员，村（居）委会设立儿童主任，形成家庭尽责、政府主导、社会参与的关爱服务工作体系。目前，全市有乡镇（街道）儿童督导员1100余名、村（居）儿童主任1.1万余名。落实孤儿基本生活保障标准自然增长机制，机构集中供养孤儿保障标准由每人每月1360元提高到1404元，散居孤儿由每人每月1160元提高到1204元。建立集中教育矫治工作机制，帮助流浪未成年人尽快回归家庭，全年共对204名流浪未成年人进行了教育矫治。会同教育、公安等部门开展摸底排查，在乡镇（街道）建立农村留守儿童和困境儿童信息台账，一人一档，动态管理。连续三年开展“合力监护、相伴成长”专项行动，已帮助1.2万名无人监护和监护较差的留守儿童得到有效监护，500余名留守儿童返校复学，4000余名无户籍留守儿童登记落户。实施“孤儿医疗康复明天计划”，全年共救治孤儿32例。实施“福彩圆梦·孤儿助学工程”，按照每人每年1万元标准，资助632名孤儿就读全日制高等学校和中等职业学校。

（五）强化共建共治，“大治理”格局加快构建

市政府出台加强和完善城乡社区治理实施意见、加强乡镇政府服务能力建设实施方案，“三三制”社区治理实践取得积极成效。出台基层群众性自治组织依法自治事项、协助政府工作事项、负面事项和涉证事项“四张清单”，继续推进基层减负增效，基层自治组织总体减负40%以上，我市做法在全国社区治理专题研讨班上作经验交流。推进“一约三会”建

设，98%的村（社区）完成村规民约备案审查，97%的村建立村民议事会、红白理事会、道德评议会。深入开展社区治理示范创新，全面推广“三事分流”工作机制，江北区被确定为全国第四批社区治理创新实验区。市委常委会议专题听取社会组织工作情况汇报，出台加强社会组织工作意见，全面推进社会组织登记管理与党建“六同步、三纳入、一共享”，将党建工作作为等级评估“一票否决”指标，全市社会组织党组织覆盖率达到75.9%，党的工作实现全覆盖。开展行业协会商会涉企收费专项治理，减免涉企收费1081万元，查处取缔各类违法非法社会组织424家，净化了社会组织发展环境。深化社会组织登记管理制度改革，取消社会组织筹备审批、分支（代表）机构审批，下放异地商会审批权限，实施四类社会组织直接登记，1400多家行业协会商会与行政机关全面脱钩，社会组织内在活力和发展动力不断激发。社工人才纳入“重庆英才计划”名家名师评选，累计开发社工岗位1.9万余个，持证社工专才1.7万余人；注册志愿团体3.7万个、实名志愿者587万人，记录志愿服务时长7105万小时。打造阳光社区基金慈善品牌项目，市慈善总会“99公益日”募集善款1.31亿元，位列省级慈善会第一。

（六）强化基本社会服务，“大服务”格局持续推进

深入贯彻《行政区划管理条例》，实施9个乡镇街道区划调整，完成湘渝省界和16条县界联检，查清地名45.5万多条。深化殡葬管理综合改革，开展违法违规建“住宅式”墓地等突出问题专项行动，清明接待祭扫群众470万人次，为8844名困难群众减免基本丧葬服务费1281万元。引导婚姻殡葬移风易俗，全年办理婚姻登记35.2万对，救助流浪乞讨人员2.3万余人次。

（七）强化智能驱动，“大数据”格局快速推进

落实“云长制”，细化“管云、管数、管用”工作任务，组织推动民政系统业务协同、数据共享、资源整合、应用创新。加快推进“互联网+民政服务”，11项民政业务在“渝快办”广泛应用，全年提供政务共享目录49项，交换共享数据1680万次。智慧养老智慧社区云平台即将上线运行。

（八）强化基层基础，“大保障”格局逐步夯实

深化民政执法体制改革，出台民政行政执法“三项制度”，民政事中事后监管能力不断提升。市级安排7000万元以奖代补资金，新建基层民政服务设施813个，民政公共服务能力不断增强。狠抓防范化解重大风险，全年开展安全生产行政执法检查6613次，化解整治民政服务机构安全隐患4861条，安全稳定形势总体向好。

二、存在的问题

一是体制机制与事业发展需求不适应，社区治理、儿童工作等领导协调机制还有待完善。二是工作任务与自身能力建设不适应，标准高、任务重与人手少、能力不足的矛盾依然突出。三是资源供给水平与事业发展需求不适应，事业发展资金需求较大和各级财政投入有限、社会资源力量调动不足带来发展压力增大。四是发展不平衡与均等化要求不适应，城乡之间、区域之间、政策之间还存在不少需要补短板的

地方。五是监管能力薄弱与重大风险防范化解要求不适应，新冠肺炎疫情对民政应急管理体系提出挑战。

三、2020年发展思路

2020年是决战决胜脱贫攻坚、全面建成小康社会和“十三五”规划收官之年，全市民政系统要以习近平新时代中国特色社会主义思想为指导，深入贯彻党的十九大和十九届二中、三中、四中全会及第十四次全国民政会议精神，深化落实习近平总书记对重庆提出的“两点”定位、“两地”“两高”目标、发挥“三个作用”和营造良好政治生态的重要指示要求，全面落实习近平总书记对民政工作的重要指示精神，紧扣全面建成小康社会目标任务，贯彻落实党中央关于推动成渝地区双城经济圈建设的重大战略部署，认真落实市委五届七次、八次全会和第四次全市民政会议精神，紧扣“三聚焦”“三基”职责，在全力做好民政领域疫情防控的同时，突出抓好“1+5+6”民政工作，减轻新冠肺炎疫情影响，全面推进民政事业高质量发展。

（一）突出党建引领，为民政事业发展提供坚强政治保证

一是加强党的领导，坚决做到“两个维护”。二是以政治建设为统领，持续加强党的建设。三是发扬斗争精神，深入推进党风廉政建设和反腐败工作。

（二）聚焦短板弱项，全力推进5项重点工作

一是切实保障困难群众基本生活。聚焦未脱贫人口、返贫人口和贫困老年人、残疾人、儿童以及重病大病贫困家庭，精准落实兜底保障政策，稳定解决贫困人口吃穿“两不愁”。制定出台支持深度贫困地区兜底保障政策措施，助推现行标准下剩余农村贫困人口全部脱贫。二是加快发展养老服务业。积极应对人口老龄化，加快建设居家社区机构相协调、医养康养相结合的养老服务体系。不断增强养老服务供给，大力发展养老服务产业，持续提升养老服务质量。三是健全完善儿童关爱保护体系。坚持儿童利益优先理念，完善儿童福利制度，健全关爱保护体系，完善儿童福利政策，出台加强儿童福利工作实施意见，落实事实无人抚养儿童保障工作实施意见，研究制定儿童福利工作相关地方标准，提升农村留守儿童和困境儿童关爱服务水平。四是创新基层社会治理。切实发挥基层党组织的领导核心作用，积极推进城乡社区治理实践创新，充分发挥社会各方面协同作用，使基层社会治理更加牢固。五是防范化解重大风险。进一步增强风险意识、底线思维，强化风险防范与处置，做好民政服务机构安全管理，保证民政事业安全健康发展。

（三）加大工作力度，扎实做好6项专项工作

区划地名方面，贯彻落实好《行政区划管理条例》及其实施办法，研究制定镇、街道设立标准，稳慎有序调整行政区划，加快构建与成渝地区双城经济圈、“一区两群”协调发展的行政区划格局。殡葬管理方面，推动修订《重庆市殡葬管理条例》，编制“十四五”殡葬事业发展规划和殡葬基本公共服务设施专项规划，推进城乡公益性公墓建设，有序推进殡葬改革试点。开展殡葬领域突出问题专项整治行动，完善惠民殡葬政策。婚姻登记方面，推进婚姻登记规范化标准化建设，探索建立片区婚姻登记点和跨区域婚姻登记试点。做好婚姻登记严重失信当事人信用约束和联合惩戒，加强婚俗

改革宣传引导，深入实施“家庭和谐”计划。救助管理方面，开展“救助管理服务质量大提升”专项行动，探索研究受助疑难人员安置办法，解决救助人员安置难问题。开展“冬季送温暖”“夏季送清凉”专项救助行动，严防极端事件发生。残疾人福利方面，推动建立残疾人“两项补贴”标准动态调整机制，出台贫困重度残疾人照护服务政策，实施“福康工程”项目，提升残疾人福利水平。推进民政精神卫生福利机构建设，开展精神障碍社区康复服务试点。推动建立康复辅具产业发展市级联席会议制度，开展康复辅助器具社区租赁服务试点。慈善福彩方面，建立慈善监管平台，推进建设“大爱重庆，慈善之城”，促进慈善信托发展，支持“互联网＋慈善”探索，开展“中华慈善日”主题活动。加大福利彩票发行力度，完善公益金使用管理制度，提升公益金使用绩效。

（执笔人：蒋洪）

重庆财政

重庆市财政局

一、2019年发展回顾

2019年，全市财政系统坚持以习近平新时代中国特色社会主义思想为指导，全面落实总书记对重庆提出的“两点”定位、“两地”“两高”目标、发挥“三个作用”和营造良好政治生态的重要指示要求，统筹推进“五位一体”总体布局，协调推进“四个全面”战略布局，坚持稳中求进工作总基调，深入贯彻新发展理念，落实高质量发展要求，深化供给侧结构性改革，全力保障“三大攻坚战”和“八项行动计划”推进落实，着力做好稳增长、促改革、调结构、惠民生、防风险、保稳定工作，较好地服务了全市经济社会发展大局。

（一）落实积极财政政策，推动经济高质量发展

围绕供给侧结构性改革主线，加力提效积极财政政策，不断增强发展动力。不折不扣落实减税降费政策，全面推进小微企业普惠性减税、个人所得税专项附加扣除、深化增值税改革等政策落地，落实社保降费政策，清理规范政府性基金和行政事业性收费，全年预计新增减税约380亿元，降费约340亿元。全市制造业、批发零售业等行业减税额度超过新增减税总额的50%，民营经济减税额度超过新增减税总额的62.5%，基本实现“三个确保”，企业和居民获得感明显增强。发挥政府投资在稳增长中的关键作用，完善“资金池”与“项目池”对接机制，统筹“资源、资产、资金”管理，加大一般公共预算、政府性基金和政府债券统筹力度，筹措资金约3000亿元，保障高速铁路、城市轨道、重大水利等基础设施建设，保障脱贫攻坚、生态环保等民生领域重点项目建设。深入实施创新驱动发展战略，以科技创新引领高质量发展。通过压减一般性支出，新增10亿元，支持重点实验室等高端创新资源培育，推动大数据智能化技术创新。落实企业研发准备金补助、重大新产品研发成本补助等激励政策，营造良好财税环境，激发企业创新活力。研究制定高新区等开发区财税扶持政策，加强创新平台功能建设，提升科技创新能力。

（二）聚焦关键领域，继续支持打好三大攻坚战

着力抓重点、补短板、强弱项，全力保障打好精准脱贫、防范化解重大风险、污染防治的攻坚战。大力支持脱贫攻坚，扎实推进中央脱贫攻坚专项巡视和国家脱贫攻坚成效考核反馈意见整改，抓好财政责任、政策、工作落实。继续

推进贫困区县涉农资金整合，保障重点扶贫项目实施。健全财政扶贫资金动态监管机制，提高资金使用效益。强化债务风险防控，通过发行再融资债券、安排预算资金等方式，偿还政府债务到期本息，全市政府债务率控制在80%以内。优化债务期限结构，发行30年期超长期限政府债券，缓解偿债压力。严肃查处违法违规举债融资行为，坚决遏制隐性债务增量。加大污染防治投入力度，实施五大环保行动，支持广阳岛片区长江经济带绿色发展示范，开展国家山水林田湖草生态保护修复和城市黑臭水体整治示范试点。推进三峡库区生态修复，筑牢长江上游重要生态屏障，加快建设山清水秀美丽之地。

（三）坚持以人民为中心，切实保障和改善民生

优先保障基本民生领域资金需求，全年民生支出占一般公共预算支出的80%左右。积极促进就业创业，统筹失业保险基金，采取技能培训、稳岗返还等措施，提升职业技能，促进稳定和扩大就业。提高城乡低保、城乡特困人员等困难群体救助标准，积极应对猪肉等食品价格上涨，启动社会救助标准与物价上涨联动机制，发放临时价格补贴2.4亿元。支持教育事业发展，稳步扩大普惠性学前教育资源，继续巩固完善城乡义务教育经费保障机制，推进新高考综合改革。落实高职院校扩招要求，支持10所高职院校进入国家“双高计划”建设名单，加快推动高等学校“双一流”建设。资助困难群众参加城乡居民医疗保险，加大大病医保和医疗救助倾斜力度，切实减轻困难群众医疗负担。加强基本住房保障，支持公租房建设运营、城市老旧小区改造和农村危旧房改造，启动支持发展租购并举的住房市场。完善公交运营补贴机制，支持城市公交发展，提升市民出行舒适度和便捷度。

（四）深化财政改革管理，不断提升财政管理水平

坚决贯彻中央改革部署，加快推进财税体制改革。推动财政事权和支出责任划分改革，出台财政事权和支出责任划分改革总体方案、基本公共服务领域和医疗卫生领域改革方案。加快推进市级党政机关和事业单位所属企业改革，关闭注销195户僵尸、空壳及低效企业，转让退出31户市场充分竞争企业，整合形成50户一级企业，移交市属重点企业，纳入集中统一监管体系。全面推进预算绩效管理，出台部门整体、政策和项目等绩效管理制度，搭建绩效指标体系框架，试编部门整体绩效目标，扩大绩效监控和评价范围，建立绩效评价结果与预算安排和政策调整挂钩机制。强化预算执行动态监控，完善财政资金监控机制，提升财政信息化监管能力。严肃财经纪律，对巡视、审计、督察等反馈的问题，督促整改落实，依法依规从严处理。

二、2020年发展思路

2020年是全面建成小康社会和“十三五”规划收官之年。做好2020年的财政工作，责任重大，任务艰巨，使命光荣。全市财政系统将坚持以习近平新时代中国特色社会主义思想为指导，认真贯彻中央和市委决策部署，落实市人大决议，主动适应新时代、聚焦新目标，坚定发展信心，迎难而上、真抓实干，以更加务实的作风、以更加有为的担当，扎扎实实做好财政各项工作，更好发挥财政在国家治理中的基础和重要支柱作用，努力开创财政改革发展新局面。

（一）坚持精准发力，全力打好三大攻坚战

在巩固已有成果、打好重点战役、建立长效机制上下功夫，支持打赢打好三大攻坚战。支持

打好精准脱贫攻坚战，严格按照“四个不摘”要求，切实保障扶贫资金需求，全面加强扶贫资金监管，巩固脱贫攻坚成果。支持打好污染防治攻坚战，坚持方向不变、力度不减，加强财政投入保障，持续提升生态环境质量。支持打好防范化解重大风险攻坚战，落实风险防控主体责任，稳妥化解存量隐性债务，坚决守住不发生区域性系统性金融风险的底线。

（二）坚持提质增效，落实积极财政政策

优化财政资源配置，不断提高政策精准性和有效性。坚决落实各项减税降费政策，巩固和拓展减税降费成效，密切关注各行业税负变化，及时研究企业反映的突出问题，牢牢把握“三个确保”要求，让企业和人民群众有实实在在的获得感。千方百计扩大有效投资，发挥政府投资的关键作用，加强“资源、资产、资金”统筹，多渠道争取中央债券、资金和政策支持，做好项目前期储备，保障好高速铁路、高速公路、重大水利和生态环保、乡村振兴等重点项目建设。

（三）坚持底线思维，着力保障和改善民生

围绕民生大事急事难事，精准发力、持续用力，不断增进人民群众福祉。坚持尽力而为，围绕就业、教育、健康、养老、基本住房等重点领域，增加基本民生投入，加快补齐民生短板，确保民生特别是困难群众基本生活得到有效保障。同时，支持困难区县增强财政保障能力，兜实兜牢保工资、保运转、保基本民生的底线。坚持量力而行，明确重点民生领域支出政策的“红黄线”，坚决制止超越发展阶段和地方财力的政策，让民生政策多一些“雪中送炭”。

（四）坚持统筹推进，促进区域协调发展

增强财税政策与产业、金融、人才等政策协同，促进形成区域协调发展新格局。支持融入国家发展战略，发挥财政政策和资金引导作用，积极对接中央实施新一轮西部大开发、推动长江经济带发展、西部陆海新通道和成渝地区双城经济圈等重大战略。支持“一区两群”协调发展，突出分类指导，完善差异化财税扶持政策，推动各区域各区县协同化发展。支持经开区等国家级开发区发展，优化两江新区、高新区财政体制，激发经济发展动力。

（五）坚持蹄疾步稳，深化财政管理改革

对标对表中央要求，扎实推进财政管理改革各项任务。推动转移支付全域统筹，将 18 个贫困区县转移支付统筹改革推广到全市所有区县。完善预算绩效管理制度，建立绩效挂钩奖惩机制，开展绩效排名，将结果与重点专项总额、部门一般性项目和公用经费挂钩。加强支出标准控制，新增支出“先建标准，再核额度”，逐步实现从“控盘子”向“控标准”转变。继续推进财政事权和支出责任划分、国有金融资本管理等改革事项。

（执笔人：陈爽）

人力资源和社会保障

重庆市人力资源和社会保障局

2019年是新中国成立70周年，是全面建成小康社会、实现第一个百年奋斗目标的关键之年。一年来，重庆市人力社保系统深学笃用习近平新时代中国特色社会主义思想，坚持稳中求进工作总基调，积极凝聚思想共识，强化责任担当，夯实工作举措，圆满完成年度目标任务。

一、顶压前行强措施，全市就业局势保持总体稳定

面对复杂多变的国内外发展环境和经济下行压力加大的风险挑战，重庆市人力社保局坚决贯彻落实中央、市委关于“六稳”决策部署，把稳就业作为重大政治任务和头等大事，建机制、强举措，超额完成年度目标任务，确保了就业局势总体稳定。全市城镇新增就业75万人，完成目标任务的125%；城镇调查失业率5%、登记失业率2.4%，分别低于控制目标0.5个百分点和1.6个百分点。

（一）抓实就业优先导向，构建就业工作“一盘棋”格局

积极争取市委、市政府对就业工作的重视和支持，市委书记陈敏尔专题调研稳就业工作，市长唐良智多次听取稳就业工作汇报；市就业创业联席会议制度升格为市就业工作领导小组，常务副市长任组长，分管副市长任副组长，增强对就业工作的统筹领导。各区县对标对表成立了相应工作机构，全市就业工作合力不断增强。

（二）聚焦重点群体，兜牢稳定就业“基本盘”

大力促进高校毕业生就业创业，密集开展各类专项服务活动，深入实施万名青年就业见习计划，强化未就业毕业生实名制管理，建成“1+10”大学生就业创业服务体系，应届高校毕业生年底就业率超过90%。创新公共就业服务方式，大力推进就业服务超市建设，积极帮扶27.33万名登记失业人员、13.16万名就业困难人员就业，实现农民工返乡就业创业36.3万人，城镇零就业家庭保持动态为零。

（三）加强政策协同，打好促进就业“组合拳”

落实援企稳岗政策，从“降、返、补”三方面着力，继续降低失业保险费率，向1.44万户企业发放稳岗补贴3.1亿元，向6356户困难企业返还社保费34.6亿元，稳定岗位76.3万个。开展“渝创渝新”创业促进行动，建立创业者能力

提升和跟踪扶持长效机制，发放创业担保贷款45.2亿元，全市新增创业超过40万人。深入实施《人力资源市场暂行条例》，充分发挥中国重庆人力资源服务产业园聚集、示范、带动作用，成功召开西部人力资源服务博览会，推动全市人力资源服务产业加快发展，人力资源服务机构达到1680家，从业人员2.5万人。

二、增添举措强保障，社保制度建设取得积极进展

全市养老、失业、工伤保险参保人数分别为2280万人、514万人和670万人，城乡养老保险参保率巩固在95%以上；全年养老、失业、工伤三险基金总收入1366亿元、支出1320亿元。

（一）实施惠民政策稳预期

积极推进社保降费率、调费基等降费减负政策，全年养老、失业、工伤三险累计降费减负272亿元。建立城乡居民基本养老保险待遇确定和基础养老金正常调整机制，连续15年调整增加企业退休人员基本养老金，连续4年同步调整机关事业单位养老保险待遇，惠及全市350.6万名企业退休人员、37.2万名机关事业单位退休人员。调整了重庆市工伤职工及工亡职工供养亲属的定期待遇。

（二）落实改革举措稳运行

机关事业单位养老保险制度改革持续深化，退休“中人”待遇复算稳步推进。全面建立职业年金制度，覆盖机关事业单位72万人。城乡居民养老保险费如期平稳划转税务部门征收。出台重庆市工伤预防费使用管理暂行办法。加强基金抗风险能力建设，累计划转养老保险基金60亿元开展投资运营，实现增值2.86亿元。

（三）优化管理服务强效能

完成社保经办流程再造设计，梳理开发15个版块243项业务事项。实现首批22个区县6700万页社保档案数字化。建立61个退休人员社会化管理市级示范社区。开展基金管理风险防控专项检查和工伤保险内控制度检查，严厉打击欺诈骗保不法行为，确保基金安全可持续运行。

三、乘势而上聚人才，人才人事工作水平持续提升

（一）聚焦产业发展需求，强化技能人才培养

出台关于提高技术工人待遇的实施意见和推行终身职业技能培训制度的实施意见，启动企业职业技能等级认定试点。以“巴渝工匠2020”计划为统揽，加快推进技能人才培育，新增全国技术能手42名、全市技能大师10名、全市技术能手50名、高技能领军人才30名，全市高技能人才达到102.5万人，占技能人才总数的27.3%。加强技能人才平台建设，中国（重庆）职业技能公共实训中心工程建设进入尾期，新建国家级高技能人才培训基地3个、国家级技能大师工作室3家。大力推进职业技能提升行动，开展政府补贴培训50万人次。积极推进以赛促培，高质量举办“一带一路”国际技能大赛，吸引44个国家和地区698名技能人才参赛；在第45届世界技能大赛上，重庆市培养的技能人才赢得4枚金牌、4枚银牌、2枚铜牌，创历史最好成绩；办好“巴渝工匠”杯系列职业技能竞赛，选拔高技能人才3000余名。

（二）聚焦放权松绑，加强专业技术人才培养

深化人才评价机制改革，推动出台人才分类评价“1+10”实施方案，进一步向高校、科

研院所下放职称评审权，301名特殊人才通过“绿色通道”获得高级职称。制定重庆英才计划优秀科学家、名家名师项目实施办法，选拔优秀科学家31名、名家名师综合领域人选10名、市级学术技术带头人及后备人选910名，推荐人选国家百千万人才9名。出台支持博士后发展的若干措施，新增国家级博士后科研流动站10个。新创建国家级继续教育基地1个，完成国家级专家服务基地建设，全年开展各类专家服务活动45场，完善5078名专家库专家信息。

（三）聚焦高精尖缺，大力引进高层次人才

承办重庆英才大会“一赛一会两洽谈三仪式”，首次举办重庆英才大会新时代西部大开发人才发展峰会，发起成立西部人才服务联盟，引进海内外优秀人才608人，签约创新创业创造项目201个。深入实施“百万英才兴重庆”系列引才活动，新认定高层次人才53人、“鸿雁计划”人才248人，新建海内外引才联络站15个，聘请引才大使10名。设立“重庆市杰出英才奖”，发放人才服务证1719张，落实人才服务专员1317人。

（四）聚焦激发活力，深化事业单位人事制度改革

开展事业单位工作人员选拔制度改革，在重庆市“我最喜欢的10项改革”评选中列第7位。创新事业单位岗位政策，动态调整高校岗位设置，推进岗位“能上能下”聘用考核试点，完成16个高校岗位重新设置。落实事业单位绩效工资动态调整机制，扩大内部分配自主权，实行特殊激励报酬在总量外单列，探索人才工资政策精准激励。推进公立医院薪酬制度改革试点，范围覆盖全市67家公立医院。同时，圆满完成新中国成立70周年表彰慰问系列活动，颁发纪念章5581枚。加强考试安全防控体系建设，全年组织人事考试92项（次）。开展职业技能鉴定37.4万人次。完成142万流动人才档案数字化信息化。

四、持续发力保稳定，和谐劳动关系构建取得新突破

树立底线思维，坚持“预防”和“处置”双管齐下，切实构建社会安定和谐基础。

（一）抓源头，做好协调预防

进一步完善市级协调劳动关系三方委员会，三方组织实现区、县级全覆盖。深入推进和谐劳动关系示范点建设，示范企业扩大至1600户。开展和谐劳动关系综合改革试验，九龙坡区被列为全国8个综合配套改革试点地区之一。新评定AAA级和谐劳动关系企业126家。落实劳动合同和集体协商制度，全市劳动合同签订率维持在95%以上。开展国企负责人薪酬执行情况和工资决定机制改革监督检查，推进企业薪酬调查和人工成本调查。加强劳动纠纷调解预防，完善调解、仲裁衔接机制。开展劳动监察诚信企业等级评价，评价企业8365户。

（二）抓处置，强化权益保障

加大根治欠薪工作力度，组织实施夏季专项行动和冬季攻坚行动，加强问题查处，层层压实监管责任，扎实推进“两金三制”，取得“三升三降”明显成效，即农民工实名制、工资专户制、银行代发制覆盖率较2018年分别增长0.6个、3.1个、3.8个百分点，基本实现全覆盖；全市接受处理拖欠农民工工资案件、涉及人数、涉及金额，

较2018年分别下降60.3%、82.7%、85%。在全国保障农民工工资支付工作考核中，重庆市列全国第13位、列西部省市第1位。在15个区县开展劳动保障监察执法示范区创建工作，出台仲裁场所建设等地方标准，立案受理争议案件3.6万件，结案率96.7%，法定期限内结案率首次实现100%。

五、靶向定位强施策，人社扶贫取得良好成效

围绕“精准”下功夫，统筹推进就业扶贫增收入、技能扶贫强素质、社保扶贫保生活、人才人事扶贫促发展、对口扶贫增实效。

（一）精准压实责任

出台打赢人力社保脱贫攻坚战政策措施27条，建立完善局脱贫攻坚、问题整改两个领导小组，成立4个专项工作组，建立局党组成员包区县指导推动人社扶贫工作责任制，形成“领导小组＋专项小组＋定点包干”工作责任体系，确保脱贫攻坚工作知责、明责、履责、追责具体到事到人。

（二）精准对接帮扶

开发信息采集系统，摸清全市140.4万名16周岁以上贫困人员就业状况和就业需求，帮扶6.9万名贫困劳动力就业。开发141个特色培训项目，组织6.7万名贫困劳动力接受培训。落实社保代缴政策，全市129万应参保贫困人口城乡养老保险实现应保尽保，33万名超龄贫困人员养老待遇实现应享尽享。充分发挥人才对脱贫攻坚的支撑作用，派驻国家扶贫开发重点区县的“三支一扶”人员占全市比例提高至56.3%，遴选45个专家服务团队赴贫困区县开展扶贫对接，在贫困区县新增设市级专家服务基地4个。

（三）精准整改问题

2019年迎接国家扶贫巡视检查1次、市级扶贫巡视督查考核3次。针对检查中反映出的就业帮扶不到位、易地扶贫搬迁就业支撑不足、鲁渝协作劳务转移效果不佳、公益性岗位管理有待加强等短板问题，照单全收、立行立改，全部整改到位。向贫困劳动力发放就业创业政策资金1.74亿元，惠及贫困劳动力3.7万人；为贫困人员提供就业服务超过10万人次；创建就业扶贫示范车间224个，吸纳贫困人员就业2304人；按需培训易地扶贫搬迁人员9952人，开发公益性岗位过渡性安置9700人；与山东人社厅签订鲁渝劳务扶贫协作落实方案，14个重点区县转移贫困人口到山东就业531人，山东帮扶就地就近就业2268人，分别完成两地协议目标任务的266%和162%。创新开展“劳动最光荣、幸福靠奋斗”宣讲活动，激发贫困人口内生动力。同时，扎实开展对口帮扶开州区大进镇、岳溪镇、满月镇工作，落实各类帮扶资金近300万元，巩固对口扶贫成果。2019年，人社扶贫工作先后5次得到市领导肯定性批示，被中央媒体正面宣传报道20多次。

六、效果导向转作风，系统行风建设取得新变化

围绕提升公共服务质量和群众满意度，以“清、减、压”为重点，持续深入开展系统行风建设。

（一）全面清事项

按照职权法定原则，全面取消无设定依据审批服务事项，制定出台市、区县、街镇三级政务服务事项目录清单，编制政务服务事项办事指南

210 项。现存行政权力事项 40 项，公共服务事项 157 项，为企业和群众办事创业提供清晰指引。

（二）大力减材料

持续推进“减证便民”，开展“人力社保局长走流程”活动，取消各类“无谓”证明 195 项，办事材料压缩 60% 以上。制定印发八大便民惠企举措，建立便民惠企举措集中公布机制。

（三）全力压时限

全面推进当场办结、限时办结等服务模式，市级 37 个、区县 34 个审批和公共服务事项完全实现马上办、网上办、就近办、一次办。针对群众反映较强烈的社保卡办卡周期长等问题，抓紧抓实专项整改，实现个人新办卡立等可取、批量新办卡不超过 10 个工作日，较规定期限分别缩减 5 个工作日、20 个工作日。同时，不断夯实工作基础，组织开展业务技能练兵比武活动，部署推进“树行业新风、优营商环境”工作。深入实施“互联网 + 人社”行动计划，70 项政务信息资源接入市共享平台，完成部市业务协同平台对接，初步形成信息资源共享机制。12333 咨询服务电话接听群众来电 380 万次，“掌上 12333”新增便民功能 13 项。全面推进法治人社建设，高质量承办全国人社系统法治知识竞赛。

（执笔人：李勇）

城乡规划和自然资源

重庆市城乡规划和自然资源局

一、2019年发展回顾

过去一年，在市委、市政府坚强领导下，全市规划自然资源系统紧紧围绕把习近平总书记殷殷嘱托全面落实在重庆大地上这条主线，坚持以党的建设为统领，紧扣"两个统一行使"职责，聚焦"三大攻坚战""八项行动计划"，重整行装再出发、攻坚克难求实效，干部职工精神状态昂扬向上，规划自然资源事业平稳开局起步。

（一）坚持高位强力推进，不断提高党的建设质量

1. 政治建设摆在首位

系统学习习近平新时代中国特色社会主义思想，跟进学习总书记最新重要讲话精神，举办庆祝新中国成立70周年系列活动，增强"四个意识"、坚定"四个自信"，用实际行动践行"两个维护"。

2. 主题教育贯穿始终

扎实开展"不忘初心、牢记使命"主题教育，组织中心组学习29次，形成调研成果128项，整改突出问题302个。创新开展入党介绍人与党员谈心等活动，得到中央和市委巡回指导组肯定。

3. 基层基础更加巩固

制定《"三基"建设工作方案》，创建节约型机关、智能机关和规范化机关。加强干部队伍建设，开展局管干部领导力提升、党务及纪检干部培训，发展党员28人，3个基层党组织、7名同志获评市直机关先进。

4. 正风肃纪持续深化

制定深化落实全面从严治党主体责任工作清单，扎实开展形式主义、官僚主义集中整治，严格落实"基层减负年"要求，严肃查处违反中央八项规定精神问题，加强"以案四说"警示教育，营造风清气正劲足良好政治生态。

（二）紧密结合部门职能，强力落实重大工作部署

1. 坚决落实习近平总书记批示指示精神

强力推进缙云山自然保护区生态环境综合整治，340宗违建基本整治到位。建立"领导小组＋工作推进组"机制，整治违建别墅项目183个，走在全国前列。协同农业农村部门完成"大棚房"整治。

2. 深入贯彻中央重大督察部署

深入"访深贫、促整改、督攻坚"，中央脱贫攻坚专项巡视反馈39项任务全部整改销号。

单列脱贫攻坚用地指标8400亩，优先交易贫困区县地票28.8亿元、国土整治投资10亿元，争取增减挂钩跨省调剂资金9.9亿元。中央环保督察、国务院大督查等整改取得阶段性成效。

（三）强化规划战略引领，促进“一区两群”协调发展

1. 市级国土空间总体规划基本完成

聚焦国际化、绿色化、智能化、人文化，以“一区两群”为骨架，深入谋划面向2035年的全市国土空间保护开发格局，促进成渝地区双城经济圈规划协同，35项专题研究和33个专项规划基本完成，市级形成新总规方案，璧山、潼南等区县形成试点成果。

2. 重点专项规划成果丰硕

深入开展西部（重庆）科学城、重庆东站等重要规划，广阳岛片区总体规划、两江四岸核心区整体提升规划获批，完成历史文化名城保护、市综合交通体系等一批专项规划。成功举办2019年中国城市规划年会。

3. 国土空间规划“一张图”加速形成

新一届市规委会组建运行。动态整合50余类专项规划200余个空间数据图层，基本建成市域尺度、详细规划深度的“多规合一”空间底图。

（四）优化资源要素配置，助推经济高质量发展

1. 完善土地储备制度

出台储备土地整治、考核办法，推动市级平台储备土地实质性划转，新增储备4.7万亩。发行土地储备专项债券501亿元、同比增加43%。

2. 有效保障重大项目落地

围绕“三大攻坚战”“八项行动计划”，锚定国家、市级重点项目库，提前介入、定期调度，精简审批程序、增加报批频次，全市审批建设用地145平方公里，推动渝西水资源配置工程、渝万高铁等重大项目落地。

3. 高效集约配置土地资源

加大实体经济支持力度，出让工业用地3.7万亩、同比增加27.5%，保障东湖高新、比亚迪新能源等项目落地。开展建设用地“增存挂钩”专项清理，处置批而未供土地6.5万亩，盘活闲置土地6300亩，超额完成部下达任务。

4. 强化矿产能源保障

新探获锰储量4089万吨，建成绿色矿山101个。建筑碎石矿山布局加快落地，供需趋于平衡。涪陵、南川—彭水、荣昌—永川等区块页岩气“多点开花”，新产气73亿立方米、同比增加9.2%。

（五）精准施策倾力支持，努力实现乡村让人们更向往

1. 编制实用性村规划

印发乡村规划设计导则，编制完成区县域村庄布局规划，按集聚提升、城郊融合、特色保护、搬迁撤并四类进行规划指引，在全国村庄规划专题会议上交流经验。

2. 精准投放“政策包”

选派43名规划师下乡，单列乡村振兴指标6700亩，完善村域“小挂钩”、点状用地等政策，促进一二三产业融合发展。新交易地票3万亩60.7亿元、农村产权12.1万亩7.9亿元，助推农村“三变”改革。巴渝民宿获2019年北京国际旅游博览会“最佳创意奖”。

3. 农村土地“三项改革”试点收官

完成大足区农村土地制度改革三项试点，农村集体经营性建设用地入市1008亩、3.8亿元，农村宅基地“三权分置”改革试点平稳移交。

（六）推动产城景融合发展，努力实现城市让生活更美好

1. 优化城市功能布局

强化土地出让规划引领，完成土地出让价款财政入库 1929 亿元。编制社区家园提升实施方案、普惠制幼儿园和中小学建筑设计导则，推动轨道与地面公交换乘站点优化衔接。利用边角地建成社区体育文化公园 50 个，并被央视新闻联播报道。

2. 塑造山水形态之美

把好山好水好风光融入城市规划建设，深化城市发展主轴、高度、密度、色彩等规划研究，推动“两江四岸”提质减量。出台城市设计管理办法和编制导则，高标准规划长嘉汇大景区，分片分类推进九龙半岛、钓鱼嘴半岛等重要地区城市设计。规划街巷、滨江、山林等山城步道 1 万公里，串联山城江城特色要素。

3. 彰显人文气质之韵

把历史元素融入城市街区，推进渝中半岛人文中心建设，推动大田湾—文化宫—大礼堂、山城巷、金刚碑等传统风貌街区保护修缮，增添城市“书卷气”“翰墨香”。

（七）加强生态保护修复，筑牢长江上游重要生态屏障

1. 严格管控生态空间

完成长江经济带国土空间用途管制和纠错机制试点，强化江心岛“生态留白”。严格耕地资源保护，补充耕地 10.9 万亩，划定永久基本农田储备区 196 万亩。

2. 统筹山水林田湖草系统治理

国家山水林田湖草生态保护修复试点取得突出成效，获评市民最喜爱的十项改革第 4 名，并被《经济日报》《光明日报》深度报道，2 个项目入选国家生态保护修复典型案例。长江及支流两岸 10 公里范围内废弃露天矿山综合治理 1 万亩，实施土地综合整治 9.94 万亩。编制实施主城区“四山”保护提升方案，取得阶段性成效。

3. 大力保护林草资源

开展国十绿化提升行动，完成营造林 640 万亩，森林覆盖率达 50.1%。完善自然保护地体系，开展林长制试点，森林横向生态补偿面积 10 万亩、2.5 亿元。

4. 加强地质灾害防治

加快国家重点省市地质灾害综合防治体系建设，完成 50 个重大地质灾害隐患点专业监测、124 个大型工程治理项目，夯实“四重网格”监测预警，全市发生灾险情 161 起、同比减少 23%。

（八）突出大数据智能化赋能，提高规划自然资源治理能力

1. 扎实开展国土三调

综合运用卫星遥感、无人机、实地核查等手段，完成“三调”成果上报、核查整改和标准时点统一更新。完成全市 1：20 万生态旅游地质资源调查。成立全国首个规划自然资源调查监测院。

2. 深化“放管服”改革

对标世行营商环境评价体系，推进不动产登记、交易和缴税“一窗办理、即办即取”，个人登记信息全市查、网上查、自助查，抵押注销登记立等可取。推进规划用地“多审合一、多证合一”，建设工程规划许可办理件次同比增加 38%。

3. 推进重大科技创新

1 项参研项目获得国家科技进步一等奖，获市科技进步奖 8 项、自然资源科学技术奖 3 项，

授权发明专利9项。云阳普安乡发现新恐龙动物群，填补了恐龙演化序列空白。

4. 强化测绘地理信息建设

全面使用2000国家大地坐标系，获批省级卫星应用技术中心。时空大数据服务平台有效运行，实现省级多源多尺度实景三维模型全覆盖。

二、发展中存在的问题

同时，发展中仍然还存在一些突出问题和短板。一是规划自然资源部门从物理融合到化学反应还有一个过程，工作中还存在一定的思维定式、工作惯性、路径依赖，各项管理体制机制改革有待深化；二是国土空间规划和用途统筹协调管控制度体系还不健全，规划的战略性、科学性、协调性、穿透性仍有待提升，资源高效利用、自然资本加快增值等实践探索还需进一步深化；三是生态保护修复整体性、系统性不够，各类保护区及已划定的三条控制线存在大量冲突和重叠，吸引社会资本多元投入的激励机制和长效资金保障机制亟待建立，矿山生态修复任重道远；四是地质灾害隐患点多面广，矿山“打非治违”仍需加强，《土地管理法》新旧政策衔接风险防范压力大；五是规划自然资源要素违法违规使用行为仍然时有发生；六是全面从严治党还需深化，形式主义、官僚主义需要持续整治。

三、2020年发展思路

2020年是全面建成小康社会和“十三五”规划收官之年。全市规划自然资源系统将在市委、市政府坚强领导下，紧紧围绕习近平总书记对重庆提出的“两点”定位、“两地”“两高”目标、发挥“三个作用”和营造良好政治生态的重要指示要求，抢抓成渝地区双城经济圈建设重大战略机遇，更加注重从全局谋划一域、以一域服务全局，学好用好“两山论”，走深走实“两化路”，以科学规划引领自然资源保护利用，以自然资源管理推动规划落地见效，为全市夺取疫情防控和经济社会发展“双胜利”提供坚实的国土空间和自然资源保障。重点抓好以下几个方面的工作。

（一）夯实全民所有自然资源资产所有者职责

高质量完成第三次国土调查，统筹推进自然资源调查监测和统一确权登记，加快查清全市自然资源家底。有序推进自然资源资产产权制度改革，推动城乡自然资本加快增值。

（二）加强国土空间规划和用途统筹协调管控

编制《优化成渝地区双城经济圈国土空间布局行动方案（2020-2025年）》，深化完善《重庆市国土空间总体规划（2020-2035）》，加快区县国土空间总体规划编制。统筹划定落实“三条控制线”，完善用途管制制度。

（三）强化高质量发展资源保障

围绕“六稳”“六保”要求，积极承接国家建设用地审批权委托试点，确保项目及时落地。加强土地出让统筹管理，加大实体经济支持力度，加强页岩气等特色效益矿产开发，做好建筑碎石保供稳价工作。强化资源节约集约利用，以资源利用方式转变促进经济高质量发展。

（四）大力推进生态保护和修复

扎实推进中央生态环保督察反馈问题整改。抓紧编制国土空间生态保护和修复专项规划，抓好生态修复重点任务。完成山水林田湖草生态保护修复工程试点，推进长江干流及其主要支流10公里范围内废弃矿山生态修复，开展全域土地综合整治试点，加强地质灾害防治，促进国土绿化提升，筑牢长江上游重要生态屏障。

（五）统筹抓好乡村振兴和城市提升

加大政策、项目、资金等支持力度，助力打赢脱贫攻坚战。分类稳妥推进实用性村规划编制，严格耕地资源保护，强化农村农业用地保障，精准支持乡村振兴。坚持轨道交通引领城市发展格局，优化“多中心、组团式、网络化、生态型”城市空间，支持城市有机更新和功能配套补短板，新建42个社区体育文化公园，保护传承历史文化，塑造山城江城特色，不断增强城市韧性，提升城市品质。

（六）深化规划自然资源领域改革创新

科学编制规划自然资源事业发展“十四五”规划。深化“放管服”改革，推进规划用地“多审合一、多证合一、多测合一”，以及服务营商环境改善。对标世行营商环境评价体系，持续推进不动产登记改革。改进测绘地理信息行业管理，增强测绘地理信息服务能力。

（执笔人：耿英豪）

生态环境

重庆市生态环境局

2019年，在市委、市政府坚强领导，市人大常委会、市政协监督支持，生态环境部大力指导下，市生态环境局会同各区县、市级有关部门提高站位、凝聚共识，挂图作战、合力攻坚，全面完成各项年度目标任务，推动污染防治攻坚战取得关键进展，长江干流重庆段水质总体为优，纳入国家考核的42个断面水质优良比例为97.6%，同比提高7.1个百分点；空气质量优良天数达到316天，PM2.5平均浓度同比下降5%；土壤、声、辐射环境质量保持稳定。

一、2019年生态环境保护工作情况

市委、市政府高度重视生态环境保护工作，持续强化对生态环境保护的总体设计和组织领导。全市生态环境系统坚持把学习贯彻习近平总书记视察重庆系列重要讲话精神作为重要政治任务，坚决扛起生态文明建设的政治责任，以习近平新时代中国特色社会主义思想为指导，全面贯彻党的十九大、十九届二中三中四中全会精神和中央经济工作会议精神，全面贯彻习近平总书记对重庆提出的“两点”定位、“两地”“两高”目标、发挥“三个作用”和营造良好政治生态的重要指示要求，深学笃用习近平生态文明思想，全年召开局党组会43次、局务会8次、专题会43次，研究落实党中央、国务院，以及市委、市政府关于加强生态环境保护的决策部署，全市生态环境质量得到持续改善，生态优先、绿色发展成为重庆大地主旋律。

（一）推动生态环境质量持续向好

打好碧水保卫战。强化工业、城乡生活、农业农村水污染治理，加强水资源、饮用水安全保障，城市集中式饮用水水源地水质达标率为100%。创新“驻点帮扶”“一竿子插到底”现场督战，深化不达标河流综合治理，48段城市黑臭水体整治成效得到巩固。率先在全国试点开展长江入河排污口排查整治，加快建立“查、测、溯、治”工作规范体系，基本摸清入河排污口排放现状。聚焦长江、嘉陵江、乌江干流重庆段沿岸餐饮废水、生活污水等十大领域开展整治污水偷排偷放行为专项行动，共发现问题4191个、完成整改4002个，污水直排问题已建立台账加快解决，杜绝偷排、乱排行为。打赢蓝天保卫战。建立空气质量、年度任务、督导问题、资金项目“四个清单”，细化大气污染防治攻坚项目措施2000余项，突出控制交通、工业、扬尘和生活污染，全面执行国六

新车等8项国家标准，淘汰整治柴油车2.3万余辆，完成211家企业挥发性有机物、工业炉窑废气深度治理及114台锅炉低氮燃烧和清洁能源改造，建设扬尘控制示范工地、道路865处，完成餐饮油烟治理3531家。实施网格化精细管控和空气质量精准预报，严格落实“一点一队一策”，全年空气质量优的天数达119天（同比增加23天），无重度及以上污染天数，结构更优。打好净土保卫战。先试先行开展土壤污染防治综合示范区建设，实施建设用地土壤污染防治精细化管理，完成358块疑似污染场地调查评估，土壤环境质量总体稳定。主城区纳入国家“无废城市”建设试点，开展废铅蓄电池收集转运试点，完成重金属年度减排目标，医疗废物集中无害化处置实现镇级全覆盖，固危废和重金属环境风险得到有效管控。打好农业农村污染治理攻坚战。统筹推进乡村生态振兴，持续开展农业农村污染治理试点示范镇村创建，落实畜禽养殖全过程环境监管机制，全面完成400个行政村农村环境综合整治，并在全国生态环境保护工作会议上作经验交流。切实减少噪声污染扰民，加强建筑施工、工业等噪声管控，声环境质量保持稳定。强化核与辐射安全监管，高风险移动放射源实现在线监控，全市在用2412枚放射源安全可控。

（二）助推高质量发展有力有效

把“绿色+”融入经济社会发展各方面，生态优先绿色发展行动计划有序推进，提升经济社会发展“绿色含量”。落实污染物排放总量控制制度，稳步推进碳排放权交易及璧山高新区、双桥工业园区低碳园区试点，全面完成国家下达的年度减排约束性指标和降碳目标，为经济发展腾出更多空间和容量。全面优化营商环境，深化生态环境领域“放管服”改革，实施环评审批告知承诺制试点，全年审查规划环评47个，审批项目环评4171个、涉及总投资4752亿元，全力推动高铁、公路、水利枢纽等重大项目落地。积极推进生态文明示范创建，广阳岛获评重庆市“绿水青山就是金山银山”实践创新基地，北碚区、渝北区获第三批国家生态文明建设示范区称号。

（三）整改突出环境问题落地落实

切实把配合第二轮中央生态环保督察作为一项重要政治任务，督察组交办的3863件群众举报投诉已办结2664件、阶段性办结646件，配合督察工作得到督察组和生态环境部高度评价。第一轮中央生态环保督察反馈意见整改成效显著，缙云山自然保护区综合整治、餐饮船舶治理等被生态环境部多次作为示范典型宣传推介。中央脱贫攻坚专项巡视反馈意见涉及生态环境部门牵头7项整改任务已全部销号。长江办2018年长江经济带暗访警示片反映的13个问题已整改12个，2019年警示片反映的7个问题加快整改，一大批生态环境存量问题得到切实整治。

（四）筑牢重要生态屏障扎实有力

坚持把修复长江生态环境摆在压倒性位置，长江保护修复攻坚战实施方案有序推进，完成重庆市长江经济带战略环境评价“三线一单”编制，重要生态空间得到有效管控，长江上游重要生态屏障更加牢固。加强自然保护地监督管理，开展长江自然保护区监督检查专项行动和“绿盾2019”自然保护地强化监督，完成生态保护红线勘界定标试点。深化全年全员全过程执法大练兵，开展污染源自动监控等专项执法检查，全市共发出行政处罚决定书3864件。打好防范化解重大风险攻坚战，全市备案生态环境风险评估报告6073个、应急预案6493个，240个生态环境领域风险点已化解出库205个，全年未发生重、特大突发环境事件，连续11年获全市安全生产考核达标奖，有效维护了库区生态环境安全。

（五）提升基础保障能力卓有成效

生态文明体制改革持续深化，制定出台改革成果文件27个，生态环境损害赔偿制度、综合行政执法等改革形成经验。扎实推进地方环保立法，开展《重庆市长江三峡水库库区及流域水污染防治条例》修订工作，制定出台《重庆市建设用地土壤污染防治办法》。推进大气、水、土壤污染防治等大数据综合应用，建成并业务化运行污染防治攻坚战信息平台。加快补齐生态环境领域基础设施短板，新改扩建城市生活污水处理厂7座，新建一般工业固废处置设施5个，完成110座乡镇污水处理设施技术改造，建成城市污水管网589公里、乡镇污水管网2163公里，新建地表水环境质量自动监测站49个。制修订梁滩河流域城镇污水处理厂主要水污染物排放等地方标准6项，《硅藻土基净水材料制备及工程应用》获市科技进步奖一等奖。扎实开展污染源普查，完成入户调查数据审核、产排污量核算及普查成果应用试点。狠抓节约型机关建设，获评全国节约型公共机构示范单位、全市节约型机关。

（六）推进全面从严治党纵深发展

始终把党的政治建设摆在首位，成立局党组主要负责人任组长的党的建设工作领导小组，统筹推进党的建设与生态环保业务工作，自觉维护习近平总书记党中央的核心、全党的核心地位，维护党中央权威和集中统一领导。扎实开展“不忘初心、牢记使命”主题教育，以整治成效检验主题成果，以制度建设深化整治成效，2次在全市主题教育工作会上交流发言。严格落实中央八项规定精神，履行党风廉政“一岗双责”，制定并落实基层减负措施18条。深化“十破十立”，深入开展“以案四说”警示教育活动，坚决肃清孙政才恶劣影响和薄熙来、王立军流毒。全面从严监督管理干部，基本形成干部选管用制度体系，以选人用人正确导向营造生态环境系统风清气正的良好政治生态。

二、存在的主要问题

重庆集大城市、大农村、大山区、大库区于一体，协调发展任务繁重，历史累积问题较多。对照习近平总书记对重庆的殷殷嘱托，对照党中央和市委、市政府有关具体要求，对照人民群众对美好生活的向往，当前还存在一些不足和差距。

一是环境质量持续改善任重道远。面对复合型、累积型、压缩型生态环境问题，持续改善生态环境质量能力和水平还需提升。部分支流水质仍达不到水域功能要求，大气环境质量持续改善难度大，在秋冬季静风、逆温、少雨、多雾气象条件下，争抢每一个“蓝天”仍极其艰巨。土壤环境管理工作起步较晚，重点行业企业用地土壤污染状况底数还不清。二是突出环境问题整改任务重。环境保护领域督察及长江经济带各类专项行动交办整改任务总量大，仍有一批“硬骨头”问题需要攻坚。补齐环境基础设施“短板”困难，生活污水处理体系“厂网一体、建管一体”机制不够完善，城乡污水管网缺失、错接漏接、雨污分流不彻底等问题客观存在。三是保障库区生态环境安全压力大。长江、嘉陵江、乌江沿线1公里内仍有在产化工企业，三江干流沿线仍分布重大突发环境事件风险企业。采矿废渣、工业废渣、医疗废物、废弃金属等危险废物处置管理、转运、处置还需进一步规范，存在较大环境安全隐患。

三、2020年工作打算

2020年是实现全面建成小康社会的收官之年，是完成“十三五”规划目标任务、打好污染防治攻坚战的决胜之年。全市生态环境系统将深学笃用习近平生态文明思想，全面贯彻习近平总书记视察重庆重要指示精神，坚决落实市委、市政府关于加强生态环境保护的决策部署，强化“上游意识”，担起“上游责任”，抓重点、补短板、强弱项，持续改善生态环境质量，推动成渝地区双城经济圈建设和“一区两群”区域协调发展，进一步在推进长江经济带绿色发展中发挥示范作用。

一是坚持方向不变、力度不减，突出精准治污、科学治污、依法治污，重点打好蓝天、碧水、净土保卫战，深入实施五大环保行动，确保长江干流重庆段水质总体为优，全市纳入国家考核的42个断面水质优良比例稳定在95.2%以上；空气质量优良天数稳定在300天以上；土壤、声和辐射环境质量总体稳定。二是学好用好“两山论”，走深走实“两化路”，全面落实生态优先绿色发展行动计划，实施应用“三线一单”。着力优化营商环境，持续优化环评审批服务，全力支持扩大有效投资和经济高质量发展。三是认真落实第二轮中央生态环保督察反馈意见，牵头制定落实整改方案，统筹抓好第二轮和第一轮中央生态环保督察整改，完善全市生态环境保护督察体制机制，进一步压紧压实生态环境保护责任。四是科学谋划编制生态环境保护“十四五”规划。深化生态文明体制改革，突出管理体制、标准、工作制度的建立和完善，构建以排污许可制为核心的固定污染源监管制度体系，建立完善生态环境监管大数据平台和智慧环保服务支撑体系，着力推进生态环境治理体系和治理能力现代化。五是坚持严格规范公正文明执法，深化整治污水偷排偷放行为专项行动及长江入河排污口排查整治试点。打好防范化解生态环境领域重大风险攻坚战，完善与四川、贵州等地生态环境保护联防联控机制，妥善处置突发环境事件，保障库区生态环境安全。六是全面加强党的建设，增强“四个意识”，坚定“四个自信”，做到“两个维护”，不断巩固拓展“不忘初心、牢记使命”主题教育成果。严格落实中央八项规定及其实施细则精神，常态化开展警示教育，持之以恒正风肃纪。加强干部队伍建设，着力打造生态环境保护铁军。

（执笔人：谢贤奎）

住房和城乡建设

重庆市住房和城乡建设委员会

一、房地产开发及市场

（一）房地产开发投资及贷款

2019 年，重庆市房地产开发投资增速放缓，项目开工建设有所减少。全年全市房地产开发投资 4439 亿元、比上年增长 4.5%，其中住宅投资 3247 亿元、增长 7.8%；商品房新开工面积 6725 万平方米、减少 8.9%，其中住宅新开工面积 4593 万平方米、减少 10.7%。主城区房地产开发投资 3069 亿元、增长 4.8%，其中住宅投资 2206 亿元、增长 4.3%。至 12 月末，全市房地产行业贷款余额 1.38 万亿元，同比增长 16.3%。其中，房地产开发贷款余额 3084 亿元，增长 12.1%；个人住房贷款余额 9728 亿元，增长 16.9%。全年全市房地产开发企业新增到位资金 5953 亿元，增长 11%，其中定金及预收款同比下降 9.2%，个人按揭贷款同比增长 0.3%，销售回款较快增长有效缓解了房地产开发企业资金压力。

（二）房屋交易

2019 年，全市商品房上市 7169 万平方米、同比增长 3.3%，为历史新高；网签成交 6093 万平方米、同比下降 12.1%，成交金额 4776 亿元、同比下降 7.5%，绝对值分别为历史第三和第二高位。其中，主城区商品房上市 3947 万平方米、同比下降 7%，为历史第二高位，网签成交 3170 万平方米、同比下降 17.8%，成交金额 3026 亿元、同比下降 13.2%，绝对值均为历史第三高位。根据国家统计局数据，2019 年主城区新建商品住房价格指数环比 0.5%、同比上涨 8.1%，涨幅在全国 70 个大中城市分别列第 26 位和第 29 位。

全市二手房成交面积 2847 万平方米、减少 8.6%，其中，主城区二手房成交面积 1501 万平方米、减少 16.5%。根据国家统计数据，2019 年主城区二手住房价格指数环比下降 0.3%、同比上涨 1.7%，涨幅在全国 70 个大中城市列第 51 位和第 43 位。

（三）房地产开发管理

2019 年，全市清理“僵尸企业”、“空壳公司”和不符合资质条件的房地产开发企业 200 余家，全市房地产开发企业减少至 2591 户，其中一级资质企业 65 户，二级资质企业 712 户，三级、四级和暂定资质企业 1814 户。积极推进房地产企业兼并重组，2017 年至 2019 年末，被兼并重组房地产开发企业 85 户，其中一级企业

2户，二级企业21户，三级企业3户，暂定资质企业59户。加强房地产开发项目管理，截至2019年12月末，全市项目资本金监管余额83亿元，预售资金首付款核定监管额698.3亿元。2019年，全市打造智慧小区77个，建筑面积1320万平方米，其中一星级33个，二星级34个，三星级10个。

（四）配套费征收

2019年，全市累计征收城市基础设施配套费237.09亿元，同比下降5.5%，绝对值为历史第二高位。主城区征收151.63亿元，同比下降12.77%，绝对值仅低于2018年。远郊区县征收85.46亿元，同比增长10.9%。全市累计办理城市基础设施配套费征收面积10549.45万平方米，同比下降14.2%，绝对值为历史第二高位。主城区办理配套费征收面积5771万平方米，同比下降20%，绝对值仅低于2018年。远郊区县办理配套费征收面积4778.45万平方米，同比下降6.1%。

（五）房屋租赁

2019年，重庆市成功入选中央财政支持住房租赁市场发展示范城市，获得3年共30亿元中央财政奖补资金。编制和完善了重庆市住房租赁市场的试点实施方案，代拟了《关于加快培育和发展住房租赁市场的实施意见》，有序推进住房租赁试点项目，培育和发展住房租赁市场。

（六）房地产市场调控和秩序整治

一是编制了《重庆市建立和完善房地产市场平稳健康发展长效机制工作方案》，2019年4月12日住房城乡建设部经国务院授权批复同意实施。二是印发了《关于开展房地产中介市场秩序专项整治工作的通知》《关于印发贯彻落实在“不忘初心、牢记使命”主题教育中专项整治住房租赁中介机构乱象实施方案的通知》，有力推进房地产中介市场秩序专项整治工作，全市范围联合检查住房租赁中介机构968家，查处45家，共清退违规资金116万元，处罚金额3万元。三是打击房地产领域违法违规行为，查处涉及房地产市场非法吸取公众存款和集资诈骗案件8起，涉案资金12.96亿元，刑事拘留5人，执行逮捕5人，移送起诉6人；重点整治专业“房闹”行为，行政处罚1人，法制教育和训诫70余人。

（七）房地产市场矛盾风险化解

2019年，按照市委、市政府防范化解重大风险的决策部署，稳妥实施防范化解房地产市场重大风险实施方案，形成了《重点任务台账及责任清单》。以问题为导向，全面梳理摸排化解房地产开发项目风险隐患，大力推进房地产市场领域风险防范化解工作。联合有关部门下发《关于规范购房融资和加强反洗钱工作的通知》，严格执行“抵押房不得用于预售、预售商品房不得用于抵押”政策，严查“首付贷”或场外配资等违法违规行为，防范信贷和交易风险。严格准入管理，完善企业退出机制，清理“僵尸企业”“空壳公司”。

二、房屋管理

（一）住房保障发展

一是成功向国家申请开展完善住房保障体系试点，形成试点方案及试点项目上报市政府。完善优抚对象公租房租金补助、加强困难群体精准保障等政策规定。二是加强公租房优化利用，全年新增提供2.78万套公租房用于分配和统筹保障。累计分配公租房53万套，促进解决新市民住房困难问题，累计惠及140余万住房困难群体。推动公租房资产盘活利用，形成公租房租赁收益权转让总体方案。三是开展现有住房保障信息系统功能梳理及优化研究，完成住房城乡建设部公租房信息系统贯标工作，推动人脸识别等智能化技术在全市推广。四是形成《关于加强人才安居的实施意见（送审稿）》，全年筹集 1.1 万套“拎包入住”人才公寓供高层次人才使用，超额完成 1 万套的目标任务，为青年人才提供定向配租住房 2.7 万套。五是完成 94 个单位、1.05 万人的住房补贴审核，完成 53 件、1162 套公房出售和集资建房完善产权，指导区县完成国企职工住房管理移交 39.93 万套（市属国企 21.84 万套、央企 18.09 万套），全市住房保障工作平稳推进。

（二）房屋征收管理

2019 年，全市下达征收决定 95 个，涉及 1.70 万户、245 万平方米；完成征收项目 95 个，涉及 1.77 万户、243 万平方米。一是督导区县全力加快轨道、道路基础设施等重点项目征拆交地，“规划、施工、征拆”三图有效衔接挂图作战，协调解决了轨道 9 号线 10 号线、一纵线、内环拓宽等 13 个项目、26 个难点卡点问题。二是积极开展征收补偿政策调研与指导。组织市行业协会与区县继续落实项目价格复核、鉴定前期会商机制，指导区县落实群众关心的产权调换房“等值对价”要求，保障被征收人权利。三是印发《关于做好国有土地上房屋征收和棚户区改造信访稳定工作的通知》，全面梳理群众反映的征拆遗留问题、回迁安置问题以及要求纳入征收等诉求，按照“四个一批和依法处理”的要求推动“事要解决”，全市化解征拆遗留问题 176 件。四是强化城镇房屋拆除工程动态监管，组织对重点项目、商圈要道等 150 处城镇房屋拆除工程现场进行市级专项检查 1954 人次，发现安全隐患问题 61 个，并及时通报区县进行整改，严防房屋拆除安全事故发生。

（三）棚户区改造

2019 年，重庆市积极争取中央棚户区改造专项补助和配套基础设施中央预算内资金 25.7 亿元，发行 2019 年政府棚改专项债券 94 亿元。推进 2018~2020 年三年棚户区改造攻坚计划，全市全年计划改造棚户区 5 万户，完成棚户区改造 5 万户，其中实施改造城市棚户区 4.3 万户，城中村 0.5 万户，国有企业棚户区 0.2 万户，完成投资 329 亿元。

（四）物业行业监管

2019 年，重庆市新大正物业成功登陆深圳证券交易所上市交易，成为深圳证券交易所第一支物业股，全国第二支物业股（A 股），也是 2019 年重庆市第三支成功上市交易的股票。2019 年 9 月 12 日颁布实施了《重庆市物业服务企业和物业项目负责人信用管理办法》。2019 年 11 月 29 日,《重庆市物业管理条例》通过市人大常委会审议，拟于 2020 年 5 月 1 日正式开始实施。

（五）老旧小区改造

2019 年，全市申报实施改造老旧小区面积 922 万平方米。截至 2019 年底，全市启动老旧小区改造改造项目 1113 个，占全市 7394 个待改造项目的 15.1%；面积约 1100 万平方米，占全市 1.02 亿平方米总面积的 10.8%。据社区初步调查显示，90% 以上的居民认为对老旧住宅小区进行改造很有必要，超过 95% 的居民对老旧小区改造总体评价较好。通过实施改造，有效提升了房屋增值，以九龙坡区长石苑小区为例，改造前二手房价格在 7500 元 / 平方米左右；改造后，二手房价格增值到约 9000 元 / 平方米。

（六）智能小区建设

2019年，在《智能物业小区评价指标体系》基础上，进一步修订完善了智能小区建设标准，大力推进存量智能物业小区建设。成功创建智能小区393个。

三、城市建设

（一）城市道路

一是有序推进曾家岩大桥、龙兴隧道等7座桥梁、4座隧道建设；建成投用龙洲湾隧道、歇马隧道等融城通道；完工千厮门隧道、28条未贯通道路，有效缓解交通拥堵；开工建设金凤隧道、渝黔复线连接道等重大项目。主城区城市道路建设完成投资312亿元。二是2019年主城区开工建设公共停车场42个，新增停车泊位1.14万个，完成投资8.21亿元；建成公共停车场45个，停车泊位4905个，一定程度上缓解了停车难问题。三是主城区新建及提档升级人行天桥与地通道项目30个，建成人行步道11条，实际完成投资3.2亿元。

（二）轨道交通

2019年，全市轨道交通建设计划完成投资315亿元，实际完成投资318亿元，连续6年实现投资增长。环线西南半环（海峡路至二郎段）、尖璧线等16公里线路如期建成通车，全市运营轨道线路里程达329公里，并首次实现城市轨道交通向主城都市区延伸。全年轨道交通日均客运量超过300万乘次，日最高客运量达373.9万乘次，轨道交通已成为市民绿色低碳出行的首选。城市轨道交通第二期、第三期建设规划线路项目持续推进，集中开工了4号线二期、18号线（原5A线）、5号线北延伸段等3条、70公里线路，4号线二期、18号线两个PPP项目成功引入中国中铁、中国铁建347亿元社会资本并引入广州地铁等全国一流运营单位。同时，重庆市已编制完成《城市轨道交通成网计划实施方案》，加快推进第四期建设规划报批工作。

（三）排水、排污

2019年，全年全市建成城市排水管网996公里，完成投资24.9亿元。全市城市生活污水集中处理率94%，其中主城区城市生活污水集中处理率96.9%。全市城市生活污水集中收集率70.8%，其中主城区城市生活污水集中收集率75%。投运的72座城市污水处理厂处理达标排放污水12.7亿立方米，完成15座污水处理厂建设或扩建任务。全年全市产生污泥100.83万吨，污泥无害化处置率93.97%，其中主城区59.56万吨，无害化处置率94.58%。完成22个排水防涝补短板项目。全年全市未发生较为严重的城市内涝事故，未发生水质超标排放和安全生产事故。

（四）“两江四岸”治理提升

一是高标准完成“两江四岸”109公里岸线国际方案征集，通过了重庆市规委会审议。二是启动了南滨路雅巴洞湿地公园等十大公共空间治理提升，完成节点公共空间方案深化工作，并通过市政府专题会议审定，正陆续动工建设。其中，江北嘴示范段已完工，南滨路雅巴洞湿地公园、长滨路珊瑚公园、嘉滨路磁器口码头三个项目水工部分已率先开工。三是专项工作统筹推进。开展消落带“八乱”治理，排查整治“八乱”行为2811起；积极推进停泊船舶、货运码头专项治理，清理餐饮船舶90艘，货运码头28座；有序推进主城区跨江大桥增设垂直升降梯工作，东水门大桥垂直升降梯项目已开工建设，朝天门大桥、千厮门大桥等7座大桥正有序开展前期工作。四是起草了“两江四岸”保护利用和建设管理办法（决定），已报请重庆市人大同意将其列入2020年立法预备项目。新华社形成了《重庆治理提升“两江四岸”重塑山水之城》内参，得到住房城乡建设部充分认可，并拟向全国推广。

（五）“清水绿岸”治理

2019年，先后拨付中央和市级财政资金5.6亿元用于“清水绿岸”治理；印发了《重庆市主城区清水绿岸治理提升实施方案》，开发了“清水绿岸”信息管理系统，建立健全督办制度，20条河流全部实现“挂牌督办”和清单管理；进一步明确河流水质标准，委托专业机构对全市48段黑臭水体开展了12次巡查和水质监测，巩固整治成效。目前，20条河流实现全部开工建设，各条河流建设有序推进，其中，中央公园镜湖、跳蹬河（九龙坡区段）已基本完工。

四、建筑业

2019年，全市完成建筑业总产值8222.96亿元，同比增长5.2%。实现建筑业增加值2840.12亿元，同比增长6.6%。建筑业增加值对重庆市地区生产总值的贡献率为11.2%，拉动重庆市经济增长0.8个百分点。2019年，全市建筑企业签订合同额14740.80亿元，同比增长4.9%。其中，本年新签合同额8283.15亿元、同比增长5.2%，上年结转合同额6457.65亿元、同比增长4.6%。合同额余量为6517.84亿元，较上年末增加288.75亿元。2019年，全市新开工房屋建筑面积15132.45万平方米，同比减少0.2%；全市在建房屋面积36557.76万平方米，同比增长4.0%；全年竣工房屋面积13618.26万平方米，同比减少1.2%。

行业不断发展壮大。一是企业资质结构不断优化。截至2019年底，重庆市施工企业特级资质9家，较上年增加1家；一级资质企业650家，较上年增加176家。二是高资质企业拉动作用显著。2019年，重庆市一级及以上资质企业实现建筑业产值3895.08亿元，同比增长16.3%，完成全市47.4%的产值额，仍是重庆市建筑业发展的中坚力量。三是龙头企业不断增加。2019年，重庆市本地企业实现产值亿元以上1172家，同比增加72家，完成建筑业产值7744.40亿元，占全市的94.2%，产业集中度提升。四是民营企业稳步发展。2019年重庆市本地民营企业完成建筑业产值6311.75亿元，同比增长4.1%，占全市的76.8%，民营企业是建筑业的主力军。五是建筑业人才队伍不断壮大。2019年全市建筑从业人数达236万，建筑行业为社会提供了大量就业机会。截至2019年底，全市目前共有注册建造师约4.5万人、注册监理工程师约4175人、注册造价工程师约4180人、建筑施工企业关键技术岗位人员约57万人，人员综合素质不断提升。

教育培训持续加强。全年完成建筑工人培训考核鉴定20680人，培训装配式建筑工人292人，培训农村建筑工匠3955人，培养高技能人才118人。重庆市5名建筑工人荣获2019年重庆市“五一劳动奖章”，2名建筑工人荣获“重庆市技术能手”，2名建筑工人荣获“全国住房城乡建设行业技术能手”。全年完成“安管人员”考核91期，共考核31452人，合格21910人；完成特种作业人员考核239期，考核人员23704万名，合格17706人。

五、勘察设计业

行业营业收入平稳增长，行业营业收入完成

498.73亿元。甲级企业比例持续提升，新增甲级企业2家和甲级资质8项，截至2019年12月底，全市共有勘察设计企业536家，其中甲级企业占比33.6%。全市勘察设计类注册师4272人，占专业技术人员的比例达13.7%。勘察设计企业坚持“走出去”和“引进来”同步发展，全市共有143家市内企业对外开拓市场，签订市外合同金额约307.7亿元；市外入渝企业达到1364家，全国百强中有80家，十强中有9家已入渝承接业务。勘察设计行业核心竞争力不断提升，大力推动以设计为“龙头”的工程总承包，在全市推动开展工程总承包项目187个，合同金额超过433亿元。推动开展全过程工程咨询试点，实施全过程工程咨询项目46个，投资额648多亿元。

六、村镇建设

（一）小城镇建设

2019年，重庆市推进以“两加强三完善”为主要内容的市级特色小城镇环境综合整治，下达市级补助资金3.54亿元，实施市级特色小城镇环境综合整治项目101个。

（二）农村人居环境整治

2019年，全市完成农村旧房整治提升14.58万户，创建评比美丽庭院3.07万个，安装公共照明或庭院灯15.11万盏，整治农村非正规建筑垃圾堆放点13处，实施了12个中央财政和4个市级财政支持的中国传统村落保护发展，推动黔江区小南海镇新建村等7个村落进入中国传统村落数字博物馆。印发了《关于引导和支持设计下乡的实施意见》，搭建设计下乡服务平台（App），通过双向选择选派100余名规划师、建筑师、工程师和艺术家赴彭水、石柱、酉阳等所有涉农区县开展设计下乡服务。成立了13个设计下乡市级工作室、17支设计下乡志愿者队伍，培训合格农村建筑工匠3955名。

（三）农房建设

2019年，重庆市印发《关于全面开展农村住房安全等级鉴定工作的通知》，对建档立卡贫困户等4类重点对象住房开展全面鉴定，共完成鉴定84.8万户，并实行房屋安全等级挂牌公示。下达2019年农村危房改造计划39349户（其中建档立卡贫困户12179户），对全市4类重点对象实现动态覆盖。组织开展建档立卡贫困户住房安全保障“回头看”、漠视侵害群众利益问题专项整治、脱贫攻坚农村危房改造“回头看”排查等工作。至2019年末，全市共完成农村危房改造39042户（其中建档立卡贫困户12179户），为住房城乡建设部下达计划（3.17万户）的123.16%（128.2%），全市建档立卡贫困户危房已实现动态清零。2019年，重庆市被住房城乡建设部、财政部列为“农村危房改造积极主动、成效明显的省（区、市）”。

（执笔人：叶茂）

城市管理

重庆市城市管理委员会

一、2019年城市管理工作回顾

2019年，全市城市管理行业干部职工认真贯彻落实习近平总书记对重庆提出的“两点”定位、“两地”“两高”目标、发挥“三个作用”和营造良好政治生态的重要指示要求，在市委、市政府的坚强领导下，以城市提升行动为总揽，着力探索城市治理新路径，强化“马路办公”，实施“七大工程”，大城细管、大城智管、大城众管齐头并进，精细化、智能化、人性化水平不断提升。

（一）“三化三管”增强城市治理效能

1. 推进“大城细管”，精细化管理不断深化

坚持“一个标准管全市、一把尺子量到底”，统一规范“一区两群”城市管理工作。“月排名、季考核”制度成为城市综合管理有效抓手，“视频曝光”成为常态化监督手段。编制发布16项行业标准和12项地方标准，城市管理标准规范累计202项，并在国内首创《公共直饮水系统运行管理规范》《超高层居民住宅供水运行维护规范》等技术规范。新华社《国内动态清样》刊载了我市城市综合管理的经验做法。

2. 推进“大城智管”，智能化管理不断强化

我市在全国率先完成县级及以上数字化城管平台全覆盖，率先实现市县两级平台互通、数据共享。率先发布《智慧城市管理指导意见》，将全市2400多座重要市政设施纳入云端管理，推广普及智能渣土监督管理系统、视频智能抓拍系统等智能应用，城市照明智能控制系统建成率90%，视频智能上报处置案件8.2万件。“重庆市新型智慧城市建设”入选“2019年新型智慧城市十大典型案例”。

3. 推进“大城众管”，人性化管理不断优化

坚持“共同缔造”理念，推广实行“五长制”和“门前三包”，主城设立“五长”7万余名，签订门前三包责任书17万份。坚持每半月召开新闻通气会，并持续开展“3·19城市管理服务主题周”和城市“最美系列”评选等活动，400万人次参与，点赞超1000万次，共建共治共享氛围浓厚。

（二）城市综合管理改善环境面貌

1. 环卫保洁擦亮城市底色

强化环境卫生常态化管理和清扫保洁规范

化管理，坚持每天“三洒一冲”和主次干道机械化作业，清理卫生死角16万处。处置建筑渣土5000余万方，清理水域垃圾18万吨、消落区垃圾3.5万吨。生活垃圾处理能力达2.1万吨/日，餐厨垃圾处理量达1800吨/日，全年无害化处理生活垃圾811万吨，城市生活垃圾无害化处理率保持100%。餐厨垃圾处理水平领跑全国，受到国家发改委肯定，并作为典型经验在全国推广。在庆祝新中国成立70周年期间，确保了“干干净净迎国庆”，得到了来渝客商和市民群众的一致肯定。

2. 精细管护增添城市暖色

坚持“蓝天白云”色彩统一涂装道路护栏，按照统一样式设置道路附属设施，城市道路更加美观大方、规范有序。开展城市隧道品质提升和结构设施安全整治，主城区城市隧道焕然一新，38座跨江大桥实现安全在线监控，城市桥梁隧道检测率和病害整治率100%。新增停车场326个、停车位21万个。新建改建路灯4.6万盏，消除暗盲区1280处，城市灯光照亮市民“回家路”。对主城区“两江四岸”核心区夜景灯饰查漏补缺、重点提升，重庆夜景成为夜间经济繁荣发展的重要载体和对外开放的一张靓丽名片。

3. 园林绿化装扮城市靓色

实施城市园林绿化品质提升，推进立体绿化、生态绿廊、滨江生态修复。按照“小切口解决大问题”的思路，紧盯消除城市“秃斑”、增加城市绿量的工作目标，结合重庆山城特点，实施城市边坡、堡坎、崖壁绿化治理，以14个坡坎崖示范项目为重点，以点带面推进整体工作，累计完成坡坎崖绿化美化项目146个，实施面积679万平方米。推动生态园林城市创建工作，2019年义务植树170万株，新增城市绿地2688万平方米，绿地管护优良率95%，古树名木保护率保持100%，全市共创建成功18个国家园林县城和13个国家园林城镇。新改建城市公园、社区公园300余个，公园绿地服务半径覆盖率达86.85%，城市公园布局更加均衡。基本实现市民群众能够“推窗见绿、出门见景、四季见花”。

4. 综合执法维护城市秩序

深化城市管理综合行政执法改革，开展“强基础、转作风、树形象”三年专项行动，推进城市管理执法队伍制度化、法治化建设。以治理城市顽疾为切入点，开展违法占道经营、违法占道停车、城市“五乱”、渣车脏车车窗抛物不文明行为和露天焚烧露天烧烤治理等城市管理秩序突出问题治理，全年共查处违法行为13万余件。城市管理执法水平进一步提升，城市秩序维护进一步规范。

5. 垃圾分类引领城市时尚

建立了由市长任组长的生活垃圾分类高位协调机制，全市党政机关、公共机构实现生活垃圾分类全覆盖，主城区已覆盖52个街镇、400个社区、178万户居民，生活垃圾回收利用率为28%。建成农村生活垃圾分类市级示范村1320个，行政村生活垃圾有效治理比例达93%。我市《生活垃圾分类四级指导员制度》获评“中国繁荣城市管理创新范例”。生活垃圾“随手扔”变“随手分”的绿色生活方式正逐渐成为文明新时尚。

（三）补齐补强服务短板赢得市民认同

1. 贴心服务让市民感受城市温暖

优化营商环境，市政道路占挖、占绿等行政审批时间压缩至2个工作日，用水申报环节精简至2个，进一步缩减用水接入办理时间，并免除中小微企业及外企用水材料费、安装费。新增公厕390座，加强456个公共直饮水点规范管理，建成环卫爱心驿站1415个，覆盖7万余名城市管理一线工人，为劳动者提供了温暖“港湾”。

2.“山城公园”让市民诗意栖居

实施“增绿添园”项目122个，建成综合性公园24个、社区公园53个、街头游园35个、滨河及其他公园10个，公园覆盖面和服务能力大幅提升，基本实现市民“15分钟入园”。下调南山植物园、动物园、园博园等城市公园门票价格，老年人免费年龄降至65岁，让市民群众有了更多实实在在的获得感。

3.供水服务让市民喝上安全放心水

实施供水保障能力提升项目，城市日供水能力860万吨，全年安全供水19.7亿吨，水质综合合格率保持在98%以上。开展非居民用水超定额累进加价试点，完成主城区二次供水设施改造3.1万户，全市供水管网漏损率下降至6.2%，全国排名第二。

二、2020年城市管理发展思路

2020年是全面建成小康社会和“十三五”收官之年，也是实现第一个百年奋斗目标的决胜之年。我们将坚持以习近平新时代中国特色社会主义思想为指导，按照中央关于推动成渝地区双城经济圈建设重大战略部署，深化“三化三管”，巩固“七大工程”，精雕细琢城市颜值，提升山城江城气质，努力为推动高质量发展、创造高品质生活营造干净整洁有序、山清水秀城美、宜居宜业宜游的城市环境。

（一）优化“大城细管”

推进城市综合管理的法治化建设。加快推进《重庆市生活垃圾管理条例》等立法工作，做好《重庆市城市园林绿化条例》宣贯，制定《重庆市立体绿化管理办法》等规范性文件。加快城市管理标准化建设。推动《城市道路养护技术导则》《人行道设施设置技术指南》《城市桥梁养护技术规程》等标准的编制和修订。进一步优化营商环境、规范行政审批行为，推动城市管理领域政务服务事项“全渝通办”“三级四同”体系建设，推动管理重心下移，实现市级、区级、街道、社区合理分工，分级负责。

（二）优化“大城智管”

把智慧城管作为探索超大城市现代化治理新路子的重要支撑来抓，构建“城市大脑”，拓展应用场景，延伸智慧链条，加快推进智慧城管政务云、大数据平台、指挥中心等项目建设，加大市容环卫、市政设施、园林绿化、城管执法等应用系统开发力度，打造“智慧停车、智慧公园、建渣智管”等应用场景，力争年内完成一批特色性、示范性、引领性的项目，成为第一个接入国家平台的直辖市城市管理数据平台，构建国家、市、区县三级联动体系，在“共创智能时代、共享智能成果”中彰显更大担当。

（三）优化“大城众管”

健全公众参与机制，全面推进“门前三包”“五长制”；开展城市管理进单位、进家庭、进校园、进社区、进企业、进军营，推动“文明在行动·重庆更洁净”工作落地见效，建立健全城市管理志愿者和网络评论员队伍，引导市民主动参与城市管理工作。

（四）优化“马路办公”

完善常态化治理机制，优化“马路办公”工作流程、考核评价机制。加强部门联动、市区互动，以路为岗、服务基层，将“马路办公”重点从城市核心区向背街小巷、城乡结合部等区域延伸，“马路办公”人员从区县负责人扩展到镇街负责人，推动解决普通问题转向解决难点问题、解决点上问题转向解决面上问题，做到发现问题在一线、研究问题在一线、解决问题在一线，提升城市治理效能。

（五）巩固“七大工程”

围绕推动“一区两群”协调发展，持续推进“治乱拆违、街净巷洁、路平桥安、整墙修面、灯明景靓、江清水畅、城美山青”七大工程，加强停车政策研究和规范管理，实施坡坎崖绿化美化和“两江四岸”核心区域夜景提升工作，开展城市违建、供水安全、户外广告牌、园林病虫害、人行道提升、违规占道经营、城市运行安全、“泥头车”、施工围挡等专项整治，办好花博会、区县园林博览会暨区县周等展会活动。

（六）拓展垃圾分类

全面推进生活垃圾分类，进一步健全工作统筹协调和调度机制，制定完善一批配套政策和措施，形成共同推进工作格局，力争年内城市建成区内50%的街道（镇）及30%的行政村开展生活垃圾分类示范，主城区生活垃圾回收利用率达到35%，基本建成生活垃圾分类处理系统。

（七）抓好城市绿化

进一步抓好城市园林绿化和坡坎崖绿化美化工作，加强生态保护和修复，扩大城市绿色空间，建立长效机制，确保绿化景观常看常新。抓好春季黄金时节，坚持合理浇灌、薄肥勤施、适度修剪、补栽补植，确保绿地植被丰满、景观靓丽。抓住春季病虫害防治关键期，推进植物“体检”全覆盖，做好煤污病等统防统治工作，让城市绿化活出“精气神”。同时，结合实际再实施一批“增绿添园”项目，为市民提供更多的绿色生态福利。

（八）深化改革创新

创新以党建为引领的城市治理方式，将制度优势转化为治理效能。完善“月排名、季考核”“视频曝光”常态化机制，优化细化考核细则，以考促管、以管促效。按照“市管重点、市管标准”原则，进一步深化市政设施管理体制改革，并对主城区范围内城市隧道实行统一清洗保洁。

（执笔人：张弛）

交通建设

重庆市交通局

2019年，是新中国成立70周年，是全市交通发展极不平凡的一年。4月15日至17日，习近平总书记亲临重庆视察指导，要求用好“四大优势”、发挥“三个作用”，从战略和全局高度赋予重庆新的重大使命。全市交通行业倍感振奋、感恩奋进，面对复杂严峻的发展环境、繁重艰巨的发展任务，坚定不移沿着总书记指引的方向前行，实施交通建设三年行动计划，推进高铁建设五年行动方案，统筹做好各项工作，全市交通发展总体向好。

——“稳”的基础更牢固。聚焦中央“六稳”决策部署，全力推动重大项目建设，交通发展滚动接续机制已经形成。一年来，渝昆高铁等2条铁路145公里、渝湘扩能等4条高速公路445公里、嘉陵江利泽等3个航电枢纽、江北机场T3B航站楼和第四跑道先期工程等重大项目相继开工，全市铁路在建规模超过1000公里、高速公路在建规模接近1400公里，均为历史之最，全年完成交通投资863亿元。

——“进”的动力更充足。坚持在大局下谋划、在大势中推进，全力争取各方支持，交通提质提速后劲不断增强。一年来，落实中央和市级资金338亿元，引入社会资本1092亿元，均创历史新高。获批国家首批交通强国建设试点，《高速公路网规划》《国际航空枢纽战略规划》印发实施。与西部地区合作持续加强，川渝等协同推进机制已经建立。全市上下发展合力持续凝聚，干部职工干事动力不断增强。

——“好”的势头更明显。认真践行人民交通为人民的初心使命，大力推进交通脱贫攻坚和品质提升，人民群众获得感、满意度持续提高。一年来，贫困地区交通面貌明显改善，全面建成小康社会支撑有力。高速公路省界收费站全部取消，部市领导多次高度肯定。城市公共交通优先发展，智能公交技术走出国门。交通品质再换“新颜”，群众出行体验更加“巴适”。安全出行再添“保障”，重大运输组织高效有序。

一年来，重点抓了七项工作。

一、抓提速、重开工，项目推进势头不断增强

高铁建设有序推进。组建专班、落实专人，密集与国铁集团对接，渝昆高铁、成渝铁路主城至江津段改造开工建设，郑万高铁、渝湘高铁主城至黔江段、重庆东站、枢纽东环线、涪怀二线等项目加快建设，黔张常铁路开通运营，全市铁路营业里程达到2394公里，高铁运营和

在建规模超过1000公里。高速公路网络逐步完善。完成渝武扩能等8个项目540公里招商引资，奉节至建始、渝湘扩能主城至彭水、彭水至酉阳、巫溪至云阳至开州和渝遂扩能开工建设，石柱至黔江、南川至两江新区等续建项目加快推进，潼南至荣昌建成通车，全市通车总里程达到3233公里，省际出口通道增加到22个。航道港口建设稳步实施。长江朝天门至涪陵段4.5米水深航道整治工可获批、朝天门至九龙坡段3.5米水深航道整治基本完成，嘉陵江利泽、乌江白马和涪江双江航运枢纽开工建设。主城果园等枢纽港加快完善，忠县新生等重点港稳步推进，主城佛耳岩二期开港运行。国际航空枢纽有序建设。江北机场旅客吞吐量达到4478万人次、同比增长7.5%。第二枢纽机场基本完成选址研究，巫山机场、永川大安通用机场通航，仙女山机场建设和万州、黔江机场改扩建加快。

二、抓扶贫、重精准，脱贫攻坚力度不断增强

“四好农村路”加快建设。建成“四好农村路”2.5万公里，新增4065个村民小组通公路、8426个村民小组通油路或水泥路，全市村民小组通达率、通畅率分别达到97.3%、73.6%。新增38个建制村通客运，全市建制村通客运率达到99.6%。“四好农村路”监管平台建成运行，“路长制”加快推行，创建大足、石柱2个全国示范区县及6个市级示范区县。普通干线公路有序改造。实施改造4479公里，国道二级及以上、省道三级及以上占比分别达到81%、61%，3A级及以上景区基本实现快速通达。精准方略深入贯彻。完善对口帮扶机制，加大倾斜支持力度，18个深度贫困乡镇对外通道稳步实施、通组公路基本完工。

三、抓服务、重品质，优质运输供给不断增强

交通品质大幅提升。绕城高速外314座隧道照明条件显著改善，9对中心区域服务区完成改造提升。全市138艘餐饮船舶整治完成，主城区“两江四岸”完成114艘停泊船舶整治，关闭28座货运码头货运功能。主城区出租车服务质量专项治理扎实开展，网约车发展不断规范。城市公交服务持续优化。主城公交优先道增至160公里，新增调整公交线路119条，累计开行穿梭巴士180条、1000辆，公交与轨道接驳不断加强。轨道交通运营里程达到329公里，单日最高客运量达到374万人次。邮政寄递服务更加便捷。撤销交通不便边远地区建制村划定，邮政普遍服务营业场所达到1771处，全面实现建制村每周投递3次及以上。重大运输保障扎实有力。协调重点物资优先通过三峡船闸844艘次、21.8万标箱，完成西洽会、智博会、70周年大庆等重点运输和执法保障任务。

四、抓升级、重畅行，高速路网效能不断增强

按照国家统一部署要求，强化统筹协作，提速攻坚推进，取消省界收费站各项工作如期完成、走在全国前列，实现路网管理服务提档升级。工程建设率先完工。建成686套ETC门架系统，新建936条ETC车道，实施20个省界收费站正线改造，投用279个入口称重检测车道，升级结算中心、收费站和车道软件系统，全国第二个全面实现收费全流程联调联试。ETC发行量再创新高。多方协同联动，大力宣传推广，ETC安装发行新增200余万户、超过前6年总和、达到378万户，渝籍汽车ETC安装率突破80%。政策保障体系调整完善。全国第二个调整完善收费政策，清理规范地方性优惠政策，修订完善营运及

服务规范，全面实施入口超限检测，妥善分流安置收费人员863名。

五、抓科技、重绿色，创新驱动支撑不断增强

科技兴交成效明显。山区高速公路隧道群建设及运营安全关键技术获国家科技进步一等奖，山区桥梁及隧道工程国家重点实验室获科技部与市政府联合批准建设、实现省部共建“零”突破，新一代人工智能技术研发中心获交通运输部授牌，奉节至巫溪高速公路列入交通运输部示范，《公路瓦斯隧道施工技术规范》等2个地方标准编制完成，《高速公路沥青路面技术规范》广泛应用。智慧交通服务持续优化。2100余项交通政务数据纳入市级共享平台，建成高速公路固定测速242处、区间测速86处，主城区公交轨道全部实现扫码支付、一码通乘，智慧公交在缅甸等国家成功推广。绿色交通建设有序实施。新增纯电动公交车107辆，投放新能源出租车200辆、新能源城市配送示范车130辆，淘汰老旧客货柴油车3.7万辆，新建高压岸电设施1处、船舶污染物接收转运点4处，400吨以上船舶全部安装生活污水处理设施。

六、抓改革、重法治，行业治理能力不断增强

机构改革平稳有序。局机关内设机构到位、工作职责到位、人员定岗到位，市公路事务中心、道路运输事务中心、港航海事事务中心和交通运输综合行政执法总队挂牌成立，市船舶检验中心成立运行，重铁集团组建运营，系统国企改革、区县交通部门机构改革基本完成。“放管服”改革深入推进。动态调整权力清单、责任清单，积极实施“双随机、一公开”监管，完成“信用交通市”创建中期评估，大力推行“不见面”审批模式，高频事项实现全市跨区域通办，普货车辆实现全国网上年审。法制体系逐步完善。《重庆市铁路条例》《重庆市交通建设工程质量安全监督管理条例》（修订）等6个立法项目积极推进，规范性文件管理切实加强，普法工作扎实开展，法治氛围更加浓厚。执法水平稳步提升。出台行政执法公示、全过程记录、重大执法法制审核等办法，修订行政处罚裁量基准，深化执法联勤联动，交通执法日益规范高效。

七、抓基础、重监管，安全出行保障不断增强

基础条件明显改善。全市具备条件的1.39万辆公交车全部安装防护设施，建成公路安全生命防护工程3469公里，改造危桥危隧121座，实施渡改桥14座，整治地灾路段100公里，桥梁防护设施升级等专项治理深入推进，高铁沿线2100余处安全隐患全部整改销号。安全监管力度加大。扎实开展“平安交通”三年攻坚、防范化解安全生产重大风险攻坚战等专项行动，行业事故数持续下降，高速公路百公里死亡3.5人、创历史新低，地方水域等级以上交通事故“零发生”，全行业无重特大事故发生，确保了国庆70周年运行安全有序。应急能力持续提升。修编突发事件综合应急预案，建成化龙桥应急基地，成功承办部市2019年长江干线水上联合搜救演习，有效应对乌江“6·22”洪峰过境等突发事件。稳定形势总体向好。纵深推进扫黑除恶专项斗争，大力整治非法营运等行业乱象，妥善处置各类稳定问题，全行业保持和谐平稳。

过去一年，重庆交通取得了较快发展，获得了较大进步。但是，对照习近平总书记殷殷嘱托，对照交通强国建设目标，对照成渝地区双城经济圈建设战略，对照人民群众殷切期盼，我市交通发展既有高铁通道有待打通、高速公路网络

有待完善、长江黄金水道效益有待提升、国际航空枢纽功能有待增强、行业治理服务效能有待提高等短板，也有推进机制仍需完善、要素保障仍需加强、前期审批仍需加快等制约。2020 年，是全面建成小康社会和“十三五”规划收官之年，是加快推进交通强国建设试点紧要之年，是提速实施交通建设三年行动计划决胜之年。我们将紧扣习近平总书记对重庆提出的“两点”定位、“两地”“两高”目标、发挥“三个作用”和营造良好政治生态的重要指示精神，坚持问题导向、目标导向、结果导向，紧扣服务“六稳”“六保”，聚焦圆满收官交通建设三年行动计划，统筹抓好疫情防控和交通运输发展，计划投资 915 亿元，加快打造国际性综合交通枢纽，努力为成渝地区双城经济圈建设和“一区两群”协调发展提供坚强交通保障。一是提速“四好农村路”和普通干线公路建设。新建通组公路 1.4 万公里，新启动实施普通干线公路改造 2400 公里，新增 33 个建制村通客运，实现“双通”兜底性目标。二是提速高速铁路网建设。力争开工成渝中线、渝万、渝西和成达万高铁，实施既有成渝高铁改造，建成涪怀二线铁路，大力推进郑万高铁、重庆东站、枢纽东环线等在建项目，加快渝汉高铁、渝贵高铁、广忠黔铁路等前期工作。三是提速高速公路网建设。力争开工铜梁至安岳等 5 个项目 224 公里，建成永川至泸州等 8 个项目 317 公里，加快建设开州至城口等续建项目，使全市通车总里程达到 3550 公里。四是提速长江上游航运中心建设。继续争取国家决策启动三峡水运新通道建设，启动朝天门至涪陵段 4.5 米水深航道整治，加快建设嘉陵江利泽航电枢纽、忠县新生港等续建项目，开工主城黄谦港，建成合川渭沱、武隆白马等港口。五是提速机场布局建设。开工建设江北机场 T3B 航站楼和第四跑道，基本建成仙女山机场，有序推进万州、黔江机场改扩建，争取第二枢纽机场纳入全国民航“十四五”规划。六是增强运输保障能力。加快实现主城公交全国一卡通，积极推动“四铁”融合，持续实施高速公路服务区和路域环境等品质提升，深化巩固主城区“两江四岸”交通治理成效，狠抓主城区出租车服务质量提升，切实抓好重点时间、重大活动运输组织。七是提高管理服务水平。加快智慧交通发展，提高交通智能化水平。打好交通领域污染防治攻坚战，提高交通绿色发展水平。坚持人民至上、生命至上，提高行业安全发展水平。

水利建设

重庆市水利局

一、2019 年发展回顾

2019 年，重庆市水利系统深入领会、全面落实习近平总书记视察重庆重要讲话精神，围绕市委、市政府和水利部中心工作，全面推动水利事业高质量发展。完成水利建设投资近 200 亿元。完成固定资产投资 141 亿元、增长 14%。陈敏尔书记、唐良智市长共同签发第 1 号市级总河长令，在全市开展污水偷排、直排、乱排专项整治行动。渝西水资源配置工程、藻渡水库、跳蹬水库、向阳水库、福寿岩水库 5 个大型工程纳入全国 2020~2022 年拟开工重大水利项目库。争取国家明确重大水利工程建设基金延长征收至 2025 年底，基本解决三峡后续资金缺口。成功举办第十二届全国对口支援三峡工程重庆库区经贸洽谈会。在抗御“6 · 22”乌江洪水中实现了“零转移”“零伤亡”目标。

（一）强化行业监管

1. 抓安全监管

修订完善水利安全生产“一岗双责”，落实各级安全工作主要负责人、分管负责人和安全工作人员。机构改革后，及时调整充实局安全生产工作领导小组，层层签订安全生产监督管理目标责任书，严格落实行业主管部门直接监管、安全监管部门综合监管、地方政府属地监管责任和生产经营单位主体责任。强化“两节两会”等重要活动和低温雨雪、高温汛期等重点时段水利安全监管，加强水利工程建设春季复工期安全生产工作，突出水利工程建设和水库大坝等水利工程运行安全监管，深入推进水利安全生产标准化建设。全力开展安全生产大检查大排查大执法和水利工程建设施工安全专项治理行动，全面彻底排查风险隐患，有效防范各类安全事故发生。全年共进行安全综合监督检查 19 次，采用暗访 14 次，隐患排查 6377 个，整改 6374 个，有效防范和坚决遏制安全生产事故发生。严格执法，以执法问责促安全监督，对安全监督检查过程中发现的问题建立台账，全年通过问责罚款等方式督促整改，下达整改通知书 642 份，处罚金额约 76.85 万元，将 12 家参建单位的不良记录纳入诚信体系管理，停工整顿 58 家企业，问责区县水行政主管部门 4 个，完善监督责任体系。建立平台，通过聘请专家、购买社会技术力量等形式促监督，监管技术能力大大增强，同时将安全生产工作纳入年度工作考核、实行安全生产“一票否决”。

2. 抓建设管理

明确区县水行政主管部门属地监管责任和项

目法人主体责任，中小河流治理项目审批及建设管理权责全部下放到区县水行政主管部门。有序推进水利工程定额修编，完成4次人工费用测算并发布2期人工费信息，组织开展2019年度长江经济带重大水利工程建设劳动和技能竞赛和重庆市水利工程质量检测技能竞赛。重庆市市场监督管理局批准发布《水利施工企业安全生产技术规范》。推行在建重点水利工程质量终身责任制公示制度，组织开展2018~2019年度全市水利建设质量考核工作，顺利通过水利部质量考核。以“行政+专家”组合和采取“四不两直”等方式加大对区县和项目的监管力度。全年共抽查29个区县38个在建重点水利工程安全生产工作，责成相关区县水行政主管部门实施行政处罚21.5万元，对突出问题较多的4个区县水行政主管部门和8家参建单位负责人进行约谈。水利水电施工企业“三类人员”安全生产考核启动机考模式，两期1200余人次参加考试。全年审批水利工程质量检测乙级资质单位5家，协助重庆市住房和城乡建设委员会审核7批次34家企业建筑业企业水利资质，加强对合同履约的监督管理，将有失信行为的水利工程参建单位纳入信用系统进行管理，全年归集各类信息9000余条，持续营造“守信激励、失信惩戒”的市场环境。

3. 抓运行管理

新修订后的《重庆市水利工程管理条例》于2019年12月1日起正式施行，为强化水利工程监督管理和综合利用，深化水利工程管理体制改革等提供了重要的法治保障。250余座水库实行物业化管理。《水利工程物业化管理技术规范》通过重庆市市场监督管理局地方标准评审，填补了重庆市水利工程运行管理标准缺失的空白，是全国首个同类地方标准。成功研发了放水设施改造的成套技术和产品，被水利部认定为水利先进技术，列入《2019年度水利先进实用技术重点推广指导目录》。

4. 抓河道管理

2019年完成全市河道管理范围划界成果备案登记工作，38个区县（自治县）、两江新区、万盛经开区向社会公告了河道范围。2012~2019年，全市累计完成633条河流及155座河道型水库划界，划界河段长度16531公里、岸线长度33447公里，设置界桩（界牌）66243处、公示牌（告示牌）5437处。完成473条流域面积50~1000平方公里河流的河道名录区县登记和市级审核工作。修订《重庆市河道管理范围内建设项目管理办法》，开展涉河建设项目“互联网+监管”实施管理，全年审查审批涉河建设项目613个。完成8条重要河流1620公里河段新增涉河建设项目占用岸线卫星图片解译，开展涉河建设项目施工监管2720人次。编制出台《重庆市河道非法采砂砂石价值认定和河道非法采砂危害防洪安全评估认定办法》等，开展长江干流河道采砂规划，推行长江河道采砂监管采、运、销“四联单”制度，全年办理河道采砂行政审批许可41件、许可砂石总量683万吨。清理整治长江干流岸线利用项目429个，排查整改河道“四乱”问题578个，清理非法占用河道岸线85公里、各类垃圾105.5万吨，拆除违法建筑9.5万平方米。采砂“统一清江”行动累计巡查4852次、巡查人员15480人次，出动执法船352艘次、执法车2731次，专项打击行动494次。

（二）强化水政工作

完善水法规制度体系，全面修订《重庆市水利工程管理条例》，结合机构改革开展《重庆市河道管理条例》等6部地方性法规专项修订。认真落实合法性审查制度，报备规范性文件3件并通过合法性审查，废止规范性文件29件。持续深化水利“放管服”改革，统一发布水行政主管部门三级行政权力事项和公共服务事项清单，承接落实水利部明确的“互联网+监管”事项24项，开展各类行政检查40余次。严格公正文明执法，印发《重庆市水利局重大水事违法案件挂牌督办制度》等文件，进一步规范水行政执法监督程序和标准。扎实开展河道违法陈年积案“清零”等专项行动，办结行政案件4件。市、区县水行政主管部门查处违法案件515件，罚款787.5万元，没收非法所得62.3万元。印发《2019年扫黑除恶专项斗争重点工作》，顺利配合完成中央扫黑除恶专项斗争第19督导组对重庆市“回头看”督导检查任务。修订《重庆市水利局应诉工作管理办法》，办理复议案件4件、应诉行政案件2件，无败诉案件。抓好普法宣传和培训，邀请重庆市宪法宣讲团成员和法律顾问对宪法、公共法律开展专题学习，组织参加重庆市法治理论考试和观看《凤凰花开》等普法电影。扎实开展2019年“世界水日”“中国水周”系列宣传活动。

（三）强化水资源工作

2019年，全市用水总量76.5亿立方米，低于国家控制目标20.7%；万元国内生产总值用水量和万元工业增加值用水量分别较2015年下降29%和33%，农田灌溉水利用系数为0.4991，达到国家控制目标。开展取水工程（设施）核查，核查登记取水工程（设施）13166个，入库登记取水项目10042个。强化水资源监管，完成927个取水许可证发放注销变更，对13个区县开展水资源管理监督检查，督促区县问题整改落实。推进取水许可告知承诺制试点，完成重庆市江北城CBD区域江水源热泵集中供冷供热项目取水许可告知承诺，成为全国首例省市级取水许可实行告知承诺制案例。加强水资源费征收力度，全年征收水资源费3.23亿元。推进规划水资源论证，完成西南国际汽贸城片区（重庆主城区人和组团B、N标准分区）、重庆市主城区空港组团U标准分区（木耳拓展区）规划水资源论证审批。实施水量分配，加强对已批复龙溪河和小安溪水量分配方案的实施，保障分配水量执行到位。严格执行长江、嘉陵江、乌江等河流水资源调度方案、应急调度预案和调度计划，按计划组织完成了水库汛期调度运用计划修编审批，市级实施江河水库调度4次。

印发全市节水工作要点通知，明确了节水工作任务，提请市政府成立以市政府领导为组长、相关职能部门为成员单位的全市节水工作领导小组，高位推动节水工作。深入开展用水定额编制工作。根据水利部开展规划和建设项目节水评价工作的指导意见，从严叫停节水评价审查不通过的项目，建立节水评价审查制度。根据水利部和教育部节水型高校评价标准，组织开展节水型高校建设和合同节水管理模式推广工作，完成了重庆理工大学、重庆市工业学校、重庆水利电力职业技术学院合同节水。完成了重庆市水利局机关和永川、璧山、铜梁、大足、合川、潼南、荣昌7个区节水机关建设，通过了水利部和长江委的验收。

（四）强化水利规划和水利工程前期工作

开展《重庆市“十四五”水安全保障规划》准备工作并完成规划思路（初稿）编制，全面启动《重庆市水利基础设施空间布局规划》，开展《重庆科学城水资源保障专项方案》编制并取得初步成果。完成《重庆市第三次全国水资源调查评价》编制和全国层面的综合评价工作，完成重庆市国土空间规划中《重庆市水资源规划（2018—2035年）》《主城区防洪规划（2018-2035年）》专业规划和《重庆市水系保护与利用》专题研究编制工作。完成《重庆市防汛抗旱水利提升工程实施方案》、《长江经济带水资源保护与利用空间布局方案》（重庆部分）、《重庆市城市乡镇防洪现状评估》、《重庆市2019—2021年重点地区洪水风险图编制实施方案》、《重庆市江河湖库水系连通2019年度实施方案》、《重庆市重大水利基础设施网络专题研究》、《重庆实施西部大开发战略专题研究（水利篇）》编制工作。

重庆市水源工程建设三年行动实施以来，全市累计开展前期工作的水源工程项目185个。目前完成初设审批项目88个，初设在审项目24个，初设在编项目30个，可研待批项目8个，可研在审项目11个，可研在编项目11个，另有13个项目正在进行前期论证工作。重大水利项目推进上，渝西水资源配置工程、藻渡水库、跳蹬水库、向阳水库、福寿岩水库5个大型工程纳入全国2020~2022年拟开工重大水利项目库，大滩口水库扩建工程列入预备名单。渝西水资源配置工程、跳蹬水库、向阳水库纳入了2020年重大项目开工计划，藻渡水库可研报告已通过水利部水规总院审查。

（五）强化水利基本建设

重点水源工程完成投资33亿元。35座水库顺利开工建设，有序推进40座大中型水库续建。南川金佛山水库完成大坝填筑，马鞍山隧洞工程主洞累计完成掘进12012米，完成隧洞掘进的98.60%，渠系其余隧洞总进尺8176米，明渠开挖7300米。巴南观景口水库枢纽工程具备下闸蓄水条件，累计完成输水线路部分隧洞施工14.05公里和埋管、管桥等洞外工程3.1公里。完成下闸蓄水阶段验收和竣工技术预验收的中型水库各2座，铜梁小北海水库完成竣工验收。水利部定点帮扶重庆5个区县16座小型水库全部开工建设，其中5座水库主体工程完工，累计完成投资8.3亿元，批复总投资完成率54%。嘉陵江磁井段等13处续建长江干流及主要支流治理工程，完工4处，建成达标堤防17公里。完成中小河流治理256公里，其中新建堤防195公里。完成67座小型病险水库除险加固工程，对重庆市1998年以来截至2018年底已实施的2665座病险水库除险加固遗留问题开展专项整治。

（六）强化水旱灾害防御

1. 水雨情特点

2019年重庆市气候特殊多变，区域性暴雨过程多，大江大河水势平稳，中小河流涨水频繁，局部伏旱较重，洪旱交替、涝旱并重，呈现“两多一平”的特点。一是强降雨过程多。全市先后发生13场区域性暴雨天气过程，较多年同期（6.2场）偏多近1.1倍，较上年同期（8场）偏多六成以上。二是中小河流超警超保数量多。綦江、复兴河、笋溪河、郁江等13条次中小河流出现超警超保水位洪水，较上年同期（8条次）偏多六成以上；驴子溪、普里河、御临河、梅江、濑溪河等1102条次河流出现1~10米不等的明显涨水过程，较上年同期（600条次）偏多近八成。三是总体旱情与常年持平。全市平均气温为18.9℃，与常年同期（18.9℃）持平，较上年同期（19.3℃）偏低0.4℃。8~9月部分区县出现不同程度旱情，高峰时期（9月中旬起）东北部巫山、云阳、奉节和东南部秀山等区县局部出现较重伏旱，部分高山地区靠送水解决人畜饮水困难。

2. 旱涝灾情程度

全年全市灾情影响范围达35个区县，因为防御到位、应对及时，洪涝灾情受灾人口39.86万人、死亡0人、转移5597人、水利设施经济损失6377万元，四项指标分别比近10年同期平均下降87.7%、100%、75.6%、88.6%，重要江河堤防、重要水库（水电站）无一出现险情。全市农作物受旱成灾面积56.5万亩，发生临时饮水困难22.75万人，与近5年基本持平。

3. 防御工作情况

一是抓汛前准备。印发通知、编审方案，实现水旱灾害防御责任全覆盖；召开会议抓部署、组织培训抓演练、全覆盖开展水毁工程检查和度汛隐患排查。汛前完成全市大中型水库汛限水位等核心参数复核报备；完成5000余处水文监测站点巡检和设施设备维修；完成水旱灾害防御演练36次、设施设备操作集中演练3次；完成中央、市级水旱灾害防御物资仓库和物资设备维修保养；完成全市防洪重点区域及薄弱环节“一张图”编制并在入汛后实行动态监管；完成市级水旱灾害防御专家库的组建，征集入库市级专家124名、入选全国专家2名。二是抓防范应对。严格落实24小时值班带班制度，严格执行汛限水位管理制度。做到事前强化监测、加强会商，事中科学调度、突出响应、事后及时报送。全年共开展防汛联合会商5次、专项会商12次，市水利局编报水旱灾害专报34期，编发水旱灾害防御信息161期，预警短信6万余条。32个区县山洪平台发布预警604次，预警短信123.81万条，启动预警广播142次，转移人员2657人。派出20批次专家组深入区县指导防御工作，为城口“7·18”和“8·14”险情灾情的成功处置提供了专家技术支持；下达大江大河水库调度令4次，完成“6·22”乌江洪水水库群成功联合调度；及时向巫山、云阳等受灾现场调运2批次近200万元抗旱物资。三是抓舆论引导。深入深度贫困乡镇、山洪易发区、农村学校开展水旱灾害防御知识集中宣传活动4次，利用世界水日、中国水周、水利扶贫、科技下乡等活动累计开展水旱灾害、山洪灾害防御知识宣传活动1000余次，宣传受众累计约300余万人次；在人口流动频繁的公交站台推出水旱灾害防御宣传平面广告，在报纸、杂志及网站等发表水旱灾害防御新闻及信息文章400余篇，营造了良好的舆论氛围。

（七）强化农村水利水电工作

2019年全市累计建成农村供水工程39.9万处，供水总人口2219万人。其中，集中式供水工程2.4万处，供水人口2022万人，占农村供水总人口的91%。累计解决184.47万贫困人口饮水安全问题。2019年，全市农村饮水安全巩固提升工程完成投资16.08亿元，其中，中央预算内投资和市级财政资金各2.06亿元，区县财政资金、银行融资、整合涉农资金及其他社会资金等共11.96亿元，受益人口375万人。开展农村饮水安全巩固提升试点，探索和创新工程运行管理长效机制和运营模式，市政府办公厅印发《关于建立健全农村供水工程运行管护长效机制的意见（试行）》，指导区县从建立健全运行管护责任机制、设施建设机制、水质监管机制、运营管理机制、有偿用水机制、运行管护激励机制等方面加快农村供水工程长效管护机制建设，不断提升农村供水保障能力。

2019年，全市下达15个重点中型灌区项目市级以上投资2.32亿元，经贫困区县整合后，落实到位投资1.93亿元，全年累计完成投资1.62亿元，投资完成率83.7%，达到年度投资完成80%以上的任务要求。全年累计完成渠首工程改造50座、渠道工程改造293公里、渠系建筑物改造501座、工程管护设施123处、计量设施138处，新增恢复灌溉面积17.9万亩，改善灌溉面积30.6万亩，新增粮食生产能力4100万公斤，新增节水能力8000万立方米。全市共有运行农村小水电站1383座，装机容量279.49万千瓦，全年新增农村水电装机容量7.5万千瓦，完成农村水电建设投资4.3亿元，争取农村水电扶贫工程和增效扩容改造项目中央资金14471万元。开工建设农村小水电扶贫工程项目4个，收取扶贫收益金1193.46万元，帮扶17265户建档立卡贫困户增收。完成农村水电增效扩容项目目标任务和绩效评价的政府采购工作，指导第三方机构开展绩效评价工作。按照《重庆市长江经济带小水电清理整改工作实施方案》有序推进清理整改。指导区县开展绿色小水电站创建工作。落实市级资金1529.62万元用于重庆市中小河流水能资源开发规划修编及规划环评编制。严格落实安全工作责任制，委托第三方机构对区县申报的90座二级、三级农村小水电安全标准化电站进行评审，73座电站符合评审达标。

（八）强化河长制工作

重庆市委书记陈敏尔、市长唐良智担任双总河长，召开2019年市级总河长会议和巡河现场办公会议，全国率先实行“各级领导干部将履行河长责任情况纳入班子民主生活会进行对照检查”。全市1.75万余名河长切实履职担当，落实常态化巡河制度，市级河长巡河52人次，带动全市各级河长巡河70万余人次，及时处置解决问题1.3万余个，纳入国家考核的42个断面水质优良比例达到97.6%，比年度目标高出7.1个百分点，城市集中式饮用水水源地水质达标率为100%，长江干流重庆段水质总体保持为优。重庆市委书记陈敏尔、市长唐良智共同签发第1号市级总河长令，在全市部署开展污水偷排、直排、乱排专项整治行动，2019年排查发现的4055个问题完成整改3345个，依法关停问题经营者27家，建成城市污水管网589公里、乡镇污水管网2163公里。开展河道乱占、乱建、乱堆、乱倒“四乱”清理整治专项行动，清理整治流域面积1000平方公里以上河道“四乱”问题578个、长江干流岸线利用项目429个。完成5300余条河流“一河一策”方案编制工作并组织实施。启动建设“智慧河长”，加快推进一期建设项目。联合公安、检察等力量，推动行刑有效衔接，构建河长制共督共管体系。与四川省、贵州省开展联合巡河，推动川渝、渝黔跨界河流联防联控加快落地落实。在全国率先开展河长制执行情况审计，完成问题整改733件。开展“四不两直”暗访随访，发出督办函37份、交办单109件次。建立并落实河长制责任追究制度，各级采取通报、约谈等形式，对河流水质严重恶化等相关责任人追责问责462人次。与新华网、人民日报等中央媒体沟通合作，多渠道、多元化宣传报道河长制工作，成功举办“河长面对面”“最美河流评选”等大型宣传活动。重庆市河长制工作经验及成效被中央办公厅刊物采用推广。丰都县龙河纳入第一批全国17条示范河湖创建河流。

（九）强化水土保持

机构改革后进一步调整充实市水土保持委员会成员单位和工作职责，制定出台《重庆市水土保持目标责任考核办法（试行）》，将考核结果运用到市政府对区县政府实施乡村振兴、脱贫攻坚和污染防治攻坚战考核中。联合发改、财政、农业等部门下达2019年水土保持生态建设任务指导性指标，全市新增治理水土流失1426平方公里。全市共审批生产建设项目水土保持方案1927个。对社会投资小型低风险且总建筑面积不大于1万平方米的建设项目或征地面积小于0.5公顷且挖填土石方总量不足1000立方米的项目免于办理水土保持方案审批手续。全面推行水土保持区域评价制度。大力探索水土保持工程建设以奖代补和股权化改革机制创新。首次实现“天地一体化”卫星遥感监管全覆盖，对5785个生产建设扰动图斑进行了合法性复核，对2865个疑似违法违规项目进行了分类处置，处置率100%。开展长江经济带生产建设项目水土保持监督执法专项行动，梳理排查“未批先建”“未验先投”和不履行水土流失防治义务等违法违规项目302

个，对5个严重违法项目立案查处。完成渝西17个区县及万盛经开区水土流失动态监测。发布2018年水土保持公报，率先在全国水土保持监测行业发布省级地方标准《重庆市水土保持监测技术规范》（DB50/T291—2019），建成与国家水土保持信息系统对接的省级水土保持综合管理系统。推进减税降费，全年共依法免征水土保持补偿费近2000万元，按降低后的征收标准减少征收水土保持补偿费近8000万元。

（十）强化水利科技与教育

新增《农村“智慧水厂”关键技术研究及应用》《水库生态鱼溯源关键技术研究与应用》等5个省部级涉水科研项目，新增科研经费2000多万元。持续推进水利部示范项目3个，在研项目总金额超5000万元。会同重庆市科技局推进《三峡水库消落区生态影响研究》和《保护好三峡库区筑牢长江上游重要生态屏障》两项国家重点科研项目申报工作。持续推动外资项目实施，成立了“生物多样性保护中国水利行动项目”重庆项目办，选聘了市级技术专家和市级技术服务单位，签订了技术服务合同。举办了全球环境基金项目河流健康评估与河流生态修复培训。加强干部教育工作，全年举办全市水利系统局长（处长）赴红旗渠培训等32个班次，培训各类人员3373人次，其中党政干部2032人次、事业（企业）管理人员524人次、专业技术人员524人次、基层干部293人次。水利部、重庆市委组织部等调训40余人次，有效提升了水利干部职工队伍精神面貌和业务能力。

（十一）强化征地移民及后期扶持

新建中型水库工程可研技术论证与项目业主实物指标调查并联开展，压缩前期工作时间2~4个月。取消市级审批的大中型水库移民安置规划大纲，节省前期工作时间2~5个月。建立市级第三方技术审核与评估单位库，严格控制单个技术审核评估出成果的时间最长不超过20个工作日。全年完成8座中型水库停建通告审核发布、12座大中型水库移民安置规划大纲审批、13座大中型水库移民安置规划报告审核、4个航电项目年度征地移民安置工作任务、7座中型水库移民安置验收。完成后期扶持投资18.86亿元，占年度资金总额的111%。超额完成水利部下达的完成水库移民350人脱贫目标任务。完成全市第一、二批水库移民避险解困试点县级综合验收工作。印发《重庆市大中型水库移民后期扶持项目及资金管理办法》。委托第三方机构对全市后期扶持政策实施和年度资金管理使用情况进行全面监测评估和绩效评价，水利部办公厅通报重庆市年度后期扶持资金绩效评价“优秀”等级，全国省级排第8位。

（十二）强化水利信息化建设

编制《重庆市水利信息系统整合项目初步设计及概（预）算方案》，将原重庆市水利局和原重庆市移民局的40个信息系统整合成8个系统，通过专家评审并立项。开展水利数据整合，完成重庆水利信息系统迁移，形成资源目录124类，全部共享至市级共享交换平台，共享总量在全市排名靠前。推动“智慧河长”建设，目前初设编制已完成，即将启动主体工程招标。完成国家防汛抗旱指挥系统二期工程重庆市建设任务本级整体竣工验收，重庆市防汛管理信息化建设项目（一期）基本完成试运行。国家水资源监控能力建设项目（2016~2018）重庆市项目整体试运行完成。

（十三）强化水利扶贫

聚焦14个国家级贫困区县，扎实开展水利

行业扶贫、深度贫困乡镇脱贫攻坚、定点扶贫和对口帮扶。全面解决了在全国扶贫信息系统中的523户1471人建档立卡贫困人口饮水安全问题。水利投资向贫困地区倾斜，采取“任务+政策倾斜+绩效”分配方式，向全市14个国家级贫困县支持市及以上水利资金62亿元，县均投资高于全市平均水平42.3%，其中向巫溪、城口、酉阳、彭水4个“未摘帽”贫困县下达市及以上水利资金11.2亿元，占全市总额的9.3%。重点开工建设酉阳桃花源、巫溪孝子溪、武隆龙宝塘等24个骨干水源工程建设，在14个国贫县实施贫困地区水土保持生态工程20个、新增治理水土流失面积3.13万公顷，实施病险水库除险加固36座，开展中小河流治理72.49公里。贫困区县水利项目建设使889个贫困村受益，受益贫困人口28.54万人。开发公益性岗位累计吸纳贫困劳动力3482人，人均收入5658元。全年帮助350名贫困水库移民脱贫。

（十四）强化三峡后续工作

党中央、国务院心系库区，决定国家重大水利工程建设基金延期征收至2025年底。深化三峡后续项目“放管服”改革，把投资1亿元以下项目审批权、调整权下放区县，对使用专项资金1亿元以上且三峡后续资金占总投资50%以上的项目实行全过程投资控制。编制2020~2022年三峡后续项目库，入库项目1030个，项目总投资962亿元，申请三峡后续资金332亿元。2019年国家批复重庆实施三峡后续工作项目519个，投入三峡后续资金41.52亿元。加强三峡后续项目监管，对28个区县三峡后续项目实施情况进行全面督查。优化调整三峡后续资金投资方向，安排城镇移民安置综合帮扶、农村移民安置区精准帮扶资金20.3亿元、项目341个。实施三峡后续产业发展、基础设施类项目71个，投入三峡后续资金8.3亿元。加强三峡水库蓄水安全监测防范和高切坡防护，开展蓄水安全隐患大排查，转移搬迁蓄水影响人口279人。将消落区纳入河道进行统一管理，加强日常监管，开展联合巡库巡查，专项整治乱占、乱采、乱堆、乱种等影响消落区生态环境的违法违规行为。开展了电子商务等技能培训和创业培训，培训10919人，资助高等职业教育3412人。在万州区成功举办第十二届“支治会”，开展了全国对口支援工作座谈会、对口支援招商引资重大合作项目签约活动、全国对口支援三峡库区成果展、长江经济带绿色发展研讨会，以及对口支援招商引资、文化旅游推介、刊发对口支援专刊等系列活动。“支治会”引进项目127个、签约资金933亿元。全年完成招商引资项目104个、809亿元，落地资金107.62亿元，无偿援助资金3.32亿元，共有114个团组、889人次友好互访。

二、2020年发展思路

2020年将以习近平新时代中国特色社会主义思想为指引，深入贯彻落实党的十九大精神和习近平总书记“节水优先、空间均衡、系统治理、两手发力”新时期治水思路，按照市委、市政府安排部署，抢抓长江经济带、新时代西部大开发、成渝地区双城经济圈等重大战略实施的重大机遇，推动水利又好又快发展。一是加快实施水源工程建设三年行动。力争完成渝西水资源配置工程初设审批，新开工一批重要节点工程，稳步推进试验段项目建设。确保2020年渝西水资源配置工程、向阳水库、跳蹬水库开工建设，确保全年新开工15座中小型水源工程，持续抓好续建95座水源工程，确保观景口、金佛山水库年内建成投用。二是纵深推进河长制。坚定不移落实“责任制”、坚定不移实现“问题治”、坚定不移推动“河长治”，深入实施“一河一策”，集中攻坚“问题清单”，做好“一河一策”滚动编制工作，确保年度目标任务全面完成。抓紧开展《重庆市河长制工作条例》立法调研、草案起草等工作。加快智慧河长系统建设，着力推进系统平台搭建和梁滩河、龙溪河、龙河试点等一期项目建设。三是全力推进水利脱贫攻坚。做好水利行业扶贫、三峡库区移民帮扶、水利部定点扶贫和市人大对口帮扶工作。积极对接贫困地区种植、养殖、加工、乡村旅游等产业，加快实施农村饮水巩固提升，集中力量助推贫困区县，特别是深度贫困乡镇发展。探索建立农村饮水工程可持续运行管护机制，启动试点，确保长久发挥效益。四是抓好三峡后续工作。用好三峡后续政策，加强生态环境修复与保护，加快实施一批生态环境建设与保护、移民安稳致富、地质灾害防治等项目，加快绿色生态产业培育，加强资金绩效管理，推动长江经济带生态优先绿色发展示范区建设。抢抓新一轮对口支援规划机遇，坚持“对口支援搭台、经贸文旅唱戏”，发挥平台和机制作用，促进对口支援由“输血”向“输血与造血并举”转化，把更多资金、人才、项目引进来，让更多资源、产品、企业“走出去”。五是做好安全稳定工作。扎实做好三峡移民等重点领域信访稳定工作，全面开展已成水库、在建水利工程、三峡后续项目的安全生产大检查大排查，强化汛期水文监测预报和水寒灾害防御，加强移民安置区高切坡防护和蓄退水安全监测与防范。

（执笔人：陈亮亮）

重庆商务

重庆市商务委员会

2019年，全市商务系统坚持以习近平新时代中国特色社会主义思想为指导，深入贯彻总书记视察重庆重要讲话精神，坚决落实市委、市政府决策部署，着力实施“两建三化五提升”工作体系，加快推进内陆开放高地和国际消费中心城市建设，推动高质量发展，创造高品质生活，取得明显成效。

一、2019年发展回顾

全年实现社会消费品零售总额11631.7亿元，增长8.7%，高于全国0.7个百分点，保持经济增长第一拉动力。实现进出口总值5794亿元、增长11%，高于全国7.6个百分点，居全国第11位、中西部18个省市第2位；服务贸易272亿美元、增长11.3%。利用外资103亿美元，其中外商直接投资（FDI）23亿美元，居中西部前列。对外直接投资7.4亿美元，对外承包工程新签合同额7.4亿元。

（一）内陆开放高地建设加快推进

市委、市政府召开全市全面融入共建“一带一路”加快建设内陆开放高地大会，制定出台《内陆开放高地行动计划》。拓展开放通道。西部陆海新通道上升为国家战略，铁海联运班列、中欧班列（重庆）运行良好。升级开放平台。“1+2+7+9”开放平台要素加速聚集，外贸、外资占比分别达69%、75%。保税商圈加快建设，涪陵综保区封关运行，服务贸易创新发展试点取得新进展。提高开放型经济发展质量。积极应对中美经贸摩擦，积极开展多元化国际市场，对东盟、欧盟及“一带一路”沿线国家进出口分别增长43.2%、8.4%、32.1%。外贸结构、产品、业态持续优化，高新技术产品出口增长近20%，占比超过70%。优化开放环境。外商投资主体增至6625家，在渝世界500强企业达293家。对外投资保持增长，非金融类直接投资备案增长80%，占比50%。

（二）国际消费中心城市建设提速

出台《加快建设国际消费中心城市实施意见》，实施国际消费集聚区等十大工程，打造国际购物、国际美食、国际会展、国际文化、国际旅游“五大名城”。优化消费供给。发展“首店经济”，引进各类首店100余个，举办品牌首发首秀活动30余场。拓展进口商品分销体系，重庆保税商品展示交易中心、东盟水果海产品分拨中心等开业营运。新消费、新业态、新零售等现代零售体系日趋完善。升级消费平台。提档升级中央商务区、商圈、特色商业街区，培育100亿级商圈12个。解放碑步行街纳入全国改造提升试点，解放碑、观音桥商圈日均人流量达49万人次。夜间经济成为拉动消费新动力，重庆位居“中国十大夜经济影响力城市”榜首。打响消费品牌。培育中华老字号19个、重庆老字号241个，品牌消费效应日益显现。开展重庆火锅国家非物质文化遗产申报工作，“天下第一大火锅”参加进博会反响良好。

（三）服务业开放发展不断深化

出台实施《重庆市现代服务业发展计划》，着力构建“5+7+4”现代服务产业体系。服务业增加值增长6.4%，对经济增长贡献率达到51.3%。发展电商产业。印发电商产业发展意见通知，出台配套政策。全市网络交易额、网络零售额分别达到1.21万亿元、1200亿元，分别增长12%、25%。建成电商集聚区63个。电商带动就业创业166万余人。提振会展经济。打造内陆国际会展名城取得进展，全年举办展会活动513场次，展出面积992万平方米，直接收入213.8亿元，拉动消费1924.2亿元。重庆获评“中国最具影响力会展城市”，智博会、西洽会获评“2019年度中国最具影响力品牌展会”。提质商贸流通。率先探索分区协同、城乡一体等共同配送模式，物流降本增效成效明显。

（四）自贸试验区建设取得突破

发挥统筹职能，积极开拓创新，加快改革开放新高地建设。改革措施“重落地”。《中国（重庆）自由贸易试验区条例》正式出台，自贸试验区总体方案151项改革试点任务落实率98%。制度创新“重深化”。梳理形成31项重点改革事项政策诉求，形成制度创新成果240余项。申请国家改革诉求和赋权建议30余项，汽车平行进口、启运港退税等试点获批。个性化探索“重突破”。陆上贸易规则探索取得突破，承办联合国贸法会“国际贸易中的铁路运单使用及未来法律框架高级别研讨会”，推动多式联运提单运用拓展至铁海联运领域。服务保障“重效能”。进一步加大“放管服”力度，新增注册企业13345家、注册资本总额2155亿元；全域引进项目约983个，签订合同（协议）2768亿元。

（五）招商引资扎实推进

全力以赴打好招商引资攻坚战、主动战，推动重大项目落地，在渝世界500强企业增至293个。完善招商引资网络。建立重点国别和地区“7+2”招商网络，围绕智能数据、信息技术等战略性制造业领域展开优势、特色产业布局。创新招商引资方式。完善重大外资项目“直通车”制度，整合高端平台资源，有效拓展招商渠道。突出优势区域引资。加快推动重庆对外开放、吸引外资向“21世纪海上丝绸之路”沿线拓展，利用中国香港、新加坡、中国台湾、中国澳门外资57.52亿美元、占比55.8%。

（六）商务扶贫成效显著

履行脱贫攻坚政治责任，加大商务扶贫力度。扩大电商扶贫范围。14个国家级贫困区县全部纳入电子商务进农村综合示范范围，贫困区县农村网络零售额达110亿元、增长36%，累计带动13.2万户贫困户增收。陈敏尔书记作出“有成效、再推进”的肯定性批示。推进产业扶贫。打造农产品公共区域品牌230余个，建成产地集配中心150个和冷链项目158个，产销对接交易额7.89亿元。推进家政扶贫、蚕桑扶贫、劳务扶贫。深化鲁渝扶贫协作。构建多层次、多形式、全方位的鲁渝商务扶贫协作机制，组织产销对接39场次，鲁渝消费扶贫作为经典案例在全国推广。突出对口扶贫。发挥市商务委扶贫集团牵头作用，推进隘口镇及秀山县定点帮扶，全年协调帮扶资金2276万元。

二、发展中存在的问题

总的来看，2019年商务工作成绩显著。但新冠肺炎疫情暴发以来，对商务经济的影响很大。消费是受疫情冲击最大、损失最重的领域，部分企业经营困难，市场活力恢复缓慢，消费回稳压力较大，保订单、保交货、保市场、保份额任务艰巨。当前世界疫情仍在蔓延，全球经贸下行压力加大，不确定性上升。此外，商务工作还存在一些不足，如运用党的创新理论指导实践还有差距，“两建三化五提升”的政策措施还需加快落地见效，积极融入国家战略能力还需提高，商务高质量发展的思路还需拓宽。

三、2020年发展思路

2020年，面对新冠肺炎疫情的冲击、挑战和考验，全市商务系统深入贯彻习近平总书记关于统筹疫情防控和经济社会发展系列重要讲话精神，扎实做好“六稳”工作，落实“六保”任务，增强“四个意识”、坚定“四个自信”、做到“两个维护”，坚持稳中求进工作总基调，坚持新发展理念，坚持以供给侧结构性改革为主线，坚持以改革开放为动力，全面落实市委、市政府决策部署和商务部要求，深入推进“两建三化五提升”工作体系，加快经济恢复性增长，促进形成更高水平对外开放新格局，推动全市商务高质量发展。

（一）千方百计促消费

加大促销力度，加快恢复餐饮、商圈、旅游、文化、娱乐等热点消费，稳定汽车等大宗商品消费。推动服务消费提质扩容，大力发展健康消费，扩大实物商品消费，加快释放新兴消费潜力。顺应疫情后消费理念、消费习惯、消费方式新变化，加快传统行业转型升级，积极拓展线上业态线上消费，增加电子政务、网络教育、网络娱乐等消费。抓好中央商务区能级提升和步行街改造升级，提升发展夜间经济。完善消费体制机制，提升城市消费，发展首店经济，扩大农村消费。

（二）全力以赴稳外贸

全力帮助企业抢抓订单，着力稳客户、稳订单、稳市场、稳渠道。实施扩大出口专项行动和“重庆造”品牌提升计划，推动电子信息、汽摩、通机等优势产品出口。积极承接产业转移，不断壮大产业规模。加快外贸转型升级，壮大总部贸易、转口贸易、“保税+”贸易等新业态。加大国际市场开拓力度，深化与“一带一路”沿线国家经贸合作，利用跨境电商开拓海外市场，稳定国际市场份额。持续妥善应对中美贸易摩擦后续影响，提高贸易便利化水平。

（三）全力以赴稳外资

落实好《外商投资法》和配套法规，贯彻《优化营商环境条例》，实施2019年版外商投资准入负面清单，建立外商投资全流程服务体系，打造一流营商环境。坚持做强存量、做大增量，全力服务好现有企业，创新开展云上招商、网上签约，推动重大外资项目落地，谋划实施一批新合作事项、产业项目。紧盯外资意向、协议、合同项目，提升项目落地转化率。

（四）推进服务业开放发展

实施现代服务业发展计划，扩大服务业开放。打造现代服务业集聚区，加快中央商务区现代服务业发展。加快发展会展业，办好智博会、西洽会等重点展会，打造内陆国际会展名城。加快发展电商产业，发展数字商务经济，培育消费品（工业）网销品牌。现代商贸物流业，发展商品交易市场平台经济，实施城乡高效配送专项行动。

（五）提升自贸区建设水平

对标高水平国际投资贸易规则，制定重庆自贸试验区建设深化方案。开展陆上贸易规则、物流金融、陆海多式联运规则等首创性、差异化改革探索，推动数字贸易监管创新、绿色金融创新试点，推进自贸试验区“证照分离”改革全覆盖试点，探索高水平对外开放。

（六）提高招商引资实效

紧盯智能制造、高端装备、生物医药、航天产业、现代物流、金融服务、文化旅游等产业项目外资引入。拓展覆盖欧、美、日、韩、港澳台、“一带一路”沿线国家和地区的招商代理机构网络。加强与国际知名企业、国际咨询机构、驻华商协会合作，不断扩大和提高招商引资规模和质量。

（七）加强行业规范管理

发展绿色消费、绿色流通、绿色贸易。推进商务领域信用体系建设。规范酒类、药品、成品油流通、再生资源等行业管理。强化涉外经贸领域风险综合研判，妥善应对中美经贸摩擦，防范化解商务领域风险。落实商务领域安全生产主体责任。强化市场保障供应，加强市场监测预警，确保重要生活必需品不断档脱销。

（执笔人：辜庆渝）

文化旅游

重庆市文化和旅游发展委员会

2019年，全市文化和旅游系统坚持以习近平新时代中国特色社会主义思想为指导，全面贯彻党的十九大、十九届二中三中四中全会精神，深入落实总书记视察重庆重要讲话精神，按照总书记对重庆提出的“两点”定位、“两地”“两高”目标、发挥“三个作用”和营造良好政治生态的重要指示要求，坚持宜融则融、能融尽融，以文塑旅、以旅彰文，推动文化旅游深度融合、高质量发展，全面唱响“山水之城·美丽之地”，让八方游客在重庆“行千里·致广大”。

一、2019年发展回顾

（一）文旅融合发展的顶层设计全面确立

首次召开全市文化和旅游发展大会，研究出台推动文化产业高质量发展的实施意见，全域旅游发展等一揽子方案计划全面落实落地。市文化和旅游发展委员会挂牌成立，文化、旅游执法队伍整合组建市文化市场综合行政执法总队，38个区县文化旅游部门按时改革到位。《渝东南武陵山区文旅融合发展示范区规划》、长嘉汇大景区规划等编制工作有序推进，《重庆市实施〈公共文化服务保障法〉办法》通过市人大初审。《中央文化体制改革和发展工作简报》专题刊发我市推动文化和旅游融合高质量发展的经验做法。

（二）文化和旅游产业保持良好发展态势

一是抓好重大项目。完成固定资产投资1366.81亿元，同比增长14.49%，南滨路国家级文化产业示范园区等项目推进有力。城市恋链文创衍生品研发和推广项目入选2019年度“一带一路”文化产业和旅游产业国际合作重点项目。评选命名新一批市级文化产业示范园区（基地）和乡村文化乐园，示范园区、基地、乡村文化乐园总数分别达21个、85个、49个。加大“文旅+金融”对接力度，举办2019年西南片区文化和旅游产业融合发展项目推介会、2019年文化和旅游产业专项债券及投资基金融资对接交流（重庆专场），获金融机构授信1600亿元。推动成立全市首家重庆银行文旅特色支行。二是抓好重要节会。举办第十一届中国西部动漫文化节、第六届中国西部旅游产业博览会、第八届重庆文博会等节会，共签约重大项目140余个，签约金额4000余亿元。持续举办“重庆文化旅游惠民消费季”，共覆盖7189家文旅企事业单位，惠及3162万人次，直接拉动文旅消费44.5亿元，获文化和旅游部高度肯定，并向全国推广经验。三是抓好

"五张牌"。深入开展全市文旅产业高质量发展调研，研究形成大三峡旅游、山城旅游等实施方案。举办第二届世界大河歌会、大三峡旅游一体化发展论坛，接待游客1.23亿人次，实现旅游收入1126.95亿元，同比分别增长15.8%、38.5%；三峡游轮旅游接待人次109.72万人次，同比增长10.83%。积极协调世温联在我市设立亚洲唯一的区域办事处，成功引入世界级康养品牌"黑维兹"，合力打造重庆"世界温泉谷"。开展乡村旅游提档升级和品牌培育，武隆入选为《世界旅游联盟减贫案例2018》中的中国12个旅游减贫典型案例之一，全市乡村旅游综合收入突破800亿元，同比增长20%。2019年全市文化产业增加值达到956.98亿元，增幅10.7%，占GDP比重为4.1%，较2018年提高0.1个百分点；2019年我市旅游增加值达1028.07亿元，占GDP比重为4.4%。2019年全市接待境内外游客6.57亿人次，实现旅游总收入5739亿元，同比分别增长10%和32%；全市游客次均旅游消费873.42元，同比增长20.1%。因文化和旅游业带动，全市住宿业、餐饮业营业额同比分别增长11.5%、13.5%；全市规模以上游览景区管理企业营业收入增长22.4%；休闲观光活动营业收入增长25.7%；旅行社、名胜风景区管理、文化艺术管理收入分别增长15.2%、28%、63.6%。《2019年中国大陆民宿业发展数据报告》显示，我市民宿数量居全国第一、好评率进入全国省级行政区前十。我市连续三年在界面新闻"中国旅游业最发达城市"排行榜中位列第二、在界面新闻"2019中国最具性价比旅游城市"排行榜中位列榜首；在中国旅游研究院主办的"2019中国夜间经济论坛"上获评2019年全国夜间经济十强城市第一名，被中国旅游研究院评为"2019年旅游服务质量十强城市"之一。文旅部首次公布2019年全国各省（直辖市）国内旅游人次排名，我市位列全国第4。

（三）文化保护传承取得积极成效

一是抓文艺创作。民族管弦乐音乐会《思君不见下渝州》等4部作品成功首演，电视剧《共产党人刘少奇》等10部作品摘得国内外大奖，舞剧《杜甫》开创重庆大型舞剧走出国门商演先河，杂技秀《魔幻之都·极限快乐·SHOW》填补主城无驻场旅游演艺空白。川剧《江姐》等8个作品入选第十二届中国艺术节。全国美展首次落户重庆，我市59件作品入选展览。圆满完成庆祝新中国成立70周年国庆彩车巡游文艺表演，铜梁龙舞和大足鲤鱼灯亮相庆祝新中国成立70周年联欢活动，市文化旅游委被评为国庆70周年重庆晋京游行展演先进集体。二是抓文物保护。研究出台我市关于加强文物保护利用改革、推进革命文物保护利用工程（2018~2022）等2个重要文物保护政策。我市被列入长征国家文化公园建设名单，酉阳等9个区县被列入国家首批革命文物保护利用片区分县名单。着眼把大足石刻保护好研究好利用好，投资1.4亿元实施重点文物保护项目13项，大足石刻研究院升格为副厅级事业单位；出版《大足石刻全集》，填补我国石窟寺考古和科研空白。全年新增全国重点文物保护单位11处、总量达64处；新公布市级文物保护单位103处、总量达372处；先后实施重点文物保护项目251个，开工实施大足石刻宝顶山卧佛修缮工程等国保项目114个。钓鱼城遗址、白鹤梁题刻成功入选全国5个申遗重点培育项目，钓鱼城范家堰南宋衙署遗址获评"全国十大考古新发现"，"荣昌陶器制作技艺"入选"国家级非遗代表性项目优秀保护实践案例"名单；新增市级非遗代表性项目196项，市级非遗代表性项目达707项。三是抓博物馆建设。新建成开放重庆工业博物馆、重庆抗战戏剧博物馆等7家，故宫文物南迁纪念馆成功落户；三峡博物馆成功创建全国仅2家的国家文化和科技融合示范基地，并成为西南地区唯一的全国重点文物科研基地，推出的《盛筵—见证〈史记〉中的大西南》获第十六届全国博物馆十大陈列展览精品奖；湖广会馆、国民政府警察局旧址入选国家文物局文物建筑开放利用案例。2019年，全市博物馆总量增至104家，接待游客首次突破3000万人次，营业收入增长25.7%；全市纳入统计的21个红色旅游景区接待游客2333万人次，同比增长25.5%。其中，红岩联线红色旅游系列景区（红岩革命历史博物馆）接待观众1150万人次，同比增长11.5%，排名全国第二，仅次于故宫博物院；在中国旅游研究院发布的“2019年游客喜爱的红色旅游目的地”排行榜中位列第二。

（四）文化与旅游宣传推介进一步加强

“晒文化·晒风景”大型文旅推介活动晒出文旅融合新举措，成为文旅营销、经济美学的创新范例，累计阅读量累计达25.5亿人次，被赞誉为“城市文旅品牌提升与传播的经典创意”，受到中宣部、国家广电总局肯定。对全市景区导游词从人文、历史等角度进行提炼优化，规范完善导游词622篇、333万余字，并同步落地推广。连续两年举办全球旅行商大会，成功推出“重庆文旅融合发展全球金点子大赛”、“丽人行”西安快闪推广活动；全市首家“国际青少年研学旅游基地”“重庆国际交流研究中心”正式成立，设立iChongqing国际文化旅游传播中心和17个重庆文化旅游境外推广中心；我市影视作品首次输入南美洲秘鲁和智利，首家重庆火锅文化旅游海外形象店落户白俄罗斯明斯克，重庆文化旅游“走出去”战略稳步推进。2019年，全市共接待入境游客411万人次，同比增长6%，远高于全国3%的平均增幅；实现旅游外汇收入25亿美元，同比增长15%；入境游市场实现“逆势上扬”。先后完成2019上海合作组织地方领导人会晤、中新双边合作机制会议等7场重要外事演出，重庆元素相继亮相“世界十字路口”纽约时代广场跨年夜和央视春晚，央视新闻报道重庆是“最宠游客的城市”，我市荣获2019亚洲旅游“红珊瑚”奖——十大最受欢迎文旅目的地和全国“十大工业旅游城市”，成为全国唯 播放量超百亿的“抖音之城”。

（五）公共文化和旅游服务能力持续提升

一是抓公共文化服务。全国公共文化领域重点改革任务暨旅游厕所革命工作现场推进会在我市成功召开；全市文化馆图书馆总分馆制实现全覆盖，共建成图书馆总馆39个、分馆1433个，文化馆总馆39个、分馆1038个。累计建成24小时自助图书馆85个，提档基层综合文化服务中心1484个。完成流动文化进村4.07万场次。举办庆祝新中国成立70周年群众合唱音乐会等各类群众活动1000余场，专题展览29个。二是抓公共旅游服务。旅游资源普查工作基本完成，初审资源单体达15136个，其中五级旅游资源单体160个。武隆、巫山成功创建国家全域旅游示范区，彭水阿依河景区通过国家5A级景区评定，涪陵武陵山大裂谷、黔江濯水景区完成5A级创建任务，奉节白帝城—瞿塘峡景区通过国家5A级旅游景区景观质量评审；全年成功创建评定4A级旅游景区18个、3A级旅游景区9个，为历年之最；全市旅游景区达到253个，其中5A级景区9个，4A级景区110个。新评定五星级旅游饭店1家，新改建旅游厕所951座，新建成市级旅游集散中心8个。三是抓公共广电服务。“巴渝文旅云”改版上线，惠及群众650万人次；公共文化物联网升级为群众文化云，惠及群众2273.8万人次。完成直播卫星户户通建设7.4万套，完成无线发射台站改造14座，广播、电视综合人口覆盖率分别达到99.04%和99.27%。全国首个过江索道5G网络建设项目在长江索道投入商用；我市成功入围中国广电5G试点城市。2019年，全市互联网信息服务同比增长38.3%，其中游戏服务营业收入60%、约占互联网信息服务的六成，IPTV用户同比增长80.71%。依托全市文化和旅游公共服务资源，常态化开展鲁渝共建非遗扶贫、“十万山东人游重庆”等对口帮扶活动，市文化旅游委先后被国务院授予“全国民族团结进步模范集体”称号、被全国妇联授予“全国巾帼建功先进集体”称号。

（六）文化和旅游行业保持安全稳定、持续向好

一是全力守好文旅宣传阵地。深入贯彻《党委（党组）国家安全责任制规定》，严格履行意识形态工作责任制，坚决做到守土有责、守土负责、守土尽责。以“第1眼”“逗听FM”为龙头的移动传播矩阵加快建设，推动区县广播电视节目规范接入IPTV，启动14个区县融媒体中心建设试点，18个区县挂牌组建融媒体中心。开展广播电视广告等监测监管工作，责令整改、停播违规广告104条、养生类节目23档，清理不合格广播电视制作经营机构72家，拆除非法安装“小耳朵”设备220套，向公安、无线电管理等部门提供“黑广播”线索74条，清理IPTV违规节目内容6类，网站巡查工作不断强化；开展广播电视卫星接收台站防范5G干扰协调工作，284个台站纳入保护清单；圆满完成迎接新中国成立70周年安全播出保障任务，全市总停播事故次数、重大停播事故次数较上年同期分别下降11.76%、16.67%，荣获总局广播电视行业安全保障工作先进集体。举办重庆市广播电视专业技术技能竞赛，在全国率先开展以奖代评等创新性工作，获全国广播电视技术能手竞赛优秀组织奖。二是全面规范文旅市场秩序。全面建立文化和旅游市场月点评、季通报、年考核管理制度，扎实开展文旅市场“百日攻坚”“三峡游”“一日游”等专项整治行动，全市旅游投诉案件同比下降10%以上；《中国旅行社总社有限公司重庆分社以不合理的低价组织旅游活动案》入选中国法律服务网案例库旅游行政处罚唯一案例，《重庆青年商务国际旅行社擅自变更行程案》被评为“2017~2019年度全国文化市场综合执法优秀案卷”九大案卷之一；我市旅游市场整治工作走在全国前列，并作为唯一省级单位在全国旅游市场整治工作交流会上作了经验交流。三是全程确保文旅行业安全。围绕市委、市政府“山城旅游、安全至上”的目标任务，坚决确保了全年文化旅游安全事件“零发生”。顺利通过中央扫黑除恶专项斗争回头看整改验收。在全国率先组建市安委会旅游安全办公室，与17个市级单位整体联动、共抓落实。新创建平安景区18个、重庆市平安示范景区2个。在迎接庆祝新中国成立70周年安全工作维稳成绩突出，受到市委、市政府通报表扬。市文化旅游委连续两年被市安委会、市减灾委评为安全生产和自然灾害防治工作先进等次。在全国旅游安全培训与应急演练大会上，我市文化旅游安全工作作了经验交流。

二、发展中存在的主要问题

一是产业发展规模有差距。企业规模、影响力较小，我市文化产业增加值仅占GDP的4%；入境游客占比不到1%，过夜游客占比仅为15%左右，低于四川的35.9%、陕西的25.8%；游客次均旅游消费873元，低于全国1025元的平均水平。二是产品打造有差距。拳头产品还不够强，产品供给还不够丰富，缺乏有文化内涵和影响力的精品，在人文资源挖掘、文创产品开发等方面差距

不小。三是基础配套设施建设有差距。全市对外大通道还在建设中，旅游景区环线尚未连通，“最后一公里”仍未畅通，长江三峡沿线旅游码头建设滞后，文旅配套设施还不够完善，剧场、仓库等市级国有文艺院团运行核心资源配置缺乏。

三、2020年工作重点

2020年，是全面建成小康社会和“十三五”规划收官之年，是重庆文化旅游融合提档升级之年。全市文化旅游系统要紧紧围绕党中央、国务院关于新时代推进西部大开发形成新格局的指导意见，聚焦市委、市政府推动成渝地区双城经济圈建设的决策部署和“一区两群”工作安排，坚持抓大文旅、促品质化，全面打造文旅融合发展升级版，加快建设国际知名文化旅游目的地。一是抓好文旅行业恢复健康发展。全面落实文旅企业纾困政策，加大招商引资和项目投资力度，尽力把疫情影响降到最低。开展国家级文化和旅游消费示范城市和夜间文旅消费集聚区创建工作，积极开展智慧文旅应用示范，以新技术打造新业态激发新需求。二是扎实抓好统筹规划。在总结“十三五”规划的基础上，深入思考、系统谋划文化和旅游发展改革“十四五”规划。按照“一区两群”发展布局，深化与周边省市合作，推进成渝地区双城经济圈、三峡库区、武陵山区等区域文化和旅游一体化发展。三是强力推进2020年“双晒”活动。以“晒旅游精品·晒文创产品”为主题，持续做好“双晒”第二季活动，聚焦各区县（自治县）的旅游精品和文创特产，通过区县长网络直播带货等方式，促进文化旅游和文创特产消费。四是建设巴蜀文化旅游走廊。构建成渝互通互送的游客集散中心体系，推出川渝旅游“一卡通”、川渝区域文旅环线，通过文旅融合示点示范助推成渝地区双城经济圈建设。五是推动旅游康养产业大发展。重点建设渝东南、渝东北高海拔森林气候康养旅游产品集群，加快推进主城都市区“世界温泉谷”项目集群建设。六是抓好渝东南武陵山区文旅融合发展示范区建设。突出“山水”“民俗”特色，促进生态康养、乡村旅游、民俗文化、休闲度假产业大发展。七是抓好数字文旅建设。抓好国家有线电视网络整合与广电5G一体化发展试点。深入实施“智慧广电”战略，打造智慧融媒体。推动游戏、动漫、云游戏等产业加快发展。八是高标准推进文物保护利用工程。开展国家文物保护利用示范区创建。编制长征国家文化公园（重庆段）专项规划。适时研究出台我市推进博物馆改革发展的实施意见。九是全力抓好文艺创作。改革创新艺术创作机制，结合“两个一百年”等重要节点推动艺术创作出新品出精品，持续深化国有文艺院团体制机制改革。十是扎实推进立法和执法工作。推动出台《重庆市实施〈公共文化服务保障法〉办法（草案）》，积极做好《重庆市红岩文化保护区管理办法（修订）》等立法项目的前期各项工作。全面完成文化市场综合执法改革，持续抓好文化和旅游市场综合监管和联合执法，确保安全稳定。

（执笔人：谭陈）

卫生健康

重庆市卫生健康委员会

一、2019年发展回顾

2019年，重庆市卫生健康系统坚持以习近平新时代中国特色社会主义思想为指导，深入学习贯彻党的十九大和十九届二中、三中、四中全会精神，全面贯彻落实习近平总书记视察重庆重要讲话精神，坚持以人民健康为中心，推进健康中国战略重庆实践，启动西部医学中心创建，继续深化医药卫生体制改革，扎实开展健康扶贫，全市卫生健康事业持续发展。

截至2019年底，全市医疗卫生机构21058个，其中医院847个（三级医院54个，二级医院235个），基层医疗卫生机构20001个，专业卫生机构和其他机构210个；实有床位数23.19万张；卫生人员28.73万人，卫生技术人员22.39万人，执业（助理）医师8.22万人，注册护士10.32万人。

2019年，全市医疗卫生机构总诊疗人次1.75亿人次，出院人次750.13万人次，门诊患者次均医药费用216.38元，住院患者人均医药费用6541.44元。

（一）扎实推进健康扶贫

一是细化“基本医疗有保障”标准。按照“三建好、三合格、三达标、全覆盖”标准，开展“户户清”行动，夯实“七道保障线”，落实“一站式”结算“先诊疗后付费”便民措施，大病专项救治病种扩大到30种，“三个一批”贫困人口保障率均达到99%以上，贫困人口住院自付比例9.24%，慢性病、重特大疾病门诊自付比例12.24%。健康扶贫工作连续两年获得国家卫生健康委通报表扬。二是深化鲁渝扶贫协作。山东46家省市级医院与重庆14个贫困区县医院结成帮扶对子；累计落实资金1.06亿元，实施“站立行动”“光明行动”等项目77个。三是加强对口帮扶。市级16家三甲医院对口帮扶21所贫困区县医院；定点帮扶黔江区金溪镇，累计落实资金5846万元，打造脱贫攻坚产业项目“三金”品牌，实现产值3319万元，带动6458人增收致富。四是开展健康促进行动。出台《健康中国重庆行动实施方案》，推进实施15个专项行动。深化“三减三健”活动，居民健康素养水平达20.8%。推进农村“厕所革命”，改建农村户厕45.1万户，建成公厕1205座，卫生厕所普及率达79.7%。

（二）深化医药卫生体制改革

一是推进公立医院综合改革。完善医改领

导推进机制，由市长任市医改专项小组组长，将医改工作纳入区县社会经济发展实绩考核。全面取消1365家公立医疗卫生机构医用耗材加成，调整医疗服务项目价格1842项。开展现代医院管理制度试点52家、章程试点117家、薪酬制度改革67家、人员编制总量备案11家。重庆公立医院改革被国务院评为真抓实干成效明显地方，综合医改典型经验做法被国家卫生健康委推广。二是加强分级诊疗体系建设。在18个区县开展“医通、人通、财通”紧密型县域医共体试点，建成医联体117个、专科联盟97个、远程医疗协作网85个，实现区县全覆盖、二级以上公立医院全参与。实行66个病种基层首诊，医联体内下转患者增长57%，上转患者增长20%。三是健全药品供应保障机制。落实“4+7”国家药品集中采购，25种药品平均降价52%。开展上下级医疗机构用药衔接试点，4个区县6种慢性病实现无缝对接。四是强化综合监管。卫生健康综合行政执法总队挂牌成立，开展“双随机”督查，监督完成率、任务完成率、任务完结率均居全国第一。开展医疗废物整治等专项执法检查17个，查处案件6982件，处罚金额1693万元。

（三）持续改善卫生健康服务能力

一是稳步提升医疗服务能力。实施三级公立医院绩效考核、改善医疗服务行动，新增市级临床重点专科20个，评选“美丽医院”15家。实施“优质服务基层行”活动，评选甲级基层医疗卫生机构21家。推进“互联网+医疗健康”行动，建成“智慧医院”15家。落实12项医改便民措施，全市80%的二级以上医院开展预约诊疗服务，90%的区县开展远程医疗服务，25个检验项目、50个影像检查项目实现检验检查结果互认。二是稳步提升公共卫生服务能力。增加基本公共卫生服务项目19项，人均筹资标准提高到69元。建设市级、区域、区县3级近视防治中心，建成疫苗追溯管理系统，推动尘肺病肺康复站等国家试点3项。实施重大疾病精准防控策略，综合防治结核病、艾滋病，综合防控地方病、慢性病，综合管理精神障碍患者，及时控制登革热等传染病疫情。推进卫生应急工作标准化，建成陆水空立体化的紧急医学救援网络和覆盖市、区域中心、区县的三级卫生应急体系，与四川、贵州等省份多次举行卫生应急联合演练，科学处置突发事件30起，救治伤病员225人，圭亚那不明原因疾病处置获国务院副总理孙春兰肯定性批示。三是稳步提升中医药服务能力。引进4位国医大师在渝建设工作室，建成市级中医康复示范中心1个，改扩建区县中医院项目21个，基层医疗机构门诊中医服务量达39.7%。

（四）加强人才科研建设

一是强化人才队伍建设。实施重庆英才计划，选拔高端人才101名，新增国家级人才7名、首席及青年专家工作室2个，考核招聘属地化专科生125名、急需紧缺人才1316名，轮训基层医务人员7446人，每万常住人口拥有全科医生2.51名。二是强化科技创新。西部医学中心建设稳步推进，儿童健康与疾病国家临床医学研究中心获批，功能性脑疾病国家卫生健康委重点实验室、国家区域中医诊疗中心落户重庆，综合及儿科、口腔、创伤、传染病、神经等45个专业申报国家区域医疗中心，国家自然科学基金项目立项324项。

（五）关爱重点群体

一是关注母婴安全。推进母婴安全、儿童健康行动计划，免费开展妇女“两癌”筛查71.7万人次，孕产妇死亡率、婴儿死亡率分别降至

9.95/10万、3.4‰。二是关注老年人健康。打造"养+防、治、护、安""五位一体"健康养老服务体系，医养结合服务能力达87%，老年人健康管理率达67%，落实65岁以上外埠老年人免费乘车政策。三是优化生育政策。出台《促进3岁以下婴幼儿照护服务发展实施意见》，公共场所母婴设施配置率达96%，出生人口中二孩占比占41.7%。四是关爱特殊群体。实施新一轮计生特殊家庭住院护理保险，调整特别扶助金标准，确认扶助对象70.7万人，发放扶助金13亿元。

（六）全面加强党的建设

一是扎实开展"不忘初心、牢记使命"主题教育。成立主题教育领导小组及办公室，组建10个巡回指导组，督导20个委属单位、36个委机关党支部、47个行业社会组织同步推进。全系统共开展集中学习研讨395次，完成调研课题201个，检视问题1478个，整改完成1233个，长期整改245个。二是抓公立医院党建。严格落实党委领导下的院长负责制，172家公立医院中，96%的实行党政分设、97%的制定议事决策规则、88%的修订章程并明确党建要求。三是狠抓行风建设。深入开展"平安医院"建设，化解医疗纠纷投诉及积案248件。开展医疗乱象专项整治，查处无证行医、违规收费等违法违规行为1901起；开展漠视群众利益问题监督检查，纪律处理1328人。对100家二级及以上公立医疗机构开展集中点评，对处方问题较突出的10人予以暂停处方权等处罚。

二、发展中存在的问题

对照全面建成小康社会目标，对照新发展理念、高质量发展要求，对照人民群众对高品质生活的期待，我们仍面临一些矛盾和问题。主要有：一是优质医疗服务供给不足、分布不均，区县之间医疗服务能力和水平差距明显，综合医院实力不够强，学科建设能力不足，高端引领人才缺乏。二是"重医轻防"问题依然存在，全社会对疾病预防关注度不高、政策支持力度不够，疾控人员薪酬分配、目标考核等机制不健全，疾控体系长期稳定的投入保障机制尚未建立。三是"三医"联动改革协同性不够，医共体内引导优质资源下沉不够。四是精细化管理水平不高，少数区县、个别领域底数不清、情况不明等问题依然存在，医疗机构运营管理不规范、不科学问题还比较突出，人民群众还有不满意的地方。

三、2020年发展思路

2020年，市卫生健康委坚持以习近平新时代中国特色社会主义思想为指导，大力推进健康中国重庆行动，拓展"363"工作路径，为"十四五"发展和实现第二个百年奋斗目标打好健康基础，重点做好10项工作。

一是抓健康扶贫。提高贫困区县医疗服务能力，精准救治贫困患者，确保如期完成脱贫攻坚目标。2020年，区县级医院至少有1家二级甲等以上医院，全科医生、乡村医生配备率达100%。二是抓健康中国重庆行动。开展健康知识普及、心理健康促进等15个专项行动，探索第三方考核评价机制，建立健康影响评价制度，适时发布监测评估报告。三是深化医药卫生体制改革。推进学习推广三明医改经验、医共体"三通"建设等政策文件落地，打造公立医院改革、现代医院管理制度试点示范。持续推进12项医改便民措施。四是打造西部医学中心。制定完善西部医学中心建设方案，力争通过10~15年时间，建成西部领先、国内一流、具有一定国际影响力的医学人才聚集高地、医学科技创新高地、高水平诊疗高地、健康产业高地。五是提高医疗服务水平。合理布局医疗卫生资源，深化“美丽医院”“智慧医院”建设，积极推进国家区域医疗中心建设。六是提升公共卫生服务能力。加快完善疾控体系，进一步优化基本公共卫生服务，提高传染病及其他重大疾病防控能力。七是增强中医药传承创新能力。完善中医药服务体系，提升中医药服务质量，充分发挥中医药服务在预防、治疗、康复中的作用。八是强化人才科研建设。实施重庆英才计划，全面完成医学领航、枢纽、守门人才三大计划年度任务。重点建设一批全国知名的学科和专科。九是健全卫生健康行业治理体系。建立综合监管工作信息共享、结果协同运用机制，推进医疗卫生机构依法执业自查、行业信用评价工作。防范化解重大风险，深入推进平安医院建设。提高系统运行效能，推动卫生健康事业高质量发展。十是抓党的建设。坚持把党的政治建设摆在首位，巩固深化“不忘初心、牢记使命”主题教育成果。深化公立医院党的建设，落实党委领导下的院长负责制，全面推进党支部标准化规范化建设。加强党风廉政建设，常态化开展“以案四说”警示教育。

（执笔人：任帅岭）

重庆审计

重庆市审计局

一、2019 年发展回顾

2019 年，全市审计机关坚持以习近平新时代中国特色社会主义思想为指导，深入学习贯彻党的十九大和十九届二中、三中、四中全会精神，全面贯彻落实习近平总书记视察重庆重要讲话精神和对审计工作的重要指示精神，增强“四个意识”，坚定“四个自信”，做到“两个维护”，坚决兑现市委“三个确保”政治承诺。坚持党对审计工作的集中统一领导，准确把握定位，强化政治担当，持续深化审计管理体制改革，扎实推进“两学一做”主题教育，全面加强党的建设和干部队伍建设。紧紧围绕党中央、国务院重大决策部署以及市委、市政府工作要求，坚持依法审计、改革创新、履职尽责，大力推进审计全覆盖。全年共实施审计项目 1590 个，查缴及督促被审计单位归还财政资金 183.41 亿元，核减政府工程投资 55.61 亿元。

（一）重大政策措施落实跟踪审计

聚焦党中央及市委、市政府推进供给侧结构性改革、做好“六稳”工作、打好“三大攻坚战”、实施“八项行动计划”等重大决策部署，围绕涉企减负、保障和改善民生、创新驱动发展等政策分阶段、分区域、分行业确定跟踪审计重点，统筹组织全市审计机关每季度对“六稳”“双创”培育、中小企业发展、河长制、乡村振兴等政策落实情况实施跟踪审计，及时揭示问题并督促整改落实，促进出台或优化中小企业奖补、创新创业早期融资等政策 166 项，督促相关部门、区县取消违规行政审批事项或收费行为，促进中央及市委、市政府重大决策部署落地生根。

（二）财政财务审计

围绕提高财政资金配置效率，首次选择 20 家资金分配权较为集中的单位，以及节能环保、产业扶持、科技创新 3 项重点资金，统筹 11 个处室和 40 个区县审计局交叉实施了从市财政、市级部门到区县财政，从制度建设、预算编制、资金分配到过程控制、绩效评价的多层级、全链条审计，重点关注财政收入的真实性、“三保”支出保障、债务风险管控等内容，揭示了预决算编制、专项资金管理、税收征管等方面的普遍性、典型性问题，促进市区两级财政增收节支 42 亿元，推动了市和区县财政事权与支出责任划分、审计结果与预算安排挂钩等制度出台。

（三）民生审计

2019年，市审计局围绕打好精准脱贫攻坚战，印发了进一步深化扶贫资金审计及整改工作方案，实施3个区县扶贫资金和惠农“一卡通”补贴专项审计，组织14个区县审计局持续对全市18个深度贫困乡镇实施跟踪审计，充分运用审计结果，配合主管部门制定出台加强涉农资金整合、扶贫项目监管等制度近20项，推动脱贫成果的巩固提升。围绕保障改善民生，上下联动实施了保障性安居工程资金投入和使用绩效审计、三峡后续专项资金审计、公立医院综合改革推进审计调查和农村饮水安全审计调查，加大对公租房建设和棚户区改造、群众看病就医负担等与人民群众生活密切相关事项的审计力度，及时揭示存在的问题，提出相关审计建议，推动民生政策贯彻落实，规范资金管理使用。与市委组织部联合开展全市补交党费使用管理情况审计检查，及时揭示相关问题并提出合理化建议，促进全市党费管理工作从使用范围、支出程序、财务核算、项目推进等方面进行规范。

（四）公共投资审计

按季度组织实施中央和市级重大项目推进情况跟踪审计，开展市级基本建设统筹资金、21个重点开发区产业发展和建设管理、9条“新千公里”高速公路建设管理审计调查，并连续第6年开展轨道建设跟踪审计，揭示了政策落实、资金管理、项目实施、投资绩效中存在的主要问题，推动了595个项目加速建设，促进了投融资体制改革、建设领域审批制度改革等改革事项的落实。提请市政府印发全面完善和规范投资审计工作的通知，明确投资审计定位和职责边界，推动全市投资审计规范转型，各区县陆续修订或出台投资审计相关管理办法，“以审代结”“凡投必审”现象逐步得到纠正。

（五）经济责任审计

全面贯彻落实新修订的《党政主要领导干部和国有企事业单位主要领导人员经济责任审计规定》，坚持党政同责、同责同审，全面强化经济责任审计。全市审计机关共实施490个经济责任审计项目，涉及领导干部600余人，市级分板块统筹实施了6个区县、12个市级部门单位、4所高校、6个区县审计局的党政领导干部和7户市属重点国企领导人员共47人的经济责任审计，严格遵循“三个区分开来”，客观审慎地作出审计评价、提出合理建议，促进领导干部依法用权和担当作为。市审计局和各区县审计局均开展了领导干部自然资源资产离任（任中）审计，其中，市审计局实施了合川区、丰都县党政主要领导干部的自然资源资产离任（任中）审计，持续关注长江经济带生态环境保护和生态修复政策落实情况，新华社《国内动态清样》报道了我市自然资源资产离任审计的经验做法。

（六）国有企业和金融审计

防范化解重大风险，开展地方金融产业发展情况审计调查，将融资担保公司、小额贷款公司作为审计重点，揭示运营管理、风险防控等方面存在的问题，提出加强监管力度、健全完善内控制度等审计建议，推动地方金融机构健康稳定发展，维护地方金融安全。开展9户市属重点国企财务收支审计和40户市属国有非金融企业资本运营管理情况专项审计调查，摸清市属国有资产保值增值情况，重点关注国有资本布局、制造业质量提升、落实“三去一降一补”以及重大投资的合规性效益性等情况，及时揭示相关问题并深入分析原因，提出合理化建议，促进优化国资监管、防范国有资产流失、提高国有资本运营效率。

（七）审计整改情况

完善审计整改跟踪检查、考核保障、追责问责、结果公告等制度，建立“一台账三清单”实施“对账销号”管理，把发现问题的整改情况作为审计重点内容，通过“审计＋督查”方式强化整改跟踪检查，不断推动审计整改管理规范化、制度化、信息化。主动配合人大监督，加强与相关主管部门的协作配合，积极采取现场督查、专题检查、询问等形式，推动审计查出问题整改落实到位，提升监督合力。2019 年，向社会公告的市级财政预算执行审计查出问题整改率达到 73%，各级各部门在财政管理、扶贫等领域制定完善相关规范性文件和管理制度 620 余项。

（八）内部审计

进一步加强对内部审计工作的指导监督，指导市民政局、市科技局等 9 个市级单位出台内部审计工作管理办法，促进规范内部治理。强化内部审计业务指导，对市市场监管局、市司法局等 15 个单位的内部审计项目计划制定、审计质量控制、审计整改和成果运用等进行业务指导，推动规范各单位内部审计业务工作。与市国资委建立市属国有重点企业监事会管理联席会议制度，明确联席会议的主要职责，形成对市属国有重点企业监事会工作的指导监督合力。加大内审工作培训力度，组织召开全市内部审计工作会，指导市内审协会组织财务审计、风险管理和内部控制、绩效审计等 8 类培训班，累计培训 2000 余人次，有效促进内审队伍建设。持续开展对社会中介机构相关报告的核查工作，对报告存在重大质量问题的中介机构移送相关主管部门处理，督促有关中介机构规范诚信执业，维护经济运行安全。

（九）机构改革推进情况

2019 年，全市审计机关坚持把加强党对审计工作的领导落实落细，深入推进审计管理体制改革，建立健全审计工作统筹协调、整体推进、督促落实的制度机制。市委审计委员会召开 2 次会议，对审计计划、经济责任审计等工作进行总体布局、统筹协调，建立健全督查督办、重大事项报告、市委审计委员会成员单位协调联动，以及审计与纪检监察、巡视、组织等党内监督贯通，与市委改革办重大改革事项联动协作督察等制度，形成了衔接顺畅、保障有力的审计工作格局。各区县相继成立党委审计委员会并开展工作，积极推进审计管理体制改革、职能划转和转隶人员接收等工作，进一步调整优化审计机关内设机构及职能设置，新增行政、事业编制 124 名，接收转隶干部 16 名。全市审计机关政务运转、机关党建、审计业务、财务核算、组织人事等管理制度进一步完善，审计管理体制改革成果得到持续巩固和深化。

二、发展中存在的问题

同时，发展中仍然还存在一些不足。一是审计理念思路、人员素质与新任务、新要求相比还不适应；二是审计信息化水平与先进地区相比还有差距，大数据审计质效有待提升；三是审计管理体制改革还需持续深化，改革后的职能、人员融合及后续运转等都需要进一步强化，区县审计局人财物统一管理的运行机制还需不断完善。

三、下一步工作重点

2020 年是全面建成小康社会和“十三五”规划收官之年，全市审计机关将深入学习贯彻党的十九大和十九届二中、三中、四中全会精神，紧扣习近平总书记对重庆提出的“两点”定位、“两地”“两高”目标、发挥“三个作用”和营造良好政治生态重要指示要求，牢记使命宗旨、勇于担当作为，全面落实中央审计委员会和市委审计委员会决策，按照中央经济工作会议及全国审计工作会议、全市经济工作会议部署，围绕“六稳”“六保”“三大攻坚战”“八项行动计划”和高质量发展等重点任务，依法客观精准履行审计监督职责，全力做好常态化“经济体检”工作，努力开创重庆审计工作新局面，为推动重庆在高质量发展道路上行稳致远提供有力的审计保障。一是全面落实党对审计工作的集中统一领导，深入推进审计管理体制改革，充分发挥市委审计委员会办公室职能作用，加强审计监督与党内监督的贯通协作。二是扎实履行审计监督职责，坚持把审计工作放到国家治理大局中谋划推动，聚焦重大政策落实、现代化经济体系建设、民生领域补短板、权力运行和反腐倡廉等重点领域，拓展审计的广度深度。三是大力推进审计全覆盖，坚持审计项目和审计组织方式“两统筹”，系统推进全市审计机关“金审工程”三期建设，加强审计整改和成果运用，不断提升审计工作质效，更好地发挥“治已病、防未病”作用。

（执笔人：陈驰）

国资管理

重庆市国有资产监督管理委员会

一、2019年工作回顾

2019年，市国资系统坚持以习近平新时代中国特色社会主义思想为指导，紧紧围绕把习近平总书记殷殷嘱托全面落实在重庆大地上这条主线，在市委、市政府坚强领导下，聚焦高质量、供给侧、智能化，以改革、开放、创新工作举措，增强国企高质量发展动能，各项工作取得新的积极成效。

一是经济运行稳中有进。2019年，市国资委监管的38户市属国有重点企业实现营业收入4445亿元，同比增长5.4%；利润总额317亿元，同比增长8.4%，其中经营性利润占比由59.3%提高到72.6%，主营业务盈利能力进一步增强；劳动生产总值1120亿元，同比增长6.8%；全员劳动生产率29.5万元/人，同比增长11%；上缴税费257亿元，同比增长2.1%；职工薪酬同比增长4.1%，经济效益、上缴税费、职工收入同步增长，为全市经济稳增长提供了有力支撑。

二是供给侧结构性改革持续深化。通过企业债务总额、资产负债率“双管控”去杠杆，非金融企业平均资产负债率59.3%，较2018年末下降2.1个百分点。持续推进瘦身健体，处置“僵尸企业”34户，压缩企业管理层级41户。化解煤炭行业过剩产能，重庆能源集团关闭退出3个煤矿、去产能170万吨。剥离国企办社会职能，近30万名市属国企退休人员实现社会化管理，基本完成50.3万户“三供”、40.2万户“一业”剥离移交，中央在渝企业、市级部门监管企业、区县所属国企退休人员社会化管理工作全面启动。

三是国有企业改革纵深推进。中国特色现代企业制度不断完善。出台《重庆市市属国有企业章程指引》，全面推进党的领导融入公司治理，落实党组织在公司法人治理结构中的法定地位，厘清各治理主体权责边界。市场化经营机制加快建立。开展“三项制度”改革专项行动，改革工资总额形成机制，6户纳入全国“双百行动”企业综合改革试点有序展开，8户子企业开展骨干员工持股、超额利润分享、科技型企业分红等试点。专业化重组扎实推进。重庆化医集团所属重盐集团引入中盐集团，是盐业体制改革以来央企与地方企业第一例整体重组；所属重庆医药健康产业公司引入中国通用及中国医药。重庆粮食集团实施了政策性储备粮业务与市场化粮油业务分离。市属水利国有企业专业化重组基本完成，担保公司重组整合稳步推进。药交所重组到联交所。发展混合所有制经济。重庆商社集团与物美集团、步步高集团签订增资协议。市属国企公开转让产权 26 宗、增资 2 宗，引入社会资本 91 亿元。市属国企混合所有制企业占比 59%。企业上市取得新进展。重庆农商行完成 A 股上市，募资近 100 亿元。目前，市属国有控股上市公司 15 家，发行股票 17 支，资产证券化率 52%，较 2018 年提高 2.8 个百分点。

四是企业创新发展明显提速。新增企业研发平台 45 个，市属工业企业研发投入 17.8 亿元，增长 15%，研发经费投入强度达到 2.5%。市属国企 193 个智能制造和智能应用项目全面启动，完成投资 45 亿元。重庆机电集团引入思爱普、西门子等设立重庆工业赋能创新中心。中国四联集团 PDS 智能压力变送器入选新中国成立 70 周年重庆市发展成就展。重庆交运集团建设智慧物流、愉客行大数据平台。重咨集团在全过程工程咨询服务中推进 BIM 技术应用。市城投集团新型数字交通物联网在全国率先实现省域数字采集处理。市储备粮公司广泛应用绿色储粮技术。重庆渝富控股集团发挥资本运营公司功能，加快推进国家大基金二期、长安新能源、京东方等战略性新兴产业投资项目。

五是对外开放合作成果丰硕。市属国企主动融入共建“一带一路”，积极开拓国际市场，完成进出口贸易总额 2068 亿元，同比增长 18.1%。庆铃集团整车和零部件常态化出口日本、欧美以及东南亚、中亚、西亚、非洲多个国家和地区。重庆对外经贸集团“渝贸通”平台带动全市中小微企业“走出去”，打造香港跨境投融资平台服务渝港新经贸合作。重庆机电集团深化与美国康明斯公司新能源动力项目合作。重庆交运集团与中国铁路成都局集团、中远海运集团等合资设立重庆国际物流集团，打造内陆国际物流枢纽；参与运营的中欧（重庆）班列、越南班列、东盟公路班车班次大幅增长。重庆机场集团新增国际航线 13 条，首次开通南亚、非洲定期货运航线。民生集团两江综合物流基地（一期）项目投入试运行。积极参与重要开放活动，“2019 央企重庆行”签约项目 43 个、金额 1729 亿元，第二届智博会签约项目 13 个、金额 328 亿元，涵盖航空、大数据智能化、医疗、能源、环保等领域。

六是三大攻坚战取得新进展。全面完成市委、市政府交办市属国企脱贫攻坚年度任务。筹集资金 4 亿元用于城口县、巫溪县、酉阳县、彭水县脱贫攻坚项目。在贫困县实施基础设施、产业发展、商贸物流项目 53 个，累计投资 17.4 亿元。地方国有金融企业为贫困区县投放贷款 171 亿元。市属国企选派 36 名干部到对口帮扶贫困村任“第一书记”。企业生态环境保护措施不断强化。工业企业加快排污技术和设备更新改造，持续保持达标排放。建筑企业严格控制施工扬尘污染。市地产集团、市城投集团大力推进储备地绿化美化、添绿增园。重庆交通开投集团、重庆交运集团推广运营新能源公交车 1 万余辆。防范化解重大风险守住了不发生系统性风险的底线。全面清理处置债务违约风险、贸易业务风险、国有小贷公司及担保公司经营风险、资金流动风险、P2P 风险。深入排查整治安全隐患，全年没有发生较大以上生产安全事故。及时主动化解稳定风险，信访总量、人次同比分别下降 7.5%、5.4%。

七是城市建设彰显国企责任担当。市属国有投资集团实施“百项市级重点关注项目”46 个、其他市级重点项目 45 个，完成投资 464 亿元。渝中连接隧道、高家花园立交、寸滩大桥南引道、潼荣高速公路、南川金佛山水库大坝、鸡冠石污水处理厂提标改造等项目如期完成，轨道交通 1 号线尖璧段、环线西南半环通车试运营，渝湘高速公路扩能、巫溪至开州高速公路、渝遂高速公路扩能、金凤隧道等项目集中开工。抓好城市品质提升和民生保障服务，完成 6000 公里高速公路路容专项整治、48.5 万平方米市政桥梁涂装，储备粮库扩容172万吨，改造自来水老旧管网120公里，改造国企职工棚户区1519户。

八是国资监管效能有效提升。落实以管资本为主要求，完成市国资委内设机构调整，出台《出资人监管权责清单》《授权放权清单》，赋予企业更多自主权。健全国资监管制度体系，出台《重庆市市属国有企业合规管理指引（试行）》《关于规范国有企业大宗物资采购的指导意见》《关于规范市属国有企业参股投资管理的指导意见》《关于加强总法律顾问制度建设的通知》等文件。全市国资大数据监管平台建设有序推进。强化违规经营投资责任追究，完成追责事项3件、处理13人。各企业完成审计整改16件、问责122人。制定《关于深化区县国企国资改革的指导意见》，加强对区县国资监管工作的监督指导。市级部门所属经营性资产集中统一监管稳步推进。

二、发展中存在的问题

当前市国资国企改革和发展中仍存在一些突出问题：一是创新发展动能不足。工商企业以传统产业为主，大多处在产业链、价值链中低端，创新能力存在明显短板，智能制造和智能应用基础薄弱、项目偏少。二是部分企业经营风险有所显现。个别工商企业债务负担沉重，资金流动性出现紧张，“两金”增长较多，风险隐患叠加集聚；金融类企业不良贷款、担保代偿、P2P风险等方面仍需下大功夫化解。三是部分企业改革攻坚力度不够。有的企业不敢直面矛盾，处置“僵尸企业”、厂办大集体改革还没有动真格，存在等待观望情绪。引进战略投资者推混改动力不足，深化“三项制度”等市场化改革力度不大。四是一些企业内控制度缺失。在资金运作、投资并购、改组改制、工程建设、购销管理等关键环节内控制度不完善，有的制度执行不严格。有的企业集团对下级企业管控不到位。这些问题必须引起高度重视，切实予以解决。

三、2020年工作目标

2020年全市国企高质量发展的主要经营目标是：全市国有企业净利润同比增长6%，其中市国资委监管企业净利润同比增长6%以上，企业利润总额与净利润同步增长；营业收入利润率、全员劳动生产率、研发经费投入强度稳步提升；非金融企业资产负债率控制在59.3%以内。

（执笔人：胡冰洁）

重庆税务

重庆市税务局

一、2019年发展回顾

（一）概况

2019年，重庆市税务局在重庆市委、市政府和税务总局党委的坚强领导下，深入学习贯彻习近平新时代中国特色社会主义思想，聚焦税收工作的主题主业主线，推动各项工作任务取得积极成效。精准落实减税降费，全年累计新增减税降费535.01亿元（其中减税381.82亿元、降费153.19亿元），有效减轻企业负担、提振发展信心。稳步提升收入质量，全年累计组织税费收入4270.7亿元，同比增长1.7%，有力夯实了全市经济社会发展的财力基础。加快健全监管体系，持续规范税收执法行为，便民办税服务更加有感，税务征管机制不断完善，进一步优化了税收营商环境。充分发挥税务部门连接实施宏观经济政策和服务微观经济运行作用，助力打好精准脱贫和污染防治攻坚战，服务重庆全面融入“一带一路”建设（倡议），助力内陆开放高地建设，助推全市区域协调发展。队伍“四合”持续深化，人才培育机制不断完善，干部成长渠道更加多元，干事创业的动力活力更加充足。着力夯实基层基础，信息化基础更加稳固，内控监督机制更加健全，基层保障更加有力，税收现代化的发展根基更加牢固。

（二）党政领导和部门支持税收工作

重庆市委书记陈敏尔，重庆市委副书记、市长唐良智，重庆市委常委、常务副市长吴存荣等市领导多次肯定税务部门在减税降费、服务发展、优化营商环境等方面取得的成绩，并作出批示。2019年9月11日，唐良智到重庆市税务局开展减税降费专题调研，并到部分企业实地了解减税降费政策措施落实情况。2019年8月30日，吴存荣到部分重点企业专题调研减税降费政策落实情况；2019年12月31日，到重庆市税务局调研，慰问干部职工。

（三）减税降费工作

着力构建上下联动、运转顺畅、协调有力的“1+1+5+7”组织体系，确保减税降费工作统分结合、协调统一，在减税降费满意度专项调查中，重庆市税务局列全国第1位。一方面，明确思路高效推进。紧紧围绕增强纳税人、缴费人获得感“一条主线”，立足确保各项政策措施既要落地更要生根“两个基点”，发挥减税办统筹谋划、统筹协调、统筹推进“三个统筹”职能，做到主动向党委、政府和人大、政协汇报，主动配合财政、人力社保、医保等部门算好账，主动加强与经济信息、商务等企业主管部门联动，主动配合纪委监委、审计等部门监督检查“四个主动”，坚持任务推送、信息反馈、问题建议、数据信息、宣传舆情“五个扎口”管理，完善例会、任务清单、信息反馈、催办督办、公文管理、风险防控“六项制度”，确保有力有序有效推进。另一方面，狠抓落实提质增效。制定涵盖14个方面46个工作事项的《减税降费工作指引》和3万余字的《自查及整改指引》，深入开展减税降费“递进式自查、持续性整改”。选聘501名在渝各级人大代表、政协委员，组建“减税降费特邀监督员”队伍，收集、回应各类意见建议236条，改进完善68项管理服务措施，该做法得到税务总局党委书记、局长王军的充分肯定并在全国税务系统推广。广泛开展“税收志愿者”活动，组建志愿者队伍37支、招募税收志愿者584名、开展志愿服务活动200余次，构建起人人知晓、人人参与、人人拥护的减税降费共治格局。

（四）税收收入情况

全年累计完成各项税收收入2799.9亿元（不含海关代征，未扣减出口退税）。其中，中央级税收实现1262.9亿元，同比下降1.1%；地方级税收实现1537.1亿元，同比下降3.9%。

分税种看，增值税、企业所得税、契税税收贡献列前三位，占全市税收比重分别达到40.9%、20.6%、6.8%。从增速看，消费税、土地增值税同比分别增长39.6%、6.6%，拉动全市税收增长1.9个百分点；增值税、企业所得税、个人所得税和契税同比分别下降1.5%、2.5%、28.9%和5%，拉低全市税收3.7个百分点。

分行业看，工业税收实现694.8亿元，同比下降0.2%；商业（批发零售业）税收实现341.8亿元，同比增长0.9%；建筑业税收实现233.8亿元，同比增长5.7%。房地产业税收实现764亿元，同比下降0.4%；金融业税收实现315.8亿元，同比下降0.7%；租赁商务服务业税收实现143.4亿元，同比下降6.9%。

分区域看，主城都市区实现税收2425.2亿元，同比下降3.1%；渝东北三峡库区城镇群实现税收244.4亿元，同比下降1.7%；渝东南武陵山区城镇群实现税收130.3亿元，同比增长4.4%。

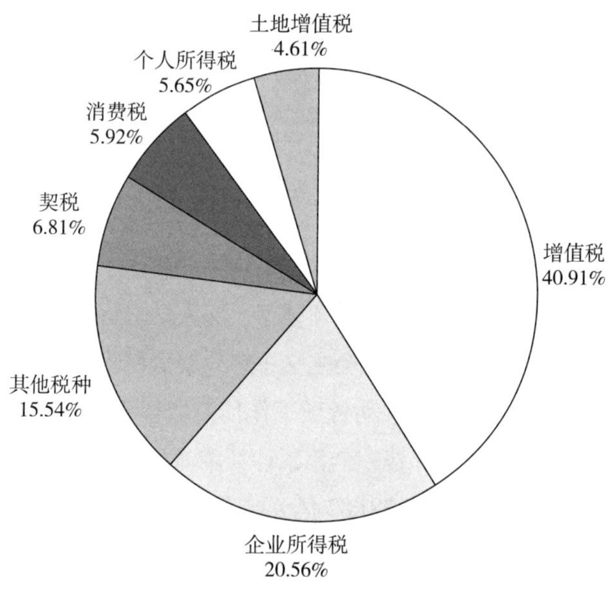

图1 重庆税务税收收入分税种结构（2019）

（五）社会保险费和非税收入

2019年7月1日，重庆城乡居民社保费征管职责划转至税务部门，社会保险费征管信息系统（标准版）正式上线运行。全年累计组织社会保险费1271.4亿元，同比增长8.5%。其中，企业职工基本养老保险673.4亿元，同比下降0.6%；机关事业单位基本养老保险136.1亿元，同比下降0.8%；城乡居民养老保险16.6亿元；职工基本医疗保险337.7亿元（含大额医疗互助保险、离休干部医疗保险），同比增长5.3%；失业保险21.2亿元，同比增长26.8%；工伤保险22.5亿元，同比增长 12.1%；城乡居民医疗保险 64 亿元。全年累计组织非税收入 122.0 亿元，较上年下降 1.7%。其中，教育费附加 39.3 亿元，同比下降 5.1%；地方教育附加 26 亿元，同比下降 5%；文化事业建设费 1.3 亿元，同比下降 25.5%；废弃电器电子处理基金 1.4 亿元，同比增长 0.2%；农网还贷资金 14.8 亿元，同比增长 12.2%；可再生能源发展基金 12.6 亿元，同比增长 10.1%。此外，还代征工会经费（筹备金）6.2 亿元。

（六）税收法治

细化“三项制度”13 个配套文件，统一常用税务文书范本，制定《税费业务岗责规范》，建立完善重大执法决定法制审核机制，为深化依法治税奠定了基础。加强公职律师培养使用，全系统 141 名公职律师为业务论证、风险评估、合法性审查提供了高质量的咨询服务。加强税务规范性文件管理，对全年发布的 9 件税务规范性文件开展合法性审核和合规性评估，梳理与优化营商环境纳税指标相关的 25 个规范性文件，全面展现优化税收营商环境改革成效。妥善处理复议诉讼争议，全年办理行政复议案件 29 件，行政应诉案件 13 件，有效化解了税务行政争议。充分发挥重案审理对稽查执法的指导和监督作用，研究制定涉嫌虚开发票案件的重审指导意见，全年共审理重大税务案件 315 件，降低了税收执法风险。

（七）税种管理

探索财产行为税集成管理，合并房产税、城镇土地使用税纳税期限和申报表单。形成以事前预防、事中控制、事后管理为抓手的契税管理链条。创新土地增值税管理方式，打破原有的属地管理格局，建立跨地域、跨时段的土地增值税项目清算审核机制。进一步优化增值税风险管理机制，虚开发票系统性风险显著下降。积极探索新形势下提升企业所得税种管理水平新路径，率先在全国系统性地建立“事前重辅导服务，事中重风险预警，事后重审核评估”企业所得税管理“新机制”，征管“六率”指标较上年均有显著改善。推动重庆市人大率先明确环保税中“其他固体废物”的征收范围。推动重庆市人大常委会第十一次会议第三次全体会议表决通过了《重庆市耕地占用税适用税额》，有序推进耕地占用税法平稳实施。编写《资源环境税税种管理指引》，建立 8 个类型风险指标，自行开发小规模纳税人资源税、耕地占用税减征优惠数据查询模块，有效指导基层排查疑点数据。

（八）纳税服务

结合“便民办税春风行动”，推进办税厅“10 个规范”标准化建设，推出“便民办税 10 条举措”，评选“十佳纳税服务明星”，实现 13 大类 193 个涉税事项“最多跑一次”。实现房地产交易税收“一窗办理，即办即取”和全流程“掌上办、指尖办”。深化“银税互动”项目，帮助诚信守法企业申请贷款 187.27 亿元。在税务总局委托第三方开展的纳税人满意度调查中，重庆市税务局列全国第 4 位，连续四年进入全国前 10，全市税收营商环境持续优化。

（九）征收管理

持续巩固完善两级扁平化风险管理体制机制，由大数据和风险管理局统筹，征管、税政等部门协同配合，稽查、大企业服务与管理部门及基层单位具体应对的风险管理模式更加成熟定型。综合考虑市场主体适应程度和发展预期，围绕重点行业、重点领域征管薄弱环节，有针对性地采取强管堵漏措施，全年通过欠税追缴、风险应对、稽查、反避税等措施入库 69.1 亿元，拉动税收收入增长2.5个百分点。积极为地方招商引资建言献策，从源头上有效防范侵蚀税收利益的风险。

（十）税务稽查

全市税务稽查部门查补入库收入11.46亿元。深入开展打击虚开骗税违法犯罪两年专项行动，移送公安部门且立案409户，抓捕嫌疑人153名，对不法分子形成有力震慑。认定重大税收违法失信案件138件，并将数据信息推送至重庆市信用平台，有力促进了社会诚信体系建设。

（十一）电子税务

夯实信息管税基础，推动金税三期工程（并库版）、增值税发票管理系统2.0版、增值税电子发票公共服务平台、社保费征管系统（标准版）等信息系统顺利上线，为提升税费征管质效强化了技术保障。建立"大运维"机制，实现对金税三期工程、电子税务局、ITS等系统运维的统一管理。升级电子税务局20余项网上办税功能，创新推出"一表集成"申报、消费税"一键申报"、"全程电子退库"、房屋交易税收管理等系统，进一步减轻了办税缴费负担。电子税务局实现申报业务线下替代率达98%，发票业务线下替代率达90%，大征期前台排队取号量降低45%，进一步缓解了前台办税压力。顺利完成公安部、重庆市政府和税务总局组织的网络攻防演习防守任务，圆满完成全国"两会"、新中国成立70周年、"一带一路"高峰会议等21项重点保障任务。

（十二）税收经济分析

围绕服务"一区两群"发展战略，聚焦西部大开发税收优惠政策执行、两票制改革等专题，研究形成一系列税收经济分析报告。签署陕川渝税收合作协议，建立税收经济联合分析机制。全系统撰写税收经济分析报告523篇，获得地方党政领导批示170人次，为服务党政领导决策提供了参考。

（十三）大数据和风险管理

全面启动税收大数据综合治理规划项目、税收大数据优化整合项目、税收大数据监控平台项目三大项目，深化数据应用，强化统筹协调，初步建立全市大风控工作机制，累计推送涉及1.85万户的风险任务，入库税款13.36亿元，入库滞纳金1.1亿元。

（十四）大企业税收服务与管理

重庆市大企业服务与管理系统于2019年11月25日在全市税收数据平台中上线试运行，该平台实现在税收风险管理过程中基础信息、分析和应对成果的市区两级共通共享，有效解决大企业风险管理的基础性问题，为全市税收收入组织工作做出积极贡献。

（十五）国际税收

落实境外投资者以分配利润直接投资暂不征收预提所得税、债券利息免税等非居民税收优惠政策，全年享受递延纳税政策企业4户次，延迟纳税2.42亿元。加强税收协定执行，认真落实税收协定待遇，全年为非居民企业减免企业所得税2.4亿元。开展"一带一路"建设（倡议）税收政策宣传，面向"走出去"企业介绍相关国家和地区税收政策，提示对外投资税收风险。发布《境外税收工作指引》，促进境外税收管理服务统一、规范、高效。受理企业预约定价申请5户次，积极开展预约定价安排谈签工作，努力为跨境经营纳税人提供税收确定性。

（十六）出口退税

2019年，全市出口退税备案企业共5541户。其中，外贸企业2412户，生产企业2954户，外综服企业6户，服务贸易企业92户，其他企业77户。按照出口退（免）税企业分类管理要求，2019年全市共评定一类企业34户，占比0.6%；二类企业1922户，占比36%；三类企业2993户，占比56.11%；四类企业389户，占比7.29%。2019年全市共受理申报出口退（免）税186.61亿元，审批出口退（免）税额177.24亿元，办理出口退（免）税额144亿元。

二、2020年发展目标

2020年是全面建成小康社会和“十三五”规划收官之年。全市税务系统将以习近平新时代中国特色社会主义思想为指导，全面贯彻党的十九大和十九届二中、三中、四中全会及中央经济工作会议精神，认真落实市委、市政府和税务总局党委决策部署，增强“四个意识”、坚定“四个自信”、做到“两个维护”，聚焦“固本强基、提质增效”工作思路，以提升“六大能力”为着力点，坚持和加强党对税收工作的全面领导，统筹抓好减税降费与组织收入、优化税收营商环境、健全税务监管体系、服务全市重大战略、加强干部队伍建设、强化作风效能建设，持续增强税收在服务全市治理中的基础性、支柱性、保障性作用，为全面建成小康社会和“十三五”规划圆满收官贡献更大力量。

（执笔人：王焜）

林业管理

重庆市林业管理局

一、2019年发展回顾

（一）突出抓好生态保护修复

聚焦市委加快建设山清水秀美丽之地和生态优先绿色发展、污染防治、国土绿化提升行动“1+3”战略部署精准发力，用好重庆好山好水自然基础，发挥林业特殊作用。研究提出建设长江上游（重庆段）重要生态屏障思考建议，形成以“干”“枝”“叶”为依托的全市生态系统保护修复思路构想。纵深推进国土绿化提升行动，累计完成营造林建设1280万亩，开展义务植树5540万株，全市森林面积达到6192万亩，林木蓄积量达2.31亿立方米。提高站位狠抓缙云山生态环境综合整治，缙云山国家级自然保护区内190宗“四个交办”问题累计完成整改185宗，整改完成率97.4%；各级各方面认定的340宗违法违规建筑已完成整改321宗，整改完成率94.4%；在核心区、缓冲区内实施原住居民生态搬迁试点，已签订协议398户、1024人；编制完善《缙云山国家级自然保护区总体规划（2019—2028年）》，积极推进缙云山环山生态绿道示范建设。举一反三推进全市自然保护地大检查大整治，针对排查出的3003个问题一案一策制定整改方案，完成整治2768个，正在整改235个，整改完成率92.17%。配合开展中央生态环境保护督察反馈问题整改，牵头整改的2项措施和6个具体问题，完成整改销号1项措施和4个问题，其余均完成阶段性整改目标。全面加强资源保护管理，划定并严守林地、森林和湿地三条红线，严格林地用途管制和差别化管理，完成落界公益林面积达4138万亩，完成森林资源管理“一张图”年度更新和全市“四旁”林木资源监测工作。查处林业行政案件2727件，查处率99.4%，林区秩序持续稳定。

（二）狠抓林业生态扶贫

结合中央脱贫攻坚专项巡视“回头看”和国家脱贫攻坚成效考核有关要求举一反三，自查自纠，制定9方面23项政策举措狠抓林业生态扶贫目标任务落实，其中推进自然保护地优化整合试点、出台统筹生态保护和脱贫双赢、生态护林员精准选聘、支持“四好农村路”建设使用林地等系列措施为基层打通了多方面瓶颈关节。中央脱贫攻坚专项巡视和2018年国家脱贫攻坚成效考核反馈涉林58项问题，2019年国家和市督查巡查等反馈涉林问题的7项问题均整改销号；我局自查问题已全部完成整改并建立起长效机制。累计在33个有扶贫任务区县实施营造林663万亩，选聘生态护林员1.9万人，人均年管护费超过5000

元；支持发展经济林260余万亩，落实林业产业贷款贴息，推进森林旅游康养发展和林产品招商，支持林业补助43亿元。指导江北区和酉阳县政府、九龙坡区和城口县政府、南岸区与巫溪县政府签订生态补偿协议，累计成交森林面积指标10万亩，交易金额2.5亿元。实施“千名林业专家进千村”科技产业扶贫，落实1016名科技人员进村入户开展技术指导。在城口落地全市首单国家储备林项目，及时向村集体组织和农户兑付首笔流转金，带动户年均增收1500多元。支持18个深度贫困乡镇林业扶持项目90个、资金1.1亿元，建立联络员制度对接指导。积极参与集团帮扶工作，派2名干部分别驻酉阳县车田乡清明村、万木镇黄连村任第一书记，开展定点帮扶。争取国家政策支持，落实一般性林业贴息贷款6.9亿元。大力发展木本油料、笋竹、林下经济、森林旅游、森林康养、林产品加工贸易等主导产业，建成笋竹基地416万亩、木本油料基地163万亩、中药材基地122万亩、花椒基地100多万亩、苗木花卉基地40万亩，近两年林业产值年均增幅达16%。

（三）加快推动林业高质量发展

深入贯彻落实渝委发［2019］16号精神，立足林业实际，建立13个方面重点工作任务积极推动在西部大开发形成新格局中展现新作为、实现新突破，不断开创重庆林业高质量发展新局面。在主城8区高质量推进长江上游生态屏障（重庆段）山水林田湖草生态保护修复工程试点，完成国土绿化提升营造林任务57.9万亩。在15区县开展林长制试点，层层落实各级林长4820人，初步建立起林长制组织体系与运行机制，完成阶段任务。积极探索建立“林票”制度，推动全市生态价值量持续增加、生态环境持续变好和林草资源有效增值。编制《长江重庆段“两岸青山·千里林带”建设工程实施方案（2020—2025年）》，大力推进川渝《建设长江上游生态屏障合作协议》深度协作、共建共享。加强林业科技对外合作，支持重庆交通大学“沙漠土壤化”生态恢复技术试验推广，加强与中国林科院、北京林业大学、国家林草局西北院、西南大学等市内外涉林科研院校的合作与交流。加大林业知识产权保护力度，加快品牌创建，进一步抓好复合型高层次科技人才的培养和林业专家团队建设。加大科技支撑力度，实施中央林业改革发展资金科技推广项目12项、市级科技兴林项目20项，编制地方标准5项，建立市级林业专家团队6个。启动全市林木种质资源普查工作，建设保障性苗圃12个。

（四）积极打造林业对外开放平台

充分利用重庆“四大优势”，积极探索创新发展模式，培育特色产业品牌，推进重要开放平台建设。市政府与国家林业和草原局、国家开发银行签署《支持长江大保护共同推进重庆国家储备林等林业重点领域发展战略合作协议》，引入中国林业集团有限公司组建央地混合所有制企业——重庆林业投资开发有限责任公司，共建500万亩国家储备林项目，一期330万亩建设任务获国开行市分行100亿元政策性贷款并到位首笔5亿元资金。引进中林集团在巴南区建设中国西部木材贸易港，港口木材年吞吐量由原来的65万方增加到300万方。推进林产品流通贸易，长寿家居产业园、永川港桥产业园等入驻涉林企业120余家。坚持内培外引，壮大市场主体。培育国家林业龙头企业7家，命名市级林业龙头企业99家；北京世园会圆满参展，重庆室外展园和室内展区分获北京世园会组委会特等奖和银奖，重庆园（展区）累计接待游客约640万人次，促成重庆星星套装门集团招商签约20亿元。注重品牌建设，展示特色风情。承办“绿色中国行——走进世界苗乡”活动，大力推介彭水县及周边武陵山区生态旅游及特色文化；创建绿色示范村509个，向国家林草局推荐拟评价认定国家森林乡村156个，全市新增全国康养基地建设试点单位7个，全年森林旅游康养超过1.2亿人次，综合收益超过350亿元。

（五）持续保障和改善民生

从解决群众最关心、最直接、最现实的利益问题入手，加强林地审批管理，做好3510宗普惠性、基础性、兜底性民生建设审批工作。坚定不移把“放管服”改革、优化营商环境作为促进“六稳”的重要举措。全面推行“全渝通办”“渝快办”，编制林业政务服务事项目录清单35项，实施清单管理。修改完善使用林地审核审批管理工作制度，消除办事要件和服务指南中模糊条款。优化审批服务事项流程和精简办事材料，实现了林业行政审批平均办结时间压缩一半的目标。持续向改革创新要活力，提高林地产出及林业效益，推进民生改善。探索非国有林赎买改革试点，在长寿区、綦江区、彭水县、北碚区等重点生态区位开展非国有林赎买19917亩。推进林业“三变”改革试点，林地入股面积达9万多亩，入股户数8881户，人均增收894元。全市林地流转面积累计达763.68万亩，比上年增长10.3%，流转金额累计达35.44亿元，新型经营主体达1万余家。依托自然生态禀赋强力助推森林旅游和森林康养，建成市级以上森林公园85个、湿地公园26个、风景名胜区36个、地质公园10个，县级以上森林人家3200余家。

（六）扎实防范化解重大风险

将林业安全生产作为“迎大庆护稳定”“安全稳定百日攻坚”等专项调研、暗访检查的重要内容，与火灾预防、信访稳定等重点任务一并部署、一体推进。主动对接应急、气象等部门，强化业务会商及处置管理；强化宣传教育和站卡检查，形成人人共知、齐抓共管的浓厚氛围。全年发生森林火灾10起，森林火灾起数同比下降23%，受害率远低于0.3‰。狠抓生态安全，降低林业生物灾害发生水平，松材线虫病等重大林业有害生物防控成效明显，死亡松树、病死松树分别下降65%、46%；林业有害生物无公害防治率达98%、测报准确率达97%、种苗产地检疫率达100%。受理各类涉林信访举报351件，均做到早发现、早掌握、早处置、早化解。

二、发展中存在的问题

一是我市林业产业高质量发展程度不够，林地产出率、科技贡献率亟待提高。二是统筹生态保护和经济社会发展矛盾依然存在，林地、湿地、草地和野生动植物物种蕴藏的潜力没有全面释放。三是退耕还林空间进一步收窄，造林用地持续紧张。四是我市森林草原防火压力较大，林草防火基础设施投入不够，国有林场等基层消防专业队伍不够壮大。

三、2020年发展思路

2020年是第一个百年奋斗目标的实现之年，是“十三五”规划收官之年。全市林业工作将紧扣全面建成小康社会目标任务，切实把思想和行动统一到党中央、国务院决策部署和市委、市政府工作要求上来，更加注重从全局谋划一域、以一域谋划全局，推动林业生态建设再创新业绩、取得新成效。力争全年实施国土绿化提升行动560万亩、其他营造林80万亩，实现全市森林覆盖率达到52%左右，为确保全面建成小康社会和“十三五”规划圆满收官作出更大贡献。

（执笔人：何龙）

重庆海关

重庆海关办公室

一、2019年回顾

2019年，我关始终坚持以习近平新时代中国特色社会主义思想为统领，深入学习贯彻党的十九大和十九届二中、三中、四中全会精神，全面深入贯彻落实习近平总书记对重庆提出的“两点”定位、“两地”“两高”目标、发挥“三个作用”和营造良好政治生态的重要指示要求，充分发挥新海关职能作用，全力促进重庆在西部地区带头开放、带动开放。

据海关统计，2019年，重庆外贸进出口总值5792.8亿元人民币，较2018年（下同）增长11%，高出同期我国整体外贸进出口增速7.6个百分点。其中，出口3712.9亿元，增长9.4%；进口2079.9亿元，增长13.8%。重庆外贸进出口总值居中西部地区第2位、全国第11位。

（一）坚决贯彻落实习近平总书记重要指示批示精神，坚决打击洋垃圾和濒危物种及其制品走私

全力以赴打好“象牙走私攻坚战”，深入推进“蓝天2019”专项行动。全年立案查办固体废物、疫区冻品走私违规案件8起，查获固体废物260余吨、废电子零部件42千克、冻品78吨；立案侦办涉嫌走私濒危物种及其制品走私案件8起，查获象牙、高鼻羚羊角、狮骨、小叶紫檀等濒危动物制品近19千克。

（二）充分发挥海关职能作用，助力重庆优化跨境贸易营商环境

1. 配合做好迎接世行评价准备工作

在全国海关系统首创“进口货物转关自动审核放行”“进口货物口岸转运并联操作法”等一系列便利通关创新举措。12月，进口水运标准品边境合规时间较10月压缩近一半。

2. 持续压缩重庆口岸整体通关时间

率先在西南地区乃至全国开展“两步申报”“两段准入”等重大业务改革试点。2019年12月重庆口岸进口、出口整体通关时间较2017年分别压缩67.96%、95.56%，提前2年完成国务院下达的压缩整体通关时间一半的目标任务。

3. 接续深化海关“放管服”改革

推进“证照分离”改革全覆盖试点，实现全流程网上办理和集中办理。继续压减监管证件和证明事项，企业获得感明显增强。接续推进减税降费，深化“关税保证保险”“汇总征税”等税收征管方式改革，全年累计减税55.13亿元。取

消强制性电商企业及商品备案，助推重庆电商出口“从无到有”。

（三）积极推进监管制度创新，全力支持重庆各类开放平台高水平开放高质量发展

1. 深化“两区”改革创新

积极推动国务院关于支持自由贸易试验区改革创新53项措施，以及国务院关于促进综合保税区高水平开放高质量发展24项措施落地落实。自主推出第四批18项支持举措，继“四自一简”监管创新制度被国务院复制推广之后，首创“一保多用”管理模式已被海关总署作为新一批拟复制推广的改革试点经验报商务部。

2. 支持多元业态并行发展

在促进重庆加工制造迭代升级的同时，促成飞机保税维修和汽车保税仓储业务落地重庆，支持催生了全球维修、保税研发、飞机租赁、委内加工等新业态。全年关区加工贸易进出口增长13%，占全市外贸总值的51.3%；保税物流进出口增长61.9%，占全市外贸总值的17.8%。

3. 推动完善开放平台功能

配合地方政府成功获批重庆港扩大开放至果园港，支持涪陵综保区（一期）通过正式验收、果园港B保正式封关运行，助推寸滩港进口粮食指定口岸顺利运作。协助地方完成申请设立万州综保区的申报，重庆开放平台功能日臻完善。

（四）围绕构建内陆国际物流枢纽，全力支持大通道建设

1. 全力支持中欧班列（重庆）运行

完成“关铁通”中哈往返测试，支持增加“重庆—霍尔果斯—立陶宛”运邮线路，促进集拼集运业务快速发展，助推率先在国内开行全程国际联运的“笼车班列”，促进整车进口增长11倍以上，并带动保时捷等一批国际知名品牌落地重庆。全年中欧班列（重庆）开行班列、运输集装箱分别增长14.1%、22.1%。

2. 全力支持西部陆海新通道建设

牵头15地海关建立共同支持陆海新通道建设合作机制，并将支持新通道建设纳入《中新（重庆）关际合作谅解备忘录》。推进西部陆海新通道冷链体系建设，实现冷冻巴沙鱼等商品常态化直转至重庆验放。创新物流监管方式和申报模式，实现东盟班车进出公路B保快进快出。全年开行铁海联运班列班次、运输标箱同比分别增长49.67%、75.87%；东盟公路班车发车车次和运输货物分别增长1.6倍和3.4倍。

3. 全力支持水运通道建设

在支持稳定开行“渝甬铁路班列”“江海联运‘五定’快班轮”的基础上，依托长江黄金水道，积极支持“沪渝直达快线”正式开行，全程物流时间压缩30%左右。

（五）深入开展调查研究，积极主动建言献策

充分发挥海关“统计+数据”的优势，立足重庆、紧盯中西部、放眼全国，深度开展外贸走势、重点商品比较分析研究，提出对策建议。全年累计向市委、市政府报送外贸专报和专题调研报告70余篇次，被市领导批示10篇次。

（六）全面落实总体国家安全观，牢牢把守国门安全防线

1. 着力深化综合治税

始终坚持依法、科学征管，不增“过头税”，全面提高税收征管质量。全年累计税收入库144.54亿元，其中稽查追补税1亿元，增长近5倍。

2. 加大口岸检验检疫力度

高效妥善处置10名在圭亚那务工人员染病包机回国突发公共卫生事件，圆满完成总署和重

庆市政府联合举办的口岸突发公共卫生事件应急演练。持续打好口岸非洲猪瘟防控攻坚战。全年检疫传染病确诊率增长7.9%、食品不合格检出率达到11.2%、工业品不合格检出率提高1.3个百分点，截获各类进境动植物疫情批次、种类和种次分别增长418.4%、30%、170.1%，截获疫区猪肉制品73批，首次检出人冠状OC43病毒，首次截获4种检疫性有害生物。

3. 着力强化实际监管

全年监管货运量635.7万吨，货值725.5亿美元、增长4.3%。受理报关单超100万份。监管进出境人员346.5万人次，增长6.5%。监管进出境快件160.3万票，增长68.5%；监管行邮物品499.6万件。全年查获知识产权侵权案件7起。

4. 重拳出击打击走私

始终保持打击走私高压态势，推进反走私综合治理。全年立案查办各类走私违规案件415起，案值3.98亿元，涉嫌偷逃税3024.55万元。其中刑事立案38起，案值1.2亿元，涉嫌偷逃税2558.63万元。

（七）充分发挥科技先导作用，全面提速智慧海关建设

推进业务科技融合发展，支持重庆国际贸易“单一窗口”主要业务应用率达100%。推动金关二期系统在关区加贸领域实现全覆盖。提速“智慧海关”建设，构建“互联网+海关”一体化平台和海关行政审批网上办理平台，“集中审像”“智能审图”系统覆盖关区所有H986设备现场，机检查验率达60%以上。全面加强实验室建设，全国首家“牛结节皮肤病诊断检测实验室”通过验收，首次成功跻身国家一流检测机构行列。积极推动科技创新，年内获省部级科技进步奖2项，被署市批复科研立项7项，3项发明专利完成成果转化应用，实现关区科技成果转化零的突破。

（八）积极支持扶贫帮困，助力决战脱贫攻坚

推动新增近万亩的6个出口基地，支持荣昌血橙首次出口印尼，带动签订1000吨外销欧洲协议。助推新鲜蔬菜、榨菜、禽蛋等首次出口马尔代夫、委内瑞拉等国家和地区。选派专人开展驻点扶贫工作。帮扶该村整合近年国家各类扶贫资金2000多万元。开展“101个心愿”爱心活动，援建一所“金钥匙爱心图书室”。

一年来，我关改革建设举措和工作成效引起新闻媒体、信息载体广泛关注、深度宣传。被《人民日报》、中央电视台等中央级新闻媒体采用新闻稿件93篇（条），被省部级新闻媒体采用新闻稿件284篇（条），被总署和地方信息载体采用信息动态和综合信息呈报429篇（条），持续提升了重庆海关的正面影响力。

二、发展中存在的问题

在总结成绩的同时，也要看到自身存在的一些不足，突出表现在：一是以全局谋划一域、以一域服务全局的能力尚待进一步提升；二是改革的系统性、整体性、协同性还有待加强；三是党建与业务工作结合还不够紧密，基层党建仍存在薄弱环节。

三、2020年发展思路

2020年是全面建成小康社会和“十三五”规划的收官之年。今年关区工作的总体思路是：以习近平新时代中国特色社会主义思想为统领，以学习贯彻党的十九大和十九届二中、三中、四中全会精神为主线，全面贯彻习总书记对重庆提出的“两点”定位、“两地”“两高”目标、发挥“三个作用”和营造良好政治生态的重要指示

要求，深入落实全国海关工作会议、全面从严治党工作会议精神，聚焦“五关”建设，全面实施“六大提升行动计划”（治理能力提升行动计划、制度创新提升行动计划、改革集成提升行动计划、科技运用提升行动计划、执行效能提升行动计划、党建质量提升行动计划），大力弘扬“关通千里、心致广大”渝关文化理念，固根本、扬优势、补短板、强弱项，推进海关制度创新和治理能力建设，促进重庆在西部地区带头开放带动开放。

（执笔人：肖宝林）

市场监管

重庆市市场监督管理局

一、2019 年主要工作回顾

2019 年，重庆市市场监督管理局着眼未来 3~5 年发展谋篇落笔，以“113661”工作思路破局开路，各项工作全面起势、齐头并进，新时代市场监管迈出坚实步伐。机构改革走深走实，领导班子合心合拍，干部队伍团结向上，政治生态风清气正。安全状况稳中向好，2019 年全市食品安全满意度提高到 82%，产品质量合格率稳定在 90% 以上，万台特种设备死亡率比全国平均水平低 25%，守住了不发生系统性、区域性安全事件的底线。市场主体持续增加，新设市场主体 46.2 万户、同比增长 12.2%，日均新增超过 1200 户，总量达到 274.7 万户。深化改革与建章立制同步推进，建立健全各类制度规范 51 项，有力推动市场监管治理制度化、规范化、程序化。目标任务圆满完成，11 项工作先后在全市和全国市场监管系统相关会议上作交流发言，全系统 11 个集体、9 名个人受到省部级表彰奖励，市局在 2019 年度政府系统 70 个机关单位目标管理绩效考核中名列前茅。

（一）坚持和加强党的全面领导

坚持把全面加强党的建设作为一切工作的根本保证。始终把政治建设放在首位，严守政治纪律和政治规矩，压实管党治党主体责任和监督责任，做好巡视整改工作，严格落实意识形态工作责任制。扎实开展领导干部离任经济责任审计，强化监督执纪问责。大力加强“三基”建设，选举产生市局机关党委、纪委，完成党支部及群团组织的设立，协助新建“小个专”党组织 56 个。2 个案例被市委直属机关工委评为“三基”建设和绿色机关建设最佳案例，市局机关党建考核名列全市第三。全年发文、召开会议同比均减少 30% 以上，切实减轻基层负担。高质量开展主题教育，坚持把主题教育作为重大政治任务抓细抓实抓好。市局党组扛起主体责任，制定实施工作方案，各级领导班子“关键少数”示范带动“绝大多数”学研查改。

（二）顺利有序推进机构改革

深入学习贯彻习近平总书记关于深化党和国家机构改革的重要论述，坚决落实中央和市委关于机构改革的工作要求。推进市局机关、区县局、综合行政执法、事业单位改革，积极支持高新区、经开区市场监管改革，市场监管综合行政执法总队挂牌运行，推动划转重庆检测认证（集团）有限公司，确保新老机构平稳过渡、人员有序转隶、工作无缝对接。实施“十百千万”素质提升工程，组织集中培训、专题讲座、远程教育等56期次，培训3.8万人次。统筹推进全面深化改革，建立全面深化改革工作规则，完成73项改革目标任务，推动了体制完善、机制优化和制度创新。

（三）严守安全底线和健康红线

坚持以人民为中心，按照“四个最严”的要求，有效防范安全隐患。从严监管食品药品安全，市委五届六次全会对加强食品药品安全工作作出部署，市委、市政府出台深化改革加强食品安全工作的若干措施，制定党政领导干部食品安全责任清单，市政府成立“1+1+3+31”食药安委。2019年食品抽检量达到4.5批次/千人，依法公布抽检结果和不合格食品核查处置信息，及时控制和消除食品安全风险隐患。打造“名特优”小作坊示范点128家，创建“放心示范肉菜超市”39家、食品安全示范街34条，学校“明厨亮灶”覆盖率达100%。扎实开展整治食品安全问题联合行动，食品无证生产经营、校园食品安全、保健食品虚假宣传等一批突出问题得以有效整治。深入推进中药饮片、医疗器械“清网”等专项整治行动，疫苗配送企业及接种点检查全覆盖。查办食品药品案件3773件，移送司法30件，刑事判决7件。圆满完成市级重大活动食品安全保障任务。从严监管工业产品质量安全，抽查重点工业产品15610批次，问题发现率9.52%。完成棉花等纤维出入库公检10万吨。行政指导和约谈儿童玩具等4类产品问题213次。强化钢铁、水泥、危险化学品等重点产品证后监管。召回102个批次2.4万件缺陷消费品。成立彩车组装工作组，攻克技术难题，确保了国庆“魅力重庆”彩车质量安全。从严监管特种设备安全，特种设备安全条例立法进入市人大常委会审议阶段，修订特种设备事件风险管理实施细则等制度，严格划分市、区县特种设备安全监管事权。扎实开展危险化学品相关特种设备等专项整治，破解飘红预警信息治理难题。组织LPG球罐泄漏大型应急救援演练。有效开展电梯质量提升行动，电梯责任保险覆盖率达到35.2%。发生特种设备安全责任事故2起、死亡2人，同比分别下降50%、60%，均创“十三五”以来新低。

（四）持续改善营商环境

深化“放管服”改革，着力破解企业生产经营和消费维权中的堵点、痛点、难点问题。市场准入不断优化，用心尽力做好优化营商环境“1+3”专项小组工作，牵头推动开办企业实现“一网、一窗、一次、一日”全流程办结。企业名称自主申报15万件，“证照分离”改革惠及企业3.4万户，简易注销企业4.5万户。市级管理工业产品生产许可由17类减至5类。强制管理计量器具由60类117种减至40类63种。食品生产、检验检测机构资质认定、食品经营审批时限压缩了1/3，特种设备、药品行政审批事项办理时限压缩了1/2。公平竞争不断强化，率先建立实施公平竞争审查第三方评估机制，审查规范性文件及其他政策措施2148件，查处行政垄断案件5件、市场垄断案件1件、不正当竞争案件113件。立案调查传销案件30件，连续7年在中央打击传销综合治理工作（平安建设）考评中居榜首。对91家公立医院开展价格治理，立案查处车检机构价格违法案件64件。消费环境不断改善，12315等五条热线整合实现一号对外，登记消费者咨询投诉举报34.2万件，同比增长5.8%，挽回消费者经济损失1.5亿元。4.6万户经营者开展线下无理由退货。广告违法率持续保持低位。开展网络交易监管“四大行动”，1.7万个电商主体纳入建库管理，处理监测发现的问题600余个。纠正涉嫌违法违规格式条款924条次。3个商品交易市场被评为全国100强市场。综合执法力度不断加大，重点查办央视曝光案件、质量安全案件、涉众型案件等大要案件，全系统立案9581件，涉案金额4.7亿元。

（五）聚焦聚力服务发展

坚持一手抓监管、一手抓服务，寓监管于服务之中，助推“三大攻坚战”和“八项行动计划”取得新成效。防范化解重大风险有新作为，推行风险排查制度化机制化，扎实开展“防风险保安全护稳定迎大庆”专项督查，排查整改4个重大风险、48个较大风险，核查涉黑涉恶线索32条。助力脱贫攻坚和乡村振兴有新进展，市局对口帮扶贫困户全部脱贫，投入193.98万元支持产业发展。新设农民专业合作社2983户、家庭农场1154户，指导签订重点扶贫项目合同4177份，办理涉农动产抵押登记71件。新培育农产品商标2.08万件、地理标志9件。区县局主动作为，积极助推脱贫攻坚和乡村振兴。推动污染防治攻坚有新加强，完成国务院对我市2018年度国家能源消耗总量和强度“双控”及控制温室气体排放6项目标任务。开展锅炉能效和环保测试258批次。新增38家企业试点推行能耗成本控制作业指导书，累计节能7691万元。增加节能产品认证证书21张、低碳产品认证证书2张。对全市59家企业开展塑料排水管材产品专项整治，完成成品油监督抽查1879批次。服务民营经济发展有新举措，服务民营经济发展20条、医药产业发展“1+3+N”措施落地见效。成功承办第五届全国民营企业合作大会，促成11个项目签约落地。完成民营企业发展法治环境评议整改工作。在全国率先实现“三品一械”广告审查平稳交接，解决了历史遗留问题；国家广告产业园建设稳步推进，全市广告经营额达128.8亿元，同比增长7%。知识产权工作有新成果，每万人口发明专利拥有量10.5件，同比增长15.2%。全市知识产权服务业收入5.1亿元，同比增长11.6%。知识产权运营服务体系建设工作纳入国家试点，获得中央财政支持1.5亿元。时隔10年再获中国专利金奖。区域协调发展有新路径，联合四川省局成立推动成渝地区双城经济圈建设工作领导小组，全面落实成渝城市群市场监管体系一体化2019年重点工作任务。初步形成20项支持“一区两群”扶持政策措施清单。有序推进渝吉、渝黔、渝青、渝桂等区域合作。

（六）扎实开展质量提升行动

坚持把提高产品和服务质量作为加快质量强市建设、推动高质量发展的重要抓手。质量提升持续推进，牵头制定实施2019年质量提升计划，指导29个区县党委、政府制定质量提升具体工作方案。精心组织第七届市长质量管理奖评选，专题调研全市制造业企业质量发展现状，产品质量合格率等指标纳入高质量发展评价指标体系。质量水平稳步提高，建设质量强镇57个、质量强园31个、质量强企147家。指导成立QC小组1258个，开展质量攻关和质量专家诊断活动233次，创造直接经济效益2.5亿元。5个区县实施区域服务行业满意度测评，颁发全市首张养老服务认证证书。质量基础设施建设成效明显，发布重庆市高质量发展标准体系框架，国家技术标准创新基地（重庆）获批成立，新增国家和行业标准109项，发布地方标准94项，公开团体标准43项、企业标准2773项。新建社会公用计量标准25项，连续6年开展基层医疗机构计量设备免费检定。在全国率先建立认证认可检验检测风险监测和风险预警制度，获批筹建国家智能网联汽车质检中心，3家检验检测机构进入全国营收规模50强。立项省部级以上科研项目28项，荣获重庆科技进步三等奖1项。

（七）加快完善新型监管机制

坚持把完善制度、优化机制作为改革创新的突破口，推动监管效能不断增强。“双随机、一公开”监管协同推进，建设全市统一的双随机监管工作平台，完成流程整合，发布抽查任务47个，抽查市场主体20万户，发现并处置问题1.8万个。信用监管有效实施，构建市场主体信用风险分类监管模式。累计列入经营异常名录和严重违法失信名单企业14.5万户，联合惩戒失信企业1448户，失信被执行人在企业登记注册环节任职资格受限5232人次，修复公示信息253条，2018年度企业年报率达到91.5%，批量吊销企业1.4万户，强制注销个体工商户1万户，对199户认缴制企业首次开展第三方核查。智慧监管步伐加快，智慧市场监管纳入全市新型智慧城市建设重点项目，编制完成智慧市场监管总体方案。在全国率先上线使用市场主体信用风险分类监管平台，智慧食品安全监管系统项目顺利实施，新财务系统正式启用。积极开展信息系统迁云和整合工作，上报监管行为数据70余万条。自贸区市场综合监管大数据平台入选全国“最佳实践案例”。法治建设大力推进，清理、审核行政规范性文件和党内规范性文件158件，清理并公开行政权力912项，公共服务事项11项。制定了党内规范性文件制定办法、行政处罚案件评查规定等基础制度。大力贯彻实施行政处罚程序暂行规定，办理行政复议案件304件、行政诉讼案件44件、行政抗诉案件39件。市局被全国普法办评为“七五”普法中期先进单位。

各区县（自治县）党委、政府和两江新区、重庆高新区、万盛经开区、重庆经开区党工委管委会对市场监管工作高度重视、大力支持。各区县局广大干部职工面对职能整合、队伍融合和繁重的监管任务，知重负重、埋头苦干。市局机关政务运转、机要保密、综合规划、财务、离退休干部工作、统战、后勤保障、档案管理等成效明显，直属事业单位以及协会、学会、工青妇等发挥了功能作用。

二、2020年发展思路

2020年是全面建成小康社会和“十三五”规划的收官之年，是脱贫攻坚决战决胜之年。慎终如始抓防控，时不我待促发展。全面加强党的建设，深入贯彻党的十九届四中全会、十九届中纪委四次全会精神，按照新时代党的建设总要求，把“严”的主基调长期坚持下去，一以贯之、坚定不移全面从严治党，为完成各项任务提供坚强保证。严守安全底线是我们的主要任务，服务高质量发展是我们的重要目标，必须胸怀两个大局、坚定必胜信心，切实增强统筹抓好各项工作的紧迫感和完成全年目标任务的责任感。

2020年全市市场监管工作的总体要求是：以习近平新时代中国特色社会主义思想为指导，增强“四个意识”，坚定“四个自信”，坚决做到“两个维护”，全面贯彻党的十九大和十九届二中、三中、四中全会精神，深化落实习近平总书记对重庆提出的“两点”定位、“两地”“两高”目标、发挥“三个作用”和营造良好政治生态的重要指示要求、关于市场监管重要论述，坚持稳中求进工作总基调，坚持新发展理念，坚持问题导向、目标导向、结果导向，认真贯彻落实市委、市政府和市场监管总局部署要求，按照“113661”思路的工作安排，扎实做好市场监管各项工作，为决胜全面小康、决战脱贫攻坚奠定坚实基础，做出新的贡献。重点抓好十项工作。

一是毫不放松抓紧抓实抓细疫情防控。持续

加强市场监管，依法打击涉及疫情的市场违法行为，维护好市场秩序和人民群众的切身利益，全力支持企业和个体工商户复工复产。

二是持续抓好脱贫攻坚。全面完成中央脱贫攻坚专项巡视“回头看”和2019年成效考核反馈问题整改任务，优化涉农市场主体准入服务，精准对口帮扶，推动乡村振兴。

三是坚决防范化解重大风险，健全工作机制，完善应急预案，实施精准治理。

四是严格依法加强食品药品、工业产品、特种设备安全监管。

五是营造市场化法治化国际化营商环境。深化“证照分离”改革，进一步放宽市场准入，培育市场主体，完善支持民营企业的政策措施，构建多元化市场主体退出机制。加强反垄断和反不正当竞争执法工作。紧抓重点领域整治。强化消费者权益保护。加强知识产权保护。

六是积极推动成渝地区双城经济圈建设。完善合作机制，共优营商环境，共守安全底线，共创竞争优势，共建公平竞争环境，共护市场秩序。

七是纵深推进质量强市建设。深入开展质量提升行动，促进制造业、服务业高质量发展，夯实质量基础设施。

八是加强和规范事中事后监管。健全以“双随机、一公开”为基本手段、重点监管为补充、信用监管为基础、智慧监管为支撑的新型监管机制。

九是加强市场监管文化建设。培育市场监管价值理念，打造文化建设品牌，讲好市场监管故事。

十是着力夯实基层基础。巩固深化机构改革成果，坚持依法行政，加快制度建设，加强基层建设，做好“十四五”规划编制、综合统计和信息工作。同时，加强各级各类审评审批、检验检测机构和培训学校、学会、中心等直属单位能力建设。

（执笔人：方静）

药品管理

重庆市药品监督管理局

一、2019年发展回顾

2019年，市药监局坚持以习近平新时代中国特色社会主义思想为指导，深入学习贯彻落实习近平总书记对重庆的重要指示要求和党的十九大、十九届二中三中四中全会精神，认真贯彻落实市委五届六次、七次全会精神，严格落实“四个最严”要求，稳步推进机构改革，强化药品安全监管，积极服务产业发展，牢牢守住药品安全底线，全市未发生重大药品安全事件，药品安全形势总体平稳向好。

（一）稳步推进机构改革

在市委、市政府的坚强领导和有力指导下，全力以赴抓好药品监管机构改革工作，创新性构建起“13（内设处室）+4（直属检查局）+1（药品执法机构）+10（技术支撑机构）+N（区县市场监管局、乡镇街道市场监管所）”的药品监管机构体系。准确把握省级药品监管事权的重大调整变化，新组建4个正处级直属检查局，有效承接了“两品一械”生产和药品批发环节的监督检查职责。严密组织机构人员转隶、干部交流轮岗和人员编制划转，细化明确监管职责和事权划分，全市药监部门改革推进有力、运转有序。国家药监局主要领导认为“重庆药监机构改革工作体现了重庆市对中央加强药品监管精神的深刻领会和准确把握”，并指定我局在全国药品监管系统省局及国家局直属单位主要负责人培训班上作重点交流发言。十余个省市药监局先后来渝调研，药监机构改革的“重庆经验”得到了推广运用。

（二）强化安全风险防范化解

一是加强风险隐患排查整治。完善风险制度化常态化排查机制、分析研判机制和风险出库入库机制，动态化管理安全风险隐患清单，科学化开展风险研判，精准化督促整改，全年共排查风险隐患1892个，整改到位1859个，有效管控并持续整改33个，实现了安全风险的可防可控。二是发挥抽检监测的技术监督作用。开展抽样10163批，检验发现不符合规定的产品212批，不合格产品已全部按要求进入核查处置程序；收到不良反应报告4.9万余份，发现并处置香丹注射液、聚明胶肽注射液等药品聚集性风险预警信号2个，上报了手术无影灯、双水平呼吸治疗仪和医用离心机等医疗器械风险信号3个。加强监测哨点建设，医院药物警戒系统使用单位增至13家医疗机构，首批授牌

7 个市级化妆品不良反应监测评价基地，进一步完善监测体系。

（三）持续加强药品安全监管

一是落实日常监管。强化准入源头监管，完成行政许可（备案）事项 12038 件。充分发挥直属检查局作用，实现对“两品一械”生产和药品批发环节的全覆盖检查，以及高风险品种的高频度监管。二是突出重点监管。完善特殊药品监管档案，落实监管人员，明确岗位职责，杜绝流弊事件发生。强化芬太尼类药品监管，对 19 家经营企业开展全覆盖检查。对全市疫苗配送企业及接种点开展了全覆盖监督检查。三是强化专项整治。严查央视“3 · 15”晚会曝光问题，开展零售药店执业药师“挂证”等违法行为专项整治，检查药店 2.2 万余家次，责令整改 5487 家，立案查处 184 家。持续推进中药饮片质量集中整治行动，组织无菌和植入性医疗器械专项检查、医疗器械“清网”行动、医疗器械说明书和标识标签专项检查、非法宣称国产非特殊用途化妆品专项清查、化妆品“线上净网线下清源”风险排查处置等集中专项整治，着力解决突出问题。加强药品案件稽查，查处一般程序案件 758 件，罚没 884.22 万元，吊销药品生产许可证 1 张、药品经营许可证 3 张。

（四）积极助推产业高质量发展

深入推进“放管服”改革，持续加大创新支持力度，坚定不移推动高质量发展。一是深化审批制度改革。优化行政审批工作流程，33 个行政审批事项办理时限均压缩法定时限的 1/2。深入推进自贸区“证照分离”改革全覆盖试点，实行告知承诺事项 3 项、优化审批服务事项 21 项。全市 8 家企业 19 个产品纳入医疗器械优先审评审批通道，11 家企业 73 个新申报产品通过注册体系核查豁免申请。加强对重点企业、重大创新药项目的指导服务，重庆市精准生物公司治疗类生物制品 1 类新药获得药物临床试验批件、永仁心公司植入式左心室辅助系统和润泽医药公司多孔钽骨填充材料被纳入国家创新医疗器械并获批注册，为支持博唯佰泰公司开展多个创新疫苗产品研发和申报注册核发药品生产许可证。二是积极鼓励研发创新。认真贯彻落实我市《关于深化审评审批制度改革鼓励药品医疗器械创新的实施意见》（渝委办［2018］163 号），推动鼓励创新的相关配套政策出台。积极推进仿制药质量和疗效一致性评价，18 个批准文号通过（含视同通过）一致性评价，走在全国前列。三是着力优化营商环境。在国家药监局的大力支持下，重庆市被纳入医疗器械注册人制度、首批医疗器械唯一标识系统和首批国产非特殊用途化妆品量化分级管理试点范围。加强药品进口口岸建设，1 月正式获批生物制品进口通关备案职能。出台促进医药产业发展的“1+3+N”服务措施，即一个总体服务措施管总，实现药品、医疗器械、化妆品分类施策，重点园区、重大项目精准服务。

（五）强化药品安全社会共治

一是不断压实属地管理责任。药品安全工作被纳入全市防范化解重大风险（平安建设）工作考核的重要内容，考核结果计入区县党委、政府经济社会发展实绩考核。二是强化部门监管责任落实。推动建立重庆市疫苗管理部门联席会议制度，成立多部门组成的疫苗国家监管体系评估领导小组，形成疫苗监管合力。推进“三医”联动，推行执业药师远程药学服务和电子处方试点工作，合力破解零售药店执业药师“挂证”问题。强化行刑衔接，与司法机构开展一体化协作，严厉打击药品安全违法违规行为。三是督促企业落实主体责任。先后召开药品、医疗器械、化妆品生产和药品流通环节监管工作会暨企业落实主体责任专题培训班，发挥行业协会、学会等社会组织的作用，引导行业自律。四是引导社会广泛参与。大力开展“药品科技活动周”、“全国化妆品安全科普宣传周”、“全国安全用药月”和《疫苗管理法》、《药品管理法》（以下简称“两法”）普法宣传等活动，广泛普及安全用药知识和法律法规。加强投诉举报办理，受理并按时办结投诉举报990件，有力维护人民群众切身利益。

（六）着力加强监管能力建设

一是扎实开展业务技能培训。组织开展职业化检查员资质培训、区县“两品一械”监管工作培训，累计培训1300人次。全力打造专业人才教育平台，市药科校获批国家药监局高级研修学院专业教学基地。二是推进智慧监管建设。研究制定《药品智慧监管信息化建设行动计划（2019—2023年）》，统筹规划未来5年信息化建设目标和任务。三是加强基础设施建设。稳步推进市食药检院、重庆医疗器械检验中心以及万州、黔江、涪陵、永川食药检所等迁（扩）建项目，获批国家局麻醉精神药品质量监管重点实验室，加强各类实验室建设和基础设施设备配备，着力提升药品监管技术支撑能力。

（七）从严治党深入推进

坚持以政治建设为统领，深入贯彻落实习近平总书记对重庆的重要指示要求和关于药品安全的重要论述，不断增强“四个意识”，坚定“四个自信”，做到“两个维护”。扎实开展“不忘初心、牢记使命”主题教育，组织集中学习研讨19期、专题教育6场，深入开展47个课题调查研究，统筹推进中央部署的8个专项整治，人民群众对药品安全获得感和满意度不断提升。严格落实主体责任，制定基层党建7项制度规定和4个责任清单。加强党风廉政建设，扎实抓好巡视整改“后半篇文章”，强化对权力运行的监督，电话回访121家次企业和开展日常监督检查的干部425人次。

二、发展中存在的问题

一是药品安全风险隐患还比较突出。医药产业“多、小、散”的特征依旧明显，质量管理水平普遍不高，药品违法行为日趋网络化、复杂化、隐蔽化、跨区域化，查处难度大，安全风险防控压力与日俱增。二是监管能力还需进一步加强。职业化专业化药品检查员队伍的建设才起步，业务技能水平还有待提升，监管模式、监管手段与监管需求和产业发展形势还不相适应。三是基层基础还较为薄弱。区县市场监管局药械监管科室、市场监管所从事药品监管的专业人员较少，药品监管责任难以有效落实。同时，部分区县党委、政府对药品安全工作的重视程度、工作力度、责任落实等方面与“两法”要求还有差距。四是全面从严治党的压力传导还不够到位。存在党组重视与基层落实不对称、上级要求与实际效果有距离、专题教育与平时推进有落差等问题，监督机制不够健全，党风廉政的防控措施还有待进一步加强。

三、2020年发展思路

坚持以习近平新时代中国特色社会主义思想为指导，深入贯彻落实习近平总书记对重庆的重要指示要求、关于药品安全的重要论述和党的十九届四中全会精神，认真贯彻落实市委五届六次、七次全会的部署要求，按照全市药品监管“12341”工作思路，将“四个最严”要求贯穿药品安全监管全过程，以“两品一械”

相关法律法规贯彻实施为抓手，把加强和改进药品安全监管制度转化为药品安全治理效能，努力推进药品监管体系和监管能力现代化，牢牢守住药品安全底线，积极促进药品高质量发展高线，确保人民群众用药安全有效。

（一）坚持强化全链式、可追溯管理，推动药品安全监管向规范化、精细化转变提质

认真抓好“两法两条例”及相关配套法规的普法宣传、学习培训和相关制度机制的修订衔接。科学谋划“十四五”药品安全规划。修订完善药品安全事件应急预案，分级分类建好风险隐患整改台账，精细化推进风险隐患防范化解。强化飞行检查和现场检查，加大高风险源头监管力度。坚持问题导向，深入开展药品专项整治行动，严厉打击药品安全违法违规行为。落实国办《关于建立职业化专业化药品检查员队伍的意见》，细化措施，健全制度，加快推进检查员队伍建设。

（二）坚持深化“放管服”改革、强化精准服务，推动生物医药产业高质量发展

深化审评审批制度改革和“证照分离”改革，提升服务质效。积极推进仿制药质量和疗效一致性评价工作。深化促进医药产业发展的“1+3+N”服务措施，对重点产业项目，主动提前介入，做好跟踪服务。推进市食药检院、重庆器械检验中心和市药科校等工程项目的实施，跟进抓好首次进口药品、血液制品批签发授权、医疗器械创新服务站等重点项目落地，为守底线、促发展提供强有力支撑和保障。

（三）坚持社会共治、凝聚合力，推动药品安全责任落地落实

推动落实药品安全党政同责，充分发挥考核“指挥棒”作用，督促区县政府切实履行统一领导、组织、协调药品监督管理工作的职责。严格履行药品监督管理职责，充分发挥市、区县食品药品安全委员会和重庆市疫苗管理部门联席会议制度的作用，增强药品安全监管合力。推动企业建立落实主体责任清单、负面清单，加强信用体系建设，倒逼企业守法经营。积极引导社会监督，畅通投诉举报渠道，强化宣传教育和应急管理，形成全社会共同维护药品安全的良好格局。

（四）坚持以党的政治建设为统领，推动全面从严治党向纵深发展

深入贯彻落实党的十九大、十九届二中三中四中全会精神和市委五届六次、七次全会精神，把党的领导落实到药品安全治理各领域各方面各环节。认真履行全面从严治党主体责任，督促党组织书记履行第一责任人责任，班子成员履行“一岗双责”。加强党风廉政建设，深化运用监督执纪“四种形态”特别是第一种形态，不断强化执纪问责的震慑力。巩固拓展主题教育和巡视整改成果，持续推进检视问题整改和中央部署的 8 个专项整治，确保主题教育成果惠民生、管长远、治根本。

（执笔人：罗文峰）

知识产权

重庆市知识产权局

一、2019 年发展回顾

2019 年，全市知识产权系统坚持以习近平新时代中国特色社会主义思想为指导，深入学习贯彻党的十九大和十九届二中、三中、四中全会精神，全面落实习近平总书记对重庆提出的“两点”定位、“两地”“两高”目标、发挥“三个作用”和营造良好政治生态的重要指示要求，紧紧围绕市委、市政府打好“三大攻坚战”和实施“八项行动计划”决策部署和国家知识产权局工作安排，按照市场监管“113661”工作思路，认真开展“不忘初心、牢记使命”主题教育，增强“四个意识”、坚定“四个自信”、做到“两个维护”，不断强化知识产权创造保护运用，提升知识产权公共服务水平，努力推动知识产权服务高质量发展，圆满完成全年各项主要目标任务。

——知识产权管理体制优势逐步显现。机构改革后，全市知识产权管理机构更加健全，运行机制更加高效，体制性优势逐步凸显。国家知识产权局在渝举办全国首次知识产权公共服务工作会议、国际商标马德里体系巡回推广会等重大活动。国家知识产权局、国防知识产权局等领导来渝调研指导工作达 10 余次，陈敏尔书记、唐良智市长和市政府分管领导对知识产权保护工作多次作出批示，中国（重庆）知识产权保护中心筹建有序推进。知识产权运营服务体系建设工作纳入国家试点，获得中央财政 1.5 亿元支持。知识产权军民融合试点顺利推进，建成投运国防专利重庆受理窗口。

——知识产权综合实力稳步提升。全年授权发明专利 7000 件，同比增长 6.06%，每万人口发明专利拥有量达到 10.46 件，增长 15.2%。有效商标注册总量达到 50.22 万件，注册地理标志商标总量达到 256 件，驰名商标总量达到 159 件，马德里商标国际注册累计达到 299 件，地理标志产品进入中国—欧盟国家“互换保护”清单达到 9 个。全市知识产权服务业收入 5.1 亿元，同比增长 11.6%。

——知识产权运营服务成效显著。推动市场主体利用专利、商标等知识产权实现质押融资 8.72 亿元、知识价值信用贷款 34.97 亿元、知识产权出资 12.3 亿元。时隔 10 年再获中国专利金奖，第 21 届中国专利奖 11 项获奖项目新增销售额 22.5 亿元。国防解密专利和中科院高质量专利首次在渝转化，签订转化合作协议 3 个，达成转化意向 35 项。技术与创新支持中心（TISC）落户重庆。首次举办 2019 中国（重庆）知识产权产业服务峰会。

一年来，重点抓了三个方面的工作。

（一）加快推进知识产权保护体系建设

一是强化知识产权执法监管。积极发挥知识产权行政保护的统筹协调与业务指导职能，市知识产权局、市市场监管局联合印发实施《2019年度知识产权执法保护工作方案》，部署开展“铁拳”、驰名商标保护等专项行动，全市共出动执法人员7500余人次，调处专利侵权纠纷案件426件，查处假冒专利、商标侵权案件546件，涉案金额1187万元，罚没款760万余元。指导惠科金渝、江小白等50余家企业应对知识产权纠纷，进驻智博会、教育装备博览会等大型展会开展知识产权维权援助。积极开展涉外知识产权保护，市知识产权局、重庆海关等单位建立涉外知识产权保护协作机制。

二是提升知识产权保护能力。举办全市专利行政执法资格培训班及系列能力提升培训，充实市区两级知识产权行政执法队伍，206人新获得国家专利行政执法资格。健全跨部门、跨区域知识产权保护协作机制，市知识产权局、市高法院、市司法局建立知识产权纠纷“诉调对接”机制，与上海、江苏、四川等签署《十二省市知识产权行政保护协作协议》。推动成立重庆市知识产权纠纷人民调解委员会，调解知识产权纠纷案件144件。中国重庆（汽车摩托车）知识产权快速维权中心实现有效运行。支持21家重点企业开展重大知识产权风险预测预警，规避侵权风险点105个。

三是建设知识产权信用体系。依法依规实施守信联合激励和失信联合惩戒，在知识产权日常管理中查询“红黑名单”信用记录970次。开展专利代理行业“蓝天”专项整治行动，强化非正常专利申请、挂证执业、违规经营等行为的监督检查，引导服务机构加快规范化、专业化、品牌化发展，构建良好知识产权服务生态。推进专利代理机构和专利代理师“双随机一公开”，抽查代理机构25家、执业代理师27名。完成国家知识产权局交办“黑代理”调查案件3批次，核实“挂证”行为线索58条，查处涉嫌非正常申请的代理机构1家、不正当手段招揽业务的代理机构3家。

（二）努力推动知识产权服务高质量发展

一是提升市场主体知识产权能力。市知识产权局联合市工商联开展民营企业知识产权提升专项行动。建立市级部门协同推进知识产权贯标工作机制，全市通过贯标企业达到370家。持续加大知识产权优势示范企业培育力度，全年新培育国家知识产权示范企业5家、优势企业60家，新培育市级知识产权优势企业89家。高价值专利培育成效初显，瞄准制约产业发展“卡脖子”关键环节，支持组建高价值专利培育示范中心28家，在智能制造、医疗器械核心部件等领域实现关键核心技术突破。

二是推动知识产权示范平台和集聚区建设。积极打造知识产权分析平台，建成企业竞争对手数据平台“对手通”，累计注册用户3194个，推送全球竞争对手专利技术信息422万条。积极打造知识产权运营平台，建成环西南大学创新生态圈知识产权运营平台，促成成果转化意向27项。积极打造“知识产权＋金融”平台，推动专利商标混合质押，完善知识价值信用评价体系，组织开展知识产权质押融资银企对接、金融培训等活动7次。重庆高新区、北碚区积极开展知识产权质押融资和专利保险试点。大力推进知识产权服务集聚区建设。

三是深入推进产业技术创新专利导航。研究制定重庆市产业专利导航中心建设方案（2019~2025），启动建设重点产业专利导航中心（知识产权信息服务工作站)17个。围绕“芯屏器核网”等大数据智能化产业开展专利导航分析，形成产业发展路径与扶持政策建议等研究成果5项，获市政府领导批示。完成重大研发项目知识产权伴随式服务改革试点，形成可复制可推广经验3条。围绕大数据智能化产业建成单轨交通、信息安全、物联网、智能机器人等产业知识产权联盟和知识产权大数据应用联盟。

四是持续开展商标品牌强农行动。完成全市农产品商标和地理标志资源状况全面普查和调查研究，制定33个有扶贫开发任务区县和18个深度贫困乡镇商标品牌培育计划，推出脱贫攻坚举措15项，新增农产品商标2.08万件、地理标志商标9件，农产品商标总量达到8.5万件，有效带动贫困地区相关产业发展，促进农民增收。市知识产权局规划与政策法规处荣获“重庆市2019年度脱贫攻坚奖先进集体”称号。加强地理标志品牌建设，推动成立重庆市地理标志发展促进会，组织29件地理标志产品参展第11届中华品牌商标博览会，涪陵榨菜、奉节脐橙、永川秀芽3件地理标志商标荣获“2019中华品牌商标博览会金奖”。

（三）不断夯实知识产权事业发展基础

一是推动区域知识产权发展。加强市区知识产权战略合作，市知识产权局与渝中区、江北区、南岸区、北碚区政府签订知识产权高质量发展战略合作协议。知识产权创造、保护和运用绩效全面纳入区县经济社会发展和营商环境考核评价体系。江北区作为中西部唯一城市（区）成功申报国家知识产权运用服务体系建设项目，涪陵区成功创建国家知识产权试点城市，巴南区、璧山区积极创建国家知识产权示范城市，北碚区、开州区顺利通过国家知识产权试点城市验收。

二是强化知识产权人才培养。举办区县知识产权行政管理干部培训班、知识产权行政执法、企业知识产权贯标等培训21次，沙坪坝区、长寿区、铜梁区、潼南区等区县组织开展机关干部和基层所长知识产权业务专题培训，渝北区、江津区、永川区、合川区、垫江县等区县组织开展涉企培训60余场次，累计培训1万余人次。全年新培育专利工程师100人、专利代理师99人、专利信息分析人才36人、专利行政执法人才206人。重庆大学、重庆理工大学、重庆邮电大学等举办知识产权专题研修班或学术讲座10余期。

三是推进知识产权文化建设。组织开展知识产权宣传周、专利周等重大活动，召开知识产权专题新闻发布会3场次，发布知识产权保护状况白皮书，九龙坡区、大渡口区、忠县等区县积极开展知识产权宣传活动。开展民营企业知识产权保护宣传月主题活动，编制发放知识产权宣传资料上千册，举办中国知识产权名家讲坛、法官讲坛3期。新培育市级中小学知识产权教育试点学校20所，重庆兼善中学成为全国首批中小学知识产权教育示范学校，知识产权普法活动参与人数超过5万人次。

2019年，全市知识产权系统按照中央和市委统一部署，认真开展“不忘初心、牢记使命”主题教育，进一步深化了对习近平新时代中国特色社会主义思想的学习，强化了以人民为中心的发展思想，激发了奋发有为、开拓进取的干事创业精神，集中整治了工作中存在的形式主义、官僚主义问题，为事业发展提供了坚强政治保证。

同时，我们也清醒地认识到，面对“两个一百年”奋斗目标、中华民族伟大复兴的中国梦和习近平总书记对重庆重要指示要求，全市知识产权事业发展仍然还存在一些短板和薄弱环节。比如，市场主体和创新主体知识产权意识和能力还有待提升，知识产权保护效果与社会期待仍有差距，知识产权综合运用效益尚未充分体现，机构改革后业务融合和能力建设有待加强，等等。这些都需要在下一步工作中着力加以解决。

二、2020年发展思路

2020年是全面建成小康社会和“十三五”规划的收官之年，是脱贫攻坚决战决胜之年。全市知识产权系统将坚持以习近平新时代中国特色社会主义思想为指导，全面贯彻党的十九大、十九届二中三中四中全会精神和中央经济工作会议精神，深化落实习近平总书记对重庆提出“两点”定位、“两地”“两高”目标、发挥“三个作用”和营造良好政治生态的重要指示要求，认真落实全市经济工作会议、政府工作报告部署安排和全国知识产权局局长会议工作要求，坚持稳中求进工作总基调，坚持新发展理念，着力推动高质量发展，围绕知识产权强市建设总体目标，按照全市市场监管“113661”工作思路，在推动“知研合一”提升知识产权创造质量，推动知识产权运用中强保护、保护中促运用上下功夫，加大知识产权保护力度营造良好营商环境，全面提高知识产权治理能力和治理水平，奋力开启新时代知识产权强市建设新征程。2020年力争全市每万人口发明专利拥有量达到11件，有效商标注册总量达到53万件，注册地理标志商标总量达到260件以上，专利、商标等知识产权质押融资额增长10%，知识产权许可交易量1000件以上，新增知识产权优势示范企业100家、贯标达标企业200家，高标准贯彻落实《关于强化知识产权保护的意见》，全社会知识产权保护满意度和文化氛围进一步提升，知识产权大保护格局基本形成，市场主体知识产权权益得到依法保护。

（执笔人：龚举清）

中新互联互通项目

重庆市中新示范项目管理局

2019年，市中新项目管理局始终牢记习近平总书记对中新互联互通项目“高起点、高水平、创新型”的殷殷嘱托，在市委、市政府坚强领导下，充分发挥项目在对外开放中的重要平台作用，与中新互联互通项目管委会和各专委会成员单位密切配合，积极推动有关区县、园区和企业继续深化对新加坡合作，在合作平台打造、创新探索突破，在西部地区带头开放、带动开放等方面取得新进展。截至12月31日，中新双方累计签署各类合作协议55个，签约合作项目204个、总金额逾300亿美元，落地率约80%。现将有关情况报告如下。

一、2019年工作进展

（一）发挥高层推动作用，有力保障项目合作行稳致远。抓住有利时机，发挥好国家领导人和市委、市政府领导对项目的高位推进作用，力促双方合作向深广拓展

一是积极向外交部沟通汇报，成功将陆海新通道纳入第二届“一带一路”国际合作高峰论坛相关内容，习近平主席在开幕式主旨演讲、记者会以及同东盟有关国家领导人会晤等不同场合多次提及陆海新通道，并将其列入会议成果文件，成为共建“一带一路”重要合作成果和关键平台。

二是多渠道协调中新双边合作机制性会议在重庆召开。韩正副总理与新加坡王瑞杰副总理共同主持，双方就加强“一带一路”框架下互联互通、金融支撑、三方合作等重点领域合作达成一致，见证签署设立陆海新通道高官会备忘录等多份协议，并共同为中新互联互通项目展厅揭牌。

三是策划并陪同陈敏尔书记成功访新，会见新加坡总理李显龙、副总理王瑞杰等政要，出席中国（重庆）—新加坡经贸论坛并致辞，开通中新（重庆）国际互联网数据专用通道，见证双方签署27项合作协议（目前已有17个项目落地）；吴存荣常务副市长陪同赴新，在中国（重庆）—新加坡经贸论坛上向与会嘉宾推荐重庆和中新互联互通项目，有力促进项目合作深入实施。

四是筹办中新互联互通项目联合实施委员会第四次会议。唐良智市长与新贸工部陈振声部长共同主持会议，双方就进一步健全合作机制，推动重点项目建设和政策创新，深化合作交流，以及共同开拓第三方市场等具体工作达成共识。

五是协调市政府领导相继赴新推进合作。陪同邓恢林副市长赴新开展陆海新通道警务合作，助力提升通道安全保障水平；陪同李波副市长赴新推动落实陈敏尔书记访新成果，召开联合实施

委员会高官会工作会议，出席渝新“航空＋旅游”推介会，并在金融服务、信息通信等领域探讨深度合作；陪同熊雪副市长赴新，为陈敏尔书记访新做准备，同时促进双方经贸合作和人文交流，推动渝新两地以举办智博会为契机大力开展智能产业合作。

（二）发挥重要开放平台作用，助推我市内陆开放高地建设

一是借助国家级展会平台，积极吸引新加坡及东盟国家政企资源聚集重庆。推动新加坡以主宾国身份参加第二届智博会，新方 70 余家企业、200 多人参展，展馆面积达 3000 平方米，双方企业签署 13 份合作协议，为项目合作注入新的活力。推动第二届中新金融峰会在渝成功召开，促成新方政府积极参与并力邀东盟 10 国央行负责人出席会议，助力打造内陆国际金融中心国际化、专业化的交流合作平台。

二是筹办高水平论坛，聚智聚力促进中新互联互通项目和陆海新通道发展。举办共建陆海新通道主题对话会，邀请西部 12 省区市政府有关领导，外交部、商务部、新加坡贸工部等中新两国有关部委领导人，双方大型企业负责人，以及越南、泰国等国驻华使节等共 200 多人参会，有效提升陆海新通道知名度和影响力。先后两次举办中新互联互通项目咨询专家座谈会，邀请 5 位我国驻东盟国家前大使（总领事）、中国—东盟中心负责人、新加坡及重庆知名学者来渝，为陆海新通道和第三方市场合作建言献策，并与中国—东盟中心签订合作备忘录，助力我市开拓东盟市场。

三是高标准打造一批重点项目，着力提升项目合作可视化和示范性。启动建设中新（重庆）金融科技合作示范区；推动中新航空产业园启动招商；完成中新（重庆）多式联运示范基地奠基；推动仙桃数据谷打造中新大数据智能化合作示范点，启动建设中新（重庆）大数据智能化成果展示促进中心；推动重庆首家外商独资综合性医院——莱佛士重庆医院开业运营。同时，认真做好落地项目后续服务工作，组织筹办首次新加坡在渝企业座谈会，建立跟踪服务机制，帮助来渝投资的新加坡企业解决实际问题，助推我市不断优化营商环境。

（三）发挥带头带动作用，促进西部地区形成开发开放新格局

坚持将项目实施放在共建“一带一路”、推动长江经济带发展和新时代推进西部大开发的战略格局中来思考，努力带头开放、带动开放，力争在推进西部大开发形成新格局中做出新贡献。

一是将陆海新通道国内“朋友圈”拓展至西部所有省区市，带动西部地区与东盟之间形成更高水平互联互通。

二是向西部其他省区复制推广中新跨境融资模式，帮助西部企业解决融资难、融资贵问题。截至 2019 年底，为四川、新疆、陕西等西部 6 省区及湖北省企业融资逾 40 亿美元。

三是与新方联合在渝举办“中国西部中新 Reits 论坛”“新加坡交易所中国投资人推介会”等 6 场研讨、宣介活动，指导、协助西部省区 500 多家企业及投资机构对接新加坡国际资本市场，不断开阔西部地区企业的国际视野，提升参与国际合作的能力。推动重庆 22 个区县参与中新互联互通项目合作，帮助璧山区、武隆区、綦江区等赴新召开专场推介会。

（四）发挥创新引领作用，不断促进项目合作取得新突破。坚持问题导向和需求导向，积极探索政策、机制和商业模式创新，持续开拓双方合作新空间、新模式

一是积极争取创新政策支持。推动工信部于

2019年2月批复我市建设中新（重庆）国际互联网数据专用通道。该通道是我国首条、针对单一国家、点对点的国际数据专用通道，可为中新互联互通项目拓展各领域合作提供有效的信息基础设施保障，并在2019年9月陈敏尔书记访新期间正式开通，目前形成了“2+3+7+14”运营格局（即由2家新加坡电信运营商与我国3大电信运营商合作，先期接入我市7个产业园区，14家企业成为首批用户）；利用中新（重庆）国际互联网数据专用通道探索中新数字贸易，拟作为重庆自贸区新一批创新典型案例在全市复制推广。积极推动商务部、外交部等有关部委将支持中西部地区有关国家级经开区参与陆海新通道建设纳入国务院《关于推进国家级经济技术开发区创新提升打造改革开放新高地的意见》（国发［2019］11号）文件，为通道建设促进贸易提升和产业发展创造良好条件。

二是谋划建立多层次、多领域人才交流、培养机制。推动渝新领导能力建设合作，已分两批选派我市50名厅局级领导干部赴新培训；积极争取到新加坡淡马锡国际基金会资助，分批对重庆450名高级职业技能人才开展赴新培训，目前第一批骨干教师25人已结业；启动新加坡（重庆）青年人才成长驿站项目，邀请新加坡在校学生来渝实习、考察，目前新加坡国立大学的30名学生已入驻仙桃数据谷开展为期5周的实习。

三是创新推进各领域合作，持续取得新突破。推动重庆博恩集团获批新加坡汇款牌照，实现了重庆企业申请新加坡金融类牌照“零”突破；整合金融、信息等领域资源，推动中新国际冷链产品贸易平台启动测试运行；成立中新（重庆）信息通信创新联盟，并设立中新信息通信媒体联合创新发展资金；启动中新互联互通项目农产品出口计划，探索打造“中国西部—东盟”农产品贸易服务平台，推动云阳首批60吨菊花出口新加坡，切实助力我市打赢脱贫攻坚战。

二、2020年工作计划

2020年，我们将继续紧紧围绕习近平总书记对重庆及中新互联互通项目系列重要指示精神和全市开放大会、全市经济工作会议精神，遵照陈敏尔书记关于打造高能级开放平台体系的指示要求，牢牢抓住中新两国建交30周年和中新互联互通项目实施5周年时机，不忘初心，牢记使命，继续用好三级合作机制，全力争取政策突破，做优做强重点项目，加快东盟市场开拓，切实提高项目可视化水平和辐射带动效应，力争为我市内陆开放高地建设和西部地区开放发展做出新贡献。

（一）充分用好机制优势，持续推动高层交往

一是协助有关部委筹办好联合协调理事会第4次会议；抓住中新建交30周年和中新互联互通项目实施5周年契机，力促达成一批新的合作成果。二是与新方密切合作，共同筹办好联合实施委员会第5次会议；做好市政府主要领导访新安排，在新筹办好渝新互联互通合作促进周系列活动。三是推动更多新方高层领导来渝访问，出席西洽会、智博会、中新金融峰会、陆海新通道国际合作论坛等活动，进一步推进双方合作迈向更高水平。

（二）做优做强重点项目，不断扩大示范效应

以贯彻落实陈敏尔书记和市政府领导访新成果为抓手，进一步深化各领域互利合作。在金融服务领域，争取渝新“理财通”、中新金融科技合作示范区、企业赴新直接上市等项目取得新进展，探索与新方开展巨灾保险、绿色金融等合

作。航空产业领域，推动重庆机场集团与新加坡樟宜机场全面合作，积极推动“航空 + 旅游”产业融合发展。交通物流领域，加快建设中新（重庆）多式联运示范基地，积极打造中新冷链及特色农产品贸易平台，务实开展中新国际贸易“单一窗口”和中新关际合作试点。信息通信领域，深化中新（重庆）国际互联网数据专用通道合作，拓展开发东盟及“一带一路”沿线国家和地区市场；积极打造仙桃数据谷中新合作示范点；推动中新（重庆）智慧城项目取得积极进展。其他领域，加强渝新两地职业教育、青年学生实习交流等国际合作，推动中新（重庆）肿瘤专科医院、新加坡国立大学（重庆）研究院等项目正式运营。

（三）全力争取政策突破，打造西部地区创新高地

一是对标上海、深圳等国内高水平开放平台，坚持问题导向，务实开展金融、贸易、就业、数据等多领域政策创新，争取拓展更多合作空间。二是借助 2020 年我国进一步扩大金融领域开放等契机，积极做好向国家有关部委的汇报沟通工作，争取在金融科技、绿色金融、渝新“理财通”、基金互认等方面政策取得突破。三是继续探索在中新跨境服务贸易与跨境数据有序流动试点，以及教育、医疗、养老等方面的先行先试政策，促进我市在西部地区带头开放、带动开放。

（四）持续搭建沟通平台，促进多层级互联互通

一是积极争取外交部、商务部等有关部委支持，探索推动双方互设代表处，助力渝新互联互通合作迈上更高水平。二是继续举办好中新互联互通项目咨询专家会议，邀请双方政府官员、知名学者和商界人士等参加，着力打造促进项目发展的智力保障平台。三是积极推动我市及西部其他省区同新方政府部门、商协会对接，组织双方企业开展“双向”培训、考察、推介等活动，更好推动我市和其他西部地区企业“走出去”和“引进来”。

（五）依托陆海新通道建设，由“点对点”合作向“面对面”合作拓展

一是与新方一道高标准编制陆海新通道《合作规划》，探索与东盟、中亚国家合作，以通道带贸易、以贸易带产业的发展路径，打造陆海新通道 2.0 版和 3.0 版。二是充分发挥重庆和新加坡“双枢纽”作用，抓紧研究推动与东盟其他国家共建陆海新通道国际合作机制，进一步拓展通道国际合作“朋友圈”。三是以陆海新通道建设为旗帜，与新方积极拓展第三方市场合作，推动西部地区企业开拓东盟乃至“一带一路”沿线国家市场，吸引更多国际资源聚焦重庆和西部地区，助力形成西部地区开放发展的新格局。

第三编　产业发展

第一产业

农业发展

重庆市农业农村委员会

一、2019年发展回顾

2019年，重庆市农业农村委员会系统深入学习贯彻习近平总书记关于“三农”工作重要论述和视察重庆重要讲话精神，坚持以实施乡村振兴战略为总抓手，坚持农业农村优先发展总方针，全面落实市委、市政府“三农”工作部署，突出抓重点、补短板、强弱项，农业农村经济发展稳中有进、持续向好。全年第一产业增加值1551.42亿元，同比增长3.6%，增速比全国平均水平高0.5个百分点；农村常住居民人均可支配收入15133元，增长9.8%，绝对额在全国排名上升1个位次，增速高于全国0.2个百分点、高于我市城镇居民收入增幅1.1个百分点，城乡居民人均收入比缩小到2.51∶1；第一产业固定资产投资增长21.9%，比全国高21.3个百分点。

（一）乡村产业高质量发展势头强劲

以实施“十百千”工程为抓手，深化农业供给侧结构性改革，推动农业“接二连三”。粮食生产稳定发展，生猪产能加快恢复，“菜篮子”产品量足价稳。现代山地特色高效农业蓬勃发展，新增水果、茶叶等特色产业140万亩、总面积达到3075万亩。农产品精深加工业提档升级，新认定市级农产品加工业示范企业200户、百亿级农产品加工示范园区3个，农产品加工产值增长9.8%。乡村休闲旅游业“井喷式”发展，综合收入增长20%左右。农村电商服务业增势迅猛，覆盖城乡的农村电商服务网络基本建成，“重庆品牌农产品上京东行动”持续发力，农产品网络零售额增长35%。20个重点现代农业产业园建设全面启动，潼南、涪陵国家级现代农业产业园通过认定。

（二）农业“三品”建设扎实推进

大力实施农业品种品质品牌建设工程，推动农业转型升级、提质增效。以良种夯实基础，构建九大特色产业技术创新链，重点推广100个优质良种，主要农作物良种覆盖率达97.5%。以标准化提升品质，新立项农业地方标准41项，主要农产品综合抽检合格率稳定在97%以上。以“巴味渝珍”聚合品牌，与中央电视台深化战略合作，强力打造“巴味渝珍”区域公用品牌，累计授权使用产品431个，“三品一标”农产品累计增加到6342个，奉节脐橙、涪陵榨菜、荣昌猪入选全国“100个农产品品牌名单”。

（三）产业扶贫走深走实

以“钉钉子”精神强力推进产业扶贫巡视考核问题整改。向18个深度贫困乡镇“一对一”派出产业扶贫技术指导组，落实1.5万余名技术指导员定点指导。加快培育长效扶贫产业，每个贫困区县均确定2~3个扶贫主导产业。制定健全完善产业发展与贫困户利益联结机制的意见，推动贫困群众真正参与产业发展、分享产业发展收益。累计发展扶贫产业近700万亩，有力助推脱贫攻坚。

（四）农业绿色发展成为主旋律

全面实施农业面源污染治理攻坚战，推进投入品减量、养殖业治污、废弃物转化、种养业循环。有序开展有机肥替代化肥试点、高毒农药全面禁销试点，化肥农药使用量再减少0.5%以上。完成40万头生猪当量污染治理，畜禽粪污资源化利用率达到73%。农作物秸秆资源化利用率、农膜回收利用率分别达到85%、72%以上。6个畜沼果（菜）生态农业创新试点大力推进，生态健康水产养殖面积持续扩大。

（五）农村人居环境整治全面推开

大力实施“五沿带动、全域整治”行动，紧扣“6+3”重点任务分类分档开展整治。完成改厕45万户，农村卫生厕所普及率达到79.7%；行政村生活垃圾有效治理率达到93%以上，并顺利通过国家验收；1000人以上常住人口农村聚居点集中式污水处理设施基本实现全覆盖。完成农村危房改造3.9万户，安装公共照明路灯或庭院灯15万盏。全面完成区县域村布局规划编制。全市村规划管理覆盖率达81.5%。精心组织村庄清洁“百日行动”，打好“春夏秋冬”战役，农村环境脏乱差问题得到有效遏制。

（六）农业农村改革全面发力

按照“扩面、提速、集成”要求深化农业农村改革，乡村发展动力活力显著增强。新增农村“三变”改革试点村99个、累计达到137个（其中贫困村38个），25.5万名农民当上股东。全面完成农村集体资产清产核资，5482个村、32415个组完成经营性资产股份合作制改革，3650个村级、1869个组级集体经济组织完成法人登记赋码。455个村集体经济发展试点有序开展，“空壳村”占比下降到22.1%。农村产权抵押融资稳步发展，累计实现农村产权抵押融资1532.61亿元。

（七）乡村治理机制不断完善

健全乡村治理推进机制，会同组织、宣传、政法等部门，研究起草乡村治理实施方案，明确重点任务和具体举措，建立健全联席会议制度和工作调度机制。狠抓示范带动，渝北、铜梁、江津等3个区县获批全国乡村治理体系建设试点，南川区大观镇等2个乡镇、万州区长岭镇安溪村等20个村成功创建全国乡村治理示范乡镇和示范村，遴选10个乡镇和30个村创建市级乡村治理示范乡镇和示范村。

（八）农业基础设施建设持续加强

加快补齐农业基础设施短板，不断改善农村生产生活条件。进一步理顺农田建设管理体制，2018年度高标准农田建设全面收官，2019年度150万亩建设任务完成评审。在29个区县实施“改地适机”项目，在部分区县整村整乡规划建设万亩级示范基地，累计完成农田宜机化改造30余万亩，全市农机化水平提高到50.3%。新建入户便道6762公里。建成益农信息社9156个，基本实现行政村全覆盖。生猪大数据管理平台接入结构化数据300余万条。农业生产智能化试验示范取得重要进展。

（九）乡村振兴工作成效明显

加强部门之间协同配合，推动乡村振兴重点任务落实落地。纵深推进乡村振兴试验示范建设，11个试验示范区县工作各有特色，20个示范镇村建设全面启动。以“庆祝丰收、弘扬文化、振兴乡村”为主题，成功举办中国农民丰收节系列活动。丰富完善乡村振兴重点储备项目库，赴广东、浙江、北京等地招商推介，前往广东温氏集团、宝能集团对接考察，全年共达成签约项目207个，引进资金786.5亿元。

（十）农业领域重点专项工作强力推进

把中央和市委、市政府部署的大事要事急事难事摆在首位，坚持从政治上认识、从政治上落实，及时组建专班、拿出过硬措施、调集精干力量强力推进。提速恢复生猪生产，“一事一议”解决重点养殖场用地、融资等难题，全年新增生猪产能164万头，超额完成市政府下达目标任务。强力阻击非洲猪瘟，果断处置点上疫情，有效防止扩散蔓延。草地贪夜蛾防治3.5万亩，未造成明显损失。799个“大棚房”问题如期完成整治，得到国家督导组充分肯定。农产品质量安全专项整治扎实有效。

二、发展中存在的问题

一是乡村产业转型升级有待加快。加工和销售仍是明显短板。农产品精深加工能力不强，产业链条较短，农产品加工业产值占农业总产值比重低于全国平均水平；乡村旅游基础设施及配套设施差，存在散、小、弱问题。二是农村生态保护任务艰巨。农村垃圾污水处置、厕所革命量大面广，农村环保投入、设施建设、人员配备等方面存在较大缺口。培养农村群众生态环保意识，改变农民传统不良生活习惯，倡导绿色健康生活方式，还需持续努力。三是农业农村基础支撑还需加强。农村基础设施互联互通网络化水平不高。农户出行“最初一公里”还不畅通，农村水利“有肚无肠”的问题突出，农业生产动力用电不足。四是农民持续稳定增收难度加大。在经济发展下行压力增大的形势下，农民收入增长呈放缓态势，从2013年的12.8%下降到2019年的9.8%。近几年，由于大宗农产品价格持续低迷，农民家庭经营性收入增速从2015年的11%下降到2019年的8.2%。受中美经贸摩擦等因素影响，2019年农民工资性收入增速下降到9.7%，持续保持高增长的难度加大。

三、2020年发展思路

深入学习贯彻习近平总书记关于做好今年“三农”工作重要指示和视察重庆重要讲话精神，认真落实市委、市政府关于统筹抓好疫情防控和经济社会发展决策部署，聚焦打赢脱贫攻坚战和补上全面小康“三农”短板重点任务，紧扣成渝地区双城经济圈建设和全市“一区两群”协调发展，有效化解新冠肺炎疫情对农业农村经济发展的影响，扎实推进农业农村高质量发展，统筹实施乡村振兴十大重点工程，保持农村社会和谐稳定，充分发挥好“三农”压舱石作用，为全市经济社会发展提供有力支撑。

（一）全力保障重要农产品有效供给

分区县下达粮食、蔬菜、生猪年度发展任务，压紧压实“米袋子”“菜篮子”“肉盘子”责任制。稳定粮食生产，2020年粮食播种面积和产量保持基本稳定。实施恢复生猪生产三年行动计划，确保2020年底前生猪产能基本恢复到接近正常年份水平。坚持不懈大力发展特色产业，稳定发展蔬菜、水果、牛羊、家禽、水产品等生产。

（二）持续用力抓实产业扶贫

强力整改中央脱贫攻坚专项巡视“回头看”和国家脱贫攻坚成效考核指出的相关问题。支持贫困区县壮大2~3个扶贫主导产业，支持贫困村打造“一村一品”。帮助贫困户搞好产销对接，降低新冠肺炎疫情对扶贫产业发展影响。深化鲁渝扶贫协作农业合作。研究谋划2020年后产业帮扶政策措施。统筹开展脱贫攻坚与乡村振兴有效衔接试点。

（三）加快农村一二三产业融合发展

紧紧围绕发展现代山地特色高效农业、农产品精深加工业、乡村休闲旅游业和农村电商服务业，深化拓展“十百千”工程，推动农业“接二连三”。集中打造20个重点现代农业产业园。培育认定一批百亿级农产品加工示范园区。做优100条全域全季乡村旅游精品线路。持续开展“重庆品牌农产品网销行动”。深入实施农业“三品”建设工程，打造“三峡”品牌。

（四）深入推进农业绿色发展

学好用好“两山论”、走深走实“两化路”，守住生态底线，厚植乡村底色。开展有机肥推广补贴试点和农作物绿色防控补贴试点，力争全年化肥农药使用量再降0.5%以上。优化畜禽养殖区域布局，全面推进畜牧养殖粪污资源化利用，加强污染土壤治理、促进耕地地力提升，推动化肥农药减量增效，推进废弃农膜、农作物秸秆等资源化利用。继续实施生态农业创新试点，推广沼果（菜）等生态循环农业模式。

（五）扎实推进农村人居环境整治

以新冠肺炎疫情防控为切入点，按照分类分档要求深入实施农村人居环境“五沿带动、全域整治”工程。分类推进农村厕所革命，全面推进农村生活垃圾治理，梯次推进农村生活污水治理，打好村庄清洁行动春季战役，突出改善农村清洁卫生状况，引导农民群众养成良好习惯。加快建设小组团、微田园、生态化、有特色的美丽乡村。

（六）全面深化农业农村改革

坚持以农村土地制度改革为牵引深化农业农村改革。推进合川区全国第二轮土地承包到期后再延长30年试点。扩面深化农村“三变”改革试点，力争2020年改革试点覆盖全市5%左右的行政村。全面完成整市推进农村集体产权制度改革试点任务。发展壮大村级集体经济，力争集体经济“空壳村”比例下降到15%左右。积极推进重庆西部片区国家城乡融合发展试验区建设。

（七）统筹推进基础设施建设

对标全面建成小康社会加快补上农村基础设施短板。打造万亩级高标准农田整乡整村建设示范区，建设万亩级农田宜机化改造示范基地。完善农田防汛抗旱设施。启动农产品仓储保鲜冷链物流设施建设工程。推进“智慧农业·数字乡村”建设工程。

（八）抓实抓细乡村振兴重点工作

协调推进乡村振兴十大重点工程。持续深化“6+5”区县试验示范，推进20个市级重点示范镇村建设，高质量打造乡村振兴示范样板。扎实开展党建引领下自治、法治、德治相结合的乡村治理体系建设试点示范。研究制定具体措施，推动农民持续稳定增收。完善招商引资重点项目库，赴重点区域开展专场招商、精准招商，力争全年招商引资签约金额800亿元以上。

（九）谋划推动成渝现代高效特色农业带建设

协同建设高产高效粮油、优质柑橘和柠檬、以生猪为重点的现代畜牧业等九大产业集群，共同打造“三峡”“川菜渝味”等区域公用品牌。共同建设国有农业高新技术开发区、西部农业科技创新中心、全国畜牧科技城和生猪产业技术创新中心等八大重点工程平台。推动建立特色产业集群合作工作专班，组建企业发展联盟。

（执笔人：马善运）

烟草业

重庆市烟草专卖局

一、2019年发展回顾

（一）烟草商业

重庆市卷烟商业实行母分公司管理体制，市公司下属销售分公司、烟叶分公司、物流分公司3个专业分公司和39个区域分公司，1个烟叶复烤企业、1个全资子公司（多元化经营企业）、1个烟草科学研究所。2019年，全市系统以习近平新时代中国特色社会主义思想为指导，在市委、市政府和国家烟草专卖局的正确领导下，在全市烟草产业发展领导小组具体指导下，坚持稳中求进工作总基调，贯彻新发展理念，坚持高质量发展，紧紧围绕“稳销量、提结构、育品牌、优状态、促规范”，扎实推进各项工作，较好地完成了各项目标任务。实现主营业务收入429.75亿元，增长4.15%；税利总额106.44亿元，增长0.12%；净利润30.71亿元，增长5.28%。

一是销售改革不断深化。健全完善销售工作制度、实施货源一级投放、持续降低大户占比，取消客户经理销量、结构等结果性指标考核，稳步推进客户自律互助小组建设，有序推进文明吸烟环境建设。全年废改立制度24个，大户占比降至0.49%，客户自律互助小组覆盖率达到89.68%，全市安装烟头收集筒809个，建成室外吸烟区6个、室内吸烟仓9个。

二是销量平稳结构增长。全年销售卷烟115.51万箱，同比增长0.4%；实现销售额399.8亿元，增长5.2%；单箱结构3.46万元，增长4.8%。

三是市场状态持续优化。全市卷烟零售价格持续上扬、客户盈利水平不断提升、客户经营信心明显增强。年末，全市卷烟零售库存可销天数13.2天，同比下降9.3天；卷烟零售价格指数95.05，提高3.1；零售客户毛利率8.95%，提高3.38个百分点。

四是品牌布局更加合理。严格品牌进退管理，宜进则进、应退尽退，构建起“663+”工业格局和各价位段主导、护卫、潜力品规梯次化布局。全年清退品规57个，在销品规减少24个，“311”品规销量增长2.5%，短、细、中等创新品规增长37.8%，地产烟销量、销售额和单箱结构增幅分别达到0.1%、5%、4.82%，实现恢复性增长。

五是终端建设不断推进。以提升渠道掌控力为核心，完善建设标准，狠抓形象展示，加大督促检查力度，全年建设现代终端6333户，超目标任务135户。

六是物流运行平稳有序。持续优化配送体系，加强技改创新，强化外包监管，全年人均配送效率增长2%，卷烟库存周转率增长7%，物流费用率下降0.04个百分点。

（二）烟草专卖管理

2019年，市烟草专卖局在市委、市政府和国家烟草专卖局的正确领导下，在全市烟草产业发展领导小组具体指导下，坚持服从和服务于改革发展大局，坚定不移守底线、筑防线、把准线，巩固协作机制，深化机动稽查，着力本土破网，全力净化烟草市场。

一是市场监管持续加强。全面深化“1+3”机动稽查，组织开展全覆盖暗访督查，全年查获违法卷烟10929.8万支，其中机动稽查查获的数量占比达到35.1%，全市市场净化率达到98.6%。

二是打假破网成效显著。紧盯物流寄递等重点领域，聚焦名烟名酒店等重点对象，加强情报收集、分析研判、联合执法，全年备案网络案件42起，其中国家局级网络16起，查获假冒走私卷烟734.75万支，刑拘76人，逮捕51人，直诉27人。

三是专卖内管从紧从严。完善内管流程制度体系，推进卷烟经营闭环监管，严格“一案双查”，全年查获“双五万”以上案件22起，其中“双80”案件1起，问责48人。外流真烟1340.62件，同比下降36.8%，真烟外流数量行业排名下降8个位次。

四是行政服务提档升级。全面落实“宽进严管”，积极探索信用监管，大力推进网上办证，全年发放零售许可证2.2万个，依法注销1.43万个，截至2019年底全市共有零售许可证12.8万户，较上年减少111户。准运证核发时限由4个工作日缩减至2个，行政许可办结时限由15个工作日缩减至8个。

（三）烟叶种植业

2019年，市烟草专卖局在市委、市政府和国家烟草专卖局的正确领导下，在全市烟草产业发展领导小组具体指导下，坚持深化烟叶供给侧结构性改革，持续转变发展方式、提高供给质量，烟叶产业转型提速升级。

一是烟叶产销规模保持稳定。严守计划红线，积极争取工业订单，全市种植烤烟36.1万亩，收购烤烟83.1万担；种植晾晒烟0.95万亩，收购2.85万担；实现烟叶税2.5亿元，连续两年全面完成计划任务。加大烟叶营销力度，结算两烟86.76万担，结算金额25.78亿元（不含税），其中新烟结算38.73万担，结算新烟金额12.35亿元。

二是烟叶生产质量有效提升。上等烟比例64.9%，同比增长2.6个百分点，刷新历史纪录。国家局检查收购等级合格率80.85%，比全国平均水平高0.46个百分点，收购纯度达到93.15%。工商交接等级合格率65.7%。烟叶品质得到上海、河南、湖南、安徽等众多工业企业好评。

三是烟农收入实现持续增长。烟农亩均收入3144元，同比增长46元，公斤收入27.32元，同比增长0.42元，户均收入10.39万元，同比增长0.89万元，均达到历史最高水平。烟农多元产业实现净增收4000余万元。

四是基础设施建设较好完成。2018年度项目完成市级验收（2019年验收2018年项目），实际投入资金2401万元；2019年度项目建设计划按期下达，总投资概算7011.27万元；2020年度项目建设预计上报投资概算6475.56万元。全年促成捐赠水源工程援建资金2.751亿元，实现彭水吴家湾、南川朱家岩、奉节县尖山3个项目全面完工。

（四）烟草工业

重庆烟草工业由卷烟制造和烟叶复烤加工两

部分组成，其中烟叶复烤加工企业由重庆市烟草专卖局管理。

重庆烟叶复烤有限公司是股份制打叶复烤企业，于2013年成立，地处重庆市巴南区。公司下辖重庆烟叶复烤有限公司万州复烤厂（原重庆万兴烟叶有限责任公司）和重庆烟叶复烤有限公司彭水复烤厂（原重庆金益烟草有限责任公司）。公司注册资本金98109.85万元。公司股东有中国烟草总公司重庆市公司（持股88.22%）、重庆中烟工业有限责任公司（持股5.51%）、湖南中烟工业有限责任公司（持股3.19%）、江苏中烟工业有限责任公司（持股3.08%）。公司现有资产总额99940万元，其中固定资产原值45687万元，固定资产净值7528万元，资产负债率2.15%。公司法人代表为黄玉平，在册职工290人，大专以上文化程度占81%，中级以上专业技术职称54人。

彭水复烤厂地处彭水县，占地面积约200亩。建筑面积8.4万平方米，其中仓储面积4.8万平方米，烟叶整选场0.86万平方米。复烤厂拥有国内较先进的麦克它维奇打叶、普洛克特复烤、菲思本型预压打包等3万吨生产线配套设备，采用集散控制系统，生产自动化水平较高，同时配备有布拉本德、赫尔森烘箱、TM710红外线水份仪等质量在线检测仪器，采用柔性打叶、低温慢烤片烟工艺技术，加工质量稳定，采用静电除尘加涡轮增压湍流除尘脱硫装置，节能减排成效显著。万州复烤厂地处万州区，占地面积约7.4万平方米，仓库面积约5.2万平方米，烟叶整选用地约0.72万平方米。主要工艺设备为“仿马克他维奇”型打叶线、“普洛克特”型复烤线和“高多丽”型预压打包线，拥有先进完备的检测设备，建立了三级质量监督检测站，具备检测烟叶各项理化指标的能力，产品加工质量达到或超过行业标准。

2019年，公司扎实推进各项工作，较好完成年度目标任务。加工原烟78.05万担，出片率65.88%，实现营业收入15461万元，实现税利574万元，净利润-2001万元。易地技改项目初步设计获国家局批复同意，制定了项目整体工作推进计划，力争在2020年10月动工建设。

二、发展中存在的问题

全市烟草专卖商业系统发展中存在的问题主要包括：一是烟叶市场导向、定向生产贯彻不充分，烟叶供给结构与市场需求仍有差距。二是日常监管模式和监管措施亟待创新，打击新兴领域违法亟待破题，规范经营理念仍需继续深入强化。三是卷烟销售品牌品规布局不合理，营销网建基础欠账较多。四是信息化水平仍待提升，信息技术与各项业务工作深度融合亟须加强。

三、2020年发展目标

2020年的工作思路是，以习近平新时代中国特色社会主义思想为指导，深入学习贯彻党的十九大和十九届二中、三中、四中全会精神，贯彻落实全国烟草工作会议和全市经济工作会议部署，增强“四个意识”，坚定“四个自信”，做到“两个维护”，坚持稳中求进工作总基调，坚持新发展理念，坚持以供给侧结构性改革为主线，坚持发挥烟草专卖制度优势，紧紧围绕建设现代化烟草经济体系，全面做好稳增长、强基础、抓创新、促改革、防风险等各项工作，加快推动重庆烟草专卖商业高质量发展。主要预期目标：把保持稳定良好的经济运行和市场状态摆在优先位置，着力提升质量和效率，持续改善供需关系，全年实现税利108.6亿元，增长2%，力争3%。

（执笔人：姚长清）

第二产业

重庆市工业经济发展综述

重庆市经济和信息化委员会研究室

全市经信系统坚持以习近平新时代中国特色社会主义思想为指导，认真贯彻落实习近平总书记对重庆提出的“两点”定位、“两地”“两高”目标、发挥“三个作用”和营造良好政治生态的重要指示要求，牢牢把握稳中求进工作总基调，贯彻新发展理念，大力实施以大数据智能化为引领的创新驱动发展战略行动计划，统筹推进稳增长、调结构、促转型、提质效，工业经济“稳”的格局不断夯实，“进”的态势日益明显、“新”的动能持续壮大。2019 年全市规上工业增加值增长 6.2%，高于全国平均水平 0.5 个百分点；工业投资增长 8.8%，高于全国平均水平 4.5 个百分点。

一、2019 年发展回顾

（一）产业升级持续加快，现代制造业体系初步建立

新兴产业加速壮大。智能产业快速发展，“芯屏器核网”补链成群，智能产业实现销售收入 6664 亿元，同比增长 14%。高技术制造业和战略性新兴制造业增加值分别达 1084 亿元、1415 亿元，分别增长 12.6%、11.6%，对工业经济增长贡献率分别为 34.8%、42.1%。传统产业多点支撑。九大支柱产业实现“八增一降”。电子产业持续回升，实现增加值 939 亿元，增长 14.3%，拉动全市工业增幅 2.1 个百分点，成为全市工业增长的第一动力。汽车产业全力止滑，实现增加值 855 亿元，下降 4.1%，降幅较年初收窄 15.5 个百分点。消费品、材料、装备、能源、化工、摩托车、医药行业增加值分别增长 6.1%、14.7%、6.8%、5.3%、3.1%、2.4%、7.1%，整体增势较稳，合计拉动全市增加值增长 4.8 个百分点。

（二）智能化发展纵深推进，经济新动力加速蓄势

智能制造深入推进。数字化车间和智能工厂建设加快推进，对 400 家制造业重点企业进行诊断评估，组织实施 1280 个智能改造项目，新增 890 条数字化生产线，认定 115 个数字化车间和 25 个智能工厂，评选 10 个智能制造标杆企业，带动全市工业技改投资完成 1063 亿元，增长 6.9%，占工业投资比重达 39%。示范项目实施后，产品不良品率平均降低 38.6%，运营成本平均降低 20.8%，生产效率平均提升 68.7%。工业互联网平台加速布局。国家工业互联网标识解析顶级节点（重庆）启动运行，工业和信息化部

评选的十大跨行业跨领域工业互联网平台7家落户重庆并设立西部总部，全市工业互联网服务商企业达81家。中小企业“上云上平台”步伐不断加快，新增企业“上云”9145户。“5G+智能制造”、远程运维等新模式应运而生，建成5G基站1万余个。智慧园区公共服务平台上线，48个开发区智慧园区建设全面开花。

（三）企业创新能力不断提高，发展潜力进一步释放

研发投入持续加大。引导企业加大研发投入，建立健全研发准备金制度，2135家企业建立研发准备金440亿元，增长16.7%，研发准备金补助金额2.47亿元。规模工业企业研发投入330亿元、增长10%，研发强度达到1.5%左右，继续保持西部第一。修订完善《重庆市重大新产品研发成本补助实施细则》，推动218家企业387个重大新产品获后续研发支持。研发机构建设加快。英特尔FPGA等高端研究机构落户重庆，建成集成电路特色工艺及封装测试和工业大数据市级制造业创新中心，国内首个5G自动驾驶服务平台建成投用。新培育市级工业和信息化重点实验室13家、市级以上企业技术中心178家，累计建成国家级工业设计中心6家，国家级单项冠军产品4种，全市有研发机构企业达1500余家，有研发活动企业2500余家，占规模企业比重分别为23%和38%。

（四）主体培育逐步提升，市场环境活力彰显

主体培育再创新高。新建升规企业201户，新设立中小微企业11万户，累计达85万户。引导、鼓励、支持企业“专精特新”发展，新认定“专精特新”企业200家、“小巨人”企业20家、“隐形冠军”企业10家，累计分别达到459家、40家和20家，其中5家渝企成功上榜全国首批专精特新“小巨人”名单。发展空间不断拓展。加大重点楼宇产业园培育力度，认定市级楼宇产业园8个，国家小型微型创新创业基地达到11个。优化完善“1+39+N”中小企业公共服务平台网络，中小企业公共服务平台累计达135家，入驻中小企业33270家，解决服务需求20万家次。成功举办2019年“创客中国”创新创业大赛重庆区域赛和“创客中国”产业互联网创新创业大赛，中小企业呈现出蓬勃的生机。

（五）“一区两群”协调发展，区域经济更趋协同

从区域来看，主城都市区持续发挥工业主战场作用，营业收入完成18994亿元，占全市的91.4%，增长6.8%，增长贡献率达94%。渝东北片区特色产业初具规模，梁平塑料、奉节眼镜等品牌更加响亮，实现营业收入1414.2亿元，占全市的6.8%，增长12%。渝东南片区特色农产品加工不断发展，实现营业收入385.6亿元，占全市的1.9%，下降17.5%。从重点大区看，19个工业大区营业收入在300亿元以上，合计营业收入18689.2亿元，占全市比重为89.9%，增长6.7%，对全市增长的贡献率为91.4%。其中渝北（营业收入2977.5亿元、增长-0.9%）、沙坪坝（2179亿元、增长5.8%）、涪陵（1453.6亿元、增长9.9%）、江津（1340.9亿元、增长12.4%）、九龙坡（1220.9亿元、增长2.7%）、永川（1134.4亿元、增长14.2%）六个区营业收入超千亿元。

（六）综合服务提质增效，要素聚合力深度激发

“放管服”改革持续推进。一般工业项目拿地至开工审批时间由50天压缩至15个工作日；

专项资金管理审批公示、资金拨付办理由 90 天压缩至 30 天。创新开展中小企业商业价值信用贷款改革试点，放贷平均利率仅 5%，累计授信 26 亿元。扎实开展“三服务”专项行动，累计参加调研人员 915 人次，收集问题 454 个，已办结 409 个，服务对象满意度达 99.5%。营商环境不断优化。对标世行营商环境标准，积极打造全国一流用电、用气营商环境，实施用气报装“六减”和企业办电“三零”“三省”改革，“一中心”“两平台”上线运行，39 项政务服务事项全部实现网上运行，实现“信息多跑路、企业少跑路”。

二、发展中存在的问题

近年来，尽管全市工业和信息化发展取得了一定成效，但目前疫情在全球蔓延，造成制造业下滑，实体经济供需两端受损，工业经济运行面临的内外部环境依然严峻复杂，企稳回升的基础不够牢固，运行态势还不平稳，推进制造业高质量发展仍面临风险和挑战。

一是经济运行稳中有变，工业稳增长压力较大。有效需求总体偏弱，工业品价格下降，一些行业增速出现放缓或下滑。特别是受疫情影响，汽车、电子、消费品等消费需求受到抑制，行业协会预计全国全年乘用车销量下降 6%；食品、饮料等行业企业压库现象也较为普遍。投资规模大、引领带动强、技术水平高的工业项目偏少，发展后劲有待增强。

二是生产经营遭受冲击，企业资金保障压力较大。从生产看，921 家企业调查问卷显示，44.8% 的企业 2 月末产能利用率低于 50%。从效益看，疫情期间企业员工工资、租金、利息以及防疫物资筹备等刚性成本支出大，2020 年 1~2 月规上企业利润总额下降 56.2%，收入利润率仅为 2%。从流动资金看，疫情中断了企业正常运行节奏，导致大部分企业资金紧绷。调查显示，42.1% 的企业现金储备不足 3 个月，反映资金缺口超过 30% 的企业数占比达四成。

三是海外疫情蔓延，稳定供应压力较大。随着海外疫情扩散，汽车和电子产业供应链压力较大。海外抢库存的方式普遍只能保障 2~3 个月的用量需求，航运停航、人员限制等措施导致贸易物流面临考验，芯片、控制系统等核心零部件和关键原材料国产替代和转产都需一定的时间才能形成有效供应。

四是产业水平结构失衡，新旧接续压力较大。重庆工业正处于转型升级关键时期，传统的重点产业如汽车制造、电子信息等的支撑作用减弱，多处于价值链中低端，如汽车产业 10 万元以下汽车数量占比达 70%。战略性新兴产业存在规模不够大、结构不够优、产业链不够完善等问题，其发展速度还不足以抵补传统产业的规模收缩，2019 年战略性新兴制造业增加值 1415 亿元，仅占规模以上工业增加值的 25%。地区间、行业间发展不平衡、出现分化，产业链水平有待提升。

五是企业创新能力不强，转型升级压力较大。整体创新能力还不够强，具有自主知识产权的核心技术相对缺乏，企业整体研发投入不足，产学研成果转移转化不够顺畅，有研发机构的规模企业占比仅 23% 左右。关键核心技术“卡脖子”问题凸显，能够满足市场需求的特色化、差异化、高端化产品不多，缺乏具有影响力的品牌和企业。

三、2020 年发展目标

2020 年针对疫情影响和“两个收官”的年

度特点，我们将按照市委、市政府统一部署，抢时间、赶进度、补损失，最大限度地减少疫情对工业经济的影响，统筹推进稳增长、强创新、调结构、促升级、提质效。制定战略性新兴产业集群发展、提升企业创新能力、强化工业有效投资、“5G+智能制造”融合发展、助推停产半停产企业复产止滑、培育“专精特新”中小企业、推动消费品工业高质量发展、推动软件产业高质量发展等8个专项行动计划，明确工作目标，制定工作措施，提出工作要求，联动市级有关部门和重点区县协同推进，确保收到良好效果。力争全年规模工业增加值增长6%，工业投资增长7%，战略性新兴制造业增加值增长10%以上。

（执笔人：苏波）

工业投资运行与发展

重庆市经济和信息化委员会规划与投资处

2019年，全市经信系统按照中央“稳投资”工作要求和市委、市政府具体部署，坚持稳中求进工作总基调，克服全国性产能过剩、外需减弱、内需不足、投资回报下降等不利因素影响，着力发挥投资关键作用，扎实推进签约一批、开工一批、投产一批、达产一批重点项目建设，在全国工业投资增速由2018年的6.5%下行至4.3%的背景下，重庆市工业投资增速实现由7.3%上行至8.8%的逆势上扬，成为全市工业经济高质量发展的有力支撑。

一、2019年发展回顾

（一）营造良好氛围，提振企业投资信心

坚持把制造业作为立市之本、兴市之器、强市之基，坚持以工业化带动城镇化和农业现代化，深入实施以大数据智能化为引领的创新驱动发展战略行动，启动实施制造业高质量发展专项行动，深入落实制造业“放管服”改革和减税减费举措，搭建智博会、西洽会等国际性产业合作平台，健全两江新区、重庆高新区等产业载体功能，加快陆海新通道等重大基础设施建设，全面营造制造业高质量发展浓厚氛围和良好生态，极大增强重庆市对全球制造业要素资源的集聚力和向心力。全市港澳台及外商工业投资增长51.3%。

（二）强化项目调度，助力项目加快建设

一是健全重点项目推进机制。实施签约落地、开工建设、投产达产和智能化改造“四张清单”重点项目计划，进一步夯实完善“周调度、月分析、季考评”调度机制，创新“视频拉练”调度模式，全力促进现有项目序时推进，市政府重点关注项目和市级重点项目均提前超额完成年度投资目标任务。二是抓好问题化解。实施“三服务”助推项目建设专项行动，协调解决SK海力士芯片封测二期、万凯食品级PET高分子材料等项目推进中问题共计51个，助力项目早开工、早投产、早达效。三是抓好存量企业技术改造。将智能化改造作为企业技术改造主攻方向，累计实施1280个智能化改造项目，建成115个数字化车间和25个智能工厂，技术改造投资占比保持在40%左右。

（三）狠抓招商引资，增强投资后劲

一是围绕支柱产业迭代升级和加快智能产业、数字经济、战略性新兴产业发展壮大主题，新签约奥特斯IC载板三期、瑞声智能制造产业

园等优质项目。二是组织长寿、璧山等14场工业项目集中开工活动，营造浓厚氛围，新开工项目投资占全市工业投资比重达38.5%，同比提高3个百分点。三是健全重点项目接续机制，对2018年各区县（自治县）亿元以上新签约工业项目落地情况进行全面梳理，督促各区县（自治县）强化签约项目跟踪服务，促进招商引资成果量质提升。

二、发展中存在的问题

（一）产能过剩—盈利下降—投资减弱“负循环”进一步加大了制造业投资下行压力

一是产能过剩、结构性矛盾突出的情况仍未得到根本改变，近两年全国规上工业产能利用率均不到77%。二是成本上涨与产能过剩相叠加压缩企业盈利空间。在大力推进减税降费的背景下，2019年全国规上工业企业每百元营业收入中的成本为84.08元，同比增加0.18元；营业收入利润率为5.86%，下降0.43个百分点。三是产能过剩和利润下行“双向挤压”致使企业投资意愿、信心减弱。全国制造业投资增速由2013年的17.9%下降至3.1%。受以上因素影响，2019年全市新开工项目数量、计划总投资分别下降7.1%和10%。

（二）金融服务制造业发展的能力不强进一步弱化企业投资能力

一是资本脱实向虚仍比较严重。金融、房地产等领域投资收益率远高于制造业，对资本产生巨大虹吸效应，2013年至2017年全国制造业中长期贷款余额占比从11.2%下滑至7.4%，与制造业占GDP 30%左右的比重很不匹配。二是融资方式仍较单一。根据重庆市“双百”工业企业调查结果显示，近60%的企业融资方式为银行直接贷款，通过上市、基金或引进投资者、发行债券等直接融资的企业不到10%。

三、2020年发展目标

2020年是“十三五”规划的收官之年，全市将全面落实中央经济工作会议精神，进一步发挥投资对促进经济高质量发展的重要作用，加大招商力度，推进成果转化，强化项目调度，完善通报机制，工业投资力争实现7%的较快增长。

一是坚持不懈抓招商。强化市区纵向联动和市级部门横向协同，坚持项目数量与质量并重，将招商重点锁定在有实力有意愿的优质企业上；坚持龙头项目与配套项目并重，通过引进若干具有产业链把控能力的龙头项目，带动产业链、供应链配套项目加速向重庆市集聚；坚持新兴产业项目与传统产业项目并重，在抓好数字经济、智能产业、战略性新兴产业领域项目引进的同时，积极引入战略投资者盘活现有停产半停产企业产线资源，推动传统产业迭代升级。

二是强化签约项目转化。把强化签约项目成果转化作为一项重点任务，紧盯签约一年内“窗口期”（占全部已开工项目的92%）特别是半年内“黄金期”（占全部已开工项目的62%），指导督促区县健全项目签约至开工的跟踪机制，提前做好土地、水、电、气、讯等要素保障，加快规划许可、施工许可等前期要件办理，积极协助项目业主筹措资金，切实提高签约项目转化率。

三是加快重点项目推进。深入推进市政府重点关注、市级重点和区县重点三级项目计划，健全市政府重点关注项目和市级重点项目“一对一”跟踪服务机制，强化月通报、双月调度和“视频调度”等举措，坚持月月查计划、季季保进度、全年达预期，定期通报、及时发现、有效整改项目推进中出现的问题，全力推动华兴日用玻璃等项目开工，京东方6代柔性面板等项目加快建设，比亚迪动力电池等项目建成完工，力争2020年市级重点工业项目完成投资500亿元。指导督促区县加强对区县级项目的跟踪服务和定期调度，推动重点项目序时推进。

（执笔人：周翼）

工业企业改革与转制

重庆市经济和信息化委员会企业处（信访办）

一、2019年发展回顾

（一）国有企业“三供”分离移交成效明显

2019年是全市国有企业“三供”分离移交改革的攻坚年，市经济信息委联动市级协作部门，多措并举、攻坚克难，“三供”分离移交工作取得重大突破。一是点面结合强化督促指导。坚持每月一调度、定期一通报，先后召开工作推进会、协调会、碰头会160余人次，先后对綦江、江北、九龙坡、北碚、永川、荣昌、万盛等13个区县开展调研指导50余次，协调解决西南兵工局、成都铁路局、西南铝业、重庆能源集团、机电集团、建工集团等35家企业集团困难问题120多个（件）。二是因地制宜解决“堵点”“难点”“卡点”。积极调研西南铝业、长江特装、能投集团、机电集团等企业，帮助解决享有价差或免缴水电气费用的3.5万户困难职工、农转非人员和周边农村转供户的突出矛盾，实行过渡期政策与市场有序接轨；对移交量大、遗漏问题多、矛盾突出的兵工系统6家企业24万户供电、供气用户，采取先移交后改造策略，减少双方争议，工作进度提速16%；对重庆能源集团五大矿业公司（松藻、南桐、永荣、天府、中梁山）在保留其生产用电的基础上，对与家属区同网的113个商业、专变用户实施整体移交，既解决交叉供电安全隐患，又推动6.2万户煤矿职工供电移交改造。三是压实责任全力推进“三供”改造。各区县“三供”专项办将工作任务纳入年度目标进行考核，各企业将移交工作纳入经营业绩考核。对进展缓慢、推进不力的九龙坡、北培、綦江3个区县，重庆市电力公司、西南兵工局、能源集团、庆铃集团、化医集团、建工集团、城投集团、建设工业8家企业实施重点督办，现场督促指导区县、企业抓好工作落实。全市38个区县、35家中央在渝企业、19家市属企业集团、431家主办企业共49.71万户（在渝央企27.06万户、市属企业22.65万户）水电气管理职能100%移交，工程改造量达92%，职工满意度达90.7%，为解决国有企业历史遗留问题和全面深化改革打下坚实的基础，26万名职工的幸福感、获得感、安全感得到有力提升。

（二）企业兼并重组持续推进

通过组织召开培训会、编印政策汇编、修订工作方案、建立市级重点兼并重组企业项目库等方式做好企业兼并重组推进工作，会同市级相关部门审核2019年度企业兼并重组重点申报项目，确定入库企业名单。

（三）企业创新管理深入扎实

积极参与湖南、湖北两省中小企业公共服务平台调研学习，先后到荣昌、巴南、大足等5个区县8家企业调研了解财务管理、精益管理、风险管控等管理创新开展情况，在重庆大学组织企业生产经理、技术骨干开展精益管理培训2期100余人次，为有序推进企业创新管理奠定基础。

（四）遗留问题服务及时到位

一是复核审查“老17户”单解、双解人员近300人社保补助；二是收集申报18个区县82家在渝央企职教幼教退休教师1940人生活补贴、中小学移交遗留问题191名退休教师待遇补差资金2140余万元。三是核查申报13个区县71家在渝央企2034人“三类人员”生活医疗困难补助资金1300余万元。四是积极推进重庆市退役士兵社保接续工作。结合体制编制改革，会同市退役军人事务局、市国资委、市财政局等部门下发《解决部分退役士兵社会保险问题的实施办法》，组织了51家在渝央企和市属国企进行了业务培训，加快推动企业退役士兵社会保险补缴工作。五是及时审核拨付重庆合成化工厂有限公司980名退休人员社会保险、非统筹等费用，保障退休人员根本利益，促进社会稳定。

（五）厂办大集体改革平稳有序

多次召集相关企业分析研究厂办大集体社保欠费核销办法，加快推进政策出台改革，对铁马集团、中冶建工、西南铝业等企业开展厂办大集体改革调研，指导10余家企业稳妥推进厂办大集体改革。

（六）着力为企业排忧解难

增强服务意识，不断深化“三服务”（服务区县、服务园区、服务基层）专项行动，助推企业改革深入推进和经济高质量发展。为重庆建设集团、长安集团协调减免“三供”移交改造施工行政性收费220余万元、施工道路开挖费300万元，指导西南铝业、长江特装以及能投集团下属矿业公司等企业为3万余户农转非用户实行过渡期供能补贴1100余万元，推动300余名企业供电从业人员改革不失岗位，受到企业职工的普遍好评。

（七）央企医院参与医改顺畅有序

在渝央企业的西铝医院、望江医院、094医院、长征医院、川船医院、渝西职工医院、巴山医院、邮政医院、长航医院共9家医院纳入全市公立医院综合改革范畴，全面取消药品加成，降低CT、磁共振等181项大型设备检查项目价格，合理提高一般治疗操作、护理、手术等258项体现医务人员技术劳务项目价格，积极争取市财政补助资金330万元，有力推进基本公共卫生服务，进一步提升医疗患者满意度。

二、改革中存在的问题

一是厂办大集体企业改革任务重、推进慢。全市70余户厂办大集体历史遗留问题多，主办企业改革资金缺口大，政府配套政策滞后，大多数企业仍在观望，推进较为缓慢。2020年是收官之年，改革与解决遗留问题并行，改革与稳定压力不容乐观。

二是“三供”剥离移交后续问题不确定性凸显。重庆能源集团下属的南桐、松藻、天府、永荣矿业公司等独立工矿区，移交户数多、改造范围大，生产与生活供电相互交错，专变电与生活供电设施难以分割，供电改造、供电安全以及配售电改革矛盾交织叠加，影响后续工作推进；部分家属区居民和周边转供农户对企业的依存度较高，由于历史原因和多重因素，长期享受优惠供能价格或免费供应，分离移交后，供能价格与市场接轨，部分职工群众对供能价差、公共区域费用、过渡期补偿等产生抵触情绪，致使施工难、移交难、管理难、后续收费难。

三是创新管理涉及范围广、投入较多、见效慢，缺乏资金、政策支持和专业指导，致使个别企业积极性不高，推进迟缓。

四是在渝央企公立医院改革压力较大。央企医院承担辖区绝大多数慢病及重病晚期患者的就医需求，资金流压力凸显，各项采购的付款周期明显延长，员工待遇降低，人员流失严重。

三、2020 年改革目标

贯彻落实习近平新时代中国特色社会主义经济思想，按照全市工业和信息化工作会议要求，强化政治责任，强化担当作为，坚定信心，攻坚克难，加强探索，先行先试，深入研究解决问题和困难的方法，加快工作进度，确保 2020 年改革目标任务如期完成。一是全面完成全市国有企业“三供”分离移交工程施工改造、工程验收、资产移交、资金清算及后续扫尾工作，坚决打好独立工矿区剥离办社会职能攻坚战，确保按期保质完成目标任务。二是加大企业管理创新成果推广宣传力度，组织开展创新企业管理培训，加大资金、技术扶持力度，帮助企业提质增效。三是加大在渝央企厂办大集体改革的指导力度，积极争取政策，确保改革工作干净、彻底，不留尾巴。四是积极为企业“三类人员”、职教幼教、中小学退休教师、退役士兵社保接续问题纾困解难。五是积极稳妥推进在渝央企医院参与公立医院取消药品加成改革工作。

（执笔人：邓浩）

工业绿色发展

重庆市经济和信息化委员会节能与综合利用处

一、2019年发展回顾

（一）持续提升工业能效水平

持续强化重点用能企业监管，对照《重庆市重点用能企业能效赶超三年行动计划》中下达的节能量目标，对重庆钢铁股份有限公司等300家重点用能企业进行节能目标责任制落实情况监督检查；开展国家工业节能诊断，组织市能源利用监测中心等4家节能诊断服务机构免费为全市96家企业提供公益性节能诊断服务，发掘企业节能潜力，持续提升工业企业能效水平；大力实施工业节能监察，制定印发《关于组织开展2019年国家重大工业专项节能监察的通知》，完成现场监察企业88家，向4家节能违规企业下发限期整改通知书；实施能效领跑者制度，修订完善火电和水泥两个行业能效领跑者评价体系，组织开展全市2018年度燃煤火电和水泥行业的“能效领跑者”评选工作，评选重庆合川发电有限公司、东方希望重庆水泥有限公司、重庆海螺水泥有限责任公司等机组（生产线）为2018年度“能效领跑者”；推广节能新技术新机制，加强对国家和重庆市重点节能技术目录的推广，举办两期节能技术专题宣讲培训，通过介绍典型案例经验，引导企业开展节能技术改造；积极推广合同能源管理，对重庆海润节能技术股份有限公司等28家节能服务公司进行备案，扶持节能服务产业发展。

（二）加快构建绿色制造体系

加大国家级绿色制造示范体系创建力度，在市级第一批绿色制造示范单位中开展遴选工作，全年创建广州双桥（重庆）有限公司、重庆宗申通用动力机械有限公司、重庆惠科金渝光电科技有限公司等10家国家级绿色工厂和第二代逸动、CS55、CS75等9种国家级绿色设计产品，两江新区水土工业开发区成功创建国家级绿色园区，重庆宗申发动机制造有限公司成功入选国家级绿色供应链管理示范企业名单，实现绿色供应链管理示范企业名单零突破；大力实施绿色制造工程，稳步推进绿色制造项目，完成2018年工信部绿色制造项目的中期检查，6个项目实施效果良好，进展均达到预期要求。积极做好“2019年绿色制造系统解决方案供应商”投标企业推荐工作，推荐重庆赛迪热工环保工程技术有限公司等4家参与投标工作，重庆赛迪热工环保工程技术有限公司中标绿色关键工艺系统集成应用系统解决方案供应商，重庆水泵厂有限责任公司中标通用机电设备绿色改造提升系统集成应用解决方案供应商。推动市级绿色制造示范体系创建，指导基础条件较好的园区、工厂开展绿色制造示范体系创建工作，全年评选恒安（重庆）生活用纸有限公司等32家工厂为市级绿色工厂，评定重庆市巴南区经济园区为市级绿色园区；充分发挥市级工业和信息化专项资金引导作用，统筹安排3566万元市级财政补助资金，支持63个节能、节水、清洁化改造、资源综合利用项目，实现年节约标煤12.63万吨，节约水量30万吨，新增工业固废利用量50万吨，年减排二氧化硫、氮氧化物、挥发性有机物等污染物200余吨，直接带动投资8.05亿元。

（三）积极推动工业固体废物综合利用

开展工业固废排查调查，全市工业固废综合利用企业330家，年利用量2751万吨，实现销售收入204亿元，从业人数达3.14万人，享受税收减免2.18亿元；推动工业固废综合利用评价制度落实，重庆市能源利用监测中心、重庆国际咨询集团有限公司等5家单位入选第三方评价机构推荐名单（第一批），开展评价工作；开展国家再生资源行业规范条件达标认定，组织全市废钢铁加工企业开展申报工作，配合工信部节能司对重庆市第七批5家废钢铁加工企业现场核查工作，5家企业均现场核查合格。

（四）持续推动工业水效提升

严格落实河长制，安排藻渡河市级河长完成一年一次的市级河长巡河，完成藻渡河“一河一策”方案修订，印发《关于分解下达2019-2020年藻渡河“一河一策”重点目标任务的通知》，强化对藻渡河沿岸区县任务分解落实；开展节水型企业创建，继续按照国家最严格水资源管理制度要求，深入推动火电、钢铁、纺织染整、造纸、化工等重点用水行业开展节水型企业创建，引导企业开展相关节水创建工作；开展工业用水定额评估修订，印发《关于开展火电等高耗水行业产品用水定额制定修订工作的通知》，对涉及火电、钢铁、水泥、电解铝、平板玻璃、化工、造纸、纺织、印染、食品饮料等10个行业19种产品开展用水定额评估修订。

（五）大力推进清洁生产

完成2018年清洁诊断工作，推动完成107家企业节能低碳绿色生产监测评估工作，形成4个行业分报告和工作总报告，共查找926项具体问题，针对性提出337项中高费方案和589项无低费方案，带动企业绿色技改投资6.9亿元，每年可节约标煤5.5万吨、节水86.3万吨，减排颗粒物792吨、二氧化硫258吨、氮氧化物251吨、二氧化碳16.6万吨；推进2019年清洁诊断工作，确定101家企业纳入2019年清洁化诊断企业名单，为全市工业企业清洁生产水平提升提供有力支撑。

二、发展中存在的问题

一是工业节能监察队伍能力有待提升；二是节能、节水、综合利用技术产品推广力度有待进一步加强；三是绿色制造体系构建力度有待进一步加大。

三、2020年工作打算

（一）持续加大绿色制造体系建设力度

按照《重庆市绿色制造体系建设三年行动计划（2018—2020年）》《重庆市绿色园区和绿色工厂认定管理办法（试行）》，积极构建以绿色产品、绿色工厂、绿色园区、绿色供应链为主体的绿色制造示范体系，持续加大绿色制造示范单位创建力度，力争市级绿色工厂达到100家，力争成功创建国家级绿色工厂30家，鼓励更多基础条件好的园区开展绿色园区创建工作，申报国家级、市级绿色园区。加强对2016~2018年未验收国家级项目的督促和指导，完成到期项目的清查和验收相关工作，积极支持企业申报绿色制造系统解决方案供应商和绿色信贷项目，充分发挥市级绿色相关资金激励作用，支持企业开展绿色改造。

（二）持续推动工业水效提升

持续抓好《重庆市工业企业水效提升三年行动计划》落实工作，抓紧实施《重庆节水行动方案》，确保工业节水有目标、有重点、有措施、有保障。以节水型企业创建为抓手，持续推广先进节水技术和装备，严格淘汰落后工艺。及时修订行业用水定额，倒逼企业主动实施管理节水、技术节水和工艺节水，减少废水排放，推动水资源利用从粗放型向集约型转变，不断实现水资源利用的效率提升。

（三）持续提升工业清洁生产水平

狠抓《重庆市清洁生产水平提升三年行动计划（2018-2020年）》落实。持续开展清洁化诊断行动，组织第三方机构以及专家入企服务，帮助企业开展清洁生产审核，查找高耗能、高污染等问题，提出技术改造方案，促进企业实现产品绿色化、生产洁净化、废物资源化、能源低碳化。发挥企业主体作用，鼓励企业实施清洁化改造，实现化学需氧量、氨氮、二氧化硫、氮氧化物、重金属污染物削减。持续推广应用一批先进成熟的清洁生产技术，提高先进成熟技术的普及率，为工业企业减污增效提供有力技术支撑。完善清洁化改造的政策激励机制，用好工业和信息化专项资金，支持企业开展清洁化诊断，同时对列入年度清洁生产审核计划的企业，在安排工业和信息化专项资金时优先支持。

（四）持续巩固综合利用水平

以无废城市建设工作为抓手，持续提升全市工业固废综合利用水平。针对磷石膏、钛石膏、锰渣等较难利用的一般工业固废，研究出台利用奖补政策，持续提升较难利用工业固废综合利用率。切实落实《重庆市工业固体废物资源综合利用评价管理实施细则》，充分发挥第一批第三方评价推荐机构作用，大力推行工业固体废物资源综合利用评价管理制度，着力培育更多第三方评价机构。持续抓好国家再生资源行业规范条件达标认定企业事中事后监管，鼓励更多再生资源企业开展国家行业规范条件达标认定。

（五）持续做好各项涉生态环境目标任务

大力推进生态优先绿色发展，持续开展重点工业企业环境保护指导督促专项行动，牢固树立“管发展必须管环保、管生产必须管环保、管行业必须管环保”意识，指导督促工业企业落实生态环保主体责任。加强与市生态环境局相关工作对接力度，持续跟进中央环保督查整改工作，及时分解督察组反馈问题任务，不断加强督促检查，做到各项整改工作及时完成，确保全面完成年度各项工业环保目标任务。

（执笔人：胡耀）

汽车工业

重庆市经济和信息化委员会汽车工业处

2019年，我国汽车制造业在转型升级过程中，受中美经贸摩擦、环保标准切换、新能源补贴退坡等因素的影响，承受了较大压力，汽车产销分别完成2572.1万辆和2576.9万辆，同比分别下降7.5%和8.2%，产销量继续蝉联全球第一。重庆汽车制造业主动调整，积极应对，下半年表现出较强的自我恢复能力，呈现出低开高走的态势，总体保持在合理区间，产值同比降幅从1~2月累计的21.1%收窄到全年的5.5%，增加值同比降幅从19.6%收窄到4.1%。

一、2019年发展回顾

（一）基本情况

截至2019年底，重庆有汽车生产企业41家，其中整车生产企业21家，改装车生产企业20家，已形成年产400万辆的综合生产能力。汽车制造业规上企业994家，其中，汽车零部件企业918家，已具备发动机、变速器、制动系统、转向系统、车桥、内饰系统、空调等各大总成较完整的供应体系，具有70%的汽车零部件本地配套化率。

重庆市规上汽车制造业完成产值3227亿元，同比下降5.5%。其中，汽车整车制造业完成产值1301亿元，同比下降15%，改装车制造业完成产值144亿元，同比增长10.5%，汽车零部件制造业完成产值1781亿元，同比增长1.7%。

（二）发展特点

1. 生产运行

重庆市汽车制造业全年产值呈现出低开高走的运行态势。1月是全年同比降幅最大的月份，为21.6%。12月产值同比增幅全年最大，为23.2%。当月产值最高、最低分别为12月和2月，分别为362亿元和205亿元。全年汽车制造业产值增速-5.5%，低于全市工业产值增幅12.3个百分点，产值占全市工业总产值的比重为15.4%，同比下降2.7个百分点。

2. 产品结构

重庆汽车产量138万辆，同比下降19.9%，产量占全国的5.4%，同比下降2个百分点。其中，乘用车产量100.4万辆，同比下降27.1%，占全市汽车产量的72.6%。乘用车中，基本型乘用车（轿车）、运动型多用途乘用车（SUV）、多功能乘用车（MPV）和交叉型乘用车（微客）的产量分别达到26.5万辆、63.5万辆、2.8万辆和7.6万辆，同比分别增长-42.8%、-19.6%、-54.4%和21.6%。商用车产量达到37.9万辆，同比增长8.5%，占全市汽车产量比重上升到27.4%，同比提高6个百分点。改装汽车产量5.5万辆，同比增长64.5%。

3. 经济效益

重庆市汽车制造业完成主营业务收入3307.3亿元，同比下降4.6%；规上亏损企业198家，同比减少6家，亏损面为19.9%，亏损企业亏损总额为131.9亿元，同比增长138.3%；完成利税总额128.2亿元，同比下降44.5%，其中，利润总额17.3亿元，同比下降83.4%，税收总额110.9亿元，同比下降12.5%。

4. 骨干企业

长安集团（含市外分支机构）销售汽车176万辆，同比下降15.2%，位居全国汽车集团第六。长安集团在渝企业（包括长安汽车、长安福特、长安铃木、长安跨越）完成产量99.7万辆，同比下降18.9%，完成产值839.4亿元，同比下降20.7%，分别占全市汽车产量的72%、占全市汽车制造业产值的26%。华晨鑫源产值、产量分别完成146.3亿元和19.5万辆，同比分别增长21.9%和6.6%。上汽红岩产值、产量分别完成161.6亿元和5.4万辆，同比分别下降2%和3.3%。庆铃集团产值、产量分别完成86.6亿元和6.2万辆，同比分别下降6.7%和7.7%。小康汽车在渝分公司产值、产量分别完成112.7亿元和24.5万辆，同比分别下降13%和10%。上汽通用五菱重庆工厂产值、产量分别完成114亿元和31.2万辆，同比分别下降0.5%和9.2%。北京现代重庆工厂产值、产量分别完成106.9亿元和16.8万辆，同比分别增长89.5%和112.7%。

5. 战略性新兴产业

重庆生产新能源汽车5万辆，同比增长24%，占全市汽车产量的比重为3.6%，同比提高1.6个百分点；生产智能网联汽车18.7万辆，同比增长23%，占全市汽车产量的比重为13.6%，同比提高5.2个百分点。

二、发展中存在的问题

重庆汽车制造业发展中主要还存在以下三方面的问题：一是产品结构不尽合理。车型多限于中低端产品，市场需求大、受欢迎的车型占比较低。品牌影响力不够，一些品牌市场认同度较低。二是研发创新能力较弱。全市汽车企业研发投入占销售收入的比重为2.2%，远低于国内外知名企业5%的水平。缺少企业技术中心、工程研究中心、重点实验室等公共平台。三是战新产业规模偏小。新能源和智能网联汽车产业规模仍然太小，行业转型升级发展步伐还不够快。2019年，全市新能源汽车产量全国占比只有4%，占全市汽车产量的比重只有3.6%。

三、2020年发展目标

深入贯彻实施大数据及智能化发展战略，坚持新发展理念，坚持质量第一、效益优先，推动质量变革、效率变革、动力变革。以发展新能源和智能网联汽车为主线，以推动汽车和先进制造、信息通信、互联网、大数据、人工智能深度融合为主要途径，以创新为抓手，固优势、补短板、强弱项，优环境、提品质、创品牌、增效益，推动转型升级，实现由高速增长向高质量发展转变，增强对全市经济发展的支撑作用。全市汽车产量138万辆，同比持平；汽车制造业产值3388亿元，同比增长5%。

（执笔人：王昭杰）

摩托车工业

重庆市经济和信息化委员会汽车工业处

在产销下行压力加大的背景下，影响中国摩托车行业发展至深的“国Ⅳ”排放标准在2019年7月1日正式全面实施，给整个行业带来很大冲击与变化，企业转型升级决心愈发坚定。重庆摩托车制造业在整车企业引领下，充分利用重庆摩托车行业技术、人才、配套等优势，不断向通机、装备、农机等产业延伸，持续推动产品创新，加快推进结构调整，积极拓展海外市场，实现产值、利润双上升，提质增效初见成效。

一、2019年发展回顾

（一）基本情况

截至2019年底，全市有摩托车整车制造企业39家，规上零部件制造企业371家，已形成年产1000万辆整车和2000万台发动机的综合生产能力，具备发动机、离合器、车架、减震器、转向、轮毂、轮胎、仪表等各大总成完备的配套能力。

全市生产摩托车407万辆，同比增长2.5%，全国占比23.4%。实现产值818亿元，同比增长2.6%；实现主营业务收入768.5亿元，同比增长3.2%；实现利润总额62.2亿元，同比增长17.1%；实现利税总额90亿元，同比增长9.5%，占全市工业的比重分别为3.9%、3.8%、5.6%、4.8%。

（二）发展特点

1. 生产运行

重庆市摩托车月度产量除2月春节期间外总体走势平稳。一季度同比增速基本持平，4月起同比增长保持在2%~4%，全年产值增长2.6%。

2. 骨干企业

市内独立报统的摩托车企业中，产量居前十位的分别是隆鑫、宗申、航天巴山、大隆宇丰、力帆、利爵、建设雅马哈、润通、尊赐、鑫源，分别达到62.7万辆、44.3万辆、39.1万辆、31.5万辆、29.8万辆、27.8万辆、23.9万辆、21.8万辆、12.1万辆、8.8万辆。上述10家企业合计生产摩托车301.8万辆，占全市的74.2%。包含市外分支机构在内，重庆隆鑫、宗申、力帆、银翔4家企业进入全国摩托车销量排名前十，销量分别达到114.1万辆、104.3万辆、99.97万辆、96万辆，分列全国第2、第3、第4、第5位。

3. 出口情况

重庆摩托车行业出口344万辆，同比下降4.2%，占全国摩托车整车出口量的48%，实现出口交货值113亿元。包含市外分支机构在内，重庆隆鑫、宗申、银翔、力帆4家企业进入全国摩托车出口金额排名前十，出口额分别为5.81亿美元、2.73亿美元、2.45亿美元和1.71亿美元，分列全国第1、第4、第5、第10位。隆鑫、银翔、宗申、力帆、航天巴山5家企业进入全国摩托车出口量排名前十，分别出口87.3万辆、47.83万辆、39.68万辆、32.01万辆、25.35万辆，分列全国第1、第3、第5、第7、第10位。

4. 产品情况

重庆摩托车企业大力开展技术创新，不断研发适销对路的新产品。隆鑫“无极”重磅发布的ER10、500DS、650DS等新车深受消费者追捧，并与世界顶级品牌MV奥古斯塔开展800mL高性能水冷发动机合作。宗申“赛科龙”新复古街车RZ3S、RE3正式亮相，巡航系列首款车型RK6引来市场重点关注。力帆首款双缸街车KP350面世，传统和现代完美融合的太子车K19，均得到市场强烈反响。建设在9月发布无界RT250、RT250L及香帅JS500、JS700、JS900多款新品，宣告品牌强势回归。除此之外，宗申、隆鑫、鑫源等依托摩托车产业基础在无人机、农机等产业领域继续发力，取得了较好成效。银钢、万虎、建设雅马哈、广本万强等企业在复古车、边三轮、踏板车、沙滩车、雪地车等领域继续推出特色产品，进一步提升“重庆造”摩托车市场竞争力。

二、发展中存在的问题

重庆摩托车制造业发展中主要还存在以下五个方面的问题：一是产品结构不尽合理。重庆市摩托车的主力产品主要是近年销量持续下滑的中小排量跨骑车和弯梁车，结构相对单一且档次和盈利能力不高，市场较好的踏板车仅建设雅马哈和安第斯可在重庆实现批量生产，受市场欢迎的电动两轮车还没有较为成熟的产品，大排量高端摩托车市场仍需加速扩大。在全面适应国四标准、加快转型升级发展的同时，加快踏板及电动摩托车的培育发展。

二是研发能力仍然不足。全市摩托车产业的研发投入强度尚不足1%。同时，虽然重庆市宗申、隆鑫、力帆等企业建有国家级企业技术中心，不少企业也建有市级技术中心，但还有一大批企业特别是一些中小零部件企业几乎没有技术研发机构，缺乏自主研发能力。

三是产品可靠性和耐久性需尽快提升。相比国际知名品牌，重庆市摩托车产品整体上可靠性和耐久性还有较大差距，已成为影响重庆市摩托车产品声誉的重要因素，应引起高度重视并加快提升。

四是品牌意识需要加强。虽然重庆市不少摩托车品牌在国内市场拥有一定知名度，但因产品品种未跟上市场需求变化等，现品牌影响力明显下降。而国际市场，重庆市绝大部分的出口产品为贴牌销售，缺乏有影响力的自主品牌支撑，导致平均单车出口价值较低（600~700美元/辆），对价格和规模的依赖度较高，利润低，抗国外市场政治、经济形势影响能力弱。

五是融合发展的紧迫感需要增强。智能化、网联化技术发展迅猛，新材料、新工艺也持续涌现，对制造业发展造成巨大的影响。而重庆市摩托车产业多数企业对相关新技术、新材料、新工艺对产业的影响力认识还不足，相关应用滞后，急需提高认识，增强紧迫感，加大相关融合发展力度。

三、2020年发展目标

重庆摩托车制造业将加快推动全市摩托车的

转型升级发展。加快产品结构调整，积极拓展踏板和电动摩托车市场，培育形成新的发展优势；引导支持摩托车企业开展智能化改造，建设智能高效的生产体系，大力提升产品的质量；在“一带一路”倡议引领下，支持企业大力拓展国外市场，强化企业出口自主品牌培育，加强出口产品质量管理，优化国外市场售后服务，形成完善的国外市场发展体系。产销摩托车410万辆，规上企业实现工业总产值860亿元，实现小幅增长。

（执笔人：杨明元）

轻工业

重庆市经济和信息化委员会消费品工业处

一、2019 年发展回顾

轻工行业规上企业 799 户，工业总产值同比增长 8.1%，出口交货值增长 12.4%，主营业务收入增长 8.8%，利润总额增长 13.1%。重点行业情况如下。

塑料制品业：规上企业 237 家，工业总产值同比增长 13.6%，出口交货值下降 0.4%，主营业务收入增长 16.3%，利润总额增长 8.9%。

造纸及纸制品行业：规上企业 110 家，工业总产值同比增长 9.6%，出口交货值增长 4.6%，主营业务收入增长 6.5%，利润总额增长 7.9%。

印刷和记录媒介复制业：规上企业 120 家，工业总产值同比增长 6.5%，出口交货值增长 11.9%，主营业务收入增长 8.2%，利润总额增长 35.6%。

玻璃制品制造业：规上企业 67 家，工业总产值同比增长 19.7%，出口交货值下降 8.9%，主营业务收入增长 20%，利润总额增长 18.3%。

家具行业：规上企业 90 家，工业总产值同比增长 21.3%，出口交货值下降 12.4%，主营业务收入增长 26.2%，利润总额增长 11.3%。

（一）重点产品

主要轻工产品产量持续增长，家具同比增长 13.8%，机制纸及纸板增长 14.8%，纸制品增长 54.7%，塑料制品增长 22.8%，日用玻璃制品增长 22.7%，眼镜成镜增长 136.1%。

（二）行业发展

1. 大数据智能化发展水平不断提升

重庆顶正包材被认定为市级智能工厂，玛格家居、华茂纸业、明珠塑料等 10 家被认定为市级数字化车间。恒安纸业、重庆理文被认定为市级绿色工厂。涪陵太极印务、玛格家居、融康彩印包装、重庆钟表公司、玮兰床垫等被认定为市级企业技术中心。

2. 重点项目稳步有序推进

轻工业 13 个市级重点建设项目全面推进，列入市级重点环保搬迁项目朗萨家私完成目标任务。12 个重点投产项目全面投产，8 个重点达产项目逐步释放产能。

3. 造纸及纸制品集群效益不断释放

永川区依托龙头企业重庆理文，围绕“一张纸”新引进纸制品生产企业 11 家，计划投资 25.6 亿元，达产后可新增产值 42 亿元，成功打造造纸及纸制品百亿级产业链群，为全市消费品工业培育特色产业集群提供借鉴经验。重庆理文入选 2019 年重庆工业“双百企业”和制造业龙头企业。江津区玖龙纸业年产 55 万吨瓦楞纸生产线投产，形成200万吨瓦楞纸生产能力。

4. 家具产业特色化步伐不断加快

长寿区依托"中国家居（木业）产业基地"等国字号招牌，加速产业集聚，产值规模突破百亿元。开州区成功创建市级智能家居特色产业建设基地，临江家居产业园加快培育，20余家企业相继投产。重庆中欧木业有限公司在江津区建设重庆中欧国际木业城，实现木材交易额1.86亿元人民币，进口贸易超过2000万美元。

5. 眼镜产业培育提速发展

荣昌、奉节不断壮大市级特色产业（眼镜）建设基地规模，荣昌新招商签约企业10家，累计入驻企业21家，当年新投产企业14家；奉节新招商签约企业2家，累计入驻企业16家，当年新投产企业1家。两地眼镜产业从无到有，提速发展，产值规模超4.5亿元。

6. 区域性品牌培育成效显现

市家具协会整合行业资源，打造"渝派家居"新名片。重庆理文旗下"理文原色"品牌生活纸列同类网销产品前五位。玛格家居已成为全国定制家居行业内最具影响力与知名度的品牌之一，产值增速超同行业水平。

（三）招商引资

全市轻工行业新签约投资亿元以上招商项目141个，协议引资601亿元。

（四）行业活动

2019年8月26日，由重庆市经济和信息化委员会、重庆市商务委员会、重庆市知识产权局指导，重庆家具行业协会、重庆市橱柜衣柜定制协会、重庆市建筑装饰协会、重庆市家居行业商会、重庆市涂料涂装行业协会联合主办的"渝派家居·精工智造——2019家居行业年度盛典暨首届渝派家居博览会"正式启动。活动历时3个月，开展重庆家居生产企业工厂行、渝派家居企业人物专访、2019年度重庆家居建材行业评选、高峰主题论坛、首届渝派家居博览会等系列专题活动，重塑重庆家居行业新形象。

按照《重庆市传统工艺振兴计划》的有关要求，市文化旅游委、市经济信息委发布第一批重庆市级传统工艺振兴目录。

由市经济信息委指导，重庆工艺美术协会开展第五届重庆工艺美术大师评选工作，39人被评选为市级工艺美术大师。市工艺美术协会组织完成《中国工艺美术全集·重庆卷》的编撰工作，成功举办工艺美术"工匠杯"作品大赛，为会员就近参加行业国家级大赛提供参赛机会。

全国54届工艺美术交易会在重庆市举办。

二、存在的主要问题

行业研发投入不足，有效供给能力不强，产品同质化现象较为突出。新模式、新业态创新应用水平不高，品牌影响力弱，市场竞争力不强。产业生态体系不完善，工业设计、检验检测、互联网营销等产业链服务环节也较为薄弱，特色化、集群化发展水平有待进一步提升。

三、2020年发展思路

围绕《重庆市推动消费品工业行动计划（2020—2022年）》，聚焦居民消费需求升级和消费行为变化趋势，强化创意设计引领，增加有效供给；依托现有龙头企业，加快产业链上下游企业集聚，培育产业竞争优势；大力推广智能化改造和绿色生产，优化生产工艺，提升产品质量；强化品牌培育，深化工商、工旅融合；加快培育新兴消费品，推动特色产业集群发展。

（执笔人：余菲）

纺织工业

重庆市经济和信息化委员会消费品工业处

一、2019年发展回顾

（一）基本情况

重庆市规上纺织服装企业201户，工业总产值下降18.8%，销售收入下降19.2%，出口交货值增长19.2%，主营业务收入下降18.8%，利税总额下降15.6%。

1. 纺织业

规上企业56户，工业总产值同比增长3%；销售收入增长2%，出口交货值增长81%，主营业务收入增长2.1%，利税总额增长10.9%。

2. 纺织服装、服饰业

规上企业71户，工业总产值同比下降16.8%，销售收入下降15.9%，出口交货值下降9.8%，土营业务收入下降8.1%，利税总额下降9.2%。

3. 皮革、毛皮、羽毛及其制品和制鞋业

规上企业74户，工业总产值下降26.8%，销售收入下降27.2%，出口交货值下降9.3%，主营业务收入下降30%，利税总额下降24.9%。

（二）发展特点

1. 高质量发展进一步显现

财衡纺织、华峰氨纶等企业在紧密纺、色纺纱、氨纶包芯纱等核心产品上加强技术研发、配方改进、工艺提升，增强了核心产品的市场竞争优势，扩大市场份额。金猫纺织拳头产品钢丝圈产销量国内市场占有率持续保持在65%以上，在部分区域甚至达到80%~90%。

2. 时尚赛会更加丰富

按照“高标准、高质量、高水平”的要求，围绕纺织服装服饰领域，突出专业性、时尚性，成功举办“2019年重庆时尚周”“重庆制版师大赛”等一系列活动，搭建高端交流平台，增强重庆纺织服装行业显示度。

3. 品牌建设成效显著

三五二三印染服装总厂为庆祝新中国成立70周年，专门为1.5万名受阅官兵研发设计的“阅兵专用标志徽”；雅创集团的OBEG（欧碧倩）品牌亮相戛纳国际电影节；在中国服装协会开展的“第二届中国职业装优势企业推介”活动中，段氏服饰获得“中国职业装五十强企业”荣誉，立泰服饰获得“中国职业装五十强企业”“中国职业装（校服）优势企业”荣誉；加合夏布荣获“第八届全国纺织行业管理创新成果一等奖”；加合夏布发明的产品“三峡风光”荣昌夏布折扇获得非遗创意类“2019年度十大类纺织创新产品”

荣誉称号。

4. 人才培育体系不断完善

重庆市有13所高校和职业院校开设了纺织服装类专业，重庆第二师范学院、四川美术学院、西南大学、重庆工商大学荣获“2019中国国际大学生时装周人才培养成果奖”；四川美术学院设计艺术学院荣获2019年度中国时装设计“育人奖”；四川美术学院设计艺术学院、重庆第二师范学院荣获“2019全国知名高校时尚教育成果展十佳视觉设计奖”；苏永刚荣获2019年度中国时装设计“优秀指导教师奖”。

二、发展中存在的问题

重庆市纺织业整体规模较小，上游的面料和辅料需求体量小，本地面料企业两头在外，企业议价能力弱，物流时间长，延长了企业对面料需求的市场响应时间，企业市场竞争力弱。产业公共服务平台缺失，行业中小企业在资源整合、设计研发、人才培训、管理提升、电商服务、市场开拓等方面短板明显，导致产品同质化严重。

三、2020年发展目标

按照《重庆市推动消费品工业高质量发展行动计划（2020—2022年）》，聚焦大数据智能化，依托PTA产业优势，提高紧密纺、色纺纱、氨纶包芯纱等优势产品竞争力，改造提升无纺布织造和后整理水平，扩大功能新材料的应用，大力开发产业用纺织品新品种，培育产业用纺织品龙头企业。依托品牌服装产业基础，科学合理发展医用防护服、隔离衣、手术衣等产品，促进夏布、丝绸等传统纺织品与服装产业结合，加快弥补原辅料供应和互联网营销短板。

（执笔人：余菲）

装备工业

重庆市经济和信息化委员会装备工业处

一、2019 年发展回顾

全市装备工业继续保持增长，生产、效益增速均快于上年同期，1046 户规上企业工业增加值同比增长 6.8%，增幅比全市规上工业平均高 0.6 个百分点，同比提高 2 个百分点。其中高端装备制造产业增加值增长 7.8%，产值增长 7.5%；完成工业总产值 1975 亿元，同比增长 8.9%，增幅比全市规上工业平均高 2.1 个百分点，同比提高 3.9 个百分点；实现出口交货值 99 亿元，同比下降 0.5%。

（一）主要行业占比较高

金属制品业和专用设备制造业对全行业增长的拉动作用大，净增产值 130 亿元，增量占全行业的 80.7%。金属制品业（不含建筑安全用金属制品、搪瓷制品、金属制日用品制造，下同）累计完成工业总产值 503 亿元，占全行业的比重为 25.5%，同比增长 19.4%，净增产值 81.8 亿元，占全市装备规上工业净增量的 50.8%，其中结构性金属制品制造子行业 251 亿元，增长 28.5%，增长快的有重庆江电电力设备有限公司、重庆瑜煌电力设备制造有限公司、重庆綦航钢结构工程有限公司、重庆顺泰铁塔制造有限公司等，增幅均在 50% 以上。专用设备制造业完成工业总产值 393 亿元，占全行业的比重为 19.9%，同比增长 13.8%，净增产值 47.7 亿元，占全市装备规上工业净增量的 29.6%，其中采矿冶金建筑专用设备制造子行业增长 26.3%，增长快的有重庆睿安特盾构技术有限公司、中煤科工集团重庆研究院有限公司等。

其他三个主要子行业也保持增长，但增速低于装备行业产值平均水平：电气机械和器材制造业（只含电机、输配电及控制设备、其他电气机械及器材制造，下同）完成工业总产值 250 亿元，占全行业的比重为 12.6%，同比增长 3.5%；通用设备制造业完成工业总产值 763 亿元，占全行业的比重为 38.7%，增长 2.7%；铁路、船舶、航空航天和其他运输设备制造业（不含摩托车、军工）完成工业总产值 57 亿元，占全行业的比重为 2.9%，增长 7.6%。

（二）专用设备增长明显

主要产品中专用设备增长较快。生产矿山专用设备 9.7 万吨，同比增长 46.4%；建筑工程用机械 1.5 万台，增长 7.2%；炼油化工生产专用设备 1.9 万吨，增长 200.9%；塑料加工专用设备 14.5 万台，增长 180.4%；环境污染防治专用设备 2629 台（套），增长 7.3%。其他主要产品中，生产钢结构113万吨，增长25.4%；起重机5万吨，增长23.5%；电梯及升降机3万台，增长16.9%；发电机组227万千瓦，增长38.6%（其中，水轮发电机组174万千瓦，增长49.1%）。

（三）投资拉动市场复苏

装备行业生产增长主要是受部分子行业投资拉动，但增长基础仍不牢靠。投资增长带动结构性金属制品制造业、专用设备制造业较快增长，电力设施建设市场局部好转，重庆ABB变压器有限公司的特高压变压器市场好于往年，在南方电网公司2019年第三次集中招标项目中获得6台500KV电力变压器订单，这是其时隔三年后再次赢得南方电网集中招标项目。重庆瑜煌电力设备制造有限公司的高压电力铁塔订单较多，重庆水泵厂有限责任公司在核电方面的市场需求复苏。重庆新泰机械有限责任公司油气井口设备生产任务较重。

二、发展中存在的问题

一是龙头企业带动性不强。年产值百亿元以上的只有机电控股集团、重庆船舶工业公司2家企业，40亿元~100亿元的企业数为零，轨道交通装备、风力发电装备整机年产值均不足50亿元，缺乏如长安汽车这种能够带动整个产业链的龙头企业，产业集聚性不够，规模效应尚未形成。

二是设备采购本地化不足。重庆市装备产品的本地采购应用不足，呈现“墙内开花墙外香”态势，部分产品在沿海省份销售较好，而在重庆市场份额较少。如重庆市现已运行的10条地铁轨道中，有重庆特色的单轨线路只有3条；迪马工业特种车辆在深圳市场份额占比较高，望江变压器主要销往江浙沿海地区。

三是高端装备拥有率不高。重庆市传统装备制造业产值占全行业的比重达70%以上，新产业新产品培育乏力，产品低端、雷同现象突出。机器人及智能装备、轨道交通装备、环保装备等新型装备产业规模均不足200亿元，3D打印、激光加工装备等尚处在起步阶段，重型机械、大型发电设备等高端装备缺乏。

三、2020年发展目标

重庆市近几年装备行业大项目较少，主要方向是技术改造和智能化升级，对产值贡献较弱。2020年，受新冠肺炎疫情影响，全市装备工业起步困难，一季度不升反降。目前，全市按照市委、市政府“抢时间、补损失、赶进度”指示要求，积极推动装备工业全产业全链条复工复产，加快修复装备产业生态，全年力争完成产值2085亿元，增长5.5%。

（执笔人：王鹏）

材料工业

重庆市经济和信息化委员会材料工业处

一、2019 年发展回顾

材料工业规上企业 1070 家，同比增长 4.9%，实现产值 3103.4 亿元，同比增长 16.9%，增加值增速 14.7%；实现营业收入 2997.7 亿，同比增长 15.7%，营业利润率 7.1%；利税总额 324.1 亿元，同比下降 0.7%；完成出口交货值 36.3 亿元，同比增长 6.6%。其中，冶金行业规上企业 227 家，同比增长 7.6%，实现产值 1511.1 亿元，同比增长 21.2%，增加值增速 25%，实现营业收入 1448 亿，同比增长 18.4%，营业利润率约 2.5%，利税总额 70.6 亿元，同比下降 23%，完成出口交货值 23.6 亿元，同比增长 14.6%；建材行业规上企业 1056 家，同比增长 3.4%，实现产值 1592.4 亿元，同比增长 13.1%，增加值增速 7.3%，实现营业收入 1549.7 亿元，同比增长 13.4%，营业利润率 11.5%，利税总额 253.5 亿元，同比增长 7.9%，完成出口交货值 12.7 亿元，同比下降 5.7%。

（一）创新能力建设

加强新材料应用的产学研平台建设。由重庆市材料行业、汽车行业、研发机构、高校、检测评价、金融保险等领域的 59 家企业共同发起成立重庆市轻量化材料产业联盟，为新材料在重庆市汽车、装备等支柱产业推广应用、产业化、规模化发展打下基础。成立诺奖二维材料研究院（石墨烯）、电子材料共享服务平台摩尔材料研究院，并成功举办首届摩尔材料论坛。通过企业、高校、科研院所深化合作，在企业内部搭建 3 个联合实验室。指导推动再升科技牵头组建干净空气和节能材料市级制造业创新中心。

（二）行业高质量发展

大力推动行业大数据智能化改造，指导企业做好项目申报，并组织专家进行评审，包括技改、龙头配套、技术创新、融资贴息、数字化装备、智能工厂和数字化车间、上云上平台等，全年获得支持项目 87 个，支持资金共约 8000 万元。引导传统材料企业向新能源汽车、智能装备、环保产业等新兴产业聚焦，新材料加工企业向下游延伸，直接向新能源汽车及环保装备等产业提供零部件，产品结构调整效果明显，材料工业对全市增加值增速累计贡献率名列九大支柱产业第一。百亿级重点企业万达薄板、西南铝等行业龙头保持高速增长，再升科技、南涪精密、中昆铝业、博奥镁铝、超群工业等轻合金新材料企业增速均在 23% 以上，金龙精密铜管集团股份有限公司的紫铜管材获评国家制造业单项冠军产品。

表 1 材料工业重要产品产量统计

名称	计量单位	2019 年	2018 年	增减（%）
生铁	万吨	611.0	578.0	5.7
粗钢	万吨	920.9	638.2	44.3
钢材	万吨	1136.4	973.5	16.7
铝材	万吨	211.5	192.5	9.9
铜材	万吨	25.7	16.6	55.0
铁合金	万吨	92.6	74.1	25.0
十种有色金属	万吨	62.2	57.6	7.9
其中：电解铝	万吨	49.3	51.5	-4.3
铅	万吨	11.2	4.3	161.6
氧化铝	万吨	132.9	94.2	41.0
水泥	万吨	6752.9	6509.2	3.7
硅酸盐水泥熟料	万吨	5558.1	5483.6	1.4
商品混凝土	万立方米	8673.8	7818.5	10.9
石膏板	万平方米	5945.5	7846.7	-24.2
石灰石	万吨	8222.9	7603.5	8.1
平板玻璃	万重量箱	1278.0	1665.4	-23.3
玻璃纤维纱	万吨	70.3	64.2	9.5
玻璃纤维布	万米	9839.4	7975.0	23.4
卫生陶瓷制品	万件	481.9	479.7	0.4
陶瓷砖	万平方米	6289.1	5000.6	25.8
其中：瓷质砖	万平方米	1646.9	1569.9	4.9
陶质砖	万平方米	4642.2	3430.7	35.3

建材行业得益于严禁新增水泥熟料、平板玻璃产能和水泥、砖瓦窑企业错峰生产制度化实行等供给侧结构性改革成效，全行业平均营业利润率超过 11%。

（三）重点项目建设

认真组织开展项目调研，指导区县加强招商引资项目落地，重点跟踪帮助推进市级重点项目，确保完成投资进度。大朗冶金铁合金、华峰铝业高精铝板带箔、金田铜业精密铜材一期、中铝萨帕交通用铝二期、特瑞新能源正极材料、润金新材料等一批重点项目相继实现投达产。从结构看，技术改造投资占比达到 40%，同比增速超过 50%，其中平湖金龙铜管二期、万达薄板冷轧线改造、西南铝填平补齐、国际复合高强高性能玻纤等技改项目放量以及水江氧化铝、永航足航产能置换复产等对材料行业产值增长贡献率超过三分之一。

（四）招商引资

坚持以供给侧结构性改革为主线，以构建材料工业生态链及向下游延伸补短板为主攻方向，重点抓好新型钢铁材料、先进轻金属材料、高端铜材、绿色建材、复合材料以及前沿新材料行业的招商引资。明确全年招商重点和计划，积极主动赴长三角、珠三角及京津冀等产业转移意向地开展招商。新签约材料行业项目共60余个，投资金额超过400亿元。

（五）供给侧结构性改革

继续保持打击地条钢高压态势，严防地条钢死灰复燃，进一步完善钢铁违法违规生产和建设行为有奖举报制度，督促区县对两宗疑似地条钢线索进行核查，核实均不属地条钢。将国家部委有关钢铁违法违规行为的多个通报及时转发各区县，要求区县部门深入学习领会通报精神，吸取教训、引以为戒，坚决防止类似问题发生，并针对重点工作提出要求、进行部署。同时，对中（工）频炉排查监管、巩固钢铁化解过剩产能成果、台账建立等具体工作进行再部署，督促区县按季度反馈工作开展落实情况，全力以赴做好国家淘汰落后产能和化解过剩产能检查的迎检准备各项工作。根据水泥行业产能置换实施办法，对奉节县重名水泥有限责任公司产能置换情况进行了公示。

（六）行业绿色发展

在市水泥协会、市墙材协会、有关区县和企业积极配合下，重庆市水泥、烧结砖企业错峰生产、协同处置和产能压减等工作执行情况较好，实现环保效益、社会效益和行业效益有机结合。一是错峰工作取得明显成效，全市48条新型干法线进行错峰停产。二是协同处置与利废成效明显，有11家水泥企业，15条水泥生产线参与协同处置，占全市总生产线总数的28.8%。三是进一步压减过剩产能，奉节县重名水泥有限责任公司退出水泥产能24万吨。四是重庆小南海水泥厂2条1200吨/日生产线关闭工作推进有序，企业已减员，承担水、电、气社会职能已全部剥离，为到期顺利关停创造条件。

（七）生态环保督察

针对涉及材料工业的水泥和烧结砖企业错峰生产、小南海水泥厂关闭搬迁、长江干流和主要支流一公里范围内和涉重金属行业企业依法依规淘汰落后产能，以及秀山电解金属锰行业和南川氧化铝企业赤泥堆场等环保整改工作，全面开展实地核查。关于巫山县永年水泥典型案例通报发出后，落实永年水泥JT窑落后产能淘汰有关工作，确保立即关停并在1个月内彻底拆除。同时，对照问题、举一反三，督促巫溪县推动渝溪水泥JT窑及时关停。并妥善协调处理巫山永年水泥、巫溪渝溪水泥关停后债务处置、职工安置、产能置换等后续问题。

二、发展中存在的问题

一是面临新旧动能转化发展两头承压局面。一方面，行业整体发展水平不高，过去一段时期粗放式发展的后遗症逐渐显现，但从政策制度角度，行业管理抓手少，淘汰旧动能压力大。另一方面，各部门对材料行业企业监管收紧，材料工业的钢铁、有色、建材等均被定性为“两高一剩”行业，高品质特殊钢、不锈钢精深加工等国家明确的新材料产业也包含在内，招商引资举步维艰，行业增长后劲乏力，行业补链补短板、增加新动能等工作推进缓慢。

二是行业企业要素成本高。融资难，材料行业属于重资产行业，投资回收周期一般在6年甚至更长时间，且专用设备多，抵押物不足，银行多视同“两高一资”行业对待，调研显示绝大部分材料行业企业均反映存在银行惜贷抽贷情况。电价高，大工业用户到户综合电价约为0.68元/千瓦时，远高于周边省市及全国平均水平。物流贵，由于地理条件等所限，物流成本偏高，对运费敏感的水泥、建筑部品部件、玻璃、不锈钢等的销售范围很难延伸到300公里以外，本地的市场受到四川等周边地区冲击。

三是缺人力。材料企业一线操作人员招工难、年龄偏大，普遍在35岁以上，企业用工成本较高，同时，受地理位置、高校及企业分布等因素影响，材料产业的高端人才集中在东部发达地区，企业普遍反映引进人才困难，人才流失问题在两群地区较为突出。

三、2020年发展目标

深学笃用习近平新时代中国特色社会主义思想，深入贯彻落实习近平总书记对重庆提出的“两点”定位、“两地”“两高”目标、发挥“三个作用”和营造良好政治生态的重要指示要求，深入贯彻新发展理念，以供给侧结构性改革为主线，做优存量，积极将新材料产业培育壮大为新的增长点，深入实施创新驱动发展战略，加快新技术、新理念在材料工业各环节融合应用，推动材料工业企业充分运用大数据智能化开展技改升级，引导企业以提高全要素生产力为主线、以提高产品品质抓手、以占据市场为导向，向价值链中高端迈进，大力推动全行业绿色高质量发展，奋力开拓材料工业发展新局面，力争全年实现产值3325亿元，同比增长7.1%。

（执笔人：赵俊远）

城镇天然气工业

重庆市经济和信息化委员会燃气管理处

一、2019年发展回顾

完成民生用气满足率100%、重点工业用气满足率达97%、安全生产零事故的目标。发展城镇天然气27万户。持续开展城镇天然气行业安全生产督导，遏制重特大安全生产事故发生。完成对24个区县、26家城镇天然气经营企业的监督检查。监督检查发现问题84项，其中列入隐患管理的23项，提出工作建议150余条。无重特大安全生产事故发生。计划推动《重庆市天然气管理条例（修订草案）》通过市人大审议。实际已完成审议，条例将于2020年1月1日起施行。计划加强天然气资源要素保障，重点工业企业合同用气量满足率达到97.1%。加强天然气运行调度，杜绝民生用气非正常供应短缺、供应中断等事件。没有出现非正常供应短缺、供应中断等事件。开展从业人员培训考核1200人次，主管部门人员650人次。

（一）要素调度

一是加强资源协调。针对用气形势持续紧张、用气价格居高不下的问题，与中石油西油司、重庆气矿召开供需协调会5次，协调中石油向重庆市增加合同气量1.5亿方，有力确保民生用气保障一方也不少，重点工业用户用气满足率达97.1%。二是加强价格协调。协调中石油、中石化淡季下调合同内价格，直供工业气价和城燃企业非居民用气下调0.076元/方，降低全市气源采购成本约3.8亿元。联合上游供气单位，创新提出化工用气价格与产品价格联动调整的“价价联动”方案，降低企业用气成本近5亿元。三是加强运行监测。坚持日监测、日调度、日报告、月分析、季联动制度，及时掌握供需情况，精细化调度，确保全市供用气总体平衡。累计开展监测48期，印发统计48期，月报12期，召开形势分析会议4次。四是完善协调机制。建立健全与中石油天然气销售分公司、中石油西油司、中石化川气东送销售公司、重庆气矿等上游单位，以及重点工业企业的沟通协调机制，定期互通信息、座谈交流，共同研究解决供需矛盾有关问题。

（二）民生服务

一是持续改善老百姓生活品质。新发展管道用户27万户，总量达937万户，用气普及率达98.1%，居西部地区第一、全国前列。民生用气量43.43亿方，居民、公共交通以及医院、学校等民生用气全面保障，未出现非正常停气、限气。二是扎实开展漠视侵害群众利益问题专项整治。切实履行领导小组办公室职责，组织开展电力燃气行业漠视侵害群众利益问题专项整治，召开2次全市性工作督导会，开展片区督导4次，开展明察暗访5次，督促指导各区县、各企业通过电视台、微信公众号、报刊、发放张贴资料、专题会议、院坝会、村务工作等多种方式广泛宣传，共召开专题推进会168次，院坝会、座谈会、村务工作会696次，印发宣传资料55.6万份，直接参与宣传活动的群众近70万人次，村级宣传覆盖率100%，解决影响群众安全稳定用气、服务质量等方面突出问题1055个，其中设施建设管理方面17个，设施巡查维护方面570个，用户服务管理方面395个，投诉举报监督方面14个，收费以及服务质量方面59个。各区县对企业实施经济处罚23.5万元，企业开除违规违纪员工4名，处罚27人，扣减绩效工资25550元，有力促进企业法人和员工认识提升、作风改进、态度转变、措施强化、整改到位。三是深入推进用气营商环境改革。按照市政府要求，联合市发展改革委、市规划自然资源局、市城管局等部门，制定《重庆市深化用户用气报装改革优化营商环境的实施方案（试行）》（渝经信发［2019］119号），实施用气报装减环节、减时限、减资料、减审批、减成本、减跑动“六减”服务，燃气企业提供服务环节从9个精简为2个，时限从20个工作日压缩至8个工作日，涉及的行政审批时间由20个工作日压缩至10个工作日，工商用户和城镇新建居民小区申请资料由5项精简为3项，居民用户通气资料由7项精简为2项，着力解决报装通气流程不一致、资料过多过滥、时间随意性大等问题。四是狠抓群众投诉举报问题处理。落实首问责任制等群众投诉办理责任制，认真对待群众投诉建议，热情接待群众来访。通过函询、现场调查、暗访等方式，务实、负责地开展群众投诉举报问题调查处理，全年共办理群众投诉56件，有效地保护群众利益，规范企业行为。

（三）安全生产

一是切实做好重点时段安全防控。认真组织开展国庆、高温汛期等重点时段安全攻坚，狠抓重点部位、重点设施、重点场所巡查巡护和隐患治理，针对性做好应急预案、防控方案和处置方案，开展应急演练117次，企业主体责任不断夯实，安全管理能力、应急处置能力不断提升，实现“零事故、零停气、零舆情”的“三零”目标。二是认真履行安全监管职责。制订年度监督检查计划，对22个区县、31家燃气经营企业开展监督检查，组织专项检查督查4次。对检查中发现的问题隐患建立台账，当即反馈检查对象，督促检查对象限期整改销项，落实隐患整改闭环，定期总结通报问题隐患。监督检查发现问题84项，其中列入隐患管理的18项，提出工作建议125条。每季度总结通报检查发现的问题隐患和工作亮点，促进全市城镇天然气行业举一反三，提升安全管理水平。三是深入推进行业安全管理信息化建设。“重庆燃气管网地理信息系统”和“燃气行业管理系统”建成投入试运行，40个区县主管部门、90家企业全部接入系统，并逐步在设施管理、事故处置、行业监管、服务监督等方面启动应用。

（四）输配能力

一是加强产供储销体系建设统筹协调。调整产供储销体系建设领导小组，明确产供储销体系建设任务分工，依托市政府与中石油中石化建立的双牵头战略合作机制，加强与央企的合作共建，完善产供储销体系建设领导机制。二是推进储气设施建设。铜锣峡、黄草峡储气库分别完成先导性试验和可研批复，其中铜锣峡新钻井1口，老井处理2口，累计完成注气2000万方。新增燃气经营企业储气能力85万立方米，储气能力达到335.5万立方米，天然气利用持续增长，在一次能源的占比达15%，超过全国7个百分点。三是着力消除气源瓶颈、输配瓶颈。建成投运万云线复线、武陵山环线输气管网、“忠县—石柱—黔江”输气干线，彻底解决三峡库区、武陵山片区气源瓶颈，主城区外环管网正式投运，渝西第二气源管线建成，累计实施气源项目6个，输气干线413公里，“多点气源、环网布局、互联互通”的城市输配网络基本建成。四是推动乡镇农村地区用气设施建设。针对乡镇农村地区管网设施覆盖率低、发展慢的问题，督促指导区县制定发展建设计划，明确供气主体，推进乡镇农村地区基础设施建设，67%的乡镇使用管道天然气，全市35个特色小镇使用天然气的已达34个，为乡村振兴和农村人居环境改善提供清洁能源保障。

（五）管理基础

一是健全制度体系，完成《重庆市天然气管理条例》审议，并针对本次条例修订调整变化大、利益矛盾大、操作难度大的安装市场、特许经营、安全监督管理、服务管理等内容，制定完善相关管理规定，着力解决区县不想干、不敢干、不会干的问题。二是进一步理顺监管体制。向各区县政府下发《关于商请加强燃气电力电煤管理的函》，商请各区县借机构改革加强燃气管理能力建设，所有区县解决城镇燃气行业多头管理问题，90%的区县经济信息委对行业管理科室职责进行调整优化，解决内部职责不清、力量分散问题。

二、2020年发展目标

围绕保供应、强安全、提服务三项核心任务，以贯彻落实《重庆市天然气管理条例》为主线，进一步夯实企业主体责任，提高行业管理能力，提升行业服务质量，切实增强人民群众满意度、获得感，为促进经济持续健康发展和社会大局稳定发挥积极作用。全市新发展管道天然气用户20万户，特色小镇管道天然气覆盖率100%，供气满足率达到98%以上。安全生产形势持续向好，服务质量持续提升，用气营商环境持续改善。

（执笔人：沈翱）

化学工业

重庆市经济和信息化委员会化工工业处

一、2019年发展回顾

重庆市化学工业有规上工业企业293家，其中，基础化学原料制造业65家、化学肥料制造业29家、化学农药制造业8家、涂料颜料染料制造业39家、合成材料制造业23家、专用化学用品制造业57家、炸药火工及焰火产品制造5家、橡胶制品37家、其他30家。产品涉及化学矿山、化学肥料、化学农药、基础化学原料、涂料、颜料、染料、化学试剂、催化剂及助剂、黏合剂、炸药及火工产品、信息化学品、塑料、合成橡胶、合成纤维、橡胶制品、化工设备制造共17个大类。资产总额1320.4亿元，从业人员5.5万人。

规上化工企业主要经济指标完成情况：工业总产值1039.5亿元，同比增长1.2%；销售产值997.7亿元，同比增长1.2%；出口交货值43.2亿元，同比下降10.5%；产销率96%，同比持平；主营业务收入968亿元，同比下降0.9%；利税总额129.6亿元，同比下降17.3%，其中，利润93.6亿元，同比下降17.6%。

按行业类别分，基础化学原料制造业352.7亿元，同比下降5.6%，占化工行业的36.4%；化学肥料制造业61.1亿元，同比下降0.3%，占化工行业的6.3%；化学农药制造业21.6亿元，同比下降8.2%，占化工行业的2.2%；涂料油墨颜料制造业75.7亿元，同比增长3.7%，占化工行业的7.8%；合成材料制造业72.4亿元，同比下降1.3%，占化工行业的7.5%；专用化学产品制造业91.9亿元，同比增长23.8%，占化工行业的9.5%；炸药火工及焰火产品制造12亿元，同比下降6.7%，占化工行业的1.2%；橡胶制品业90.1亿元，同比下降9.7%，占化工行业的9.3%；其他制造业190.4亿元，同比增长3.1%，占化工行业的19.7%。

（一）发展特点

1. 行业生产增长乏力，精细化学品保持较高增长

化工总产值增长1.2%，但以精细化学品为主的涂料油墨颜料染料和专用化学品保持较高速度的增长（增速分别为3.7%和23.8%），其余子行业呈现不同程度的降幅。

2. 行业整体利润率下降

行业利润总额93.6亿元、同比下降17.6%；亏损企业亏损总额为8.4亿元、同比增长50.9%，其中，合成材料制造亏损额2.1亿元、同比增长

7.2倍，橡胶制品业亏损额0.7亿元、同比增长7.9倍；亏损企业41户，亏损面为14%，同比扩大2.6个百分点；行业利润率为9.7%，同比下降2个百分点。

3. 重点企业效益拉动明显

重点企业43户，实现产值642.5亿元，占行业总产值的61.8%；实现利润60.8亿元，占总利润的65%，重点企业对行业的效益拉动明显。11户企业亏损，32户企业保持盈利。

4. 主要产品价格大部分下跌

监测的74个产品价格中，仅有27%的产品价格保持增长。纯碱、烧碱等产品每吨降幅比2018年12月底降低300~500元。

（二）招商引资

已签约项目18个，总投资269.9亿元。与区县、园区联动招商，与重点区县就招商项目专题沟通，借助“三服务”调研，与长寿经开区、龙桥组团、白涛工业园区专题探讨产业发展和招商问题，逐一了解招商项目情况，加强招商指导。

（三）项目建设

纳米新材料生产项目一期、华峰115万吨/年己二酸扩建项目、年产120万吨食品级PET高分子新材料三个项目均如期开工。续建项目有5个，华峰年产10万吨差别化氨纶扩建项目、电子灌封材料生产项目、东方希望万盛煤化6万吨/年碳酸二甲酯项目、甲基丙烯酸特种酯项目、精细化工中试与产业化基地搬迁改造项目等均按进度建设，甲基丙烯酸特种酯项目已于10月22日开始试生产。

二、发展中存在的问题

一是化工发展原料稀缺。重庆市缺乏烯烃、芳烃等重要原料，缺乏发展高端化工新材料的资源；虽富有天然气/页岩气，但是也受到天然气利用政策的限制，转型升级面临原料成本过高、供应保障不稳定等诸多因素的影响，产品偏低端化的局面短期内难以改变。

二是结构层次较低，产品受市场波动影响较大。基础化学原料、肥料等传统行业是重庆市主要化工行业中类，50%的化工产品集中在基础化学原料和肥料行业，这些产品属于大宗通用性产品，精细化程度较低，附加值不高，市场竞争力弱、市场话语权较少。产品价格受市场波动较大，尤其是大宗产品。

三是化工空间布局的进一步收缩导致中小化工企业搬迁入园难度增大。由于地处长江经济带，肩负保护长江母亲河的重大责任，重庆市进一步缩减可布局化工的园区，目前，全市仅有7个化工园区（集聚区），部分园区外的中小型化工企业搬迁入园难度增大。

三、2020年发展目标

1. 深入推进“三服务”，确保行业稳定运行

继续加强对重点企业、重点产品的跟踪，提前作出预判。关注停产、半停产企业的复产情况，及时将复产企业纳入统计。

2. 推进智能化提升改造

推荐重点企业参加智能争端评估工作，接受专家团队的专题诊断，鼓励有条件的企业根据专家建议开展智能化升级改造。开展化工企业信息上云上平台工作，鼓励企业将自有技术在平台上转让，鼓励加强平台应用，从平台中获取更多有利信息。鼓励企业开展智能化改造，成为数字化车间或智能化工厂标杆企业。

3. 抓好投达产及在建项目建设

衔接招商项目的落地管理工作。做好华峰己

二酸扩建项目、世界村生物化学草铵膦等在建项目的跟踪工作，实时了解项目进度。

4. 推动传统企业转型升级

基于行业发展重点方向、完善产业链的思路，推动化工企业围绕重点产业链谋划未来发展，推动企业加大在产品结构改善、工艺路线提升方面的研发投入；鼓励企业进行原料替代、工艺流程改进、产品更新换代等转型升级改造；支持企业将自有技术整合为工艺技术包实施技术转让，创造收益。

5. 加强招商引资

紧紧围绕合成材料策划招商项目。延展现有的合成材料产业链；继续开展 MDI 下游招商，完善聚氨酯产业链。

6. 推进化工污染整治，督促企业落实安全主体责任

持续开展淘汰落后产能工作，验收将于 2020 年底前完成处置的企业情况。对沿江 1 公里内 9 户正常生产的化工企业加强监管，推动中化涪陵、长风化工搬迁项目加快建设。

（执笔人：兰劲）

智能终端产业

重庆市经济和信息化委员会智能终端和通信产业处

一、2019年发展回顾

（一）行业大事

克服中美经贸摩擦影响，重庆市笔电产量6422.3万台，同比增长12.1%，约占全球产量的39.1%，连续6年成为全球最大的笔电生产基地。

在OPPO、vivo等企业拉动下，手机及其配套产值1081.4亿元，同比增长14.5%，首次破千亿元。其中，OPPO在渝产值151.9亿元，同比增长24.5%，vivo在渝产值232亿元，同比增长15.2%。

智能终端是拉动重庆市出口增长"第一动力"。出口交货值2865.8亿元，同比增长11.9%，占全市工业出口交货值的88.8%，拉动全市工业出口交货值同比增长10.5%，对全市工业出口交货值增长贡献率92.4%。

《中国海关》杂志发布2018年中国进出口规模最大的200强企业名单。达丰、英业达、纬创、翊宝、旭硕、鸿富锦、仁宝入选"2018年中国出口200强企业"，分别列第11、第19、第38、第56、第66、第101、第104位。

OPPO（重庆）智能生态科技园（一期）项目建成投产。可新增手机产能5000万台/年，将为重庆市打造全球最大的智能终端生产基地发挥重要支撑作用。

（二）主要经济指标

——产量：智能终端3.6亿台（部/只），同比增长5.9%。其中，计算机7606.2万台，同比增长9%。手机1.74亿部，同比下降6.7%（含智能手机1亿部，同比下降4.1%）。苹果手表1285.6万只，同比增长113%；苹果平板电脑738.6万台，同比增长18.5%。显示器（富士康）1156.8万台，打印机1352.7万台。

——产值：智能终端累计产值4029.8亿元，同比增长10.2%。计算机及配套累计产值2948.4亿元，同比增长8.7%。手机及配套累计产值1081.4亿元，同比增长14.5%。

——出口：计算机及配套累计出口交货值2530.4亿元，同比增长8.8%。手机及配套累计出口335.4亿元，同比增长42.2%。

（三）发展特点

一是智能终端品牌及产品更加多元化。计算机品牌新增戴尔，打印机品牌新增夏普，智能音箱品牌新增阿里、索尼，5G终端品牌新引入联想。泛智能终端产品新增小米生态链企业生产的蓝牙耳机，配套产品新增天实精工、盛泰光电生产的手机摄像头。同时，联创电子、中显智能等国内知名显示触控屏厂商扩产上量，加上正在推进的京东方 AMOLED 项目，重庆市正形成触控屏产业集群。

二是智能化改造成效显著。智能终端企业累计投入智能化改造资金约 9 亿元；翊宝建成重庆市手机、平板、手表贴片生产智能工厂，广达、鸿富锦、宇海精密等 6 家企业建成数字化车间，英业达联合中国移动启动重庆 5G 工厂示范项目。

二、发展中存在的问题

一是外部输入型风险大，主要包括政策性风险和市场性风险。目前，政策性风险主要体现为中美经贸摩擦和他国关税政策等。前者包含美国关税政策、出口管制。特别是美国宣称 2019 年 12 月 15 日起，对自中国进口的 3000 亿美元产品加征关税，极大影响了重庆市企业的预期。手机方面，因印度提高对我国手机整机及零部件关税，加之其市场巨大，华为、小米、OPPO、vivo 均在印度直接或通过代工企业设厂，并建立研发中心。同时，受东南亚关税政策影响，重庆市部分手机以 SKD、CKD 形式出货，造成部分产值外流。

市场性风险主要体现为关键零部件全球产能或价格波动。目前，智能终端产业使用的处理器基本来自英特尔、高通、苹果等美国企业，电感、电容等被动元件主要来自 TDK、村田等日系企业。因此，重庆市代工企业生产成本易受关键零部件价格，产量易受关键零部件全球产能的制约，非我国自主可控。

二是创新能力仍较弱。重庆市移动智能终端产业在规模上实现快速增长，但创新能力明显较弱。笔电代工企业的研发中心多集中在台湾；手机企业的研发中心多集中在深圳、上海等沿海地区，行业内研发类企业较少，公共服务平台能力有待加强。

三是产业链仍需进一步完善。以笔电、手机等为代表的终端产品占智能终端产业的比重达 77.2%，附加值较高的核心零部件本地配套能力不够，目前重庆市笔电零部件品种本地化率达 95%，但价值量仅为 50%；部分企业所需传感器均需进口。

三、2020 年发展目标

突出补链、强链、建链三大发展路径。一是做好补链文章，补齐智能终端产业链缺失环节；二是做好强链文章，推动智能终端向研发创新等上下游领域拓展；三是做好建链文章，积极培育 5G 终端、超高清视频终端呈现设备、智能家居等新兴产业，力争实现智能终端产业产值增长 5%。

附表 1　主要经济指标与上年对比表

单位：亿元，%

指标名称	工业总产值（当年价格）				工业产品销售率				出口交货值			
	本月	本月止累计	本月同比增速	累计同比增速	本月	本月止累计	本月同比增速	累计同比增速	本月	本月止累计	本月同比增速	累计同比增速
计算机整机和配套	2722825	28247281	22.7	7.6	103.0	98.8	3.4	-0.1	2358024	24245551	29.7	7.6
手机整机和配套	1095321	10814425	-7.4	14.5	96.8	94.1	2.2	-0.8	234783	3354479	12.2	42.2
智能消费设备	151780	1236780	45.0	42.8	100.2	102.1	13.2	2.9	136197	1058435	74.4	48.4

注：智能消费设备并入计算机整机和配套。

（执笔人：彭华荣）

其他电子制造业

重庆市经济和信息化委员会电子信息处

2019年，重庆市其他电子制造业（即除计算机整机及配套、手机整机及配套之外的电子产业，主要包括集成电路、新型显示、通用及专用仪器仪表、家电等子行业，下同）始终坚持以高质量发展为引领，按照市委、市政府要求，着力围绕“芯屏器核网”全产业链补链成群，求真务实、扎实工作，通过补短板、强弱项、扬优势、固根本，努力克服中美贸易摩擦、全球电子市场份额收窄、行业增速趋缓等诸多不利因素，实现其他电子行业稳中有升、稳中育新、稳中有为，顺利完成各项指标任务。

一、2019年发展回顾

（一）产业发展

全力克服行业增速放缓、增量项目支撑乏力、集成电路领域下行压力加大等困难。定期召开运行调度会，总结当月运行情况，预测下月运行走势，及时分析总结行业经济规律和倾向性问题。聚焦重点企业，通过积极开展调研、多方收集问题、明确整改方向、综合分析研判、实施精密调控，协调解决重点项目投达产难点、堵点、痛点。帮助企业完善供应链条、优化产品结构、加强团队管理、积极拓展市场、扩大本地订单，推动其他电子行业产业结构不断优化、企业生产平稳有序。全年实现产值1670.1亿元，同比增长13.2%，占电子制造全行业产值的29.1%。

（二）招商引资

按照“明重点、优渠道、重联合”思路抓招商，聚焦集成电路、新型显示、汽车电子、超高清视频等重点领域，赴北京、深圳、上海、南京等地开展招商工作100余人次，新接触企业近30家，指导区县、开发区洽谈项目超50个。签订紫光存储、奥特斯技术升级等项目17个，其中，百亿级项目2个，十亿级项目4个，协议投资额2100亿元，实现产业规模、招商质量双提升。

1. 注重项目策划，积蓄招商潜力

以抢占未来智能产业高地为路径，以引育集成电路、新型显示作为基础，以发展集成电路设计产业作为重点，先后策划储备招商项目200余个，完善重庆市电子产业招商目录300多项；实现项目库总投资额近3000亿元，销售收入超2000亿元。

2. 注重创新载体，增强招商动力

一是探索“上下游+展销会”招商模式。成功举办“2019摩尔材料论坛”“2019集成电路制造年会”“2019年第三届中国汽车电子大会”“2019智博会集成电路产业发展高峰论坛”等全国层面论坛。全力多方寻找招商信息，积极争取国家集成电路大基金接洽二期出资、推荐相关项目等，为做好招商工作下半场奠定坚实基础。二是探索“汽车+电子”招商模式。不断明晰招商方向、拓宽招商渠道，策划邀请、考察了一大批汽车电子、新型显示等目标企业，进一步优化招商工作增量结构。

3. 注重政企联合，凝聚招商合力

一是注重发挥社会力量。依托行业协会专家、专业投资机构等资源寻找招商项目。依托恩智浦等知名企业、专业咨询机构的上下游客户寻找招商项目。依托华登国际、武岳峰、建广等投资基金寻找招商项目。二是注重市区联合。组织召开主城9区电子信息产业市区联合招商工作推进会，委领导分别与各区深入探讨电子制造业重点方向和招商举措。为区县（园区）介绍、论证项目50余个，与10余个区县、开发区组建联合招商团队，共同拜访企业，洽谈引进项目，推动项目落地。

（三）重点项目

及时跟踪掌握项目进展情况，协调解决建设过程中的问题，实现5个市政府重点关注项目顺利推进、按期竣工、定时达产。顺利协调SK海力士半导体封装测试二期、华润微电子功率半导体基地等集成电路领域重点项目配套大宗气体气站扩建事宜。京东方第6代AMOLED（柔性）面板项目已开始大规模建设。SK海力士项目（二期）三季度已开始试生产。联合微电子中心8吋线前道工艺线厂房已于9月底举行了通线仪式，后道工艺线厂房完成主体结构封顶。华润微电子基板级扇出封装项目已试生产。重庆神华铜铟镓硒薄膜太阳能电池项目（一期）主体建设已经完工，年内已投入试生产。

（四）服务工作

1.“三服务”工作落实到位

围绕“三服务”工作要求，通过加强政策宣传、创新工作方法、收集经验做法，实现指导服务更加精准、解决问题更加高效，全面提升区县、园区、企业的获得感。全力做好项目跟踪服务，协调解决工商注册、规划国土等手续办理，水电气等要素保障，人才吸引、员工招聘、子女入学等制约项目实施和投产的各类问题。共收集、办结区县、园区、企业反映问题12个，协助其他处室办理问题3个，问题办结率100%。积极协调解决华润微电子和SK海力士配套的大宗气站相应扩建问题。与区县协同推进建设项目10个，帮助沙坪坝区、铜梁区对接华润微电子12寸功率半导体制造、矽睿集成电路设计、京东方电致变色玻璃、PCB软板项等项目。

2. 财政资金管理服务到位

配合工信部电子发展基金管理办公室，完成亚德科技、易联数码、西南集成等6个国家级招标项目绩效评价工作。完成威诺华年产5000万件LED光源生产项目、台晶SMD微型化焊封晶体振荡器新产品产业化项目、锐迪科LTE R13 eMTC/GPRS双模终端基带芯片工程样片研发项目、联合汽车电子新一代发动机电喷系统产业化项目等4个市级项目验收工作。清理2011~2015年电子行业市级财政资金项目47个。组织行业内企业召开专项资金项目申报工作会，支付成电路产业和技术改造及复产35项，支持资金4361万元。

二、发展中存在的问题

一是增速放缓态势未变。2019年行业增速持续放缓，行业体量达1670亿元，基数处于高位运行。二是增量项目支撑乏力。前几年签约落地的京东方8.5代、惠科8.6代面板及SK海力士一期等一批大项目有力支撑了行业增长，进入2018年后上述项目已陆续达产上量，增长空间有限。三是集成电路下行显现。中科战储的芯片进出口业务受贸易摩擦影响下行调整，受到增值税降税影响，一些有意向的大订单都要在降增值税后再签订。四是中美经贸摩擦让企业采购美国部件越来越难，从整机到零部件均受到不同程度影响；关键进口生产设备关税提高让高度依赖美国市场的企业资金成本上升；与国外技术相关的潜在风险加大，海外转移采购事项不可控因素增加。

三、2020年发展目标

突出“全过程”，抓牢抓实招商引资工作。围绕集成电路、新型显示、汽车电子、超高清视频等重点领域开展招商。依托行业协会、区县开发区、私募基金等招商力量，不断凝聚招商合力、壮大招商力量、提升招商效率。重视调查研究，聚焦企业“不愿投、不敢投”等问题，深入一线调研、找准问题根源、真心实意帮扶，注重个性问题精准施策、共性问题成批化解，逐个破解、逐个销号。突出“投达产”，精细精准推进重点项目。全力推进京东方PAD液晶模组生产线、京东方第6代AMOLED（柔性）生产线、SK海力士二期封测、华润微电子功率半导体、华润芯载板级扇出封装等项目按时投产上量。加强签约、在建项目的服务保障工作，跟踪掌握项目进展情况，帮助解决建设过程中各类问题，确保项目按期推进、按期竣工、按期投产、按期达产。在龙头企业配套产业链培育提升、产业链融资贷款贴息、企业智能化改造、工业互联网运用等专项上加大对电子行业的倾斜力度。力争其他电子制造业实现产值1785亿元，增长6.9%。

（执笔人：周秋宇）

医药工业

重庆市经济和信息化委员会医药产业处

2019年，在全国经济下行压力持续增大的背景下，重庆市医药工业在市委、市政府的坚强领导下，紧紧围绕“鼓励创新、推动高质量发展”两条主线，以“增加优质品种、提升制造能力、补齐平台短板、提前布局未来”为手段构建完备的产业生态体系，推动医药工业取得良好发展态势。

一、2019年发展回顾

重庆市共有规上医药企业178家，实现工业产值636.37亿元，同比增长10.4%，增速同比持平。完成招商引资项目10个，协议投资117.4亿元。推进产业项目开工4个，建成投产项目5个，圆满完成全年任务。

（一）服务支撑

牵头起草《重庆市生物医药产业发展指导意见》（以下简称《意见》）和《重庆市加快生物医药产业发展的若干政策》（以下简称《政策》），并以市政府办公厅名义印发，有效提升全市生物医药产业发展环境。全年为58个项目发放奖补资金1.05亿元，项目拉动投资13亿元，达产后将实现年销售收入81亿元、利润11亿元、税收6亿元。医药类项目验收结题率均超90%，在工信部医药类项目中验收率排第一位。提高服务意识，加强市区联动，安排专人对接服务区县做好招商引资工作。积极走访忠县、巴南、北碚、渝北、江津、沙坪坝、荣昌等区县，拜访企业30家。帮助区县和园区招商引资项目10个，收集问题17个，办结率100%。市区两级全力保障，打造国家级战略性新兴产业集群。重庆巴南生物医药产业集群被国家发改委列入首批战略性新兴产业集群发展工程，为重庆市唯一纳入该工程的产业集群。组织陪同唐良智市长、工信部王江平副部长、重庆市全国人大代表调研重庆市重点生物医药企业，聚焦企业存在的困难和问题，协调解决企业问题32个。形成《关于重庆市生物医药产业发展情况的调研报告》报全国人大。

（二）创新驱动

统筹推进市内企业加大创新研发投入，落实促创新、强基础、补短板，推动重庆市医药产业高质量发展。药品领域，近三年来有精准生物Car-t细胞治疗药物等14个创新药物进入临床试验，有效提升产业发展后劲。医疗器械领域，润泽医药植入式多孔钽材料、永仁心植入式左心室辅助装置经国家绿色审批通道获批上市，填补国内产业空白。京因生物POCT药物基因检测系统获准上市，产品检测准确率超过国内同类产品；明峰CT制造基地落地重庆，128排CT纳入国家绿色审评通道，512排CT和PET-CT启动研发，填补市内空白。药友制药阿法骨化醇片等17个品种28个品规的药品通过国家食药监局仿制药一致性评价，全年发放仿制药一致性评价支持资金4230万元。

（三）产业配套

培育创新平台，成功引进昭衍新药GLP（药物非临床研究质量管理规范）中心、美莱德实验动物研究中心和安评中心项目、BINEX抗体药物CDMO（合同设计加工组织）平台等项目，有效补充重庆市产业链短板。全力支持建设柳江医药药物检测平台和重庆市精神卫生中心I期临床试验研究中心，为全市企业顺利通过仿制药一致性评价提供重要技术支持。美莱德药物临床生物样本分析平台I期工程投入运行，北京昭衍医药CRO平台项目落地两江，填补市内专业医药CRO公司空白，有力提升全市生物医药研发水平。金迈博公司培育搭建全人源转基因小鼠动物筛选平台。研发服务、样本检测以及药物安全评价平台，药物临床试验基地由19家扩增至24家，生物等效性试验平台由0变为8家，创新支撑能力获得极大提升。

（四）对外开放

美国Athenex公司水溶性较差药物的口服制剂产品、日本参天公司高端眼科制剂生产基地、日本Hilex株式会社植入式人工心脏、俄罗斯BIOCAD抗体药物生产基地、韩国BINEX抗体药物CDMO基地、瑞士席勒除颤仪生产基地纷纷落户重庆。药友制药文拉法辛片剂、富马酸喹硫平控释片、盐酸度洛西汀肠溶胶囊获FDA认证，进军美国市场。金山科技、山外山医疗、顺美吉医疗、中元生物等企业的生物医药产品在40余个“一带一路”沿线国家市场销售。

（五）项目扶贫

一是精选扶贫项目到县。鼓励龙头企业在贫困区县建立中药材种植基地。在城口县建立中药材初加工及“6+1”中药材种植基地。目前已建设中药材种植基地1000亩，带动农户500户。二是切实解决销售难题。推动中国中药、华润三九等国内知名企业和太极集团、天圣制药、华森制药等本地企业收购重庆市贫困区县中药材。其中天宝药业在城口县完成与21个乡镇90个村集体经济组织中药材订单种植收购合同的签订，涉及种植农户、建卡贫困户6165户，订单金额3.2亿元。

二、发展中存在的问题

1. 产业发展后劲不足

一是产业整体实力弱。在全国36个大中城市中，重庆综合排名第13位。在代表未来产业发展方向的发明专利、新药数量、在研新药数量等方面处于落后地位。二是产业结构不合理。化学制剂产值仅为总产值的23.9%（全国为35.7%），未来发展潜力巨大的生物药、医疗器械等产业占比分别只有7.6%和6.1%（全国分别为9.1%和9.8%）。

2. 技术支撑体系不完善

一是研发投入低，申报品种少。2014~2018年，重庆药品申报数量为524个，只有江苏的六分之一、四川的一半。二是产业配套平台发展滞后。科研平台以企业自建技术中心为主，研发投入严重不足。中试放大平台和产业平台业务承接能力较弱。三是人才资源匮乏。高端人才严重匮乏，在重庆全职工作的以院士、千人计划为代表的高端人才不足10人。

3. 产业发展软环境竞争力弱

一是鼓励创新的氛围不足。全国有13个省市的企业有"区域细胞制备中心"资质，15个省市允许当地企业开展中药配方颗粒科研试点，重庆没有一家。二是医疗器械产品市场准入程序多、耗时长。重庆市医疗器械的技术检测能力有限，许多产品需到外省检测，周期漫长。三是资本活跃度不高。重庆市没有一支专注于生物医药产业的政府引导的政策性投资基金。

三、2020年发展目标

紧紧围绕"鼓励创新、推动高质量发展"两条主线，以《意见》和《政策》为抓手，将生物医药产业作为创新引领及产业发展突破口，围绕产业链、创新链、资本链、空间链、政策链，要构建纵向产业链（研发、生产、流通、销售）到底、横向创新资源（人才、资本、平台、政策）到边，协同增值的新型产业生态，坚定不移地推动重庆市生物医药产业创新和高质量发展。全市亿元以上重点项目有序推进，医药工业实现产值同比增长10%。

（执笔人：魏彦杰）

建筑业

2019 年，在行业内部竞争加剧的压力下，重庆建筑业企业不断强化管理，积极改进经营模式，全市建筑业总产值突破 8000 亿元大关，实现稳定健康发展。

一、2019 年发展回顾

（一）建筑业总产值稳步增长，总量突破 8000 亿元

2019 年，重庆总承包和专业承包建筑业企业（以下简称“总专包建筑业企业”）共 3152 家，实现建筑业总产值 8222.96 亿元，同比增长 5.2%，增速较上年提高 2.4 个百分点。其中，建筑工程产值 7422.79 亿元，增长 5.0%；安装工程产值 528.30 亿元，增长 9.7%；其他产值 271.87 亿元，增长 1.5%。

1. 房屋建筑业是全市建筑业稳定增长的主动能

2019 年，重庆总专包建筑业企业实现房屋建筑业总产值 5987.60 亿元，增长 3.8%，增速较上年提高 3.6 个百分点，占全市产值比重达 72.7%，是全市建筑业稳定增长的主要力量。其中，住宅房屋建筑业在房地产开发经营业建安投资恢复增长的带动下实现产值 5811.13 亿元，增长 3.4%，增速较上年提高 5.6 个百分点。占全市产值两成的土木工程建筑业也实现稳定增长，2019 年实现总产值 1638.97 亿元，增长 6.2%。其中，市政道路工程建设、港口及航运设施工程建设、架线和管道工程建设、节能环保工程施工类企业在基础设施补短板中表现亮眼，产值分别增长 19.1%、26.6%、24.9% 和 108.4%。此外，建筑安装业及建筑装饰、装修和其他建筑业产值保持较快增长，分别增长 19.2% 和 14.8%。总体而言，占全市产值九成多的房屋建筑业和土木工程建筑业稳定增长，其他行业较快增长，共同助推了全市建筑业稳定健康发展。

2. 市内外市场共同发力，支撑重庆建筑产业规模不断扩大

市内市场方面，2019 年，在轨道交通土建、公园建设、景区综合开发、老旧小区改造等民生领域投资建设推动下，重庆建筑企业在市内完成产值 6752.47 亿元，增长 6.6%，增速由负转正，较上年提高 7.0 个百分点。

市外市场方面，随着国内建筑市场开放度不断提升，重庆建筑业企业承接工程的地域范围不断拓展。在 2018 年重庆建筑业企业在外省完成产值较 2016 年增加 40% 的较高基数下，2019 年在外省完成产值虽下降 0.9%，但仍达

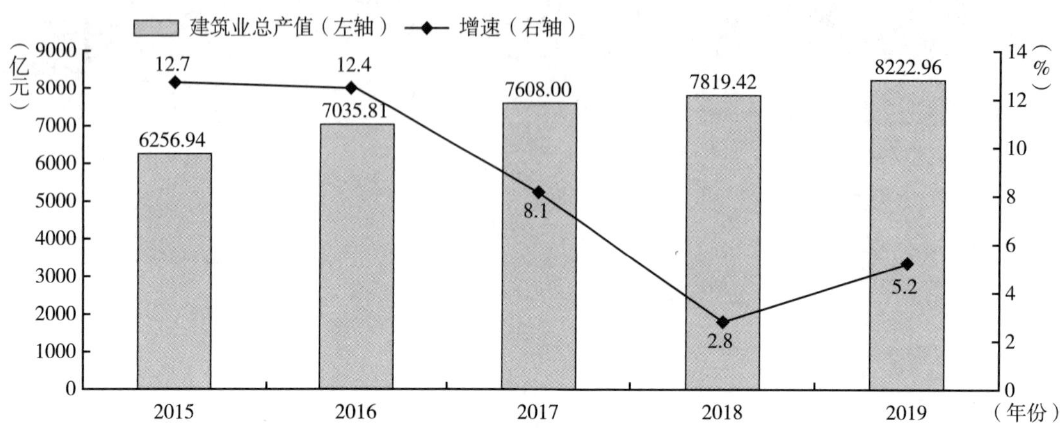

图 1　2015~2019 年全市总专包建筑业企业总产值

到 1470.49 亿元，产值规模明显扩大。其中，贵州、四川、云南、广东成为重庆建筑企业主要集聚地，分别实现产值 260.49 亿元、247.74 亿元、162.79 亿元、114.42 亿元，合计占全市在外省完成产值比重超五成。

3. 区域发展呈现“两增一减”

2019 年，主城都市区总专包建筑业企业实现产值 6097.50 亿元，同比增长 6.5%，增速较上年提高 0.5 个百分点。其中，主城九区是主城都市区建筑业发展的重要支撑，2019 年实现产值 2959.74 亿元，增长 13.4%，增速较上年提高 10.3 个百分点。渝东北三峡库区城镇群实现产值 1926.79 亿元，增长 4.7%，增速较上年提高 11.3 个百分点。渝东南武陵山区城镇群实现产值 198.67 亿元，下降 21.9%，增速较上年下降 29.6 个百分点。

（二）行业稳定发展基础稳固

1. 签订合同额余量充足

2019 年，全市总专包建筑企业签订合同额 14740.80 亿元，同比增长 4.9%。其中，上年结转合同额和本年新签合同额分别增长 4.6% 和 5.2%。从签订合同额中扣除已施工产值后的合同额余量为 6517.84 亿元，较上年末增加 288.75 亿元，合同余量占全年完成产值比重达 79.3%，为来年储备较为充裕的结转合同额，也为全市建筑业下一步稳定发展奠定了较为坚实的基础。

2. 高资质企业带动作用明显

2019 年，全市 420 家特级、一级资质企业实现建筑业总产值 3895.08 亿元，同比增长 16.3%，增速较上年提高 18.3 个百分点，拉动全市产值增长 7.0 个百分点。其中，9 家特级企业实现建筑业总产值 642.65 亿元，增长 31.0%，拉动全市产值增长 1.9 个百分点。2019 年，特级、一级资质企业以 13.3% 的企业数占比，实现了 47.4% 的产值占比，且产值占比较上年提高 4.6 个百分点，对全市建筑业的拉动力持续提升。

3. 劳动生产率稳步提高

随着建筑设计标准化、构配件生产工厂化、施工机械化和组织管理科学化的持续推进，全市建筑业生产集约化和工业化趋势更趋明显，建筑行业劳动生产率稳步提高。2019 年，全市建筑业劳动生产率为 34.83 万元 / 人，增长 6.4%。其中，土木工程建筑业劳动生产率最高，达到 55.84 万元 / 人，增长 1.3%。

二、发展中存在的主要问题

（一）新增企业贡献较小

2019年，全市新增建筑业企业共317家，比上年增加164家。从新增企业资质等级看，一级资质企业有10家，占全部新入库企业总数的比重为3.2%；二级资质企业有26家，占比8.2%；三级及以下资质企业有281家，占比88.6%。新增企业在2019年实现建筑业总产值141.04亿元，仅占全市建筑业总产值的1.7%。可见，虽然2019年新增企业较多，但由于大部分为中小企业，资质低、规模小，对全市建筑企业发展的贡献不大。

（二）企业盈利水平下降

近年来，虽然全国范围内建筑行业减税降费等政策不断加码，但受行业竞争加剧、建筑原材料价格居高不下、人工成本快速增加等因素影响，建筑业企业利润空间缩小。2019年1~3季度，全市总专包建筑业企业营业成本同比增长7.1%，增速高于营业收入4.3个百分点。营业利润已连续四个季度下跌，利润率仅为4.0%，比上半年低0.1个百分点，比上年同期低0.9个百分点。盈利水平下降或将影响重庆建筑企业未来发展的可持续性。

三、2020年发展思路

总的来说，重庆建筑业的发展面临着高资质企业数量少、带动能力有限，企业规模小、竞争能力较弱的问题。2020年，需注重企业资质等级、盈利能力等方面的培育，增强本土企业的市场竞争力。

（一）扶持本地企业资质提升，培育壮大龙头企业队伍

着力提升企业建设能力，提高资质水平，并大力支持企业“走出去”，参与外省市建设项目的承揽与建设，在充分的市场竞争中不断发展壮大，提升重庆建筑企业的知名度和竞争力。此外，主管部门要主动挖掘本地企业潜力，通过资源整合、强强联合、资本股权等运作方式扶持企业协同发展，形成资金雄厚、人才密集、优势明显的企业集团，培育壮大龙头企业队伍。同时，引导鼓励龙头建筑企业从房屋建筑等传统领域向轨道交通、机场、铁路、桥梁、隧道等基础设施领域转型，积极参与市内重大投资项目建设，以达到“强企业、促建设”的双赢局面。

（二）吸引市外优质企业入渝注册，增强建筑企业核心竞争力

主管部门需出台相应的优惠政策和具体的服务流程，吸引外地企业来渝设立高资质独立法人企业或迁移总部基地，一方面使其产值、税收纳入本地统计，另一方面也为行业发展带来先进施工技术和管理经验，拓宽融资渠道、优化融资模式，增强全市建筑业企业核心竞争力，有效带动行业整体水平提升。

（三）强化上游产业建设，稳定建筑原材料价格

建筑原材料价格既是行业发展过程中影响成本和利润的重要因素，也是增加值增速核算中的关键因素。通常，企业会因运费和运输半径原因就近采购钢筋、水泥、砂石料、商混等建筑原材料。相关主管部门需要加强沟通协调和信息共享，根据市场需求调度原材料产量，稳定市场价格。

（执笔人：罗继明）

第三产业

道路运输

重庆市道路运输事务中心

一、2019年发展回顾

2019年，紧紧围绕目标任务，在道路运输改革、发展、稳定等任务繁重、形势复杂、压力倍增的情况下，我们团结一心、“干”字当头，牢记使命、务实担当，全力以赴抓改革、促发展、惠民生、保稳定，各项工作展现出新特色、新亮点。

（一）全力以赴完成市委、市政府交办大事

1. 主题教育落地生根

高标准、严要求抓好“不忘初心、牢记使命”主题教育各环节，组织开展讲座、革命教育5次。结合具体工作和存在瓶颈，形成《持续提升公交安全运营水平》等10个调研报告。聚焦基层、群众最关心最期盼的问题，解决实际问题98个，将主题教育要求切实落到实处。

2. 巡视整改基本到位

针对市委巡视组反馈意见，研究制定51项整改措施，专题研究意识形态领域工作3次，逐一跟踪督促整改，问题基本整改到位。加强网络风险防范，实时收集、及时处理网络舆情。优化党务和政务信息审批流程，确保信息发布及时准确到位。

3. 脱贫攻坚步伐加快

开展深度贫困乡镇道路运输扶贫调研和“访深贫、促整改、督攻坚”专项活动，实地帮扶指导交通脱贫攻坚工作12趟次，走访贫困户27户，实地解决“两不愁三保障”等突出问题2个。深化深度贫困乡镇道路运输脱贫攻坚，18个深度贫困乡镇172个行政村通客车率达93%。

4. 农村客运发展持续加快

将农村客运发展作为最紧迫的硬任务来抓，新增客车行政村38个，行政村通客车率达99.6%，圆满完成年度任务。用好用活政策，全年市级投入农村客运保险资金5557.6万元，发放营运补贴资金2707万元。在城乡客运一体化考核中，所有区县均达到3A级以上水平，12个区县达到5A级水平。

5. 道路运输服务保障有力

全力服务智博会、西洽会、花博会等重大会议，抓住重庆西站和旅游热点等重点区域，紧盯春节、五一等重点时段，高质量、高标准完成疏运保障任务。出租汽车服务智博会得到陈敏尔书记等市委领导的高度肯定。

（二）千方百计提升公共交通服务品质

1. 一体化公交网络日趋完善

“二环”外区域客运调整工作已完成70%，王家、五宝等区域纳入公共交通覆盖范围，不断

满足广大农村群众出行需求。主城区新增调整公交线路119条，开行定制（特需）线路335条、穿梭巴士180条。利用大数据分析，开行骨干公交线路3条，推动常规公交转型升级。具备条件的1.39万辆公交车全部安装驾驶区域防护隔离设施。远郊区县公交覆盖面不断延伸，6个区县完成一卡通互联互通工作。公交与轨道接驳换乘更加便捷，公共交通出行吸引力明显增强。

2. 出租行业实现差异化发展

持续提升巡游出租汽车服务质量，与交通执法、公安联合开展“专项治理行动”，推动主城区巡游车“公司化、标准化、智能化、品质化”提升，服务投诉同比下降20.5%。升级改造主城区巡游车车载智能终端，新增人脸识别、语音识别、行为识别功能。持续规范网约车发展，依法审批网约车平台公司46家、车辆5.5万辆。

3. 轨道交通骨干作用充分发挥

日客运量285万乘次/日，同比增长21.2%，轨道交通在公共交通中的骨干力量充分发挥。拓展轨道交通服务广度，出台双休日、节假日延迟收班方案，实现所有车站移动支付、扫码过闸，投诉率同比下降40%。强化运营安全监管，组织开展设备运行维护管理安全评价，提升应急救援水平。完成部分高架墩、车辆外立面的清洗、涂装，以及小什字等5个示范车站的提质，城市品质持续提升。

（三）全力优化道路客货运网络结构

1. 道路客运改革成效明显

我市道路客运转型升级的实施意见及配套文件顺利出台。川渝两地就客运发展达成战略合作协议，开行“重庆—邻水”“两路—泸州”省际定制客运班线等14条。开展红色旅游景区专线车整治，对洪崖洞等网红景点及重庆西站等旅客聚集地进行重点整治，旅游客运投诉明显下降。二级以上汽车客运站在全国率先实现联网售票全覆盖。

2. 货运业向现代物流业加速转型

不断深化“放管服”改革，取消4.5吨以下普货车辆道路运输证的核发和经营许可。推进国际物流通道建设，将重庆东盟跨境公路班车纳入国家降本增效试点内容，实现“天天班”、常态化运行。培育农村物流服务品牌，以垫江等为典型示范区县，带动全市三级农村物流节点建设。城市配送建设扎实推进，培育示范企业16家、车辆1240辆。组织国防运输大队开展培训，提升应急队伍业务技能。

（四）持续规范道路运输相关行业

1. 培训市场规范有序

全面启用驾驶培训管理信息系统，实现与公安部门数据对接，全面监管421家驾培机构、2.4万余辆教练车信息。加强行业风险防控，全面推广“先学后付”等先进模式，探索培训资金托管等新方式，进一步整治驾驶培训机构经营行为。打出整治驾校经营行为“组合拳”，行业风气明显好转。深入开展驾驶员从业资格考试改革和培训场地清理工作，完成从业资格证外省备案清理整顿和出租汽车驾驶员背景审查。

2. 维修市场健康发展

在全市推广汽车维修电子健康档案系统，维修行业诚信体系逐步健全。推进货运车辆检验检测“两检合一”，优化货车检验、检测服务流程，减轻道路货运经营者负担。组织参加全国汽车维修工职业技能大赛，取得个人第三名、团体二等奖的好成绩。

3. 生态环保稳步推进

主城区新增新能源公交车107辆、城市配送车130辆、巡游出租车200辆，远郊区县新能源公交客车达到2055辆。加强柴油货车超标排放治理，实施机动车排放检验与维护（I/M）制度的前期调研准备。

（五）着力提升行业现代化治理水平

1. 信息化水平持续提升

持续推进审批服务便民化，统一定制网审平台区县道路运输行政许可事项，实现经营者线上自助申报，审批服务更加便民化。“三系统、一平台”（出租汽车服务管理信息系统、重点营运车辆联网联控系统、重庆市驾培管理信息系统、道路运输视频监控平台）建设有力推进，行业信息化服务水平不断提升。

2. 法规体系更加完善

稳步推进《重庆市道路运输管理条例》《重庆市轨道交通条例》等立法修订，行业法规体系不断健全。深入推进依法行政，持续开展网上行政审批、公共政务事项清理等工作。道路运输行业信用体系建设不断加强，“双随机一公开”、自贸区“证照分离”改革试点等工作扎实开展。

（六）全面夯实行业安全稳定基础

1. 安全形势稳中趋好

层层传导压力、逐级落实责任的安全生产格局已趋形成。加强城市公共交通、“两客一危”等重点监管，平安交通三年攻坚、大排查大整治大督查大执法、危货运输安全综合治理等专项整治扎实开展。“技防”手段不断升级，道路运输客运企业风险管理系统作用显著，在危化运输、公交客运等企业开展试点。全行业连续152个月无重大安全事故发生，市运管局连续12年被评为安全生产先进单位。

2. 稳定形势总体可控

重点攻克信访“老大难”问题，“冉龙平案”带来的行业矛盾基本化解，156辆车中解决154辆。妥善处置、有效控制部分巡游车驾驶员要求调整运价诉求、远郊区县出租车经营权纠纷等不稳定因素，确保行业总体稳定。来信来访、人大建议、政协提案的办结率、满意率、答复率实现三个100%。

（七）大力加强行业自身建设

机构改革顺利落地。按照中央及市委要求，妥善推进机构改革工作，确保工作无断档无脱节。

管党治党全面从严。认真落实中央八项规定精神，持续深化“以案四说”警示教育，严肃查办违纪违法案件，行业清风正气进一步增强。

人才队伍建设不断加强。不断深化专业技术人才培养，培训巡游出租车驾驶员3.5万人次，举办全市危险货物运输知识竞赛，队伍素质和能力进一步提升。

行业影响力不断扩大。“雷锋的士”志愿服务队到机关、企业、社区等作主题报告会32场，得到市委宣传部的充分肯定。涌现出生态文明交通运输示范单位、学雷锋示范点和岗位学雷锋标兵等先进典型，有力彰显了行业的蓬勃朝气。

二、发展中存在的问题

同时，发展中仍然存在一些薄弱环节和短板。

一是2019年是由“管理”转型为“事务”的第一年。职能职责、角色身份的转变还没有完全到位，涉及工作思路和工作方式，需要迎难而上，顺势而为。

二是面对广大群众对道路运输服务的新期待，原有出行需求从“有没有”“行不行”转向到“快不快”“好不好”。我们的认识不足，研判不透，应对措施和谋划策略不够周全。

三是随着《交通强国建设》试点、共建“一带一路”、长江经济带发展等国家战略的深入实施，重庆作为“交通强国建设”第一批试点省市，应积极担负“交通强国建设”试点赋予的新使命。要打造一流设施、一流技术、一流管理、一流服务，要发展一流的运输服务，就要牢牢把握“人民满意、保障有力、世界前列”这一交通强国建设的基本内涵，就要始终坚持以人民为中心的发展理念，积极承接重庆“交通强国建设试点工作方案”，创新工作理念和模式，加快综合运输体系建设，强力推进道路运输服务的高质量发展，满足社会和广大群众需求。

三、2020年发展思路

2020年，是全面建成小康社会收官之年，是交通强国建设试点启动之年，是交通建设三年行动计划决胜之年。重庆道路运输行业要继续以习近平新时代中国特色社会主义思想为指导，深入贯彻落实《交通强国建设纲要》，进一步振奋精神，深化改革，攻坚克难，强化落实，努力促进道路运输行业再上新台阶。

（一）提高政治站位，全面推进从严治党

严格落实管党治党的政治责任，认真贯彻落实《关于新形势下党内政治生活的若干准则》和《中国共产党党内监督条例》，持之以恒加强党员干部教育管理，不折不扣地贯彻市委、市政府和市交通局的决策部署。

（二）发扬斗争精神，有力加强队伍建设

1. 深入推进党风廉政建设

强化责任落实，持续推进廉政教育制度化、常态化。抓住项目招投标、资金发放、许可审批等廉政风险点，加强监督检查，严格执纪问责，确保在廉洁自律上不出问题、不栽跟头，营造行业风清气正的和谐环境。

2. 加强精神文明建设

深入抓好行业软实力提升，紧扣行业重点，做好系列深度宣传和行业舆情监管。组织策划和积极参加弘扬社会主义核心价值观活动，抓实抓细行业群众性精神文明创建，为道路运输改革发展稳定营造和谐环境。

（三）立足“人民满意”，不断提高运输服务水平

1. 建设高效便捷的公共交通体系

统筹好二环外客运结构调整改革，确保二环外公交圆满“收官”。优化主城区公交线路网络，做好100辆“小巷公交”开行试点，健全运营补贴机制体制，为公交线路网实现更深层次的全覆盖打好基础。鼓励主城区新能源公交车的发展，解决新能源公交发展在充电设施、场站布局、电价优惠、补贴政策等方面遇到的问题。强化公交、轨道运营管理和接驳换乘，增强高峰时段运送能力，提高通勤服务水平。

2. 着力促进出租汽车行业提档升级

持续提升巡游出租车行业服务质量，深入贯彻《主城区巡游出租汽车服务质量提升专项方案》的工作部署，提升车辆品质，全面完成主城区巡游出租汽车智能终端的更新换代，推进“低速行驶费”等运价调价。持续规范网约车行业市场秩序，督促平台公司依法清退不合规车辆、人员，加强网约车不规范运营行为的监控。实施网约车市场经营情况调查，加强市场监控和预警，根据市场需求有序发展网约车，确保网约车行业稳定可持续发展；按照网约车“高品质服务、差异化发展”定位，持续提高网约车驾驶员素质，进而提升网约车服务水平。

3. 纵深推进城乡客运统筹发展

实现最后33个行政村通客车，具备条件的建制村100%通客车。推进城乡客运一体化发展，全面推进区县公交一卡通互联互通工作，指导涪陵区开展公交都市创建。加快道路客运供给侧结构性改革，持续开展客运线网结构调整，合理优化客运线路、调整车型结构、实施延伸服务；继续推行定制客运和道路客运班线剩余运力转为包车客运运力工作，满足群众多样化出行需求。提升道路客运服务水平，推广二级以上客运站配置人脸识别系统，强化道路客运实名制管理；在联网售票汽车站推进道路客运电子客票的运用。推进运游融合发展，利用“愉客行”App平台升级包车客运信息化管理系统，与市文旅委协作推进道路客运与旅游资源信息的共建、共享；推动传统旅游客运向个性化旅游专线、多元化定制旅游客运转型，大力发展旅游直通车和旅游客运专线。

4. 提速货运转型升级步伐

推进货运提质增效，构建集约高效的物流体系。鼓励农村物流融合发展，培育服务品牌，优化运输组织，完善县、乡、村三级物流网络，促进农资运输的高效便捷。鼓励网络平台货运经营发展，开展省级网络货运信息监测系统平台建设和运行监测。推进国际物流运输和通道建设，积极助推东盟公路班车扩大辐射和影响，服务多式联运发展，加快南向通道建设。畅通重庆货运物流企业前往东南亚国家开展国际物流的通道，促进货运物流的国际化发展。深化电子运单管理制度试点，推广万盛、綦江、涪陵、渝北、巴南等安全监管创新经验，提升货运行业安全监管水平。强化危险货运信用考核结果运用，完善超限超载严重失信行为的联合惩戒和“黑名单”制度。强化交通战备应急保障能力，增强国防运输保障能力。

5. 积极构建智慧道路运输行业

继续推进驾培管理信息系统建设，实现学时、记录、学员档案在线实时监管，数据与公安考试数据传输共享。推广互联网道路运输便民政务服务系统使用，让群众“多跑网路、少跑马路”。启动全市网络货运信息监测系统建设，实现与网络货运经营者信息平台、部交互系统的对接和数据传输，提升网络货运管理水平。继续开展“两个智慧城市”等重点示范课题研究，做好出租汽车车载智能终端安装技术保障工作，开展12吨以上重型货车数据考核。

6. 有效规范行业市场秩序

强化驾培管理信息系统的应用，深化“先学后付”等先进模式的推广。将教练员纳入诚信考核，实现对行业从业人员的管理。全面清理从业人员培训资质，加强考场软硬件建设，建成从业人员资格考试中心，不断提升行业服务质量。开展机动车维修企业年度安全服务质量考核和信用评价考核工作，开展2020年汽车维修质量服务月活动，倡导诚信优质的服务理念，展现维修行业新形象。贯彻落实交通运输部《道路运输达标车辆核查工作规范》，严把新车入口安全标准和燃料消耗量标准准入关口。启动我市机动车排放检验与维护（I/M）制度实施工作，开展地方标准《重庆市公共汽车类型划分及等级评定》起草工作。

7. 完善行业法律法规

推进《重庆市道路运输管理条例》《重庆市轨道交通条例》立法修订，开展行业管理规范性文件的制（修）订工作。纵深推进道路运输“放管服”改革，让群众得到实惠。加强信用体系建设，推进“双随机一公开”工作，优化完善权责清单。优化网审平台功能，持续推进“渝快办”“全渝通办”建设，确保“网上办、马上办、就近办和最多跑一次”。持续优化营商环境，进一步营造公平公正的宽松发展环境，构建新型的亲清政商关系。持续推进“扫黑除恶”专项斗争工作，加强“非法营运”“网约车”监管与发展等问题调研，提升依法行政水平。

8. 确保行业安全稳定

安全方面，深入落实行业监管、属地管理、企业主体责任，以长途客运、旅游包车、危货车辆、公交车、9座以上租赁车等为重点，深化大排查大整治大督查大执法等专项行动，坚决遏制重特大事故、防控较大事故、减少一般事故。根据交通运输部要求，为了严控800公里以上超长客运线路安全风险，进一步减少运力。稳定方面，准确把握行业新常态新形势，坚持把问题发现在基层，把矛盾化解在一线，做好重点领域、重点时段的行业稳定工作。抓好风险评估，做好工作关口前移，着力排查和化解行业矛盾，强化预防和处置群体性事件，全力确保行业总体稳定。

（执笔人：罗泽仙）

航空运输

民航重庆监管局

一、2019年发展回顾

（一）运输生产稳步增长

2019年，民航重庆地区共计保障运输航班33.4万架次，完成旅客吞吐量4644万人次、货邮吞吐量41.4万吨，同比分别增长6.5%、8.3%和7.81%；其中江北机场完成运输航班31.74万架次、旅客吞吐量4479万人次、货邮吞吐量41.21万吨，同比分别增长5.9%、7.67%和7.83%，旅客吞吐量增幅居全国十大机场第一位；平均出港客座率85%，平均出港载运率67.8，同比分别降低0.6个和1.6个百分点；万州、黔江两个支线机场旅客吞吐量同比增长分别达到32.3%和21.5%，万州机场年旅客吞吐量首次突破100万人次。在经济下行压力加大、全行业增长放缓的总体形势下，重庆民航保持了良好的发展态势，发展质量不断提高，在发挥民航带动效应、拉动地方经济增长、助推重庆内陆开放高地建设方面的作用日益凸显。

（二）民航事业发展后劲十足

2019年，华夏航空、重庆航空先后完成《大型飞机公共航空运输承运人运行合格审定规则》（CCAR-121-R5）补充运行合格审定，重庆地区3家合格证管理的运输航空公司全部实现CCAR-121-R5运行；2月1日，江北机场地面滑行时间统计标准调整为30分钟；6月20日，江北机场正式完成东航站区机坪管制移交，机坪管制移交至此全部顺利完成，地面保障效率明显提升；2019年夏秋航季，江北机场高峰小时容量由47架次调整为48架次，新增时刻分配向基地航空公司倾斜，重点促进基地航空公司发展；11月30日起，民航局批复江北机场高峰小时容量标准调整为54架次，航班时刻协调参数不超过53架次。中国航油重庆分公司年加油量首次突破100万吨。8月16日，巫山机场正式通航，截至目前已开通重庆、烟台、广州航线，重庆市“一大四小”运输机场布局迈出坚实一步；万州机场、黔江机场改扩建工程和武隆机场新建项目按计划推进；11月，永川大安通用机场获得通用机场使用许可证，成为继龙兴机场后重庆第二家A1类通用机场。12月30日，重庆通用航空产业集团制造拥有完全自主知识产权的CG231成功首飞，这既是国内首款全玻璃纤维复合材料单发固定翼飞机，也是重庆造首架固定翼飞机。

9月9日，民航局正式批复修订后的江北

机场总体规划（2019年版），规划2025年旅客吞吐量8000万人次，机场终端规划新增第四跑道和T3B航站楼；11月3日，民航局和重庆市人民政府联合印发《重庆国际航空枢纽战略规划》，明确了重庆国际航空枢纽的建设思路、发展目标和战略任务。2019年以来，江北机场陆续开通斯里兰卡科伦坡、缅甸曼德勒、缅甸仰光、匈牙利布达佩斯、日本冲绳、老挝万象和琅勃拉邦国际客运航线及经印度新德里至埃塞俄比亚亚的斯亚贝巴（重庆首条通往非洲的定期货运航线）、德国哈恩货运航线，加密新加坡航线，开通了“国际转国际”空中转货运业务，累计开通95条国际（地区）航线。2019年，江北机场完成国际（地区）旅客吞吐量313万人次、货邮吞吐量13.5万吨，同比分别增长3.69%和8.32%。万州机场开通了至柬埔寨暹粒的第二条国际航线，8月，地方职能部门正式向国家口岸办申报将万州机场纳入2020年航空口岸开放年度审理计划。

（三）安全态势总体平稳

2019年，我局通过航空安全信息系统共收到各类不安全事件报告479起，同比增加23起。按事件性质划分，运输航空一般事故征候24起（同比增加3起，其中天气意外23起，机械1起），通用航空一般事件3起，其他一般不安全事件434起，未定性18起。按事件原因分类，地面保障原因18起，机务原因1起，机械原因104起，机组原因44起，军方原因7起，空管原因1起，天气意外229起，管理原因1起，航务原因1起，其他原因67起，待定6起。运输航空人为原因责任事件52起，环比下降23起。在运输生产保持较快增速的情况下，未发生责任原因事故征候以上事件，安全形势整体保持平稳。

（四）多措并举，努力提升运行保障能力

持续推进“四型机场”建设。指导江北机场不断优化协同决策系统（A-CDM）运行，持续开发系统功能，实现了一线作业协同保障、指挥调度协同决策和空地协同放行，提升了运行管理整体水平。配合开展了“蓝天保卫战”专项督查工作。推动“四强空管”建设，盯紧专业人员资质能力，不断提升空管运行保障能力和效率。2019年全程协调推动江北机场运管委优化调整，多次组织召开或参加机场运管委重构座谈会，持续督促、指导运管委实体化、常态化运行并取得阶段性成果，在航班大面积延误处置等方面发挥作用。9月底，经重构的机场运管委组织机构及章程在运管委成员单位大会上顺利通过，为后续江北机场运管委工作实质性推进奠定了良好基础。

落实民航局进一步深化通用航空业“放管服”的改革要求，高效完成了永川大安通用机场运行前合格检查和重庆亚翔通用航空有限公司CCAR-91部运行合格审定。作为《通用机场分类管理办法》颁布以来重庆市第一个建设完成的通用机场，永川大安通用机场将极大提升渝西地区通用航空服务保障能力。

（五）强化“三基”建设，狠抓作风管理

按照管理局2019年专业人员资质排查工作要求，继续开展飞行、客舱乘务、机务维修、运行控制、机场运行保障、管制情报、航空电信、航空气象、危险品运输、航空安保等10项专业的人员资质排查工作。认真组织“学英雄、守底线、保安全”主题演讲活动；辖区各单位共开展安全宣讲84场次，参加人次1969人次，覆盖率99.75%。通过宣讲在重庆地区营造了学习英雄机长、学习英雄机组的

浓厚氛围。在管理局工会的支持下，组织了重庆地区适航维修和乘务员专业技能大赛，举办重庆地区机务维修系统优秀班组评选，各单位大力加强班组建设，你追我赶，带动民航重庆地区“三基”建设成绩斐然：华夏航空“劲节”班组获评全国工人先锋号和西南地区机务维修系统“优秀班组”；重庆机场集团安检站“木兰”班组等优秀班组建设情况得到了民航局冯正霖局长的高度肯定；重庆地区多人次在西南地区机务维修系统班组建设优秀安全管理演讲、征文和短视频比赛中获奖；在西南地区乘务员专业技能大赛中，国航重庆分公司获得团体二等奖，西部航空获得优秀组织奖，国航重庆唐正强、西部航空张家龙分别取得个人一等奖和二等奖的好成绩；在11月举办的民航西南地区2019年安检职业技能竞赛中，重庆机场安检站蝉联西南地区旅检分赛团体第一名和旅检分赛个人全能第一名、第二名的好成绩，同时还荣获了通道班组对抗赛第一名、货检分赛团体第三名等共计22个奖项，其中，1人获得“全国民航技术能手”称号、3人获得“西南民航先进工作者”称号、4人获得民航西南地区“金牌员工”称号，充分展示了重庆民航人良好的精神风貌和精湛的业务技能水平。

（六）全力保障巫山机场顺利通航

巫山机场是重庆市“一大四小”机场总体布局的重要组成部分，也是重庆首个高原机场，对于改善渝东北三峡库区腹地出行条件、深化脱贫攻坚具有重大意义。我局高度重视巫山机场工程推进及通航前准备工作。4月，赴巫山机场建设工地开展实地检查并参加工程建设动员大会。7月，组织各专业开展行业验收前检查，共发现整改项70条、建议项20条。根据管理局授权，成立试飞领导小组，具体负责巫山机场试飞工作，受理、审查和批准试飞申请及试飞计划申请，督促各单位认真做好试飞准备工作，顺利完成模拟机验证和实地试飞。主动对巫山机场运行准备工作进行全方位指导，督促重庆机场集团对巫山机场的组织机构、人员配备、规章制度、台账记录等方面给予支持。针对巫山机场在运行准备阶段暴露出的科级和队室级干部不到位、飞行区运行维护人员力量配备不齐、空管各类专业人员准备不足，以及安全管理及运行管理手册不完善、管制情报人员培训待加强等问题，与相关单位积极沟通，坚持问题不解决机场不开航。最终，在各方共同努力下，巫山机场顺利按期通航。

二、发展中存在的问题

2019年，民航重庆地区虽然整体安全形势平稳，但人为责任原因事件依然时有发生。“四个到班组”工作不扎实，安全管理没有落实到班组，基层员工不按章操作，作风不严不实的问题还比较突出。部分单位处理“四个关系”认识有偏差，安全隐患排查治理不落实，仍存在一些系统性管理问题。风险防控有缺失，对天气意外原因不安全事件普遍重视不够，对非人为责任原因事件开展有针对性的风险防控力度不够。

三、2020年发展目标

坚持稳中求进总基调，保持运行保障能力与生产运输增长相适应。按照精准监管的理念推进安全监管工作。充分运用非现场监管方式提高监管效能。继续加强“三基”建设，筑牢安全根基。持续提升安全运行保障能力。

（执笔人：赵天烁）

重庆水运

重庆市港行局

一、2019年工作情况

2019年，是新中国成立70周年，也是全市港航系统改革发展的关键之年，全市港航系统坚持以习近平新时代中国特色社会主义思想为指导，深刻领会习近平总书记视察重庆重要讲话精神，深入贯彻党的十九大和十九届二中、三中、四中全会和中央经济工作会议精神，认真落实市委五届四次、五次、六次、七次全会、全市经济工作会议精神，紧扣中央和全市重大战略部署，围绕“抓党建、促发展、强安全、重生态、优服务”的工作思路，坚决做到“五个担当”，全年各项目标任务圆满完成，水运高质量发展态势不断稳固。

（一）担当新时代党的建设使命，行业精神面貌不断向好

深刻把握新时代党的建设总要求，层层落实管党治党政治责任，推动行业精神面貌焕然一新。一是“不忘初心、牢记使命”主题教育深入开展。严格按照中央和市委部署，推动学习教育、调查研究、检视问题和整改落实走深走实，组织集中研学、讲座、革命传统教育22次，形成基层党建、航运发展、环境保护、水上安全等一批高质量调研报告，集中排查梳理问题31项，精心制定“9+2”专项整治实施方案，落实整改措施和整改时限，做到节点明确、任务到岗、责任到人。二是市委巡视反馈问题全面整改。迅速成立巡视整改工作领导小组，多次召开党委会专题研究整改工作，采取动态管理、台账推进、挂账销号的办法，建立问题清单、责任清单、任务清单，倒排工期、挂图作战，制定整改措施97条，修订完善党委会议事规则、局长办公会议事规则等制度9项，新制定工作制度2项。三是意识形态工作持续加强。制定印发《党委意识形态工作制实施细则》，强化意识形态工作主体责任，切实与水上交通工作“同谋划、同部署、同推进、同考核”。专题研究意识形态工作，加强意识形态领域综合分析研判，管好用好官方微信、微博平台，强化正面宣传力度，结合新中国成立70周年、长江绿动、水上应急救援、安全生产月等主题，广泛开展行业宣传，充分展示水运成就和形象。四是党风廉政建设不断深化。持续强化党委主体责任和纪委监督责任，修订完善“两个责任”考核办法，加强日常监督检查，推动实现局属单位党风廉政检查全覆盖。落实“基层减负年”工作要求，力戒形式主义、官僚

主义，持续开展“以案四说”警示教育，形成行业系统以案为鉴、风清气正的良好生态。

（二）担当建设内陆开放高地先行，水运对外通道作用不断增强

充分发挥长江黄金水道的黄金效益，做足水运文章，助推内陆开放高地建设。一是现代港口集群加快打造。主城果园等枢纽型港口加快完善，忠县新生等重点港稳步推进，主城佛耳岩二期开港运行，全市港口货物和集装箱吞吐能力分别达到2.1亿吨、480万标箱，2019年完成货物吞吐量1.71亿吨，同比增长8.9%，其中集装箱吞吐量125.11万标箱，同比增长7.1%，周边省市货物通过重庆港中转比例达45%。二是“一干两支”航道体系加快建设。长江朝天门至涪陵段4.5米水深航道整治工可获批、朝天门至九龙坡段3.5米水深航道整治基本完成，5000吨级船舶通过长江干线可常年直达重庆主城。嘉陵江利泽、乌江白马和涪江双江航电枢纽开工，乌江白马至彭水枢纽航道整治工程持续推进，嘉陵江草街库尾航道整治一期工程以及小江、梅溪河、汤溪河等6条库区支流航道整治利用工程基本完成，支流航道条件得到大幅改善。三是船舶大型化、标准化趋势日益明显。大力实施船型标准化工作，累计投入资金25亿元，拆解各类老旧运输船舶1345艘、老旧省际客船80艘，淘汰落后运力120万载重吨、3.38万个客位；累计建成大长宽比三峡船型155艘、116万载重吨，全市货运船舶运力规模达到780万载重吨，平均吨位3350载重吨，船型标准化率达83%，居全国内河领先。四是多式联运发展力度持续加大。加快推进铁水、公水等多式联运发展，“渝黔桂新”铁水联运通道实现常态化运营，果园港开通至四川、贵阳等地多趟铁水联运集装箱班列，万州新田等港口铁路集疏运中心开工建设，多式联运基础设施不断完善。五是水路运输稳步增长。全年完成货运量2.11亿吨，增长8.4%；货物周转量2453.4亿吨公里，增长9.6%；集装箱运输量99.8万标箱，增长10.34%；客运量756.3万人次，增长3.6%，其中两江都市游客运量325.4万人次，增长38%，豪华游客运量66.5万人次，增长3%。

（三）担当防范化解重大安全风险重任，安全治理体系不断健全

始终将以人民为中心的思想贯穿水运安全发展全过程，今年圆满实现地方水上交通零事故、零死亡“双零”目标，全市水上交通已连续16年未发生重特大事故。一是突出制度建设。持续加强双重预防机制建设，强化重大风险防控；深化“四会四制、片区联系、网格化管理”制度，加强隐患排查治理；创新引入第三方参与安全检查工作机制，提升安全监管专业化能力。二是突出责任落实。督促企业落实主体责任，加大安全生产投入，加强全员安全教育培训，加大“日周月”隐患排查治理，全市288家水运企业安全生产标准化率达100%。督促区县落实属地责任，加大日常安全监管力度，严厉打击违法行为，不断巩固“区县党委政府高度重视、涉水部门齐抓共管”的综合治理模式。严格落实行业监管责任，认真执行年度监督检查计划，加强督导指导，加大隐患排查力度。三是突出专项整治。争取专项资金7000余万元，加快推进客渡船抗风能力提升工作，更新改造客渡船219艘，客渡船安全性能大幅提升。扎实开展化危品领域专项整治、“防风险保安全护稳定迎大庆”集中攻坚等专项行动，强化危化品港区、重点船舶、重点水域、渡口渡船专项检查和隐患排查力度，全年共开展安全检查4000余次，排查整改安全隐患

1500余项，停航整顿5艘次。四是突出应急保障。按照“平战结合”原则，持续推进装备、队伍、预案“三个贴近实战”建设，建成化龙桥应急基地和65米应急趸船，增配无人机、无人船等一批高科技救援装备；多渠道高水平选拔专业救援人才，加大水上应急救援培训力度，引入专家会商机制；完善应急预案，强化应急救援演练。全年共开展应急救援193次，出动船艇204艘次，成功救助遇险人员57人次，遇险船舶18艘次，处置溢油11次。组织精干力量全力参与2019年长江干线水上联合搜救演习，充分展示了重庆地方水上应急救援体系建设成果，获得了部市领导的高度肯定。

（四）担当长江经济带绿色发展示范，生态环保水平不断提高

坚决贯彻“共抓大保护、不搞大开发”方针，着力补齐水运绿色发展短板，为重庆在推进长江经济带绿色发展中发挥示范作用提供坚强支撑。一是持续巩固环保长效机制。建立健全与水利、环保等部门联合监管机制，完善船舶污染物接收转运处置联单制度，细化船舶、港口防污染治理标准，建立环保不达标船舶清单管理制度，严格落实环境影响评价制度，修订油品、化学品泄漏应急处置应急预案。二是全力配合完成中央第二轮生态环保督察。成立工作专班，及时召开迎检专题会，细化工作方案。组织精干力量深入一线开展督查，指导区县及时查漏补缺、加强整改。研究梳理涉及水上交通环保7个方面23项问题，并逐一落实整改举措，确保边察边改、立行立改。三是有序推进主城区“两江四岸”水上交通治理。严格落实市委、市政府关于城市提升行动要求，重点抓好“两江四岸”停泊船舶和货运码头治理，完成84艘停泊船舶整治，关闭28座货运码头货运功能。四是坚决打好水上交通污染防治攻坚战。加大船舶环保设施设备投入，新建高压岸电设施1处、船舶污染物接收转运点4处，完成全市138艘餐饮船舶整治，400总吨以上船舶全部按要求安装污水处理装置，推广应用清洁能源，鼓励新技术运用。完善港口环保配套设施，深化非法码头整治“回头看”，有序实施老旧码头技术检测评估。启动支流航道保护范围划定工作，深化航道定期巡查机制，依托河长制加强联合执法，加大跨临拦河建筑工程监管力度。

（五）担当优化航运营商环境责任，行业服务能力不断提升

积极推动行业管理向行业治理转变，优化服务理念和服务方式，切实为航运市场主体营造稳定、健康的发展环境。一是持续推进“放管服”改革。大力推广运用“渝快办”，实行“一站式”服务，网审平台办结率达100%。推动“信用交通市”建设，落实诚信评价结果与三峡通航挂钩机制。充分运用企业资质核查手段，加强企业经营资质动态跟踪。二是深化议事协调合作机制。定期召开与三峡通航局季度联席会，积极争取重庆籍船舶优先过闸，全年协调重点物资优先通过三峡船闸844艘次、21.8万标箱，成功开通外贸集装箱水路运输“渝沪直达快线”。成功举办上海、南京、武汉、重庆长江沿岸四中心城市地方水运协调会，共商区域协调合作，共护航运企业健康发展，务实推动长江经济带高质量发展。三是抓实抓细服务举措。结合“不忘初心、牢记使命”主题教育，深入水运企业开展调研，主动上门听意见、解难题，梳理企业发展面临的典型问题16项。支持企业做大做强航运产业，提升行业竞争力，重庆冠达游轮公司投资3亿元的长江新一代豪华游轮“世纪荣耀”号建成投用；重庆

河牛滚装公司新建三峡船型6艘，企业总运力已达70万吨。

二、2020年工作思路

2020年是全面建成小康社会和“十三五”收官之年，也是市港航海事事务中心挂牌运行的第一年，市港航海事事务中心将毫不动摇坚持习近平新时代中国特色社会主义思想的指导，深入贯彻落实总书记对重庆提出的“两点”定位、“两地”“两高”目标、发挥“三个作用”和营造良好政治生态的重要指示要求，在市委、市政府和市交通局的坚强领导下，立足新使命、展现新作为，全力以赴推动重庆水运高质量发展，加快建成长江上游航运中心。

（一）凝聚共识，全面树立行业新形象

坚决拥护中央和市委改革决定，立足机构新职责，树立行业新形象。着力加强党的政治建设，坚定不移推进全面从严治党，自觉用习近平新时代中国特色社会主义思想武装头脑，增强“四个意识”、坚定“四个自信”、坚决做到“两个维护”，切实把总书记的殷殷嘱托落实到重庆水运工作实践中。着力加强干部队伍建设，坚持好干部标准，深化选人用人机制，结合行业发展和改革实际，配齐配优行业专业人才，形成一支讲政治、顾大局、敢担当的高素质港航干部队伍。着力加强行业宣传和精神文明建设，坚持意识形态工作责任制，充分运用微博、微信等新媒体平台，展示水运发展新成就；大力弘扬“航标灯”精神，充分挖掘行业先进典型，打造行业精品文化品牌，提升行业影响力和知名度。着力加强作风建设，压紧压实“两个责任”，加强党风廉政宣传教育，严格执行中央八项规定精神和市委实施意见精神，经常性开展正风肃纪，转变工作作风，优化发展环境。

（二）对标改革，全面提升行业治理能力

深入贯彻落实党的十九届四中全会精神，立足港航海事事务中心职能定位，推进行业治理体系和治理能力现代化。深化职能定位，悟深悟透事务性、技术性、辅助性“三性”内涵要义，加强对上对下沟通衔接，对标对表新“三定”方案厘清职责边界，理顺工作机制，完善工作界面，细化权力清单和责任清单。强化事务执行，修订完善一批重大制度规定，明确一批重点攻坚任务，推出一批重要工作举措，坚持系统治理、依法治理、综合治理、源头治理，推动水运发展质量、安全环保能力、行业服务品质再上新台阶。落实保障机制，切实加强领导，创新工作方式方法，加大支持保障和督查督办工作力度，确保中央和市委重大决策部署在重庆水运行业落地见效。

（三）担当作为，全面服务国家重大战略部署

牢牢把握交通强国建设试点重大机遇，积极主动融入成渝地区双城经济圈建设，着力补短板、强弱项，为实施国家重大战略部署贡献水运力量。加快港航基础设施建设，继续呼吁国家尽快启动三峡水运新通道建设，全力配合推进支流航道整治工程，加快嘉陵江全江渠化建设，改善涪江航道条件，有序推进枢纽港及重点港后续建设。创新水运安全保障模式，严格抓好地方水上交通安全事务工作，大力狠抓科技兴安，充分运用互联网大数据，强化源头管控、过程管控，以科技创新提升行业安全水平。强化水上应急体系建设，紧紧围绕装备、队伍、预案“三个贴近实战”，加强水上应急救援管理体制研究，理顺水上应急救援机制，积极争取一批先进救援装备投

入，打造一支专常兼备、反应灵敏、作风过硬、本领高强的水上应急救援队伍。深化水运绿色发展机制，认真落实水路行业生态环境保护工作要求，积极做好船舶防污染，提升港口码头防污染能力，加强绿色生态航道建设和管养等事务性工作。做深做实水运服务文章，坚持服务理念，强化运输保障服务和协调，加强航运市场监测与信息引导，助推航运发展优惠政策落实落地，让航运企业甩开膀子、迈开步子实现高质量发展。

航程万里风正劲，扬帆起航正当时，市港航海事事务中心将在习近平新时代中国特色社会主义思想的指引下，围绕改革新定位，奏响发展最强音，苦干实干，久久为功，全力推进长江上游航运中心建设。

（执笔人：张鑫欣）

证券业

中国证券监督管理委员会重庆监管局

一、2019年发展回顾

2019年，在证监会党委和市委、市政府的正确领导下，重庆证监局始终以风险和问题为导向，监管与服务并重，努力维护辖区市场的稳定运行，服务实体经济高质量发展，为全市经济社会发展目标的实现做出了积极贡献。

（一）积极支持重庆经济发展

资本市场为重庆企业发展筹集了大量长期发展资金。全年辖区通过境内资本市场融资2324.52亿元，其中，4家公司IPO融资117.67亿元，3家上市公司实施再融资30.44亿元，2家上市公司发行可转债融资19.6亿元，11家新三板挂牌公司增发融资2.76亿元，发行公司债融资837.99亿元，交易所资产支持证券融资1316.06亿元。截至2019年末，辖区共有上市公司54家，新三板挂牌公司112家。向我局辅导备案的拟上市公司25家，公司债券发行人94家，资产支持证券原始权益人22家。

（二）证券市场平稳运行

辖区证券市场整体运行平稳，未发生区域性系统性风险。截至2019年末，辖区有证券公司1家，分公司42家，证券营业部205家；证券投资咨询公司1家，分公司2家。截至2019年末，证券投资者开户数494.26万户，较年初增加16.94%；客户资产5198.66亿元，较年初增加47.31%。全年累计证券交易额4.98万亿元，比2018年增加33.36%。西南证券全年实现累计净利润12.63亿元，较2018年增长11.26倍；分支机构全年实现累计净利润4.24亿元，较2018年增长247.54%。

（三）期货基金业市场规模持续增加

辖区期货公司4家；期货分公司4家，期货营业部32家。基金管理公司1家，在基金业协会登记私募基金管理机构211家。期货投资者开户数20.88万户，期货交易保证金余额115.74亿元；全年辖区期货经营机构代理期货交易额12.56万亿元，比2018年增长24.84%；代理期货交易量1.81亿手，比2018年增长16.35%；4家期货公司资产规模145.76亿元，比2018年增长34.01%。新华基金管理公募基金产品46只，基金规模234.56亿元；管理专户产品189只，产品规模640.45亿元。211家私募基金管理人管理基金产品498只，管理基金规模1378.29亿元。

（四）公司监管与服务“两手抓”“两手硬”

重庆证监局紧跟资本市场改革步伐，局领导亲自带队走访调研20余家科技创新型企业，为企业发展出谋划策，推动企业加快上市步伐。全面优化上市企业辅导工作，对辖区拟申请上市的辅导企业，提前推动解决实质性问题，对发行人的辅导备案和验收申请，立即启动办理。同时优化监管流程，明确监管要求，压实企业作为信息披露主体的第一责任，督促券商勤勉尽责做好辅导工作。支持辖区企业并购重组整合资源，支持实体企业通过新三板增发、发行公司债和实施资产证券化融资。持续加强对上市公司、新三板挂牌公司、债券发行人、审计评估机构等市场主体的日常监管。全年共开展各类现场检查78家次，完成处理投诉举报39起，采取行政监管措施18家（或人）次，出具监管关注函或检查结果告知书10家次。认真落实重庆证监局党委“全员稽查”部署，全年自立案件2起，办结案件3起。持续推动提升上市公司质量，重庆钢铁完成破产重整后，公司治理焕然一新，盈利能力彻底改善，步入规范发展的快车道；原*ST嘉陵通过重大资产重组注入优质资产，有效恢复持续经营和盈利能力，妥善化解退市风险；重庆百货、重药控股等公司通过实施混合所有制改革，进一步优化股权结构和公司治理，为发展注入新的活力。优化新三板挂牌企业监管机制，实施分类差异化监管，并压实主办券商及审计机构责任。推动化解大股东股票质押风险，截至2019年末，已推动5家公司大股东将股票质押比例降至80%以下，推动2家公司大股东股票质押风险化解取得重大进展，推动2家公司大股东获得重庆市地方政府的纾困救助。加强公司债券违约风险防控，全年辖区公司债已到期或回售744亿元，均未发生实质性违约事件。强化对已经被立案或存在重大风险公司的监测，在维护稳定的同时，严防相关风险进一步扩散和传导。

（五）以风险问题为导向，狠抓证券及咨询业监管

重庆证监局持续向辖区证券经营机构强调风险防范的重要性，督促机构牢牢守住不发生系统性风险的底线。紧盯西南证券投行、资管、债券、股票质押等重点业务领域风险，完善监测机制，形成风险监测月报。针对海润光伏等8只股票被终止上市可能引发的风险，督促机构做好风险应对预案，加强投资风险提示。针对非法场外配资的风险苗头，要求机构认真自查，强化合规风控，加强异常交易监控，做好投资者教育及保护。积极应对突发事件，监测舆情动态，稳妥开展风险处置工作。对西南证券开展重点业务专项检查5次，随机抽取6家分支机构现场检查，以问题为导向，以防控风险为目的，督促机构合规经营。高效优质办理行政许可事项，截至2019年末，共接收并核准行政许可6件，审核无不当、超期；累计发放72份许可证，无一差错。引导机构提升保荐质量，挖掘培育优质上市资源，开展并购融资业务，运用多种金融工具服务企业融资。对辖区1家法人咨询机构和3家异地咨询机构分支机构开展检查，推动咨询机构规范业务行为，维护市场正常秩序。全力开展涉非整治，认真开展涉非排查，对涉嫌违法犯罪的移送市打非办，净化辖区市场生态环境。

（六）全力做好风险防控，维护期货基金业稳定运行

重庆证监局以风险问题防范化解为导向，强化对期货基金经营机构日常监管。妥善处置逾期风险引发的投诉举报21件，逐一摸排存在潜在风险的私募基金管理人865家次。协同推进盛云

穆迪风险处置工作，与地方政府相关部门协作推进亚信集团风险处置，深入亚信股权开展现场核查，对亚信股权及有关责任人依法采取行政监管措施6件。全力做好基金公司有关风险处置，对公司专户业务风险防控情况进行现场检查，查实公司违规问题，并拟对公司采取监管措施。加大对期货基金经营机构的现场检查力度，共开展现场检查62家次。对存在违规问题的基金公司、私募机构采取行政监管措施13家次，排查非法证券期货活动线索18家次。引导期货公司积极开展“保险＋期货”项目，惠及重庆城口、酉阳及云南、海南、河北等地多个贫困区县，保障了农户收入。发挥私募资管业务服务实体经济的功能，引导设立纾困资产管理专项计划支持民营企业化解股票质押风险。

二、发展中存在的问题

一是辖区企业存在的主要风险和问题：2019年，受实体经济下行压力不断加大以及国内外等多种因素影响，辖区众多上市公司经营发展面临较多困难，股票质押、资金风险、债券违约等风险问题相互影响，导致辖区上市公司风险压力大幅提高，一些重点领域风险较为突出，部分上市公司大股东股票质押比例持续处于高位；公司债到期或回售规模较大，个别公司债未能按期兑付或回售，存在违约风险；部分行业（如汽车制造、房地产等）和出口比重较大的公司经营和资金风险不容忽视，因经济下行压力持续增大引发的违法违规风险需高度关注。

二是辖区证券经营机构存在的主要风险和问题：2019年，海润光伏、华泽钴镍等8只股票陆续被交易所终止上市，涉及重庆辖区11722名投资者，面临引发舆情爆发、群访等潜在风险。为获取更多的服务收费，各咨询机构普遍在营销环节出现违规展业的情况，导致投诉举报大幅增加，存在较大的社会风险隐患。场外配资活动有所抬头，举报数量迅速增长。不法分子通过场外配资损害投资者利益，怂恿投资者采用高杠杆炒股，有的利用“虚拟盘”涉嫌从事诈骗等违法犯罪活动，有关场外配资的案件或转办线索，涉及众多投资者，涉案金额超过10亿元。

三是期货基金业存在的主要风险和问题：2019年，辖区期货、基金行业局部风险仍处于高发态势，期货基金经营机构的信用风险隐患不容忽视，各类资管产品，尤其是非标类资管投向地方政府融资平台的产品，兑付危机时有发生。部分集合资产管理计划仍存在引发群体性事件的可能，相关产品到期兑付风险以及由此可能引发的投资者投诉、举报等群访风险需持续关注。期货基金机构方面，相关货币市场基金、开放式资管产品相关流动性风险仍需有效监控，以避免引发新的风险。

三、2020年发展思路

（一）积极推动服务实体经济高质量发展

推动落实全面深化资本市场改革的政策举措，支持符合条件的企业IPO或在新三板挂牌融资。落实提高上市公司质量行动计划，提升公司治理，改善信息披露和财务内控，夯实资本市场发展基石。鼓励上市公司和挂牌公司通过再融资、产业并购等方式增强科技创新能力和产业整合能力，推动传统产业优化升级。推动中介机构加大金融服务供给，助推企业积极利用优先股、可转债、公司债等工具，提高直接融资规模，降低融资成本。引导督促券商充分发挥“看门人”职责，立足专业中介服务，促进资本形成、提高资本效率。鼓励期货经营机构继续扩大“保险＋期货”业务规模，支持期货公司风险管理子公司提升服务实体产业能力。支持推动权益类基金发展，引导私募股权和创投基金提高支持科技创新能力，鼓励投早投小投长。

（二）打赢防范化解资本市场重大风险攻坚战

密切关注股票质押、公司债违约、信息披露违法违规、资金占用、财务造假等重点风险领域，扎实开展风险监测防控，加强监管协作和信息共享。积极推动配合地方政府实施纾困，协调市场相关各方推动化解风险。积极配合地方政府部门稳妥处置风险，全力打好重大风险防控攻坚战。紧盯期货基金经营机构合规风险和资管领域风险，继续强化对风险的动态监测监控，拓展私募基金风险排查渠道，提高对风险的监控预警和应急处置能力，守住不发生系统性风险、重大金融风险的底线。继续深化与相关部委及地方政府部门的协作，增强风险处置合力。

（三）强化市场监管，提高监管效能

继续坚持以风险和问题为导向，强化精细监管，充分运用科技手段、依托监管信息系统，提升上市公司监管效率。继续加大现场检查和稽查执法力度，积极践行“全员稽查”，增强威慑力度，促进市场主体进一步提升规范运作水平，切实保护投资者合法权益。坚持监管姓“监”，强化现场监管和非现场监管力度，严查机构违法违规行为。完善证券、期货、基金公司分类评价制度，探索实施私募机构分类监管。对非法证券期货活动保持“严打”态势，净化市场环境。进一步推动证券、期货基金经营机构开展投资者教育，维护投资者合法权益。加强证券、期货、基金行业文化建设，督促机构防范道德风险、履行社会义务的主体责任。

（执笔人：李文华）

银行保险业

一、2019年发展回顾

（一）主要特点

2019年，重庆银行业保险业紧紧围绕服务实体经济、防控金融风险、深化金融改革三大任务，总体保持稳健发展态势。行业规模稳步增长。银行业保险业金融机构资产增速高于全国，存贷款规模增长稳定，保险业保费收入持续增长。12月末，全市银行业总资产53774.7亿元，同比增长9.1%，比年初增加4478.5亿元。12月末，各项存款余额3.95万亿元，同比增长7%。各项贷款余额3.71万亿元，同比增长15.1%。12月末，全市保费收入916.5亿元，同比增长13.7%，增速高于全国平均水平1.5个百分点，保费收入居全国第17名，增速居第6名、西部第1名。融资结构持续优化。银行业各期限贷款协同增长，反映企业预期的中长期贷款和市场活力的短期贷款同比分别增长15.3%、11.0%。银行业贷款行业投向重点突出，1~12月新增贷款主要投向个人贷款，交通运输、仓储和邮政业，水利、环境和公共设施管理业，租赁和商务服务业，建筑业，房地产业等国计民生重要行业，上述行业新增贷款占本年全部新增贷款的84.3%。贷款获得面进一步拓宽，投向私人控股企业和个人经营性贷款户数为62.6万户，较年初增加14.3万户、增长29.7%；当年累计发放贷款户数48.2万户，占上年全年发放户数的134.0%。贷款融资成本有所下降，1~11月辖内银行机构向私人控股企业和个人经营性贷款新发放贷款平均年化利率为5.43%，较上年全年下降0.50个百分点。脱虚向实效果明显，12月末，重庆银行业表外资产余额3.67万亿元，与表内资产的比值为68.2%，远低于全国平均水平。同业资产余额2717.9亿元，同比下降13.6%，较年初减少427.0亿元；同业负债余额3361.6亿元，同比减少7.8%，较年初减少284.2亿元。保险业保障水平不断提升。2019年，重庆保险业共为全市经济社会发展提供风险保障91.8万亿元，居全国第15位。全市保险公司赔付支出279.5亿元，同比增长0.6%。风险状况整体可控。12月末，全市银行业不良贷款余额419.6亿元，较年初增加67.0亿元；不良率1.12%，较年初上升0.03个百分点。银行业资产分类准确度相对较高。12月末，逾期90天以上贷款余额324.9亿元，较年初增加4.2亿元；逾期90天以上贷款与不良贷款之比为77.44%，较年初下降13.52个百分点（11月末剪刀差低于全国平均水平3.83个百分点）。银行业金融机构压力测试结果满足监管要求。保险业退保金与满期给付持续缩小。11月末，人身险公司总给付金额90.7亿元，同比减少13.7%，其中满期给付53.2亿元，同比大幅下降19.8%。盈利能力同比提升。1~12月，全市银行业实现税后净利润628.3亿元，同比增长16.7%，增速同比上升4.2个百分点。其中，商业银行净利润525.1亿元，同比增长20.5%。

（二）支持重大战略

2019年，重庆银保监局通过窗口指导、座谈调研等方式引导辖内银行保险机构统筹推进重大战略落地实施，全面融入共建“一带一路”和长江经济带。积极推动重庆辖内银行业机构支持建设长江上游生态安全屏障，助推长江流域保护以及污染防治工作。2019年末，重庆银行业支持“一带一路”和长江经济带建设融资余额超万亿元，同比增长7.99%。支持长江上游生态安全屏障建设融资余额377.83亿元，同比增长32.97%。积极支持陆海新通道建设，引导辖内主要银行机构全力支持自重庆经贵阳、南宁至北部湾出海口，以及自重庆经怀化、柳州至北部湾出海口的陆海新通道主通道建设，2019年末，重庆银行业在陆海新通道领域融资余额超百亿元。深化沿“一带一路”国际交流金融合作。国开行依托中国—中东欧银联体平台，向保加利亚发展银行项目授信2亿欧元，累计签订约6亿欧元贷款合同和21亿欧元金融合作协议。持续推进中新互联互通项下跨境融资项目的实施，截至年末累计落地项目111个，金额约110亿美元，跨境融资加权平均综合成本比国内低约1.4个百分点。重庆银行业支持中新（重庆）示范项目建设融资余额449.61亿元人民币，同比增长37.52%。促进提升长江经济带绿色发展。

（三）服务民营、小微企业

2019年，重庆银保监局推动小微企业贷款继续增量扩面，强化对“两增两控”目标完成情况的追踪，引导银行进一步完善细化尽职免责办法，对符合制度规定情形相关人员给予减轻或免予问责，并设立内部问责申诉通道。截至2019年末，我市普惠型小微企业贷款余额2548.24亿元，较年初增长28.44%，比各项贷款较年初增速高13.08个百分点；户数42.73万户，较年初增加11.35万户；不良率2.06%，较各项贷款不良率高1.31个百分点；小微贷款利率5.65%。试点开展“百行进万企”融资对接，完成对1.02万户的走访，任务进度98.51%，较全国平均水平（95.11%）高3.4个百分点；与银行达成合作意向的企业共1411户，其中850户企业已获授信，授信总额117.18亿元，新增授信中有346户企业为首贷户。通过融资对接带动，帮助1431户企业提高了资金结算效率，为980名企业主改善了个人金融服务，提供各类特色金融产品505个。推动系列改革创新。联动市税务局探索建立涉税数据平台化、标准化管理模式，截至2019年末，我市“银税互动”贷款余额达到81.29亿元，其中89%为信用贷款。联合市科技局推进知识价值信用贷款，2019年共向1744户科技型中小企业新发放知识价值信用贷款53.04亿元。2019年11月，国务院办公厅在《关于对国务院第六次大督查发现的典型经验做法给予表扬的通报》中，对“重庆市探索知识价值信用贷款改革打开科技型企业轻资产融资之门”给予肯定。营造良好服务环境，形成服务政策合力。配合行业协会对全辖一线1600名小微客户经理开展培训，发送《支持民营企业稳健发展倡议书》。与市级各部门在企业融资信息平台建设、失信惩戒、贷款风险分担和损失补偿等方面开展联动合作。指导银行用好用足各项奖补等扶持政策，引导银行申报小微企业贷款利息收入增值税减免，截至2019年末，39家银行机构累计免税4.93亿元。配合财政开展民营和小微企业金融服务综合改革试点，在确定两个中央试点区县基础上，新增两个区县为市级试点，由市级财政安排资金给予奖补。

（四）支持乡村振兴

2019年，重庆银保监局指导银行机构制定精准扶贫贷款信贷计划，强化落实“按季通报、按年考核”，引导金融资源向重点、薄弱领域倾斜。截至12月末，全辖涉农贷款余额5790.33亿元，较年初增长7.62%，实现“保持同口径涉农贷款余额持续增长”目标；截至12月末，普惠型涉农贷款余额765.99亿元，较年初增长18.59%，高于各项贷款平均增速4.06个百分点，达成“普惠型涉农贷款增速总体高于各项贷款平均增速”目标；精准扶贫贷款余额1029.68亿元，较年初增加178.99亿元，增长21.04%，实现“精准扶贫贷款余额持续增长”目标。引导银行保险机构持续优化农村基础金融服务，在现有标准下，全市38个区县、795个乡镇和7720个行政村已全部实现银行网点和保险服务全覆盖。引导金融机构探索“党建+扶贫”、龙头企业带贫模式、一二三产业融合贷、产业扶贫保等扶贫产品，有效满足贫困地区脱贫攻坚信贷需求。积极探索“银行+”合作模式，完善风险分担机制，强化银保、银担合作。强化农业保险风险保障，支持保险机构加强与市农业农村委、市财政局等在农业保险“提标增品扩面”、保费补贴等方面的合作，为包括贫困地区在内的地区提供优质、优惠农业保险，强化生产、市场双重风险保障，保险供给扩面提质。截至12月末，实现保费收入6.2亿元，保险公司提供保险保障511.96亿元，同比增长13.48%，参保农户105万户次，受益农户61万户次。

（五）助力精准扶贫

2019年，重庆银保监局加强规范完善，发挥扶贫小额信贷产品效用，精准促进扶贫小额信贷“能贷尽贷”。截至12月末，全市扶贫小额信贷累计发放71.79亿元，支持建档立卡贫困户19.87万户，贫困户获贷率42.19%，贷款余额50.88亿元，逾期余额0.49亿元，逾期率0.97%。18个深度贫困乡镇扶贫小额信贷余额2.52亿元，有信贷需求的贫困户获贷率达到81.69%。支持保险机构加强与市扶贫办、市民政局等合作，推进开展精准脱贫保、产业精准脱贫保、防贫返贫保、惠民济困保等扶贫优惠保险，惠及全市165.9万名贫困群众和其他贫困边缘人群，在疾病就医、意外伤害、农业生产销售、贫困生升学补助、农房等方面提供风险保障。加强行业对口帮扶，大力推进定点扶贫工作。推进落实两个对口帮扶深度贫困乡城口县沿河乡“普惠金融扶贫示范点”项目以及彭水县大垭乡对口帮扶工作。指导成立重庆银保扶贫慈善基金会，汇聚银行保险机构扶贫公益爱心。

（六）消费者权益保护

2019年，重庆银保监局持续强化消保体制机制建设，下发《关于贯彻落实〈中国银保监会关于银行保险机构加强消费者权益保护工作体制机制建设的指导意见〉的通知》，推动辖内机构将消费者权益保护融入公司治理各环节。开展2018年度50家银行机构消费者权益保护工作的考核评价、46家保险公司的服务质量评价，倒逼机构不断提升消保工作质效，银行业消保工作体制机制不断完善，保险业服务指标值明显改善。配合市社会信用体系建设联席会议办公室，实施辖内银行保险金融领域信用信息的归集、共享和应用，促进构建社会信用联合奖惩机制。加强投诉渠道建设及投诉处理，发挥多元化解机制作用。规范银行业金融机构三级消费者投诉电话公示，完成12378热线重庆分中心的搬迁和扩容工作。2019 年，12378 热线重庆分中心共接听电话 31300 通，较上年同期增长 95.85%，人工接通率为 97.32%，满意度为 99.42%。建立保险投诉市局、分局属地管理制度，规范投诉处理的接收受理、甄别转办、办结审结等环节，密切关注舆情风险及重点投诉风险，指导机构妥善处置，防范降低舆情风险和群访群诉风险。督导银行保险机构加强与调解机构的协调联动，指导保险业协会进一步推进诉调对接机制建设及交通事故损害赔偿纠纷“网上数据一体化处理”试点工作，保险纠纷诉调对接机制实现辖内行政区全覆盖。2019 年，市内保险纠纷调解机构共受理调解纠纷 4265 起，调解成功率 91.96%；银行业消费者投诉纠纷调解中心共受理调解纠纷 4774 起，调解成功率 99.06%。深化金融知识宣传教育，组织开展“3 · 15”消费者权益保护宣传周活动和“金融知识普及月”活动，督促银行保险机构针对不同人群金融知识的薄弱环节和金融需求，以群众喜闻乐见的方式开展金融知识普及活动。“3 · 15”和“金融知识普及月”活动期间，辖内银行保险机构参与网点数 6486 个，自主设计制作宣传资料 27 万余份，开展宣传活动 1.8 万余次，发放资料 1024 万余份，推送微博 1367 条、微信 11.4 万余条，受众达 943 万人次。积极探索实践“扶贫 + 扶智”的金融宣传工作新思路，将服务“三农”与金融知识普及有机融合，大力开展“送金融知识进村入户”宣传教育活动，鼓励辖内银行保险机构依托基层网点和惠农服务点，加大贫困地区和农村留守人口的宣教力度。结合我局“普惠金融扶贫示范点”项目，细化制定专项方案，牵头组织辖内 9 家涉农银行保险机构在城口县沿河乡、彭水县大垭乡开展金融知识教育宣传活动，将金融知识宣传与精准扶贫工作结合起来，实现既“扶贫”又“扶智”。加强服务经营行为监管，组织银行机构开展违规涉企服务收费、小微企业融资收费自查自纠，对银行机构 2018 年营业场所销售行为检查整改情况进行“回头看”，并对 3 家银行机构信贷类客户消费者权益保护情况进行现场检查。制定印发整治骚扰电话专项行动方案，督促机构对照“是否建立电话销售禁拨管理制度”等整治内容进行自查整改，建立健全骚扰电话内部核查处理问责机制，严格规范贷款、理财、信用卡、债券、保险等业务的电话营销行为，维护行业形象和消费者合法权益。

二、2020 年发展思路

2020 年，重庆银保监局将以习近平新时代中国特色社会主义思想为指导，全面贯彻党的十九大和十九届二中、三中、四中全会精神，坚持将银保监会统一部署和重庆辖区实际有机结合，坚持“稳”的总基调不变，坚持“严”的高压态势不变，坚持“改”的发展动力不变，持续深化从严管党治党，持续探索提升监管有效性，持续推进打赢金融风险攻坚战，持续保持辖区银行业保险业运行在合理区间，为重庆市经济社会发展做出应有贡献。

全力支持实体经济发展。提高政治站位，认真贯彻落实党中央、国务院决策部署，及时传导贯彻银保监会政策要求，引导银行保险机构牢记回归本源、服务实体经济的使命和宗旨，不断增强服务实体经济能力。加强对国内外金融形势的分析研判，平衡好稳增长和防风险的关系，把有效的市场机制和有度的监管调控结合起来，努力稳定经济总体和各主要部门的杠杆率，注重激发实体经济有效需求，抑制房地产金融化、泡沫化，打击非法金融活动，稳步化解地方政府隐性债务存量风险，确保减贷有理、稳贷有力、增贷有效。立足重庆战略定位，积极对接“十四五”规划，全力支持“一带一路”、长江经济带、中新互联互通、自贸区等战略实施，优先保障重大工程、重点项目、重点企业融资需求，加大制造业信贷投放力度，提高实体企业融资占比，进一步做实普惠金融，改进民营小微企业金融服务。

全力打赢金融风险攻坚战。发挥好债委会“集体协商、一致行动”机制优势，加快启动融资余额1000万元以上、3家以上金融机构融资企业全覆盖工作，强化债委会分类管理、分层指导和精准施策，提高化债化险能力。压实出资人（发起人）风险化解责任和机构维稳主体责任，严防死守风险底线。做实问责追责机制，严防案件涉稳风险。综合施策、立体作战，加强“关键少数”监督，对案件追责要坚持“一案四问、上追两级、顶格处罚、监管双罚”原则，形成“机构问责、监管问责、司法追责”的三重高压态势。加强信访投诉、舆情监测等工作，努力做到防范在先、发现在早、处置在小。持续防范政府债务风险，重点关注银行保险机构的合规风险。

全力维护金融市场秩序。结合风险攻坚战、机构达标升级、内控合规建设3个三年行动计划，突出问题导向和风险导向，科学确定现场检查项目，加强检查质量控制，努力查实查细、查深查透。加强功能监管和机构监管两大体系的无缝对接，促进市场准入、现场检查和非现场监管三大模块的协同配合，增强监管的专业性、统一性、穿透性。推进保险市场改革，针对保险法人机构，发挥好“探头”作用，加强上下联动，推动完善治理结构。针对车险市场疏堵结合，多方听取意见，充分发挥行业协会作用，切实提高车险经营质量，推动让利还利于消费者。针对人身险市场，以行为监管为着力点，鼓励产品创新和渠道转型，支持深度参与社保、医保改革。加强对法人机构股东的穿透监管，防范道德风险。支持法人银行上市，推进理财子公司筹建，整顿规范信托、消费金融等非银机构。督促分支机构落实“三人制”高管基本配置，落实从业禁令和“黑”“灰”名单制，推进机构达标升级。深化金融科技创新，坚持理论与实践相结合、效率与安全相结合、市场需求与监管规则相结合，开展积极研究、弄懂弄透、审慎包容，运用科技赋能监管，推动数字金融发展。抓住新一轮金融开放政策机遇，支持有实力、有特色的外资银行保险机构来渝发展。全力服务和保障中新示范项目、自贸区、两江新区等开放平台建设，支持依托“一带一路”建设和国际陆海贸易新通道拓展以重庆为中心的跨境投资、结算服务体系，促进重庆国际金融中心行千里致广大。

（执笔人：刘星）

通信业

重庆市通信管理局

一、2019 年发展回顾

2019 年，全市信息通信业紧紧围绕习近平总书记对重庆提出的“两点”定位、“两地”“两高”目标、发挥“三个作用”和营造良好政治生态的重要指示要求，深入贯彻新发展理念，推进网络强国战略实施，信息通信业发展活力和创新能力持续增强，保持了良好发展势头，行业运行呈现稳中有进、稳中有新的态势，全年电信业务总量达到 2601.5 亿元，同比增长 68.8%，电信业对全市 GDP 的贡献率为 11%，对全市 GDP 增速拉动达到了 0.7 个百分点，为促进地方经济高质量发展发挥了重要支撑作用。

（一）网络强市建设取得扎实进展

一是完成通信专业规划初步成果编制工作。启动编制《重庆市域通信规划》《主城区通信系统规划》，落实财政资金 952 万元。二是通信能力提档升级。开展千兆宽带入户示范，推动移动网络扩容升级。新建光纤端口 156.16 万个，达到 2179.40 万个；新建 4G 基站超过 4.8 万个，达到 14.91 万个，每平方公里 4G 基站数居西部第一；物联网终端接入流量达 7178.23 万 G，排名全国第 4、西部第 1；IPv6 分配地址数超过 3000 万，IPv6 活跃用户超过 2400 万，活跃用户占比超过 56%。三是骨干直联点互联带宽扩容 60G 达到 360G，互联网直联 21 省 31 个城市，省级出口带宽为 27.2T。四是积极支撑中新（重庆）战略性互联互通示范项目落地。建成迄今为止中国批准的第一条具体到节点的国际互联网数据通道，并完成中新数据通道带宽能力扩容，互联网专线带宽能力达到 340Gbps，VPN 专线带宽能力达到 340bps。

（二）5G 网络建设迈入第一方阵

建成开通 5G 基站达 10010 个，约占全国开通 5G 基站的 8%（全国 12.6 万个），推动我市迈入与北上广深同等规模的 5G 第一方阵。一是在全国率先开展政企合作。推动重庆市政府与中国电信、中国移动、中国联通、中国铁塔集团公司签署深入推进 5G 数字重庆建设战略合作协议。未来三年 4 家集团公司将在重庆投入约 350 亿元建设以 5G 为重要载体的数字重庆。二是积极推动重庆市政府出台《关于推进 5G 通信网建设发展的实施意见》。三是与国网重庆电力公司达成战略合作意向，共同成立 5G 应用研究实验室。积极推动电力资源与通信网资源信息共享。四是建立社会塔杆与通信塔杆资源共享机制。全市储备杆塔及附属资源 16 万余座。五是成功举办第二届智博会 5G 智联未来高峰论坛。150 多名政产学研权威专家参会，以全球视角探索 5G 发展之路。

（三）工业互联网发展驶入快车道

深入实施工业互联网创新发展战略，推动产业融合不断深入。一是推进二级节点建设提速。实现贵州块数据二级节点、宁夏标识解析体系综合性二级节点与国家顶级节点（重庆）对接。二是推动建设重庆工业互联网创新中心、中国工业互联网研究院重庆分院和国家工业互联网大数据重庆分中心。三是加速推进“5G+ 工业互联网”融合创新。引导“5G+ 工业互联网”内网建设改造，积极支持行业先导应用开发。组织申报工业互联网创新发展工程项目 26 个，推荐试点示范项目 16 个。四是构建工业互联网安全保障体系。建设省级工业互联网安全态势感知平台，按期实现与国家级工业互联网态势感知平台对接。

（四）坚决落实以人民为中心思想

一是助力打赢脱贫攻坚战。在农村地区新建 4G 基站 6470 个、光纤端口 21 万个，基本实现 1919 个建档立卡贫困村光纤和 4G 网络覆盖。开展网络精准扶贫，面向全市建档立卡贫困户人口办理精准扶贫资费 27 万户，让利金额达 8000 万元。二是深入实施电信普遍服务。成功申报并实施第五批电信普遍服务试点项目，在 22 个区县的 343 个行政村建设 4G 基站 364 个。获得中央财政资金补贴 4368 万元。三是深入开展漠视侵害群众利益问题专项整治。对全市 23 个区县 36 个行政村的农村网络日常维护等工作进行调研督导，取得实效，农村网络日常维护群众满意度上升到 98.23%，提升 20.56 个百分点。四是严肃治理涉及群众利益的热点难点问题。加强骚扰电话专项整治，联合 13 部门出台《综合整治骚扰电话专项行动方案》，建立骚扰电话“白名单”和禁呼名单制度，完善骚扰电话的举报、处置、追责及网间联动协查流程等举措。扎实开展 App 侵害用户权益专项整治工作，抽检主流移动智能终端（59 台）、排查互联网信息服务网站（6.3 万个），检测移动智能终端应用软件（8344 款）。五是加大打击电信网络诈骗力度。坚持行业源头治理，加快完善电信网省级出入口诈骗电话防范拦截系统功能，进一步提升诈骗电话技术防范能力。全市诈骗电话防范系统处置诈骗呼叫总量 511.5 万次，处置诈骗号码总量 27.1 万个，处置涉嫌诈骗短信数量 1076.3 万条，有力支撑前端防控和公安机关案件侦办工作。

（五）提速降费部署得到有效落实

一是加快推进网络提速工作。印发《重庆市深入推进宽带网络提速降费支撑经济高质量发展 2019 专项行动实施方案》，大力实施“双 G 双提”，加快高速网络普及。我市 100M 及以上宽带用户占比达 85.6%，4G 及 5G 用户渗透率近 80%，光纤接入端口占比超过 94%，建成千兆示范小区近 400 个，新增千兆用户近 5000 户。二是持续推进降费工作。引导基础电信企业有效降低中小企业宽带平均资费，平均资费降低 46.5%；通过增加流量套餐产品、降低老用户套餐外流量单价等方式，实现移动网络流量平均资费降低 43.9%；清理减少存量在售资费，2019 年在售套餐数量较 2018 年底减少近 50%。

（六）行业治理水平和良性发展环境持续提升

一是深化“放管服”改革。制定《重庆电信业务经营许可证审批服务指南》《重庆外商投资电信业务经营许可证审批服务指南》。全市增值电信企业 830 家，较 2018 年底增加 49.8%。对自由贸易试验区内企业申请第二类增值电信业务经营许可实行告知承诺审批。二是规范校园电信市场，健全并推动落实校园片区—区县分公司—市级公司—通信管理局的“四级联系机制”，营造行业互信合作良性竞争局面。三是深入开展商务楼宽带垄断整治，开设投诉举报渠道，搜集各类商务楼垄断问题共 38 个，全部落实整改到位。四是开展存量网站备案信息准确率提升专项行动。全年审核备案信息共计 82972 条，全市已备案网站主体 57136 个，已备案网站 84607 个。五是持续提升工程质量监督管理水平。抽查 96 个通信工程项目，对发现的问题进行全市通报批评，责令相关责任单位限期整改。全年质监申报审批 2.6 万件，竣工备案审批 1.8 万件。六是探索构建以信用为核心的新型市场监管体制。全年向“信用重庆”平台归集行政审批、备案核准等信息 14553 条，通过信用信息共享，对 286 家不诚信单位申请非经营性互联网信息服务备案行政审批进行限制。

（七）安全保障能力持续增强

一是行业安全形势平稳向好。扎实开展安全生产和自然灾害防治集中攻坚专项行动、安全生产集中整治行动，狠抓各项安全防范措施落实。二是夯实网络与信息安全防护能力。组织行业关键信息基础设施保护行动、网络安全行政检查、互联网网站安全专项整治、网络黑色产业链治理、移动恶意程序治理等多起专项行动。三是优化处置能力，持续净化网络环境。深入开展“扫黄打非”“防范化解金融领域重大风险”“剑网行动 2019”“网剑行动 2019”“双打工作”等 10 余项专项行动，配合有关部门处理违法违规网站 253 个，移送涉嫌违法违规网站线索 147 条，处置有害网页 5.8 万余个。四是全面提升保障能力，圆满完成新中国成立 70 周年重大活动保障任务。举行 2019 年重庆市应急通信保障联合演练，组织全行业圆满完成“新中国成立 70 周年”“‘一带一路’国际技能大赛”“上合组织地方领导人会晤”“西洽会”“智博会”等重大活动及节假日期间的通信保障工作。五是落实总体国家安全观，持续做好新时代行业反恐怖和扫黑除恶工作，发送扫黑除恶公益短信 8600 万余条。六是积极承担信息动员工作。积极参加西部战区战备拉动演习、联合作战演练。完成国家交战办物资储备潜力调查等重要工作，组织 12 家单位开展潜力数据调查，完成 11.6 万余条数据录入。

（八）携号转网工作稳步推进

成立重庆市通信行业“携号转网”联合推进工作组并印发工作方案。累计投资近 1 亿元，顺利完成 44 个系统的改造，于 11 月 27 日正式提供携号转网服务。截至年底全市成功办理携号转网 3.65 万户。

二、发展中存在的问题

一是新形势下，需要进一步探索建立面向与高质量发展相适应、与深化“放管服”改革要求相匹配的行业监管体系；二是为加快推动数字化转型，更好支撑服务经济高质量，需要进一步深入研究，制定更多有效措施。三是 5G 新基建建设环境仍需要进一步优化，5G 行业应用推广梗阻仍未完全破除，在政用、商用、民用领域的应用推广力度、进度均不够。

三、2020 年发展思路

2020 年，重庆市信息通信业要坚持以习近平新时代中国特色社会主义思想为指导，全面贯彻党的十九大和十九届二中、三中、四中全会精

邮政业

重庆市邮政管理局

一、2019 年发展回顾

2019 年重庆市邮政快递业业务总量完成 166.31 亿元，增长 23.35%；业务收入完成 129.10 亿元，增长 15.79%。其中，快递业务量完成 5.53 亿件，增长 20.80%；业务收入完成 70.45 亿元，增长 21.39%。支撑网络零售额实现 1200 亿元。全市从业人员 5.35 万人。邮政普遍服务和快递服务满意度稳中有升。邮政快递业在经济社会发展中的作用不断增强，为“六稳”作出了积极贡献。

（一）扎实开展“不忘初心、牢记使命”主题教育，全力做好新中国成立 70 周年庆祝活动服务保障

按照“守初心、担使命、找差距、抓落实”总要求，聚焦落实习近平总书记关于邮政业重要指示精神和上级重大决策部署，坚持把“学习教育、调查研究、检视问题、整改落实”贯穿始终，强化主题教育与中心工作融合，通过了中央主题教育巡回督导组、中央编办、驻部纪检监察组等对我局的督导检查。完善寄递渠道综合治理工作机制，组织相关部门开展国庆 70 周年庆祝活动寄递渠道安全保障工作联合监督检查，圆满完成了国庆 70 周年寄递安保任务。

（二）不断加强制度供给，营商环境进一步优化

全面启动重庆市邮政业发展“十四五”规划编制工作，成立了领导小组和工作组，制定了工作方案。全市共投入资金 1373.59 万元，新增运输车辆 63 辆、投递员 198 人，全面消除直接通邮每周低于三次的状况，确保全市建制村直接通邮率 100%。加大简政放权力度，持续深化“放管服”改革，坚持全程网上办理和落实“一门、一次、一网”要求，进一步优化审批流程。全年办理行政许可审批 47 家，平均办理时限压缩至 14.7 个工作日。推动落实多项税费减免政策为企业减负 7426.23 万元，主要品牌快递企业实现税收近 7.7 亿元。有序推进《住宅信报箱》地方标准修订工作，智能信报箱建设规范修订工作纳入 2019 年工程建设地方标准制定修订项目。

（三）深入推进供给侧结构性改革，行业高质量发展迈上新台阶

2019 年，基本建成邮政“市级中心仓（2 个）—县级分拨仓（30 个）—县下周转仓（89

神，坚持稳中求进总基调，坚持新发展理念，加快网络强国建设步伐，保持信息通信业运行在合理区间，努力开创重庆信息通信业高质量发展新局面，确保“十三五”规划圆满收官，更好支撑和保障全面建成小康社会。

着力做好以下几个方面工作。

加强党的领导，强化政治保障。强化理论武装，以理论上的清醒保持政治上的坚定；推动新时代机关党的建设高质量发展。

加快新型基础设施建设。一是进一步提高规划编制的质量和水平。二是稳步推进5G网络建设形成规模商用服务能力。三是优化提升网络供给质量。四是协同推进西部陆海新通道建设。

网络与信息扶贫助力打赢脱贫攻坚战。一是深化电信普遍服务，二是持续开展网络精准扶贫。

着眼深化融合引领水平。一是大力支持成渝地区双城经济圈建设，二是推动“5G+”应用规模发展，三是深入实施工业互联网创新发展战略，深化“两化”融合。

创新行业监管治理能力。一是继续深化“放管服”改革；二是做好行风纠风工作，加强服务质量监管；三是切实维护用户合法权益；四是深入推进网络综合治理；五是充分发挥通信监管的支撑作用；六是积极开展跨部门、跨行业合作，形成融合监管合力。

提升安全保障能力，筑牢安全防线。一是筑牢网络与信息安全防线；二是深入推进扫黑除恶专项斗争；三是强化安全责任落实，提升安全生产防范应对能力；四是提高应急通信保障能力。

（执笔人：王浩）

个）”三级仓配体系和快递“市级分拨中心（17个）—县级分拨中心（231个）—乡镇服务网点（2104个）”三级服务体系。研究出台了《重庆市主城区快递业末端服务电动三轮车规范管理规定》，全市1883辆快递末端服务车辆实行“六统一”管理，1200余辆配送车辆安装基于“北斗卫星导航系统”的“天邮智联快递末端车管理系统”，实现了车辆实时定位、行驶轨迹回放等功能。产业融合深入推进。积极培育“快递+”金牌工程，全市寄递服务现代农业业务量累计4470.58万件，带动销售产值约23.84亿元。其中“奉节脐橙”寄递量1060万件，促农增收近6亿元。重点培育快递服务制造业项目14个，形成寄递量累计1.3亿件。邮政、快递企业入驻“理文纸业”，年寄递量超过1亿件，销售产值32亿元。联合市商务委举办“双品网购节”，实现寄递量1717万件，同比增长58.82%，完成投递量3710万件，同比增长37.82%。科技创新水平明显提升。拓展科技创新应用范围，大力推动“互联网+”“智能+”邮政快递发展。邮政、顺丰、百世等主要寄递企业基本实现自动化分拣。推动“政务+邮政”合作模式，在邮政网点创设“政务服务厅”，实现“就近办”“沿路送”“上门接”，提升政务服务质效。全市税邮、警邮、政邮合作均已实现区县全覆盖。在市职改办的支持下，按照《重庆市工程技术快递行业高、中、初级专业技术职称申报评审条件》严格把关，评审初级、中级职称153名，同比增长488.5%，圆满完成了快递工程技术人员职称评审工作。

（四）聚焦靶心精准发力，三大攻坚战取得积极进展

防范化解重大风险能力明显增强。集中开展邮政业安全稳定“百日攻坚”行动，继续抓好“三项制度”落实，建立周、月、季度实名通报制度，全市实名信息化率99.53%。通过平安建设考评，推动无安检机的区县配置安检机，落实安全生产属地责任。服务精准脱贫攻坚战成效显著。坚持脱贫攻坚与深化党的建设结合，筹集帮扶资金13.3万元，采购农副产品10.86万元。坚持脱贫攻坚与助推行业发展结合，印发全市主要品牌企业助力“精准扶贫”指导意见，形成“寄递+电商+农特产品+农户”的产业扶贫模式。坚持脱贫攻坚与邮政在乡快递下乡结合，因地制宜推动贫困地区“邮快”“交快”“快快”“快电”等多种融合发展模式。优先为贫困地区农产品开通绿色通道，带动销售产值约20亿元，惠及贫困人口3万多人。污染防治攻坚战持续发力。推动将邮政业“9571”工程等内容纳入《重庆市“无废城市”建设试点工作实施方案》和领导小组成员单位。指导市快递协会召开快递企业绿色发展经验交流会，组织企业签订《绿色快递承诺书》。全市寄递企业电子面单使用率达到98.8%以上，65%以上电商快件不再二次包装、主要品牌快递企业循环中转袋使用率达81%、设置包装废弃物回收装置1551个，完成“9571”工程年度目标。

（五）坚持监管服务并重，依法治邮成效明显

继续探索“政府监管+专家会诊+部门联动”安全生产监管模式。编制《重庆市邮政业安全生产监管检查工作手册》，实现执法教育培训常态化，联合专家、地方相关部门进行会诊检查。认真落实“双随机一公开”，全面加强事中事后监管。组织召开重庆市快递业信用评定委员会工作推进会，结合实际确定评定指标和“诚信状况重点关注对象名单”，为更有效发挥“守信联合激励”和“失信联合惩戒”奠定了基础。充分发挥重庆市邮路安全监管办公室作用，

加强监督检查，压实企业主体责任，2019 年未发生影响重庆市社会稳定的恶性案件和重特大安全生产事故。

（六）加快更高水平对外开放，跨境寄递能力不断提升

不断提升跨境寄递能力，在市交通局、市口岸物流办、市商务委、中新管理局等部门支持下，邮政企业利用中欧班列运输邮件，2019 年，中欧班列（重庆）运邮专程 44 箱，同比增长 40%，在全国各中欧班列运邮中排第一位。全面开展我市跨境寄递服务现状摸底调查，全市取得经营国际快递业务许可证的企业有 9 家，省级备案分支机构 16 家，区县级备案分支机构 52 家。全市国际快递业务量累计完成 326.78 万件，国际快递业务收入完成 4 亿元。

二、发展中存在的问题

（一）基础设施建设依然相对滞后

随着邮政快递业快速发展，邮政和快递园区、邮件和快件处理中心等基础设施用地需求不断增加，基础设施建设滞后已成为制约行业发展的瓶颈。农村末端基础设施不完善。由于经济基础较为薄弱，农村快递业务量相对较少，我市快递服务网络向行政村延伸成本较高，末端网点运营压力大。城市快递服务保障力度需进一步加强，快递进校园、社区、园区、商务中心、机关集中办公区等存在一定的困难。

（二）车辆通行管理需进一步优化

主城区外区县尚未出台保障邮政、快递配送车辆便捷通行的政策，邮政、快递运输车辆受到道路限行规定制约，很难满足“最后一公里”作业需要。

三、2020 年发展思路

2020 年是全面建成小康社会和“十三五”规划收官之年，市邮政管理局将继续认真贯彻落实国家邮政局和市委、市政府工作部署，坚持“党建统领”，抓好提升寄递服务质量、提升寄递安全保障能力、提升行业软实力“三大任务”，夯实行业综合治理能力和人才保障能力“两项支撑”，为全面建成与小康社会相适应的重庆现代邮政业，助力重庆经济社会发展作出贡献。

（一）坚持“党建统领”，促进行业发展新常态

持续深化党的政治建设，严格落实党内政治生活制度，落实党组理论学习中心组学习等制度，巩固拓展“不忘初心、牢记使命”主题教育成果。持续深化“三基”建设。持续深化非公党建和群团工作。加强定点扶贫、行业扶贫和消费扶贫，以更强力度推进脱贫攻坚。

（二）推动行业高质量发展，增强人民群众“获得感”

深化全市交通运输与邮政快递融合推进农村物流三级物流体系建设，建成一批“一市一品”重点项目和“快递 +”金银牌项目，推进“快递进村”。深入协同融合，实现动力变革，推进邮政快递企业与先进制造业融合，推动“快递进厂”。在中欧班列（渝新欧）运邮实现常态化和规模化的基础上，不断完善跨境快递服务通道平台，逐步实现中欧班列（渝新欧）快件常态化运输，推动“快递出海”。支持邮政综合服务平台建设。运用好建制村信息化监管平台，持续提升建制村直接通邮水平。

（三）提升寄递安防能力，增强人民群众“安全感”

严守寄递安全“三项制度”，强化落实企业安全生产主体责任，推动企业安全生产标准化建设。推动落实《重庆市邮政快递行业企业安全生产规范》地方标准工作。继续推广快递末端“网格化”管理经验，推动实现寄递安全共建共治共享。用好邮路安全监管办公室和寄递渠道安全联合监管机制，推动联合监管、联防联控。认真开展快递市场法人主体信用评定工作，加快推动快递业信用体系建设。

（四）提升行业软实力，增强人民群众“幸福感”

加强从业人员权益保护，开展好快递从业青年服务月活动，推动地方政府部门在住房、医疗、子女教育等方面为快递员提供保障。大力弘扬“小蜜蜂”精神，提升行业新闻宣传工作能力。继续加强申诉队伍建设，加强申诉处理情况通报，强化申诉处理和执法联动机制，全面加强突发事件风险研判预警，提升应对突发事件能力。

（五）以服务型政府建设为支撑，提升行业综合治理能力

编制好行业发展“十四五”规划。深化邮政领域川渝合作，唱好“双城记”，建好“经济圈”。贯彻落实好《邮政强国建设实施方案》。深化“放管服”改革，加强和规范事中事后监管。扎实推进全市邮政领域中央与地方财政事权和支出责任划分改革工作，抓好重庆市邮政业安全中心建设，探索创新县域邮政监管模式。持续加快推进快递包装生态环保综合治理，完成“9796”工作目标。

（六）以人才队伍建设为支撑，提升行业人才保障能力

发挥好政研工作组、法律专家团队等“六大支撑团队”作用。集中力量解决行业发展重大课题。完善“政产学研用”相结合的协同育人模式，推进行业人才培养基地建设。积极为专业技术人才争取申报奖励激励政策。继续抓好职称评审等工作，加快推进职称评审工作，力争在中高级评审中取得新突破。

（执笔人：李浩楷）

煤矿安全管理

重庆煤矿安全监察局

一、2019年发展回顾

2019年，重庆煤矿安全监察工作以习近平新时代中国特色社会主义思想为指导，认真贯彻落实习近平总书记关于应急管理和安全生产的重要论述，以“对党忠诚、纪律严明、赴汤蹈火、竭诚为民”为根本指针，坚持稳中求进工作总基调，坚持新发展理念，以防范遏制重特大事故为重点，以强化党的建设和队伍建设为着力点，以严格煤矿安全监察执法为手段，以压实煤矿安全生产责任为途径，以开展“不忘初心、牢记使命”主题教育为契机，推进煤矿企业夯实安全生产基层基础，推动全市煤矿安全生产形势持续稳定向好。

2019年，全市关闭退出煤矿2个，退出产能115万吨/年。截至2019年底，全市共有42个煤矿，核定产能1748万吨/年，分布在永川区、合川区、大足区、荣昌区、綦江区、万盛经开区、南川区、开州区、梁平区、巫山县、奉节县、城口县、彭水县等13个区县（自治县、经开区）。其中，正常生产建设煤矿38处，核定产能1676万吨/年（新建1处，产能15万吨/年）；停产停工煤矿4处，核定产能72万吨/年。2019年，全市煤矿生产原煤1180万吨，同比增加40万吨，上升3.5%。其中，国有重点煤矿1007万吨，同比增加41万吨，上升4.2%；区县煤矿173万吨，同比基本持平。2019年，全市发生煤矿事故5起、死亡5人，分别同比减少3起、9人，分别下降37.5%和64.29%，杜绝了较大及以上事故。煤炭生产百万吨死亡率为0.424，同比减少0.805，下降65.5%。

（一）聚焦重大风险管控和重大灾害治理

一是强化煤矿瓦斯治理。积极宣贯《防治煤与瓦斯突出细则》，督促煤矿强化区域措施落实和瓦斯“双零”目标管理，实行监控预警信息日查询、周分析、月通报，狠抓瓦斯超限报告、通报、分析、查处“四项措施”落实。二是强化煤矿水害防治。将贯彻《煤矿防治水细则》作为水害防治工作的主线，夯实基层基础，加强灾害性天气预警联动，强化“三专两探一撤人”措施和老空水害防治“四步工作法”。三是扎实开展专项行动。开展落实企业主体责任、高风险煤矿安全体检、突出矿井安全会诊等专项行动，推进煤矿安全集中整治。查处安全隐患2002条（其中重大隐患2条），停止采掘工作面87个，停止使用设施设备62台（套），实施行政处罚1167万元，同比上升27%，其中监察罚款564万元，上升20%。对永川区箕山煤矿、渝新公司逢春煤矿分别给予了60万元、58万元的大额罚款。组织工作组到山西、云南开展了“靶向”异地监察。

（二）健全完善煤矿安全工作机制

一是针对我市煤矿安全生产存在的突出问题，向市政府专题报告，就淘汰落后产能、深化瓦斯、水害等灾害治理、加快转变煤矿生产方式、夯实安全责任等提出意见建议，市政府分管领导作出批示，市安委会逐项分解整改任务，推动有关部门和地方政府严格履职、整改落实。针对国家煤监局调研指出问题，配合市安委办制发整改方案，逐项对标整改。争取市政府每年安排 1000 万元专项资金用于加强煤矿安全监察工作。二是与市应急局协调联动，修订煤矿安全联席会议制度，建立“五个联合”工作机制（联合宣传法规、联合转发文件、联合通报事故、联合远程监察、联合开展培训），形成工作合力。三是立足机构改革后煤监机构职能定位，优化执法力量布局，强化分局一线执法主责，进一步明晰机关处室职能，减少职责交叉，增强机关处室政策把关、统筹协调、督促指导职能。四是积极发挥安全生产责任保险事故预防功能，落实事故预防资金，组织专家开展专项培训和现场会诊，提出管理建议 110 条、技术措施 58 条。五是着力完善应急预案，开展应急救援演练，增强应急救援能力，抢救遇险人员 123 人次。

（三）多措并举提升执法效能

一是强化调研摸清底数。开展瓦斯防治、防灭火、监控系统运行、矿井供电保障四个专项调研式监察，查找深层次问题，向地方监管部门和集团公司下达监察意见书并跟踪落实。二是积极推行远程监察。建成煤矿事故风险分析平台并通过验收，依托该平台对远程监察发现的问题进行跟踪督察，重点查明超限原因和是否按规定断电、撤人以及处理措施落实等情况。对 CH_4 异常及高值超限，监察人员及时赶赴现场，分析原因，落实整改措施。建立远程、现场监察联动机制，现场监察前通过信息化平台查阅被监察煤矿安全动态，将发现的问题和疑点作为现场监察重点内容。三是建立煤矿安全监察信息员制度。对辖区每一处正常生产建设矿井至少明确一名信息员，及时掌握煤矿安全动态信息，提升监察执法针对性。四是积极推进责任监察。对企业各层级管理人员履职情况进行考核问责，采取警示约谈、调整建议和行政处罚等强力措施倒逼责任落实。对企业管理人员实施经济处罚 153 人次，警示约谈 83 人次。五是强化执法监督。制定执法监督实施细则、重大行政处罚备案暂行办法等 7 项制度，督促整改问题 100 余项，实行重大处罚备案 10 件。

（四）坚持用事故教训推动工作

一是严肃查处重庆天弘矿业有限公司盐井一矿“6 · 5”突出事故，对该矿矿长、总工程师给予撤职处分，相关责任人员受到严厉追责问责。会同市应急局召开事故警示教育现场会，深入剖析事故原因，聚焦突出问题，着力从强推重大风险研判管控、区域治理措施落实等 8 个方面深化瓦斯防治。二是扎实开展盐井一矿“9 · 12”自然发火火灾事故抢险救援和调查处理，彻查事故原因，依法追责问责。深刻吸取事故教训、举一反三，明确了“四个到位”（风险分析研判到位、预防措施到位、监测预警到位、应急处置到位）的工作要求。三是针对矿井供电系统不可靠、不稳定导致全矿井停电事故多发带来的重大安全风险，充分调研，找出问题症结，落实防范措施。四是健全事故约谈、督办、警示和通报等长效机制，加大事故问责力度，强化警示教育，以点带面推动工作，严防同类事故重复发生。

（五）强化煤矿安全源头管控

加快落后产能淘汰退出，推动制定 30 万吨 /

年以下突出矿井和长期停产停建矿井分类处置方案，暂停受理30万吨/年以下突出矿井安全许可。对地方政府已经确定淘汰并公告退出的煤矿，依法注销安全生产许可证；对长期停工停产的煤矿，督促地方政府落实盯守或巡查责任。积极开展预防性监察，按照“三量”规定督促渝新能源公司压减煤炭生产计划251万吨，压减产量占核定产能的19.6%。推动市属国有重点煤矿加强“四化”建设，采煤机械化率、掘进装载机械化率分别达到89.7%、93.3%。督促指导地方小煤矿积极推进机械化开采，强化人员培训，提升本质安全度。

二、发展中存在的问题

一是重大灾害治理难度大。我市煤矿瓦斯灾害特别严重，突出矿井占比大，高含量、高压力、低透气、近距离煤层群开采，治理难度非常大；全市尚有水文地质条件复杂、极复杂矿井8处，特别是近几年大量煤矿在关闭退出前未按规定向地方监管部门、相邻矿井报送矿井井巷布置、井下积水等情况，给矿井安全生产带来较大威胁。二是企业主体责任落实不到位。一些煤矿企业安全红线意识不强，法治思维树立不牢，安全投入不到位、管理机构不健全、技术管理人才缺乏等问题依然突出；部分煤矿安全基础工作薄弱，风险管控和隐患排查机制不健全、不落实，对存在的重大安全风险分析研判不够，管控措施不力；一些煤矿井下现场安全管理不严、工人安全意识不强、违规违章冒险蛮干等问题仍较突出。三是监管监察执法仍有差距。机构改革后多数产煤区县撤销专门的煤矿安全监管部门，受人员分流等因素影响，部分产煤区县监管部门采矿、通风、机电等专业人员匮乏，不能很好满足专业化监管需要。少数监管监察执法人员职责定位不准、问题导向意识不强、执法水平不高、斗争精神不足等问题依然突出，监管监察效能有待进一步提升。

三、2020年发展思路

2020年，重庆煤矿安全监察工作将坚决贯彻落实市委、市政府决策部署，围绕防范遏制重特大事故这一首要目标，聚焦重大风险管控和重大灾害治理，坚持以严格执法推动企业落实主体责任，努力确保煤矿安全形势持续稳定好转。

一是深入学习贯彻习近平总书记关于安全生产的重要论述及指示批示精神，牢固树立“生命最可贵，安全大于天”的理念，不断增强红线意识、底线思维，进一步完善安全监察思路和工作举措，确保落到实处、见到实效。二是始终保持如履薄冰的心态，持续深化落实“党政同责、一岗双责、齐抓共管、失职追责”的煤矿安全责任体系，持续推动煤矿安全国家监察、地方监管、企业负责“三个责任”有效落实。坚持从领导干部抓起，一级抓一级，层层抓落实。三是始终把遏制煤矿重特大事故作为“牛鼻子”和“尽职免责”的根本保障来抓，推动监察执法由数量型向质量型转变，抓住关键环节，强化细节管理，持续深化风险分级管控和隐患排查治理体系建设，提高企业安全管理水平。四是坚持严格规范精准执法，做到心中有数、手中有策、肩上有责。突出风险管控和瓦斯、水害、火灾等重大灾害治理，聚焦“关键少数”，强化源头预防，加大执法力度，提升监察效能。五是坚持“管理、装备、系统、素质”四并重，不断夯实煤矿安全生产基础。加快推进煤矿“四化”和“一优三减”工作，深入推进安全生产标准化建设和安全技能提升，改善煤矿安全“基本面”，提升煤矿本质安全水平。

（执笔人：周鸿翼）

房地产业

2019年，我市房地产调控坚持“因城施策”，注重把握长期防风险和短期促平稳之间的平衡关系，全市房地产开发投资保持增长，商品房销量同比减少，资金监管适度从严，房地产市场总体保持平稳运行。

一、房地产开发投资稳中趋缓

2019年，全市房地产开发投资稳中趋缓，全年完成投资4439.30亿元，比上年增长4.5%，增速较上年同期回落2.3个百分点。

（一）从投资构成看：建安投资恢复增长动力，土地购置费支撑作用减弱

得益于前两年新开工项目在今年进入主体施工期，2019年建安投资扭转2018年负增长趋势，增速逐季走高。全年完成建安投资2685.73亿元，增速由一季度的0.8%提高至全年的7.8%。从开发投资构成看，建安投资在开发投资中占主导地位，占比由2018年底的58.6%提升至2019年的60.5%。增速与占比“双提高”推动建安投资成为开发投资增长的主要动力。

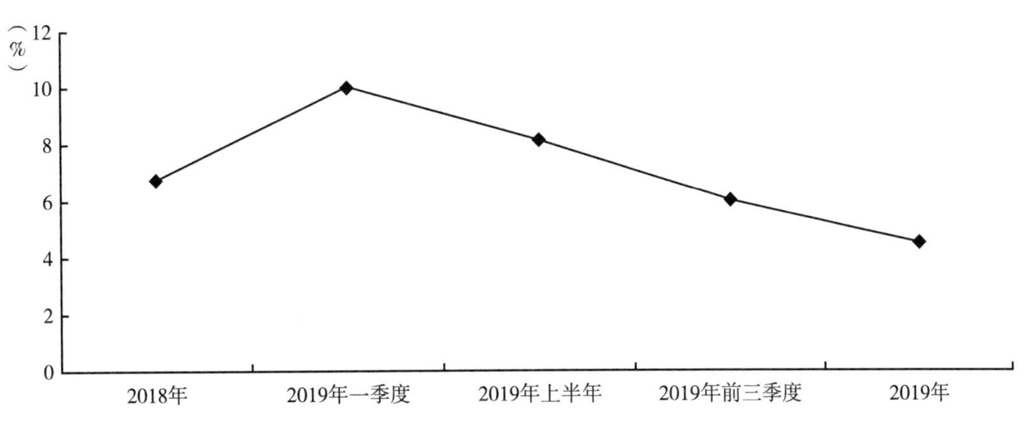

图1　全市房地产开发投资增速

2019年，全市房地产开发企业土地购置费增速持续回落，10月后由正转负，对开发投资的支撑作用不断减弱。全年土地购置费1414.38亿元，比上年下降4.7%，增速较上年回落113.8个百分点，这与前两年活跃的土地拍卖市场形成较大反差。土地购置费占开发投资的比重为31.9%，较上年下降3个百分点。

（二）从房屋类型看，住宅投资贡献率最高

全市住宅投资从2017年下半年开始到2019年上半年均保持两位数增长，下半年受市场调控趋紧的影响，增速有所回落，全年全市商品住宅投资3246.77亿元，比上年增长7.8%，仍比全市开发投资增速快3.3个百分点，占全市开发投资的比重达73.1%。2019年办公楼、商业营业用房、其他类型房屋投资增速分别为7.7%、-6.2%、-2.9%。住宅投资始终是全市房地产开发投资增长的主引擎，拉动开发投资增长5.5个百分点。

（三）从区域看，主城都市区仍是投资核心

2019年主城都市区、渝东北三峡库区城镇群、渝东南武陵山区城镇群房地产开发投资增速分别为4.7%、4.5%和-3.1%，占比分别为

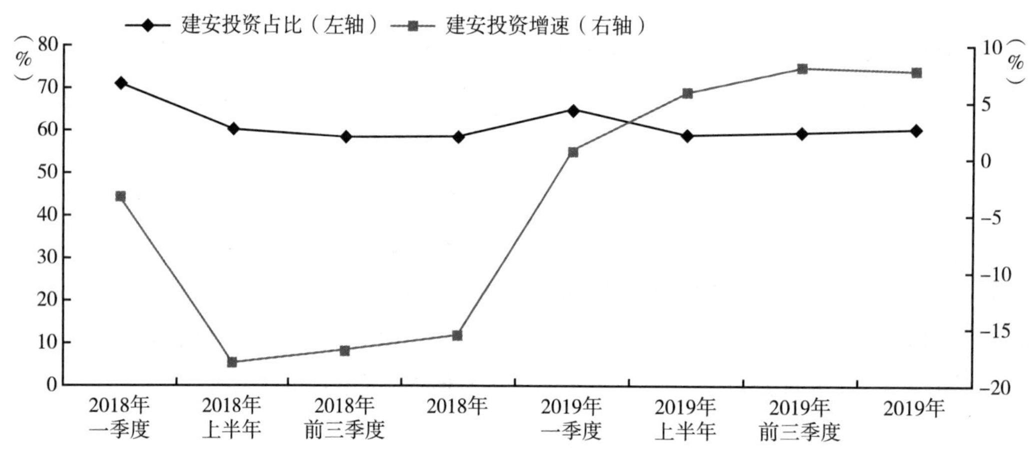

图2　建安投资增速与占比

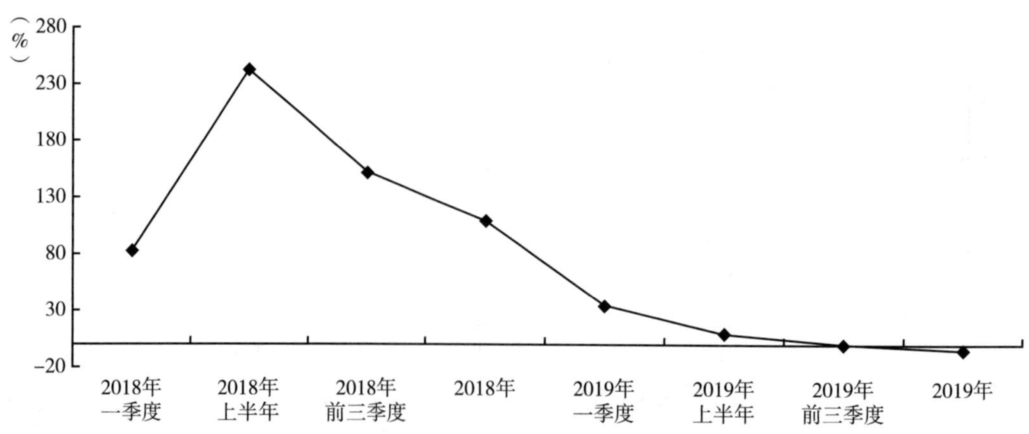

图3　土地购置费增速

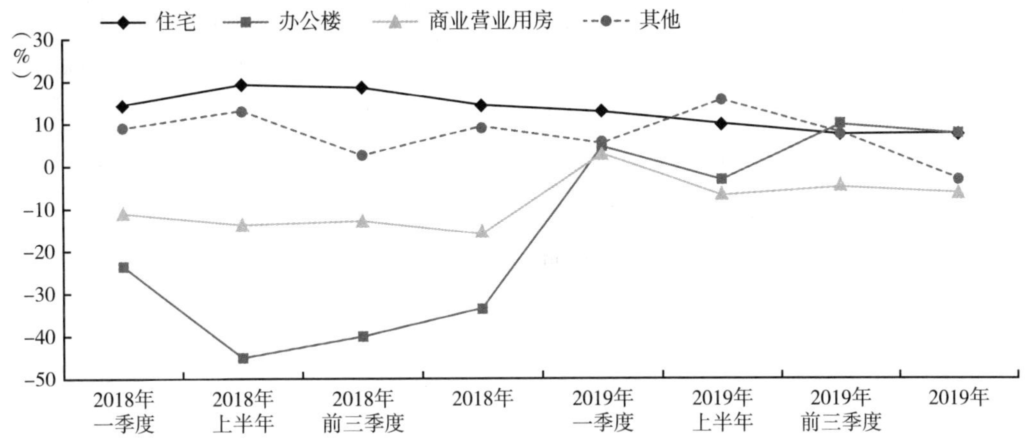

图 4　分房屋类型投资增速

88.4%、9.5% 和 2.1%。主城都区作为全市房地产市场核心，引领全市房地产市场平稳发展。

二、商品房销售趋于理性

受前两年各类购房需求集中快速释放影响，2019 年商品房销售面积增速持续下降，降幅扩大后逐步收窄。全年全市商品房销售面积 6104.68 万平方米，比上年下降 6.6%，降幅较上半年收窄 3.3 个百分点，较前三季度收窄 0.4 个百分点。虽然全年各月商品房销售面积增速不断下行，但月均销量均保持在 500 万平方米左右。

从房屋类型看，全年住宅销售面积 5149.08 万平方米，比上年下降 5.1%，占商品房销售面积的 84.3%；办公楼销售面积 83.64 万平方米，下降 34.3%；商业营业用房销售面积 417.88 万平方米，下降 18.7%；其他类型房屋销售面积 454.08 万平方米，下降 3.4%。

从各区域看，主城都市区商品房销售面积 5076.05 万平方米，下降 7.2%；渝东北三峡库区城镇群商品房销售面积 807.88 万平方米，下降 1.2%；渝东南武陵山区城镇群商品房销售面积 220.76 万平方米，下降 10.9%。

三、房地产开发到位资金有所回落

2019 年，随着房地产资金监管适度从严和销售市场持续降温，房地产开发企业本年到位资金增速呈下降趋势。全年全市房企到位资金 5961.03 亿元，比上年下降 10.8%。

从资金构成看，在金融监管趋紧、企业信托等融资渠道被严格管控和销售行情降温影响下，自筹资金和销售回款下降幅度较大，成为本年到位资金回落的主要原因。2019 年，自筹资金 1173.60 亿元，下降 28.5%，占到位资金的比重为 19.7%；销售回款为 3375.31 亿元，下降 6.3%，占到位资金的比重为 56.6%；国内贷款 1036.89 亿元，下降 4.5%，占到位资金的比重为 17.4%。

四、2020 年房地产形势预判

从房地产市场环境看，中央明确不将房地产作为短期刺激经济的手段，对房地产市场的调控依然趋紧，2020 年仍是以“稳地价、稳房价、稳预期”为目标，促进房地产市场平稳健康发展。

从企业信心看，近两年仍是企业债务偿还高峰期，金融调控趋紧和销售市场降温导致企业资金压力加大，企业对市场持短期谨慎态度，土地购置和开发投资节奏将进一步放缓。

从当前企业施工规模看，2019 年商品房竣工面积增速较高，而新开工面积持续下降，新项目入库个数同比减少等因素将在一定程度上限制 2020 年建安投资的增长，进而影响开发投资速度。

从商品房消费需求看，2016~2019 年，连续四年全市商品房销售面积达到 6000 万平方米以上，购房需求释放已较为充分，预计 2020 年商品房销售面积仍将回落。

（执笔人：吕磊）

生产性服务业

重庆市经济和信息化委员会生产性服务业处

2019年，重庆市生产性服务业重点做好工业设计、工业营销和工业旅游等工作，着力为传统实体产业的转型升级提供服务和支撑。

一、2019年发展回顾

（一）工业设计

一是加强政策支撑。会同市财政局印发《关于加快重庆市工业设计产业发展的若干政策》（渝经信发〔2019〕109号），是重庆市首个工业设计产业专业政策文件，拟从培育壮大设计产业、激发设计市场活力、强化服务平台建设等方面给予政策支持，强化工业设计产业发展方向和重点的政策引领，初步构建起工业设计产业发展的政策支持体系。

二是培育建设一批工业设计中心。隆鑫集团、浪尖渝力被工信部认定为国家级工业设计中心，目前重庆市国家级工业设计中心数量位居中西部前列，16家企业通过市级工业设计中心专家评审。

三是提升工业设计创新能力。强化创意造型、样机制作、模具开发、检验检测等工业设计产业链关键环节和核心能力建设，补齐产业发展短板。安排市级财政资金1200余万元，支持20余个工业设计能力提升项目，鼓励企业加大设计投入，提升工业设计创新能力。

四是举办形式多样的设计主题活动。在组织实施工业设计“进区县、进园区、进企业”基础上，借助中国国际智能产业博览会这一国家级展会平台，成功举办“2019智博杯”工业设计大赛和工业设计高峰论坛，积极大力宣传工业设计创新价值，推动设计交流合作，营造良好氛围。其中，大赛共征集3000多件国内外参赛作品，评选出38个获奖作品，同时注重大赛优秀作品产业化，筛选出产业化作品41个，目前已有4个量产投放市场；论坛吸引600多位工业设计专业听众，取得良好效果，提升并扩大了工业设计影响力。

五是构建产业创新发展支撑平台。指导成立重庆市工业设计产业联盟。联盟由重庆市工业设计促进中心牵头，联合市级以上工业设计中心、相关科研院校、行业组织共同组建，整合政产学研等各领域资源，搭建开放共享行业平台。同时，打造设计创新服务平台。积极推动重庆工业设计城、集创家消费品设计创新平台、忽米网等重点工业设计创新服务平台建设，推动建立开放共享的行业数据资源库、材料数据库等，提供市场调研、产品设计、成果转化、融资服务、知识产权保护等全产业生态服务。

六是创新设计专业人才评价模式。会同市人力社保局在全国率先将工业设计专业纳入工程技术职称系列改革，制定《重庆市工程技术工业设计专业职称申报条件和评价标准》，组建重庆市工业设计专业职称评审委员会，将工业设计高、中、初级职称纳入评定范围。同时，2019年工业设计领军人才培训班邀请市内外知名专家来渝授课，培训区县经信委、市级以上设计中心负责人近百人。组织本地高校工业设计专业学生300多人次“设计游学”，并首次组织荷兰文德斯汉姆大学工业设计专业近20名学生来渝参与“设计游学”，推动设计人才国际交流。

（二）工业营销

一是利用好工业展会平台。成功举办第十九届中国金属冶金展和第二十届立嘉国际机械展，展会面积近12万平方米，现场成交总额超20亿元，其中，重庆企业获得超5亿元采购订单。

二是积极组织企业参加各类展会。协调组织市内具有代表性的优秀产品参加北京世界园艺博览会重庆日活动、新中国成立70周年重庆发展成绩展等重要展会活动，宣传展示重庆工业发展。

（三）工业文化

一是开展国家工业遗产保护利用。组织核工业816工程、长风化工厂两个项目申报第三批国家工业遗产，并获得认定。

二是支持成立重庆工业文化协会。积极支持渝富集团会同轻纺集团、化医集团、重钢等大型市内知名工业企业发起成立工业文化协会，以宣传发扬和传承重庆工业发展的精气神。

三是推进重庆工业文化博览园建设。在重钢原址基础上建设的重庆工业文化博览园已于9月底正式开园。该博览园作为重庆市重大工业文化设施项目，以工业文化遗址为内核，浓缩重庆百年工业史的记忆，融合“文商旅”关联业态，组成工业遗址、文创产业和体验式商业相融合的城市综合体。

二、发展中存在的问题

重庆生产性服务业与工业发展需求存在一定差距，服务业与制造业融合发展不够，创新能力有待进一步提升，服务模式有待进一步丰富。一是与发达地区相比，重庆缺乏在国内具有一定影响力的生产性服务业企业。二是专业化、集约化、信息化程度不高，创新能力总体不强、整体服务能力较弱等问题仍然存在。三是专业化、高端化人力资源缺乏。这些问题严重制约着生产性服务业持续发展。

三、2020年发展目标

开展工业设计区县行活动8次，培育认定市级工业设计中心15家以上，开展工业设计师职称评价工作，重庆工业设计城一期建成投入运营，推动提升5个以上工业旅游项目。

（执笔人：吕立）

第四编　开发区与园区建设

工业园区发展综述

重庆市经济和信息化委员会产业园区

2019 年，全市工业园区（含开发开放新区、高新区、经开区、海关特殊监管区中的产业集聚区和市级特色工业园区，以下统称“园区”）以习近平新时代中国特色社会主义思想为指导，认真贯彻落实习近平总书记对重庆提出的“两点”定位、“两地”“两高”目标、发挥“三个作用”和营造良好政治生态的重要指示要求，深入实施以大数据智能化为引领的创新驱动发展战略，坚持创新、集群、智能、绿色、协调发展方向，加快提档升级步伐，进一步加快发展特色产业，构建产业生态系统，完善产业承载功能，深入推进融合发展，较好发挥全市工业增长的核心支撑作用。

一、2019 年发展回顾

（一）园区支撑作用持续增强

园区承载能力持续提升，新增规划建设面积超过 100 平方公里、达到 1344 平方公里（其中规划工业用地面积 568 平方公里、已建成工业用地面积 247 平方公里），建成区面积新增 65 平方公里、达到 700 平方公里，全年实现规上工业总产值 1.76 万亿元、同比增长 6%。园区入驻规模工业企业超过 4800 家，占全市规模工业企业总数的 72%。园区内新建标准厂房面积 200 万平方米，累计建成标准厂房达到 3000 余万平方米，入驻标准厂房的工业企业实现产值超过 2000 亿元、占全市园区产值的 10% 以上。以不足全市 2% 的土地面积，集聚全市 80% 以上的规模工业经济总量。

（二）智慧园区建设加快推进

按照产业发展智能化、建设管理精细化、服务功能专业化、基础设施网络化的总体思路，加快推进智慧园区建设。编制印发《重庆市智慧园区建设导则（试行）》和《重庆市智慧园区评价标准（暂行）》，初步形成较为完备的智慧园区标准体系。建成上线市级智慧园区管理平台（重庆产业园区大数据平台）和公共服务平台，璧山、大足、合川、荣昌、永川、开州、港城、涪陵、梁平等 9 个试点园区初步建成园区级管理平台和服务平台。全市智慧园区标准体系建设走在全国前列。

（三）特色园区建设成效突出

以特色产业基地建设为抓手，推进特色优势产业集聚集群发展，坚持以评促建、规范发展的要求，修订《重庆市特色产业基地创建管理办法》，印发《重庆市特色产业基地发展质量评价工作方案》，推动特色产业基地提档发展。成功申报创建两江新区（大数据）、江津园区（粮油食品）2个国家新型工业化示范基地；新增重庆经开区（5G）、璧山高新区（新能源汽车）等市级特色产业基地10个，全市累计创建国家新型工业示范基地13个、市级特色产业基地64个（建设基地57个、示范基地7个）。形成以两江新区（鱼复）和空港、江津、璧山、涪陵、永川、万州等园区为支撑的汽车产业集群，以西永、两路寸滩两个保税区为支撑的笔记本电脑产业集群，以重庆经开区、空港园区、潼南高新区为支撑的智能手机产业集群，西彭铝加工、永川机器人、梁平塑料、秀山中医药、奉节眼镜等特色产业集群发展态势良好。

（四）绿色园区建设持续深入

践行“绿水青山就是金山银山”理念，坚持“共抓大保护、不搞大开发”方针，坚定走“生态优先、绿色发展”道路，持续深入推进园区绿色发展。截至2019年底，全市园区累计建成污水集中处理设施93座，达到规划建设总量的98%，园区污水集中处理已做到“应收尽收”，国家级开发区污水达标排放率达100%。积极引导分散企业入园发展，从源头上消除环境污染风险。园区内不符合产业政策严重污染环境的生产项目已全面摸排到底，整治工作全面启动。持续推进化工园区规范发展，开展全市化工园区评估整改，建立环保管理机构，完善环保工作制度，落实环保责任体系，建立多级防控体系，优化产业发展布局，全市可集聚发展化工产业的园区（化工产业集聚区）从14个调整优化为长寿、涪陵、白涛、万州、南川、万盛、潼南7个以发展化工产业为主的，以及江津、双桥、永川3个可适度发展化工产业的相对集聚区。

（五）区域协同发展加速推进

按照“一区两群”协同发展要求，园区协同发展动能持续增强，主城都市区园区聚焦先进制造业、战略性新兴产业，发挥工业主战场作用，工业投资占全市工业总投资的90%，渝东北三峡库区城镇群、渝东南武陵山区城镇群园区聚焦绿色制造和一二三产业融通发展，特色农产品精深加工转化能力持续提升。成渝地区园区协同发展加速推进，两省市毗邻市县（区）积极作为、主动沟通，广泛开展合作交流，以装备制造、电子信息产业为牵引，分别在四川邻水、大竹规划打造川渝合作示范园。两地园区点对点合作成效显著，川渝合作高滩园区新引进中科先行等29个项目，总投资41.8亿元；大竹川渝合作示范园区为空港园区的OPPO打造配套项目产业园区，建立专业检验检测平台，成功引进20余家上游配套加工企业落地。

二、发展中存在的问题

一是协同打造产业生态不足。全市虽然初步形成以汽车、智能终端为核心的优势产业集群，数字经济等智能产业加快发展，但各产业协同发展、区域协同发展、园区特色发展中的产业链、创新链、资金链、服务链还未真正形成协同发展体系，建设国家重要的现代制造业基地的产业生态还比较脆弱。二是发展不均衡不协调问题突出。从经济总量和发展水平来看，各片区发展不均衡、不协调的问题仍然十分突出。主城都市区工业总产值约占全市产值的90%，渝东北、渝东南仅占不到10%；主城都市区产业集群发展态势明显，上下游协同配套能力较强，而渝东北、渝东南仍然停留在项目集聚的初级阶段。三是技术创新公共服务不足。虽然近年全市产业技术创新水平有大幅度提升，但产业级、区域级、园区级技术创新公共服务平台建设滞后，产学研合作、科技成果转化、技术创新服务的总体水平仍然较低，致使“重庆制造”向“重庆创造”转变乏力。

三、2020 年发展目标

2020 年是“十三五”规划的收官之年，是全面建成小康社会的关键之年，继续坚持“创新、集群、智能、绿色、和谐”发展方针，聚焦新时期园区转型升级高质量发展，进一步加大力度做好搭平台、聚产业、优功能、强服务等各项工作。受疫情影响，将推动工业经济快速恢复正常作为首要任务，对停产半停产企业实施“一企一策”招商盘活、复产满产，在稳定市场订单、稳定工业投资和提升企业产能利用率上全面发力，力争全年实现规模工业增加值增长 6%。

（执笔人：陈波）

两江新区

重庆两江新区经济运行局

一、2019年发展回顾

2019年，两江新区坚持以习近平新时代中国特色社会主义思想为指导，深化落实习近平总书记对重庆提出的“两点”定位、“两地”“两高”目标、发挥“三个作用”和营造良好政治生态的重要指示要求，严格对标落实中央决策部署和市委、市政府工作要求，直面汽车支柱产业大幅下滑压力，肩挑重担、迎难而上，全力稳住经济基本面、培育新的增长点，经济社会发展各项工作稳步向前。两江全域实现地区生产总值3391亿元、增长5.2%，规上工业总产值4007亿元，固定资产投资总额2254亿元、增长13.1%，社会消费品零售总额1328亿元、增长8.9%，一般公共预算收入320亿元，实际利用外资32.3亿美元、增长12%。两江直管区实现地区生产总值1727亿元、增长7.2%，规上工业总产值3075亿元，固定资产投资总额1387亿元、增长12%，社会消费品零售总额516亿元、增长9%，一般公共预算收入140亿元，实际利用外资28.2亿美元、增长19.1%。

（一）稳住经济基本面，支柱产业巩固提升

工业投资、工业产值分别在三、四季度由负转正，服务业增加值保持两位数增长，GDP从一季度的0.8%回升到上半年的3.4%、前三季度的5.5%、全年达7.2%。千方百计推动汽车产业止滑企稳，签约投资463亿元的长安福特高质量发展项目，出资7.5亿元支持长安新能源汽车混改、13亿元支持金康新能源汽车项目，助推长安汽车全球研发中心、长安福特研究院、大陆集团研发中心、康明斯技术中心等研发平台投用，长安福特降幅较一季度收窄32个百分点，长安股份销售收入与2018年持平，汽车产业降幅较一季度收窄21个百分点。全力以赴推动电子产业转型升级，平板电脑、穿戴设备等智能终端产量增长20%、占比超过50%，产品附加值进一步提升，以京东方为龙头、宇隆光电等行业领军企业为支撑的新型显示产业加速集聚、放量增长，以紫光展锐、超硅、万国半导体为代表的集成电路产业集群初步形成，电子产业增速17.7%、达1592亿元。下大气力推动服务业提质增效，推动以金融、物流、服务贸易、商贸文旅、会展五大服务业为主体的现代服务业加快做大做强，服务业增加值增长11.2%、达1064亿元、占GDP的62%。

（二）培育新的增长点，新兴产业加速崛起

加快引进重大项目，新签约项目88个、投

资1716亿元，其中工业项目、10亿元以上重特大项目、战略性新兴产业项目、外资项目投资占比分别达84%、94%、95%、29%，紫光存储芯片、联想5G云网总部、奥特斯IC载板三期、雪人氢燃料电池、昭衍新药等一批重大项目落户，紫光华智、瑞声科技、东湖高新等一批项目开工，京东方模组、神华薄膜太阳能电池等一批项目即将投产，新增世界500强企业3家达157家，占全市的54%。加快推进转型升级，着力推动传统产业技改升级，研发费用加计扣除为企业减轻税负2.5亿元，企业技改投资增长30%，占工业投资的59%。推动高端装备和生物医药2个新兴支柱产业加速发展，全球低轨卫星项目启动运营，零壹空间、华夏通航等航空航天企业总部落地，药友制药仿制药在美国获批上市，"永仁心"人工心脏获批上市，大地、中关村等孵化平台入园企业加速增长，战略性新兴制造业、高技术产业产值占工业产值的比重分别达56%、51%。加快发展数字经济，建设国家数字经济创新发展试验区，华为人工智能创新中心、诺贝尔奖二维材料研究院等落户，物联网产业协同创新中心、独角兽加速基地、紫光重庆总部大楼等投用，数字经济营业收入、增加值均增长20%以上，数字经济规模占全市的比重超1/4。

（三）增强创新驱动力，发展动能更加强劲

双创示范基地建设获国务院通报表彰，国家海外人才离岸创新创业基地成功获批，新增高新技术企业88家，新增市级新型高端研发平台6家，市级以上研发机构累计达256家，科技型企业增长53%近1300家，万人发明专利拥有量增长1倍超28件。三大创新平台建设亮点纷呈：礼嘉智慧公园建成投用，获批科普中国共建基地，成为全市和新区青少年智能化教育基地，推出近80个体验场景项目，4个月接待重要嘉宾270多批次、省部级以上代表团25批次，入园人数超30万人次。两江数字经济产业园发展迅速，新引进阿里云创新中心、腾讯西南总部等项目，新增孵化载体7家，在孵企业增长64%超600家，数字经济注册企业累计达到4400家，成为中新国际数据通道首批示范园区，获批国家级大数据新型工业化示范基地。两江协同创新区建设加快，新签约新加坡国立大学、上海交通大学等9所高校研究院，累计达16家，完工"两路一坝"、启航展示港等项目，形成了千亩湖面景观。

（四）打造开放新优势，带头带动作用凸显

做大做强战略平台，中新互联互通项目累计签约项目49个、金额118亿美元，中新（重庆）国际互联网数据专用通道顺利开通；重庆自贸区两江片区复制推广承接全国、全市改革试点任务169项，市场综合监管大数据平台入选全国自贸区"最佳实践案例"，直管区全年新增市场主体增长19.7%达1.5万户，累计达8.5万户。做大做强功能平台，果园港获批西部唯一港口型国家级物流枢纽，重庆港口岸扩大开放至果园港区，果园保税物流中心（B型）、铁路专用线国际班列场站通过验收；两路寸滩保税港外贸进出口总额列全国14个保税港区首位，实现海关监管货值283亿美元，占全市的43%，保税商品展示交易中心引进国家馆20家，成为全国首家保税旅游体验4A级景区；江北嘴内陆国际金融中心加快江北嘴金融科技港建设，20余家金融企业机构入驻；悦来国际会展中心成功举办智博会、西洽会、中新金融峰会、重庆英才大会等重大活动360余场次。加快国际合作平台建设，两江国际合作中心已累计入驻涉外机构15家，新落户上合组织国家多功能经贸平台。

（五）加大城市治理力度，城市品质逐步提升

大力推动区域协调发展，积极融入全市“一圈两群”区域协调发展，紧密与江北、北碚、渝北的合作开发关系。大力推动智慧城市建设，全面推行“云长制”，在全市率先建成政务信息资源共享平台，接入数据10万余条，开发经济运行、社会综合治理、信用监管等示范应用场景10余个。大力推动公园城市建设，加快两江城市中心规划建设，投资225亿元实施200项基础设施、131项市政设施建设，完工新南立交、人和立交改造等17个工程。抓好生态环保工作，扎实推动中央生态环保督察反馈问题整改，深入实施环保五大行动，新建改建城市公园130万平方米，建成公园97个、在建公园26个，完成33个地块的坡坎崖绿化美化。

（六）织密民生保障网，人民生活持续改善

做好社会保障工作，加强基本社会保险扩面征缴，强化社会救助和低保支付，深入推动减税降费，为企业减免税费160余亿元。发展民生社会事业，新增公办、普惠幼儿园45所，学前教育普惠率达65%，新加坡莱佛士医院、重庆人民医院等投用，邢家桥老旧社区综合整治群众满意度高。加强基层社会治理，坚决打好防范化解重大风险攻坚战，深入落实“枫桥经验”重庆实践十项行动，扎实做好信访工作，圆满完成全国“两会”、70周年大庆等重要节点安保维稳工作，未发生重特大事故，保持社会大局和谐稳定。

二、发展中存在的问题

同时，对照全面建成小康社会目标，对照新发展理念、高质量发展要求，两江新区经济社会发展还面临一些矛盾和问题，主要是：一是产业结构仍处于深度调整期，支柱产业、龙头企业回升基础还不牢固，战略性新兴产业支撑力不足；二是对外贸易挑战加大，笔电等出口加工企业继续保持高增长难度较大；三是财政收入压力较大，重点企业纳税能力下降，房地产行业下滑，税收收入由正转负，政府投资后劲不足；四是科技创新能力不强，科教、人才综合实力有待提升；五是营商环境仍待改善，政府职能转变还不够到位。

三、2020年发展思路

两江新区将进一步深化落实习近平总书记对重庆提出的“两点”定位、“两地”“两高”目标、发挥“三个作用”和营造良好政治生态的重要指示要求，贯彻落实党中央关于推动成渝地区双城经济圈建设的重大决策部署，更加充分体现“领跑”西部开放开发的担当，努力成为全市扩大开放排头兵、全面体现新发展理念和重庆发挥“三个作用”的先行示范区。在抓好中央和市委、市政府部署的重点任务基础上，突出做好以下几项工作。

（一）着力推动唱好成渝“双城记”

主动融入成渝地区双城经济圈建设和全市“一区两群”协调发展，谋划推动与四川天府新区联动发展，强化与江北区、北碚区、渝北区协同联动，加强规划协同、联动发展、机制保障，助力成渝地区成为具有全国影响力的重要经济中心、科技创新中心、改革开放新高地、高品质生活宜居地。

（二）着力巩固工业经济回升态势

把制造业高质量发展放到更加突出的位置，更加注重“一企一策”解决重点企业债务风险问题和涉美外贸出口企业生产经营困难问题，加快

汽车产业迭代升级，加快电子信息补链成群，加快装备制造高端化发展，加快生物医药提质上量，千方百计扩大工业投资，推动重点项目加速落地开工、投资放量。

（三）着力集聚高端高质高新产业

对标世界顶尖水平，加快高端高质高新产业集聚发展，精准开展招商引资，大力发展数字经济，提质发展现代服务业，不断提升产业能级和核心竞争力，着力构建市场竞争力强、可持续的现代产业体系。

（四）着力深化大数据智能化创新

坚持以大数据智能化引领转型升级，加大创新支持力度，优化创新生态环境，培育创新创业主体，打响“智汇两江”品牌，重点打造两江协同创新区、礼嘉智慧公园、两江数字经济产业园三大创新平台，力争高新技术企业、科技型企业数量再有新突破，加快建设“智造重镇”和“智慧名城”。

（五）着力高质量发展开放型经济

发挥好重庆自贸区和中新互联互通项目两大战略性平台作用，提升果园港、保税港、江北嘴金融中心、悦来会展城四大开放平台能级，抓好外资外经外贸工作，推动全方位高水平开放，提升开放型经济发展水平，努力在西部地区带头开放、带动开放，加快成为全市扩大开放排头兵。

（六）着力推进全面深化改革

深化重点领域改革，完善高质量发展体制机制，深化供给侧结构性改革，深化“放管服”改革，深化国资国企改革，探索一批可复制可推广的经验做法，通过改革破除发展面临的体制机制障碍，激活发展潜能。

（七）着力打造智慧城市和公园城市样板

深入践行新发展理念，以智慧城市、公园城市建设为引领，抓好城市智慧升级，抓好城市品质提升，抓好生态环境保护，持续推进城市品质提升，建设国际化、绿色化、智能化、人文化现代城市，努力营造干净整洁有序、山清水秀城美、宜业宜居宜乐宜游的城市环境。

（八）着力保障和改善民生

注重普惠性、基础性、兜底性民生建设，加快补齐民生短板，扎实做好就业、教育、医疗、社会保障、文化事业、安全稳定等各项工作，切实提升人民群众的获得感、安全感、幸福感。

（执笔人：崔鹏飞）

高新技术产业开发区

重庆高新区管理委员会

一、2019年发展回顾

2019年4月，市委、市政府作出打造重庆高新区升级版决策部署，赋予重庆高新区建设科学城的战略定位和发展使命。重庆高新区管理范围包括直管园和拓展园，管理面积共1094.8平方公里，其中直管园是科学城核心区、面积313.5平方公里；负责直管园的经济社会一体化管理，依法行使有关区级行政管理权；统筹拓展园的发展规划、产业布局、政策制定、经济统计等有关经济管理事务。全年重庆高新区直管园实现地区生产总值439.5亿元、增长6.4%，规上工业总产值2157.8亿元、增长5.1%，社会消费品零售总额89.8亿元、增长4%，固定资产投资总额282.1亿元、下降8.9%。

（一）注重高新产业招引培育，筑牢经济发展“压舱石”

招商引资成效明显。建立精准招商、专业招商、市场化招商机制，与市级部门联动招商，签约美国GE、韩国BINEX、施耐德、华为鲲鹏、浪潮科技等项目125个，总投资额超1054亿元，均为战新制造业和现代服务业项目。重点项目有序推进。以高质量项目为抓手，推动产业发展、城市提升。新签约正式合同项目落地率超70%。投资额200亿元的光大人工智能产业基地项目顺利启动，投资额242亿元的生物医药产业集群项目加快建设，中国中药产业园、植恩药业制剂产业化基地等项目竣工，联合微电子8吋生产线等项目建成，SK海力士二期、华润微电子基板级扇出封装、博世工业4.0等项目投运。智能改造进展顺利。以大数据智能化手段引领经济转型升级，隆鑫机车建成道路用机械产品生产智能工厂，达丰、英业达等7家企业建成数字化车间，华润微电子、台晶等16家企业完成智能化改造，翼虎动力、柔显智能等56个企业完成技术改造项目70个，企业全自动装备数控化率大幅提升、“数字动力”更加强劲。

（二）加速创新要素资源集聚，注入经济发展“动力源”

科学设施获得突破。超瞬态物质科学实验装置纳入教育部“十四五”高校重大科技基础设施培育项目，超声医学工程国家重点实验室通过专家评审。创新主体快速增长。实施科技企业培育计划，建立“科技型企业—高新技术企业—创新型领军企业”梯队培育新机制，高新技术企业数量增长12.3%，科技型企业数量增长44.8%，科技创新创业人才数量增长35.7%，有效发明专利拥有量增长30.8%，万人发明专利拥有量增至41.2件，研发经费支出占比提升至4.8%。创新平台加快建设。引进清数科技、西南保险大数据产业融合研究院等创新平台，英特尔FPGA中国创新中心等投用，市级及以上研发机构增至161个。推动大学城14所高校建设众创联盟，建成市级以上孵化器和众创空间15个，其中国家级4个。推进科技型中小企业研发共享服务平台建设，科技金融服务平台、创新创业公共服务平台等建成投用。科技金融保障有力。争取市科技项目及研发机构发展资金6亿元，在全国第二批“两创示范”考核中名列前茅，获得国家奖励资金1000万元，促成全市单笔价值最大商业价值信用贷款1000万元，突破我市商业价值信用贷款最高额度限制。全市率先试点的知识价值信用贷款改革累计助289家次科技型企业获贷款5.7亿元，并被作为国务院第六次大督查发现的典型经验做法予以表扬。“渝新券”累计发券近1.9亿元，种子基金撬动社会融资1.87亿元，科技金融超市累计助企融资17亿元。

（三）聚焦体制改革环境优化，打造经济发展“助推器”

理顺管理体制。推动市政府印发实施重庆高新区管理体制改革工作方案，市人大常委会出台重庆高新区行政管理事项的决定。切实肩负主体责任，完成机构组建、编制人员转隶、管理事务移交，初步完成资产债务划转。统一管理西永微电园，建立科学城校地合作联席会议机制。2020年1月1日起，重庆高新区全面独立运转，对直管园实施经济社会一体化管理。编制空间规划。立足重庆未来城市空间拓展方向，高水平编制科学城国土空间规划，以直管园为核心，引领北碚、沙坪坝、九龙坡、江津、璧山五大片区协同发展，构建“一核五片”空间格局，将布局大装置、大平台、大院所、大产业，策划科学会堂、科学大道、科学公园等标志性项目，建设“科学之城、创新高地”。完善基础设施。完成征地3650亩，交付净地2140亩。开工建设科学城产业创新（金凤）园，加快建设轨道江跳线、坪山大道、含谷立交等项目，提速实施110KV金曾线迁改、110KV净慈变电站建设等项目。优化营商环境。充分发挥“小政府、大服务”体制机制优势，深化“放管服”改革，建立“一个窗口”综合服务体系，优化政府投资项目和建设项目审批流程，率先开展建设行业企业资质审批承诺告知制，报件资料减少60%，审批时间压减50%，助力中国中药创造一年内完成开工并投产的“高新速度”。深化“证照分离”等改革，全面推行“首办负责制”“四办”服务，实现商事登记“最多跑一次”，企业新设1个工作日内办结率100%，新增市场主体9167家。

（四）着力扩大开放发展外贸，夯实经济发展“稳定器”

提升开放水平。全面融入共建“一带一路”，依托“陆海新通道”始发地和综合保税区优势，在全市率先开展保税研发、进口整车保税存储、跨境电商宠物保健品进口，内陆开放优势加快构建。发展对外贸易。大力培育引进外资外贸企业，天利保税检测中心落户，瑞钻全球维修中心项目进展顺利，博世物流分拨中心、东盟冷链食品（重庆）分拨中心投运，全年实际利用外资7.4亿美元，外贸进出口总额2708.5亿元。加强国际交流。组织30家企业参加智博会、20家企业参加进博会，场内成交采购金额1亿美元，签约中欧冷链食品集散分拨中心、中国以色列基金项目，合同总金额3.21亿美元。

二、发展中存在的问题

一是综合实力不强。地区生产总值体量较小，离全市高质量发展新增长极和创新驱动新引擎目标定位还有较大差距。支柱产业以传统制造业为主、战新产业不大不强。产品多处于价值链中低端、附加值低。二是产业结构不优。规上工业中，电子信息产业"一家独大"，未形成多点支撑、协调发展格局。服务业基本为生活性服务业，缺乏高端生产性服务业。三是企业质效不高。规上工业增加值较低，对经济增长的支撑作用发挥不充分。规上工业增加值率低于全市平均水平，企业利润低、税收贡献小。四是创新动能不足。暂无大科学装置、大科学工程等国家战略科技力量，国家级科技企业孵化器、众创空间、高新技术企业数量较少，高层次人才紧缺，研发投入强度不足，万人发明专利拥有量偏低。

三、2020 年发展思路

以习近平新时代中国特色社会主义思想为指导，全面贯彻党的十九大、十九届二中三中四中全会精神和中央经济工作会议精神，深化落实习近平总书记对重庆提出的"两点"定位、"两地""两高"目标、发挥"三个作用"和营造良好政治生态的重要指示要求，贯彻落实中央关于推动成渝地区双城经济圈建设的重大决策，紧扣全面建成小康社会目标任务，坚持稳中求进工作总基调，坚持新发展理念，坚持以供给侧结构性改革为主线，坚持以改革开放为动力，坚决打赢"三大攻坚战"，深入实施"八项行动计划"，统筹做好疫情防控和经济社会发展工作，以"六稳"促"六保"，把握和处理好西部（重庆）科学城与双城经济圈、科技创新中心、大学城、产业发展、城市发展"五个关系"，坚持"一城多园"，精准发力"十科"，滚动实施六个"十大工程"，加快打造全市高质量发展新增长极和创新驱动新引擎，在双城经济圈建设和"一区两群"协调发展中打头阵、作先锋、挑大梁。重点抓好以下几项工作。

（一）高效率推进改革创新

坚持问题导向、目标导向、结果导向相统一，深化体制改革和机制创新。优化完善体制改革。主动融入双城经济圈建设，高水平编制"十四五"规划和各项专项规划，加强规划衔接和刚性约束。加快构建直管园与拓展园、科学城核心区与各片区协同发展机制，制定"一区多园"发展办法，完善校地联席会议机制，协调各功能、板块和行政区共同助推西部（重庆）科学城建设。深化"放管服"改革。实行容缺受理、告知承诺、并联审批，加快"互联网 + 政务服务"体系建设，建成"前台统一受理、后台分类审批、全区一体运作"的智慧政务平台，让企业和群众办事"只进一扇门""最多跑一次"。推动财政金融改革。加强财税征管，培植壮大新增税源。完善财政管理制度，优化支出结构，拓宽资金渠道，争取并用好地方政府债券资金，统筹好政策性银行、商业银行、央企等社会融资，保障建设发展资金。加快国企国资改革。加强对西永微电园公司放权赋能和监督管理，推动实体化、市场化转型。整合各直属国有企业，集中优势资源，落实市级支持，确保高新开发建设投资集团尽快实质运转。激发民营经济活力。完善公平竞争制度，优化社会投资小型低风险建设项目审批流程，降低企业生产经营和制度性交易成本。发挥好"高新金服"等平台作用，更好地解决企业融资难题。

（二）高质量集聚创新动能

更加凸显科学主题，聚焦"十科"重点任

务，推动西部（重庆）科学城建设加快展现科学气质。开展科学教学。支持高校培育教学名师和一流学科，力争一批重点优势学科进入基本科学指标数据库（ESI）全球学科排名前1%甚至1‰，推动教授人人上讲台，传播科学思想，培育科学新人。加强科学研究。加大R&D投入强度，推动校地、院地联合攻关，形成一批国家科技进步奖、国家技术发明奖等创新成果。深化科学实验。引育一批国家级孵化器、众创空间，打造环大学创新创业生态圈，高水平建设科学谷，争创国家“双创”示范基地。完善科学设施。加快建设超瞬态物质科学等大科学装置，谋划声光电磁领域国家实验室，建设分子病理学等国家重点实验室，打造工业大数据等国家制造业创新中心、功率半导体等国家技术创新中心。集聚科学机构。引进一批新型研发机构，推动联合微电子中心等创新平台发展，加快电子科大微电子研究院等落地建设，争取中国科学院、中国工程院等设立分院分所。培育科技人才。健全高校、院所、企业合作育人机制，出台人才专项政策，完善人才服务体系，落实巴渝工匠计划，依托重庆英才大会举办西部（重庆）科学城专场推介洽谈会，面向全球揽才。壮大科技企业。优化产业生态，引进一批龙头科技企业和高新技术企业总部，培育一批创新型中小企业和高成长性科技企业。发展科技金融。用好总规模300亿元的双城经济圈发展基金，建立科技型企业风险补偿资金池，完善多层次创投体系，举办全球创投风投高峰论坛，谋划打造科技金融小镇。推动科技交易。开展职务科技成果所有权或长期使用权等改革试点，搭建知识产权运营服务平台，打造成果交易一条街。促进科技交流。召开“一带一路”科技交流大会，推动建设“一带一路”科技创新合作区和国际技术转移中心。

（三）高能级发展高新产业

坚持在固本开新求变上下功夫，做大做强新兴产业，加快构建现代产业体系。聚力招大引强选优。按照“科学城是‘金篮子’，要装‘金鸡蛋’”要求，编制发布招才引智引商目标指引，着力引进世界500强、中国500强、央企、行业前3强，推动在谈项目签约落地，加快签约项目投用变现。培育优势产业集群。围绕大健康、新一代信息技术、先进制造和高技术服务等产业，高标准打造国家生物产业基地、国家检验检测高技术服务业集聚区、光大人工智能产业基地等载体，培育华为鲲鹏生态圈，发挥SK海力士等龙头引领作用，加快形成四大主导产业集群。推动产业转型升级。加快淘汰落后产能，逐步调整传统商贸物流、装配制造等粗放型产业；运用大数据、人工智能为制造业赋能，促进实体经济和数字经济深度融合，支持华润微电子、联合微电子等扩产增能，引导广达、英业达、隆鑫等加快智能化改造和产品创新。

（四）高层次推动对外开放

全面融入共建“一带一路”和长江经济带发展，深入落实内陆开放高地建设行动计划，深度融入双城经济圈建设。拓展平台通道。做高做新国家自创区、自贸区两块金字招牌，做特做活西永综保区，做优做强中欧班列，做实做亮陆海新通道，建设科学会堂国际交往中心，打造具有国际合作示范效应的大学城。发展开放型经济。加强外贸外资外经联动，立足集成电路、笔电等外向型产业发展基础，引育一批特色突出、规模较大、外向度较高的优强企业，发展服务贸易、转口贸易、加工贸易，力争外贸进出口总额占全市的比重突破50%。优化开放环境。对标世界银行营商环境评价体系，全面实施外商投资准入负面清单，营造法治化、国际化、便利化营商环境。

（五）高水平打造现代城市

面向未来筑城，建设高品质生活宜居地，打造国际化、绿色化、智能化、人文化现代城市的“新样板”。建设智能智慧城市。提速建设轨道交通、城际铁路、高速路网、穿山隧道，加快建设科学城站、科学大道等重点项目，推动基础设施互联互通；加快推进5G网络、数据中心、工业互联网等新基建项目，让城市变得更聪明更智慧。建设魅力品质城市。弘扬创新文化、科学文化，促进住宅、商业、办公、文化等功能有机结合，建设国际学校、国际医院、国际社区，加快实现职住平衡，提升生活宜居度、出行便利度、创业舒心度。建设生态宜居城市。促进产城景深度融合，打造科学公园城市绿心、科学城生态水系，推动城市环境宜居宜游。

（执笔人：石建平）

重庆经济技术开发区

重庆市经开区管理委员会

一、2019 年发展回顾

2019 年，坚持以习近平新时代中国特色社会主义思想为指导，紧紧围绕习近平总书记对重庆提出的“两点”定位、“两地”“两高”目标、发挥“三个作用”和营造良好政治生态的重要指示精神，对标落实市委、市政府工作部署，在区委、区政府的领导下，坚持稳中求进工作总基调，聚焦高质量、供给侧、智能化持续发力，突出改革推动、开放带动、创新驱动，全力推进各项工作。全年地区生产总值 343.55 亿元，增长 7.1%；规上工业增加值增长 6.7%，规上建筑业增加值增长 23.6%；固定资产投资完成 221.5 亿元，其中工业投资 27.7 亿元，增长 38.4%；一般公共预算收入 11.2 亿元，增长 10.1%；区级税收收入 11.1 亿元，增长 10.3%；实际利用外资 7.2 亿美元，外贸进出口总额 12 亿美元。一年来，重点抓了以下工作。

（一）发展思路更加明晰

一是蹄疾步稳推进改革。抓住经开区体制机制改革契机，分析梳理现有职能职责和市级下放管理权限，聚焦主责主业推进机构改革，努力实现精简高效。理顺运行机制，出台《关于推进重庆经开区加快发展的意见》，形成推动发展的强大合力。二是深入开展“三进三查”。开展稳中求进安全大排查、谋定思进服务大调查、聚力奋进状态大检查“三进三查”活动，走访调研企业 660 余家次，与干部职工交心谈心 280 余人次，建立台账 17 册，进一步摸清底数和夯实根基。三是优化明晰发展思路。编制《重庆经开区发展规划研究报告》，明确了总体定位、功能定位、主导产业、发展路径和保障要素，清晰勾勒高质量发展“任务书、路线图、时间表”。

（二）产业发展更趋高质

一是支柱产业规模和质量不断提升。大数据智能化产业加速集聚。中国智谷（重庆）科技园影响力大幅提升，重庆软件园正式开园，全市唯一的 5G 产业园落地运营。大数据智能化产业完成营业收入 730 亿元、增长 7%。移动终端出货量 3100 万台，智能手机占比超过 90%，其中维沃手机产值 230 亿元、增长 14%。高通 · 中科创达、飞象工业互联网等项目持续发力，物联网基地被工信部评为 2018 年度西部地区唯一五星级国家新型工业化示范基地。国家信息中心能源大数据中心等大数据平台高效运营，中交通信日均接收数据 230 万条，中移物联网 OneLink 日均采集数据 4 亿条，城投金卡日均采集数据 2000 万车次。传统制造业转型升级加快步伐。推动传统制造业与互联网、大数据智能化深度融合，克莱沃、神箭汽车等实施技改、新产品研制、产品转型等项目41项，新增投资10亿元、产值50亿元，工业技改投资增长115%。美的制冷提质扩能产销一体化、美的通用转产扩能，均实现产值、税收翻番。现代服务业发展稳中向好。重庆药交所、药智网、医渡云、阿里健康等运营平台和市中药研究院等研发机构带动效应凸显，集聚医药流通企业231家。朝天门商贸城回购商铺3860个，占已出售数量的52.7%。重庆石油天然气交易中心注册会员1600家、成交金额430亿元。京东云关联电商企业集聚15家。谊品生鲜全国总部项目营业收入增长200%，估值超过10亿美元，成长为“独角兽”企业。二是工业经济结构和效益不断向好。113家战略性新兴企业产值增长2.6%，主营业务收入增长4.5%，利润总额增长47%。电子信息、装备制造和其他行业产值比重为37∶36∶27，工业经济结构渐趋合理。规上工业企业主营业务成本下降6%，利润增长48%，单位工业增加值能耗下降10%，工业经济效益明显向好。三是科技创新实力和水平不断增强。协同搭建知识产权运营维护体系，与在区高校深化合作。开展科技活动周、2019 Navigate创客节暨中国智谷·环重邮创新创业大赛等科创活动10余场。引进中住数据、重庆现代建筑产业发展研究院等5家知名企业及科研院所，积极打造设计产业创新集聚地。国家、地方、行业标准制定累计超过400个。高新技术企业新增20家，达到100家，累计培育科技型企业271家，自主知识产权达到3319个。

（三）开发建设更具效率

一是重大战略项目布局落地。主动承接、协同推进广阳岛片区和重庆东站建设，加快实施广阳湾征地拆迁、生态修复、环境整治工作，完成重庆东站片区3.47平方公里征地拆迁前期工作和综合开发、交通优化、城市设计研究。结合重大战略项目布局，实施重庆经开区控规修编，启动新拓展区域用地研究和基本农田调查工作。二是重点项目建设顺利推进。55个重点项目完成投资80亿元，超计划8个百分点。建成道路17.5公里，茶园大道主线通车，C-D连接桥、东西南北干道综合整治工程、经开立交等11个项目完工。飞龙、诚邦等4个产业项目完工，易华录、圣华曦等16个产业项目加快建设。枫丹江屿、金科·博翠园等房地产项目完成建设70万平方米。三是征地征收工作保障有力。实施征地项目20个、12100余亩，新启动长江防洪护岸二期等3个项目，完成城投830地块等项目征地3400亩。迎龙老街、广阳镇河口场棚改项目征收拆除房屋5万平方米。

（四）发展环境更加优化

一是开放环境有力扩大。招大引强成效明显，签约项目43个、金额385.6亿元，100亿元重庆软件园、50亿元甲壳云、40亿元鼎兴量子、10亿元江南大数据产业园，以及华为物联网创新中心、树根互联等项目落地。开放合作取得实效，成功举办第七届开发区对话世界500强活动，设立重庆经开区（深圳）协同创新中心、重庆经开跨境创新服务中心。外贸外资外经持续发力，进出口、外资企业分别增加20家、12家，成功发行境外债5亿美元，厚泽小贷、谊品弘科技利用外资分别增长80.7%、97.3%。二是生态环境有效改善。建成投用茶园——东港片区污水调配管网工程。加强工业企业排污检查，确保污染物达标排放。完成474公里雨污管网普查，改造混流点位30处。严格落实“河长制”，强化苦竹溪、渔溪河等河道管护。严格控制扬尘污染，持续改善空气质量。三是城市环境明显提升。新增绿地15.3

万平方米。长生水厂一期工程主体完工，新增地下管网75.8公里。强化市政设施管护，扎实开展“四治”行动，促进城市形象更加靓丽。切实抓好安全生产、信访稳定工作，确保安定祥和。四是营商环境持续优化。深化“放管服”改革，实施“互联网+”政务服务，精简审批事项54项，涉企审批时间减少56%，企业投资项目和一般工业投资项目审批、企业设立登记时间基本实现全市最快。初步建成“智信经开·区域经济大脑”综合服务平台。深入开展“疏堵解难”服务专项行动，帮助企业解决生产经营问题300余个、节约成本1.5亿元，减税降费5.8亿元，争取上级资金3646万元，协调落实贷款7036.6万元，初步形成金融、人才、科技、能源等全方位企业服务体系，努力营造近悦远来的营商环境。

二、发展中存在的问题

回顾一年的工作，虽然取得了一些成绩，但在发展过程中仍然面临诸多困难和问题：产业发展空间不足；经济总量小，服务业比重低，产业结构亟待优化；工业龙头企业少，产业链不足、核心竞争力不强，存量企业稳增压力加大；城市功能配套不完善，集聚度和吸附力不强；财政收入对土地和房地产依存度较高等。这些问题，将在今后的工作中努力加以解决。

三、2020年发展思路

2020年，我们将以习近平新时代中国特色社会主义思想为指导，全面贯彻党的十九大和十九届二中、三中、四中全会精神，紧紧围绕习近平总书记对重庆提出的“两点”定位、“两地”“两高”目标、发挥“三个作用”和营造良好政治生态的重要指示要求，认真落实中央和全市经济工作会议精神，对照国务院对国家级开发区的创新提升要求，在市委、市政府及区委、区政府的领导下，以党的政治建设为统领，以供给侧结构性改革为主线，以改革开放为动力，以高质量发展绩效评价办法为依据，以“增总量、优存量、促增量、提质量”为目标，统筹推进稳增长、促改革、调结构、惠民生、防风险、保稳定工作，按照市政府关于推动重庆经开区高质量发展“六个提升”的要求，全力抓好“三提行动、三力建设、三个保障”重点工作，努力在南岸区高质量发展中发挥排头兵、主引擎作用。

（一）实施“三提行动”，推进产业高质量发展

一是实施产业提档行动。研究出台支持现代服务业高质量发展的政策措施，积极发展金融服务、技术服务、物流服务和代理服务。积极推进低端产业向中高端迈进，提速闲置和低效资源市场化配置。充分发挥信通院西部分院、赛迪研究院等国家智库作用，加快建设中国智谷（重庆）科技园。依托中移物联网、科大讯飞等大数据资源，助力打造全市数字经济创新试验区。以“智能+”“绿色+”“医养+”为导向，加速产业聚集，积极培育5G产业，打造西部领先的5G产业园。二是实施企业提效行动。进一步落实减税降费政策，出台存量企业技改扶持政策，有效运作产业基金、担保公司，用好民营企业纾困基金，缓解融资难。加强对龙头企业的保障服务，促进放量增长。支持“专精特新”、专业化“小巨人”、隐形冠军企业加快特色发展。密切关注困难下滑企业，帮助企业止滑脱困。开展租赁、项目、订单等务实合作，充分盘活存量资源。三是实施平台提能行动。加快建设重庆市5G产业园、重庆软件园、信通院西部分院基地、中铁建重庆总部基地等项目，用好用活力合科创、树根

互联等平台，打造智能运营平台高度集聚、智能终端产业优势集中、智能制造创新发展的绿色智慧谷。重点鼓励推进飞象工业互联网、科大讯飞人工智能等大数据智能化平台产业化。深化国企改革，全力盘活朝天门国际商贸城、迎龙医药城、迎龙湖国家湿地公园资源，高效运营重庆广阳岛生态城投资发展有限公司。

（二）聚焦“三力建设”，推进区域高品质发展

一是提升开放力。全面融入共建“一带一路”、长江经济带、西部陆海新通道和中新（重庆）战略性互联互通建设，深度融入成渝地区双城经济圈建设和全市“一区两群”协调发展。完成两江海关搬迁入驻，做实重庆经开区跨境创新服务中心，推动与上海、武汉等地开发区合作共建取得实效。支持树根互联建立“一带一路”工业互联网总部。推进厚泽小贷、际艾等企业境外借款、发债。着力跟进世界500强、行业龙头、“独角兽”企业，加大招商力度。二是增强引领力。高水平编制重庆经开区“十四五”规划，完成城市总体规划、专项规划修编，加强控规整合。完成重庆东站东侧新拓展13.49平方公里区域规划方案编制。加快推进广阳岛片区长江经济带绿色发展示范建设，全力保障生态文明干部学院、长江生态环境学院等项目用地。协同推动重庆东站建设，支持站场站房及站前区综合开发建设。三是优化营商力。以重庆市纳入世界银行全球营商环境评价样本城市为契机，对照《重庆市营商环境优化提升工作方案》，制定重庆经开区优化营商环境行动计划，聚力营造市场化、法治化、国际化营商环境。健全“一窗受理、一网通办、多评合一、联审联办”和“容缺审批、告知承诺、先建后验”等机制，全面实施“证照分离”改革，完善“智信经开·区域经济大脑”综合服务平台功能，实现经济建设领域全流程闭环审批管理服务和“办事不出开发区”目标。以“三生四宜”品质城市建设为重点，完善公共服务配套及生活服务配套。高质量打造茶园大道、河岸景观带和迎龙湖国家湿地公园。

（三）强化“三个保障”，推进事业高效率发展

一是强化自身建设工作。以党的政治建设为统领，树牢“四个意识”，坚定“四个自信”，做到“两个维护”，持续推进巡视、审计整改。坚决执行中央决策部署，兑现市委“三个确保”政治承诺。全面肃清孙政才恶劣影响和薄熙来、王立军流毒，持续涵养良好政治生态。严格落实党风廉政建设责任制，完善风险防控、审计监督、“双述双评”等反腐倡廉长效机制。严格落实中央“八项规定”精神，严肃纠正“四风”。用好管理体制改革成果，建设学习型、法治型、服务型机关。二是强化人才队伍建设。以“高精尖缺”为导向，制定符合经开区产业需求的人才政策措施。依托高新技术企业及科研平台、技术中心，培养应用型产业人才。着力引入中外名校、大院大所、创新团队和高层次人才，打造“工程师之城”“重庆设计之都”。完成机构改革“下半篇”文章，努力培养一支讲忠诚、敢担当、善作为，懂产业、懂企业、懂企业家的干部队伍。三是巩固安全发展环境。严格落实安全生产“党政同责、一岗双责”制度，加强工贸行业、建筑工地等重点领域监管，坚决遏制较大以上安全生产事故，积极化解重点群体、重点人员矛盾纠纷。严格实行国企举债审批，确保债务风险可控。持续抓好中央、市级生态环境保护督察和国家推长办反馈问题整改落实。

（执笔人：何炫颖）

两路寸滩保税港区

重庆市两路寸滩保税港区管理委员会

一、2019年发展回顾

2019年，重庆保税港区深学笃用习近平新时代中国特色社会主义思想，深入贯彻落实习近平总书记对重庆提出的“两点”定位、“两地”“两高”目标、发挥“三个作用”和营造良好政治生态的重要指示要求，坚持稳中求进工作总基调，坚定贯彻新发展理念，全力推进高质量发展、高水平开放，深入推动加工贸易质量效益双提升，持续助推服务贸易产业拓展创新发展，不断提升口岸物流集聚辐射带动作用，稳步推进水空港产城融合综合配套建设，切实改善入区企业员工生活水平，营造良好的营商环境，全面完成市委、市政府和两江新区对保税港区下达的各项工作目标任务。区域经济社会发展实现“一个全国领先、三个较快增长”，重点产业重点领域“五个新”亮点纷呈，港区始终保持安全稳定、顺畅运行。

（一）主要经济指标实现“一个全国领先、三个较快增长”

一是外贸进出口总额在全国14个保税港区中名列前茅。重庆保税港区全年实现外贸进出口总额1241.79亿元，同比增长16.2%，已超越上海洋山、天津东疆跃居全国14个保税港区第二名，成为全市重要的对外开放窗口，对重庆外向型经济发展起到明显的支撑和带动作用。

二是以大数据智能化为引领的加工贸易实现质量效益较快增长。全年实现规上工业增加值56.8亿元，同比增长25%；实现规上工业产值927.56亿元，同比增长20.4%；生产智能终端产品约3600万台（件），同比增长15.3%。

三是以龙头企业为支撑的一般贸易实现恢复性较快增长。重点外贸项目平稳放量，全年实现外贸进出口总额119.35亿元，同比增长13.1%。

四是以四大板块为主的固定资产投资实现较快增长。全年在工业、仓储物流、基础设施、房地产等领域完成固定资产投资141.75亿元，同比增长114.3%。

（二）重点产业重点领域“五个新”亮点纷呈

一是智能制造高质量发展取得新进展。产品结构不断优化，平板电脑、智能手机、智能穿戴等智能终端产品产量占比超50%。智能化改造成效明显，智能制造企业整体生产良品率提升至98.5%，平均生产成本降低10%，生产效率提升30%，人力减少18%。产业强链补链稳步推进，翊宝拓展苹果智能穿戴维修业务，仁宝设立5G

研发中心，纬创打造智慧制造研发中心。“恒业恒产”助力增产扩能，新建成16万平方米翊宝二期厂房，可提升产能近1000万台。

二是服务贸易多元化创新实现新突破。引进全国跨境电商五强中的阿里巴巴菜鸟（天猫国际）、网易、唯品会和小红书等四强企业入驻，保税港区在全市率先开展出口业务，助推全年实现跨境电商交易额37.43亿元，同比增长33.1%，占全市交易额的三分之二。航材包修业务实现零突破，航材出境维修保税集散分拨业务启动实施。

三是口岸物流枢纽建设取得新成效。口岸聚集辐射作用逐步增强，海关监管货值占全市总量的2/5。空港物流园产业集群逐步形成，17个物流仓储项目陆续建成投产，投用面积约88万平方米，进驻企业69家。“指定监管场所＋集散分拨”体系逐步建立，全年进口肉类、水果、食用水生物等商品货值约2000万美元。

四是水港片区创新发展迸发新亮点。充分发挥“窗口、贸易、旅游”三大功能优势，全力做大做优“一带一路”商品展示交易中心，引进“一带一路”国家特色商品馆20家，经营商品种类超5万个；市委党校、市团校设立“一带一路”国家特色商旅文融合发展教育培训示范基地；联合市文旅委、市外事办积极打造“中西部国际交往中心·保税港‘一带一路’之窗”。创建全国第一家保税旅游体验4A级景区。启动研究“一带一路”商务中心规划布局方案。引进京东全球首家电器超级体验店，220余家国内外知名电器品牌入驻，经营商品种类超20万个，实现“线上与线下”“科技与创新”“体验与售后”三个融合创新发展，已成为全球知名品牌首发新品主阵地。

五是空港片区城市品质提升展现新气象。具备“365天、24小时全天候、全恒温、全室内”特色的中国摩娱乐综合体项目已投入建设资金33亿元，室内公园23套进口娱乐设备逐批采购到位。城市基础设施配套加快推进，全年完成建设投资10.62亿元。民生保障工程快马加鞭，巴蜀常春藤国际学校招生就读约1000人；学校、医院项目有序推进建设；34万平方米皓月公租房项目全面建成，为企业新增提供约2.1万名员工住宿保障。智慧城市体系加快构建，完成“智慧港区”顶层设计，四大基础平台加快建设，智慧港区指挥中心加快建设。

（三）下大力气确保港区安全稳定顺畅运行

一是下大力气提高综合服务管理水平。配齐配强综合管理队伍，不断提升服务保障水平，优化完善驻区单位服务保障机制，充分运用“三位一体”和“四中心一平台”管理服务机制，切实解决企业员工子女入学难、出行难、停车难等民生问题，确保区内员工生产安心、生活舒心。

二是下大力气狠抓安全稳定环保工作。狠抓责任落实，严格实施“日周月”隐患排查治理，以“宁可百日紧，不可一日松”的高度责任感抓牢抓实安全生产工作。积极稳妥地做好稳定工作，切实解决民生关切问题。扎实高效推进环保工作，开展全国第二次污染源普查、“大排查、大整治”专项行动、蓝天行动、迎接第二轮中央生态环境保护督察等各项环保专项行动。

三是下大力气压实全面从严治党责任。扎实开展“不忘初心、牢记使命”主题教育，持续深化巩固教育成果，下大力气开展整改问题和专项整治“回头看”工作，查摆问题全面整改。围绕服务企业长足发展、保障员工生产生活相关事例作为优秀典型被中央电视台新闻联播报道。切实加强全面从严治党，狠抓党风廉政建设，组织开展国企“5+4”突出问题专项治理。常态化开展“以案四说”警示教育，精准运用监督执纪“四种形态”，确保港区上下风清气正。

二、2020年发展思路

2020年是决胜全面建成小康社会和“十三五”规划收官之年，保税港区将继续以习近平新时代中国特色社会主义思想为指导，深入贯彻落实习近平总书记关于统筹推进疫情防控和经济社会发展系列重要讲话精神和党中央、国务院决策部署，深入贯彻落实习近平总书记对重庆提出的重要指示要求，坚持稳中求进工作总基调，坚持新发展理念，积极融入共建“一带一路”和成渝地区双城经济圈建设，扎实做好“六稳”工作，全面落实“六保”任务，统筹抓好疫情防控和企业复工复产，持续稳住经济基本盘，加大招商引资力度，提高创新发展能力，常态化抓好疫情防控，营造良好营商环境，为内陆开放高地建设作出新的更大贡献。重点抓好以下六方面的工作。

一是进一步优化结构引领加工贸易转型升级。持续调整产品结构，力争非笔记本电脑产量占比超60%。持续助推产业强链补链成群，积极拓展研发、维修、贸易、结算等产业链。持续推动智能化改造升级，力争平均生产效率持续提升，运营成本持续降低。

二是进一步加强创新助推服务贸易稳步发展。聚焦行业龙头企业招商引资，持续推动总部贸易集群式发展。继续保持跨境电商交易额全市领先水平。深入探索临空保税新业态。不断拓展“一带一路”商品展示交易中心业态，聚集人气商流。探索启动医疗器械进口业务，培植生物试剂进出口新业态。

三是进一步加快口岸物流平台建设提升集聚辐射能力。提升口岸智能化运转水平，加快物流枢纽平台建设运营，逐步建立国际多式联运体系。提升特设口岸集散分拨能力，发挥海关指定监管场所优势，打造进口商品分拨交易产业集群。

四是进一步拓展国际化新业态促进消费升级。加快推动空港中国摩娱乐综合体、水港“一带一路”商务中心等重点项目建设，持续推进水港“丝路长廊”步行系统、“一带一路”手工作坊、“渝货精品”出口推广平台等“保税商圈”项目建设，加快提升京东全球首家电器超级体验店影响力实现多赢。

五是进一步拓展功能政策打造内陆开放门户。探索实施跨境电商“前店后仓＋快速配送”创新模式，积极探索市内免税店、X型维修等功能政策拓展，紧扣成渝地区双城经济圈建设，加强与成都高新综保区等其他海关特殊监管区的战略合作。

六是进一步全面从严守牢安全稳定环保廉洁底线。始终坚持党的全面领导，持续加强党风廉政建设，筑牢“不敢腐、不能腐、不想腐”思想防线。狠抓安全稳定环保不松劲，全力开展安全隐患大排查大整治，持续加强生态环境保护，切实维护经济社会平稳健康发展的良好局面。

（执笔人：汤皓）

万盛经济技术开发区

重庆市万盛经开区管理委员会

2019年，我们坚持以习近平新时代中国特色社会主义思想为指导，全面贯彻落实习近平总书记对重庆作出的重要指示要求，在市委、市政府的坚强领导下，聚焦“三大攻坚战”“八项行动计划”，突出“三个抓手”，统筹做好稳增长、促改革、调结构、惠民生、防风险、保稳定各项工作，经济社会持续健康发展，人民群众获得感、幸福感、安全感明显提升。全年地区生产总值迈上200亿元台阶，达到203.6亿元，增长6%；人均GDP突破1万美元，达到7.38万元，在39个行政单元中居第17位；社会消费品零售总额增长13.5%、增速居全市第8，规上工业增加值增长8.1%，扣除减税降费等因素后一般公共预算收入增长4.5%、税收增长2.4%，城乡常住居民人均可支配收入分别增长7.5%、8.9%。

一、2019年发展回顾

（一）优化产业结构，筑牢转型发展的坚实根基

做大做强工业经济。坚持把扩大工业总量、提升工业质量摆在突出位置，实施工业项目40个，累计引进重庆冠宇等智能产业企业15家，新增规上工业企业6户，规上工业总产值完成205.3亿元、增长11%；智能化步伐加快，推动福耀玻璃等传统企业实施智能化改造项目18个，实现工业技改投资增长69.3%，创建耀皮玻璃等3家市级数字化车间，企业生产效率平均提高20%，重点工业企业年度降本增效超过2.8亿元。全国最大、西南首个第三方天馈线检测实验室建成投用，国家级知识产权优势企业实现零突破，浮法玻璃荣获全市科技进步三等奖，高新技术企业产值占工业总产值比重达34.4%。切实提升园区承载能力，交付使用标准厂房17.1万平方米，工业固废处置中心等26个工业配套项目建成投用。我区工业经济运行工作综合评价在主城都市区名列第5位。

体旅产业加快发展。打好全域旅游、全民健身“两张牌”，青年汇巅峰乐园正式开园，成功引进中国火电工业博览园、荷兰人体博物馆等项目，梦幻奥陶纪、黑山谷·万盛石林荣获全市首批体育旅游综合体称号，黑山谷和万盛石林景区被评为“海外游客最想去的内地新兴旅游线路”。建成市级智慧景区、度假区和智慧旅游乡村示范点7个，我区智慧旅游发展水平列全市第1名。建成投用智慧体育大数据中心、13个市级社区健身点，万盛羽毛球训练中心荣获“2019~2020年周期全国羽毛球后备人才基地”称号。增强竞技

体育综合实力，全年参加国家级、市级比赛荣获前三名共59项次，其中第一名18项次，实现全国残运会金牌零的突破。“晒文化·晒风景”获全市最佳效果奖，荣获首届国际群体协会使命2030大奖——政策奖，连续三年承办全市体育旅游产业发展大会。全年来区游客和旅游总收入分别增长13.8%、27%。“全域旅游·活力万盛”品牌形象更加深入人心。

商贸消费持续活跃。着力提振消费市场，国能奥特莱斯人气商气与日俱增，全区首家大型旅游商品购物场所正式开业，限上汽车、家用电器、服装鞋帽销售额分别增长21.2%、21.1%、22.7%，带动全区批零实现销售额126.5亿元、增长12.7%。大力发展电子商务，全年网络交易额达12.6亿元，增长16.7%；网络零售额达2.3亿元，增长11.2%。成功引进东方希望物流总部、南涪铁路公司总部等总部经济项目21个，总部经济纳税额增长23.8%。促进金融服务业发展，全区银行业存贷款总额增长4.6%，证券业股票累计交易额增长57.4%，带动金融业实现税收增长4.2%。加强企业品牌建设，每万户市场主体商标拥有量达1374件。

现代农业提质增效。持续优化农业种植结构，调减低效粮食作物3300余亩，优质水稻等特色粮油作物达到7.2万亩，食用菌产量增长200%，粮经比调整至45∶55，农业增加值增长3.2%。建立无公害蔬菜生产基地3个，推广无公害标准化生产9250亩。推动“农村变景区”，累计发展旅游农产品27个、民宿117家，凉风村入选全国首批乡村旅游重点村及全市十佳美丽乡村典范，全区乡村旅游接待游客700万人次、实现综合收入38.5亿元。不断提升农业机械化水平，综合机械化率提高3个百分点。供销经济稳步发展，创建星级农村综合服务社5个、市级农民专业合作示范社7个。

（二）注重统筹发展，打造宜居宜业的城乡环境

城市形象日益靓丽。着力提升城市居住品质，完成棚户区改造1796户，新增城市绿地2.3万平方米，城市建成区绿化覆盖率达43%。不断完善公共配套，新改建污水管网3.2公里，环卫基地、东林农贸市场等项目主体工程全面完工，建成地下综合管廊4.9公里。持续改善城市交通，新增及优化公交线路8条，公交扫码支付功能实现全覆盖。全面加强城市管理，城区生活垃圾、厨余垃圾处置率均达100%，“五长制”实现城区全覆盖。切实提升城市影响力，在《人民日报》《重庆日报》等国家级、市级媒体刊载新闻3300余条次，上稿数量居全市前列；《我和我的祖国》快闪MV浏览量突破180万人次，成为全市“爆款”，万盛知名度、美誉度大幅提升。

美丽乡村更加宜居。持续改善农村生产生活条件，完成采煤沉陷区受损农房治理450户，铺设乡镇污水管网30.9公里，4G网络基本实现全覆盖。深入推进农村人居环境整治，集镇污水处理设施实现全覆盖，农村生活污水处理率达70%，农村生活垃圾有效治理率达100%，秸秆综合利用率达83.5%；完成农村改厕5625户，新改建卫生公厕16座，全区卫生厕所普及率达84%，行政村公厕覆盖率达100%。累计改造村容村貌10余万平方米，创建国家园林城镇1个、国家森林乡村4个、市级绿色示范村5个，美丽宜居、绿色示范村庄占比达53%。全市乡村振兴工作推进现场会在万盛成功召开，我区乡村振兴工作受到市委、市政府领导高度肯定。

加快完善基础设施。渝黔高速公路扩能项目累计完成投资25亿元，万正高速、渝贵高铁、渝柳铁路前期工作推进顺利，江南机场规划建设运输机场工作加速推进，建成“四好农村路”152公里、村级道路20.7公里，区内公路形成“三

纵三横”普通干线交通网络和城乡交通路网，全区公路总里程达1293公里。凉风水库全面完工，板辽水库大坝枢纽工程完成过半，全区年供水能力提高到6325.9万立方米。

（三）聚力三大攻坚，补齐经济发展的短板弱项

一是坚决打好精准脱贫攻坚战。深入学习贯彻习近平总书记在解决“两不愁三保障”突出问题座谈会上的重要讲话精神，投入各类扶贫资金2.9亿元，38户97名未脱贫人口人均纯收入全部超过3750元脱贫标准，“两不愁三保障”及饮水安全均得到有效解决，圆满完成2019年脱贫攻坚目标任务。二是坚决打好污染防治攻坚战。完成污水偷排直排乱排专项整治问题整改98个，中央第一轮环保督察和“大棚房”整治整改完成率均达100%；城乡集中式饮用水源水质达标率均为100%，3个市控断面均达到市考核要求；PM2.5平均浓度下降17.4%，空气质量优良天数达327天，在主城都市区名列第3。三是坚决打好防范化解重大风险攻坚战。积极稳妥地处置政府债务、金融、房地产等重点领域突出风险点，进一步健全防范化解各类风险长效机制。

（四）深化改革开放，积蓄愈加强劲的发展动能

改革深度在拓展。深入推进国企改革，“三供一业”移交改造全部完成。深化医疗卫生体制改革，全市首例国企、事业两种不同体制医院横向整合初步完成，公立医疗机构医用耗材加成全面取消，25种集中带量采购药品采购单价平均降幅达44.7%。大力推进农村改革，农村集体资产清产核资全面完成，行政村集体经济收入实现全部“清零”。切实推进教育领域改革，率先在全市开展义务教育学生综合素质评价改革，着力纠正学校重文化、轻素质的不良倾向。积极深化气象领域改革，我区气象观测质量管理体系成为国家标准模板，并向全国推广。

开放程度在扩大。持续优化营商环境，工程建设项目精简申报资料30%以上，网上办理事项比例提高至85.4%；企业开办时间压缩至1.5天、相比全市再提速50%，全年新增市场主体3401户、增长8.5%；政务服务中心新大厅正式投用；累计减免税费超5亿元、降低电气成本2150万元。持续发力招商引资，累计签约耐火材料生产线等项目44个，计划总投资212.7亿元。重庆冠宇电池项目荣获全国“2019杰出投资促进项目”大奖。加快打造渝黔合作先行示范的桥头堡和主阵地，成功举办第二届渝南黔北区域文化和旅游发展联盟大会，建立渝南黔北边界医疗联盟。深度融入渝陕能源战略合作，圆满承办2019年第三季度渝陕能源战略合作联席会议，“陕煤入渝”全年1/3的量在区实现销售调配，销售额达17亿元、税收达7310万元。大力发展外经外贸，全区实现进出口总额3.9亿元，增长37.7%。

创新力度在增强。加强科技金融支持力度，建成总规模达4000万元的种子基金和1亿元的科技型企业知识价值信用贷款风险补偿基金。着力培育创新主体，新增市级科技型企业30家、国家科技型中小企业10家、国家高新技术企业8家，预计全社会研发投入增长超20%，高新技术企业产值占工业总产值比重达35.4%。积极营造创新生态，科创大厦入驻率达90%，国家级知识产权优势企业实现零突破，浮法玻璃荣获全市科技进步三等奖，万人发明专利拥有量达7.28件。大力实施招才引智行动，成功引进各类中青年人才320余名，其中博士5名、硕士36名。公民具备科学素质比例达9.5%，居渝西片区第2位。

（五）突出共建共享，增进更具质感的民生福祉

教育发展优质均衡。狠抓教育质量，义务教育优质均衡发展加快推进，高考一本（纯文化）

上线人数创历史新高，高考本科上线人数和中考联招上线率连续六年实现“双增长”。狠抓教育资源配置，中盛小学幼儿园如期开园，进盛中学体艺楼、青少年活动中心主体工程全面完工。狠抓教育扶贫，累计资助贫困学生2.5万人次、1588万元，学前教育至大学阶段实现全覆盖，无任何一名适龄儿童因贫困辍学。

健康万盛成绩斐然。完善医疗卫生基础设施，人民医院住院部综合业务楼、妇幼保健院、残疾人托养中心、残疾人康复中心主体工程全部完工。切实提升医疗服务水平，新引进卫生人才23名，增设64排CT、多普勒超声诊断仪等医疗设备82（台）套，全区婴儿死亡率低至3.48‰，儿童预防接种率达99.7%，全年未发生重大传染病公共卫生事件。大力开展全国健康促进区创建，居民健康素养水平提升至21.98%，经常性参加体育锻炼人数比例达59.8%，打造健康社区、学校等健康场所84处。

文化事业欣欣向荣。着力壮大文化产业，全区文化企业数量和规上文化企业营业收入分别增长45%、11.3%。着力建好文化阵地，基层综合公共文化服务中心基本实现镇街、村（社区）全覆盖；成立集报、网、端、微、视等于一体的融媒体中心，我区媒体融合发展水平走在全市前列。不断加大文化惠民力度，“三馆”全部免费开放，累计接待社会团体及群众52万人次；开展送文化到基层活动1400余场次。加强文化遗产保护，抢救发掘南宋墓葬群，新增市级非遗项目9项、历史建筑3处，金桥吹打作为全市唯一代表参加中国与白俄罗斯文化交流年展演活动。

社会保障更趋完善。多措并举稳就业促创业，成功举办首届“盛人一筹”职业技能大赛，凉风“梦乡村”创业服务项目荣获第二届全国创业就业活动“优秀项目奖”，平山园区成功创建“全国模范劳动关系和谐工业园区”。切实提升兜底保障水平，城乡养老、医疗保险参保覆盖率均达95%以上；发放各类救助资金8530.6万元，城乡低保对象实现应保尽保。退役军人事务局正式挂牌成立。切实强化养老服务，黑山市级健康养老示范基地及7个社区养老服务站建成投用。

社会治理不断提升。深入推进扫黑除恶专项斗争，积极开展“枫桥经验”重庆实践十项行动，深化领导干部接访下访，有效防范和化解社会矛盾，我区现案破案率和八类案件破案率均居全市第一，连续4年未发生较大及以上生产安全事故，群众安全感指数位居全市第一。大力推进“科技兴安”，搭建全市首个“交通运输安全服务中心”，货运企业及其车辆安全监管实现全覆盖。基层治理“三事分流”工作机制全面推广，社会治理大数据建设应用“智能密度”居全市第二，地区社会治理能力和治理水平得到有效提升。

二、发展中存在的问题

同时，我们也要清醒地看到，万盛高质量转型发展还面临不少困难和挑战。比如，经济运行稳中有变、进中有缓、好中有忧，特别是重庆以汽摩为代表的传统制造业大幅下滑，给我区相关配套产业增长带来较大下行压力；政策性减税降费明显，刚性支出增加，财政收支平衡压力较大；政府债务管控力度加大，融资环境持续收紧，投资增长的动力明显减弱。为此，我们必须采取针对性措施，迅速行动、积极作为，以实干实效回应人民群众新期待。

三、2020年发展目标

2020年，是全面建成小康社会和“十三五”规划收官之年，要实现第一个百年奋斗目标，为“十四五”发展和实现第二个百年奋斗目标打好基础。今年全区工作的总体要求是：以习近平新时代中国特色社会主义思想为指导，全面贯彻党的十九大、十九届二中三中四中全会精神，贯彻落实中央、全市经济工作会议和全市“两会”精神，增强“四个意识”，坚定“四个自信”，做到“两个维护”，深化落实习近平总书记对重庆提出的“两点”定位、“两地”“两高”目标、发挥“三个作用”和营造良好政治生态的重要指示要求，贯彻落实市委陈敏尔书记、市政府唐良智市长调研万盛指示要求，紧扣全面建成小康社会目标任务，坚持稳中求进工作总基调，坚持新发展理念，坚持以供给侧结构性改革为主线，坚持以改革开放为动力，因地制宜走好转型路，因势利导打造升级版，坚决打赢疫情防控人民战争、总体战、阻击战，坚决打赢“三大攻坚战”，深入实施“八项行动计划”，突出工业强区、全域旅游、全民健身“三个抓手”，全面做好“六稳”工作，推动高质量发展之路越走越宽广，确保万盛经济实现量的合理增长和质的稳步提升，确保全面建成小康社会和“十三五”规划圆满收官，加快建设全国资源型城市转型发展示范区，加快建设重庆主城都市区重要支点城市。

（执笔人：宋玮）

双桥经济技术开发区

重庆市双桥经济技术开发区管理委员会

2019年，在市委、市政府和大足区委、区政府的坚强领导下，双桥经开区以习近平新时代中国特色社会主义思想为指导，全面贯彻落实习近平总书记对重庆所作重要讲话和系列重要指示批示精神，坚持稳中求进工作总基调，坚定践行新发展理念，全力做好招商引资、项目建设、营商环境等重点工作，统筹推进稳增长、促改革、调结构、惠民生、防风险、保稳定，实现经济社会持续健康发展。全年实现地区生产总值144.5亿元、同比（下同）增长10.8%，规上工业总产值286.6亿元、增长23.1%，一般公共预算收入（区域）8.8亿元，其中税收收入8.2亿元，社会消费品零售总额增长8%，固定资产投资61亿元，其中工业投资50.8亿元。

一、2019年发展回顾

（一）招商引资

双桥经开区树牢"年年都是招商年"意识，不断夯实项目库、资源库、目标库等招商基础工作，组建4个经开区领导挂帅的专业招商组，赴深圳、河北、成都等地开展以商招商、精准招商、产业链招商400余批次，全年引进招商项目43个，引资总额达220亿元，其中投资亿元以上项目23个、5亿元以上重大项目10个，有力推动了重点产业加速聚集。签约骏通专用车、上汽红岩汽车配套产业园等项目推动汽配产业转型升级；美丽中国废轮胎、金谷生物油脂等项目推动静脉产业持续壮大；佳能汽车综合物流园、隆运车安公路物流园等项目，加快打造物流枢纽；众参云智能大数据平台、中集瑞鹏大宗物资总部结算等项目推动总部经济发展。同时，大力推动红专、沣达通等企业融入全球供应链、产业链，实现进出口贸易1.8亿美元，对外开放的范围更大、领域更宽、层次更深。

（二）项目建设

双桥经开区深入推行经开区领导带部门联系重点项目工作机制，不断优化项目建设服务，推动项目快速落地建成。深化"一站式"审批服务，全面落实"只跑一次"，一般工业项目审批时间压缩至15个工作日以内。项目包装策划更有成效，15个项目纳入中央预算内投资项目和地方政府专项债券项目储备。79个年度重点项目有序推进，国内首个大型智能网联汽车综合试验基地建成投用，铝合金压铸及电动车零部件制造、新型生态材料生产等17个新建项目和足航四期、上汽红岩单极桥扩能、大昶宝智能化改造、宇海笔电高精密配件技改等20个技改项目建成投产，标准厂房及宿舍二期（二标段）、园区路灯、邮亭燃气管线等产业配套项目建成投用，新能源低速电动车制造等项目加快推进，构建起开工一批、建设一批、竣工一批、储备一批的滚动推进机制，高质量发展的后劲持续增强。

（三）营商环境

双桥经开区围绕打造公平开放透明、市场化、法治化、国际化的营商环境，持续为企业减负、升级市场环境，推动企业做大做强。深化行政审批制度、商事制度改革，推动“数据多跑路、群众少跑腿”，政务服务“全渝通办”“网上办”事项比例超过80%，企业开办时间压缩至3个工作日以内。大力实施创新驱动发展战略，引领推动企业高质量发展，有序推进智慧园区试点、“双创”平台建设，新培育高新技术企业7家、科技型企业入库40家，新增发明专利21件，R&D达到2%；引导企业新建数字化车间2个、生产线20条，安装自动化设备1200余台。认真贯彻《重庆市营商环境优化提升工作方案》，深入落实“涉企减负30条”“制造业降本36条”“服务民营经济发展20条”等措施，累计为企业减负1.5亿元，财政资金支持企业9141万元，争取上级资金支持2533万元。扎实开展企业“三服务”活动，深入一线调研100余次，解决企业实际困难和问题50多个，有力推动了企业发展壮大。双钱轮胎、巨腾笔电、上汽红岩车桥、足航钢铁等9家企业产值均超过10亿元，盛泰光电单月产值超过2亿元，经开区规上企业达到108家，市场主体总数达9364户，高质量发展态势日益巩固。

（四）城市建设

双桥经开区围绕城市让生活更美好的目标，推动城市功能、形态、品质显著提升。建成投用双路水厂（二期）、邮亭LNG调峰站，东环大道南延伸段、铁路物流园北侧道路建成通车，通星路二期、火炬路南段建设加快推进。实施城区车行道路面维修约7.4万平方米、人行道铺装2.4万平方米、道路白改黑4万平方米，建设雨水管网1.2千米、污水管网9.5千米，新安装LED路灯500盏，升级改造公厕20座。建成龙景湖公园、水井湾湿地公园、双路小游园，九曲花溪主题公园强力推进，新增绿化面积约4.6万平方米，“城市花海”面积达370亩。建设智能化停车位1000个，基本建成城市管理数字化中心。打造蓝花楹特色景观道路，立体绿化电影院、体育馆、重汽集团转盘等重要节点，摆放鲜花67万盆、拆迁违章搭建约5000平方米。渝西财富中心建成开业，永辉超市人流如织，华为、阿迪达斯等一批名品、名店入驻迎客，时代广场商圈消费环境不断改善。深入推进“三城同创”攻坚，集中力量开展城市综合管理提升暨创卫攻坚专项行动，全面启动城区垃圾分类工作，新增四分类垃圾箱桶近1000个，干净整洁有序、山清水秀城美、宜居宜业宜游的城市环境正在加快形成。

（五）民生改善

双桥经开区坚持不懈保障和改善民生，各项惠民、安民措施全面落地。全面完成安居工程配套工程、便民菜市场、“四好农村路”等重点民生工程建设，群众获得感更强。升级扩建实验中学、双路小学、双路二小，高校招生近1.5万人，教育发展更均衡。经开区医院健全胸痛中心等诊疗系统，医疗服务更优质。举办迎春文艺晚会、企业职工运动会等文体活动100余场，百姓生活更多彩。276名干部结对帮扶536户贫困户，聚焦解决“两不愁三保障”及饮水安全突出问题，全面落实扶贫政策，切实巩固脱贫攻坚成果。系统实施气、水、土污染防治，空气优良天数达297天；严格落实河段“五长制”，实施太平河污染防治八大攻坚行动，升级双桥污水处理厂、村社污水处理设施，治理排污口48个、“散乱污”企业37家、畜禽养殖30户，市考断面水质达V类；完成中央环保督察反馈意见整改、河湖“清四乱”等任务，生态质量稳定改善。高质量承办人大代表建议23件、政协委员提案9件，办理满意率均达到100%。着力防范化解重大风险，理顺国有企业管理体制，加强政府性债务管控，化解债务8000万元；严格落实安全生产责任制，“大排查、大整治、大执法”扎实有效，荣获2019年度全市安全生产考核先进区县；全时段、全方位守护食品安全，食品安全事件“零发生”；妥善化解各类社会矛盾问题，扎实开展“防风险、保安全、护稳定、迎大庆”工作，确保了“七个零发生”，保障了社会大局持续稳定向好。

二、发展中存在的问题

经济总量不够大，产业集聚度不够高，带动性强的大型龙头企业不够多，企业科技创新能力不够强。

三、2020年发展思路

双桥经开区将以习近平新时代中国特色社会主义思想为指导，坚决贯彻落实党中央决策部署及市委、市政府工作要求和区委、区政府工作安排，深入落实“4433”发展思路，继续坚持稳中求进工作总基调，紧紧围绕“工业强区”“做强经开区”，统筹推进疫情防控和经济社会发展，扎实做好“六稳”工作，全面落实“六保”任务，全力以赴稳住“基本盘”，推动高质量发展态势持续向好。

（一）全力抓好产业发展

按照区委关于“做强经开区”和“擦亮工业优势品牌，打造区域特色产业中心”的部署和要求，坚定不移推进工业强区。编制好商贸流通、汽车及零部件和静脉等产业发展规划，确保盛泰光电全年产值突破30亿元，力争静脉产业全年产值达120亿元。抢抓成渝地区双城经济圈建设和重庆“一区两群”协调发展机遇，以大足高新区拓展双桥组团为契机，谋划好经开区“十四五”发展蓝图，全力打造500亿级汽摩产业、300亿级静脉产业和200亿级智能产业体系。

（二）全力抓好招商引资

加快推进光大国际、渝西川东（大足）国际商贸物流园、华金低速无人智能驾驶产业园等在谈项目签约落地。围绕汽车及零部件、电子信息光电、智能制造、智能网联和静脉等优势产业，深化与中国汽研院、中国船级社、上汽红岩、盛泰科技等企事业单位的合作，通过“大项目带小项目、整装带配套、下游带上游”，着力攻坚延链、补链、强链，力争引进一批投资大、技术新、效益好、带动强的产业项目，高质量完成全年招商引资目标任务。持续扩大开放，推动沣达通、大族盛世等外贸企业不断做大做强，力争全年利用外资6000万美元，进出口贸易额达1.5亿美元。

（三）全力抓好项目建设

深化“五个一批”项目推动工作机制，推动威立雅西南环境资源服务中心、中国汽研汽车综合性能试验道（二期）等项目开工，推动盛泰科技企业孵化园等项目国庆节前完成主体建设，推动春兴再生资源等项目投产达效，确保固定资产投资增速达12%。引导20家企业实施“机器换人”、建设智能产线10条、新增数字化车间2个。抢抓机遇，策划包装实施一批重大项目，力争更多项目纳入国家、市级项目盘子。

（四）全力优化营商环境

以打造营商环境优选地为目标，着力构建亲清政商关系，深化“放管服”改革，推广“全渝通办”等平台，深入开展“千名干部帮千企”活动，落实好“六稳六保”涉企惠民政策、企业“红名单制”等惠企纾困政策措施，保护和激发市场主体活力，力争年内完成小升规30家，建设企业科技平台5个，新增科技型企业50家、高新技术企业20家。

（五）全力抓好民生实事

坚持以“六稳”促“六保”，切实抓好保居民就业、保基本民生、保市场主体等各项工作。深入推进“三大攻坚战”，高质量完成脱贫攻坚任务，积极防范经济、金融等领域风险，抓紧抓实安全生产和自然灾害防治工作，持续攻坚水污染防治，确保太平河水质稳定达IV类、全年空气优良天数达300天，坚决守好发展底线、兜住民生底线。

（执笔人：王鸿玮）

万州经济技术开发区

重庆市万州经济技术开发区管理委员会

一、2019年发展回顾

2019年，面对国内外复杂严峻的经济形势，在市委、市政府和区委、区政府的坚强领导下，万州经开区深学笃用习近平新时代中国特色社会主义思想，全面贯彻党的十九大和十九届二中、三中、四中全会精神，认真落实习近平总书记视察重庆重要讲话精神，坚持稳中求进工作总基调，贯彻新发展理念，践行“一心六型”两化路径，聚焦主责主业，积极担当作为，各项工作取得新的成效。

（一）坚持量质并举，经济发展稳步上升

加强经济运行调度，着力优化存量企业，大力推进循环智能型工业发展，促进经济发展上规模、提层次、增效益，实现平稳运行、回升向好。新增入园企业27家达到332家，其中规上工业企业64家，产值239.8亿元，增长22%，占全区规上工业企业产值的76.9%。一般公共预算收入10.1亿元，增长42.6%，其中税收收入8.4亿元，增长31.9%。限额以上贸易额354亿元，增长15%。固定资产投资增长19.2 %。新增就业1.1万人。绿色照明、智能装备、食品医药、汽车、新材料五大主导产业产值占比72%。金龙铜管集团、长安跨越公司2家企业各实现产值50亿元以上；神华港电、三雄极光、湘渝盐化公司3家企业各实现产值10亿元以上。规上工业企业实现利润8.8亿元，增长285%。市级企业技术中心达到13个，高新技术企业达到25家，科技型企业达到62家，战略性新兴企业达到23家。万州首家半导体芯片制造企业威科赛乐公司顺利投产。三雄极光公司等15家企业实施技改扩能项目19个；施耐德公司等4家企业实施数字车间、机器换人等智能自动化改造。金龙铜管集团与浙江大学开展联合研发，“国家知识产权示范企业”和中科院精密铜管工程研究中心落户万州。

（二）坚持“懂你”招商，项目引进绩效明显

把招商引资作为“一号工程”，坚持懂产业、懂行业、懂企业、懂企业家“懂你”招商，加大“走出去”“请进来”力度和密度，一批招商项目签约落地、开工建设、竣工投产。签约博赛集团特铝新材料、长安跨越新增8万辆绿色环保汽车、湘渝盐化煤气化节能技术升级改造、北京康力优蓝机器人、西偌帕斯光电科技玻璃CD纹理炫光保护片、维都利锂离子电池等37个项目，协议总投资226.6亿元、到位资金100.4亿元，其中投资50亿元以上项目2个、10亿元以上50

亿元以下项目4个。渝东表面处理中心、中船重工万州智能装备产业园等18个开工项目和续建项目加快推进。维都利锂离子电池（一期）、西偌帕斯光电科技玻璃CD纹理眩光保护片等10个项目实现“当年签约、当年开工、当年投产”。三雄极光公司COB芯片封装、胜特佳智能装备精密零件等13个续建项目竣工。

（三）坚持产城融合，开发建设有序推进

立足“区域集中、产业集群、开发集约”，加强规划、建设、管理，一批市政基础设施和公共服务设施项目建成或加速建设，产业、人口和生态承载能力不断增强。进一步优化园区空间布局，编制完成新田园控制性详细规划、高峰园相思南区道路修建性详细规划。实施建设项目95个，新增建成区面积1平方公里，达到24.5平方公里；完成场平3000亩，建成标准厂房12万平方米，建成高峰大道等市政道路22公里以及配套给排水、电力、燃气等管网；基本建成万州科创中心、天子湖公园及周边海绵城市试点工程和万州综合保税区（一期）道路、标准厂房、保税仓库；序时推进万二中高峰校区、鸡公岭小学天星校区（二期）、白岩寨公园等项目；实施房地产开发项目4个，在建60万平方米，竣工42万平方米。取得土地征转批复3270亩，实施征地拆迁2028亩，供应土地10500亩。开展闲置和低效土地清理处置工作，收回土地4宗426亩。

（四）坚持严守底线，风险防控有力有效

坚持底线思维，增强忧患意识，未雨绸缪，精准施策，深入开展“防风险保安全护稳定迎大庆”集中攻坚行动，营造了安定的发展环境。成功发行扶贫专项债，获批额度大、周期长、利率低的国开行长江大保护专项贷款等国家鼓励性融资项目，取得渝东北首例境外直贷，筹集到位各类资金120亿元，资金链条稳固，负债水平合理，债务风险可控。入园企业人防、物防、技防等本质安全水平有所提升，连续50个月未发生较大及以上生产安全事故。推进园区规划环境影响跟踪评价工作，环评及“三同时”执行率达100%，工业固废处置场建成完工，未发生较大及以上环境污染事故。排查化解处置入园企业、工程建设、征地拆迁等领域矛盾纠纷，未发生到市进京非正常上访、到区大规模集访和极端恶性事件。

（五）坚持深化改革，改革创新取得突破

纵深推进改革事项，规划范围扩大到73.27平方公里，代管高峰镇。设立经开区税务局、市场监督管理所。完成经开区国资国企改革，重组经开（集团）公司，新组建建设发展公司。经开（集团）公司首评获AA+信用等级，资产规模达到600亿元以上。全面开展内部审计，规范支出行为，提高资金使用效率。全面推行零基预算、部门预算，取消备用金制度，建立财政资金使用绩效评价制度。大幅压缩一般性支出，增加支持企业发展支出，公务经费同比下降17%。

（六）坚持党建引领，自身建设持续加强

认真贯彻落实全面从严治党要求，勇于“刀刃向内”自我革命，加强自身建设“强身健体”，干部队伍的凝聚力、战斗力、执行力不断增强。全面加强党的政治建设、思想建设、组织建设、作风建设、纪律建设，将制度建设贯穿其中。深入学习习近平新时代中国特色社会主义思想，往深里走、往心里走、往实里走。增强“四个意识”、坚定“四个自信”、做到“两个维护”，始终在思想上、政治上、行动上同以习近平同志为核心的党中央保持高度一致。加强党风廉政建设和反腐败工作，认真落实中央八项规定精神，不敢腐、不能腐、不想腐一体推进。扎实开展“不忘初心、牢记使命”主题教育，总体实现理论学习有收获、思想政治受洗礼、干事创业敢担当、为民服务解难题、清正廉洁作表率的具体目标。认真整改市委巡视反馈事项 11 个。深入开展动力不足不想为、担当不足不敢为、能力不足不会为“庸懒散怠”作风专项整治，干部队伍干事创业的氛围明显增强。

二、发展中存在的问题

同时，发展中仍然还存在一些突出问题和短板。一是高质量发展的基础还不稳固，工业经济比较薄弱，支撑发展的大项目、好项目不多，新兴产业较为滞后，劳动密集型、资源消耗型企业占比较大，开放型经济较弱、总量较小；二是受主客观多重因素影响，引进牵引性带动性强的大项目好项目难度很大，同时有的签约项目落地效果不够理想，一批土地空置、低效，没有达到招商预期；三是收入少、支出大，自身造血能力不足，保障开发建设、兑现优惠政策、偿还到期债务、上解区级财力的资金压力增大；四是制约高质量发展的体制机制障碍仍然存在，少数干部思想解放的程度、干事创业的力度与推动高质量发展的要求不完全适应，营商环境与投资者期待还有较大差距。

三、2020 年发展思路

2020 年，万州经开区将坚持以习近平新时代中国特色社会主义思想为指导，深入贯彻党的十九大和十九届二中、三中、四中全会精神以及全国“两会”精神，按照中央、市委和区委部署要求，坚持稳中求进工作总基调，贯彻新发展理念，做好“六稳”工作，落实“六保”任务，走深走实“一心六型”两化路径，统筹推进疫情防控和经济发展工作，奋力推动经开区高质量发展。

（一）聚焦循环化智能化，狠抓现有企业“优存量”

坚持“四个一”联系服务企业机制，用心用情用力解决企业用水、用电、用气、用工、物流、融资等问题，发展壮大循环智能型工业。一是抓技改扩能。继续推进金龙铜管集团、长安跨越、三峡纺织、湘渝盐化等 15 家企业实施技改扩能、智能化改造项目 19 个。二是抓增产增效。着力培育维都利、威科赛乐、苏美达等 6 家投产企业达产达效。三是抓规上企业培育。力争新培育食品科技、康力优蓝机器人等规上工业企业 10 家。四是抓科技创新。积极争取金龙铜管集团国家企业技术中心和博士后科研工作站等一批科研机构落户万州。加快投运万州科技创新中心，力争新培育一批市级企业技术中心、高新技术企业、科技型企业、战略性新兴企业等。

（二）聚焦早投产快见效，狠抓产业项目“扩增量”

坚持“竣工一批、续建一批、开工一批”滚动推进，力促一批产业项目早投产快见效，形成增量。一是抓竣工投产。力争竣工投产渝东表面处理中心、三铭重工建筑矿山机械等产业项目 35 个以上。二是抓续建。加快推进中船重工万州智能装备产业园（一期）、万州医药产业园等续建产业项目 5 个。三是抓开工。开工建设博赛集团特铝新材料、湘渝盐化煤气化节能技术升级改造等产业项目 29 个以上。

（三）聚焦大项目好项目，狠抓招商引资“提绩效”

完善招商机制和政策，着力引进一批大项

目、好项目。一是抓精准招商。立足万州产业基础，围绕五大优势产业，紧盯高科技、大企业、上规模项目“穷追不舍”。二是抓以商招商。围绕现有入园企业，按照“垂直整合、平行扎堆”，建链补链强链成群。三是抓驻点招商。组建专业招商队伍，常年进驻对口支援省市和东部沿海发达地区，承接产业转移，提高招商实效。

（四）聚焦拓空间强配套，狠抓工程项目“创平台”

坚持宜居宜业宜创，持续完善生产生活生态服务功能配套，统筹“一区五园”开发建设。一是抓规划。积极融入成渝地区双城经济圈建设和渝东北三峡库区城镇群发展，统筹优化生产空间、生活空间、生态空间，加强重大项目的规划预研预控，有效促进项目落地实施。二是抓建设。着力实施基础设施项目65个，完成年度投资15亿元。三是抓管理。强化建设项目管控，完善市政设施建设、移交工作机制，加强房地产开发建设监管。

（五）聚焦防风险守底线，狠抓保障事项“兜好底”

坚持底线思维，强化风险意识，积极防范各种风险。一是抓用地保障。开展土地高效利用行动，加大低效和闲置土地清理力度，出清一批“僵尸企业”“僵尸项目”，腾挪产业项目用地。二是抓资金融通。做好债务结构分析和风险研判，积极争取政策性资金，提升经开（集团）公司融资能力。三是抓安全生产。严格落实“党政同责、一岗双责、齐抓共管、失职追责”，突出危化、消防、建筑施工、工贸企业等重点行业领域监管，严防较大及以上生产安全事故。四是抓环境保护。严把准入门槛，加强环保基础设施建设，做好环境风险隐患排查治理，严防环境污染。五是抓信访稳定。突出入园企业、工程建设、征地拆迁等重点领域矛盾纠纷排查化解，确保不发生到市进京非正常上访、到区集访和极端恶性事件。

（六）聚焦大担当新作为，狠抓队伍建设“固根本”

坚持落实全面从严治党要求，持续深化“不忘初心、牢记使命”主题教育，着力打造一支“信念坚、政治强、本领高、作风硬”的干部队伍。一是抓思想政治。深学笃用习近平新时代中国特色社会主义思想，树牢“四个意识”、坚定“四个自信”、做到“两个维护”，兑现市委“三个确保”政治承诺。二是抓工作作风。践行“现场一线工作法”，力戒形式主义、官僚主义，项目化、事项化、政策化、机制化一体推动工作落地落实。三是抓党风廉政。严格执行中央八项规定等，加强工程招投标及采购、工程建设、招商引资、征地拆迁、资金管理等重点领域的监管，严肃查处违纪违法行为，努力营造“近者悦、远者来”的营商环境。

（执笔人：罗城）

永川高新技术产业开发区

重庆市永川高新区管理委员会

一、2019年发展回顾

2019年，永川高新区坚持以习近平新时代中国特色社会主义思想为指导，全面贯彻中央决策部署，认真落实市委、市政府和区委、区政府工作要求，准确把握升级为国家高新区后的新特征、新优势、新任务，紧紧围绕永川“一二三”发展思路，努力推动永川高新区高质量发展，取得积极成效。永川高新区全年营收超过1100亿元，同比增长14.9%；增加值258亿元，同比增长14.9%；财政收入46.5亿元，同比增长23%。

（一）加快建设西部职教城

一是科学编制远景规划。坚持“产教融合、城校互动、技能为本、就业为先”的发展理念。力争到2025年，职教城建成区达到20平方公里、院校20所、在校学生20万人，年社会培训20万人。到2035年，职教城建成区达到40平方公里、院校30所、在校学生30万人，年社会培训30万人。二是合理设置空间布局。围绕永川城市布局，规划“一核一片一圈一镇”西部职教城四大组团空间布局，推动职教资源集聚发展，“产城校景”深度融合。“一核”是指在城东生态科技城规划建设5平方公里西部职教城核心区；“一片”是指在卫星湖片区规划建设10平方公里的职教特色示范片区；“一圈”是指以重庆文理学院、水电职业学院为中心构建创新创业生态圈；“一镇”是指依托重大城科、科创学院等院校，打造职教文旅小镇。三是深入实施七大工程。坚持规划引领、稳步推进，做到内培与外引并重、扩容与提质并举，围绕实施产业需求引领、产教联盟链接、实训基地支撑、职教增量提质、职教改革试点、职教品牌塑造、职教发展智库等七大工程，助推产教深度融合，牵头成立全国首个大数据产业人才培养联盟，与长城汽车等龙头企业共建职教集团（联盟），建成中德工程师学院、西门子智能制造公共实训基地、科大讯飞大数据学院、携程现代学徒制试点班等合作项目258个。四是加快推进院校招引。加强与国内外知名高校、科研院所对接联系，积极吸引其落户永川。成功引进重庆智能工程学院暨华为创新技术中心、重庆华绣中等专业学校等职业院校在永办学，在永职业院校家数达17家，在校师生14万余人。

（二）致力发展高新技术

一是大力培育高新企业。持续开展“百家高新技术企业”培育行动计划，全力支持辖区企业开展新产品、新技术、新工艺研发及产业化，引领其升级为高新技术企业。2019年新培育科技型企业175家、高新技术企业37家，高新技术企业从2014年的6家增加到128家，并成立高新技术企业协会，科技型企业总数达到476家，高新技术企业销售市场覆盖川渝。二是加快布局高新产业。重点发展汽车及零部件、智能装备、电子信息、大数据、特色轻工和能源及新材料等产业集群，成功建成全国首个全产业链数控机床产业园，高端数控机床销量占重庆市的1/3。成功引进德国埃马克、利勃海尔等智能装备龙头企业，长城汽车获评市级智能工厂。泰石岩棉、东鹏智能家居一期等项目相继投产。三是积极研发高新产品。近年来，永川高新区企业研发投入以每年30%以上的速度增长，达到25亿余元，2019年共研发高新技术产品158个，新产品收入占主营业务收入的比例达到22.13%，研发投入占比达4.8%。自主研发的弧焊机器人打破国外垄断、大功率柴油机达国内先进水平、中国首台双Y轴汽车发动机缸盖（体）智能化生产线填补国内外空白，替代进口产品，销往多地。四是围绕产业链布局创新链。积极开展“产学研”协同创新，出台《永川区英才培育引进激励办法（试行）》，先后引进尹伟伦、陈芬儿等“两院”院士、国家科技进步奖获得者等国家级高层次人才35人，其中从四川大学引进涂铭旌院士白手起家建成新材料研究院，获批国际科技合作平台；全区高新技术领域建成市级以上研发平台达75个，其中国家级研发平台5家，建成重庆托木斯克工业技术研究院等独立法人研发机构19家；建成众间空间、知识产权服务机构等各类双创平台21家；“高性能特种车桥关键技术研究及产业化”等多项成果获重庆市科技进步奖一等奖。2019年，永川高新技术产业申请发明专利339件、授权专利1503件。

（三）高水平开展双创活动

一是以改革为先，打造一流创新创业生态。围绕永川产业、职教等双创特色，先后出台了“创新30条”“智能装备17条”“大数据发展20条”“职教24条”等多项政策支持双创。深化“放管服”改革，大力推广“服务公社”网上服务，着力减项目、减环节、减材料，二手住房交易及水电气同步过户实现60分钟办结，速度属全市最快；长城汽车工厂从开工到投产用时仅14个月，创造国内全工艺汽车整车工厂最快建设速度。二是以服务为要，提升创业带动就业能力。深入推进产教融合，充分发挥职教优势，牵头组建重庆市大数据产业人才联盟，重庆文理学院等6所院校分别与华为等知名企业合作共建二级学院6个、校内生产实训基地30个。支持科研人员和大学生创业就业，仅2019年便成立创新创业团队600多个，创办企业300余家，带动就业8000余人。支持重点人群创业就业，组织30614人参与“创业培训+X技能”“互联网+创业”等多种培训。三是以招商强基，增强创新创业新动能。大力集聚创新创业主体，2019年成功引进阿里巴巴全球人工智能交付中心、华为（永川）联合创新中心等高端研发机构15个。加速构建创新型现代产业体系，秉持“做的比说的好、干的比签的好”理念，做大做强“一城七园”产业集群。大数据产业扩容提质，引进百度智能驾驶开放测试基地等项目100余个，达瓦大数据“阅兵仿真系统”献礼国庆阅兵。四是以平台铺路，促进大中小企业融通发展。成功打造“周有培训、月有沙龙、季有大赛、年有节会”的“永创汇”双创品牌，建成环重庆文理学院创新创业生态圈，建成市级以上孵化平台26个，总面积38万平方米。成功举办2019年重庆永川国际科技成果对接会暨“创之星”中美创新创业项目路演等重大活动，签订过亿元科技转化合同。五是金融造血，拓宽企业投融资渠道。认定农行永川兴龙湖支行等4家银行为科技金融示范银行，推出“科创贷”等多款适合特色金融产品，建立总规模为1.89亿元的知识价值信用贷款风险补偿基金、中小企业风险补偿基金和创业贷款3支基金。推动36家企业在科技创新版挂牌、2家在重庆新三板上市，成功融资3.25亿元。

二、2020年发展思路

2020年，永川高新区将坚持以习近平新时代中国特色社会主义思想为指导，全面贯彻党的十九大和十九届二中、三中、四中全会精神，围绕成渝地区双城经济圈建设、“一区两群”重大战略部署和永川“一二三”发展思路，坚持新发展理念，实施创新驱动发展战略，加快构建实体经济、科技创新、现代金融、人力资源协同发展的高新区产业体系，推动永川高新区高质量发展。

（一）抢抓国家战略机遇

深入学习贯彻党中央关于建设成渝地区双城经济圈的重大决策部署，充分发挥永川国家高新区“国字号”平台优势，积极争取政策、项目、资金、试点。用好用活已签订的《“泸内荣永”国家高新区产业联盟合作协议》，在共建川渝中部产业集聚示范区、强化资源互通共享等方面深度开展合作。助力川渝合作示范区建设，积极与泸州国家高新区对接，签订2020年合作行动计划。坚持固本强基，聚焦城东生态科技城建设，高水平布局职业教育、科技孵化、科技金融、大健康等产业，全力打造永川国家高新区核心区、川渝合作示范区和高质量发展、高品质生活样板区。

（二）加快建设西部职教城

营造良好政策环境。推动出台《关于加快建设西部职教城的意见》、《永川区深化职业教育改革实施方案》和《重庆市永川区产教融合试点建设方案》，与时俱进完善“职教激励政策24条”及实施细则，深化校地合作，构建常态化信息沟通机制，营造产教融合、校企合作的良好政策环境和“近者悦、远者来”的就业环境。坚持引培并重，加强与国内外知名高校、科研院所对接联系，积极吸引其落户永川；大力推进会议招引，以“一带一路”职业教育产业合作高峰论坛为契机，吸引更多院校在永办学。深化校地联席会议制度，定期召开会议，分析研判解决职业院校发展过程中的困难问题，推动西部职教城又好又快发展。

（三）聚力发展高新技术

发挥政策引领作用，加大“创新30条”“大数据发展20条”“制造业高质量发展18条”等政策条件的兑现力度，支持鼓励企业发展高新技术。稳步推进科技企业培育，持续开展“百家高新技术企业”培育行动计划，充分发挥高新技术企业协会作用，引领带动更多企业升级为高新企业。加强科技研发投入力度，深化与国内外知名院校、科研院所合作交流力度，积极为企业创新研发搭建平台、提供资源。积极建立成果转化中心，吸引更多创新成果在永川转化。

（四）做大做强产业集群

巩固和提升现有的“一城七园”产业集群，持续实施智能制造、工业技改、机器换人等项目，大力推进智慧园区和智能工厂建设，不断提高企业经济效益。坚持“顺藤摸瓜”招商引资，围绕长城、理文等龙头企业，做好产业建链、补链、强链、延链，提升招商项目指向性、目标性，构建完善产业招商路线。积极申报重庆国家人工智能试验区和重庆国家科技成果转移转化示范区，更大范围叫响永川国家高新区品牌。

（五）厚植创新创业沃土

充分利用国务院办公厅通报表扬永川“双创”工作的有利契机，积极向上申报，争取融入中国西部（重庆）科学城规划建设。提质建设环重庆文理学院创新生态圈升级版，按照“三三三”工作思路，推动创新生态圈建设与成渝地区双城经济圈建设、国家双创示范基地建设和全区职教院校创新创业工作相结合，重点实施物理空间拓展、体制机制改革、政策创新3项重点工作，持续优化产业发展环境。推动高水平双创示范区建设，抓实抓好高新区国家特色双创载体建设项目，积极申创国家级和市级科技创新项目。加快推进产业链、创新链、资金链“3链协同”，积极引培科研院所和平台机构，吸引科技人才集聚永川。

（六）深入实施开放战略

实行更加积极主动的开放战略，全面对接国际高标准市场规则体系，实施更大范围、更宽领域、更深层次的全面开放。充分借助永川内畅外联的交通优势，发挥大安机场、永川港区等重大基础设施作用，提高对外开放水平，积极融入“一带一路”、长江经济带发展、新一轮西部大开发和成渝地区双城经济圈建设。深入学习贯彻《市政府办公厅关于印发促进我市国家级开发区改革和创新发展若干政策措施的通知》精神，依法承接市级部门下放的行政审批、综合执法等方面的职能职责，真正实现“开发区的事情在开发区办”，为企业发展松绑减负。

（执笔人：赵鹏）

巫溪工业园区

重庆市巫溪县工业园区管理委员会

2019年，县工业园区管委会始终围绕县委、县政府的重大决策部署，认真贯彻习近平新时代中国特色社会主义思想，认真学习党的十九大、十九届二中三中四中全会精神和习近平总书记系列重要讲话精神，扎实开展“不忘初心、牢记使命”主题教育活动，坚持山水工业、生态园区“一个定位”，突出提升工业园区经济总量、提高园区企业发展水平“两个中心”，切实做好强化基础、补齐短板、招商引企、企业服务、转型升级、激发活力“六个重点”，努力实现园区产值大幅回升、园区企业活力增强、园区形象明显改观“三个目标”。现将工作情况报告如下。

一、2019年工作开展情况

2019年1~12月，园区预计完成工业产值41500万元，同比降幅6%；规上企业产值39000万元，同比降幅11%，预计固定资产投资3200万元。

（一）干部队伍更加团结、创业氛围更加浓厚

园区管委会和公司在管理制度上实行政企分开，在工作推进上实行整体融合，建立两套班子联席会议制度，共同研究工作，适时提神鼓劲，相继成立招商引资工作组、育才重点项目推进组、遗留问题清理组、融资工作组、脱贫攻坚工作组等，工作推进有力有序，凝心聚力，高度团结，不畏矛盾，敢于担当作为。

（二）招商引资更加有力、招商成效更加凸显

积极参加县上组织的招商活动，在先斌常务副县长的带领下，先后到浙江、深圳与双东、海盈等公司取得联系，同时积极对接山东鲁泰食品公司。另外，内联外引，广开渠道，坚持“乡愁招商、诚信招商、实力招商”的原则，加强与外地商会和巫溪在外工作的领导的联系，寻求招商意向，2019年先后到广东、湖北、安徽、重庆垫江等地开展招商活动，5000吨米制品生产线项目已初步达成投资协议，台湾富新源国际也在商洽中，宜昌生态板材生产线即将签约，安徽大理石材深加工、浙江台州宏远建设有限公司、奉节废旧钢材加工等3家企业正在入园协议谈判过程中。园区正在通过各种办法与广东一家企业洽谈（该企业老板是巫溪县人，现因梯度转移，计划回巫溪发展。该企业，能够提供就业人口300余人、实现产值5000万元以上）。

（三）融资工作更加有效、企业活力更加增强

园区的困难一味靠政府支持是没有出路的，只有通过公司的自身经营、增强造血功能才能生存。将融资工作作为公司生存发展的头等大事来抓。积极向土储中心争取2020年债券资金2.1亿元；同公司一道积极与相关金融机构对接，与农发行达成2.8亿元贷款协议；与哈尔滨银行达成2.8亿元意向。2019年底，工业发展公司基本摆脱无资金注入、到期不能还贷的困境。

（四）企业服务更加优化、企业生产更加正常

本着诚心当好企业服务员的精神，扎实帮助企业排忧解难，悉心指导企业健康发展。育才教育装备项目作为我县重点招商引资项目，2019年其建成投产纳入县人民政府工作报告，受到县委、县政府高度重视。专门成立育才项目推进服务工作组，主动协调解决办公场所、人员住所问题；免费为育才公司提供早、中餐服务；协调争取有资历、能力的人员到企业蹲点服务，派园区公司的两名同志专职协调育才公司的各项工作；积极参与征地拆迁安置纠纷调解，主动同凤凰镇政府一道，召开征地安置补偿工作组会议10次以上，将村干部、村社群众代表请到园区会议室座谈6次，直接到农户家中现场解决问题数十次。9月4日，场平建设正式入场，育才项目建设步入快车道。同时，积极帮助启翔塑胶协调解决税务纠纷问题，帮助后溪河公司解决土地边界问题，帮助汇锦玻璃解决办公用房建设问题，帮助华兰生物解决用地拓展问题，等等。力争助推企业解决难题，促进企业健康发展，增强企业对财政收入的贡献能力。

（五）问题消化更加有力、园区形象更加好转

园区建设10余年来，由于各种原因，形成了许多棘手问题，难以消化，影响了园区外在形象。这些问题主要集中在土地纠纷、资金往来、企业矛盾、群众利益等方面，比如尖山组团征地拆迁建设遗留问题就涉及污水处理厂老百姓安置、尖山园区厂房建设安置小区房产办理、弃土场纠纷等，对此群众意见很大。散热器项目后遗症、大唐丝绸索赔、森之泰仲裁、迪纳木业清退、玉龙家私补偿等问题，数量多，处理难度大。为此，成立遗留问题消化处理工作组，根据轻重缓急，主动出击，多方想办法逐步予以解决。力争让大事化小、小事化了，既让企业、老百姓感受到政府的诚信，同时也让园区轻装上阵，有利于园区思发展、抓发展。

（六）中心工作持续推进、园区发展更有保障

工业园区始终坚持党的领导，坚持讲政治、讲大局、谋发展、强服务。在县委、县政府的正确领导下，严格执行县委、县政府的各项决策，在抓好工业发展的同时，扎实做好基层党建、脱贫攻坚、四项创建、安全环保等各项保障性工作。

二、2020年发展思路

（一）指导思想

工业园区是全县工业经济的主战场，将按照“十三五”规划纲要，以创新发展为统揽，按照龚均县长提出的“收缩战线，突出重点；产城融合，多业并举；环保为先，规范发展；注重形象，讲究效益”的总体要求，扎实推进工业发展。

（二）各组团定位

凤凰组团走产城融合之路，将一半的工业用地调整为城市建设用地，为城市扩展留足空间，另一半建设现代楼宇厂房，打造智慧园区。

拓展古路园区，在古路—文峰快速道附近拓展 2 平方公里，逐步将凤凰园区的企业搬迁至古路园区。

借广东双东石材年内入园，把尖山园区打造成渝东北最大的石材基地。

（三）工作预期目标

一级指标：全年预计实现固定资产投资 3 亿元；预计实现总产值 6.5 亿元，规上企业产值 5 亿元以上。二级指标：全年计划招商引企 5 户以上，新增规模以上入园企业 1~2 户，园区内亿元产值企业达到 1 户、5000 万元产值企业达到 2 户。

（四）重点工作

1. 收缩战线、突出重点，调整园区发展布局

目前工业园区有凤凰、尖山、文峰、花台 4 个组团，占地宽，战线长。应该实事求是，量力而行，尽力而为。建议将尖山、花台两个组团战线收缩，把 4 个组团变成两个组团；建议将凤凰组团的工业用地逐步缩减，把更多工业用地调整为城市建设用地，为城市发展留足空间。同时在古路快速道附近拓展 1000 亩作为工业用地，逐步将凤凰的工业企业搬迁到古路园区。在交通便捷的古路镇拓展新的工业园，逐渐取代凤凰工业组团。将尖山园区打造为西南地区最大石材基地的专业产业园。

2. 加大投入、强化管理，夯实园区发展基础

一是加大基础设施建设投入，园区路网建设、污水处理厂建设等必需的基础设施要完善。二是迅速启动凤凰组团农产品加工园建设，推进园区物流中心建设，让更多本地中小型农产品加工企业、中药材片剂生产、生物制剂等企业入驻园区。加大标准厂房建设力度，为招商引资奠定基础。三是强化内部管理，大力清理整顿僵尸空壳企业，充分利用闲置厂房，让更多企业投入正常生产，提升园区活力。2019 年启动僵尸空壳企业清理整顿专项工作，把该清理出园的请走，让该恢复生产的动工，坚决不能让资源闲置。四是着力打造园区形象，提升园区品质。优化园区外在形象，从企业文化、绿化、美化、亮化等方面入手，重点打造大数据智能化与工业实物展览相结合的工业展示厅。

3. 内联外引、招商选商，提升园区发展水平

一个区县，没有工业做支撑，财政很难富起来；一个园区，没有实力企业做带动，园区很难活起来。我县招商引资难度大，质量不高。2020 年，将大力引进有实力、讲诚信、有诚心的企业入驻园区，坚持“诚信、实力、乡情”招商原则，做到“宁缺毋滥”、健康发展。利用外地商会、巫溪在外工作的能人、代理招商等方式，将沿海一带梯度转移型、科技转换型、劳动密集型的实体企业引入我县，真正壮大园区实力，提升园区水平。

4. 产城融合、多业并举，释放园区发展活力

工业发展公司作为政府的平台公司，只有增强造血功能，少些政府依赖，才能立足于市场。一是利用土地资源，走工业地产之路，实现产城融合；二是通过基础设施包装项目，争取项目资金；三是加强园区企业管理，坚持条约对等原则，清退僵尸空壳企业、清收企业欠款；四是利用存量土地，采取先租后征的方式招商引资，以

土地、厂房入股与企业合作开发；五是请求政府配置合理资源，让平台公司增强营运能力（山货市场的产权收益）；六是积极争取财政金融政策，及时消化公司债务。

5. 狠抓脱贫攻坚、安全环保等中心工作

始终把脱贫攻坚作为第一政治任务，扎实开展，务实推进。继续做好结对帮扶工作，努力提升群众满意度。积极协助木龙村发展集体经济。安全环保工作绝不能忽视，只有抓好该项工作，才能促进企业健康发展。

（执笔人：钟双玲）

第五编　区县经济

万州区

万州区人民政府办公室

一、2019年发展回顾

2019年，在市委、市政府的坚强领导下，万州区紧紧围绕习近平总书记对重庆提出的“两点”定位、“两地”“两高”目标、发挥“三个作用”和营造良好政治生态的重要指示要求，认真落实市委、市政府部署，坚定不移贯彻新发展理念，积极应对经济下行压力，统筹抓好稳增长、促改革、调结构、惠民生、防风险工作，着力稳住经济基本面、社会基层面，“两化”先行示范区建设迈出新步伐，各项工作更有底气、更有态势、更有成效。地区生产总值同比增长3.2%，固定资产投资增长0.5%，社零总额增长4.3%，一般公共预算收入增长1%，城乡居民人均可支配收入分别增长9.1%和10.8%，单位地区生产总值能耗下降2%。

（一）坚持改造提升传统产业与培育扶持新兴产业并重，抓重点、补短板、强弱项，产业基础不断夯实

金龙铜管轨道交通用贯通地线等20个重点项目开工，苏美达长江制衣等20个重点项目竣工投产。迪康长江等13家企业完成技改扩能。规上工业产值增长13.5%，五大重点产业产值占比达到68.7%，战略性新兴制造业产值占比达到25%；规上工业企业主营业务收入、利润总额分别增长10%和15%。新增限上经营主体123户，批发零售业销售总额、住宿餐饮业营业收入分别增长9.1%、11.4%。成功举办首届三峡柑橘国际交易会。大力开展三峡美食文化节等活动，实现会展收入46.6亿元、增长21.4%。友豪万商城开业营运。开通陆海贸易新通道万州班列。新田港一期工程、现代综合物流中心一期建成投运。全年货物周转量476亿吨公里、增长10.2%。第二届世界大河歌会唱响人文之美，U22国际足球赛赛出“中国足球福地”美誉。“百万游客打卡万州游三峡”大型旅游活动走进香港、澳门和济南、南京、宁波等地。万州机场晋升“百万级”机场。全区年接待游客增长16.6%，旅游综合收入增长35.2%。文创产业营业收入增长160%，全区服务业收入增长12.6%。

（二）坚持推进高水平开放，着力招商安商深化合作，发展信心不断增强

组建“6+1”招商工作组，28名区级领导、312名干部拜访对接企业785家，开展招商推介活动36次；全年签约投资项目85个，协议

资金312亿元，其中5000万元以上项目60个。实施对口支援项目75个，争取无偿援助资金1.4亿元。成功举办第十二届“支洽会”，万州签约项目协议投资197亿元。建立川渝合作达万协作“1+5”工作机制。综合保税区建设提速，预签约企业12家。万州机场出入境突破5万人次，达到口岸开放客运指标标准。实现进出口总额10亿元、增长17.6%。完善“一窗受理、限时办结”服务机制，80%以上审批服务事项实现“一窗”办理，项目审批时间缩减50%以上，新增市场主体1.6万户、达到12.1万户。建立招商项目“谁审批、谁代办”工作机制和项目建设“五个一”推动机制，招商项目开工42个，到位资金151.7亿元，威科赛乐半导体芯片等16个项目实现当年签约、当年投产。国资国企改革成效初显，252家国企关闭出清35家、优化整合为25家区属一级企业，国有资产总额增长21%。推行行政执法“三项制度”，完成生态环保等8个重点领域综合行政执法改革。

（三）坚持城市让生活更美好，推进规建管精细化，城市品质、社区颜值不断提升

万一中至驸马片区库岸及消落区综合整治工程等41个项目启动实施，高梁入城大道、长岭新城区主干道、长生河南大桥、杨柳水厂、移民广场地下停车场等11个项目建成投用。牌楼长江大桥顺利通车。建成海绵城市6.8平方公里，新建和改造城市路网42.1公里，99个城市价值提升项目完成投资80亿元。精致打造“高峡平湖十六景”，彩泉映乐广场、樱花渡体育公园一期基本完工。清理闲置土地310块5120亩，提升龙宝河等社区公园、街心游园7个。创新开展城市“双亮”活动，打造“苗圃巷道”等社区美景60余处。创新建立“多勤联动”机制，强化“马路办公”“五长制”，取缔规范占道经营摊点3258个，清理违规户外广告2454块，纠治交通乱象4640起，创建市容秩序示范街18条。重拳出击、强制拆除救兵城社区7栋违建，全年消除存量违法建筑38.2万平方米。

（四）坚持干起来、实起来、比起来，创新开展农村“双亮”活动，乡村振兴不断推进

实施水利部定点帮扶、东西部扶贫协作项目45个，争取帮扶资金2.3亿元。创新开展“三师入户”“国企进村”，新减贫4605人，贫困发生率降至0.21%，19个区级扶贫开发重点村全部出列。投入1.1亿元扶持农村集体经济发展，消除“空壳村”272个。升级改造干线公路650公里，完工“四好农村路”1253公里。新建标准化产业基地7.9万亩，改造经果林11万亩，新建高标准农田5万亩，粮食总产量49.5万吨。建成生态猪养殖单元200个，新增生猪产能25万头。打造“三峡天丛”茶叶区域公用品牌，创新“六统一”营销模式。培育区级农业龙头企业21家、家庭农场59个、农民专业合作社66个，新增绿色食品认证产品15个，万州红橘获中国重要农业文化遗产保护产品，龙驹镇龙溪村获国家“一村一品”示范村。因地制宜、就地取材整治农村人居环境，打造甘宁古树别院等美丽乡村示范点81个、美丽庭院1500个。完成农村改厕3.8万户。

（五）坚持“自上而下”与“自下而上”良性互动，深化“枫桥经验”万州实践，社会治理创新不断深入

创新推行“楼栋工作日”，区级领导干部现场办公76次，解决突出问题230个；广大党员干部下沉社区楼栋，接待群众7000余人次，一

批群众最急最忧最盼的问题得到有效解决。加强城市社区治理经费和人员保障，落实专项资金1654.6万元，增配社区专干217名。创新开展“律师驻所”，建成公共法律三级服务平台，警、律联动调解纠纷300余件，法律援助200余件。推进基层协商民主“四事五议”制度，实施环境整治等事项1000余件。以“防风险保安全护稳定迎大庆”集中攻坚行动为主线，扎实开展安全生产大排查大整治大执法，消除重大风险点104个，成功承办全市事故灾害综合应急演练。深入开展“四重问题”集中攻坚、“4+3”信访突出问题专项治理，化解市区两级突出信访问题224件。纵深推进扫黑除恶专项斗争，打掉黑恶团伙15个。

（六）坚持尽力而为、量力而行，着力办好一批民生实事，民生福祉不断增进

实施石桥河综合整治试点等水质提升项目13个、投资3.4亿元。三级河长常态巡河、整治突出问题157个，21条次级河流水质稳步提升、监测断面Ⅲ类水质占比94.1%，长江干流万州段水质总体保持Ⅱ类。完成营造林26.8万亩，全区森林覆盖率和长江两岸森林覆盖率分别提高到53.5%、68%，城区空气质量优良天数332天。教育类项目竣工25个，新增公办幼儿园24所，文德初中、南京小学、万泉小学建成招生。获批全国城市医联体建设试点，三峡中心医院成为重庆大学直属附属医院，与11家基层医疗机构组建医疗集团，全面托管龙驹镇中心卫生院，6家二级医院与32家基层医疗单位建立医共体，55家公立医疗机构全面取消医用耗材加成。儿童广播剧《“事儿妈”宋小娥》荣获全国精神文明建设“五个一”工程奖，三峡移民纪念馆入选全国爱国主义教育示范基地，西山钟楼、瀼渡电厂获评全国重点文物保护单位。成立“文艺名家工作室”3个，打造特色文化服务中心8个，举办“希望的田野”等文艺进基层活动240余场。2019年度三峡后续项目获批补助资金7.8亿元，完成移民精准帮扶项目39个。新增城镇就业3.6万人，城镇登记失业率2.97%。五大保险参保307.7万人次，发放各类社保待遇75.8亿元。发放城乡低保、临时救助等资金5.1亿元。新建社区养老服务站18个，改造特困人员集中供养点4个。实施旧房整治5000户，完成棚户区改造2600户，新配租公租房700套。新能源公交车全覆盖，全面推行公交车1小时优惠免费换乘。双拥工作扎实开展，建立三级退役军人服务体系。

二、发展中存在的问题

同时，发展中还存在一些突出问题和短板。一是工业经济基础比较薄弱，新兴产业发展较为滞后，支撑发展的大项目、好项目不多，经济总量不大、结构不优、韧性不强，还需下功夫；二是新旧动能转换乏力，创新要素集聚不足，产业能级不高，城市集聚辐射力亟待进一步提升；三是城市管理精细化水平不高，乡村振兴任重道远，生态保护压力较大，民生领域欠账较多，社会治理面临新的挑战；四是制约高质量发展的体制机制障碍仍然存在，营商环境还需改善，少数干部思想解放的程度、干事创业的力度还需提升。

三、2020年发展思路

以习近平新时代中国特色社会主义思想为指导，全面贯彻党的十九大、十九届二中三中四中全会精神和中央经济工作会议精神，紧紧围绕习近平总书记对重庆提出的“两点”定位、“两

地”“两高”目标、发挥“三个作用”和营造良好政治生态的重要指示要求，认真落实市委、市政府部署，坚持稳中求进工作总基调，坚持新发展理念，坚决打赢“三大攻坚战”，深入落实“八项行动计划”，全面做好“六稳”工作，落实“六保”任务，统筹抓好疫情防控和经济社会发展，走深走实“一心六型”两化路径，加快建设“两化”先行示范区，确保全面建成小康社会和“十三五”规划圆满收官。

（一）推进供给侧机构性改革，增强产业发展新动能

聚焦转型升级、创新驱动，在优化存量、抓好增量、提升质量、壮大总量中，增强“六型”产业集聚辐射能力，形成强劲的动力引擎，确保万州经济实现量的合理增长和质的稳步提升。大力引进大企业好项目，突出目标企业、优化力量抓招商，强化服务抓项目建设，力争全年签约投资5000万元以上项目100个以上，到位资金150亿元以上。做大做强工业，狠抓智能化改造、科技创新型企业培育、工业投资，确保工业增加值增长7.5%。特色升级发展“五大商圈”，加快建设服务带动三峡库区及其周边、最具吸引力的现代商贸中心。融合发展文化旅游业、休闲康养业，强化互联互动，完善配套服务，加快建设大三峡旅游集散中心。着力发展绿色智慧型物流业，打造辐射周边、连通全国的区域性物流枢纽。大力发展功能共享型金融业，加快建设渝东北金融高地。

（二）激发优势与活力，增强城市发展新动能

着力完善城市功能，提升城市内涵，深入推进区域性中心城市、开放门户、公共服务高地建设，打造“近者悦、远者来”的魅力城市。坚持带头开放、带动开放，拓展开放通道，抓好开放平台，深化开放合作，提升城市竞争力。坚持组团规划、板块发展，提升城市生长力。坚持精致建设、精细管理，强化规划引领，着力打造一批公共空间，深化“多勤联动”“马路办公”，提升城市吸引力。坚持以文化人、以文兴城，加快文化场馆建设，积极承办大型文体活动赛事，提升城市影响力。坚持留才育才、引才用才，大力支持在万高校“一大四本多专”发展，压缩基本公用经费50%支持创新，深入实施平湖英才计划，提升城市活力。坚持改善民生、增进福祉，扩大优质教育资源覆盖面，打好三峡医疗牌，打造爱心城市，深化平安万州建设，提升城市满意度。

（三）打造美丽田园多彩乡村，增强乡村振兴新动能

以决战决胜脱贫攻坚为统领，以提升全域水质为中心，以开展农村“双亮”活动为抓手，深入推进乡村振兴战略行动计划，努力实现生态美、产业兴、百姓富。聚焦深度贫困，全面精准落实教育、医疗等保障措施，抓好中央脱贫攻坚专项巡视“回头看”等反馈问题整改，确保现行标准下农村贫困人口全部脱贫、高质量打赢脱贫攻坚战。统筹山水林田湖草系统治理，深入推进新田河等次级河流综合治理，扎实开展国土绿化提升行动，持续整治人居环境，坚决打赢污染防治攻坚战，切实筑牢长江上游重要生态屏障。大力发展山地高效型农业，大力实施“双百亿”工程，推进农业产业规模化、标准化、品牌化发展。着力强化利益联结机制，继续探索农村“三变”改革，深入推进农村集体产权制度改革，培育扶持一批懂管理、善经营的“带头人”“土专家”，大力推广股份分红、订单生产等多种利益联结方式，促进农业经营主体、农民持续增收。

（四）坚持改革引领，增强体制机制新动能

统筹抓好“放管服”改革、行政审批制度改革等，创新行政管理和服务方式，进一步推进经开区、江南新区、渝东开发区与区级部门、属地镇乡街道职能职责和事权财权划分，着力完善行政体制。大力发展民营经济，健全市场准入负面清单制度，全面落实减税降费政策，着力营造依法平等使用资源要素、公平公正参与竞争、同等受到法律保护的市场环境。深化国资国企改革，强化国有经营性资产集中统一监管，优化区属国有经济布局和结构调整，进一步明确国有运营公司主业边界，完善国有企业法人治理结构和市场化经营机制。完善“一心六型”两化路径推进机制，建立渝东北三峡库区城镇群协调发展机制，健全经济运行调度机制，优化重点项目建设推进机制、“双亮”活动工作考评机制，切实增强发展的有效性、实效性。

（执笔人：刘成武）

黔江区

黔江区人民政府办公室

一、2019年发展回顾

一年来，黔江区深学笃用习近平新时代中国特色社会主义思想，深入学习贯彻习近平总书记对重庆提出的“两点”定位、“两地”“两高”目标、发挥“三个作用”和营造良好政治生态的重要指示要求，在市委、市政府的坚强领导下，深入贯彻新发展理念，坚持稳中求进工作总基调，走高质量发展之路，全区经济社会发展保持良好态势。地区生产总值增长3%，扣除减税因素后全区税收增长8.8%，城乡居民人均可支配收入分别增长8.9%、9.9%。

（一）尽锐出战脱贫攻坚

认真落实“四个不摘”要求，着力解决“两不愁三保障”突出问题，整合财政涉农资金4.9亿元，实施扶贫项目293个，2563名贫困群众脱贫，42120人脱贫成果持续巩固，贫困发生率降至0.05%，2019年度脱贫攻坚考核取得“两好一优”佳绩。在全市率先开展“六大专项行动”，开发公益性岗位安置建卡贫困人口459人，开展建卡贫困人口技能培训5788人次；改造农村危房354户，实施旧房整治3000户，完成易地扶贫搬迁2000人；兑现各类教育资助9600万元，惠及学生13.8万人次；实现建卡贫困人口医疗保险参保和家庭医生签约服务全覆盖；贫困村自来水覆盖率、建卡贫困人口安全饮水保障率均达到100%。完善到户产业扶持政策，引导6830户建卡贫困人口发展农业产业，实现在家建卡贫困人口全覆盖。创新扶贫资金使用利益联结机制，落实3000万元股权化改革资金，通过多种方式与2860户建卡贫困人口实现利益联结。中央脱贫攻坚专项巡视和各类考核、审计、督查反馈问题全部整改销号。中信集团、山东日照、市卫生健康委扶贫集团、永川区对口帮扶力度加大，到位帮扶资金8720万元，“三金品牌”获国务院扶贫办肯定。

（二）扎实推进乡村振兴

乡村振兴综合试验示范区创建中期评估列全市第3位，冯家街道寨子社区成为市级重点示范村。农业产业结构持续优化，立体农业基地达到13万亩。非洲猪瘟防控有力，出栏生猪60.3万头，50万头无抗生猪基地石会种猪场投用。成功申创“全国蚕桑生物产业基地”，蚕茧产量突破6万担。收购烟叶6.8万担。新增全国名特优新农产品3个、绿色食品认证35个。农村基础设施进一步完善，罗家堡、瓦窑堡水库和青杠至太极等4条二级公路建设有序推进，阿蓬江至神龟峡旅游公路通车，新改建“四好农村路”679公里，建成人行便道180公里，天然气供气站实现乡镇全覆盖，改造卫生厕所7900余户。

（三）深化工业强区建设

市级高新技术产业开发区创建提速，6家工业企业进入全市战略性新兴产业名录库。启迪国维科技城奠基，新培育高新技术企业12家、科技型企业50家。骨干企业生产运营平稳，黔江卷烟厂实现产值54.5亿元，创历史新高；全区工业用电量、工业用气量分别增长11.6%、41.7%，生产水泥241.9万吨、铬铁7万吨、玻璃纤维纱8.1万吨，分别增长5%、11%、36.2%。伟通复合材料等20个产业项目建成投产，衡生胶囊数字标准化车间等项目加快建设，黔江卷烟厂易地技改项目初设获批。要素保障能力稳步提升，青杠110千伏输变电工程投用，天然气储备调峰输配中心建设有序推进，黔江火车站散堆货场开工。着力帮助企业降本增效，重点工业企业用电单价降至0.6元、用气单价维持在2.32元。

（四）加快旅游大区建设

景区建设实现新提升，三塘盖国际旅游康养度假区启动，水车坪景区获评4A级旅游景区，爱莉丝庄园、神龟峡景区提档升级运营，芭拉胡5D玻璃廊桥投用。文体旅融合发展，最美山马赛道旅游线路入选“重庆市体育旅游精品线路”，黔江跑客节跻身“重庆市体育旅游精品赛事”。旅游营销取得新成效，黔江旅游形象宣传上央视、出国门，获全市“晒文化·晒风景”活动最佳效果奖，《向往黔江》成为网红歌曲，2个乡村旅游项目入选全国乡村旅游发展典型案例，荣膺“中国最佳文化旅游名区”“全国首批生态旅游胜地”，全年接待游客突破3000万人次，旅游综合收入突破160亿元，分别增长45%、49%。

（五）提质城市靓区建设

“巩卫创文”深入推进，“马路办公”制度化常态化开展，城市日常管理考核居渝东南渝东北17个区县前茅，濯水、石会跻身国家卫生镇，新增市级卫生乡镇7个。黔张常铁路开通运营，渝湘高铁主城至黔江段、渝怀铁路复线、黔石高速公路、机场改扩建等项目加快建设，新开通温州、长沙、青岛、日照、贵阳、郑州航线，全年航空旅客吞吐量达到49.8万人次、增长21.5%，区域性综合交通枢纽功能凸显。全国文明城区创建通过第二个年度测评。舟白复线隧道通车，官坝人行天桥投用，交通拥堵逐步缓解。建成42个5G基站和一批公共直饮水点。新开工商品房36.5万平方米，销售商品房43.5万平方米，常住人口城镇化率提高1.5个百分点。实施城区裸露土地等绿化工程，新增绿地面积20.6万平方米。

（六）提升服务业发展水平

大十字智慧商圈示范试点有序推进。“黔江鸡杂”新开连锁店69家，注册“阿蓬记”国际商标。打造武陵山家居博览会、汽车博览会等会展品牌，实现会展直接收入7.2亿元，拉动消费28亿元。电子商务较快发展，网络交易额突破100亿元，网络零售额达到35亿元。武陵山现代粮食物流中心投用，吉之汇农贸物流城开业营运，渝东南会展中心即将运营，渝东南成品油储备中心完成库体建设。金融业稳定发展，金融机构数量、资产规模均居渝东南首位，存贷款余额、保费规模分别增长9.1%、11.9%，存贷比111.3%、列全市第4位。新增重庆OTC挂牌企业16家，创历史新高。

（七）深入推进改革开放

178项年度重点改革任务推进有力。机关事业单位机构改革平稳推进。“放管服”改革不断深化，“互联网＋政务服务”成效明显，区级部门行政许可事项承诺时限较法定时间缩短53.8%，企业开办时间压缩至3个工作日内。财政国资改革深入实施，国库集中支付电子化、人大预算联网监督系统上线运行，扶贫资金预算绩效管理实现全覆盖；区属重点国有企业历史遗留问题处置稳妥推进。开放型经济发展基础不断夯实，进口商品授权分销中心开业，仰头山现代农业园获评“重庆市农产品（水果）出口示范基地”，新增外贸备案企业8家，外贸进出口总额增长20%，黔江海关关区实现进出口总额36.1亿元、增长23.1%；组团参加第二届中国国际进口博览会，实现交易金额2.8亿元。

（八）筑牢生态环境安全屏障

“五大环保行动”深入推进，畜禽粪污资源化利用整区推进项目有序实施，完成3座乡镇污水处理厂升级改造，新建城乡生活污水管网28公里，城乡集中式饮用水水源地水质达标率100%，农村行政村生活垃圾有效治理率100%，城区空气质量优良天数348天。“河长制”从全面建立到全面见效，河库乱象有效遏制，完成南沟河水体整治和黔江河沿线44个污水直排问题整改，水环境质量持续改善，阿蓬江获评“长江经济带美丽河流”。实施国土绿化提升行动，营造林14.5万亩，治理水土流失面积80平方公里，森林覆盖率达68%。扎实做好配合第二轮中央生态环境保护督察工作。“大棚房”问题和违建别墅整治全部销号。

（九）全力保障改善民生

民生支出48.9亿元，占一般公共预算支出的76%，15件重点民生实事年度目标基本实现。学前教育毛入园率、普惠率分别达90.1%、91.5%。黔江初级中学改扩建等项目投用，新增城区学位1600个，义务教育阶段入学率100%。新增重庆主城优质学校合作办学4所。普通高考一本上线1282人，居渝东南首位，北京大学录取4人。武陵山职教集团获评重庆市示范性职教集团。中心医院住院综合楼、妇幼保健院业务用房主体完工，武陵山创伤中心挂牌。基层医疗卫生服务能力明显提升，基本实现医疗卫生机构“三建好”、医疗卫生人员“三合格”、医疗服务能力“三达标”。成功创建全国健康促进区。城乡养老、医疗保险参保率稳定在95%以上，城乡低保应保尽保。推进养老服务体系建设，新增养老床位806张，建成村（社区）养老服务场所160个。新配租公租房1400余套，租赁补贴惠及困难家庭近3600户。为2900余名农民工追回工资4210万元。完成84个村（社区）文化活动室设施设备配套，开展流动文化进村（社区）活动550场。深入开展扫黑除恶专项斗争，八类刑案立案数下降52.2%，群众安全感指数达99.6%、列全市第3位。

二、发展中存在的问题

一是经济平稳运行的基础还不够牢固，投资增长后劲不足，消费新增长点仍需培育；二是实体经济竞争力不强，面临困难、发展瓶颈较多，融资难融资贵尚未有效解决；三是教育、医疗、公共卫生和“一老一小一就业”等民生保障存在薄弱环节；四是交通、水利、能源、环保等基础设施仍有不少短板。

三、2020年发展思路

以习近平新时代中国特色社会主义思想为指导，全面贯彻党的十九大、十九届二中三中四中全会精神和中央经济工作会议精神，认真落实全市经济工作会议部署要求，增强“四个意识”，坚定“四个自信”，做到“两个维护”，深化落实习近平总书记对重庆提出的“两点”定位、“两地”“两高”目标、发挥“三个作用”和营造良好政治生态的重要指示要求，全面贯彻落实成渝地区双城经济圈建设和全市“一区两群”协调发展重大战略部署，紧扣全面建成小康社会目标任务，认真贯彻落实区委四届九次全会精神，聚焦“一中心一枢纽三区三地”发展目标，坚持稳中求进工作总基调，坚持新发展理念，坚持以供给侧结构性改革为主线，坚持以改革开放为动力，坚决打赢“三大攻坚战”，深入实施“八项行动计划”，纵深推进“工业强区、旅游大区、城市靓区”建设，统筹推进稳增长、促改革、调结构、惠民生、防风险、保稳定，推动经济实现量的增长和质的提升，确保全面建成小康社会和“十三五”规划圆满收官。

聚焦地区生产总值增长6%左右、规上工业增加值增长9%左右、固定资产投资增长6%左右、社会消费品零售总额增长1%左右、进出口总额增长20%、城镇新增就业1万人以上、一般公共预算收入增长1%左右、全体居民人均可支配收入增长9%、现行标准下农村建卡贫困人口全部脱贫、节能减排降碳完成市上下达任务的主要预期目标，重点抓好十个方面的工作：一是着力抓重点、补短板、强弱项，坚决打好三大攻坚战；二是着力强调度、稳投资、增活力，确保经济平稳健康运行；三是着力盘存量、拓增量、优服务，提升工业经济支撑作用；四是着力铸精品、提质效、拓市场，推动全域旅游发展；五是着力优规划、精建设、强管理，努力实现城市让生活更美好；六是着力优供给、强融合、畅流通，促进服务业提质增效；七是持续推进乡村振兴，努力实现美丽乡村让人们更向往；八是持续推进改革开放，努力激活蛰伏的发展潜能；九是持续推进生态优先绿色发展行动计划，努力建设山清水秀美丽黔江；十是持续推进社会民生建设，努力书写更有温度更有厚度的民生答卷。

（执笔人：张吉顺）

涪陵区

涪陵区发改委综合科

一、2019年发展回顾

2019年，是涪陵经济社会发展稳中有进、稳中向好的一年。全区上下坚持以习近平新时代中国特色社会主义思想为指导，全面落实习近平总书记对重庆提出的“两点”定位、“两地”“两高”目标、发挥三个作用和营造良好政治生态的重要指示要求，统筹推进“五位一体”总体布局，协调推进“四个全面”战略，坚持稳中求进工作总基调，深入贯彻新发展理念，落实高质量发展要求，深化供给侧结构性改革，“三大攻坚战”取得决定性进展，“八项行动计划”顺利推进，“三篇大文章”成效显著，高质量发展、高品质生活的美丽涪陵幸福涪陵建设迈出了新步伐。

（一）综合经济实力显著增强

地区生产总值实现1179亿元、增长8.1%，人均地区生产总值首次突破10万元大关。三次产业结构优化为6.1∶55.2∶38.7；工业增加值增长9.3%；社会消费品零售总额突破300亿元、增长10.7%；在大规模减税降费背景下，完成一般公共预算收入54.4亿元、增长1%，地方税收占比提高到79%。供给侧结构性改革不断深化。规上工业企业资产负债率持续下降，减税降费规模达到21亿元，为中小企业商业价值、科技型企业共计提供贷款3.3亿元，为企业减少融资成本1400余万元。三大攻坚战扎实开展。实现“两不愁三保障”突出问题实现动态清零；“五大环保行动”年度目标任务顺利完成，PM2.5、二氧化氮等空气质量指标明显改善；政府性债务遏增量、减存量扎实推进。“六稳”工作有序推进。重点解决好农民工、退役军人等群体就业问题，新增城镇就业2.6万人；银行业不良贷款率保持在较低水平，社会融资规模超过1600亿元、增长11%；加快“涪陵造”布局国际市场，完成进出口总额76.3亿元；实际利用外资1.6亿美元，成功组织参加智博会、进博会等大型展会；工业用电量、货运量、贷款余额等先行指标分别增长15%、7%、6%，市场预期持续向好。营商环境明显改善。“放管服”改革不断深化，“全渝通办”全面落实，“互联网＋政务服务”有力推进，“双随机、一公开”监管模式改革扎实推进。深入开展服务企业“三百”行动，处置化解涉企困难200余个。

（二）现代产业体系协同发展

大数据智能化发展成效显著。实施智能化改造类项目47个，新增涪陵卷烟厂、华峰集团2个市级智能工厂和太极桐君阁、葵花药业等

13个数字化车间，总量居全市区县第一位。新建5G通信基站210个、公共区域免费无线接入点55个。华为（涪陵）云计算大数据中心上线运营。工业发展质效提高。规上工业产值增长11%，规上工业利润占全市的比重达到10%。工业园区规上工业产值增长13.5%，园区规模工业集中度达到92%。五大主导产业加快集聚，新材料产业产值突破400亿元，装备制造、信息技术产业产值增速均超过20%。工业企业提升“双百”行动成效初显，新升规企业35户，产值或利润率提升的亿元级企业36户。服务业发展步伐加快。批发零售商品销售额突破1000亿元、增长13%。白鹤梁题刻入选中国申报世界文化遗产备选项目，816工程成功创建国家4A级景区。接待游客人次、旅游综合收入分别增长11.3%、31.7%。农业发展稳健有力。完成农业增加值71.2亿元、增长4.2%，粮食总产量43.9万吨。榨菜、中药材“2+X”百亿级产业集群加快壮大，成功创建全国绿色食品（青菜头）原料标准化生产基地，涪陵青菜头获得国家农产品地理标志产品认证。农产品加工业总产值增长8.8%，农产品网络零售额增长21.7%，乡村旅游接待人次突破1000万。

（三）创新发展实现新突破

战略性新兴产业增加值占规上工业增加值的比重提高到34.5%，高技术产业增加值增长19.3%，数字经济产业规模突破80亿元；全社会研发经费支出占比达到2.1%，新增授权发明专利增长25.8%，连续5年获得市科技进步一等奖。国家高新区创建有力推进，建成区科技创新中心、高新区展示中心，新增国家高新技术企业20户、市级科技型企业148户，新创市级众创空间3家，启迪清创孵化器落地运行。获批国家知识产权试点城市，万人有效发明专利拥有量增至3.51件。获重庆市科学技术奖6项。入选重庆“英才计划”领军人才11名、创新创业示范团队4个。高新技术产品产值增长21.2%，科技进步贡献率提高到56%。

（四）协调发展开启新局面

规划引领作用不断凸显。深入开展“多规合一”，有序推进第三次国土调查。完成李渡组团中心区、高铁片区等控规修改，高起点编制国土空间总体规划，适度降低开发强度，人居环境品质不断提高。城市品质颜值持续提升。新城区主战场地位彰显，“两线三片”齐头并进，学府路三期、平安公园建成投用，玉屏公园建设顺利推进，站前大道二期等37个项目加快建设。江南城区不断提档升级，通江路、插旗支路等建成通车。高山湾综合客运换乘枢纽获得中国建设工程“鲁班奖”。深入实施城市细管、智管、众管，扎实推进街净巷洁等“七大工程”，拆除违法建筑10.3万平方米，“马路办公”解决问题3268个。美丽乡村建设深入推进。基础设施条件持续改善，完成农村饮水安全巩固提升工程75个、惠及群众13万人，建成通组公路1480公里，基本实现农村居民聚居地4G网络全覆盖。农村人居环境整治扎实推进，完成村规划编制144个，实施农房整治3000户。乡村振兴试验示范成效明显，成功创建国家园林城镇3个、国家卫生乡镇4个。

（五）绿色发展谱写新篇章

着力优化生态环境。城区环境空气质量优良天数达到322天、比例保持在88%以上，新增城市绿地70万平方米，新增营造林9万亩，森林覆盖率达到53%，国家生态文明建设示范区、国家森林城市创建积极推进。加强环保基础设施建设。完成3个乡镇污水处理设施技改，新建城镇二、三级污水管网60公里，城市、乡镇、农村生活污水集中处理率分别达到96%、80%、70%。完成18个集中式饮用水水源地保护区规范化建设，城市、乡镇集中式饮用水水源水质达标率分别达到100%、88%。狠抓突出环境问题治理。长江经济带固体废物大排查深入开展，分类整治143个长乌江入河排污口。城区生活垃圾无害化处理率、农村生活垃圾有效治理行政村覆盖率均达100%。中化涪陵化工现址全面关停，第一轮中央环保督察反馈问题整改全部完成，第二轮群众投诉问题45个已整改37个。强化环境监管执法改革。完成第二次全国污染源普查，严格落实“三线一单”管控要求。生态环境损害赔偿制度改革持续推进，启动渠溪河上下游、梨香溪流域横向生态补偿试点。获评水利部“全面推行河长制先进单位”。

（六）开放发展厚植新优势

开放水平加速提高。实际利用外资、进出口总额分别增长2.5%、36.9%。重庆涪陵综合保税区实现封关运营，签约项目11个、协议进出口总额30亿美元。建成新涪食品公用型保税仓库。龙头港二期提速建设，进港铁路专用线建设加快推进。涪陵港集装箱吞吐量达到5.5万标箱的历史新高。涪陵绕城高速、白涛至白马高速等6条高速公路纳入全市规划。招商引资成效显著。新签投资亿元以上项目35个，其中战略性新兴产业项目19个；投资10亿元以上项目11个，产值50亿元以上项目6个；光纤陀螺及传感器件生产基地、百汇商业中心等一批重大项目落户涪陵。

（七）共享发展取得新成效

民生实事取得明显成效。农村贫困人口减少2236人，建卡扶贫对象脱贫率达到99.86%，城乡常住居民人均可支配收入分别增长8.5%、9.5%，16件重点民生实事顺利完成，全面建成小康社会实现程度达到99%。社会保险待遇水平稳步提高，新增参保8.4万人次，发放医疗保险、生育保险、医疗救助12.3亿元。优化调增公交线路9条，新增新能源公交车50辆。成为全市唯一的全国首批社会足球场地设施建设重点推进城市。教育事业提质均衡发展。公办在园幼儿占比达到44.8%，普惠率达到86%。科教产业实训基地建设有序推进。职业院校专业与主要产业匹配度达到90%、学生就业率达到98.2%。新增国家级特色学校12所，学生参加市级以上艺体、科技大赛获奖1200余项。建成涪陵教育云中心，创建市区级智慧校园18所。医疗卫生水平不断提升。国家慢性病综合防控示范区创建通过国家专家组评审。深化医药卫生体制改革，区内就诊率超过90%，基层就诊比例达到68%。获批市级区域医学重点学科2个、临床重点专科2个，创建等级基层医疗卫生机构2个。医疗卫生行业综合监管实现全覆盖。

二、发展中存在的问题

一是经济下行压力仍然较大，经济平稳运行的基础还不够牢固，经济持续健康增长的难度加大。二是产业结构升级仍需加快，创新能力还不够强，产业层次有待提高，结构性体制性矛盾还比较突出，新旧动能转换亟须提速。三是有效投资仍待加力，少数重点项目建设进度滞后，梓白高速、白鹤水厂等建设进度未达到预期。四是发展短板仍旧突出，对外通道不足、高层次人才缺乏等制约因素日益凸显，民生领域存在欠账，污染防治任务较重，公共服务供给能力与人民日益增长的美好生活需要还有差距。五是政府职能转变仍不到位，行政效能有待提高，少数政府部门工作人员的能力和作风与新时代新要求不相适应。

三、2020 年发展思路

2020 年，是全面建成小康社会和“十三五”规划收官之年。市委、市政府赋予了涪陵主城区都市圈发展重要支撑、“一圈”连接“两群”重要节点、在全市发展格局中具有重要地位的“三个重要”定位。下一步，全区将加快打造成渝城市群区域性综合交通枢纽、重庆市区域性中心城市、重庆重要的现代制造业基地、重庆建设内陆开放高地的重要支点和长江上游的重要生态屏障区，确保涪陵经济实现量的合理增长和质的稳步提升，确保全面建成小康社会和“十三五”规划圆满收官，努力在全市“一圈两群”协调发展中担当更大使命、实现更大作为。2020 年主要预期目标是：地区生产总值增长 8%，规上工业增加值增长 9%，固定资产投资增长 8%，社会消费品零售总额增长 10%，一般公共预算收入增长 1%，全社会研发经费支出占比达到 2.15%，城乡居民人均可支配收入分别增长 8.5%、9.3%，现行标准下农村贫困人口全部脱贫，节能减排降碳等约束性指标完成市上下达任务。

（一）加快构建现代产业体系

一是持续推动制造业转型升级。围绕主导产业和关键领域，着力提升产业基础能力和产业链水平，完成工业投资 200 亿元以上。培育壮大支柱产业集群，全力推动一批具有引领性、带动性的重大项目建设，加快形成 1 个 500 亿元级和 2~3 个 300 亿 ~400 亿元级产业集群，全年规上工业增加值增长 9%。二是大力发展战略性新兴产业和数字经济。加快布局实施一批战略性项目，争取纳入重庆（国家）数字经济创新试验区，力争数字经济产业规模增长 10% 以上。三是加快发展现代服务业。积极争取纳入生产服务型国家（重庆）物流枢纽重点区域，优化物流园区和配送中心布局。加快推动传统商圈、商业街区转型升级，积极推广商业新模式、新业态，大力发展“夜经济”。深化文旅融合，推进武陵山、白鹤梁、816 工程等核心景区提档升级。

（二）纵深推进改革开放创新

一是大力实施创新驱动发展战略。突出重大技术自主创新能力，加快推进信息技术、生物医药、清洁能源等关键领域技术攻关，推动产业链再造和价值链提升，力争高新技术产品产值占比达到 15%，科技进步贡献率达到 56.5%。着力增强金融“输血”能力，力争社会融资规模突破 1700 亿元。二是着力深化重点领域改革。持续深化供给侧结构性改革，全面落实国家减税降费政策，加速落地“制造业降本 36 条”“支持实体经济 18 条”等，力争全年为企业减负 20 亿元以上。三是加快形成内陆开放型优势。促进涪陵综保区高水平开放、高质量发展，积极打造“一口岸、两基地”。围绕补链成群，强化精准招商，力争全年新引进投资亿元以上项目 35 个。力争实际利用外资 1.8 亿美元，进出口总额增长 10% 以上。

（三）着力促进城市品质提升

坚持高点定位、涪陵特色，提升城市规划水平，科学引领城市发展，出台建设区域性中心城市规划。凸显“山城”“江城”“大城”格局和城市人文精神，推动北山坪、聚云山、插旗山等城周山体绿化。建设现代时尚科技新城区，着力打造太白大道“城市中轴线”、洡滩河精致生活区和 CBD 中央商务区、高铁科技新城等重点区域，新增城市建成区面积 5 平方公里。实施控规和设计双控、改造与建设结合，突出立体城市特色，优化城市空间层次，提升城市建设水平，持续提档升级高笋塘、滨江路等“城市客厅”。

（四）加快提升绿色发展水平

全面落实环境保护权力清单、责任清单和负面清单，完成市上下达主要污染物总量减排任务，单位地区生产总值能耗累计下降16%。加大力度扩大有效和高端供给，推进产业绿色发展，大力实施清洁生产方式改造和污染治理技术提升，积极构建循环经济，力争全年创建市级绿色工厂2户、国家级绿色工厂1户。持续改善城市人居环境，深入推进垃圾分类，力争居民生活垃圾分类街道比例、生活垃圾回收利用率分别达到50%、28%。

（五）扎实保障改善社会民生

落实就业优先政策，推动就业稳定和产业发展同频共振，切实做好高校毕业生等重点群体就业工作，确保零就业家庭动态清零，新增城镇就业2.3万人以上。压实粮食安全和“菜篮子”责任制，保持粮食、肉类、水果、蔬菜等民生商品价格基本稳定，积极恢复生猪生产。加快推进农网升级改造，计划投资2.2亿元，实施项目54个。坚持尽力而为、量力而行办好民生实事，继续统筹安排一批涉及教育、安居、健康、交通、文化、养老等公共服务和基础设施项目，不断提高人民的获得感、安全感、幸福感。

渝中区

渝中区人民政府办公室

一、2019年工作回顾

2019年，渝中区地区生产总值1301.3亿元，比上年增长5%。其中，第二产业增加值122.2亿元，增长2.6%；第三产业增加值1179.1亿元，增长5.2%；第三产业对GDP的贡献率为95.2%。一般公共预算收入41.9亿元，其中税收收入34.2亿元；一般公共预算支出74.3亿元，增长4.2%。全年区域税收收入205.7亿元，占GDP的比重为15.8%。完成固定资产投资总额175.2亿元、进出口总额100亿元。商品销售总额突破3800亿元、增长9.7%，社会消费品零售总额增长5.6%。

（一）产业转型发展

现代金融业增加值299.9亿元、增长7.9%，新增华泰财险等市级以上金融机构5家，保费收入、证券交易额分别实现152亿元、4460亿元，存贷款余额重返万亿元规模；引进科兴远健基金等新兴投资机构3家，财务咨询、基金管理、证券资产管理等新型金融快速发展；支持实体经济发展，帮助民营企业贷款融资145亿元，新大正物业成功上市。高端商贸业增加值283.2亿元、增长4.3%，聚焦"四首"经济，引进国际知名品牌10个、首牌首店65家，举办首秀首发活动20余场。解放碑商圈加快打造离境退税示范街区，较场口夜市获评"2019年全国游客喜爱的十大夜市"。大坪潮流商圈持续引领体验式商业，龙湖时代天街保持全市单体商业销售第一的位置。专业服务业发展迅速，引进安永华明会计师事务所等专业服务业机构7家，规模以上企业营业收入增长17.3%。互联网信息业增加值96.8亿元、增长7.5%，高水平承办区块链高峰论坛等重大活动，签约落地IBM、浪潮等龙头企业11家，阿里数字产业园、工业互联网服务创新基地提速建设，重庆区块链测试中心建成投用，规模以上企业营业收入增长4.5%。文化旅游业增加值135.0亿元、增长5.3%，健康医疗业增加值100.9亿元、增长2.3%，引进平安好医生等智慧医疗项目，新增社会办医机构24家，签约生物医药创投基金4支、总规模21亿元，规模以上企业营业收入增长15.2%。总部经济、楼宇经济加快发展，新增税收亿元楼宇3栋、总数达40栋，新增总部及重点企业50家、总数达480家。

（二）城市品质提升

抓住新一轮全市国土空间总体规划编制契机，开展"深耕渝中"发展空间拓展战略行动。高标准编制城市更新、综合管网等专项规划8

项，基本完成《重庆历史人文核心区保护传承专项规划》编制工作。深入实施基础设施提升行动计划，渝湘高铁方案获批，老成渝铁路改造正式启动，曾家岩大桥和轨道5号线、9号线、10号线等市级重大项目进展顺利，推动轨道18号线延伸串联十八梯、湖广会馆、朝天门等重点区域，朝天门公交枢纽站投入运行。解放碑地下环道三期、雷家坡立交等重点项目加快推进，轨道朝天门站光控通道主体完工，两江大桥千厮门隧道建成投用。在全市率先布局5G网络、建成站点594个，新建改建停车场3个、新增停车位700个，新增充电桩473个，十八梯110千伏变电站等工程启动建设。全面落实景区式精细化城市管理标准，深入落实“五长制”，创新推行三级书记“马路办公”，在全市率先开展三轮车限行工作，“微整治”老旧社区32个，拆除违法建筑3.8万平方米，彩化山体5万余平方米。全力打好污染防治攻坚战，深入实施生态优先绿色发展行动计划，配合完成第二轮中央生态环保督察，全面落实“河长制”和市第1号总河长令，河道“清四乱”取得明显成效，关闭货运码头4座，协议拆解迁移船舶19艘，美化船舶29艘，淘汰老旧柴油车200余辆，空气质量优良天数达到315天，PM2.5年均浓度降低10.5%，“两江”渝中段水质稳定达到Ⅲ类以上，饮用水源地水质达标率100%。洪崖洞入选“2019年国庆节全国十大热门景区”，一批传统风貌区、山城老街区建成投用，全年接待游客6730万人次，实现旅游收入460亿元、增长20.5%。获评“2019中国旅游影响力年度夜游城市”。

（三）改革开放创新

全面落实大规模减税降费等政策，累计为企业和个人减税23亿元、减免社保费13亿元。商事制度改革事中事后监管获国务院办公厅督查激励表扬。新增市场主体1.25万家，民营经济增加值占比达到48%。供给侧结构性改革深入推进，商品房销售面积66.8万平方米、商业商务楼宇招商70万平方米，清理空壳企业480家。全面推行“街道吹哨、部门报到”，明确24项“吹哨”标准和部门响应流程。稳步推进区属国有重点企业市场化改革和部门所属企业集中统一管理。扎实开展“企业服务年”活动，区领导带队走访联系企业1400余家、有效解决各类诉求300余件，表彰优秀企业238家。建成工程建设项目审批服务大厅，80%以上审批服务事项实现“一窗通办”，企业开办时间压缩至2个工作日以内，在全国率先开展市场主体信用风险分类监管试点。积极融入共建“一带一路”，对沿线国家贸易额同比增长15.5%，新增外资企业及分支机构121家，实际利用外资4.7亿美元，解放碑、化龙桥服务贸易产业园贸易额分别居全市第一、第二名。中新互联互通项目展厅揭幕亮相，引入中新合作项目14个。自贸试验区成功复制推广改革试点经验37条，形成大数据食品药品安全监管等首创制度成果，中盐西南盐业等77个重点企业和项目相继落地。新增乌拉圭驻渝总领事馆，高质量完成38批次国家政要参观访问保障工作，成功举办“中国西部匈牙利文化节”等国际活动12场。赴新加坡、巴西、粤港澳大湾区等境内外地区“敲门招商”150余次，新增世界500强、中国100强企业5家，落户“招大引强”企业113家，签约项目和企业253个、资金总额367亿元。深入实施以大数据智能化为引领的创新驱动发展战略行动计划，建成智慧社区2个、智慧医院3家、智慧校园4所，集聚大数据智能化相关企业3000余家。

（四）民生保障

民生实事顺利完成，整完成老旧住宅加装电

梯16台、老旧电梯安全隐患整治60台，完成棚户区改造2.3万平方米，实施老旧居民楼周边环境提升工程31个，解决房屋“两证”遗留问题10万余平方米，妥善处置“四久工程”3个。实施“就在山城”就业促进行动计划，开展职业技能培训1.1万余人次，举办现场招聘会59场、提供就业岗位1.2万余个。新建就业见习基地251家，帮助就业困难群体就业3700余人，提供创业担保贷款3400余万元，发放技能提升补贴和稳岗补贴8300余万元、稳岗返还金4.9亿元。发放廉租房租赁补贴1600余户，廉租房实物配租4200余户。发放各类优抚资金3000万元。建设社区养老服务中心（站）18个，通过全国居家和社区养老服务改革试点区验收、获评全国“优秀”。推进低保“应保尽保”，发放低保金7600余万元。实施“人生关怀”工程，投入1.6亿元、惠及48万人次。出台教育高质量发展30条措施和三年工作计划，美育改革获全国新时代美育突出贡献奖，推动优秀校园长、教师交流轮岗360人次，中小学幼儿园办学实现集团化全覆盖，完成10所小区配套幼儿园治理，整治非法幼儿园11所。完成公立医院薪酬制度改革试点，中医骨科医院启动国家三甲专科医院创建工作，上清寺社区卫生服务中心列全国社区医疗机构第31位。实施文化惠民工程，举办世界大河歌会等大型文化活动8场，开展文化惠民活动500余场。安装更新社区健身路径设施351件，创建市级健身点2个，举办全民健身“四季歌”、解放碑CBD登高楼等体育活动近百场，荣获市第九届全民健身运动会团体第二名。

（五）安全稳定

全力打好防范化解重大风险攻坚战，社会大局持续和谐稳定。全面推广“党建+物业”管理模式，有力推进网格化社会治理，建成社区便民服务中心3个、特色示范社区23个。扎实开展矛盾风险减存量、控增量、防变量行动，市交信访积案15件全部化解。建成诉调对接·速裁中心，成功化解社会矛盾纠纷4098件、化解率98.1%。深入实施“防风险保安全护稳定迎大庆”集中攻坚行动，圆满完成新中国成立70周年大庆安保工作任务。持续开展安全生产大排查大整治大执法和自然灾害防范应对，生产安全事故起数和死亡人数同比均下降28.6%，未发生重大食品药品安全事件。政府隐性债务保持零增长。妥善处置化解“非吸”积案。纵深推进扫黑除恶专项斗争，连续侦破一批大案要案，全区刑事案件、侵财案件连续4年下降。

二、存在的问题和困难

一是经济运行稳中有变、变中有忧，外部环境复杂严峻，经济面临下行压力。二是要素约束趋紧，区域竞争加剧。三是区内发展存在突出短板，部分重点发展支撑持续减弱，产业结构调整任重道远。四是城市规划建设管理水平与国际化、绿色化、智能化、人文化现代城区的要求还有差距。五是公共服务水平和社会治理能力还不能完全满足群众新期待。六是营商环境和部分体制机制还不适应新发展的需要。

三、2020年发展重点任务和目标

地区生产总值增长5%，区级一般公共预算收入增长1.5%左右，固定资产投资总额增长8.5%左右，社会消费品零售总额增长10%左右，城镇居民人均可支配收入增长8%左右。

一是坚持产业转型升级，奋力推动高质量发展。立足主城都市区融合发展大局，认真编制“十四五”发展规划，聚力打造实力城区，不断壮大现代服务业，加快培育经济增长新动能，着力提升产业发展能级和区域核心竞争力。二是坚持城市有机更新，加快提升城市品质。深入实施城市提升行动计划，统筹生产、生活、生态三大空间布局，全力建设品质城区，扮靓“重庆客厅”、代言“都市形象”。三是坚持大文旅融合，着力彰显母城魅力。依托得天独厚的自然山水、历史人文资源优势，以文促旅、以旅彰文、文旅兴城，提速建设山清水秀美丽之地的魅力城区。四是坚持改革开放创新，激发区域发展活力。坚定不移深化改革，深入实施内陆开放高地行动计划，持续激发创新驱动内生动力，致力打造活力城区。五是坚持以人民为中心，努力创造高品质生活。巩固全国文明城区创建成果，深入实施保障和改善民生行动计划，切实提升群众获得感、幸福感、安全感。

（执笔人：刘冠男）

大渡口区

大渡口区人民政府办公室

一、2019年发展回顾

2019年，大渡口区坚持以习近平新时代中国特色社会主义思想为指导，认真贯彻落实中央和市委、市政府决策部署，坚持稳中求进工作总基调，大力推进高质量发展，经济运行总体平稳，主要经济指标保持增长，经济结构优化升级，质量效益稳步提升，经济运行稳中有进的态势得到延续。

（一）整体经济平稳运行

2019年全区实现地区生产总值253.5亿元，同比增长5.3%；全社会固定资产投资216.1亿元，增长5.9%；社会消费品零售总额47.6亿元，增长2.6%；一般公共预算收入23.2亿元，增长8.2%；全区居民人均可支配收入40619元，增长8.5%。

（二）经济运行持续向好

1. 工业生产整体向好

2019年，全区规上工业增加值同比增长5.6%，比上年同期提高15.5个百分点；规上工业总产值实现200亿元，增长9.1%，比上年同期提高11.1个百分点。工业生产整体向好主要得益于重点行业、重点企业生产加快。从重点行业看，大数据智能化制造业快速发展，实现产值49.1亿元，同比增长51.1%，比全区增速高42个百分点，成为工业增长的支柱产业。从重点企业看，海康威视、三峰卡万塔、国际复合等工业企业生产加快，产值列前10强的工业企业合计产值146.2亿元，增长12.9%，高于全区平均水平3.8个百分点。

2. 建筑业增势强劲

2019年，随着白居寺长江大桥等重大交通项目的顺利推进以及金科集美阳光、联发西城首府、华润万象汇等大型房地产项目的加快建设，全区在地建筑业产值增势强劲，全年实现118.1亿元，同比增长24.9%。从我区注册的建筑企业实现产值看，在中冶建工、重钢建设等特一级企业的带动下，整体增长态势较好，全年注册地建筑业产值204.9亿元，增长14.3%。受产值增势强劲的带动，全区建筑业增加值实现45.3亿元，增长10.6%，对全区经济增长的贡献达到32.7%，拉动GDP增长1.7个百分点，成为对经济增长拉动力最大的行业。

3. 服务业发展基本稳定

2019年，全区服务业实现增加值154亿元，同比增长4.6%。分行业看，金融业成为全区增长最快的行业，2019年末全区金融机构人民币存贷款余额分别增长14.3%和14.1%，全年金融业实现增加值27.8亿元，增长12.2%；2019年全社会客货运周转量增长11.3%，规上交通运输仓储业实现营业收入7.5亿元，增长14.6%，但受铁路和邮政增长乏力的拖累，全区交通运输仓储邮政业缓慢增长，全年实现增加值6.0亿元，增长2.2%；其他服务业实现增加值50.7亿元，增长5.5%。

4. 固定资产投资持续增长

2019年，全区全社会固定资产投资总额216.1亿元，同比增长5.9%。分领域看，工业投资项目加快推进，工业投资16.8亿元，增长15.3%，在主城九区中排第3位；基础设施投资项目顺利推进，基础设施投资22.1亿元，增长3.5%；房地产项目投资增速继续回落，房地产投资172.5亿元，增长2.1%，比上半年回落2.7个百分点；房地产销售市场增速下滑，商品房销售面积185.3万平方米，同比下降3.5%。

5. 商贸经济止滑企稳

2019年第四季度，在奥迪、一汽大众等中高端品牌销售形势趋好的影响下，汽车销售止滑转增，限上企业消费品市场降幅收窄，社会消费品零售额增速由负转正，全年实现正增长。2019年社会消费品零售总额完成47.6亿元，同比增长2.3%，扭转了2019年以来一直的负增长态势。

（三）经济结构优化升级

1. 工业进一步转型升级

新兴产品中电动自行车、卫星导航定位接收机、垃圾焚烧炉等分别增长76.7%、62.3%、53.3%，增长情况总体好于传统产品。2019年，全区规上工业高技术产业和战新产业分别实现产值51.5亿元和93.5亿元，同比分别增长44.9%和26.9%，分别高出全区增速35.8个和17.8个百分点，主要经济指标均明显优于全区平均水平。

2. 投资关键性作用持续增强

2019年，我区固定资产结构进一步优化，房地产投资占全社会固定资产投资的比重比上年同期下降了3个百分点，为79.8%；工业投资16.8亿元，同比增长15.3%，比上年提高3.9个百分点，其中工业技改累计完成投资7.5亿元，增长5.0%；基础设施投资自6月起扭转了上半年下滑的态势后一直保持较稳定的增长态势，基础设施投资22.1亿元，增长3.5%。

3. 产业板块发展保持活跃

从产业看，大数据智能化产业、生态环保产业、大健康生物医药产业和文化休闲旅游产业四大支柱产业完成固定资产投资19.1亿元，占全社会固定资产投资的比重为8.8%。从板块看，建桥园区、九宫庙商圈、滨江湾区和伏牛溪四大板块共有项目139个，占全区项目总数的92.7%，实现固定资产投资213.8亿元，占全区投资总额的98.9%。

（四）经济运行质量提升

1. 财政收入快速增长

2019年，全区一般公共预算收入23.2亿元，同比增长8.2%，其中税收收入19.2亿元，增长10.2%。分税种看，增值税和企业所得税增长较快，分别增长20.5%和39.1%。

2. 居民收入稳步提升

2019年，全区常住居民人均可支配收入40619元，同比增长8.5%，居民收入继续保持稳步增长态势。分城乡来看，城镇常住居民人均可支配收入41096元，增长8.4%；农村常住居民人均可支配收入21534元，增长8.5%。

3. 节能降耗稳步推进

2019年，全区规上工业综合能耗同比下降2.0%。高能耗行业能耗用量33.6万吨标准煤，下降1.7%，高耗能行业产值69.8亿元，下降1.3%，能耗与产值的“双下降”反映出我区已经摆脱高耗能行业对工业经济的支撑和拉动作用，工业逐渐走上绿色化、清洁化的发展道路。

二、发展中存在的问题

同时，发展中仍然存在一些突出问题和短板。一是商品房销售形势不容乐观。从第三季度开始，商品房销售面积增速出现较大幅度的回落，到年末，商品房销售面积增速由正转负。下半年新开盘项目个数及商品房存量均有所减少，部分楼盘商品房销售已进入尾声或销售完毕。全区商品房新开工项目数量少、进度慢。全年入库项目7个，同比下降20%，计划总投资50.2亿元，下降2.8%，全区已出让土地项目开工进展缓慢。商品房销售行情不容乐观。从目前来看，楼盘去化率偏低，销售压力有所增大。二是部分传统工业产业转型升级压力仍然较大。如汽摩配行业利润仍然较为微薄，主营业务收入利润率低于全区平均水平5.3个百分点，成本负担重，行业发展压力较大。如水泥、混凝土制造业在主城范围内生产空间将受到越来越严格的限制，环评压力大，企业工艺创新、产品创新不多，企业转型升级仍然困难重重。三是招大引强的项目还比较欠缺。从目前全区的规上企业来看，全区近几年招商引资落地项目还存在数量不足、规模偏小、流失严重等情况，对经济长期稳定持续发展带来不利影响，如生态环保服务业企业，近年来新引进的达到规上服务业统计的企业仅9家，且规模偏小；大数据智能化产业在重庆市移动互联网产业园成立初期发展较快，2017年达到规上服务业统计标准的企业有22家，之后因种种原因部分企业搬迁、停产等，2019年仅有12家规上企业，2019年底在规上服务业统计新标准执行后还有4家退出。

三、2020年发展思路

2020年新年伊始，受新冠肺炎疫情影响，需求和生产骤减，投资、消费、出口受到明显冲击，企业停工减产，短期内还可能出现失业率上升和物价上涨等，作为人口聚集型伴有人口流动的服务业受到的影响尤为显著，但从长期来看，随着疫情防控形势向好，制造业、建筑业等企业陆续复工，在第二季度后影响逐步减少，同时疫情在一定程度上只是延迟了消费者的消费计划，被压抑的消费需求有望集中释放，全年经济将出现低开稳走、逐季走高的发展态势。

（一）千方百计打赢疫情阻击战

按照党中央、国务院统一部署，进一步加强动员力度，切实有效防控疫情，进一步做好“六稳”工作，最大限度地减缓疫情对经济造成的冲击。相关主管部门在积极引导企业配合疫情防控工作的同时全力谋发展，坚决落实好金融、用工、税收等方面的各项政策，切实帮扶企业解决生产经营中的实际困难。

（二）加快构建现代产业体系

1. 培育大数据智能化产业集群

发挥好海康威视行业的龙头作用，培育引进上、下游企业，实现补链成群。积极融入全市“芯屏器核网”“云联数算用”产业布局，加快高清视频、数据处理等关联企业集聚，大力发展工业互联网平台。以大数据智能化推动传统产业升级，支持企业开展数字化、网络化、智能化改造。

2. 打造国家环保科技产业基地

推动重庆环保科技产业园升级，打造国家级环保产业平台。大力支持三峰环境主板上市，助推企业优化产品供给、拓展国内外市场。推动生态环保产业与装备制造、新材料等关联企业开展合作。推动"环保+智慧"，加快环保企业智能化改造，发展智能监测设备制造等产业。推动"环保+服务"，大力发展环境监测、评估、生态修复等环保服务业。推动"环保+科技"，深化与市级部门、科研机构的合作，建立产业科研联盟，举办产业研讨论坛活动。

3. 做强大健康生物医药产业

坚持错位竞争、差异化发展，加快发展壮大建桥生物医药产业园，争创国家级军民融合发展产业转化基地。依托重庆市基因检测技术应用示范中心，支持骨干企业深耕细分市场，大力发展基因检测、干细胞治疗等精准医疗服务相关产业，拓展先进治疗设备制造等领域。

4. 加快文商体旅产业融合发展

推动长江文化艺术湾区总体发展规划实施。支持重庆工业博物馆创建4A级景区，推动义渡古镇提档升级，加快崖线公园建设，推进环金鳌山片区保护开发，"连点成线"打造独具特色的滨江文旅品牌。继续举办长江草莓音乐节、"智跑重庆"国际城市定向赛，推广城市形象、彰显人文魅力。深入挖掘远古石斧、钢迁遗址等文化资源内涵，开发一批旅游文创产品。

（三）持续优化营商环境

对标世界银行评价指标体系，全面落实《优化营商环境条例》。深化"放管服"改革，推行开办企业全流程"一日办结"，全面实施市场准入负面清单制度，强化事中事后监管。清理与企业性质挂钩的歧视性规定和做法，营造公平市场环境。深化供给侧结构性改革，推动企业降本减负。引导金融业服务实体经济，探索企业流动性信用贷款风险补偿机制，加大对制造业中长期融资的支持力度。

（执笔人：唐闰兰）

江北区

江北区人民政府办公室

一、2019年工作回顾

2019年，江北区坚持认真学习贯彻党的十九大精神，以习近平新时代中国特色社会主义思想为指导，紧扣习近平总书记对重庆提出的“两点”定位、“两地”“两高”目标、发挥“三个作用”的重要指示，坚持稳中求进工作总基调，以供给侧结构性改革为主线，经济社会实现了稳定发展。全年全区实现地区生产总值1240亿元，人均GDP实现13.9万元，努力推动高质量发展，创造高品质生活，为全面建成小康社会奠定了坚实的基础。

一是高质量发展笃定前行。地区生产总值增速连续9个季度居主城第一，总量连续二年实现新晋位、跃居全市第四。全辖税收总量、金融资产规模、存贷款余额等经济指标均居全市第一。智能江北成为重庆新名片，大数据智能化商用、政用、民用价值持续释放，数字经济增加值、增速居全市前列。工业、商贸、金融三大产业协调发展，文旅产业成为新的支柱产业，不夜九街等“夜经济”具有全国影响力，多点支撑产业发展新格局逐步形成。优化营商环境取得积极进展，减税降费57.7亿元，规模居主城第一，惠及6万户企业、51万人。成功入选全国知识产权运营服务体系建设重点城市，入围全国首批财政支持深化民营和小微企业金融服务综合改革试点城市。

二是高品质生活可圈可点。学前教育普惠率达74%，新建、改扩建学校16所，高标准启动区人民医院新建工程，建成各类图书馆46个，新建改建公厕41座，建设“四好农村路”31.2公里，整治农贸市场10个，妥善处置“大川烂尾楼”等大事难事，民生热点一一回应。完成园林绿化品质提升项目340个，增绿添园、增花添彩让城市生活“推窗见绿、出门见景、四季见花”，成功举办第二届长江上游城市花博会，智慧城管走在全国前列。全国文明城区创建成果常态化巩固，基层治理迈上新台阶，被确定为全国社区治理和服务创新实验区、重庆市首批全国社会心理服务体系建设试点区。

三是大开放格局魅力彰显。果园港成功获批首批国家物流枢纽，成为西部地区唯一获批的港口型国家级物流枢纽。果园港口岸开放获批，保税物流中心（B型）一期建成，陆海新通道（果园港）班列常态化运行，中欧回程（果园港）班列实现铁水联运。自贸板块、保税平台带动开放效应明显，国家进口肉类、水果、粮食指定口岸功能充分释放，进口整车保税仓储实现零突破。形成江北嘴新金融峰会、城市品质提升高峰论坛、第八届中国盆景学术研讨会等交流平台和展示窗口，极大提升了江北知名度和美誉度。

四是大保护作为掷地有声。黑石子生活垃圾填埋场如期停运，唐家沱污水处理厂加盖除臭工程顺利竣工，藏金阁电镀园平稳关停，黑石子村综合整治全面完成，郭家沱污水直排长江问题得到有效治理，盘溪河、御临河呈现清水绿岸，嘉陵江5个货运码头成功关闭，餐饮船舶全部关停，涉江违建全面拆除，“大棚房”全面清除，新增造林8500亩，困扰江北多年的环保顽疾一一突破，还江于民、还绿于山正在“上演”。

五是科技创新迈上新台阶。2019年，高新技术企业139家，增长20.8%。全年全区专利申请4144件，授权专利2522件。加快品牌化专业化创新平台建设，建成科技企业孵化器“众创空间”国家级6家、市级26家。在2019年“创客中国”中小企业创新创业大赛全国总决赛中，APD探测芯片国产化机器运用项目列创客组前3名，三维雷达技术及运用项目列企业组前10名，分获二等奖和三等奖。已有科技企业主板上市4家、挂牌新三板4家和挂牌OTC进入资本市场3家。与中科院重庆绿色智能研究院共建高技术产业育成中心，聚集研发和产业化项目17个；新引进近20个生物医药前沿高端技术项目入驻港城高端生物医药产业园，促进全区生物医药及器械快速发展，目前已聚集企业60家，全年新增产值30亿元。举办首届江北区公民科学素质大赛、微信平台科普知识竞赛活动，推广“科普中国”App，提高公民科学素质。

六是民生保障更加有力。全面完成14件区级民生实事，建设民生项目230个。城镇新增就业5.7万人，城镇登记失业率控制在2.5%以内。发放城镇企业退休职工养老金46亿元，城乡养老保险、医疗保险参保率稳定在95%以上，纳入全国联网异地就医结算平台医院23家。扎实推进“治欠保支”，切实保障农民工合法权益。认真落实“两不愁三保障”，积极推动危房改造和老旧小区加装电梯，医疗救助6.6万人次。资助家庭经济困难中小学生2.3万人次，特困群体兜底保障402人，在全市率先实现失能、半失能特困人员100%集中供养。建立退役军人服务保障体系，被评为“重庆市退役军人工作模范单位”。对口帮扶酉阳有力有效，累计投入帮扶资金9847万元。

七是社会事业协调发展。推进教育优质均衡发展，公办及普惠幼儿园达116所，新增未来学校5所、优质教育资源拓展计划学校3所，高考一本上线比例达48.5%、水平保持全市领先，成功入选重庆市首批智慧教育应用示范区。公民具备科学素质比例居全市前列，超全市平均水平近5个百分点。西南医院江北院区落地运营，分级诊疗机制日益完善；医药卫生体制改革成效显著，25个药品价格平均下降52%。双溪敬老院正式投用，街镇、社区（村）养老中心（站）达99个，建成数量和覆盖率均居主城区第一。开展全民阅读等文化活动3700余场，服务群众80余万人次。创建市级社区健身点5个，改建社区全民健身点24个，成功举办2019年“体彩杯”重庆铁山坪森林半程马拉松赛和江北区第三届老年人健身运动会。

八是社会环境安定有序。坚决打好防范化解重大风险攻坚战，全力做好防风险保安全护稳定迎大庆工作，纵深推进扫黑除恶专项斗争，扎实推进社会治安综合治理，社会治安形势持续稳定向好，实现敏感案事件等“八个零发生”。稳步推进国家食品安全示范城市创建，有序推进应急体系建设，有力防范自然灾害、公共安全事件，生产安全基本面持续改善，全年未发生较大及以上生产安全事故，为新中国成立70周年营造了良好的社会环境。社会治理实现新提升，在全市率先建立社区工作者职业体系。

九是政府自身建设全面加强。进一步形成增强“四个意识”、坚定“四个自信”、做到“两个维护”的良好政治氛围。严格落实向区委请示报告制度，定期向人大报告工作、向政协通报情况，主动接受人大法律监督和工作监督、政协民主监督，办理人大代表建议案412件、区政协委员提案348件，办结率达100%、满意率和基本满意率达99%以上。认真落实“三重一大”决策制度，严格决策程序。深入推进政务公开和政府信息公开，基层事务公开信息平台全面推广，实现村居事务“掌上看”，群众办事“更亮堂”。坚决履行政府系统全面从严治党主体责任，加大重点领域和关键环节腐败整治力度，严格落实中央八项规定精神，扎实推进市委巡视反馈意见整改，坚决破除形式主义、官僚主义，积极推动基层减负取得实效。推进“以案四说”警示教育常态化、制度化，加快建设廉洁政府。

二、发展中存在的问题

一是质量、效率、动力变革有待进一步深化，创新尚未真正成为引领发展的第一动力；二是资源环境约束趋紧，城市精细化管理还需加强；三是民生保障还存在短板，优质教育、医疗等公共资源配置不均衡；四是营商环境还需进一步优化，民营经济、开放型经济发展还不充分，少数政府工作人员还存在不担当、不作为的现象。

三、2020年发展目标

2020年，江北区国民经济和社会发展的主要预期目标是：地区生产总值增长7.5%左右，规模以上工业增加值增长5.5%，社会消费品零售总额增长6.5%，固定资产投资完成350亿元，一般公共预算收入与上年持平，常住居民人均可支配收入增长8.5%，单位生产总值能耗下降3.55%以上。

（执笔人：何旭）

沙坪坝区

沙坪坝区人民政府办公室

一、2019年发展回顾

沙坪坝区坚持以习近平新时代中国特色社会主义思想为指导，全面贯彻新发展理念，持续打好“三大攻坚战”，深入实施“八项行动计划”，统筹推进稳增长、促改革、调结构、惠民生、防风险、保稳定，全年实现地区生产总值976.8亿元、增长6.1%，固定资产投资总额430.8亿元、增长8.3%，一般公共预算收入（减税降费后）57.9亿元、增长4.9%，区级税收49.2亿元（减税降费后）、增长10.5%，规上工业总产值2165亿元、增长5.7%，社会消费品零售总额380.7亿元、增长4.2%，全体居民人均可支配收入4.1万元、增长8.4%，高质量发展迈出坚实步伐。

（一）狠抓产业提质，经济结构进一步优化

“科创智核”加快建设。以共建重庆科学城为契机，加快环重庆大学、重庆师范大学创新生态圈建设，中国工程科技发展战略重庆研究院、中电光谷·智创园等21个项目快速推进，入驻企业300余家。引进工信部五所赛宝研究院、东微科技研究院等独立法人研发机构13家，中关村高孚动力、光宝联合等高新技术项目23个，武汉光研院等创新平台6家，新增国家高新技术企业56家。组建2支10亿元级科创基金，柔性引进两院院士7人、国家高层次专家40人、研发人员500余人，获全市科学技术一等奖15项，重庆创新版图的支撑优势进一步增强。先进制造业转型发展。引进大连科德数控、中船重工前卫科技等16个智能制造项目，万普隆能源科技产业园、小康智能网联汽车、金康三电等13个项目开工，中机高科、科旭药机等5个项目投产，工信部信息技术适配中心落户，“芯核器网服”产业链加快培育。全区工业投资增速66%。现代服务业提质发展。融创文旅城、龙湖光年综合体、佛罗伦萨小镇、陕旅金碧正街、磁器口后街等项目加快建设。建成重大创意设计产业园，启动重庆特钢工业博物馆、埃格塞工业设计城建设。新型金融业加快发展，新增金融机构7家，引进深圳宝能、小米金融等现代服务业项目29个，商品销售额突破1000亿元，物流业收入增长30%，文化产业增加值增长3.1%，旅游总收入增长19.2%。

（二）狠抓改革开放，发展动能加快转换

重点领域改革成效突出。完成区属国企投融资体制改革，制定“1+6+30”改革方案，关停并转国企71家，全面构建“借、用、还”一体化

的投融资模式。强化预算管理、国库集中支付等财政综合改革。完善民营企业纾困机制，清理偿还民营企业欠款3800万元，减税降费34亿元。全面开放格局基本形成。“四向齐发”国际通道全面形成，西部陆海贸易新通道、中欧班列（重庆）、渝满俄、渝甬共开行班列2573列、增长15%，货值624亿元、增长55%，国际枢纽通道功能更加凸显。获批全市首个药品进口口岸、整车进口保税试点。升级国际贸易“单一窗口”，通关时间压缩15%，自贸区新增企业781家。外贸进出口总额2760亿元，占全市的47%。招商引资成果丰硕。深化单月签约、双月开工机制，正式签约项目93个、签约金额1604亿元，中电科·吉芯科技、西井科技、德国汉宏等一批引领性项目成功落户，先进制造业项目占比达40%。51个项目启动建设、开工率达55%，45个项目建成投产，发展后劲持续增强。

（三）狠抓板块联动，城市综合开发提速

加快东部旧城改造。积极对接全市总规修编，梳理城市本底，编制井双、沙磁、上新等12个片区规划。划定15平方公里首开区，启动38个危旧房改造项目，完成城市征收21万平方米、农村征地8800亩，治理污染土壤23宗，搬迁高压管廊12公里，新建安置房8个。井双“一纵七横”骨架路网建设全面启动，凤凰山隧道、土主隧道、西南医院下穿道等19个内畅外联项目加快推进，天陈路下穿道开工建设，沙滨路一期建成通车、二期加快建设。“两江四岸”景观带打造顺利推进，大力整治双碑、特钢片区，东部城市面貌加快改善。加快中部修复治理。完成歌乐山保护提升规划修编，整治“大棚房”25处，治理地灾12处，修复废弃矿山186亩。系统整治红岩景区，拆除危旧房屋124栋，建成“红梅林”5万平方米，新增公厕2座、停车位340个，建成山城步道16公里，完成凌云路拓宽改造，景区形象大为改观。加快西部新城开发。青凤工业园建设全面展开，土地平场4160亩，“三横两纵”骨干路网基本成型，凤凰立交提前一年建成通车。完成大学城北拓区5000亩征地拆迁。优化国际物流城规划，重庆国际物流枢纽展示中心建成投用，32万平方米自贸区创新服务中心开工，28.5万平方米重庆铁路口岸创新中心主体完工。科学大道、坪山大道等17条道路加快建设，凤凰立交等6个项目通车投用，城市功能不断完善。

（四）狠抓品质提升，城乡面貌明显改善

城市管理提质增效。实施城市管理七大工程，坚持“马路办公”常态化，解决问题1.3万个，新建社区公园18个，开工建设60万平方米菁云湖原乡山林景观，建成24万平方米凤凰立交景观，完成33万平方米物流园区绿化景观提档升级。整治城市“坡、坎、崖”42处，新增绿化面积156万平方米。系统整治红岩景区周边环境，种植红梅1万余株，建成“红梅林”10万平方米，拆除危旧房屋124栋，建成山城步道9条、34公里，完成凌云路拓宽改造。重拳整治违法建筑，依法拆除违法建筑340万平方米。乡村振兴步伐加快。完成26个村规划编制，加快建设7个乡村振兴示范村，消除13个空壳村。深化农村“三变”改革，完成52个村集体产权制度改革。建成现代农业产业园2个，新增特色农业示范项目5个、市级名牌农产品2个，创建市级农民专业合作示范社4个。打造三河村等3个农村文化大院，成功举办第二届农民丰收节。新改建“四好农村路”80公里、村社便道21公里，完成农房改造1000户、改厕1600户，新建农村污水处理设施8个，农村垃圾集中收集处理全覆盖。生态环境持续改

善。积极配合中央环保督察，全面落实“水十条”“气十条”“土十条”。普查城市排水管网2000公里，新改建管网91公里，梁滩河等13条河流水质整体达标，清水溪、凤凰溪清水绿岸示范工程全面完工。开展油烟专项治理，空气质量优良天数达292天，其中优质天数达112天、同比增加29天。治理污染土壤9万立方米。整治“散乱污”企业2072家，建设山清水秀美丽之地呈现新气象。

（五）狠抓民生保障，群众获得感不断增强

民生保障更加有力。坚持以人民为中心的发展思想，财政支出的54%用于民生保障，20项民生实事全面完成。突出“两不愁三保障”，帮扶农村建卡贫困户1372户、城市困难家庭4000户，改造农村危房62户。社会救助保障标准稳步提高。新增城镇就业5.8万人，城镇调查失业率控制在5.5%以内，城乡养老、医疗保险参保率分别达95%、98%。深化居家和社区养老服务改革试点，新建养老服务站14个。建成“母亲水窖”2个、儿童之家34个。社会事业加快发展。帮助驻区高校解决问题105个。建成树人沙磁小学等6所中小学，新增普惠性幼儿园20所，建成智慧校园7个，持续加强青少年心理健康教育。22万平方米人民医院新院区、1.2万平方米社会福利护养中心开工建设，新改建社区卫生服务中心3个，获评全市首批智慧医院3家，区中医院成功创建“二甲”医院，家庭医生签约服务38万人。开展磁器口古镇5A级景区创建工作，巴蜀古建筑博物馆开馆，新增全国重点文物保护单位1个、市级非物质文化遗产7个，2人获得市第八届文学奖。新建全民健身场地1.2万平方米，成功举办第五届区运会。创建全国文明城区、全国双拥模范城取得新成效。

（六）狠抓风险防控，社会大局和谐稳定

化解债务有力有序。坚持“不断链、促发展”，争取上级资金20亿元，处置资产5亿元，削减存量债务54亿元，新增经营性资产45亿元，高成本融资占比下降13.8个百分点，债务风险总体可控。安全形势持续稳定。推进安全生产专项整治，消除隐患3.1万个，完成232栋高层建筑消防隐患整治，统筹做好食品药品安全、防范重特大自然灾害等工作，安全生产事故起数、死亡人数实现双下降。社会治理更加高效。解决“两证”遗留问题，办理房屋权证300多万平方米。化解重点信访积案56个。全力做好防风险保安全护稳定迎大庆工作，深入开展“枫桥经验”实践，纵深推进扫黑除恶专项斗争，法治环境向好，社会和谐稳定。

（七）狠抓政治建设，自身建设持续加强

加强思想政治引领。扎实开展“不忘初心、牢记使命”主题教育，树牢“四个意识”、坚定“四个自信”、做到“两个维护”，践行“三个确保”政治承诺，严格执行重大事项请示报告制度，全面完成市委巡视反馈问题整改，持续肃清孙政才恶劣影响和薄熙来、王立军流毒。效能建设不断提升。深化“放管服”改革，28个部门全部进驻审批大厅，675项审批事项“一站式”办理，实行“三色管理”，审批时限压缩43%，营商环境明显改善。加强制度建设，制定招投标、工程变更、采购管理等规范性文件16个。推进法治政府建设，依法开展政务公开。坚持重点项目周调度机制，实行清单化管理、项目化推进，加强督查督办、严格考核，重点工作办结率达93%，干事创业氛围更加浓厚。作风建设不断改进。大力弘扬“说干就干、干就干成”的工作作风，坚持不放空炮、不打虚枪、不说假话，开展百名科所长评议活动，以整治形式主义、官僚主义为重点，坚决整治不作为、懒作为、假作为现象。廉洁从政不断加强。严格落实中央八项规定精神，保持惩治腐败高压态势。牢固树立过“紧日子”思想，压减财政支出5%。推进审计全覆盖，建立财政专项资金、国有资产交易、公共资源交易等监管平台，廉政风险防范机制进一步健全。严格落实意识形态工作责任制，积极防范舆情风险。

二、发展中存在的问题

一是产业结构优化尚需时日。二是偿债压力依然存在。三是城市基础功能偏薄偏软。四是营商环境与市场期待还有差距。五是少数干部工作作风、精神状态还需改进和提升。

三、2020年发展思路

2020年是“十三五”规划收官之年，也是全面建成小康社会决胜之年，全区将坚持以习近平新时代中国特色社会主义思想为指导，深入学习贯彻党的十九大、十九届二中三中四中全会精神和中央经济工作会议精神，深化落实总书记视察重庆重要讲话精神，在市委、市政府的坚强领导下，坚持稳中求进工作总基调，坚持新发展理念，坚持以供给侧结构性改革为主线，坚持以改革开放为动力，推动高质量发展，统筹稳增长、促改革、调结构、惠民生、防风险、保稳定，坚决打赢“三大攻坚战”，深入实施“八项行动计划”，推动经济社会持续健康发展，确保全面建成小康社会和“十三五”规划圆满收官，重点抓好八个方面的工作：一是以创新驱动为引擎，夯实高质量发展基础；二是以大数据智能化为引领，推进制造业转型升级；三是以扩大开放为目标，加快内陆开放高地建设；四是以提升消费为主线，推动现代服务业提质发展；五是以重点项目为龙头，增强发展后劲；六是以品质提升为导向，加快城乡融合发展；七是以深化改革为手段，激发市场主体活力；八是以改善民生为根本，让人民群众共享发展成果。

（执笔人：刘童）

九龙坡区

九龙坡区人民政府办公室

一、2019年发展回顾

2019年，九龙坡区始终坚持以习近平新时代中国特色社会主义思想为指导，紧紧围绕把总书记殷殷嘱托全面落实在重庆大地上这条主线，在市委、市政府坚强领导下，在区委直接领导下，在区人大、区政协监督支持下，全面推进“九龙一坡”十项重点任务和“五五”部署，奋力建设“三高九龙坡、三宜山水城”。

2019年，九龙坡区地区生产总值实现1462.88亿元、增长6.3%，非公有制经济增加值突破千亿元。三次产业结构调整为0.4：35.0：64.6，规模以上工业增加值增长5.5%，服务业增加值增长6.2%。区内企业获得减税降费47亿元以上，城镇新增就业5.3万人，城镇登记失业率控制在3.8%以内，中长期贷款余额增长12.5%，自贸试验区新注册企业数占全市的比重达25%，工业经济运行质量综合评价居全市第一。九龙坡区在第四次全国经济普查工作中获评全国先进集体。

（一）持续打好三大攻坚战，重点工作取得明显成效

常态化精准帮扶困难群众1.5万人。全面落实对口帮扶措施和资金实物量，支持城口县如期脱贫摘帽。认真办理中央生态环保督察反馈问题和交办案件。治理修复土壤1176亩，完成跳磴河综合整治，梁滩河、大溪河水质稳定向好，空气质量优良天数303天。建立全区污染源普查数据库。银行业不良率、小贷不良率、融资担保代偿率保持低位。政府债务全部置换为政府债券，控制在限额以内，偿债风险可控。

（二）推进供给侧结构性改革，产业转型升级迈出有力步伐

一是夯实工业立区。国家两化融合贯标企业达到7家，市级智能工厂、数字化车间分别达到3个和16个，战新制造业占规上工业增加值的30%左右。二是集聚楼宇经济。38栋重点楼宇营收增长11.3%，税收亿元楼宇增至11栋，五洲世纪文化创意中心等13个重点项目加快推进，现代服务业占服务业增加值的比重达到68.5%。三是发展新兴产业。创新奇智西区总部、重庆城市大数据运营公司、航天信息西南研发中心等相继落地，军民融合企业主营业务收入突破500亿元，互联网销售额、跨境电商交易额、信息技术服务业营收、旅游收入、金融业增加值分别增长26.4%、41.1%、20%、15.8%、7.2%。四是培育

市场主体。组建30亿元民营经济发展股权投资基金，设立纾困基金和文化、农业、智能制造产业基金。民营企业户数增长17%，市场主体日均新增124户。

（三）深化改革开放创新，发展内生动力不断增强

一是强化创新战略支撑。建成遨博智能院士专家工作站等48个高层次人才工作平台，市级以上认定科技型企业、研发和创新服务机构、高层次人才分别达到1997家、313家和628名，新增注册商标10575件、专利授权4617件，公民具备科学素质比例达到12.4%、位居全市前列。二是推进重点领域改革。获批纳入国家深化民营和小微企业财政金融服务综合改革试点城市，知识价值信用贷款入选全国自贸试验区最佳案例。“一窗通办”综合服务等4项全市审批改革试点示范推进，全区政务数据共享交换平台建成运行。区属国有企业加快整合优化。三是共建内陆开放高地。自贸试验区注册企业达到9251户。外资企业达到605家，外贸综合服务平台实现出口额1.2亿美元，成功创建有色金属材料国家外贸转型升级基地。四是保持内需稳定增长。招商引资签约项目合同额增长32%，引进百亿级项目5个。在库推进市级重大项目82个、区级重点项目114个。

（四）推动城乡融合发展，一体化发展格局加快形成

一是促进乡村振兴。推动乡村产业、人才、文化、生态、组织等全面振兴。新建成“四好农村路”149公里，卫生厕所普及率、村民小组通达率、垃圾有效治理率分别达到91.8%、98.1%和100%。农村土地承包经营权确权登记颁证基本完成。二是推动城市提升。完成杨家坪片区城市有机更新规划研究。城镇老旧小区改造19万平方米，棚户区改造4000户，商品房销售291万平方米，新增商业商务面积100万平方米。“马路办公”督办解决问题3.4万个。新增绿地103万平方米，改造市政道路25万平方米，新改建天桥地通3座。三是塑造城乡骨架。成渝铁路改造等13个项目启动建设，轨道环线等14个项目建成投用，重庆西站东接线等53个项目加快推进，贯通断头路5条。新改建通信能源排水管线490公里、变电站垃圾中转站3座，全面启动5G基站布点建设。盘活利用存量土地9225亩，消除违法建筑109万平方米，“大棚房”整治任务全面完成。

（五）共建共享生态文明和社会事业，让改革发展成果惠及全区人民群众

一是加强生态保护。全面落实河长制、林长制。启动国家山水林田湖草生态保护修复工程试点，复垦废弃矿山26公顷，实施国土绿化提升行动6.6万亩，推行生活垃圾分类管理。二是发展社会事业。完成高新实验一小宫和校区新建、重庆市六十五中学扩建，学前教育普惠率达到65.2%，高考重本上线3926人，中职学生双证获取率达到94%，建成名校长工作室4个、名师工作室8个。周贡植故居修复开放，区第十一届运动会成功举行，开展群众文体活动40万人次。区精神卫生中心建成投用，计划生育扶助5.4万人次。社区养老服务设施覆盖率达到85%。退役军人法律帮扶经验获国家部委肯定。实施困难群众救助26万人次。三是推进社会治理。新改建社区综合服务中心13个。建成三级公共法律服务实体平台231个。信访件次和人次分别下降9%、13.3%。生产安全事故起数和死亡人数分别下降9.3%、6.8%，较大及以上事故零发生。扫黑除恶专项斗争工作绩效位居全市前列，圆满完

成防风险保安全护稳定迎大庆工作任务。四是办好民生实事。D级危房解危搬迁61户，“三无”高层建筑消防设施维修55栋，老旧居民住宅新增电梯54台，新增停车位2.6万个，一批群众关切问题得到切实解决。

二、发展中存在的问题

九龙坡区在发展中仍然还存在一些突出问题和短板。一是面对国内外风险挑战明显上升的复杂局面和外部环境的重大变化，固定资产投资、社会消费品零售总额、外贸进出口总额、实际利用外资等指标未能实现预期目标，推动高质量发展依然面临很多困难和挑战。二是经济下行压力加大，投资增长后劲不足，传统消费进入瓶颈期、新兴消费增长尚弱，稳定外资外贸难度增大。三是产业结构处在深度调整震荡期，传统服务业大而不优。四是资源环境与公共服务矛盾问题交织，交通、市政、能源、环保等基础设施仍有欠账，教育、医疗、养老、托育等民生领域存在短板。五是政府治理方式转变还不到位，财政收支平衡面临多重压力，营商环境仍需优化。

三、2020年发展思路

2020年经济社会发展的主要预期目标是：按照年初计划，在不考虑疫情冲击的直接影响情况下，地区生产总值增长6%以上，突破1500亿元；规上工业增加值增长6%，固定资产投资增长6%左右，社会消费品零售总额增长7%左右，进出口稳中提质；财政收支保持动态平衡；全社会研发经费支出占比达到3.1%；城镇新增就业3万人；居民收入增长与经济增长基本同步；巩固拓展脱贫攻坚成果；节能减排降碳完成下达任务。

（一）把制造业做实做强做优，持之以恒强化工业立区

一是超常规构筑先进制造业集群。打造双千亿级高端铝核心支撑，聚焦汽车摩托车、高端装备、消费品工业重点领域，“一企一策”支持西南铝2800毫米冷轧机投产、格力空调稳定产能、庆铃汽车国六全系列产品上市、隆鑫通用打造全球高端通机制造基地、秦安机电总部基地开工建设。二是促进园区和企业转型升级。建库锁定工业用地，西彭园区着力集聚铝加工高端制造，九龙园区重点发展汽车摩托车智能制造。滚动实施十大智能化改造项目，创建数字化车间和智能工厂。三是推进“十百千万”工业提振行动计划。推动润泽（西南）智惠产业创新城启动建设，规上工业企业总量保持全市前列，建立中小成长型企业调查体系。高技术制造业、战新制造业占规上工业增加值的比重分别达到15%和32%左右。

（二）坚持产城融合，集聚总部经济

一是吸引总部落户。加快中国中铁西南区域总部、沃尔玛山姆店重庆区域总部等十大项目建设，力争新设立世界中国500强总部机构5户。二是厚植众创本底。集聚信息传输、软件和信息技术服务，培育研究试验、专业技术和科技应用服务，发展国际服务外包，巩固提升高技术服务业。三是推动金融集聚。深化政金多元化战略合作，实施上市挂牌企业滚动培育计划，争取国新科技基金落户。四是促进消费升级。发展夜经济和首店经济，支持华润万象城打造全国绿色商场，推进市级特色夜市街区创建、离境退税商店试点。五是发展高端商务。引进培育法律、会计、经纪、咨询等专业机构，打造五星级酒店、甲级写字楼，新增商业商务面积80万平方米。六是培育产业楼宇。推动星河产融新城、九龙意

库、云领天街等加快建设，万科 023、上城国际等 34 栋重点楼宇营收达到 450 亿元。

（三）布局未来产业，发展数字经济和新经济

一是数字技术与数据要素深度融合，发展智能产业。全面落实“云长制”，高点建设重庆大数据人工智能创新中心，实施启迪密码科技园等 100 个大数据智能化项目，培育生物特征识别、智能机器人等 8 类数字研发制造产业，发展数据资源、软件等 8 类算法和大数据产业。二是线上线下深度融合，发展平台经济。支持宗申忽米网、清研理工、瀚渝数字文化产业创新公园等示范发展，集聚培育工业互联网、供应链服务、直播电商跨境电商、新金融、第三方高技术服务、生活服务公共服务 6 类互联网平台产业。三是时间空间深度融合，发展“文旅 +”产业。聚焦艺术研学、禅修、文化教育等“文旅 + 研学”和数字内容、新媒体融媒体等“文旅 + 数字”产业，多元培育“文旅 + 康养”“文旅 + 会展”“文旅 + 国际时尚”，滚动实施十大精品文旅项目。四是生命科学与生物技术深度融合，发展大健康产业。深化与树兰医疗、金域医学、精准生物、东软熙康、亚德科技等合作，策划打造巴渝国医城，发展智慧精准医疗、中医药、心理健康服务，培育医疗卫生服务业、医药医疗器械产业、健康管理服务产业。

（执笔人：廖滔）

南岸区

南岸区人民政府办公室

一、2019年发展回顾

2019年，南岸区坚持以习近平新时代中国特色社会主义思想为指导，认真贯彻落实中央决策部署和市委、市政府工作要求，坚持稳中求进工作总基调，深入抓好“三大攻坚战”“十项重点工作”，扎实推进重庆经开区体制调整和扩容升级，经济社会发展取得新成效。

（一）高质量发展稳中有进

全年地区生产总值增长6.1%（达到770.6亿元），位居主城第三；规上工业总产值增长3.7%（达到792.8亿元），增加值增长6.3%，位居主城第一；社会消费品零售总额增长6.6%（达到472.1亿元），商品销售总额增长10%（达到1858.4亿元），均位居主城第三；实际利用外资8.88亿美元，位居主城第三；进出口总额增长5.4%（达到16.3亿美元），位居主城第三；大数据智能产业规模突破900亿元，增长12%；金融机构存贷款余额增长20.5%（达到2965亿元），位居主城第一；坚决执行广阳岛片区、“两江四岸”、高铁重庆东站等区域规划建设管控调整，固定资产投资增长6.4%（达到376亿元）；严格落实国家减税降费政策，全口径减税降费41.3亿元，一般公共预算收入完成57.4亿元，扣除政策性减收因素后，同口径增长6.1%；城乡居民人均可支配收入分别增长8.3%、9.6%（分别达到41915元、23059元），农村居民人均可支配收入、建筑业增加值增速均位居全市第一。

（二）创新驱动扎实推进

中国智谷（重庆）科技园建设加快，维沃、美的、重庆中烟等重点企业产销两旺；盟讯电子入选工信部专精特新“小巨人”企业，美心集团建成国家级绿色工厂，机床集团、通用工业建成市级绿色工厂；新增科技型企业142户、高新技术企业44户。重庆软件园、重庆市5G产业园开园运营，飞象工业互联网平台联网智能化改造传统企业27户、生态接入企业234户，中移物联网平台链接数突破8亿个、居全球第一，易华录城市数据湖示范工程、中国科学院大学转化医学研究院、力合科创重庆创新中心等投入运营，华为物联网创新中心、树根互联等项目落地，中德学院、远康环保等项目启动建设；新增市级科研平台12个，中电科26所、机床集团、重庆交通大学3项技术获国家科技进步二等奖。中国智谷（重庆）科技园被纳入首批中新国际数据通道建设园区名录，全市首个工业互联网标识解析二级节点顺利落地，智谷 · 环重邮创新创业生态圈加快推进；出台科技创新激励十条等政策，设立2亿元科技型企业知识价值信用贷款风险补偿基金，全社会研发投入占GDP比重首次突破3%。

（三）重点建设步伐加快

全力服务广阳岛片区长江经济带绿色发展示范建设，岛内、岛周生态修复项目启动实施。配合编制形成高铁重庆东站综合交通规划、站前区控规调整和城市设计等方案，全力支持铁路枢纽东环线、轨道十号线二期、郭家沱大桥及六纵线等市级重大项目建设，经开立交、茶园大道、C—D连接桥、东西干道、南北干道、东港横二路等工程建成通车，东港片区主次骨架路网基本形成，江南立交改造、通江立交、滨五期等项目加快推进，江南隧道及茶黄路工程前期工作基本就绪。配合编制形成“两江四岸”核心区整体提升规划方案，故宫南迁文物纪念馆、长江有声记忆博物馆、呼归石花阶、九曲花海台地公园等项目建成，雅巴洞江滩公园水工项目、群慧立交及配套道路等工程开工。积极推进南山城市山地公园规划建设，黄桷垭老街建成开街，黄桷垭环道、黄葛古道提档升级等项目启动实施，黄明路改造等项目竣工投用。完成征地拆迁5.36平方公里，确保了重点建设顺利推进。

（四）城乡面貌持续改善

把握全市国土空间总体规划修编机遇，启动编制全区国土空间规划。渝航大道、黄桷湾立交等门户景观持续提升，黄桷湾体育公园等项目开工建设，新增、改造绿地面积80万平方米，新建、改建社区公园9个。改造城市棚户区13.5万平方米，整治违建45.6万平方米，完善市政道路设施8.82万平方米，涂装桥梁2.49万平方米、护栏17.6公里。打通断头路6条，新增停车泊位2万个，新增、优化公交线路12条。完成全区雨污管网普查，新建雨污管网20公里，改造雨污错混接点65个。成功研发“运渣车智能化管理系统”，建成垃圾分类示范片区5个、示范点34个，城市生活垃圾无害化处理率达到100%，垃圾分类时尚小区、最美社区游园、最美市街节点绿化3项城市管理成果获全市第一。编制完成26个村规划，建设乡村振兴示范村5个，成功创建“中国南山杜鹃盆景之乡”。建成“四好农村路”77公里、干线公路31公里，改造农村厕所1863个，创建市级美丽庭院300个。提前全面完成“大棚房”整治任务，非洲猪瘟等动物重大疫病有效防控。城乡供水一体化实现全覆盖。

（五）改革开放不断深化

营商环境提升计划启动实施，重庆经开区深化“放管服”改革试点示范深入推进，“智信经开 · 区域经济大脑”平台建成投用，工程建设项目审批时限压缩60%以上，企业投资项目、一般工业项目审批时限分别压缩至44个、14个工作日以内；竭力推进民营企业纾困，引导金融机构发展普惠金融，年末中小微企业贷款余额108.9亿元，比年初增长46.5%，新增市场主体2.2万户。国家服务业综合改革试点顺利通过中期评估，形成传统商贸企业数字化转型等典型经验，重庆石油天然气交易中心累计交易额突破500亿元、注册会员企业超过1600家，京东数字经济产业园引进电商企业75户、关联企业57户，全国首个火锅食材线上交易平台、西南首个无界零售智慧售药超市建成，京东医药等电商总部落户，全区电子商务交易额增长17%（达到240亿元）；抗战遗址博物馆成功创建国家4A级景区，重庆国际马拉松赛、重庆全球旅行商大会等品牌效应持续增强，旅游收入增长33.6%（达到224.6亿元）。国企改革

"三供一业"移交基本完成。开放型经济稳步发展，工商银行自贸区分行注册运营，谊品生鲜吸引腾讯、美团等投资16.5亿元，入围全球独角兽企业500强，怡置集团等外资企业加快发展，渝贸通外经贸公共综合服务平台投用、入驻企业2720家，第七届开发区对话500强等活动成功举办。引进国网信通、中住大数据、重庆紫光软件、甲壳云等71个项目，招商合同金额883亿元，在区世界500强企业达到53家，发展后劲进一步增强。

（六）生态环境质量进一步提升

五大环保行动扎实推进，大气、废水、土壤、扬尘、噪声等治理成果不断巩固，全区空气质量优良天数310天，达到历史最高水平，城市集中式饮用水源地达标率达到100%，创建扬尘控制示范道路20条、工地20个，噪声污染得到有效控制。污染防治攻坚战深入推进，配合第二次全国污染源普查工作基本完成，川东化工厂遗留污染、茶园污水处理厂箱涵溢流等问题整改到位，鸡冠石污水处理厂提标改造、茶园至东港片区污水调配管网等工程建成投用，东港污水处理厂启动运营，苦溪河综合整治工程加快推进，排查整治沿江排水口46处，关闭货运码头5座，整治停泊船舶35艘，退捕转产渔船67艘。全力推进南山、明月山生态保护治理，完成南山违规"民宿"、全区违建别墅等整治任务。配合第二轮中央生态环保督察工作圆满完成，全年办理群众环保投诉3542件，群众满意率达到99.5%。

（七）民生保障全面加强

市、区两级民生实事圆满完成。和谐劳动关系综合试验区创建扎实推进，新增就业3.9万人，为年度任务的1.3倍。长生桥中学一期、江南水岸小学、弹子石中学、大佛段小学建成投用，新增学位5850个，新增普惠性幼儿园20所，全区305所幼儿园、中小学安装"一键式报警装置"，建成智慧校园4所，在全市率先建成学前教育监管云平台。以市五院为核心建成紧密型医联体2个，区精神卫生中心加快建设，家庭医生签约24.2万人，重点人群签约覆盖率76.1%，特殊人群签约率100%。在全市率先启动低值医用耗材集中采购试点，全区所有公立医院全部实现药品耗材"零差率"销售。建成市级示范社区养老服务中心2个、医养结合养老中心2个、社区养老服务站12个，成功申报全国居家和社区养老服务改革试点区。创建国家公共文化服务体系示范区通过中期评估，基层公共文化服务创新经验在全国推广。城乡低保标准差距缩小至1：0.8。"三调合一"获全国创新社会治理十佳案例，11个镇街"三调合一"调解中心建成投用。持续开展"两解一帮"联系服务群众工作，新时代文明实践中心建设纳入全国试点，"三事分流"经验在全国推广。

（八）防范化解重大风险扎实有效

严守政府债务底线，稳妥化解政府隐性债务风险，政府债务绿色可控。互联网金融专项整治进展有序，扫黑除恶专项斗争纵深推进，区公安分局合成作战中心建成投用，八类主要刑事案件同比下降19.5%、破案率居主城第一，涉众型经济案件同比下降83%，现行命案破案率连续五年达到100%，"民生"小案破案率居全市第一、追赃挽损618万元。"雪亮工程"加快建设，弹子石老街"警用三维云控系统"建成投用。圆满完成新中国成立70周年大庆安保维稳任务，统筹做好安全生产、森林防火、灾害防治、应急救援、食品药品监管等工作，连续13年获全市安全生产目标考核先进等次。

二、发展中存在的问题

同时，发展中仍然存在一些问题和短板。一是传统产业转型升级、新旧动能接续转换还不够快；二是城乡基础设施欠账仍然较多；三是民生领域短板亟待补齐；四是生态环保任务依然繁重；五是营商环境亟待进一步优化；六是治理效能提升仍需久久为功。

三、2020 年发展思路

2020 年，南岸区将坚持以习近平新时代中国特色社会主义思想为指导，全面贯彻党的十九大、十九届二中三中四中全会精神和中央经济工作会议精神，增强“四个意识”，坚定“四个自信”，做到“两个维护”，深化落实习近平总书记对重庆提出的“两点”定位、“两地”“两高”目标、发挥“三个作用”和营造良好政治生态的重要指示要求，贯彻落实党中央关于推动成渝地区双城经济圈建设的重大战略，按照区委部署，紧扣全面建成小康社会目标任务，坚持稳中求进工作总基调，坚持新发展理念，坚持以供给侧结构性改革为主线，坚持以改革开放为动力，坚决打赢“三大攻坚战”，深入实施“八项行动计划”，全面做好“六保”“六稳”工作，紧紧抓住重大历史性机遇，推动高质量发展之路越走越宽广，实现量的合理增长和质的稳步提升，努力在成渝地区双城经济圈建设、全市“一区两群”区域协调发展中发挥支撑作用、带动作用、示范作用，确保全面建成小康社会和“十三五”规划圆满收官，得到人民认可、经得起历史检验。

（执笔人：吴梦泽）

北碚区

北碚区人民政府办公室

一、2019 年发展回顾

2019 年，是新中国成立 70 周年，也是我区加快转型发展步伐、决胜全面建成小康社会第一个百年奋斗目标的重要一年。在市委、市政府和区委的坚强领导下，我们全面贯彻落实习近平总书记对重庆提出的“两点”定位、“两地”“两高”目标、发挥“三个作用”和营造良好政治生态的重要指示要求，坚持稳中求进工作总基调，贯彻新发展理念，推动高质量发展，深化供给侧结构性改革，持续打好“三大攻坚战”，深入实施“八项行动计划”，狠抓各项重点工作，较好完成了全年目标任务。全区经济社会发展持续向好，高质量发展蹄疾步稳，干事创业氛围更加浓厚，人民群众的获得感进一步提升。全年地区生产总值增长 6%，规模以上工业增加值增长 5.7%，固定资产投资增长 21.5%，社会消费品零售总额增长 8%，进出口总额 17.19 亿美元，一般公共预算收入（含水复片区）45.1 亿元，增长 7.5%；全体居民人均可支配收入增长 9%，八项重点民生实事全部完成。

主要做了以下工作。

（一）牢记使命担当，重点工作取得新突破

缙云山综合整治开启新篇章。累计完成整改生态环境问题 250 个，拆除建构筑物 46.2 万平方米，覆土复绿 12.7 万平方米。在全国率先开展自然保护区原住民生态搬迁试点，试点经验获得国家发展改革委、国家林草局肯定。缙云山生态环道等首批 4 项综合提升工程开工，渝武高速缙云山出口至缙云山沿线房屋拆除及景观提升、三花石片区棚改项目顺利推进，综合整治取得明显成效，全区生态优先、绿色发展理念深入人心。民营经济综合改革示范试点实现新进展。创办中国（卢作孚）民营经济学院，举办北碚首届民营经济发展活动周，承办 2019 年中国中小企业发展大会暨第十三届中国中小企业节、全国重庆商会会长会议等重大活动。实施民营企业“铺天盖地”“顶天立地”发展五年培育计划，新发展市场主体 13634 户，其中新增民营企业 4911 户，增长 33.3%，增幅居全市第一。向民营企业兑现各类发展资金 1.5 亿元，设立帮扶民营企业融资资金池，撬动民营企业融资 2.2 亿元，民营小微企业贷款余额 113 亿元，增长 106%。神驰机电在上海证交所首次公开发行股票。加强民营经济发展法治环境建设，组建服务民营企业律师团。收集解决民营企业反映的各类问题 700 余个。开展“卢作孚光彩奖”等优秀民营企业和企业家评选表彰，全区重视民营企业、尊重民营企

业家的良好氛围日益浓厚。深化校地合作取得新成效。天生创新创业街（西南大学重庆产业技术研究院）建成运营，引进深圳百盈集团运营公司及教授领衔研发团队等项目34个，全市环大学创新生态圈现场会在碚召开。启动朝阳文创大道建设，北京极地加科技西南总部等26家企业入驻。支持西南大学“双一流”建设，全面完成西南大学校内3户企业征收工作，彻底根除了“校中村”顽疾，西南大学附属医院在市九院挂牌。在碚高校违法建筑得到有效整治，解决了一批产权办理等历史遗留问题，持续开展校园周边环境整治、业态优化。中国科学院大学重庆学院开工建设，与重庆大学、复旦大学等高校共建大学生实习实践基地，与四川美术学院共建柳荫艺术粮仓。高校积极参与支持北碚建设发展，全区校地共建、互利共荣的生动局面愈加巩固。

（二）聚焦创新发展，产业转型升级步伐加快

创新动能稳步增强。重庆航天科创中心、猪八戒网北碚园区建成运营，新增高新技术企业36家、科技型企业245家，科技研发平台达到92个，市科创板挂牌上市企业达到7家。开展知识价值信用风险补偿基金试点，63家科技型企业获贷7700万元。举办“中国科学院院士、所长北碚行”活动，签约院地合作项目14个。通过国家知识产权试点城市验收。制造业加速转型升级。重庆市工业互联网产业生态园、市级智能传感器特色产业基地和特色产业（新材料）示范基地落户北碚。中国工业互联网研究院重庆分院和国家工业互联网大数据重庆分中心、国家级工业互联网平台应用创新体验中心汇聚蔡家，航天云网公司获评重庆市工业大数据制造业创新中心，华众汽车等2个项目入围工业互联网试点示范。京东方6代柔性面板线、腾讯西南总部数据中心等19个新兴产业项目加快建设，发那科机器人、国贵赛车等9个工业项目投产运营。建成智能工厂4家、数字化车间7个，培育“重庆名牌产品”“重庆知名产品”15个，广仁铁塔获评“中国驰名商标”。大数据智能化领域企业产值增长15%，占全区规上工业产值比重超过55%。现代服务业提速发展。区商圈管理办公室挂牌成立，嘉陵风情步行街等完成改造，苏宁小店北碚前置仓等新零售业态开业。唯酷电子产品结算中心等3个特色商业项目签约落地，蔡家一站式购物中心“中南城”实现开工，水土金融街商业项目推进顺利。必维国际检测等15个生产性服务业项目投产。金融服务业加快发展，新增华夏银行北碚支行、民生银行歇马小微支行等一、二级银行网点5家，全区存贷款余额增长16.2%。发行缙云山片区生态环境综合整治专项债券12.6亿元。休闲度假目的地加快建设。卢作孚纪念馆提档升级，“雅舍书院”文博活化项目和朝阳社区艺术馆建成开放，正码头“夜间文化集市”亮灯开业，恒大国际温泉旅游健康小镇、协信·多利健康田园小镇等5个文旅项目开工，金刚碑历史文化街区“飘零巷”完成修复。亚太（重庆）温泉与气候养生旅游研究院正式运营，举办中国第二届温泉与气候养生旅游国际研讨会，获评中国第四届金汤奖“十佳温泉旅游目的地”和“重庆市温泉旅游营销示范区”。西山坪获评“中国（重庆）气候旅游目的地”。全年接待过夜游客人数增长15%，旅游实际收入增长36%。

（三）深化改革开放，发展活力进一步增强

重点领域改革稳步推进。完成政府部门机构改革。实施“园城带动”战略，优化园城管理体制，完善园城考核机制。推进区属国有企业改革，加快市场化转型，关闭注销23户区属国有僵尸企业，推动国有资本向公共服务、重点基础设施、新兴产业等领域聚集。抢抓重庆

高新区发展机遇，歇马街道全域纳入高新区拓展园，组建高新区北碚片区建设指挥部，完成首期887亩征地拆迁。自贸区北碚板块新注册企业1160家。招商引资引智取得新成效。设立西南大学全球校友招商引智（资）对外联络部7个、重点商（协）会委托招商机构5个。袁隆平先生受聘为区政府顾问。新立项人才项目21个，青年人才公寓1188套房源实现摇号配租。新签约清华紫光等项目143个，合同引资1386亿元。实际利用外资3.2亿美元。营商环境不断优化。深化“放管服”改革，推进“互联网+政务服务”和“全渝通办”，实现政务服务“一窗式”改革区、街镇两级全覆盖。规范区、街镇两级行政权力事项和公共服务事项，建立完善区、街镇、社区（村）三级政务服务体系。“最多跑一次”事项达到869项，行政许可事项办理时限压缩77%，居全市第一。认真落实减税降费政策，在纳税人满意度第三方测评中名列全国第13位、全市第1位。区政府门户网站获2019年度“中国政务网站领先奖”，区公共资源交易中心获评“2019年度全国公共资源交易优化营商环境十佳机构”。

（四）突出协调发展，城市提升和乡村振兴齐头并进

城乡基础设施加快规划建设。积极对接新一轮全市国土空间规划，完成蔡家半岛等重要地段、重要地块城市设计，以及静观、天府等镇总体规划和70个村规划方案编制。实施交通建设“三年会战”“缓堵保畅”行动，开工建设渝遂高速扩能、渝武高速龙凤溪立交公路拼宽段工程，加快推进快速路二横线西段等5个重点项目，基本建成快速路一横线北碚段。新建城市道路23公里，打通周家岩次干道等城市未贯通道路3条。实施歇浦路等道路改造86公里，江东片区东西山环线旅游道路全线贯通。建设“四好农村路”通达106公里、通畅209公里。完成蔡家广场公共人防工程建设。城市有机更新持续推进。建成滨江休闲带一期工程，46万平方米的正码头广场开街，北碚“城市客厅”焕然一新。建成城市公园6个、社区体育文化公园3个、邮票广场14个、公共停车场22个，新增停车位2554个。新建人行过街设施3座，新（改）建公厕44座。完成天生路、中环快速路等城市道路绿化景观提质，新增绿地203.3万平方米，整治路面27万平方米。改造老旧小区5个、城区集贸市场19个，整治背街小巷8.5万平方米，整治违法建筑93万平方米。南京路片区老旧小区综合改造获评“2019中国城市更新和既有建筑改造优秀案例”。完成缙云大道等城市照度提升工程。建立城市管理“双长制”常态管理模式。推进生活垃圾分类工作，垃圾分类体系覆盖城乡，在全市首创“周三有害垃圾集中投放日”。乡村振兴稳步推进。新（扩）建“自然世界生态农业体验园”等休闲农业园、农业标准化基地、科技示范基地20个，建成高标准农田8900亩。持续改善农村人居环境，完成旧房整治提升1405户、卫生厕所改造4720户，在全市率先开展农村污水治理示范工程建设，行政村生活垃圾有效治理率达到100%。静观镇入选“全国农业产业强镇典型案例”，柳荫镇东升村入选“中国美丽休闲乡村”。农村“三变”改革、“三社”融合改革试点平稳推进，93个“空壳村”摘帽。脱贫攻坚成果持续巩固。聚焦解决“两不愁三保障”突出问题，落实贫困人口帮扶政策，贫困人口基本医疗保险参保率、贫困学生资助率均达到100%，改造农村危房726户，现行标准下农村贫困人口全部脱贫。对口支援巫山县、援助西藏类乌齐县打好脱贫攻坚战。“四城同创”成绩显著。全民动员、全域创建，以创建全国文明城区为统揽，统

筹推进国家生态文明建设示范区、国家森林城市、国家食品安全示范城市创建。获得国家生态文明建设示范区命名授牌，接受第四次国家卫生区复审。天生街道奔月路社区等5个基层单位获国家级表彰奖励。

（五）推动绿色发展，生态文明建设迈上新台阶

生态环境保护扎实推进。开展生态保护红线勘界定标工作，严格执行产业准入负面清单制度，完成“三线一单”编制。实施缙云山、中梁山“林长制”试点，开展保护提升和国土绿化提升行动，推进山水林田湖草系统治理，完成营造林10.5万亩。完成渔业船舶退捕转产工作，拆解渔船139艘，238名渔民全部转产上岸。污染防治攻坚战推向深入。全年空气质量优良天数320天，空气质量综合指数4.06，两项指标均居主城区第一。在全国率先建设大气污染源人工智能识别系统，推进智慧河流和污染源在线监控平台建设。启动“黑臭水体治理提升暨清水绿岸”项目建设，推进梁滩河流域（二期）综合治理，完成龙滩子水库上游来水生态修复工程。开工建设蔡家污水处理厂二期工程，建成城镇污水管网55公里。落实总河长1号令，开展污水偷排直排乱排专项整治。城市和农村饮用水水源地达标率均为100%，在主城率先实现全境河流水质达标。高质量完成全国第二次污染源普查试点任务。中央生态环境保护督察问题整改落地落实。完成第一轮中央生态环境保护督察反馈问题年度整改任务，配合开展第二轮中央生态环境保护督察工作，一批群众反映突出的生态环境问题得到解决。

（六）坚持共享发展，社会民生事业持续改善

社会保障更加有力。新增城镇就业2.5万人，城镇登记失业率控制在2.5%以内。城乡基本养老保险、医疗保险参保率分别保持在95%、96%。建成北温泉、复兴2个街道养老服务中心和6个社区养老服务站，完成东阳、澄江2个街镇敬老院提档升级，主城首家贫困家庭失能人员集中照护中心投入运营。在全市率先开展未成年人救助保护工作试点。文明治丧专项整治覆盖城乡，移风易俗成效明显。推进公立医院改革，取消公立医疗机构医用耗材加成，水土、复兴2个街道社区卫生服务中心建成投用，区妇幼保健院迁建工程动工。龙凤桥街道槽上供水工程配套管网投入运行，完成柳荫镇西河村等3个农村饮水安全巩固提升项目，受益人口2.1万人。建成保障性住房17万平方米，完成棚户区改造896户。老旧住宅小区加装电梯74部。深入推进食品安全联合整治行动，在全市率先开展网络餐饮阳光厨房和食安封签试点。建立健全退役军人三级服务保障体系，全面落实双拥安置优抚政策，市级双拥模范城得到进一步巩固。教育文化体育事业蓬勃发展。朝阳中学南校区、陵江小学等5所中小学建成投用，新增学位1.1万余个，全区公办幼儿园在园幼儿占比提升12.3%，在园幼儿普惠率提升到65.2%。稳步推进新高考改革，建成高中教育发展促进计划市级项目75个。文化服务进基层900余场次，完成端蒙书院等10处文物单位的修缮维护。成功举办区第二十五届运动会、第七届全国部分省市文化馆“百馆联动”系列文旅嘉年华等重大赛事、活动28项。区内学生参加市级以上体育竞赛获得金牌95枚，西大附中女子足球队代表重庆市在全国第二届青少年运动会中夺冠。社会治理水平不断提高。推进“枫桥经验”北碚实践十项活动，建成74个社区综治·网格化“双中心”，获评“2019全国创新社会治理典型案例”。纵深推进扫黑除恶专项斗争，严厉打击各类违法犯罪行为，荣获“全国禁

毒示范城市创建工作先进城市”。扎实开展信访矛盾调处化解工作，一批重点信访问题得到妥善解决。强化政府投资项目和资金管理，严厉打击涉众型经济犯罪，全区金融风险平稳可控。深化应急管理体制改革，防范化解安全生产领域重大风险，安全生产事故起数和死亡人数双下降。

二、发展中存在的问题

一是新兴产业接续动能转换较慢，部分企业经营困难增多，民营企业融资难、融资贵、用地难问题尚未有效破解；二是投融资模式创新步子不大，工业投资增幅同比下降；三是开放平台亟待培育，开放能力有待提升；四是财政收支平衡压力较大，发展质量效益有待进一步提升；五是城乡基础设施建设仍有欠账，“一老一小”等民生领域短板不少；六是部分公职人员法治思维、创新能力、公仆意识还需进一步增强，营商环境与市场主体和人民群众的期盼还有差距等。

三、2020年发展思路

全区地区生产总值增长6%左右，固定资产投资增长9%，社会消费品零售总额增长6%，进出口稳中提质，城镇新增就业2万人以上，居民收入增长与经济增长基本同步，节能减排降碳完成国家约束性指标。

（执笔人：张志伟）

渝北区

渝北区人民政府办公室

一、2019年发展回顾

2019年，渝北区以习近平新时代中国特色社会主义思想为指导，全面贯彻落实习近平总书记视察重庆重要讲话精神，在市委、市政府坚强领导下，坚持稳中求进工作总基调，围绕“四区”发展定位，持续打好“三大攻坚战”，大力实施“十项行动计划”，全力打造“五个千亿级”产业集群，扎实推进农村发展“双十万工程”，统筹稳增长、促改革、调结构、惠民生、防风险、保稳定各项工作，经济社会发展取得明显成效。

（一）供需两端协同发力，经济运行保持平稳

面对宏观经济下行压力和复杂严峻外部环境，渝北区委、区政府坚持沉着应对、精准施策，推动经济增长扭负为正、企稳回升，实现地区生产总值1848.2亿元、增长1.9%，经济总量继续保持全市第一，人均GDP突破十万元大关，达到110501元。规模以上工业总产值2730.6亿元、下降1%。完成固定资产投资1492.5亿元、增长8.4%，其中工业投资218.5亿元、增长39.4%，210个重点项目年度投资计划完成率达86.5%。科技研发、咨询服务、大数据云计算等新兴业态发展迅猛，带动现代服务业向高端化转变，实现社会消费品零售总额709.4亿元、增长6.6%，服务业增加值1260亿元、增长6.3%，金融业增加值增长14.1%，存贷款余额11738亿元。全面落实减税降费政策，减征税收24.4亿元，实现一般公共预算收入75.7亿元、增长0.2%。城乡常住居民人均可支配收入分别达到42749元、19530元，增长8.1%、8.8%。

（二）新旧动能接续转换，产业结构优化升级

坚持增量调结构、存量促转型，加快推动产业结构优化升级，三次产业结构比由1.5∶41.1∶57.4调整为1.4∶30.4∶68.2。聚力打造“五个千亿级”产业集群，智能终端产业提质放量，智能手机产量2623万台、增长18.5%，战略性新兴制造业产值占比达50%，数字经济增加值增长18.7%。软件和信息服务业集聚壮大，成功举办全国大数据标准化工作会议，软件和信息服务业增长32%，仙桃国际大数据谷被评为“2019年中国最具活力软件园”。两江国际商务中心进入主体施工，景观绿廊及9条市政道路有序推进。现代消费走廊初现雏形，西南国际汽贸城、家居小镇等8个项目开工建设，时装小镇、三亚湾海鲜美食城加速提档升级。航空物流园建设有序推进，中远海运签约落户，复星国药、快

件集散中心等项目加快建设。扎实开展“工业跃升”行动，长安福特、长安汽车加速向智能化网联化升级，新能源汽车产量增长98.2%。加快传统企业技改升级，佛吉亚、朗萨家私等81家企业完成智能化改造。

（三）改革开放同频共振，发展活力持续迸发

机构改革全面完成，“放管服”改革持续深化，企业注册登记办结时限缩短至3日，市场主体总量达11.7万户、增长10.8%，新增上市挂牌企业21家。全面消除集体经济“空壳村”，178个村集体经济组织实现统一登记赋码，完成全区12万户、52.5万亩农村承包地确权颁证，启动实施农房整宗地收益权收储试点。江北国际机场国际航线增至95条，旅客和货邮吞吐量分别达到4479万人次、41.2万吨，增长7.7%、7.8%。自贸区建设稳步推进，中新示范项目合作通信领域示范点成功落地，“一带一路”商品展示交易中心开业运营，白俄罗斯风情小镇签约落户。全年实现进出口总额1504亿元、增长6.4%。仙桃国际大数据谷入驻科技型企业152家，全国首个5G自动驾驶公共服务平台落地运营。新培育科技型企业817家、国家级高新技术企业151家，全社会研发经费支出占GDP的3.77%，万人有效发明专利拥有量达22.4件。

（四）城乡区域协调并进，整体效能不断提升

完成国土空间规划大纲编制工作，铁路枢纽东环线、三环高速、轨道5号线北延伸段项目建设有序推进，椿萱大道、悦港大道等重大基础设施项目加快建设，观月大桥、新南路立交等建成通车，打通断头路7条，建成公共停车场6个，新增停车位1855个。完成棚户区改造42万平方米，整治违法建筑50万平方米。实施城市综合管理“七大工程”，提质改造公园游园14个，新增城市绿地159万平方米。推进龙山、回兴等4个街道生活垃圾分类试点。高效推进农村“双十万工程”，实施土地宜机化整治4.7万亩，栽种经果林1.5万亩、生态林3.9万亩。实施古洛环线40公里路域环境综合整治，完善农村旧房整治提升5145户，石船、兴隆场镇综合改造完工。兴隆礼朝屋基等乡村旅游景点建成开放，统景印盒、兴隆牛皇等6个村被评为休闲农业和乡村旅游市级示范村。碑口水库、南北大道、两江大道等项目有序推进，建成“四好农村路”338公里，硬化村社便道315公里，新建场镇污水管网43公里、农村无害化卫生厕所7225户。

（五）经济生态良性互动，绿色发展步伐加快

环保督察问题整改有序推进，泰山电缆等企业环保搬迁项目加快实施。抓好餐饮油烟、施工扬尘等污染防治，空气质量优良天数达到318天，创历史新高。东方红水库流域综合整治工程完工，完成双龙湖等4个城区湖库水生态修复，碧津湖水质达到Ⅱ类标准，12宗地块风险评估全部完成。对全区249条河流进行立体治水，94艘渔船、145名渔业船员退捕转产。开展长江入河排污口排查整治试点，完成116个排污口排查监测溯源。认真落实“河长制”“林长制”，统筹实施山水林田湖草生态修复治理，拆除、整治“大棚房”“违建别墅”20万平方米，完成矿山整治复垦2250亩。完成营造林17.9万亩，森林覆盖率达到41.1%。大力践行绿色发展理念，积极发展循环经济，规上工业综合能源消耗量为38.9万吨标准煤，同比下降17.8%，成功创建“国家生态文明示范区”。

（六）发展成果共建共享，民生福祉日益增进

全面完成17件民生实事年度任务。建成投用数据谷中学等8所学校，新增幼儿园41所。

新人民医院、悦来老年康养中心建成投用，改扩建镇街医院5个。开展职业技能培训6069人次，兑现稳岗资金2.5亿元，发放创业担保贷款5152万元。城乡养老、医保参保率均稳定保持在95%以上，发放各类救助资金1.85亿元。完成8个敬老院“三改”，建成社区养老服务站（中心）21个。脱贫攻坚巡视反馈问题整改率100%，全区存量贫困户31户、92人稳定脱贫。完成农村危房整治2548户，实现“四类重点对象”C、D级危房动态清零。完成8个饮用水源地规范化建设，开展健康扶贫救助2.2万人次，资助贫困学生2120名。发放扶贫小额信贷403.8万元，农村公益性岗位安置建卡贫困户163人。切实维护社会和谐稳定，八类主要刑事犯罪立案数和刑事警情分别下降10.5%和4.5%，生产安全事故起数和死亡人数分别下降24.3%、31%。

二、发展中存在的问题

一是对照年初目标任务：受产业结构单一、支柱产业下滑等因素影响，地区生产总值、工业总产值、公共预算收入等目标增长未达到预期，尤其是工业经济增长仍未实现由负转正。二是对照高质量发展、高品质生活要求：产业发展能级还不高，智能终端、软件信息等新兴产业支撑作用不足，汽车、电子等传统产业转型升级任务艰巨，创新、改革和开放三大新动能还需加快培育；部分区域公共配套设施滞后，“一老一小”问题、重大疫情防控、公共卫生应急管理等民生保障还有不少短板，公共安全隐患治理还需加强。三是对照高效能服务要求：少数部门单位工作人员服务意识、担当意识、廉洁意识还不够，“放管服”等重点改革还需深化，政务服务效能还需提高。

三、2020年发展思路

2020年是如期打赢脱贫攻坚战、全面建成小康社会、实现第一个百年奋斗目标的决胜之年，也是乘势而上开启“十四五”发展、向第二个百年奋斗目标进军的关键之年。2020年渝北区将深学笃用习近平新时代中国特色社会主义思想和党的十九大、十九届二中三中四中全会精神，全面贯彻习近平总书记视察重庆重要讲话指示要求，统筹推进常态化疫情防控和经济社会发展工作，紧扣全面建成小康社会目标任务，坚持稳中求进工作总基调、坚持新发展理念、坚持以供给侧结构性改革为主线、坚持以改革开放为动力，坚决打赢“三大攻坚战”、深入实施“十项行动计划”，统筹城市、乡村两个基本面，全力打造“五个千亿级”产业集群，扎实推进农村发展“双十万工程”，做好“六稳”工作、落实“六保”任务，加快建设现代产业集聚区、协同创新引领区、内陆开放先行区、城乡融合示范区，努力成为推动成渝地区双城经济圈建设、“一区两群”协调发展的新动力源，确保全区经济实现量的稳步增长和质的稳步提升，确保打赢疫情防控人民战争、总体战、阻击战，确保全面建成小康社会和“十三五”圆满收官。

综合考虑各方面因素，2020年经济社会发展的奋斗目标是：地区生产总值增长3%，规模以上工业总产值增长6%左右，固定资产投资增长3%，其中，工业投资增长10%以上，社会消费品零售总额增长5%，进出口总额保持平稳增长，一般公共预算收入与上年持平，全社会研发经费支出占比3.5%以上，新增就业5万人以上，城乡居民收入稳定增长，单位GDP能耗、主要污染物排放等约束性指标完成市级下达任务。

（执笔人：任小勤）

巴南区

巴南区人民政府办公室

2019年，巴南区以习近平新时代中国特色社会主义思想为指导，深入学习贯彻党的十九大精神，全面贯彻落实习近平总书记对重庆提出的“两点”定位、“两地”“两高”目标、发挥“三个作用”和营造良好政治生态的重要指示要求，在市委、市政府的坚强领导下，按照“五围绕五抓好”工作要求，凝心聚力、攻坚克难，持续打好“三大攻坚战”，认真实施“八项行动计划”，推动经济社会稳步发展。

一、2019年发展回顾

2019年全区实现地区生产总值874.82亿元，同比增长6%。工业增加值206亿元，增长5.0%。规上服务业营业收入增长20.3%，固定资产投资增长8.3%，社会消费品零售总额增长6.5%，一般公共预算收入51.6亿元，增长7.2%，税收收入占比90.7%，收入质量居全市第二位。城乡居民可支配收入分别达到42493元和20125元，增长9.0%和10.2%。

（一）实体经济得到新发展

战略性新兴制造业发展壮大。实现产值200亿元，增长7.5%。国际生物城纳入国家级高新区拓展园，生物医药产业集群列入国家第一批“战略性新兴产业集群发展工程”，集聚项目59个，临床试验阶段创新药物占全市的60%。经济园区聚焦新型显示等领域，惠科金渝、金扬入选全市百强民营企业。智能产业稳步发展。成功承办亚洲人工智能大会。签约腾龙5G产业公园等26个项目，美利信5G滤波器等8个项目投产。传统产业加快转型。完成智能化改造44项、技术改造70余项。推进消费品工业升级，百亚等6家企业的15个品牌纳入市级重点培育品牌项目。宗申航发等4个“军转民”“民参军”项目投产。服务业提质增效。公路物流基地集聚项目41个。京东电商交易额超300亿元，增长26%。协信汽车公园成为西部最大商用车交易市场，车博会销售额增长84.6%。旅游综合收入增长20%。金融业增加值增长8%。

（二）动能转换迈出新步伐

创新能力持续增强。环理工大双创生态圈建设有序推进，新增高新技术企业49家。新增科技型企业964家，总量达1624家、居全市第二位。万人发明专利拥有量15.8件、高于全市平均水平。开放平台不断拓展。积极融入西部陆海新通道建设，东盟班车开行超1200班次、增长

100%。南彭公路保税物流中心（B型）进出口货值30亿元，增长60%。东盟商品集采城建成，重庆国际分拨（公路）海关监管中心、佛耳岩港二期码头投用。完成进出口总额105亿元，出口增长11.8%。实际利用外资1.43亿美元，增长48.3%。深化改革全面发力。机构改革、涉农资金整合使用等一批重点改革任务落地落实。着力推进"放管服"改革。新增市场主体2万余户，增长31.9%。新增民营企业5918户，新发展率21.9%、居全市第一位。

（三）三大攻坚战取得新成效

脱贫攻坚精准发力。全面落实"两不愁三保障"，119户326人未脱贫人口脱贫退出。完成危房改造914户，5个市级贫困村积极发展主导产业，发放扶贫小额信贷3217万元，建档立卡贫困人口稳定脱贫。对口帮扶万州区工作扎实推进。污染防治成效明显。全面落实河（库）长制，开展林长制试点。完成矿山地质环境恢复治理、土地复垦49公顷，治埋水土流失30平方公里。在全市率先完成长江干流岸线餐饮船舶取缔，城市黑臭水体基本消除，完成1424家"散乱污"企业、3758个污染源整治。生活垃圾有效治理率、农村生活污水处理率分别达100%、85%。完成"三线一单"编制和污染源普查。风险防范化解有力。非法集资积案有效化解，"通贷投资"借款余额清零，"倍赢金融"清退深入推进。南投集团取得AA+主体信用评级，区经济园区公司成功发行全市首单新加坡公募债券。有效防控化解政府债务，直接降债140亿元。稳妥化解征地拆迁等领域矛盾纠纷。

（四）城市品质实现新提升

基础设施不断完善。铁路枢纽东环线、南两高速等项目加快推进，渝湘高速复线、南环立交改造等项目开工。建成城镇污水管网34公里。新增5G基站400个。品质内涵有力提升。全力推进"五长制"和"马路办公"。新增城市公共绿地160万平方米。完成棚户区改造1894户，建成垃圾分类示范小区130个，整治"两违"46.2万平方米。推进巴滨路升级改造，新增溪谷公园等景观点9个。解放重庆历史陈列馆建成开放，巴渝文化研究基地落户。新区开发快速推进。龙洲湾B区开发量739万平方米，累计投资394亿元。五一技师学院、国家级实训基地建成，区职教中心完成迁建，高职城新增万名师生入住。鹿角组团在建150万平方米。启动惠民智慧总部新城规划建设。

（五）农业农村呈现新面貌

产业振兴成效凸显。入选国家城乡融合发展试验区、市级现代农业示范园区。累计发展茶叶、果蔬、粮油、渔业四大特色产业94.2万亩。新认证"三品一标"82个，接龙蜜柚、鱼洞乌皮樱桃入选全国名特优新农产品，重庆沱茶生产基地投产。农产品加工产值超百亿元。美丽乡村加快建设。木洞等5个镇成功创建国家卫生镇。建成农村人居环境整治试点示范项目10个、生活垃圾分类示范村16个，旧房整治380户、改厕9608户。新增"四好农村路"641公里，获评市级示范区。观景口水利枢纽、高洞子水库主体完工。完成28个农村集中式饮用水源规范化建设。引进圣灯山康养农旅小镇等10个项目，羊鹿山景区成功创建AAAA级景区。农村活力不断增强。新增专业合作社35个。新培育农村电商主体32家，销售额增长31%。有序开展"三社"融合发展试点，美亨柚子股份合作社、巴廉寺猕猴桃专业合作社获评国家级示范社。规范流转农村土地，适度规模经营度35%。

（六）民生保障达到新水平

社会保障扩面提效。社保参保193万人次，城乡养老、医疗保险参保率分别达到95%、96%。长期护理保险试点有序开展，21.7万人参保。加大医保基金监管力度，追回资金1217万元。发放社会救助金1.18亿元，惠及38万人次。建成社区养老服务中心（站）16个、“儿童之家”202所。全力整治拖欠农民工工资问题，清欠保支7857万元。社会事业全面进步。新建16所中小学和幼儿园。学前教育普惠率63.9%、公办幼儿园占比35.5%。投入5870万元加强校园安全防范建设。区人民医院迁建项目竣工。开展药品集中采购和使用试点，公立医疗机构全面取消医用耗材加成。办好国际半程马拉松、区运会等大型赛事50余场次。社会治理持续加强。圆满完成新中国成立70周年大庆安保维稳工作。实施“雪亮工程”和“1+5科技护城墙”防控体系建设，群众安全感不断提升。依法规范信访行为，严格落实社会稳定风险评估制度。“枫桥经验”落地见效，花溪派出所入选全国首批“枫桥式公安派出所”。“德法相伴”社会治理经验在全国推广。连续五年以上未发生较大及以上生产安全事故。

二、发展中存在的问题

当前，全区发展中仍然存在一些突出问题和短板。一是经济高质量发展基础还不稳固，产业结构调整正处于攻坚关键期，创新能力有待增强，主导产业体量还不够大，实体经济外部环境更趋复杂严峻。二是城乡区域发展还不平衡不协调，基础设施配套不完善，农村发展动力不强，城市功能仍有短板。三是营商环境仍需优化，“放管服”改革有待深化，个别部门和工作人员存在服务意识不强、办事效率不高、主动担当作为不够等问题。

三、2020年发展思路

2020年，是实现第一个百年奋斗目标的关键之年，做好全年工作至关重要。2020年全区政府工作的总体要求是：以习近平新时代中国特色社会主义思想为指导，全面贯彻党的十九大和十九届二中、三中、四中全会精神，贯彻落实全国两会精神、中央经济工作会议精神和全市经济工作会议精神，增强“四个意识”，坚定“四个自信”，做到“两个维护”，深化落实习近平总书记对重庆提出的“两点”定位、“两地”“两高”目标、发挥“三个作用”和营造良好政治生态的重要指示要求，紧扣全面建成小康社会目标任务，坚持稳中求进工作总基调，坚持新发展理念，坚持以供给侧结构性改革为主线，坚持以改革开放为动力，认真落实区委“五围绕五抓好”工作要求，坚决打赢“三大攻坚战”，深入实施“八项行动计划”，扎实做好“六稳”工作，全面落实“六保”任务，坚决克服疫情带来的影响，推动经济高质量发展、创造高品质生活之路越走越宽广，确保全面建成小康社会和“十三五”规划圆满收官。重点做好以下工作。

（一）加快构建现代产业体系

紧扣高质量、供给侧、智能化发展方向，打造国家级平台，着力培育商贸物流、生物医药、军民融合、“数智”、生态创新“五大千亿级产业集群”。推动生物医药、电子信息等高端产业发展壮大，装备制造、消费品工业等传统产业转型升级，现代物流、电子商务等服务业加快集聚。

（二）持续抓好两个基本面

以创新为引领、生态为本底，统筹推进城市提升和乡村振兴。坚持生态优先、绿色发展，推动基础设施互联互通、公共服务共建共享、生态环境同步提升、城乡一体同步发展，加快建设山清水秀美丽之地。

（三）坚决打赢三大攻坚战

坚持底线思维，聚焦聚力问题短板，精准施策、接续用力，着力防范化解重大风险，决战决胜脱贫攻坚，全面加强污染防治，牢牢把握主动权，高质量全面建成小康社会。

（四）全面推进“一区五城”建设

坚持国际化、绿色化、智能化、人文化方向，高质量推进国家城乡融合发展试验区、南部新城、重庆国际生物城、重庆高职城、惠民智慧总部新城、大江科创城建设，促进各片区优化布局、彰显特色，推动区域互联共享、协调发展。

（五）全力办好十大民生实事

一是实施巴滨路设施提升改造工程。二是完成“四好农村路”175 公里。三是新建城市公园 15 个。四是棚户区改造 2455 户。五是建成中小学校 3 所、新增公办幼儿园 18 所。六是新建镇街、村（社区）养老服务中心（站）60 个。七是推进残疾人康复中心建设。八是农村改厕 5000 户。九是农村居民户内漏电保护器安装 16 万户。十是深入推进社会治安防控体系建设工程。

（执笔人：胡太原）

长寿区

长寿区人民政府办公室

一、2019年发展回顾

全年实现地区生产总值701.2亿元，同比增长8.8%（以下简称“增长”）；全社会固定资产投资244亿元，增长15.3%；社会消费品零售总额244.1亿元，增长12.8%；一般公共预算收入35.2亿元，同口径增长0.1%；居民人均可支配收入30874元，增长9.7%。

（一）全力调结构、强支撑，主导产业量增质优

1.突出新型工业稳支柱

发挥工业经济稳增长关键作用，规上工业总产值1084.2亿元，增长14.4%，工业增加值增长12.9%，排名全市第一。大力实施“千百亿”行动，五大产业集聚发展，完成产值1007.3亿元，占规上工业总产值的93%。聚焦“数字产业化、产业数字化”，推动恩瑞芯片、长芯半导体IC封装等19个战新项目投产达效，战新产业实现产值200亿元。推动传统产业智能化改造，投入54亿元实施64个智能化技改项目，培育智能工厂1个、数字化车间2个；开发工业新产品31个，EVOH成功填补国内空白，打破国外技术垄断。工业用电、用气、用煤分别增长14.9%、12.3%、6.1%。

2.突出商贸提质增活力

大宗贸易量大质优，实现商品销售总额796.6亿元，增长16.2%。总部经济发展迅速，贸易结算额155亿元，6家企业在长设立独立结算机构。电商产业提质增效，实现交易额102.5亿元。会展经济繁荣活跃，拉动消费11.7亿元。金融、汽车等居民消费持续升温，银行个人消费贷款余额增长4.5%，新增车辆登记突破万辆。专业市场加快建设，农产品交易中心一期即将投用，汽贸城主体基本完工，智慧物流中心开工建设。

3.突出特色旅游塑品牌

实现旅游收入71亿元、增长24.3%。长寿博物馆、菩提山景区滑道动工建设，乐温大桥、三洞沟文旅项目等稳步推进，龙鑫欢乐世界开园营业，古镇“巾帼创业就业一条街”开街。组织“走进魅力长寿”联合参访、巴渝文化节等活动12次，举办国际铁人三项赛等国际国内赛事7场，首台文旅实景剧《穿越千年 · 品味长寿》对外观演，长寿湖首届迎春灯会盛大开幕。长寿湖获评“中国气候旅游目的地”。

（二）全力强投资、抓创新，新旧动能转换提速

1. 坚持招商推动

紧紧扭住招商引资"生命线"不动摇，合同引资576.6亿元。党政主要领导带头招商，外出拜访企业461家，拜访企业数居全市第一。引进世界村、江苏双象、重庆晟世百亿级项目3个，十亿级以上项目10个、亿元以上项目43个，世界500强企业1家。香港威誉等44个战新项目签约落地，总投资351.5亿元。推行股权招商、并购招商、大数据招商等方式，在全国分片区举办8场招商推介会，西洽会、智博会、支洽会签约项目数均居全市前列。

2. 坚持投资撬动

深入实施"项目建设年"活动，统筹推进246个重大项目。工业投资127亿元、增长29%，占固定资产投资的52%。商贸物流板块投资持续增长，完成投资16亿元。房地产投资反弹，完成投资27.9亿元。完成政府投资83亿元，争取三峡后续、新增债券等专项资金29亿元，兑现产业扶持资金4.5亿元，撬动社会资本130亿元。

3. 坚持创新驱动

全社会R&D经费支出13.6亿元，占地区生产总值的比重为2%。经开区科技创新园、高新区中科未来城加快建设。引入国家级孵化器"中孵高科"，累计培育科技型企业408家、高新技术企业69家、高成长性企业27家、市级研发机构40家，国家科技成果登记126件。为58家科技型企业提供知识价值信用贷款1.2亿元，16家企业OTC科创板挂牌。获批"英才计划"人才4人、"鸿雁计划"人才12人，引进高层次人才131人。

（三）全力抓改革、促开放，发展活力持续释放

1. 改革之策落地落实

深化供给侧结构性改革，项目化、清单化推动50项改革任务。持续推进"放管服"改革，抓实"一网、一门、一次"改革，5280项政务服务事项上网全国政务服务平台。投资项目告知承诺制改革入选"信用重庆"十大典型案例，代表重庆参加全国"诚信建设万里行"交流，试点项目30个，平均审批时间压缩70%。国企混合所有制改革及非平台类国企改革稳步推进。机构改革、企事业单位公车改革顺利完成。

2. 开放之路走稳走深

加快构建开放通道，两江新区至长寿快速通道纳入2020年市级重点建设项目。渝长高速扩能项目完成80%的工程进度。投资6亿元实施64公里国省道改造。高起点完成长寿港区规划，长寿长江沿岸铁矿石保税仓启动前期工作。做大做强外向型经济，加快全市首批承接加工贸易梯度转移示范园、服务外包示范区建设，服务外包企业累计达32家，实现离岸服务外包执行额1.3亿美元，完成进出口额110亿元，实际利用外资1亿美元。

3. 民营经济培优培强

新增民营企业2406家、增长16.3%，实现增加值420亿元、增长10%，占地区生产总值的60%。切实为企业松绑减负，直接减税9.8亿元、降费2.7亿元。举办银企对接会，新发放中小微企业贷款55亿元、增长10%，发放助保贷2170万元、政银担3125万元，提供10.4亿元应急转贷资金，帮助147家企业纾困发展。大力实施专项清欠行动，为民营企业追回欠款6317万元。

（四）全力抓示范、补短板，城乡建设美美与共

1. 城市品质更高

依托“国土三调”，科学划定“三区三线”，初步构建“一环八组团”城市结构。持之以恒实施“七大工程”，推进阳鹤组团等12条道路建设，升级改造干线公路103.5公里，体育馆公共停车场主体工程、格林广场公共停车场建设完工，黄桷湾广场建成投用。新增城市绿化面积52万平方米，城市绿地率42%。开展“马路办公”，建立“视频曝光政府常务会月点评”工作机制，整改问题2265个。

2. 乡村发展更旺

加速乡村振兴综合试验示范区建设，绩效评估居全市第二，“长寿慢城”一期开园。现代农业园区成功创建国家农业科技园区，建成高标准农田4.7万亩，实现农业增加值51.8亿元、增长3.5%。推进人居环境整治，新改造户厕7373户，整治提升旧房1500户，建设“四好农村路”446公里。完成部级农村集体产权制度改革试点，219个村居成立股份经济合作联合社，“空壳村”全部摘帽。破解乡村振兴用地难举措被中农办专文刊载并全国推广，推进农村公共服务均等化经验入选全国首批18个典型案例。

3. 生态底色更靓

实施重钢、川维污染物超低排放改造和20家企业有机废气深度治理，空气质量优良天数300天以上，PM2.5浓度下降5.2%。严格落实河长制，严惩污水偷排、直排、乱排，综合治理长江流域中小河流13.5公里，开展沿江11座码头环境整治，排查整治206个长江入河排污口；龙溪河、御临河长寿段水质保持Ⅲ类，桃花溪水质持续改善。完成大棚房和违建别墅整治，“关闭矿山”地质生态修复治理53.3公顷，治理水土流失38平方公里，森林覆盖率46%。

（五）全力强保障、惠民生，幸福指数节节攀升

1. 打赢打好脱贫攻坚战

全面解决“两不愁三保障”突出问题，年度减贫任务94户205人全部脱贫。完成所有建档立卡贫困户、17万档外农户大排查，3605个问题全部销号。全面消除义务教育阶段辍学现象，资助贫困学生6647人次、659万元。贫困人口全部纳入医保范围，医保报销7.5万人次、2680万元。贫困户区内住院、门诊自费比例分别控制在6%、12%以内。完成1661户危房改造，实现“四类重点人员”住房安全保障全覆盖。农村集中供水率89%，自来水普及率84%。投入2400余万元对口帮扶丰都县。

2. 筑牢筑实民生福祉

城镇新增就业2.1万人，城镇登记失业率控制在2.9%以内。发放公积金贷款4.7亿元，支持1430户家庭购房。城乡养老保险覆盖率、医疗保险登记参保率分别达95%、98%。学前教育公办园占比49.6%、普惠率80.1%；建成5所市级示范“智慧校园”。成功创建全国慢性病综合防控示范区，二级以上医疗机构“药占比”下降6.2%。体育中心维修改造工程开工，长寿美术馆开馆投用。

3. 提升提质社会治理

打赢新中国成立70周年大庆安保维稳攻坚战，获市委、市政府通报表扬。启动建设“雪亮工程”，纵深推进扫黑除恶专项斗争，侦办黑恶势力团伙6个。“八类”案件、侵财案件破案率分别提升38.5%、7.9%。建立党政领导干部安全生产责任“履职清单”，加强重点领域安全监管，生产安全事故起数、死亡人数分别下降4.3%、

4.2%，未发生较大及以上生产安全事故。矛盾纠纷化解率达95%。菩提社区入选全国首批青少年零犯罪零受害社区试点。

二、发展中存在的问题

同时，发展中仍然还存在一些突出问题和短板。一是区位、政策、产业、交通的比较优势不够凸显；二是产业结构不够优、“拳头”产业不够硬、龙头企业不够多；三是长寿制造、长寿创造的水平还不高，创新能力还不够强；四是对外通道、港口枢纽等发展中的瓶颈问题仍需解决；五是城市品质、乡村振兴还有很大提升空间；六是基础设施、公共服务等民生领域欠账不少，教育、医疗、社会保障等方面还需持续用力。

三、2020年发展思路

以习近平新时代中国特色社会主义思想为指导，全面贯彻党的十九大、十九届二中三中四中全会精神和中央、全市经济工作会议精神，增强“四个意识”，坚定“四个自信”，做到“两个维护”，深化落实习近平总书记对重庆提出的“两点”定位、“两地”“两高”目标、发挥“三个作用”和营造良好政治生态的重要指示要求，紧扣全面建成小康社会目标任务，坚持稳中求进工作总基调，坚持新发展理念，坚持以供给侧结构性改革为主线，坚持以改革开放为动力，坚决打赢“三大攻坚战”，深入实施“八项行动计划”，全面做好“六稳”工作，推动高质量发展之路越走越宽广，确保长寿经济实现量的合理增长和质的稳步提升，确保全面建成小康社会、全面建成“三地一中心”和“十三五”规划圆满收官。

第一，坚持以工业强区为引领，厚植产业发展新优势。持续壮大五大产业集群，力争完成规上工业产值1200亿元；推动园区“高端化、智能化、绿色化”发展，战新产业产值增长15%；全面提升企业市场竞争力，推动1~2家企业挺进“百亿俱乐部”。

第二，坚持以现代服务业为突破，构建协同发展新格局。提档经营业态、探索“线上+线下+物流”新零售模式、促进城乡多元消费；推动生产性服务业专业化、集聚化、国际化发展，建立与大工业配套的全链服务体系；打造全域旅游示范区，全年接待游客数、旅游收入均增长10%。

第三，坚持以改革开放为动力，拓展跨越发展新路径。对标世界银行营商环境样本城市标准，打造“四最”营商环境；深化售电侧、国有企业、财税制度、投融资体制、统计制度等重点领域改革；立足“全域开放、西向拓展、联结两群”，构建对外开放高地；全方位支持民营经济发展，民营经济增加值增长10%。

第四，坚持以投资创新为重点，夯实经济增长新支撑。全力推进招商引资“一号工程”，力争全年合同引资突破550亿元；完成年度投资224亿元；深入推进“一三五十百千”工程，全社会R&D经费支出增长15%，占GDP的比重为2.1%。

第五，坚持以生态宜居为目标，彰显魅力长寿新风貌。打造山水美丽之城，给自然“添绿”，为生态“留白”；打造历史人文之城，挖掘独具人文魅力的城市内核；打造智慧未来之城，建成国内知名、全市一流、特色鲜明的现代化城市。

第六，坚持以乡村振兴为抓手，开创强农富农新局面。全面启动市级现代农业产业园建设，持续壮大长寿柚、橘、鱼、蛋“四大优势产业”；

全面完成农村人居环境整治三年行动计划目标任务；着力破解“人、地、钱”和集体经济弱的问题。

第七，坚持以民生福祉为根本，顺应人民群众新期盼。全力做好迎接国家脱贫攻坚普查准备，持续巩固脱贫成果；抓好稳就业、社会救助、养老服务，不断完善社会保障；确保教育、医疗更均衡、更优质；推进“气、水、地”协同治理，打造友好优美生态环境。

第八，坚持以安全稳定为底线，实现社会治理新提升。强化公共安全监管，防范重点领域风险，加强社会综合治理，全力以赴维护社会安全稳定。

（执笔人：柳强）

江津区

江津区人民政府办公室

一、2019年发展回顾

2019年是新中国成立70周年。4月，习近平总书记亲临重庆视察指导，从全局和战略的高度为重庆发展定向导航，为我们提供了最根本的遵循和指引。10月，市委书记陈敏尔、市长唐良智调研江津，为我区发展指路引航，要求我们当好融入主城的先行区、渝西发展的领头羊、川渝合作的排头兵，全区上下倍感振奋、倍受鼓舞、倍增信心。

一年来，主要抓了以下工作。

（一）着力抓转型促升级，产业质量持续提升

大力发展大数据智能产业。规划建设团结湖大数据智能产业园，新引进全国建筑劳务大数据中心、紫光工业互联网等大数据智能化项目39个，总投资近300亿元，数字经济主营业务收入增长12.5%。深入推进智能化改造。完成传统产业智能化改造项目74个，新增玖龙环保造纸、渝丰柔性电线电缆等10个数字化车间。新增ABB、广州双桥2个国家级和益海嘉里、江增重工2个市级绿色工厂。新认定东风风光580汽车等重庆市重大新产品24个，东科精密压铸模具等32个“江津造”工业产品获评重庆名牌。成功获评国家产业转型升级示范区，江津工业园获评国家新型工业化产业示范基地（粮油食品）、重庆军民融合产业示范基地。大力发展服务业。四大专业市场实现流通额650亿元。成功举办中国·重庆（江津）第二届富硒产业发展大会。成功申报创建国家现代农业产业园、国家农村产业融合发展示范园。

（二）着力抓投资促消费，发展动力持续增强

促进招商提质。突出投资规模、创新能力、品牌效应等关键指标，引进投资50亿元以上项目5个，10亿元以上项目26个，世界500强2家、中国500强1家、上市公司9家。引进英洛凡LED制造等外向型项目23个，周百福珠宝等总部经济项目9个。促进投资增效。总投资79亿元的长江经济带发展暨城乡融合项目和总投资40亿元的水环境综合治理PPP项目（一期）落地实施，鹅公水库启动建设。成渝铁路主城至江津段公交化改造项目开工，轨道交通5号线跳蹬至江津段区内完工91%，白沙长江大桥、油溪长江大桥加快推进，129个重点项目完成投资263亿元。

（三）着力抓改革促创新，发展活力持续释放

全面深化重点领域改革。国资国企改革顺

利推进，四大集团整合基本完成。调整完善镇（街）及平台财政体制，317个一级预算单位精简到100个。机构改革顺利完成。政务服务“线下一窗受理”“线上一网通办”效率大幅提升，工程建设项目审批时限压缩50%以上。大力推进科技创新。新设重庆交通大学山区桥梁与隧道工程国家重点实验室、中医院石学敏院士专家工作站。江增船舶被评为国家技术创新示范企业，江小白获评重庆市工业设计十佳创新型企业。重齿公司获批国家级博士后科研工作站，赛迪装备等18家企业通过市级企业技术中心认定。区科技创新中心建成投运，现代农业园区成功创建国家农业科技园区。

（四）着力抓开放促合作，发展优势持续扩大

大力建设开放平台。江津综保区引进绿地全球商品基地等项目42个，聪江电子等9个项目投产投运，实现进出口总额106.8亿元。明峰医学影像技术研究中心落户。全区新增远郑温控等外资项目9个，实际利用外资4.7亿美元。大力拓展开放通道。珞璜港一期、珞璜铁路综合物流枢纽建成投用，西部陆海新通道江津班列实现常态化运行。大力推进开放合作。深化与芬兰塞纳约基市、日本都城市等国际友城合作，重庆水轮机厂、润通科技实现境外投资。作为重庆唯一区县加入“西部陆海新通道冷链经济城市联盟”，与广西钦州市签署友好城市及物流发展协议，与防城港市共同举办“一会一节”活动。

（五）着力抓城乡促融合，城市品质持续提升

扎实推进城市提升。委托中国城市规划设计院和重庆规划设计院，高标准完成2035全域和“一轴两翼”空间发展战略规划，优化城市定位和空间布局，引领城市全面升级。成功纳入国家城乡融合发展试验区，入选全国乡村治理体系建设试点示范区县。全面提升人居环境。科学划定生态保护红线，全面推进河长制，启动林长制试点。开展污水偷排直排乱排专项整治，长效巩固长江岸线整治成果。森林覆盖率提高至51.8%。

（六）着力抓民生促和谐，人民生活持续改善

保障基本民生。20件重点民生实事完成年度目标任务，一批老百姓身边事、烦心事得到解决。城镇新增就业2.9万人，登记失业率控制在2.4%以内。基本养老金调整惠及17.1万人，每千名老人拥有养老服务床位19.9张。发展社会事业，加强社会治理。构建大应急管理体系，生产安全事故、死亡人数分别下降13%和7.7%。强化普法工作，开展信访突出问题专项治理。扫黑除恶专项斗争打掉恶势力犯罪集团2个、恶势力团伙2个，群众安全感指数提高到98.99%。

二、发展中存在的问题

回顾过去一年的工作，我们清醒认识到，对照全面建成小康社会目标和高质量发展要求，江津发展仍面临一些困难和问题。主要是：产业结构仍处于深度调整期，战略性新兴产业、现代服务业、数字经济占比不高，传统支柱产业转型升级压力大，部分企业生产经营困难；城乡区域发展不平衡，城市品质不高，商业中心发展滞后，吸引力和影响力不强；国企债务管控压力大；生态环境较为脆弱，污染防治任务重；交通、水利等基础设施仍有欠账，社会事业和民生保障还有短板；政府工作作风还需改进，营商环境与市场主体、人民群众的期待仍有差距。针对这些问题，我们将采取有效措施，努力加以解决。

三、2020年发展思路

2020年是高水平全面建成小康社会和"十三五"规划收官之年，是具有里程碑意义的一年。我们要以习近平新时代中国特色社会主义思想为指导，全面贯彻党的十九大、十九届二中三中四中全会精神和中央、全市经济工作会议精神，增强"四个意识"、坚定"四个自信"、做到"两个维护"，深化落实习近平总书记对重庆提出的"两点"定位、"两地""两高"目标、发挥"三个作用"和营造良好政治生态的重要指示要求，贯彻落实党中央关于推动成渝地区双城经济圈建设的重大战略部署和重庆"一区两群"发展规划，紧扣全面建成小康社会目标任务，坚持稳中求进工作总基调，坚持新发展理念，坚持以供给侧结构性改革为主线，坚持以改革开放为动力，做好"六稳"工作，落实"六保"任务，统筹推进"战疫情、保增长、促转型"，推动江津经济实现量的合理增长和质的稳步提升，确保全面建成小康社会和"十三五"规划圆满收官，努力争当融入主城的先行区、渝西发展的领头羊、川渝合作的排头兵。

合川区

合川区人民政府办公室

一、2019 年发展回顾

2019 年，合川区深学笃用习近平新时代中国特色社会主义思想，全面贯彻落实党中央决策部署，在市委、市政府和区委的正确领导下，坚持稳中求进工作总基调，统筹抓好稳增长、促改革、调结构、惠民生、防风险、保稳定各项工作，坚决打好“三大攻坚战”，深入实施“八项行动计划”，在宏观经济下行压力加大的背景下，保持了经济社会稳中向好发展。全区实现地区生产总值 912.5 亿元、增长 8.9%，全社会固定资产投资增长 10.6%，社会消费品零售总额增长 13.1%，一般公共预算收入增长 7.1%，城乡常住居民人均可支配收入分别达到 37927 元、18850 元，增长 8.8%、9.3%。

（一）突出转型升级，推动产业高质量发展

坚持做大做强主导产业，培育壮大新兴产业，巩固提升传统产业，现代产业体系加快构建。工业经济稳定增长。工业投资增长 13.8%，规模以上工业总产值增长 12.8%，规模以上工业增加值增长 10.3%。三大主导产业产值增长 10.9%，数字经济产业、战略性新兴制造业、高技术制造业产值分别增长 37.8%、32%、27.5%，新增规模以上工业企业 16 家。现代服务业提档升级。钓鱼城遗址申遗和 5A 级景区创建有序推进。涞滩镇二佛村入选首批全国乡村旅游重点村。成功举办首届嘉陵江国际旅游文化节暨钓鱼城旅游文化节。全年接待游客、旅游综合收入分别增长 32%、24.2%。新增限上商贸企业 27 家。举办节会赛展 100 余场次，拉动消费近 40 亿元，第十届音乐啤酒美食节获评 2019 年重庆市夜市文化节十大优秀活动。现代农业稳产提质。农业总产值增长 2.4%。粮食总产量、生猪出栏量、水产品产量均继续保持全市第一。新发展优质柑橘、桑多元化利用等特色效益农业 8.5 万亩。建成国内首个数字化智慧种猪场。新认证“三品一标”农产品 90 个。曾巧食品入列第六批农业产业化国家重点龙头企业，龙市镇入选 2019 年创建全国农业产业强镇名单。

（二）聚焦挖潜增效，增强发展动力活力

坚持以改革增红利、开放聚资源、创新激活力，高质量发展势头进一步巩固。重点改革有序推进。持续深化供给侧结构性改革，盘活闲置厂房 14 万平方米，新增减税降费 13.6 亿元。机构改革基本完成。“放管服”改革纵深推进。完成农村集体产权制度改革，“三变”改革实现 10210

亩土地资源变资产、6336万元资金变股金、7973名农民变股东。推进区属国有企业改革，产业公司市场化运行稳健起步。对外开放持续扩大。与友好城市美国圣莫妮卡市建立互访机制，与意大利奥特朗托市签订友好城市备忘录。大型纪录片《嘉陵江》开机拍摄。招商引资实现协议资金617亿元，其中10亿元以上项目19个。实现进出口总额1.89亿美元，新增外贸进出口企业10家。创新能力逐步增强。建成5G试验网。完成智能化改造项目69个，建成市级数字化车间3个，3家企业通过国家级两化融合管理体系评定。中科院科技产业化网络联盟重庆科创中心投入运行，新增市级企业技术中心4个、市级中小企业技术研发中心11个、市级技能大师工作室1个。新增知识产权贯标企业32家，万人有效发明专利增长26.3%。新增高新技术企业22家、科技型企业133家。创建国家高新技术产业开发区上报国务院待批。

（三）注重统筹协调，推进城乡一体发展

坚持完善功能、精细管理，统筹推动城市提升和乡村振兴，城乡面貌呈现新气象。合川入列国家城乡融合发展试验区。交通体系日渐完善。合长、合安、合璧津、渝广支线高速加快推进，钱双高速开工建设，合川西环线挂网招标，大石至武胜赛马高速纳入全市高速路网规划。利泽航运枢纽开工建设。渭沱码头、高阳铁路货运站快速推进，疏港大道一期竣工。对外通道提质改造全面完工，建成“四好农村路”800公里。城市品质持续提升。全国文明城区创建深入推进。东津沱滨江公园东半段、花滩滨江公园主体工程成形。新建市政骨干路网10公里。完成钓鱼城半岛环境综合整治。花滩玖洲行农贸市场建成投用。完成63个单体楼院“六有六无”整治，37个老旧住宅楼加装电梯，改造城市棚户区4.3万平方米。拆除各类违规户外广告4.5万平方米，整治城市违法建筑7.5万平方米。乡村振兴有序展开。“一镇两村”示范点建设成效初显。建成高标准农田5.8万亩，实施宜机化改造1.5万亩。发展新型农业经营主体1010家，15家农民专业合作社入选市级示范社。土地适度规模经营集中度达42.7%。实施1万名农村居民饮水巩固提升工程，改造农村卫生厕所2.8万户。

（四）坚持标本兼治，持续改善生态环境

综合施策、全域治理，加快推进山清水秀美丽之地建设，群众绿色幸福感明显增强。污染防治成效显著。完成中央、市级生态环保督察反馈问题整改78个。城区生活污水集中处理率达94%，镇街生活污水收集处理率达84%。全面推行智慧河长，整治偷排直排乱排问题106个，三江水环境质量总体保持Ⅱ类。启动生态环境区块链及智慧环保项目建设，空气质量优良天数289天、同比增加7天。持续开展农村环境综合整治，关闭禁养区畜禽养殖场69家，农膜综合回收再利用率达85%。保护修复同步开展。制定三江流域环境保护负面清单，治理水土流失136平方公里。大力实施国土绿化提升行动，森林覆盖率达31.2%。整治“大棚房”问题35个，开展违建别墅清理整治。创建市级绿色工厂4家、绿色矿山22个、绿色示范村20个。环保设施更加完善。餐厨垃圾处理厂、建筑垃圾消纳场建成投用。建成8座农村生活垃圾转运站，行政村生活垃圾有效治理实现全覆盖。新建改造城镇雨污管网80公里，建制镇和千人以上行政村生活污水处理设施实现全覆盖，建成农村25户以上集聚区生活污水处理设施32个，渭沱组团污水处理厂投用，畜禽规模养殖场粪污处理设施装备配套率达100%。

（五）促进共建共享，不断增进民生福祉

实施19件重点民生实事，着力优化公共服务供给，全区民生支出占一般公共预算支出的70.8%。脱贫成果持续巩固。全面完成中央脱贫攻坚专项巡视反馈意见整改。全面解决“两不愁三保障”突出问题。3605户农村“三类人员”危房改造全面完成，全年784人脱贫摘帽。因地制宜发展扶贫产业3万亩，6316户贫困户与新型经营主体建立利益联结机制。教育事业提质发展。扎实推进基础教育品质提升工程。新增独立建制公办幼儿园5所，学前教育普惠率达93.5%。实施标准化学校建设项目18个，瑞山中学新校区等4个项目建成投用，增加学位7500个。成功创建市级社区教育示范区。健康服务水平不断提升。全国健康城市试点建设和全国健康促进示范区创建扎实推进，基本公共卫生服务绩效考核连续四年居全市第一。区妇幼保健院新院投用，双槐、龙凤创建成国家卫生镇。区内就诊率达86%。文体事业保持繁荣。美术馆新馆完成主体工程。钓鱼城范家堰南宋衙署遗址获评2018年度全国十大考古新发现，龙游寺遗址等6处文物获批市级文物保护单位。新建12个社区健身点。成功举办中华龙舟大赛总决赛等大型文体活动。社会保障更加有力。建成全市首家就业创业服务超市，开展职业技能培训1.7万人次，城镇新增就业2.3万人。发放创业担保贷款8319万元，促进返乡就业创业2万人。发放各类社会救助资金3.6亿元。城乡居民养老保险、医疗保险参保率稳定在95%以上。

（六）强化社会治理，确保大局和谐稳定

以防风险保安全护稳定迎大庆集中攻坚为主线，深化平安建设，合川获评全市新中国成立70周年大庆安保维稳工作成效突出单位。风险管控务实稳健。多形式推进存量债务置换重组，争取政府债券资金16亿元，成功发行境外债3亿美元。政府债务率保持在绿色区域。非法集资陈案司法完结率62.3%，新立案下降60%，守住了不发生区域性系统性金融风险底线。综合治理卓有成效。严厉打击各类违法犯罪，现行命案破案率连续10年保持100%，侦破“2·11”特大制售假药案并获公安部表彰。侦办恶势力犯罪集团2个、恶势力犯罪团伙2个。化解疑难复杂信访问题163件，矛盾纠纷化解率达98%以上。人民调解成功率99.8%，社会治理共同体建设成为全市典型。应急管理有力有序。深入推进安全生产“规程强化年”活动。加强食品药品、特种设备监管。狠抓非洲猪瘟等重大动物疫情防控。统筹推进地灾防治、森林防火、防汛抗旱等工作，安全事故起数和死亡人数实现“双下降”。

二、发展中存在的问题

一是稳增长的基础还不够牢固，实体企业运行困难，财政收支矛盾突出，政府性债务化解面临较大压力，投资增长后劲不足；二是转型发展任重道远，产业竞争力亟待提升，特别是汽车产业转型和新兴产业培育还需时日；三是民生领域短板依然突出，污染防治任务较重，“一老一小”等民生保障亟待加强；四是营商环境改善还需持续用力，推动高质量发展、创造高品质生活的能力和水平还需不断提升。

三、2020年发展思路

坚持以习近平新时代中国特色社会主义思想为指导，全面贯彻党的十九大和十九届二中、三中、四中全会精神，深入贯彻中央经济工作会议和市委五届七次全会、全市经济工作会议

及区委十四届十次全会精神，紧扣全面建成小康社会和“十三五”规划圆满收官目标任务，坚持稳中求进工作总基调，坚持新发展理念，坚持以供给侧结构性改革为主线，坚持以改革开放为动力，统筹推进稳增长、促改革、调结构、惠民生、防风险、保稳定各项工作，打好“三大攻坚战”、实施“八项行动计划”，全面抓好“六稳”工作，推进区域中心城市建设，加快融合发展，增强综合实力，努力在推进主城都市区发展中展现新作为。力争地区生产总值增长 9% 左右，全社会固定资产投资增长 10% 左右，社会消费品零售总额增长 11% 左右，一般公共预算收入增长 5% 左右，规模以上工业总产值增长 12% 左右，全体居民人均可支配收入增速高于区域经济增速。

（一）保持决战决胜姿态，全面打赢三大攻坚战

坚决打好精准脱贫攻坚战，全面摸排“两不愁三保障”突出问题，严格落实“四个不摘”要求，确保脱贫攻坚任务如期全面完成。坚决打好污染防治攻坚战，聚焦大气、水、土壤等重点领域，优化提升生态环境质量，筑牢绿色发展新优势。坚决打好防范化解重大风险攻坚战，牢牢守住不发生区域性系统性金融风险的底线。

（二）做大做强实体经济，着力提升产业竞争力

全力推动制造业高质量发展。优化提升汽摩产业，加速构建信息安全产业生态圈，快速壮大医药健康产业集群，改造升级传统产业。加快建设现代农业强区。以龙头企业引领农业产业化，以特色品牌推动农业转型升级，以优质服务促进农业提质增效。大力提升现代服务业。加快文化旅游产业融合发展。

（三）推进城乡融合发展，切实增强城市承载力

加快道路互联互通。构建外联内畅、便捷高效的通道体系，建设重庆北部和周边区域交通物流枢纽。提升城市功能品质。围绕“双百”目标，大力推动产城景融合发展，统筹抓好城市功能环境打造和文化内涵塑造。大力推进镇村建设。统筹空间产业布局，突出乡村特色和风貌管控，建设精致城镇和大美乡村。

（四）促进民生福祉改善，全面提升公共服务能力

落实就业优先政策，实现城镇新增就业 2.3 万人。办好人民满意教育，继续实施基础教育品质提升工程。提升全民健康水平，扎实推进全国健康城市试点建设。繁荣文化体育事业，完善公共文体服务场所功能，推进历史文物保护和非物质文化遗产保护传承。强化社会保障工作。提升社会治理水平。

（五）着力集聚优质资源，持续增强经济发展新动能

更有效益扩大投资，引导社会资本进入基础设施、公共服务等领域。更深层次推进改革，持续深化供给侧结构性改革，稳步推进国资国企、农业农村等重点领域改革。更高水平扩大开放，积极搭建海关、保税物流仓储等口岸功能平台，提升基础设施互联互通水平。更大力度推动创新，创建国家高新技术产业开发区和国家知识产权试点城市。优化营商环境，加快诚信体系建设，实施市场准入负面清单制度。

（执笔人：黄昌贵）

永川区

永川区人民政府办公室

一、2019年发展回顾

2019年，在市委、市政府的坚强领导下，永川区坚持以习近平新时代中国特色社会主义思想为指导，深入贯彻习近平总书记视察重庆重要讲话精神，坚持稳中求进工作总基调，深入贯彻新发展理念，聚焦高质量、供给侧、智能化全面发力，持续打好"三大攻坚战"，深入实施"八项行动计划"，统筹推进稳增长、促改革、调结构、惠民生、防风险、保稳定，扎实做好"六稳"工作，较好完成了区十七届人大第三次会议确定的主要目标任务，打造"高质量发展先行区、高品质生活示范区"迈出坚实步伐。

（一）经济运行保持稳中向好

全区实现地区生产总值952.7亿元，增长9%，增速列全市第二位；固定资产投资375.1亿元，增长10.3%；规上工业总产值1156亿元，增长12.8%；社会消费品零售总额392.7亿元，增长13.9%；规上工业增加值增长10.5%；战略性新兴产业企业产值460亿元，增长13%；一般公共预算收入38.7亿元，其中税收收入27.8亿元，扣除减税因素后税收收入实际增长9.9%；R&D占比2.6%；城乡居民人均可支配收入分别达到40093元、20068元，分别增长9.1%、10%，居民收入增长与经济增长基本同步。

（二）扎实推进产业转型升级

招商引资成效明显，全年签约项目256个，合同引资545亿元，引进晨阳水漆、蜂巢9AT自动变速器、雅迪电动车等投资亿元以上工业项目80个，预计投资300亿元、实现产值600亿元。招商引资"三率"考核排名主城都市区第二位。先进制造业集聚发展，全年完成工业投资205.2亿元，增长18%。帝王智能卫浴等117个项目开工建设，瑞悦汽车等36个项目加快推进，利勃海尔等105个项目建成投产。长城汽车投产，东鹏陶瓷点火，高端数控机床销量保持全市1/3的占比。大数据产业蓬勃发展，产业大厦加快建设，大数据产业园C区建成投用。引进百度无人驾驶、航天科工数字孪生城市等项目102个，累计入驻企业315家，从业人员1.4万人，大数据产业实现产值120亿元，成为全市最具规模的大数据产业基地。商贸服务业持续巩固，批发和零售业销售额达1451.2亿元，增长38%，增速列全市第一位。电商产业加快发展，理文纸业快递日均出货50万单，全区快递业务量达1.8亿件，创历史新高。旅游业提档升级，全年接待游客

2200万人次，实现旅游收入142亿元，分别增长19.2%和30.3%，荣获文旅融合典范国际旅游奖、助力脱贫攻坚全国文旅创新大奖。金融业规模发展壮大，制定金融业高质量发展三年行动计划和“鼓励企业上市13条”，实施金融业高质量发展三年行动计划，存贷款规模1314.6亿元，增长15.6%，总量和增速均创近年新高，总量排名首次列渝西第二位。

（三）扎实推进城乡协调发展

扎实推进城市提升，“三城同创”首战告捷，创建国家卫生区以本轮申报区县最高分获得“入场券”。统筹推进“五个振兴”，大力发展特色效益农业，农业总产值达93亿元。成功创建全国首批国家农村产业融合发展示范园，永川秀芽入选中国农业品牌目录并荣获2019年中华品牌商标博览会金奖，板桥食品园入选国家首批农村产业融合发展示范园。全面开展“三清一改”村庄清洁行动，建设清洁示范院落50个，实施户厕改造2.2万户，建成“四好农村路”780公里，农村生活垃圾得到有效治理，城乡一体化发展步伐加快。脱贫攻坚全面发力，“两不愁三保障”突出问题动态清零。投入资金2.1亿元，改造农村三类重点贫困对象危房4597户，整治提升“临界非贫困户”旧房1670户。全区建卡贫困户4294户、10693人实现脱贫。

（四）扎实推进生态文明建设

加强长江生态环境保护，持续开展“绿盾专项行动”，深入推进长江入河排污口排查整治，严厉打击污水偷排漏排乱排等环境违法行为，完成长江岸线生态修复工作。深入实施环保五大行动、国土绿化提升行动，城区环境空气质量优良天数达到298天，森林覆盖率达到50.5%。持续开展临江河流域综合治理，统筹河内河外、地下岸上、城乡区域治理工作，累计完成投资14.1亿元，新建城乡雨污管网284公里，探测修复原有管网417公里，完成55座污水处理厂新建和改造提标工程。坚决开展污染源专项整治，严格执行河段长制，临江河等河流水质持续改善，城市集中式饮用水源地水质达标率稳定保持在100%。

（五）扎实推进改革开放创新

重点改革持续深化，大力实施“减税降费”。出台“放管服改革49条”“重点项目节点管控制度”“投产企业优质服务导则”，实现“工业项目从签约到开工100天”打表推进，一般社会投资项目审批时间压减至50个工作日以内，二手住房交易及水电气同步过户60分钟重庆市最快。开放水平显著提升，兴业大道建成通车，永泸高速加快建设。永川至科学城市域快线、永川港区、永璧高速等加快推进，渝昆高铁永川段开工建设。大安通用机场投用并率先在全市实现首飞。永川国家高新区管委会正式成立；永川港海关监管场所正式获批；中新国际肿瘤医院入选中新互联互通示范项目；积极参加进博会、智博会、西洽会，成功举办“九木会”等商务会展活动。创新驱动步伐加快，深入落实“创新30条”，新培育科技型企业175家、高新技术企业37家，支持环重庆文理学院创新生态圈建设。全社会研发经费投入占比2.6%，创新创业氛围逐渐浓厚。

（六）扎实推进民生持续改善

教育方面，海棠小学、永和小学、子庄小学建成投用，星湖小学迁建工程主体完工；义务教育基本均衡区顺利通过国家复查验收。医疗方面，新妇幼保健院主体完工，新中医院建设有序推进，区妇幼保健院入选第一批国家分娩镇痛试点医院。文化体育方面，“双晒”活动荣获全市最佳作品奖。川剧《清风亭》作为全市唯一剧目参加全国基层院团晋京汇演。市六运会筹备工作进展顺利。成功举办2019永川国际女足锦标赛等国际知名赛事。社会保障方面，发放稳岗补贴及稳岗返还资金1亿元，帮助企业稳岗5.1万人。18件民生实事年度目标任务基本完成。风险防范方面，扫黑除恶专项斗争和平安永川建设深入推进，圆满完成新中国成立70周年安保任务，人民群众的获得感、幸福感、安全感持续增强。

二、发展中存在的问题

一是战略性新兴产业对经济的支撑力不够。二是城市品质提升和乡村产业振兴还需加大力度。三是民生改善存在薄弱环节。四是财税收支平衡和债务管控矛盾压力加大。五是营商环境与市场主体和人民群众的期待仍有差距。

三、2020年发展思路

坚持以习近平新时代中国特色社会主义思想为指导，全面贯彻党的十九大、十九届二中三中四中全会精神和中央、全市经济工作会议精神，增强“四个意识”，坚定“四个自信”，做到“两个维护”，深化落实习近平总书记对重庆提出的“两点”定位、“两地”“两高”目标、发挥“三个作用”和营造良好政治生态的重要指示要求，紧扣全面建成小康社会目标任务，坚持稳中求进工作总基调，坚持新发展理念，坚持以供给侧结构性改革为主线，坚持以改革开放为动力，坚决打赢“三大攻坚战”，深入实施“八项行动计划”，全面做好“六稳”工作，紧紧围绕推动成渝地区双城经济圈建设和重庆主城都市区融合发展，全面落实永川“一二三”发展思路，围绕“高质量发展先行区、高品质生活示范区”一大目标，紧扣“成渝地区双城经济圈重要节点、重庆主城都市区战略支点”两大定位，突出“推动产、城、景融合发展”三大任务，让永川经济社会高质量发展之路越走越宽广，确保永川经济实现量的合理增长和质的稳步提升，确保全面建成小康社会和“十三五”规划圆满收官。

（一）2020年经济社会发展主要预期目标

地区生产总值突破1000亿元大关，增长9.5%左右；固定资产投资增长10%左右，其中工业投资增长15%左右；社会消费品零售总额增长11%左右；一般预算收入增长3%左右，其中税收收入增长8%左右；城镇新增就业2.4万人以上，城镇调查失业率5%以内；居民收入增长与经济增长基本同步；完成节能减排降碳年度目标任务。

（二）坚持把产业发展作为第一要务

聚焦高质量、发力供给侧、推动智能化，用好“制造业高质量发展18条”“高端数控机床发展17条”“职教发展24条”等政策，加快建设重庆重要的现代制造业高地；始终突出服务业“压舱石”作用，培育壮大大数据产业，改造提升商贸物流业，提档升级旅游业，加快打造现代服务业高地；始终坚持农业基础地位，对标全面建成小康社会任务，扎实推进脱贫攻坚和乡村振兴。

（三）坚持把招商引资作为重中之重

坚定供地30亩以上项目90个、全年500亿元招商引资目标不动摇，培育招商新理念，用新理念指导新实践，用新实践开创招商新局面；强化招商引资工作的专业性和系统性，算好发展账；围绕主导产业，聚焦龙头企业，瞄准新兴产业，实施以商招商、链条招商、精准招商；强化招商宣传、招商推介和招商服务，提升招商实效。

（四）坚持把对外开放作为重要抓手

建设开放新通道，不断完善交通基础设施，构建“一环十射”高速路网；用好大安通用机场，发挥朱沱深水港优势，加快规划建设永川至主城轨道交通。打造开放新平台，发挥永川海关优势，全力争取设立综合保税区和公用型保税仓库，加快建设中德（重庆）智能产业园。塑造开放新动能，培育引进更多开放主体，努力实现在渝西地区带头开放、带动开放。

（五）坚持把绿色发展作为普遍追求

牢固树立“绿水青山就是金山银山”理念，深入实施蓝天、碧水、绿地、宁静、田园五大行动，坚决打赢临江河流域综合治理这场标志性、示范性污染防治攻坚战，让永川的天更蓝、山更绿、水更清。扎实开展“三城同创”工作，巩固提升卫生区创建成果，确保顺利通过国家级创卫评估，不断提升城市颜值。大力发展清洁生产、绿色金融、生态旅游等绿色产业，倡导简约适度，绿色低碳生活方式，实现人与自然和谐发展。

（六）坚持把共享发展作为奋斗目标

始终坚持以人民为中心的发展思想，抓住就业、教育、医疗、居住、养老等人民群众最关心、最直接、最现实的利益问题，一件接着一件办、一年接着一年干，不断满足人民日益增长的美好生活需要，切实增强全区人民的获得感、幸福感和安全感。

（执笔人：胡若男）

南川区

南川区人民政府办公室

一、2019年发展回顾

2019年，南川区在市委、市政府的坚强领导下，始终坚持以习近平新时代中国特色社会主义思想为指导，全面贯彻党的十九大和十九届二中、三中、四中全会精神，深入落实习近平总书记视察重庆重要讲话精神，坚持稳中求进工作总基调，大力推进供给侧结构性改革，着力稳增长、促改革、调结构、惠民生、防风险、保稳定，全区经济平稳增长，社会民生持续改善，质量效益不断提升，经济发展保持了稳中有进的良好态势，全区GDP达到333.95亿元、增长7.5%，连续12个季度高于全市平均水平，发展基础更加牢固。

（一）经济运行逆势增长

充分发挥投资关键作用，全年新开工重点项目35个、竣工15个，累计完成投资204亿元，带动固定资产投资增长13.2%。金佛山水利工程大坝主体基本完工，朱家岩水库下闸蓄水，鱼枧水库完成截流，沿塘水库进展顺利。努力筹集发展资金，财政收入首次突破50亿元大关，区属国有企业融资到位115亿元，争取上级财政资金42.3亿元、债券资金11.8亿元，实现国有土地出让收入21.3亿元。圆满完成全国第四次经济普查。全面落实减税降费政策，为实体经济发展降本增效。企业转贷应急资金当年使用3亿元，中小微企业贷款增长32%，企业融资难题有效缓解。切实强化用地保障，新获批建设用地5341亩，征收土地6050亩，拆迁房屋70.4万平方米，整治违法建筑21.3万平方米。招商引资再创佳绩，新签约项目68个，计划总投资602亿元，实际利用内资98亿元，进出口总额增长41%。经过一年稳扎稳打、蓄势发力，各项经济指标好于预期，高质量发展态势更加明显。

（二）三大攻坚战成果丰硕

脱贫攻坚战迈向深入，倾情倾力抓帮扶，到户到人保精准，全年脱贫883户、2537人。“两不愁三保障”突出问题动态清零，资助补助困难学生5311万元，九年义务教育巩固率达99.5%。全方位构建七重医疗保障，兑现贫困户医保政策4451万元。全面解决412户建卡贫困户住房安全问题，改造农村危房1479户。整合资金2103万元，实施农村人饮工程134处，饮水保障水平进一步提升。污染防治攻坚战成效突出，城区空气质量优良率达90%以上，领跑主城都市区。“河长”责任全面落实，铁腕整治污水“三排”问题，河流出境断面水质稳定在三类以上。顺利迎接第二轮中央生态环保督察，自然保护地整合优化通过市级评审，黎香湖国家湿地公园正式获批，国家森林城市创建不断深化，全域森林覆盖率提升至54%。重大风险防范有力有效，政府债务控制在绿色区间，中小微企业融资成本总体下降0.15个百分点。社会大局和谐稳定，大庆维稳实现“零进京”目标，区公安局被授予“集体三等功”。扫黑除恶大快人心，成功打掉2个恶势力团伙、1个犯罪集团，八类暴力刑事案件下降38%。突出生命至上、安全发展，全区安全生产形势总体平稳可控，群众安全感普遍提升。经过一年的补短强弱、解难纾困，全区在复杂环境中轻装上阵，转型发展的步伐更加自信从容、坚实有力。

（三）产业基础更加夯实

工业集群效应逐步显现，博赛集团、鸿庆达等企业满负荷生产，超群轮毂、铝器时代等企业投产放量，吉鑫冶金、中佳信等6家企业建成试产，PBS可降解塑料、环保产业园等27个项目加快建设，上药慧远、华润三九、长沙远大、中民筑友等一批知名企业入驻园区。中石化重庆页岩气公司成功揭牌，页岩气日产量达到510万立方米，常压探井单日产气量刷新国内纪录。获批全国大宗固体废弃物综合利用基地，中涪南点火发电，规上工业增加值增长10.3%，工业投资增长23.7%。旅游升级亮点纷呈，八大旅游综合体竞相推进，天马公路、南坡上山公路建成通车，“大观原点”游客集散中心提速建设。金佛山景区通过国家5A评定式复核，经营管理体制改革扎实推进。“双晒”获评最佳作品奖，“金佛山 · 福南川”走进澳大利亚、新西兰、粤港澳大湾区等国家和地区。成功举办金佛山国际旅游文化节、金佛山方竹笋节暨第三届“味道南川”美食节等大型活动，全年接待游客增长18%。商贸体系日益完备，物流园区新增实体5万平方米。万达广场建成运营，城市商圈再添新地标。“金佛山珍”供销两旺，电商交易额突破25亿元，社零总额增长13.8%，保持全市前列。推动农业“接二连三”，中药材、古树茶、方竹笋、南川米等特色产业规模不断壮大。庆酒酒业首款产品成功面世，建成中药材初加工基地、蓝莓产品研发及冷链仓储中心，投用方竹笋速冻、金山红古树红茶、兴隆白茶生产线，农产品附加值大幅提升。经过一年强基固本、辛勤耕耘，实体经济积厚成势、活力焕发，新一轮产业升级热潮快速掀起，为推动高质量发展积蓄了强劲动力。

（四）城乡发展再上台阶

完成全区景城乡一体化发展规划编制，持续优化国土空间规划体系。房地产市场平稳健康，销售商品房102万平方米。实施棚户区改造47万平方米，东街项目一期完成70%。渝湘高速南川互通完成改造，南大桥拓宽工程即将完工，新投用城市道路5.1公里、人行天桥和地下通道8个，新增停车位4500个，群众出行更加便捷。新建地下综合管廊10公里，提升城市雨污管网46.5公里，城市基础设施更加完善。全国文明城区创建扎实推进，新创建全国文明单位3个、文明村镇3个。乡村振兴绘就新画卷，央视《我的美丽乡村》走进大观园。成功创建国家级茶叶标准示范区，入列全国农村人居环境整治成效明显激励县。常态化开展“三清一改”村庄清洁行动，改造无害化卫生厕所1.4万户，农村生活垃圾有效治理实现全覆盖。新建农村污水管网45公里，启动18个绿色村庄建设，大观镇金龙村被评为“2019年中国美丽休闲乡村”。经过一年精心打造、悉心建设，城市和乡村不断增颜值、添气质，南川城市名片更加靓丽，近悦远来的发展环境加快形成。

（五）发展活力有效释放

深化供给侧结构性改革，“破”“立”“降”各方面取得新进展。全面完成政府机关机构改革，政务大厅荣获全国优秀政务大厅服务优化奖，营商环境考核排全市第3位。国有企业改革稳步推进，推动行政事业单位经营性资产集中运营管理。“三变”改革试点逐步扩大，兴隆金花、木凉汉场坝成为市级改革试点村。启动农村集体产权制度改革，全面完成村（社区）集体资产清产核资。持续推进财政涉农产业资金股权化改革，促进农村集体经济发展和农民增收，引导金融机构为新型农业经营主体发放贷款9000万元。深化供销社综合改革专项试点，积极探索“三社”融合发展，成功打造示范点12个。出台激励科技创新“8条”，新培育入库科技型企业37家，新认定国家高新技术企业10家，全社会研发投入完成3.5亿元。强化科技金融服务，推动创新链与价值链、资金链深度融合，组建首期1000万元知识价值信用贷款风险补偿基金，帮助35家科技型企业获得贷款5360万元。经过一年积极探索、创新求变，成功破除一批发展制约，经济增长新的动能正在集聚。

（六）群众生活持续改善

推动发展成果全民共享，36件民生实事落地兑现，城乡居民可支配收入分别增长7.8%、9.9%。实施积极就业政策，开展大规模职业技能提升培训3万人，城镇新增就业1.2万人。坚持创业带动就业，发放创业担保贷款1.3亿元，新发展市场主体8958户。优质教育资源持续扩大，新建校舍近2万平方米，北师大南川附校二期主体完工，有序推进城区配套幼儿园清理整治。教育质量不断提升，高考各项指标实现“七连增”，连续3年有学子考入清华大学。产教融合进一步深化，建成国家级重点职教专业4个。区域医疗辐射作用持续增强，人民医院儿科楼、保健院迁建等项目提速推进，中医院顺利通过“二甲”终评。远程医疗服务实现全覆盖，危急重症患者抢救成功率达96%。建成水江中心敬老院，竣工殡仪馆扩建工程，花山生态陵园一期有序推进。健全退役军人服务体系，稳步解决历史遗留问题。强化困难群体帮扶，累计发放低保金8500万元。文化事业和文化产业齐头并进，本土影片《大梦难忘》在全国院线上映。实施文化惠民工程，开展送文化服务进基层活动276场，成功举办第三届全民健身运动会。经过一年躬身实干、不断积累，干部的辛苦指数换来了群众的幸福指数，老百姓脸上洋溢的笑容更加灿烂。

二、发展中存在的问题

同时，发展中仍然还存在一些突出问题和短板，一是经济总量不大、结构不优、速度不快；二是传统产业动力不足、新兴产业尚在培育；三是政府债务沉重、财政运行困难；四是创新能力较弱、公共服务供给质量不高，特别是身处主城都市区范畴，未来竞争将更加激烈。

三、2020年发展思路

2020年是“十三五”规划收官之年，是全面建成小康社会决胜之年，也是南川区融入主城都市区起步之年。全区将充分发挥“三优禀赋”叠加优势，抢抓双城经济圈建设的战略机遇、同城化先行的政策机遇、疫情催生的市场机遇，积极承接服务中心城区空间拓展、功能布局、人口流动、产业集聚，主动承担重庆南向、东向开放通道货物组织和周转功能，提升自身发展能级，传导放大主城都市区辐射作用，打造山清水秀旅游名城、大健康产业集聚区、先进制造业基地、主城都市区后花园、景城乡融合发展示范区，阔步迈向同城化、高质量、跨越式发展新阶段。

（执笔人：杨子亿）

綦江区

綦江区人民政府办公室

一、2019年发展回顾

2019年，綦江区坚持以习近平新时代中国特色社会主义思想为指导，深入贯彻党的十九大和十九届二中、三中、四中全会精神，全面落实习近平总书记对重庆提出的“两点”定位、“两地”“两高”目标、发挥“三个作用”和营造良好政治生态的重要指示要求，坚持稳中求进工作总基调，扎实践行新发展理念，以供给侧结构性改革为主线，统筹做好“六稳”工作，打好“三大攻坚战”、实施“八项行动计划”，走好转型路、打造升级版、推动区域协调发展，推进“一点三区一地”建设，全区经济社会发展稳中向好、好于预期。全年地区生产总值实现479.1亿元、增长7.3%；工业增加值增长9.4%，全社会固定资产投资增长10.6%，社会消费品零售总额增长12%，进出口总额增长51.9%。

（一）全力担当作为，三大攻坚战夺取新胜利

聚焦突出问题，坚决啃下“硬骨头”、完成“硬任务”。打好防范化解重大风险攻坚战。实施政府债务预算管理，全年共发行地方政府债券4.6亿元，偿还到期政府债务2.8亿元，全区政府债务绿色可控。加强金融市场监管，查处非法融资行为5起。不断创新社会治理方式，开展“枫桥经验”綦江实践十项行动，建立推行“三级和议”制度，基层矛盾纠纷化解率达95%以上。强化安全生产常态化监管，扎实开展大排查大整治大执法，全年未发生较大以上安全生产事故。打好精准脱贫攻坚战。做实“志智双扶”，统筹推进产业、教育、医疗等扶贫工作，2024户未脱贫户实现脱贫，7584户建卡贫困户脱贫质量明显提升。创新“七看七帮”工作法，全区977个贫困对象“两不愁三保障”突出问题全面清零，改造C、D级危旧房965户。紧盯历次检查反馈问题，全项目销号402项整改任务。打好污染防治攻坚战。全面落实“河长制”，统筹推进“三水共治”，綦江河、蒲河两个国控考核断面平均水质稳定达到II类标准。建成投用生活垃圾渗滤液处理厂，完成城市污水处理厂一级A标提升改造、9座街镇污水厂技术改造。开展蓝天保卫战，空气质量优良天数达324天，比2018年增加5天。

（二）聚力创新赋能，转型升级迈出新步伐

深入实施以大数据智能化为引领的创新驱动发展战略行动计划，切实提高工业经济的科技附加值和市场竞争力。驱动产业加速创新。仅用一

年多的时间就全面达成市级高新区创建标准，并顺利通过验收评审。以创建促创新，全年新培育市级科技型企业146家、国家级高新技术企业44家，创造历史最高纪录。引进国家重点实验室分中心、院士工作站、博士后科研工作站各2个，培育市级以上研发机构30家、科技服务机构35家。R&D投入增长80%以上，超过以往四年的总和。改造升级传统产业。推进质量强区，成立齿轮产业技术创新联盟，建成中国齿轮高质量发展示范区。支持40家企业实施智能化改造，成功创建1家市级智能工厂、6个市级数字化车间，荆江半轴入围德国奔驰等高端汽车全球供应商。依托腾讯云推动传统制造业与现代互联网融合发展，10余家企业上云上平台。建工高新建材、航墙铝业等一批装配式建筑企业的产品远销新加坡、德国等海外市场。开拓布局新兴产业。引进新兴产业项目47个，战略性新兴产业产值增长20%、占规上工业产值的20%。华芯智造、博远半导体等项目投产，带动芯片制造产业快速发展。多次元新材料等项目投入试生产，投资超过50亿元的安徽金美锂电池项目落地，高性能复合材料产业势头渐起。页岩气出气井达11口，液化天然气项目实现试生产，页岩气综合利用产业持续壮大。公共大数据国家重点实验室重庆分部、灾备技术国家工程实验室西部中心等项目相继签约，工业互联网和网络信息安全服务产业初具雏形。恒大轮毂电机项目正在深度对接，新能源汽车产业前景可期。

（三）努力拓宽渠道，对外开放跃上新高度

充分挖掘通道资源，大力发展开放型经济，积极融入全市共建“一带一路”和加快建设内陆开放高地的大格局。加快提升开放平台。主动对接西部陆海新通道、渝黔合作先行示范区等国家级、区域性发展战略，基本完成西部陆海新通道（綦江）综合服务区规划纲要编制，启动实施渝黔合作先行示范区三年行动计划；成功举办第五届全国民营企业合作大会，近500家民营企业齐聚綦江，现场协议引资126亿元，全面展示了綦江投资环境，极大宣传了綦江开放的良好城市形象。积极拓展开放渠道。渝贵高铁走向及站点选址工作有序推进，渝黔高速扩能进度过半，安习高速完成可研，渝黔高速加宽列入主城区都市圈优先项目，渝贵铁路公交化列车顺利开行。不断扩大开放成效。坚持精准招商、上门招商，赴新加坡举办綦江在国外的首次专场招商推介会，到上海、深圳等地开展主题招商推介活动，全年引进100亿元级项目2个、50亿元级项目2个、10亿元级项目7个，其中市外投资超过350亿元。近两年新开工市外招商引资项目当期投资额增长326.4%。

（四）致力优化供给，市场消费激发新活力

切实抓好以旅游、商贸为重点的第三产业，不断增强消费对经济增长的拉动作用。节会消费趋旺。举办四季旅游养生季、年货节等节会活动，带动消费48亿元；组织区内企业参加意大利摩托车展、巴西农耕展等国际展会，不断开拓海外市场。商圈消费升级。香港铜锣湾广场完成主体建设，核心商圈建筑面积达50万平方米，商圈步行街文化娱乐休闲设施更加完善，辐射渝南黔北作用更加明显。建成外贸孵化园，启动外贸产业园前期规划。线上消费看涨。本土品牌线上营销呈“井喷式”爆发，“老四川”线上销售突破亿元大关，“饭遭殃”线上销售增长280%。线上商贸企业发展迅速，阿里巴巴LBS（綦江）综合服务中心在黑龙江绥芬河自贸区设立保税仓，莱坝商贸公司与重庆国际贸易集团建立合作关系。全区电子商务交易额、网络零售额分别实现54.1亿元、29亿元。

文旅消费提质。全年接待游客1540万人次，实现旅游综合收入74.1亿元。地质公园老瀛山景区成功创建国家4A级旅游景区，永城王良故居和石壕红军烈士墓完成布展并对外开放，东溪古镇基础设施不断完善，石壕红魂小镇完成概念性规划。引进岭南股份在横山打造原乡农旅小镇，鼎瓯集团投资110亿元在郭扶打造康养示范小镇。

（五）大力统筹协调，城乡发展实现新跨越

坚持抓大城乡促融合化，统筹抓好城市提升、乡村振兴，协调推动城市与乡村各美其美、美美与共。城市品质持续提升。下决心整治、拆除城区屋顶违建8万余平方米，全面取缔、规范城区露天烧烤、“坝坝茶”等占道经营摊点，全部清除、搬迁存在十几年甚至几十年的北街、河东、长青路等“马路市场”，城市顽疾得到根治。建成投用城区大货车集中停放场地，彻底解决大货车沿路停放影响城市交通和形象问题，城区更加通畅。綦江北互通及连接线、转关口大桥等节点工程启动建设，成功创建市级“四好农村路”示范区，城乡交通骨架不断拓展、运行更加高效。乡村振兴持续发力。永城镇中华村成为全国乡村治理示范村、全市乡村振兴重点村，中峰镇成功创建全国中蜂成熟蜜示范基地，赶水草蔸萝卜基地获批市级现代产业园，花坝糯玉米、横山优质稻2个市级标准化种植试点示范项目通过验收，粮食安全行政首长责任制工作获全市一等奖。“老四川”成功获评中国驰名商标，新增“东溪米黄瓜”“风岩沟大米”2件国家地理标志证明商标和59个“三品一标”。深入开展“三清一改”，强力推进农村人居环境综合整治，在全市率先启动残垣断壁整治，完成农村改厕1万余户，行政村生活垃圾有效治理率达93%以上，中峰镇获批国家级卫生镇。

（六）竭力夯基补短，民生福祉获得新改善

坚持以人民为中心的发展思想，推动发展成果更多、更公平地惠及人民群众。全年民生支出45.5亿元，占一般公共预算支出的63%。不断完善社会保障。基本养老保险、医疗保险参保率恒定在95%以上，全年支出社会保障资金31.8亿元，发放社会救助资金1.7亿元。健全退役军人服务保障体系，高标准落实优抚安置政策，顺利通过市级双拥模范城检查考评。严厉打击骗保行为，保证医保资金安全运行。促进教育均衡发展。中山路小学、陵园小学东部新城分校基本完工，完成9所公办幼儿园改扩建。成功创建全市第一所红军中学、第一所长征小学、第五所红军小学。规范校外培训机构，落实中小学减负方案，提高素质教育质量。有效保障群众健康。高分通过“全国基层中医药工作先进单位”复审，区中医院、区妇幼保健院完成搬迁并投入使用。严格食品药品监管，深化国家食品安全示范城市创建，打造3条示范街、200家示范店。横山镇成功创建市级健康养老示范基地。丰富精神文化生活。扎实推进全国文明城市创建。图书馆新馆、文化馆分馆进入室内装修阶段。在庆祝新中国成立70周年期间组织开展歌咏会、图片展、文艺汇演等60余场文化活动，营造隆重热烈的节日氛围。

二、发展中存在的问题

同时，发展中仍然还存在一些突出问题和短板。一是经济平稳运行的基础还不够牢固，投资增长后劲不足。二是创新能力不强，发展动能转换还需进一步加快。三是生态环境治理任重道远，存量环保问题整改的压力依然很大。四是财政收支矛盾较大，与社会发展需求、民生改善愿望还有一定差距。

三、2020年发展思路

以习近平新时代中国特色社会主义思想为指导，全面贯彻落实党的十九大和十九届二中、三中、四中全会精神，紧紧围绕习近平总书记对重庆提出的“两点”定位、“两地”“两高”目标、发挥“三个作用”和营造良好政治生态的重要指示要求，不忘初心、牢记使命，紧扣全面建成小康社会目标任务，坚持稳中求进工作总基调，坚持新发展理念，坚持以供给侧结构性改革为主线，坚持以改革开放为动力，坚决打赢“三大攻坚战”，深入实施“八项行动计划”，全面做好“六稳”工作，聚焦高质量发展，因地制宜走好转型路、因势利导打造升级版，大力推动区域协调发展，加快打造主城区都市圈重要支点，统筹推进“一点三区一地”建设，提高人民群众的获得感、幸福感、安全感，确保经济持续健康发展和社会和谐稳定，如期全面建成小康社会，实现“十三五”规划圆满收官，为“十四五”规划顺利开局奠定坚实的基础。

（一）谋划发挥好“三个作用”

以习近平总书记对重庆提出的在推进新时代西部大开发中发挥支撑作用，在推进共建“一带一路”中发挥带动作用，在推进长江经济带绿色发展中发挥示范作用为重要遵循，更加注重从全局谋划一域、以一域服务全局，努力在全市发挥“三个作用”中展现新作为、作出新贡献。

（二）组织实施好“三大攻坚战”

强化底线思维，抓住主要矛盾，积极稳妥地打好防范化解重大风险攻坚战。咬定总攻目标，严格坚持现行扶贫标准，高质量打好精准脱贫攻坚战。紧盯主要污染物排放总量大幅减少、生态环境质量总体改善的目标任务，实施好蓝天、碧水、净土等重大战役，全面打好污染防治攻坚战。

（三）推动落实好“三大战略”

抓住建设主城都市区重要支点、渝黔合作先行示范区、西部陆海新通道契机，用好战略地位、找准发展方位，抢抓合作机遇、建好开放通道，推动“三大战略”在綦江落地落实，努力实现更高质量、更高水平的发展。

（执笔人：牟万英）

大足区

大足区人民政府办公室

一、2019年发展回顾

过去一年，大足区深入学习贯彻习近平新时代中国特色社会主义思想和习近平总书记对重庆的重要讲话重要指示精神，持续打好“三大攻坚战”、大力实施“八项行动计划”、全面落实“七个提升行动”，统筹推进稳增长、促改革、调结构、惠民生、防风险、保稳定，全区经济社会发展保持稳中有进、稳中向好。地区生产总值增长7.7%，固定资产投资增长10%，一般公共预算收入完成38.9亿元，规上工业总产值增长13.6%、增加值增长9.5%，社会消费品零售总额增长13.8%，城乡居民人均可支配收入分别增长8%、10%。

（一）改革开放迈出新步伐

一是重点改革纵深推进。完成农村土地制度改革三项试点任务，为修订土地管理法提供了“大足经验”。全面落实减税降费政策，各类市场主体减负达到12亿元。加大农业农村改革力度，观音岩等6个村“三变”改革试点成效初显，消除集体经济“空壳村”77个。“放管服”改革取得积极成效，全区市场主体突破7万户、增长14.2%。二是对外开放成效明显。引进骏通专用车等投资5000万元以上项目142个、协议资金552亿元，到位资金55亿元。新增外贸经营权获权企业42家，完成进出口总额2.4亿美元、增长19.3%。潼大荣高速建成通车，大内高速进展顺利，大足至永川高速纳入全市路网规划。成功举办成渝轴线区（市）县协同发展联盟暨渝西川东经济协作年会。

（二）产业转型升级取得新进展

一是制造业高质量发展态势良好。新引进集成电路、光学光电等智能产业项目26个，国内首个大型智能网联汽车综合试验基地建成投用，中西部首条6寸硅基氮化镓外延片生产线顺利投产。锶盐新材料产业发展纳入全市特色产业发展规划，足锶矿业集团组建营运。大足高新区率先在全市建成智慧园区管理和服务平台。二是商贸流通日益活跃。盘活存量商业资产10余万平方米。成功举办汽车、家居、冬菜、黑山羊等多场节会活动。淘宝大学渝西培训基地落户大足，阿里巴巴大足云智慧市场、电商产业园入驻企业515家，电商交易额39亿元、增长18%。三是文化旅游升温提质。全面启动以大足石刻为核心的国际文旅城建设，大足石刻文创园被评为全市文化产业示范园区。龙水湖温泉获评第四届中国温泉金汤奖“十佳温泉”。隆平五彩田园开园。启动宝顶山卧佛及小佛湾石刻保护修缮工程。高水平举办大足石刻国际旅游文化节等系列文旅节会。全区接待游客2414万人次，实现旅游总收入112.9亿元、增长11.7%。

（三）“三大攻坚战”取得新成效

一是脱贫攻坚扎实推进。投入1.1亿元实施扶贫项目81个，2053户、5105人脱贫摘帽，贫困发生率降至0.01%。深入聚焦“两不愁三保障”及饮水安全突出问题，扎实开展“大走访大排查”行动。完成建卡贫困户危房改造988户、低保户危房改造948户，农村危房改造工作获国务院表彰。新建扶贫路24条、54.7公里，新建扶贫车间7个，9个脱贫村发展主导产业8765亩。二是污染防治成绩显著。扎实开展生态环保“八大攻坚行动”，投入资金18.5亿元新（改）建雨污管网296.8公里，完成8座镇级污水处理厂、30座农村污水处理站改造。整治“散乱污”企业261家，全面取缔水产养殖增氧机。玉滩水库库心断面首次总体达到湖库Ⅲ类水质，施工扬尘、餐饮油烟、秸秆焚烧等大气污染源得到有效控制，城区空气质量优良天数达317天。三是风险防范有力有效。健全债务风险监测预警体系，争取债券资金12亿元，到位存量资产PPP项目资金7.6亿元，消化债务27亿元，综合债务率下降49个百分点。着力化解中小企业资金链、担保链风险，发放“助保贷”“应急周转贷”“商业价值信用贷”6.7亿元。扎实推进“四久工程”分类处置，房地产市场总体平稳。全面完成“大棚房”、违建别墅清理整治。扎实开展“防风险、保安全、护稳定、迎大庆”工作，确保了“七个零发生”。

（四）城乡融合发展呈现新气象

一是城市品质全面提升。深入推进“三城同创”。香国公园、西禅体育公园等建成投用，利用闲置地建成游园憩园7个。实施海绵城市建设2.4平方公里，引入植物新品种305个，新增城市公共绿地115万平方米。城市综合展示馆、文化艺术中心等建成投用。大力实施城市综合管理“七大工程”，拆除存量违法建筑20.3万平方米，城市道路交通秩序持续改善。二是乡村振兴扎实推进。建成“四好农村路”626公里，被评为“四好农村路”全国示范单位，建成场镇“五个一”项目72个。大力整治农村人居环境，“七改”模式在全市推广。大力发展特色效益农业，新发展雷竹、冬菜等特色产业4.6万亩，新增黑山羊种羊1万只，大足黑山羊评定为“中国重要农业文化遗产”。新认证“三品一标”54个，熊猫雷笋获评“全国名特优新农产品”。

（五）社会事业迈上新台阶

一是教育事业加快发展。新（改、扩）建中小学幼儿园22所，新增学位10680个。学前教育普惠率达到90%，海棠小学等5所学校被评为全市智慧校园建设示范学校。义务教育均衡发展受到国家督导评估组好评。成功创建市级社区教育示范区。职教中心获评第三批国家级示范中职学校。二是健康服务质量明显提升。区中医院综合楼建成投用，区二院迁建工程主体完工，区人民医院成为重庆医科大学非直管附属医院。医院集团化改革试点深入实施，被纳入全国城市医疗联合体建设试点城市及全国紧密型县域医疗卫生共同体试点区县。农村妇女“两癌”筛查2万余人。三是文化事业精彩纷呈。鲤鱼灯舞晋京参加国庆70周年联欢活动。成功举办“大足学国际学术研讨会暨大足石刻列入《世界遗产名录》20周年纪念会”等全国性学术会议，《大足石刻全集》正式出版、填补了我国石窟考古史和出版史空白。《大足县志（1986—2011）》出版发行。四是全民健身深入推进。大力完善体育设施，新增健身场馆及健身点22个、体育健身设施80套。取得CFA中国之队国际足球锦标赛连续5年举办权和2021年中韩青少年国际体育交流活动举办权，成功举办洲际篮球巅峰争霸赛、龙水湖国际半程马拉松赛。建成国家级青少年体育俱乐部7个，打造国家、市级体育特色学校55所。

（六）人民群众获得感有了新提升

一是就业和社会保障持续加强。新增城镇就业15406人，登记失业率2.58%，职业技能培训15226人。城乡居民养老保险、医疗保险参保率稳定在95%以上，农村困难群众全覆盖参加基本养老保险和医疗保险。发放特困人员供养救助、临时救助等2.6亿元。建成18个社区养老服务站和1个市级示范养老服务中心。二是民生工程扎实推进。2019年重点民生项目全部建成投用，完成投资17.9亿元。集中办理农民新村及新型社区不动产权证4575个、51.4万平方米，基本解决农村“两证”遗留问题。完成棚户区（城中村）改造13.5万平方米，新创平安·和美小区8个，出台老旧住宅增设电梯激励政策。开通万古、中敖等公交线路4条。三是社会治理成效明显。深入开展扫黑除恶专项斗争，持续深化“枫桥经验”大足实践行动和“平安大足”建设，“雪亮工程”有序推进，创新构建“视频侦查+街面巡防”模式，全区刑事案件发案率下降3.8%。

二、发展中存在的问题

同时，发展中仍然还存在一些突出问题和短板：一是经济增长的基础还不够牢固，投资支撑不足，创新能力不强，产业转型升级任重道远；二是财政收支、生态环保、安全稳定等压力较大；三是城乡基础设施、公共服务、社会事业等民生领域仍有不少短板；四是行政服务效率有待提高，营商环境有待进一步改善和提升。

三、2020年发展思路

以习近平新时代中国特色社会主义思想为指导，贯彻落实习近平总书记对重庆提出的“两点”定位、“两地”“两高”目标、发挥“三个作用”和营造良好政治生态的重要指示要求，认真落实党中央关于推动成渝地区双城经济圈建设的重大战略部署，深入落实区委“4433”发展思路，紧紧围绕“擦亮六个特色品牌、打造六个区域中心，争做成渝地区双城经济圈建设协同发展示范区”目标，统筹做好疫情防控和经济社会发展工作。

（一）建设以大足石刻为核心的国际文旅城

一是加快打造世界文化遗产观光体验区。把保护好、研究好、利用好大足石刻作为谋划推进发展的第一号任务，打造“一核两点、三天两夜”钻石旅游线路。二是深入推动城景融合发展。启动石雕公园建设，建成龙水五金公园等。做美“十里景观·十里城”。三是大力提升旅游城市品牌影响力。持续开展大足石刻“四百工程”。持续推进“三城同创”，力争成功创建国家卫生区、国家森林城市。深入实施城市综合管理“七大工程”。

（二）打好三大攻坚战

一是坚决打好脱贫攻坚战。稳定解决好贫困群众“两不愁三保障”及饮水安全问题。推动脱贫攻坚与乡村振兴有机衔接。扎实做好脱贫攻坚全面普查工作。二是坚决打好污染防治攻坚战。持续实施生态环保“八大攻坚行动”，建设污水管网、污水处理厂（三期）等，分类整治“散乱污”企业。扎实开展大气污染防治攻坚。做好土壤污染场地风险管控。三是坚决打好防范化解重大风险攻坚战。深入践行新时代“枫桥经验”，深化“平安大足”建设，全力推进“雪亮工程”建设，纵深推进扫黑除恶专项斗争。深入推进“全国食品安全示范城市”创建工作。

（三）推动制造业高质量发展

一是深入推进传统制造业优化升级。巩固提升汽车摩托车、五金家居等支柱产业。支持五金家居企业提质增效。推动电梯产业集群发展。二是培育壮大新兴产业。支持聚力成氮化镓外延片尽快实现量产并扩大生产能力。加快欧美芯、中舜等半导体项目建设。发挥智能网联汽车综合试验基地带动功能，集聚落户一批关联项目。促进锶盐产业集聚发展。三是加快提升企业技术创新能力。持续努力创建国家级经开区、国家级高新区。实施5G融合应用行动计划，深入推进智慧园区建设试点。

（四）拓展有效需求

一是积极扩大有效投资。滚动编制投资项目储备库。大力激活社会资本和民间投资。加快推进重点项目建设。二是持续推动商贸流通业优化升级。引进培育一批新型零售业市场主体，加快构建“线上+线下、商品+服务、零售+体验”的现代零售业体系。引进培育一批电商示范企业。大力发展会展经济、总部经济。三是大力发展现代服务业。扶持发展信息服务、科技服务等生产性服务业，提升发展养老服务、托育服务、家政服务等生活性服务业。

（五）深化改革开放

一是全面深化改革。深化国资国企改革，优化资本布局结构和资产配置。深化“放管服”改革。持续推进“三变”试点、承包地“三权分置”、“三社”融合发展等改革。二是全面扩大对外开放。扎实做好招商引资工作。加快对外通道建设。组织企业参加国际国内展会，努力拓展海内外市场。

（六）实施乡村振兴战略

一是积极发展现代农业。全面落实粮食安全和“菜篮子”工程行政首长责任制。推进现代农业园区建设。启动区农产品综合批发市场建设。加快恢复生猪产能。二是持续推动农村基础设施建设。加快“四好农村路”、后扶道路、高标准农田、水库改扩建工程建设。着力解决饮水安全问题。三是深入开展农村人居环境整治。持续推进“三清一改”村庄清洁行动。大力推进乡村文化振兴“百千行动”试验示范工程。

（七）发展民生和社会事业

一是坚持教育优先发展战略。加快中小学、幼儿园、特色学校等建设，做好小区配套幼儿园综合治理工作。二是大力推进健康大足建设。加快区人民医院综合楼、妇幼保健院扩建等项目建设。做好婚前检查、孕前优生检查和农村妇女“两癌”筛查。三是扎实办好民生实事。加快建设交通、教育、城市提升等民生项目，确保在12月25日集中投用。稳定提升城镇新增就业人数。改造棚户区、改造老旧小区等。完成残疾人托养中心、养护院等建设。开通万古至雍溪、三驱至铁山等公交线路。

（执笔人：杨小东）

璧山区

璧山区人民政府办公室

一、2019 年发展回顾

2019 年，璧山实现地区生产总值 681 亿元，同比增长 8.6%；全年完成固定资产投资 512.9 亿元，同比增长 8%；一般公共预算收入完成 50 亿元，其中税收收入 32.4 亿元；全年完成社会消费品零售总额 153.7 亿元，同比增长 14%；全年累计接待境内外游客 1521.35 万人次，同比增长 10.2%，实现旅游总收入 709146 万元，同比增长 46.8%；全体居民人均可支配收入达到 32956 元，增长 10.3%；城镇化率提高到 60.2%。

（一）坚持规划引领，发展势能不断聚集

空间布局轮廓初显。对接全市国土空间总体规划，初步形成璧山国土空间规划研究方案。开展现状自然资源、历史文化资源调查和“两规”情况评估，完成第三次国土调查，编制城市规划管控引导手册，有效管控城市空间形态。坚持以公共交通为导向的发展模式，开展高铁站前片区 7.7 平方公里、地铁站前片区 5.5 平方公里城市设计。基础设施快速推进。交通三年行动计划顺利实施，云巴线开工建设，黛山大道南延至来凤二期完成 70% 的工程量、北延至八塘启动前期研究，双星大道西延至大兴启动建设，建成干线公路 80 公里。铜罐驿长江提水璧山供区管道工程、城市新区水厂一期 5 万吨供水工程投用，启动渝西水资源配置工程建设，完成市水投集团对镇街水厂的合作并购。110 千伏秀璧东、西线迁改入地，新建公共充电站 4 座、充电桩 135 个。建成铜梁虎峰至来凤页岩气干线工程 28 公里。新增 5G 基站 120 个。

（二）坚持生态优先，区域环境持续优化

城市品质不断提升。实施征地拆迁 6800 亩，供应土地 5745 亩。推进古道湾公园建设，新建城市道路 20.8 公里，新增城市公共绿地 54 万平方米。投入 2.8 亿元改造城区地下管网 110 公里，开工姊妹桥水库，海绵城市试点通过验收，中水回用率达到 36%，获评全国水生态文明城市、国家节水型社会建设达标区。推行生活垃圾分类，公共机构垃圾分类全覆盖，14 个居民小区开展生活垃圾分类试点。深入开展“马路办公”，推进“大城细管、大城智管、大城众管”，搭建城市管理曝光台，整改问题 4100 个，城市综合管理考核居全市前列。查处违法用地 12 宗，处置违法建筑 25.3 万平方米，实施棚户区改造 2288 户。生态环境综合整治扎实开展。对标第二轮中央环保督察要求，抓好突出生态环境问

题整改。全面完成缙云山国家级自然保护区生态环境综合整治，实施生态搬迁100户。开展违建别墅问题清查整治和自然保护地大检查大整治，处置违法违规问题207个。清理整治“大棚房”，拆除问题建筑31处。建立三级林长体系，完成山林资源摸底调查。推进国土绿化提升行动，新（改）造林18.9万亩，森林覆盖率提高到46.5%。污染防治攻坚战深入推进。常态化推进大气污染防治攻坚，空气质量优良天数达到295天，比上年增加29天，增幅居全市第一。深入落实河长制，开发应用大数据“智慧河长”系统，整治“小散乱污”企业237家，排查整治排污点147个。升级改造污水处理厂6座，高新区、三角滩污水处理厂主体工程完工。璧南河水质稳定达标，璧北河、梅江河水质稳定达到Ⅲ类。开展土壤污染状况调查，持续推进治理修复。

（三）坚持创新驱动，发展动力显著增强

现代产业体系不断完善。璧山高新区居全市11个国家级开发开放平台考核第2位，建成区扩大到25平方公里，入驻企业1248家，成为全市首批智慧园区，获评“2019中国智慧城市十大智慧园区”。规划中小企业家园，划定500亩中小企业集聚区，逐步引导镇街中小企业入驻。全区工业集中度达到89%。规上工业企业达到356家，规上工业增加值增长9%。理顺服务业发展体制机制，组建两化大健康公司和大健康专家咨询委员会，举办2019中国国际田园康养旅居产业发展峰会。组建文旅公司，打造秀湖水街国际非遗手艺特色小镇，积极参与全市“晒文化·晒风景”大型文旅推介活动。引进金融机构3家，存贷比达到75.3%。引进总部经济项目4个，新增规上服务业、限上批零住餐企业61家，服务业增加值增长10%。培育国家农业龙头企业1家，新增名牌农产品11个，获评国家农产品质量安全区。创新创业活力迸发。组建重庆高新技术产业研究院，引进碳化硅等前沿科研项目19个。成立璧山发展研究院、重庆大学璧山先进技术研究院、重庆康佳光电技术研究院等独立法人研发机构6个，规划建设西部（重庆）科技创新小镇。新增院士工作站2个、博士后工作站2个、市级研发机构11个，40%的规上工业企业建立研发机构，全社会研发经费投入占地区生产总值的比重达到2.75%。新增科技型企业126家、高新技术企业53家，培育“瞪羚”企业9家、“牛羚”企业41家，表彰优秀企业48家。数字经济实现营收140亿元，高新技术企业产值占比达到45%。新增市级创新创业示范团队4家，“力合清创”等10个创新平台入驻团队136个。新授权发明专利224件，万人有效发明专利拥有量10.4件，新增重庆名牌产品17个、知名产品3个。设立区长质量管理奖。与北京大学等15所“双一流”高校合作共建研究生实习基地，通过海外人才工作联络站引进3个海外人才项目，全年引进培养高层次、高技能人才404人。高水平开放格局加速构建。积极融入共建“一带一路”，加快建设内陆开放高地。依托西部陆海新通道，打通璧山至泰国曼谷公路物流运输通道。赴新加坡、德国、意大利开展招商推介，与8家企业达成合作意向，中新互联互通示范项目、中意（中欧）创新产业园建设取得新进展。璧山企业走出国门，凯成科技、大江动力布局海外生产基地，得润电子、龙润转向成功拓展海外市场。组团参加进博会、西洽会，签约项目6个、金额100亿元。全年进出口总额25.8亿元，实际利用外资1.5亿美元，荣获国家外贸转型升级基地称号。

（四）坚持共建共享，民生保障更加有力

重点民生实事扎实推进。建设“四好农村路”720公里，建成400公里。新建10个生态停车场，新增1200个公共停车位。新建改造标准化垃圾收集站6座、标准化公厕6个、旅游厕所18个，改造农村卫生厕所7565户、农村公厕29个。685个无线城市WiFi接入市级平台。建成5个社区公园。完成两山丽苑定向经济适用房主体工程建设，8750人入住香江嘉园公租房。完成74栋老旧居住建筑消防设施改造，增设老旧住宅电梯141台。就业和社会保障持续加强。开展就业技能培训5840人，投放创业担保贷款5519万元，城镇新增就业22932人。城乡居民养老保险、医疗保险参保率分别达到96%和98.4%。严格执行“两金三制”，妥善处理欠薪案件128件，追讨工资2245万元。实施医疗救助、临时救助、特困人员救助20.6万人次，发放救助金8160万元。城乡低保实现应保尽保，为12.3万人次发放低保金4752万元。新增3家社会养老机构，改造璧泉敬老院，建成1个市级示范社区养老服务中心和8个社区养老服务站。开展区福利院“公建民营”试点，探索建设社区“孝心食堂”，建成30个区级示范“儿童之家”。社会事业全面进步。新增3所公办幼儿园，改善农村薄弱幼儿园11所。开工实验小学永嘉校区，建成璧山中学枫香湖校区，职教中心改扩建工程顺利推进。机电学院升格为重庆机电职业技术大学，成为全国首批本科职业教育试点高校。获评全市首批智慧教育应用示范区县，全市首次智慧教育应用现场会在璧山召开。落实12项医改便民措施，实施健康共同体“三通”建设。人民医院成功创建四级智慧医院、重庆市“美丽医院”示范单位，妇幼保健院三级创建工程继续推进，新中医院、残疾人康复中心开工建设。建成新图书馆。推出10场免费精品文艺演出、110场公园民俗文艺汇演，开展流动文化进基层600场次。璧山乡村建设的先行者、“荣誉市民”伊莎白·柯鲁克教授，荣获国家“友谊勋章”。

（五）坚持城乡融合，乡村振兴深入推进

脱贫攻坚取得阶段性成效。完成脱贫攻坚年度任务，实现脱贫户“零返贫”。300余项各级各类脱贫攻坚巡查、督察、考核反馈问题实现整改销号。投入4035万元完成1280户“三类对象”C、D级危房改造，投入1亿元实施2574户唯一住房为C、D级危房的一般农户住房改造。实施24处农村饮水安全巩固提升工程，完成市级贫困村和基础设施薄弱村饮水安全问题排查整改。资助贫困学生2565人次，建卡贫困户住院费用、重特大病及慢性病门诊费用自付比例分别控制在10%、20%以内。精准实施产业扶贫，为有产业发展意愿的贫困户提供每户最高5000元产业发展资金，3个市级贫困村因地制宜建立特色产业基地。发放扶贫小额信贷761万元，获贷率40.7%。依托国隆公司搭建农副产品销售平台，与农户建立供销合作和利益联结机制。通过建立扶贫车间、提供公益岗位，带动贫困群众就业。“菜园”“果园”“花园”建设扎实推进。完成高标准农田建设1.3万亩。新建蔬菜大棚4万平方米，新认证绿色蔬菜品种16个，发展蔬菜产品线上销售企业3家。新增水果种植面积6000亩，引进水果种植企业12家、新品种16个，水果电商销售额超过7000万元。改造苗木基地1000亩，启动西部（重庆）花卉苗木市场规划设计。实施清水养鱼1200亩、生猪补栏保供4.5万头。举办樱桃、葡萄、蔬菜、梨花春茶采摘节等系列乡村旅游活动。完成农村集体资产清产核资，有序实施农村“三权”分置，稳妥开展农村“三变”改革，有效推进“三社”融合，全面消除集体经济

“空壳村”。农村人居环境不断改善。推进村庄规划建设提升行动，村规划编制率达到85%。全面开展“三清一改”，村庄清洁行动覆盖率达到100%。建成垃圾分类示范村54个，农村生活垃圾有效治理率达到100%。实施农村生活污水治理，建设农村生活污水管网25公里。关停整治小散弱屠宰场13个，回收废旧农膜169吨，农作物秸秆综合利用率达到85%。实施8个示范点、22条示范线农村人居环境连片整治，4个村被纳入全市农村人居环境整治百村引领建设。

二、发展中存在的问题

2019年，璧山经济社会发展取得一定成绩，但发展中仍然存在一些突出问题和短板。一是经济总量不大、动力不强，长期结构性矛盾和粗放型增长方式没有得到根本改变；二是战略性新兴产业集聚度不高，科技创新能力不强，产业转型任重道远；三是服务业发展滞后，有效需求培育不力，短板制约明显；四是农业基础薄弱，标准化、品牌化、产业化程度不高。

三、2020年发展思路

2020年是“两个一百年”奋斗目标历史交汇期的重要一年，是“十三五”规划的收官之年，是全面建成小康社会的决胜之年。璧山作为西部（重庆）科学城的重要组成部分，聚焦打造主城都市区“迎客厅”，倾力打造高新技术产业集群生成示范区、同城化发展先行区、科技创新基地、军民融合的智能制造基地、大健康产业基地、航空门户枢纽，努力推动高质量发展。一是聚焦“谋全局、打基础、利长远”，充分发挥战略规划引领作用。向北规划建设301平方公里大健康产业生态区，规划20平方公里国家产教融合生态示范区（大学城西区），规划10平方公里国际文创产业生态区，规划10平方公里西部（重庆）科技创新小镇。向西依托茅莱山规划10平方公里都市田园产业生态区，规划30平方公里城市西拓展区。向南规划农文旅产业生态区。二是聚焦“服务化、智能化、高端化”，着力培育先进制造转型升级。推动高新区产业体系补链成群，培育“芯屏器核网”全产业链。加快创新资源聚集，推动“政产学研用”一体协同创新。促进科技成果转移转化，建好用好重庆高新技术产业研究院，持续完善“1+3+N”科技产业化研究院体系，建设30万方大学城（璧山）科技创新生态社区。三是聚焦“抓重点、补短板、强弱项”，积极打造服务业发展新引擎。大力发展健康服务产业，继续办好中国国际田园康养旅居产业发展峰会，引进一批大健康项目。着力打造优秀旅游目的地，推广全域旅游，加大旅游资源开发力度，做强“儒雅璧山·田园都市”品牌。推动生活性和生产性服务业协同发展，加大限上商贸企业培育力度，积极培育引进住宿餐饮品牌，引进一批物流产业项目，打造现代商贸物流集聚区。四是聚焦“农业强、农村美、农民富”，发展第一产业助推乡村振兴。持续打造“菜园”“果园”“花园”，推进10万亩蔬菜基地提质增效，编制“果园”建设规划，持续推进10万亩苗木基地彩化、花化、香化改造，打造“果园花园化”综合体。加强农产品物流体系建设，启动农副产品冷链物流分拣配送中心建设。推进农产品标准化、品牌化、产业化建设，打造璧山农产品公共品牌，实现产业生态化、生态产业化。

（执笔人：马得荣）

铜梁区

铜梁区人民政府办公室

铜梁区位于重庆西部，处于渝西地区中心，与合川、永川、大足、璧山、潼南等区接壤，距重庆主城40公里，到成都2小时车程，是成渝经济区中轴线上的重要节点城市，是国际主义战士邱少云的故乡和蜚声中外的铜梁龙文化的发祥地。全区面积1343平方公里，现有耕地6.48万公顷、林地6.15万公顷，基本农田保有量5.22万公顷；辖23个镇、5个街道，266个村、4050个村民小组，67个社区居委会、552个居民小组。区政府驻巴川街道。2019年末，全区总人口（户籍人口）85.16万人，比上年增加0.05万人；其中，城镇人口40.07万人。全区常住人口72.62万人，其中，城镇常住人口42.38万人。城镇化率58.36%，比上年提高1.79个百分点。全区人口自然增长率为0.11‰。

一、2019年经济发展回顾

2019年是新中国成立70周年，铜梁区深学笃用习近平新时代中国特色社会主义思想，全面贯彻党的十九大、十九届二中三中四中全会精神和习近平总书记对重庆重要指示要求，结合“不忘初心、牢记使命”主题教育，全面贯彻新发展理念，扎实推进“实业立区、创新强区、开放兴区、生态优区”，坚决打好“三大攻坚战”，大力实施“八项行动计划”，突出抓好工业振兴、乡村振兴、城市提升，抓实大通道、大投资、大项目、大保障，努力推动高质量发展、创造高品质生活，全区经济社会呈现稳中有进、稳中向好的良好态势。全年实现地区生产总值616.56亿元、增长8.7%；按常住人口计算，人均地区生产总值达到84914元，增长8.6%；全社会固定资产投资总额增长10.1%；社会消费品零售总额132.76亿元，比上年增长13.7%；全年一般公共预算收入31.96亿元，增长9.9%；全年全体居民人均可支配收入31292元，比上年增长10.4%；城镇化率58.36%，提高1.79个百分点；三次产业结构比由8.6∶55.4∶36调整为7.8∶55.8∶36.4。

（一）推动高质量发展，加快产业转型升级

工业经济提档升级。工业跃升倍增计划开局良好，339家规上工业企业实现产值572.8亿元、增长13.6%，工业增加值243.46亿元、增长9.8%。深入推进工业园区化、产业高新化，高新区规上工业产值占全区的比重达80%；全区“两新”产业产值增长21%、对工业增长贡献率达58%，47家规上数字经济工业企业产值增长30%。广铜“一带一路”高新技术产业合作区、

中建材“三新”产业园、小米智能制造产业园从无到有、由小变大。培育壮大产业集群，21个项目开工建设，22个项目竣工投产，小米生态链智能终端企业落户3家，工业投资增长15%，智能制造、高端汽车零部件、新能源新材料等主导产业产值增长21%，高新区获评重庆市智能终端特色产业建设基地。建成数字化车间、智能工厂2个，评选明星工业企业10家，OTC挂牌、“民参军”各7家，庆兰实业成长为大型企业并跻身全市“100户重点工业企业”，威斯特电梯荣获“市长质量奖”。规上工业企业销售收入增长12.5%，产销率达97%，利润总额增长10%。

现代农业提质增效。加快农业产业结构调整，新发展特色产业3.6万亩，实现农业总产值72.67亿元、现代山地特色高效农业产值61.7亿元，分别增长13.8%、11.5%。全面落实粮食安全行政首长责任制，新增耕地4183亩、高标准农田1.2万亩，粮食产量保持稳定。壮大新型农村集体经济，新培育新型农业经营主体110个，盘活撂荒地3.1万亩，全部消除“空壳村”，2家农民合作社成为国家级示范社。基层供销社全部恢复重建。深入实施“品牌建设年”行动，原乡小艾、铜梁龙柚等实现“小船结队出海闯市场”，新增重庆市名牌农产品4个，“三品一标”农产品达331个。深化农业“接二连三”，提质西郊示范片重点产业，市级龙头企业达27家；建成西郊示范片线上平台，新建智慧农场3个；新培育农家乐和精品民宿24家，休闲农业与乡村旅游收入增长21%。

商贸服务提标扩面。适应产业、消费“双升级”需求，新增限上商贸单位100家，规上服务业营业收入增长19%。龙城天街引领消费时尚，万达广场销售额客流量在重庆区域新开业6家中排名第一，居然之家正式营业，商圈日均客流量超3.2万人次。百汇国际建材城投入运营，电摩城经营商户集中度达95%，城乡共同配送中心快递业务量超2000万件、增长37%。新引进金融机构2家、总部企业3家，银行业金融机构存贷款余额分别达505亿元、430亿元，增长5.8%、16.2%。天猫优选等37个电商项目成功落户，新发展新型零售体验店6个，电商交易额超30亿元、增长21%。淮远古韵二期入驻餐饮企业15家，安居古城特色街区营业额达1.6亿元。成功创建“重庆老字号”3个。新增酒店13家，住宿业营业额增长16.5%。新增民营养老机构4家，社会运营床位占比达43%。

文旅融合提速进阶。倾力做好“晒文化·晒风景”大型文旅推介，匠心打造“双晒”作品和“七个一”系列短片，荣获全市“最佳作品奖”。玄天秀水生态画廊惊艳呈现，玄天湖浮桥栈道建成投用，荷和原乡提质上档，安居国家湿地公园通过验收。精心打造红色教育主阵地，邱少云烈士纪念馆接待游客达75万人次。新增市级非遗项目3个。开发旅游特色商品21种。首届中华龙灯艺术节精彩亮相，实现“办好一个节会、传承一批技艺、壮大一个产业、富裕一方百姓”。成功举办亚洲龙狮锦标赛、原乡风情马拉松赛和重庆小姐大赛。长篇小说《安居古城》荣获重庆文学奖、入围茅盾文学奖，原创歌曲《那一片云》荣获重庆艺术奖，原创舞蹈《龙把子》摘得全国群众文化最高奖“群星奖”，铜梁喜获全国龙狮运动“双优”奖项。全市乡村文化振兴现场会在铜召开。“原乡风情·大美铜梁”让八方游客“行千里·致广大”，全年接待游客980万人次、增长13%，实现旅游综合收入42.3亿元、增长13%；文化旅游投入68亿元，文化、旅游产业增加值均增长12%。

（二）致力于高颜值呈现，加快城乡融合发展

城市气质显著提升。启动新一轮国土空间

规划编制工作，完成淮远新区控制性详规编制工作，新规划展览馆对外开放。原乡中央公园、望山公园、见水公园开园迎客，凤山公园焕然一新。打通城市“断头路”3条，完成白龙大道提质改造，北环路全线通车。新美化“五小”设施1264个，社区居民主动参与“三小”认领103处。新增公共绿地130万平方米。黄葛树、使君子评选为区树、区花。调整公交线路6条，新增隔离护栏15.4公里，公共区域停车收费实现扫码支付。建成投用建筑垃圾消纳场，城区生活垃圾分类试点投放准确率达80%以上。理顺城市管理体制，“马路办公”解决城市顽疾4730个。建筑业实现产值230亿元、增长13%。商品住房、商业用房销售面积分别达98万平方米、16万平方米。

场镇面貌持续改善。提质场镇道路10公里，整治裸露地面20万平方米，新增公共停车位1012个。新改建农贸市场12个、公厕6座，安装路灯4700盏。打造休闲公园2个，“增绿添园”10.5万平方米。完成镇街供水企业整合移交工作。安居提水工程受益镇街达13个，场镇自来水供水覆盖率达100%。同心桥水库动工建设。500千伏铜梁变电站、110千伏玉泉变电站正式投运。完成18个镇级污水处理厂技改升级，建成场镇二、三级污水管网37公里。改造10座镇级垃圾压缩站。加强市政管理和清扫保洁，整治户外广告标志标牌5246处，场镇环境更加干净、整洁、有序。

乡村魅力不断彰显。统筹抓好城市和乡村“两大基本面”，推动实现城市有乡村更美好、乡村让城市更向往。高标准建设120平方公里西郊示范片，建成60公里绿道，荣膺“重庆十大最美乡村”。开工“四好农村路”960公里，村民小组通畅率达96%。实施35个村饮水安全巩固提升工程。改造农村旧房4820户。“大棚房”问题全面“清零”。深入开展村庄清洁行动，全面推行积分制，启动19个村生活垃圾分类示范，推动“四旁”绿化美化。新建农村公厕16座。畜禽养殖场粪污全部实现资源化利用。优化提升便民服务中心93个。招募“三支一扶”人才31名，累计动态回引本土人才600名。评选新乡贤20名、好乡亲1058名。10户院落上榜“最美庭院”。

（三）立足高效率转换，持续提升经济内生动力

改革落地有声。深入推进营商环境综合改革，深化行政审批流程再造集成创新，建成投用市民服务和营商环境促进中心，分类设置“综合窗口”，首批30个事项纳入承诺制信任审批，“点菜式”审批实现42件事立等可取，一般工业项目审批时限压减至10个工作日以内，全年新发展市场主体7221户、增长15.8%。扎实开展民营经济“解七难”，累计减税降费10亿元以上，金融机构向实体经济发放贷款110亿元，“把老乡留在老家”专项行动吸引2.1万名外出务工人员返乡就业创业。深入开展“五清”专项行动。严格落实政府债务绿色可控机制，常态化开展新增融资、新批项目债务审查，坚决不触碰隐性债务红线。深入推进国资国企改革，清理处置区属国有“僵尸企业”18家，重点国有企业优化资本投向助力经济发展。深入开展社会治理创新，推进“党建扎桩、治理结网”，完善“531”工作格局，社会治理创新中心正式运行，实现“上面千条线、下面一张网”。

开放引领带动。对外大通道建设提速，市域快线璧铜线实现开工，渝遂高速扩能一期动工建设，铜安高速完成投资人招商，成渝高铁快线、渝遂绵城际铁路确定在铜线型站位。启动“十四五”规划编制，主动融入成渝城市群一体

化和主城区都市圈发展。深化与市中新示范项目管理局战略合作，提升两江新区铜梁产业园平台功能。深度参与成渝轴线协同发展联盟，与甘肃陇南开展区域合作。组团参加智博会、进博会、西洽会等，成功举办中国传媒年会、重庆英才大会海归论坛。组织铜梁龙赴美国、以色列、中国台湾等地参加展演，参与接待法国、日本等经济文化交流 14 批次。专业招商卓有成效，成功签约 87 个项目，计划总投资 526 亿元。外经贸实绩企业达 71 家，12 家小微外贸企业纳入出口信用统保平台，首次实现原产地证书远程打印。预计实现进出口总额 11.8 亿元，其中出口 10 亿元；实际利用外资 3382 万美元。

创新赋能助力。开展科研项目 61 个，企业研发投入 6.7 亿元，全社会研发投入强度增长 20%。科技型企业达 365 家，先进制造业占比达 31%、超过全市水平。有效期内高新技术企业增加至 84 家。新培育知识产权优势企业 2 家，万人发明专利拥有量超过 6 件。加快国家农业科技园区建设，国家高新区进入审批序列。新建市级星创天地 1 个、农业科技专家大院 3 个、科普基地 5 个，新成立民办非企业科研机构 2 家。用好"龙乡人才十条""人才三宝"，新引进高层次人才 117 名，其中长江学者 1 名。新建院士专家、博士后科研工作站 2 个。新发放种子基金 495 万元，59 家科技型企业获得知识价值信用贷款 9510 万元。

（四）坚定不移补短板，强力推进"三大攻坚战"

脱贫攻坚实现零目标。深入开展"促改督战"和"百日攻坚"行动，整合 23.5 亿元资金投向农村，派出 2300 余名干部投身一线，年度减贫任务全面完成，贫困发生率下降至 0.002%。1052 户贫困户落实低保兜底；22 名义务教育阶段学生实现控辍保学；贫困户医保参保全覆盖，住院、特慢病门诊自付比例分别为 9.7%、11.9%；存量危房实现"清零"；饮水安全问题全部解决，建档立卡贫困户全面实现"两不愁三保障"。发展扶贫产业 8500 亩，实现农业保险全覆盖。新建扶贫车间 2 个、扎龙基地 3 个，开发公益性岗位 275 个。开展消费扶贫，农村"土货"销售额达 2780 万元。累计投放扶贫小额信贷 3577 万元，获贷率提高至 45.7%。加强对口帮扶巫山工作，到位资金 423 万元。

铁腕治污做到零容忍。认真落实市总河长 1 号令，深化"五个一律""清四乱""治三排"行动，关停 48 家污染企业，全部收回水库承包权，场镇集中式饮用水源地水质达标率 90.9%。实施立体喷雾降尘，完成餐饮单位油烟提标整治 181 家。开工建设生活垃圾焚烧发电项目。全覆盖回收废弃农膜 438 吨。治理水土流失 2000 亩。实施矿山复绿 15.8 公顷，营造林 8.4 万亩，森林覆盖率提高至 46.2%。规范广场舞健身活动。违建别墅问题全面销号。涪江出境断面水质达Ⅱ类。空气优良天数达 301 天、优的天数达 126 天，分别比上年增加 2 天、16 天。

防范风险确保零隐患。强化金融领域风险隐患排查整治，推进"非吸案件"债权追收，银行业不良率、小贷不良率、融资担保代偿率均低于全市水平。建立公共资源交易大数据平台，规范交易各方主体行为。创建"枫桥式公安派出所"6 个。常态化开展领导干部接访下访，创新推进人民调解工作，化解矛盾纠纷 4800 余件。

（五）创造高品质生活，不断改善人民群众福祉

获得感更加充实。创建市级小企业创业基地 2 个，新增就业 1.55 万人，城镇登记失业率

2.8%。举办创业创新大赛和职业技能大赛。养老保险、医疗保险参保率均达97%。完成城乡居民社保费征管职责划转，征缴率达99.8%。敬老院护理型床位占比提高至25%，失能特困人员集中供养率达35%。启动社会救助和保障标准与物价上涨挂钩联动机制，发放各类救助金1.6亿元。开展法律援助505件，挽回经济损失510万元。公租房惠及455户。首个“劳动者港湾”正式投用。“儿童之家”实现全覆盖。13万名少云志愿者开展服务活动5000余场次。9人上榜“重庆好人”，黄廷炎荣获富民兴渝贡献奖。成功通过市级双拥模范城验收。

幸福感更可持续。新增公办幼儿园学位450个，学前教育普惠率提高至79.1%。11所小学开展课后延时服务试点。建成市级智慧校园建设示范学校3所，成功创建重庆市社区教育示范区。第三人民医院、精神卫生医院二期等5所医院建成投用。基层医疗机构就诊比例达61.4%，门诊、住院次均费用比分别下降1.7%、3.6%。开展急救医疗技术培训7900人次。建成美丽医院4家，区级医院实现全流程自助服务。完成图博两馆提档升级，图书馆荣获“2019·全民阅读活动典型案例”奖项。新增基层综合文化服务中心38个，开展流动文化服务进村1300场。提质改造全民健身中心，体育馆门球场主体竣工。成功举办全国老年人气排球系列赛和区第五届运动会。继续加大民生投入，扎实推进25件重点民生实事，24件完成年度目标任务，其中10件超额完成。

安全感更有保障。建立完善应急管理体系，运用大数据赋能应急指挥中心，建成危化企业、森林火灾智能报警感知系统。加强消防救援队伍建设。新组建3支应急救援队伍，开展各类演练100余次。实施地灾治理项目41个，成功应对自然灾害7次。深化安全宣传教育和隐患排查整治，六大重点行业连续8年“零死亡”。保持严打高压态势，打掉电信诈骗、套路贷等8个新型犯罪团伙，涉黑涉恶问题线索办结率达99.3%，现行命案连续10年全破，抢劫案件“零发生”，民生警务惠及企业和群众。妥善应对动物疫情。未发生重大及以上食品药品安全突发事件。

此外，铜梁城市名片熠熠生辉。铜梁龙舞以世界一流、历史最好的惊艳姿态，第四次进京献礼新中国70华诞，充分展现了龙乡儿女“靠得住、顶得起、过得硬、容得下”的脊梁精神。国家城乡融合发展试验区、全国乡村治理体系建设试点区、国家园林城市、中国天然氧吧、中国民间文化艺术之乡、全国老年太极拳之乡、国家农产品质量安全区、全国乡村治理示范村、中国美丽休闲乡村、全国维护妇女儿童权益先进集体、全国最佳志愿服务组织、新中国最美奋斗者、全国最美家庭……一块块金字招牌、一个个荣誉称号，彰显铜梁发展成就，见证龙乡蝶变历程。

二、发展中存在的问题

一是产业发展质效不高。工业企业“低小散”问题依然存在，大中型企业支撑力不足；农业产业规模偏小、竞争力不强；现代服务业短板明显。二是经济运行基础不牢。投资增长后劲不足，项目建设过程中面临的用地、资金问题更加突出；传统消费进入瓶颈期、新兴消费增长尚弱；稳定利用外资压力增大，外贸新增长点亟待培育。三是创新支撑能力不足，企业研发投入偏低，良好的创新生态系统尚未形成，全社会研发投入强度与全国、全市水平相比仍有差距。四是民生短板有待补齐，交通、水利等基础设施仍有欠账；“一老一小”等重点群体保障还有不少短板，优质公共资源下沉共享还需持续用力。

三、2020 年发展目标

以习近平新时代中国特色社会主义思想为指导，全面贯彻党的十九大和十九届二中、三中、四中全会精神，紧扣全面建成小康社会目标任务，坚持稳中求进工作总基调，坚持新发展理念，坚持以供给侧结构性改革为主线，坚持以改革开放为动力，坚决打赢“三大攻坚战”，深入实施“八项行动计划”，全面做好“六稳”工作，持续推进工业振兴、乡村振兴、城市提升，持续抓好大通道、大投资、大项目、大保障，全力打造成渝城市群先进制造业基地、中华龙文化旅游名城、社会治理创新示范区、国际大都市后花园，推动高质量发展之路越走越宽广，确保全面建成小康社会和“十三五”规划圆满收官，努力把铜梁建设成为成渝城市群高质量发展示范区、高品质生活典范区。全年经济社会发展的主要预期目标是：地区生产总值增长 9.5%，工业增加值增长 10.3%；全社会固定资产投资增长 9%；社会消费品零售总额增长 13.8%；一般公共预算收入增长 5%；城镇化率提高 1.7 个百分点；城镇登记失业率控制在 4% 以内；全体居民人均可支配收入增长 9.8%，确保经济实现量的合理增长和质的稳步提升。

（执笔人：王刚）

潼南区

潼南区人民政府办公室

一、2019 年发展回顾

2019 年是新中国成立 70 周年，也是潼南发展进程中具有特殊意义的一年。4 月 15 日至 17 日，习近平总书记亲临重庆视察指导，从战略和全局高度赋予重庆新的重大使命，为重庆发展提供了最根本的遵循和指引、最强大的动力和鞭策。2019 年，我们紧紧围绕总书记殷殷嘱托，在市委、市政府的坚强领导下，用汗水浇灌收获，以实干笃定前行，全区呈现经济稳中有进、民生不断改善、社会和谐稳定的良好局面。全年实现地区生产总值 451.08 亿元，比上年增长 7.8%。按产业分，第一产业增加值 66.02 亿元，增长 4.5%；第二产业增加值 203.6 亿元，增长 10.6%；第三产业增加值 181.46 亿元，增长 5.8%。

（一）工业经济呈现良好势头

坚持工业强区战略，实施工业倍增计划，工业投资增长 20.6%，新增规上工业企业 24 家，规模以上工业总产值达到 366 亿元、增长 11.6%。大力实施招商引资，举行京渝（潼南）跨区域产业协作等 15 场大型招商推介会，播思通讯、恒准精密机械、清英电子等 120 个项目签约落户，到位资金 265.6 亿元。持续开展“四个一批”活动，建国伟业防水、彤鼎电子等 67 个项目开工，力赢科技、闽鑫智能等 48 个项目建成投产。推动制造业转型升级，正峰电子、普创机械等 44 家企业完成智能化改造，技改投资占到工业投资的 39.8%。

（二）现代农业不断提质增效

加快发展七大特色产业，蔬菜、粮油、柠檬、小龙虾产量均居全市第一，建成中药材、花椒、特色经果等一批产业基地和产业带，全国乡村特色产业发展现场会在潼召开，获批国家现代农业产业园，古溪获批全国农业产业强镇。在智博会发布“柠檬指数 2.0”，潼南柠檬成为国家地理标志商标，新增“三品一标”20 个，获评中国特色农产品优势区。新建成高标准农田 6.8 万亩，补充耕地 4778 亩。完成“大棚房”问题专项清理整治。稳妥有效地防控非洲猪瘟，扎实抓好生猪稳产保供，新增产能 3 万头。粮食安全行政首长责任制考核获全市优秀。

（三）商贸旅游业不断拓展深化

金融业运行稳健，银行存贷款余额 636.5 亿元、增长 9.1%，存贷比 66.4%，金融业税收 1.27 亿元。消费供给不断优化，成功举办首届西部灯饰博览会，涪江大酒店、劲力酒店、永辉超市建成营业。电商交易额突破40亿元。旅游业持续发展，开通“涪江游”，持续举办菜花节、国际柠檬节等主题节会，获评“2019文化软实力提升优秀城市”“2019文旅融合发展优秀城市”，实现旅游综合收入55亿元、增长37.5%。书记“晒文化·晒风景”点赞量突破4000万，荣获“最佳传播奖”，“巴蜀福地、六养潼南”更有名气。

（四）开放型创新经济实现新突破

大力发展开放型经济，组织125家企业参加进博会、智博会、西洽会等展会，海关工作站挂牌运行，建立全国第一个柠檬出口海关监管仓，外贸进出口总额1亿美元，实际利用外资5000万美元。与德国林特尔恩市签订缔结友好区市合作备忘录。科技创新取得新成效。打造市级创新创业示范团队5个，建成市级创新平台28个，新增高新技术和科技型企业99家、独立法人研发机构2个，高新技术产业实现产值180亿元，战略性新兴产业产值增长12.7%，数字经济增长12%。巨科环保获全市科学技术进步一等奖。深入实施“三百三千”人才集聚计划，新引进硕士及以上研究生227人。新增有效发明专利44件，发放知识价值信用贷款7188万元，综合科技创新指数达到54.7%。

（五）改革创新持续纵深拓宽

深化供给侧结构性改革，为企业减税降费3.6亿元、落实应急转贷1.7亿元、降低用电成本2176万元，清理处置僵尸企业5家。深化“放管服”改革，企业开办时间压缩至2个工作日，“渝快办”实现政务服务审批事项全覆盖，工程项目网审率达100%，政务服务效能水平提升23个名次、居全市第12位，新增市场主体7936户。推进国资国企改革，组建国有资产运营公司，媒体融合试点通过市级验收，国有企业营业收入有效增长。深化“医共体”改革，基层就诊率达70%，区内就诊率达90%。完成农村集体产权制度改革全市试点任务，新增3个“三变”改革试点，打造10个“三社”融合发展示范点。开放合作迈出新步伐。成功举办川渝合作示范区经济协作联席会第二次会议，与广安等地签订合作协议20个，与资阳等地共建成渝中部产业集聚示范区，部分合作事项有序推进。

（六）城乡融合发展扎实推进

乡村振兴深入推进，加快补齐基础设施短板，农村饮水安全巩固提升6770户，改造农村电网556公里，天然气入户安装1.43万户，农村“光网”、4G网络实现全覆盖。实施农村人居环境整治，常态化开展“三清一改”村庄清洁行动，整治提升旧房5000户，农村改厕1.89万户，行政村生活垃圾有效治理率100%。着力培育乡村文旅业态，太安—柏梓成为全国乡村旅游精品线路，成功承办2019年中国美丽乡村休闲旅游推介活动。城市提升加快推进。坚持产城景融合发展，实施城市提升大会战，恒大绿洲、希尔顿逸林酒店、“花千谷”特色花卉生态文旅小镇、万达广场及文旅小镇相继落户，潼南大道基本建成，音乐百花园部分投用，九龙山城市森林公园、金福坝湿地公园、金佛大桥至双江滨江路有序推进，一批旧城路网完成改建。“马路办公”解决问题1219个，城市数据大脑基地建成投用，重点公共区域免费无线局域网全覆盖，江北环城公交开通运行，垃圾分类有效开展。城乡区域发展协调推进。获批国家城乡融合发展试验区，城乡融合发展体制机制不断完善。坚持多规合一，成功争取国土空间规划市级试点，完成第三次国土调查。引导城市资本下乡，新增经营主体301家。改造升级国省干道76公里，建成“四好农村路”650公里，城乡路网更加畅达。城镇化率提高到55.5%。

（七）社会民生福祉不断增强

全年财政民生支出57.3亿元、占一般公共预算支出的75%，全体居民人均可支配收入增长10%，高于经济增长速度。社会保障不断增强。城乡居民养老、医疗保险参保率巩固在95%以上，发放各类救助优抚资金2.4亿元，17种国家谈判抗癌药物纳入医保报销。社会事业加快发展。新办东安、莲花、青石3所公办幼儿园，潼南中学初中部、人民小学扩建投用招生，开工建设实验中学初中部、大佛中学分校、琼江小学，教育发展基金达到4055万元，中小学生基本生存能力培育计划在全市推广，义务教育“城市挤、乡村弱”问题逐步化解。建成市级中医重点专科1个、危急重症救治中心5个，公立医院全面取消医用耗材加成。建成养老服务中心1个、社区养老服务站10个。成功举行国际马拉松赛、龙舟赛、全民健身运动会等赛事，建成投用张鹏翮廉政教育基地。社会治理成效明显。建成全市首支军地联合综合应急救援队，市级双拥模范城创建通过验收。全力做好防风险保安全护稳定迎大庆工作，获评全市新中国成立70周年大庆安保维稳工作成效突出单位，扫黑除恶专项斗争扎实推进，食品药品安全可控，未发生较大及以上生产安全事故，社会保持和谐稳定。

二、发展中存在的主要问题

一是经济稳增长压力依然较大，实体经济支撑力有待强化。二是支柱产业核心竞争力不强，持续发展基础还比较薄弱，重特大项目支撑力还不够。三是民生领域还有不少短板，开放式小区管理、农村人居环境整治等还需加力，同人民群众要求相比还有一定差距。

三、2020年发展目标

2020年，是全面建成小康社会和“十三五”规划圆满收官之年，是具有里程碑意义的一年。潼南区将以习近平新时代中国特色社会主义思想为指导，全面贯彻党的十九大、十九届二中三中四中全会精神和中央经济工作会议精神，认真落实全市经济工作会议精神，深入实施“八项行动计划”，全面做好“六稳”工作，走好“三条路子”，抓好“三个赋能”，推进“四个做大做强”，加快建设产城景融合发展“双百”城市、成渝经济圈枢纽城市“两城”，确保潼南经济实现量的合理增长和质的稳步提升，确保全面建成小康社会和“十三五”规划圆满收官。2020年主要发展目标：地区生产总值增长9%左右，规上工业增加值增长10%，全社会固定资产投资增长10%，社会消费品零售总额增长11%，一般公共预算收入增长1%，全体居民人均可支配收入增长9%，单位地区生产总值能耗下降3.4%以上。

（执笔人：袁飞）

荣昌区

荣昌区人民政府办公室

一、2019年发展回顾

2019年，荣昌区坚持以习近平新时代中国特色社会主义思想为指导，全面贯彻党的十九大和十九届二中、三中、四中全会精神，深入落实习近平总书记对重庆提出的“两点”定位、“两地”“两高”目标、发挥“三个作用”和营造良好政治生态的重要指示要求，始终沿着总书记指引的方向不懈努力，扎实开展“不忘初心、牢记使命”主题教育，坚持“说了算、定了干、马上办”，攻坚突破“三件大事”，精准落实“10+3实施方案”，实现经济持续健康发展和社会大局稳定，为全面建成小康社会打下决定性基础，以优异成绩献礼新中国70周年大庆。

——服务全局水平更高。在全国率先倡导建立国家高新区产业联盟。国家生猪大数据中心、国家生猪种业产业创新中心获得国务院领导重要批示。国家货运机场选址报告通过专家组预评审。成功获批国家城乡融合发展试验区，荣膺国家产业转型升级示范区。发起实现“泸内荣永”一体化发展战略合作。

——城市综合实力更强。地区生产总值652.5亿元，增长9.1%，全市第一方阵的位置站得更稳。潼荣高速建成通车，大内高速全线施工，成功打通成渝腹地南北“主动脉”。成功举办2019年重庆“一带一路”国际陶瓷论坛、动物环境与福利化养殖国际研讨会。获得中国营商环境直辖市十佳示范区、十佳经济开发区两项殊荣。

——提质发展势头更盛。服务业对经济增长贡献率达到39.6%；高技术制造业、战略性新兴制造业产值分别增长21.7%、18.5%；工业增加值259亿元，增长10.3%。固定资产投资增长14.6%，增速全市领先。税收占一般公共预算收入的62.8%。招商引资签约项目345个，合同金额1269亿元，项目落地转化率70.1%，居全市第一。产值、税收、用电量均增长的企业有44家，数量居全市第一。

——群众获得实惠更多。“十指连心”六项制度服务群众获评“2019年中国民生示范工程”。投资10亿元办好10件重点民生实事。城镇和农村常住居民人均可支配收入分别达到38362元、18671元，分别增长9.4%、9.5%。与中央民大附中、华东师大基教所深度合作，引进重医附一院、华西二院等4所三甲医院资源。

（一）三大攻坚战成效明显

推进精准脱贫。坚持“五个尽锐出战”，着

力解决“两不愁三保障”突出问题。针对588户贫困户，每户由1名处级及以上干部帮扶。发放小额扶贫贷款5522万元，选聘847名指导员帮扶产业发展。贫困户危房改造和义务教育辍学退学实现动态清零，全面保障贫困人口饮水安全。全年脱贫476户1277人，贫困发生率下降至0.07%。狠抓污染防治。扎实开展生态环境治理“雷霆行动”。提标改造城市污水处理厂，完成8个镇街污水处理厂技改，建成城镇雨污管网92.2公里。濑溪河、清流河、马鞍河、渔箭河考核断面水质稳定达标。完成大气污染源解析，新建成2个空气自动监测站。空气质量优良天数281天，比上年提高11天。防范化解重大风险。“防风险保安全护稳定迎大庆”集中攻坚行动得到市委、市政府通报表扬，连续118个月无群众集访事件发生，连续115个月未发生较大及以上生产安全事故。纵深推进扫黑除恶专项斗争，“背靠背综合工作法”全市推广。刑事、侵财、可防性案件案发率分别下降11.8%、10.6%、12%。群众安全感指数99.3%，居考核区域第二。建成一站式便民纠纷解决平台。新争取债券资金5.3亿元，政府性债务绿色可控。狠抓动物疫病防控，及时出台政策保护“荣昌猪”资源，促进生猪复产转产。

（二）“三件大事”推进有力

国家高新区量质齐升。国家高新技术企业达到78家，市级科技型企业达到538家，新增市级创新平台8个，高新区研发投入占高新区GDP的4%。成功引进投资150亿元的电子电路产业园等一批重大工业项目。新开工项目102个、新投产项目70个，眼镜产业园、盈田智造标准厂房入驻率分别达到90%、81%。高新区工业总产值突破650亿元，工业集中度达77.3%。国家生猪大数据中心获批建设。市政府领导亲自担任组长，设立正处级事业单位，成立混合所有制公司。国家生猪大数据应用管理平台亮相第二届智博会。荣膺全国县域数字农业农村发展水平评价先进县。成功申报农业农村部智慧农业试点县建设项目。国家货运机场进展顺利。列入重庆国际航空枢纽战略规划，作为市级重大前期规划项目，纳入全市国土空间规划调整内容。与中国铁建签订建设合作协议，在荣设立首个独立法人央企公司。

（三）改革创新持续深入

深化供给侧结构性改革。去商业库存9.6万平方米。为企业减免税费8.1亿元、减征社保费3.8亿元。降低工业企业水电气成本6000万元。引导货物运输“公转铁”“公转水”降低物流成本。完成中小企业账款清欠工作。组建荣商集团，引领民营企业抱团发展。深化重点领域改革。加强财税征管，一般公共预算收入28亿元、同口径增长2%。发放知识价值信用贷款1.43亿元，代表重庆接受改革试点专访。启动区属国企市场化产业化转型做实改革，健全参股投资等监管制度。新增市场主体1.1万户。深化创新驱动发展。成为全市首个市区科技工作会商区县。生猪产业技术创新中心通过市级认定。“重牧硅谷”升级国家级孵化器，市畜科院蚕丝人工神经研究领跑国际水平。设立2200万元农牧高新研发专项资金。实施智能化改造项目54个，新认定数字化车间5个。新引进院士2名、高层次人才189名。

（四）实体经济提档升级

工业支撑作用明显增强。出台《支持工业企业高质量发展十七条政策》，新增规上工业企业36家，规上工业总产值809亿元、增长13.6%。“3+1”产业产值占比达到81.1%。引导工业企业成立销售公司69家。设立15亿元富荣股权投资基金，奥福陶瓷在科创板成功上市。华森制药获批国家企业技术中心。“四篇文章”亮点纷呈。引进温氏、琪金推动生猪全产业链发展。争创中国（西部）陶瓷之都，与景德镇陶瓷大学实现校地合作，创导、能川等一批特种陶瓷企业纷纷入驻，成功跻身全国高端陶瓷主产区行列。打造以夏布为特色的服装生产出口基地。荣昌折扇亮相重庆第八届（国际）文化产业博览会。商旅文农融合发展。新增限上企业 39 家，社会消费品零售总额增长 13.1%。重庆海关在荣设立办事机构。成功创建“中国卤鹅之乡”，新增“重庆老字号”7 家。举办各类展会节庆活动 32 个，促进消费 15 亿元。“繁荣昌盛”福利彩票全国发行。大荣寨社区入选首批全国乡村旅游重点村。安陶小镇、夏布小镇成为首批全市非遗特色小镇，古佛山景区建成开放。“书记晒文旅”荣获全市最佳作品奖。

（五）乡村振兴步伐稳健

实施交通便捷工程。新建“四好农村路”428 公里、人行便道 1000 公里。潼荣高速正华互通连接线、S446 盘龙至吴家全面完工，双河至永川、城区至万灵、峰高至万灵等道路升级改造顺利推进。实施产业振兴工程。入选全市重点现代农业产业园。推行“三变”改革 + 集体经济等模式，“三变”改革村达到 11 个。荣昌血橙在全市率先自主出口。高升桥水库扩建工程正式开工。实施人才组织工程。与清华大学共建“乡村振兴工作站”。回引优秀人才 300 余名，选派第一书记 16 人。新增扶持 54 个村（社区）发展集体经济，全区集体经济收入 5000 余万元。实施乡村文明工程。扎实推进新时代文明实践中心建设，成功打造喻茂坚纪念馆、直升红色家园等一批示范点。新增全市文明村镇 4 个，评选最美院落、美丽庭院 1160 个。实施青山绿水工程。完成 112 个村庄规划。统筹资金 7 亿元整治农村人居环境。完成农村改厕 1 万户，农村生活垃圾有效治理行政村达到 100%，畜禽粪污资源化利用率超过 90%。完成营造林 6.5 万亩。荣昌人居环境整治示范村成为市委党校现场教学点。

（六）城市品质不断提升

规划引领作用更加彰显。全面推进国土空间总体规划编制工作。加强城区空间和建筑形态管控。完善交通规划体系，荣昌环线高速公路纳入全市高速公路网。完成并实施黄金坡片区控制性详细规划。城市建设更具内涵。成为全市首批 5G 应用示范区，投资 22 亿元打造 5G“智慧荣昌”。建成黄桷树广场商业综合体，投用濑溪河马拉松赛道，新增公园绿地 18.6 万平方米，打造“四河八岸”棠城绿道 50 公里。城市管理更为精细。全力创建全国文明城区、国家卫生区、全民运动健身模范区。以“街长制”为统领深化“马路办公”，完成 197 个“三无”老旧小区改造，池水河沿线摊区等 10 余年占道经营顽疾得到治理。完成城区 9 个菜市场升级改造。实施城乡环卫一体化，推进生活垃圾分类管理，实现餐厨垃圾收运全覆盖。新改建公厕 28 座、旅游厕所 47 座。智能化改造路内临时停车位 5636 个。完成城市公交改革，优化 19 条线路并运行。

（七）社会事业持续进步

社会保障体系更加健全。成为全市特色产业全民职业技能培训试点区。城镇新增就业 2 万人，城镇登记失业率 2.8%。发放创业担保贷款 1.5 亿元。社会保险参保 65.1 万人，基金征收 7.5 亿元。建成市级示范社区养老服务中心 1 个、社区养老服务站 10 个。发放城乡低保 7382 万元、残疾人补贴 1033 万元。退役军人事务工作规范有序。教育医疗水平不断提升。通过义务教育发展基本均衡区国家督导。深化名校建分校、强校带弱校、高初中联合体办学模式，1人被北京大学录取。后西小学第二校区建成投用。建立整合型医共体，纳入全国试点区县。区人民医院扩建、区中医院迁建、区妇幼保健院二期建设顺利推进。文化体育事业更加繁荣。徐前凯当选第七届全国道德模范。新增市级非遗名录6项。建成美丽乡村文化驿站80个。开工建设老干部活动中心。成功举办国际马拉松、国际划骑跑铁人三项等大型赛事13次，参赛运动员超过2.5万人。

二、发展中存在的问题

经济总量不大、产业层次不高、创新能力不强，现代化经济体系尚不健全，要素制约更加凸显，转型升级任重道远；民生短板尚未补齐，基础设施欠账较多，城乡融合发展体制机制尚未破题，与高品质生活需求仍有差距；污染防治任务艰巨，风险管控和财政收支平衡压力持续加大，安全生产、治安防控等存在薄弱环节；政府治理体系和治理能力还不适应新形势新要求，一些工作人员法治观念、服务意识、担当精神、执行能力不强，工作能力和水平与推动高质量发展的要求还有差距。

三、2020年发展思路

坚持以习近平新时代中国特色社会主义思想为指导，增强“四个意识”、坚定“四个自信”、做到“两个维护”，深化落实习近平总书记对重庆提出的“两点”定位、“两地”“两高”目标、发挥“三个作用”和营造良好政治生态的重要指示要求，按照中央、市委和区委决策部署，统筹推进疫情防控和经济社会发展，坚持稳中求进工作总基调，坚持新发展理念，坚持以供给侧结构性改革为主线，坚持以改革开放为动力推动高质量发展，扎实做好“六稳”工作，全面落实“六保”任务，大力推动成渝地区双城经济圈建设，扎实开展“制度执行年”活动，坚决打赢三大攻坚战，加快建设成渝一体化发展示范区、国家城乡融合发展试验区、全国首个农牧特色国家高新区、国家畜牧科技城，全力打造成渝地区双城经济圈重要增长极，确保全面建成小康社会和“十三五”规划圆满收官。

（执笔人：柴廷友）

开州区

开州区人民政府办公室

一、2019年发展回顾

2019年开州地区生产总值505.59亿元、增长6.4%，一般公共预算收入25.3亿元、增长15.3%，固定资产投资153亿元、增长12.1%，社会消费品零售总额287亿元、增长10.3%；全区重点民生支出74.9亿元、占一般公共预算支出的78%，城镇新增就业1.6万人，居民人均可支配收入23938元、增长11%，居民存款突破540亿元。2019年开州区签约落地优质项目总投资达344亿元。2019年开州区先后获评2019年中国最具投资吸引力区县、国家农业绿色发展先行区、国家知识产权试点城市。

（一）决战决胜，脱贫攻坚取得新成效

以过程零失误、反馈零差评、群众满意度99.8%的佳绩，通过国家和市级各类巡视、考核、督查、评估。脱贫攻坚成效考核、东西部扶贫协作考核均获“优秀”等次。政策措施精准有效，整合资金6.3亿元，实施项目647个，教育、医疗、住房三大保障逐项落实，产业、就业、金融三大扶持更加到位，交通、饮水、电讯三大建设落地见效，贫困人口再减8747人，“两不愁三保障”总体实现。深度贫困全力破解，聚力开展深度贫困乡镇、贫困村巩固提升行动，大进、五通、麻柳脱贫步伐明显加快，镇村面貌焕然一新。脱贫质量切实提高，上级反馈问题全部整改清零，7.46万名贫困群众稳定增收，“建售联”产业扶贫模式成为全国产业扶贫创新案例；中国法学会、中石油、山东潍坊市、市委组织部扶贫集团、江津区、璧山区及社会各界，倾情相助、鼎力支持。1万多名帮扶干部奋战一线，全市脱贫攻坚工作先进个人周康云同志先进事迹感动重庆，贫困群众内生动力充分激发，“众志成城斩穷根”的氛围更加浓厚。

（二）提质增效，产业发展实现新突破

农业生产稳中提质，增加值达到73.7亿元、增长4.3%。八大产业园全面开建，新发展山地特色高效农业7.5万亩。“智慧农业·数字乡村”快速起步，农业大数据系统、农产品溯源体系投入运行，线上交易额突破4.5亿元。新增全国名特优新产品2个、市级名牌农产品和“巴味渝珍”26个，“开州再生稻”成为全市公用品牌，“开县木香”成为全市三大道地药材基地之一。市级龙头企业达到35家、位居全市第三。工业经济全面跃升，增加值达到124.1亿元、增长9.4%。

规上工业增加值增长9.7%。企业新投产30户、新升规18户、新增税收超千万2户。认定市级“专精特新”企业2户。德凯实业成为全市重点电子配套企业，获得“小巨人”称号。千能实业获评全市“数字化车间”。五大主导产业培育壮大，大数据产业园、先进装备制造产业园和绿色科技岛完成规划选址。重庆智能家居产业园一期入驻投产企业22家、二期全面开建。第三产业繁荣活跃，增加值达到222.8亿元、增长4.2%。核心商圈消费集聚效应增强，亿级商贸企业突破10家。渝东北农副产品商贸城基本完工，西部汽贸城、医药商贸中心等项目进展顺利，假日国际、亿丰开州等商业主体人气商机快速聚集，麦当劳、肯德基等品牌连锁店相继入驻。全区网络零售额12.8亿元、增长30.6%。文化旅游蓬勃发展，接待游客突破1000万人次、旅游收入65亿元。开州故城一、二期基本建成，国际生态文旅度假区落户汉丰湖，建成市级休闲农业与乡村旅游示范乡镇、村（点）21个。开州汉绣摘得中国旅游商品大赛银奖。四季旅游主题活动好戏连台。交通运输业、房地产业发展稳健。成功引进中信银行，全区存贷款余额达到980亿元，存贷比提高6.3个百分点。

（三）统筹协调，城乡面貌呈现新变化

城市提升成效明显，环湖城区扩容提质，东部片区靓丽展现，歇马片区形态初显，丰太片区路网成型，大丘片区起步建设，盛山片区初具形象，邹家山、帽壳顶隧道和丰泰大桥建成通车，北岸滨湖道路完工70%。非法治丧、占道经营等乱象有效整治。浦里新区建设快速推进，获批用地3700亩，完成供地1000亩，“三横五纵”路网骨架开工建设，万开隧道如期竣工。特色小镇和重点镇建设加快，常住人口城镇化率达49.6%。乡村振兴亮点纷呈，投资2亿元实施乡村振兴项目400个。81%的行政村完成规划编制。关面、竹溪等示范片建设效应凸显，临江福德、长沙福城、郭家普渡等示范村建设各具特色，建成市级“一村一品”、美丽宜居、绿色示范村庄79个。基础设施有力推进，渝西高铁开州路径方案初步形成可研成果，开城高速建设进度过半，巫云开高速动工开建，开万梁高速完成可研编制，万达直线高速启动初设，开宣高速纳入市级规划，大修改造国省县道105公里，新改建农村公路600公里，安装防护栏200公里，村民小组公路通达率97%、通畅率75%。跳蹬水库顺利开工，天白水库下闸蓄水。精心编报三峡后续项目84个，到位资金近4亿元。天然气开采量31亿方。新建4G、5G基站720个。改造农网147公里，竹溪220千伏变电站基本建成。

（四）生态优先，环境质量得到新改善

污染防治力度加大，三级河长常态化巡河护河，新改建城镇污水管网153.6公里，完工8个场镇雨污分流、9个乡镇污水处理厂升级，镇安、竹溪污水收集纳入城区污水系统，辖区流域水质总体保持Ⅲ类，启动生活垃圾分类，城镇垃圾无害化处理率100%。生态修复持续加强，新增营造林36.5万亩，治理水土流失、石漠化77平方公里，全区森林覆盖率53.8%。整治和新建河堤38公里，保护和修复湿地1100亩。城区空气质量优良天数351天，PM2.5同比下降9%，获评“碧水蓝天典范城市”。环境监管有力有效，完成第三次国土调查和生态空间管控专项规划，铁峰山国家森林公园违建等一批生态环保督察反馈突出问题得到有效整改。

（五）敢闯敢干，动能转换迈出新步伐

重点改革扎实推进，供给侧结构性改革成

效明显，盘活困难企业21户，净增市场主体5300户。投融资改革持续加力，新增政府债券10亿元，政府债务总体可控。完成新一轮国资国企改革。新增市级农村“三变”改革试点村3个，消除集体经济空壳村242个。临江成为全市行政管理体制改革试点镇。对外开放持续深化，新增进出口备案企业7家，进出口总额突破2亿元、增长71%，木香、银杏茶、杜仲茶等产品打开东南亚市场。创新驱动加速发力，建成科技创新服务中心，开街创谷被确定为国家备案众创空间，完成22家企业智能化改造，19家企业设立研发准备金2.1亿元，新增国家高新技术企业3家、市级企业技术和研发中心10个。

（六）利企便民，营商环境获得新提升

亲商尊商氛围日益浓厚，秉持开放包容、诚信法治、亲清友善、互利共赢的理念聚商引资，全年签约项目104个，名赫电子、任达通科技等47个项目落地建设。新增“四上”企业61家。行政审批精简提速，推进政务服务中心整体搬迁、功能集合，取消行政审批事项8项，企业设立登记缩短至1个工作日，政务服务事项网上可办率达到70%，身份证办理等100个事项“最多跑一次”，工程建设项目审批时限压缩50%以上。企业获得感明显增强，常态化走访服务企业，兑付入园企业扶持奖补资金1.8亿元，为企业减税降费6.7亿元、节约用能成本2000万元，新增14户企业享受市级电价优惠政策，发放创业种子投资基金和商业价值、知识价值信用贷款8100万元，帮助企业应急转贷3亿元，新发放企业贷款29亿元。

（七）用心用情，民生福祉交出新答卷

社会事业全面进步，启动16所城区学校建设，建成歇马小学、歇马幼儿园。职教中心新增市级重点特色专业3个。高考质量再创新高。基本公共卫生服务扩面提标，公立医疗机构医用耗材加成全面取消，二级以上医院药占比降至32.6%、实现远程医疗服务和异地就医直接结算。区人民医院获评市级美丽医院。送电影、送演出等文体活动惠及300万人次。开州糖画、上九登高入选市级非遗项目。民生保障更加充分，发放创业担保贷款3.6亿元，扶持2900人自主创业，带动就业1.2万人。发放低保及各类救助资金5.2亿元。全域养老示范区创建、社区居家养老服务全覆盖工作坚实起步，养老床位突破7000张。实现村级妇女儿童之家全覆盖。完成移民自建房办证2512户。新增农村客运线路10条、招呼站点357个，改造城区港湾式公交站台5个。

（八）综合施治，平安建设有了新进展

社会大局持续稳定，扫黑除恶专项斗争取得阶段性成果，打掉“暴力收车”涉黑犯罪组织和4个涉恶集团（团伙）。组建“渝警骁骑”巡防队，启动城区新型巡逻防控模式，投用公安大数据应用联合创新中心，全区刑事发案率下降10.8%，群众安全感、满意度指数分别达到98.98%、96.71%。信访工作扎实开展，一批社会矛盾纠纷得到妥善化解。圆满完成新中国成立70周年大庆等安保维稳任务，获评全市安保维稳工作一等奖。社会治理更加有效，“枫桥经验”落地见效，以群工会议统揽信访联调改革取得新突破，“四调对接”平台建设更趋完善，云枫派出所荣获全市首批“枫桥式公安派出所”。全面建立三级退役军人服务保障体系，市级双拥模范城创建通过考评验收。安全生产总体向好，成为全市应急体系建设试点区县，未发生较大及以上生产安全事故，食品药品安全形势稳定向好，防灾减灾救灾工作有力有效。

二、发展中存在的问题

经济总量不大，产业结构不优、能级不高，构建现代产业体系任务紧迫；市场主体数量不多、活力不强，经济稳定增长的基础还不够牢固；投资增长支撑不足，新兴消费尚需培育，外贸增长点不多；生态环境较为敏感脆弱，水环境保护压力较大；城乡区域发展不平衡，农村基础仍较薄弱，民生领域仍有短板；政府职能转变还不到位，营商环境还需优化，少数干部担当意识、服务意识不强，能力作风有待提升。

三、2020 年发展思路

地区生产总值增长 6% 左右，一般公共预算收入增长 5%，固定资产投资增长 8%，社会消费品零售总额增长 5%，研发经费支出占 GDP 比重提高到 1.5%，城镇新增就业 7000 人，城镇登记失业率控制在 3.5% 以内，居民人均可支配收入增长 8%，现行标准下农村贫困人口全部脱贫，森林覆盖率 55%，辖区流域水质总体保持Ⅲ类以上，完成环保约束性指标任务。

（执笔人：刘叶）

梁平区

梁平区人民政府办公室

一、2019 年发展回顾

2019 年是梁平发展进程中很不平凡的一年。这一年，习近平总书记亲临重庆视察指导，赋予重庆发挥“三个作用”新的重大使命，为我们勇担新使命、奋斗新征程指明方向、提供遵循。这一年，我们深学笃用习近平新时代中国特色社会主义思想，奋力奔跑，以新发展理念推动梁平高质量发展，较好完成了区十七届人大第三次会议确定的目标任务。全年地区生产总值 464.1 亿、同比（下同）增长 8.2%，人均 GDP 70749 元、增长 7.8%，三次产业结构调优为 10.9：51.4：37.7。在减税效应下，一般公共预算收入增长 2.6%，税收收入增长 3.3%。固定资产投资增长 6.2%，其中工业投资增长 13.8%。社会消费品零售总额在高基数上增长 13.1%。城镇新增就业 9924 人，城镇登记失业率下降到 2.98%。城乡居民人均可支配收入分别达 37543 元、16691 元，增长 9.4%、11.4%。

（一）精准脱贫攻坚战措施细、成效显

“两不愁三保障”突出问题基本解决，285 户 748 人全面脱贫。投入资金 5872 万元，实施项目 104 个，发展扶贫产业 1.4 万亩，畅通贫困村组道路 147 公里。800 户农村危房“清零”，贫困村组饮水安全巩固提升，教育资助、医疗救助、兜底保障体系全面建立。整改大督战问题 222 项。建立村集体资产收益分配、龙头企业减贫带贫机制，累计发放贴息扶贫小额信贷 7693 万元，带动 3127 户建卡贫困户发展产业增收。

（二）污染防治攻坚战措施准、底板牢

突出精准、科学、依法治污，全区生态环境质量持续向好。水更清。龙溪河综合治理 PPP 项目、亚行生态项目全市率先落地，先导工程实施顺利。6 条主要河流水质均达到或优于水域功能要求。建成规范化“万人千吨”饮用水源地 11 个，整治提升农村小型集中供水工程 106 个，农村饮水安全达标率 100%，自来水普及率 83.9%。地更绿。投资 15 亿元的国家储备林基地落地，先行建设 2 万亩，新造林 14.7 万亩，整治水土流失 35.3 平方公里，新建城市水系绿系 35 万平方米，森林覆盖率、湿地保护率分别提高到 45.99%、53%。深化国土绿化提升，退耕还林 11 万亩，复垦复绿关闭矿山地块 80 亩。天更蓝。城区空气质量优良天数达 342 天，PM2.5 年均浓度下降 5.7%。

（三）防范化解重大风险攻坚战措施实、社会安

做好新中国成立70周年大庆安保维稳工作，实现市委“七个坚决防止”目标。化解金融和政府隐性债务风险有实招，深化金融风险治理，政府债务化解有序、管控有力，债务还本付息落实到位。社会综合治理突难点有实效，开展信访稳定“四个一批和依法处理”专项行动，群众信访事项按期办结率100%。纵深推进扫黑除恶斗争，完成中央扫黑除恶督导组“回头看”反馈问题整改。加强毒品问题整治，外流贩毒人数下降47.5%。安全生产和防灾减灾工作有保障，深化安全生产大排查大整治大执法专项行动，提高防灾减灾救灾能力，连续67个月未发生较大以上安全事故。

（四）创新赋能改革增势按下“快进键”

坚持创新改革双轮驱动，激活蛰伏的发展潜能，梁平经济实力和竞争力有效增强。制造业高质量发展有精度，以创建国家高新区为牵引，集成电路、智能家居、绿色食品制造业集群生态圈正在形成。新签约制造业项目80个，新开工中贸投等项目65个，落地率62%。市级数字化车间累计4家。高技术制造业增加值、战略性新兴产业增加值分别增长7.4%、7%。市级科技型企业和国家高新技术企业分别达156家、31家，市级以上企业研发机构累计35家，全社会研发经费支出增长30.5%，科技进步贡献率达56%。重点领域改革有深度，抓优国资国企改革布局，完成区级重大项目投资16.5亿元。抓细“放管服”改革，推行工程建设项目审批制度改革试点；全面减税降费，为企业减负4.1亿元。抓深农村改革，241个村集体实现经营性收入，“三社”融合开局良好，农业生产全程保姆式托管社会化服务入选全国典型案例，获批全国农村闲置宅基地盘活利用改革试点区县。现代服务业转型提质有广度，线上线下、体验消费、连锁经营等商贸服务体系更趋完善，住宿餐饮营业额、批发零售销售额分别增长15.5%、15%。建成天华电商物流产业园一期。培育张鸭子等千万级电商企业6家，电商主体突破4100个。全域旅游品质升级，观音洞建成4A级景区，推出三峡·百里竹海民宿群，“双晒”文旅推介活动获全市最佳效果奖，旅游综合收入增长83%。

（五）乡村振兴全面推进焕新颜

坚持农业农村优先发展。骨干产业提质增效，粮食产量突破7亿斤，“柚、竹、渔”综合产值32.5亿元，现代山地特色高效农业产值增长5.5%，培育“三品一标一产地”农产品246个，获批国家农产品质量安全县、国家农村产业融合发展示范园。农业“接二连三”延链有力，开建绿色食品产业园二期，开工中贸投豆制品等农产品精深加工项目，真本味获农业产业化国家重点龙头企业，发布“万石耕春·丰味梁平”农产品区域公用品牌，重庆数谷农场开园，梁平柚海、川西渔村等农旅融合项目升级。人居环境明显改观，改造农村户厕8100户，新建农村无公害化公厕22座，建成垃圾分类示范村100个。农村卫生厕所普及率、农村居民点生活污水处理率、垃圾治理覆盖率分别达82%、65%、97%。实施城市周边、高铁沿线环境大提升和村庄清洁行动，城乡面貌焕然一新。新建“四好农村路”1020公里，改造干线公路126公里，“二环路”蟠龙段入选交通部18条“全国美丽乡村路”。

（六）现代田园城市日新月异展新姿

统筹推进城市有机更新，现代田园城市知名度、美誉度日益提升。高品质建设双桂新城，

智慧城市“两中心一平台”等一大批功能性项目落成启用，4条城市干道水系绿系全面建成，三峡竹博园等6个城市公园开园，都梁飞雪等双桂湖“八景”陆续开放。新建商品房130万平方米，房地产市场量价平稳。精细实施老城“双修”，累计投入40余亿元，棚改完成4366户70万平方米，旧改完成118万余平方米。梁柚路西段、石马支路建成通行，67个公共停车场相继开建，新城湖晓路等菜市场建成。“马路办公”解决问题1885个，背街小巷、市场环境、游摊小贩等“八乱”治理成效明显，餐厨垃圾实现集中收运处置。春秋两季植绿增绿、添花增彩1918亩。落实“五长制”和“门前三包”责任制，完善场镇综合管理考评机制，城市综合治理格局基本形成。抓实屏锦镇转型发展，打造金带特色小镇，整治提升农村旧房6500户，创建美丽庭院1500户。

（七）区域合作多向发力建高地

致力建设区域开放高地，以大开放提升大格局。拓展开放通道，打造区域综合交通枢纽，梁平至开江、开州等三条高速纳入市级规划。渝宜高速龙溪河服务区开工，通用航空“飞起来”。搭建开放平台，组团参加智博会、西洽会等国家级节会展会，在智博会主场成功举办5G通讯射频模组高峰论坛；积极融入“一圈两群”，加强渝东北三峡库区城镇群协同发展和“大三峡”旅游一体化，推动川渝毗邻区域合作，与四川开江、大竹开展跨界河流联防联治，实施明月江上游流域治理。深化开放合作，巩固浙商楚商闽商粤商投资，借势鲁渝协作，签约山东海尔智能家居等项目105个、引资209亿元；高水平举办长江三峡（梁平）晒秋节、农民丰收节、国际柚博会；外资外贸企稳，进出口总额2亿元，实际利用外资180万美元。

（八）民生福祉持续改善增温度

坚持在发展中保障和改善民生。一般公共预算支出的80%以上用于民生领域，11件区级重点民生实事按期完成，承接市级23件民生实事考核指标落实有效。重教育发展更优质，新改扩建7所幼儿园、学前教育普惠覆盖率达94.2%，改扩建6所中小学校，全区新增学位6645个。充实培优师资419名，实施高中教育卓越学生培养计划，重本上线率提升2个百分点。新办中职专业4个，为企业输送1766人。重健康质量更惠民，妇女儿童医院、中医院园区分院主体完工。新投入1亿元以上，改造提升乡镇基层医疗机构112个。深化公立医院综合改革，落实国家组织药品集中带量采购，取消医疗耗材加成、推进分级诊疗，20余万人享受家庭医生签约服务。落实食品药品安全“四个最严”要求。建成投用失能老人护理院等养老服务机构10个，改造升级14个乡镇敬老院，全区养老服务床位达4000张。重社会保障更给力，投入社会救助资金1.6亿元保障困难群众基本生活。发放区级高龄津贴1333万元。全面落实医保、社保、低保等惠民政策。帮助追回农民工欠薪600余万元。退役军人管理服务保障体系全面建立。重文体事业更舒心，实现社区健身点全覆盖，举办区第二届运动会、全国首届农民水果（梁平柚）采收邀请赛等各类体育赛事和文化惠民活动100多场次。

二、发展中存在的问题

一是经济和产业结构不够优、能级不够高，支柱产业缺少龙头企业，科技创新能力不够强，发展质量效益有待提升。二是传统消费市场活力不足。三是生态环境治理任务仍然繁重。四是“一老一小”等民生保障还有不少薄弱环节。

三、2020年发展思路

以习近平新时代中国特色社会主义思想为指导，全面贯彻党的十九大、十九届二中三中四中全会精神和中央经济工作会议精神，增强“四个意识”，坚定“四个自信”，做到“两个维护”，深化落实习近平总书记对重庆提出的“两点”定位、“两地”“两高”目标、发挥“三个作用”和营造良好政治生态的重要指示要求，紧扣全面建成小康社会目标任务，坚持稳中求进工作总基调，坚持新发展理念，坚持以供给侧结构性改革为主线，坚持以改革开放为动力，坚决打赢“三大攻坚战”，深入实施“八项行动计划”，全面做好“六稳”工作，围绕“建设生态优先绿色发展先行示范区”目标，紧扣“打造区域开放高地、建设现代田园城市”定位，统筹推进“四化同步”发展，推动高质量发展之路越走越宽广，确保梁平经济实现量的合理增长和质的稳步提升，确保全面建成小康社会和“十三五”规划圆满收官。

重点抓好六方面工作：一是着力抓重点补短板强弱项，坚决打好“三大攻坚战”。二是着力推动高质量发展，构建现代产业体系。三是着力建设重大基础设施，强劲扩大有效投资。四是着力提升城市品质，建设现代田园城市。五是着力保障和改善民生，突出稳就业，统筹做好教育、医疗、养老、住房和社会保障工作。六是着力深化改革协同集成，突出抓好重点领域改革，提速提质开放合作，建设区域开放高地。

（执笔人：张弓剑）

武隆区

武隆区人民政府办公室

一、2019年工作回顾

2019年，实现地区生产总值209.66亿元、增长7.2%；地方财政收入增长6.8%；固定资产投资83.38亿元，增长4.4%；社零总额49.45亿元，增长9.9%；居民人均可支配收入24928元、增长11.1%；接待游客3610.15万人次、综合收入170亿元，分别增长12.5%、13.3%。全区经济社会发展“稳中有进、进中向好”，获评国家首批“全域旅游示范区”、2019年中国最具投资价值区等数十项荣誉。

（一）三大攻坚战取得新进展

持续打好精准脱贫攻坚战，深入实施“六个精准”“五个一批”，在全市率先制定实施“边缘户”扶持办法，投入资金6.5亿元，实施脱贫项目1090个。全面完成水利部定点扶贫“八大工程”年度计划，济南市东西部扶贫协作资金、产业、人才、消费帮扶提质增效，市委政法委扶贫集团“法治扶贫”成为全市特色，涪陵区、民主党派等帮扶取得新成效。后坪乡深度脱贫攻坚取得决定性进展，81个脱贫项目全部开工，已完工66个、完成投资4.91亿元。全区未脱贫人口减少到102人，脱贫人口人均可支配收入增长11.5%。持续打好污染防治攻坚战，保护每一汪碧水，全面落实“河长制”，建成乡镇污水管网124公里；争抢每一个蓝天，空气质量持续优良，PM2.5平均浓度同比下降13%；守护每一片净土，启动垃圾焚烧发电项目，畜禽养殖粪污综合利用率75.9%，回收利用废弃农膜242吨。坚决整改各类环保督察反馈问题，群众反映强烈的突出环境问题得到解决。持续打好防范化解重大风险攻坚战，区内各银行保持“零案件”；地灾隐患点销号56处；实现生产安全事故“双下降”；信访稳定实现“三个100%”。

（二）八项行动计划获得新成效

实施以大数据智能化为引领的创新驱动发展战略行动计划，获得首批5G通信基站项目104个、已建成34个，“应指工程”“智能交通”建成投用。实施乡村振兴战略行动计划，推进“4+23”乡村振兴试验示范，71个重点项目序时推进，173个集体经济组织实现经营收入500余万元，艳山红村入选全国乡村治理示范村。实施城市提升行动计划，推进38项具体任务，加快《国土空间总体规划》编制，城区游客集散中心、中堆坝文旅综合体等项目加快建设，城市管理“七大工程”扮靓了城市形象。实施军民融合发展战略行动计划，军地设施共建共用、人才培育等收到实效，顺利通过市级双拥模范城创建考评。实施科教兴区和人才强区行动计划，基础教育质量监测综合指标居渝东南地区前列，人才定向培养58人、公招232人。实施内陆开放高地建设行动计划，推动中新项目合作和国际招商，全面融入共建“一带一路”、服务建设内陆开放高地的市级战略。实施生态优先绿色发展行动计划，推进28项生态工程，加快“两山”实践创新基地建设。实施保障和改善民生行动计划，推进9个专项实施，人民幸福指数有了新提升。

（三）绿色产业发展迈上新台阶

智能经济加力发展。年产350万套芯片项目建成投产，实现智能产业“零突破”。罡阳、久味夙等10余家企业实施数控设备升级改造。“智慧武隆”有序建设，与腾讯公司合作的“一部手机游武隆”全域智慧旅游项目加快建设，建成公共免费无线AP 590个、在建200个，“智能政务”“智能农业”有序推进。全域旅游提质发展，推进度假区总规修编，编制乡村旅游规划。完成旅游资源定级普查，查明可开发资源691处。仙女山长松酒店改扩建、天生三桥电梯新建、龙水峡电梯技改有序推进；懒坝LAB、阳光童年、博象山水秀等文旅项目加快建设；白马山东方明珠项目落地，“天下鹊桥”完成策划。龙水峡地缝、天尺情缘景区获评4A级景区，仙女山旅游度假区获“艾蒂亚”奖中国最佳旅游目的地提名。木根铺、万峰林海、犀牛寨等乡村旅游点升级建设，荆竹村成功创建全国首批乡村旅游重点村，天池苗寨获第二届重庆旅游新地标称号。“武小仙”“隆小马”惊艳亮相“西洽会”。国际音乐季、啤酒节等10余场活动受到热捧，“双晒”获最佳效果奖。旅游引领服务业健康发展，度假休闲项目完成投资4.9亿元、6个项目主体工程完工；新增国家级绿色饭店2家、四星级酒店1家；新增规上服务业企业8家、限上批零住餐企业9家。生态工业加速发展，工业增加值增长9.4%。探明天然气储量1万亿立方米，开钻页岩气井23口。大梁子风电并网发电。唐恒机械等5个项目建成投产，罡阳二期、嘉焜机械等项目推进建设。大罗溪桥建成，白马货运码头、黄荆坝（麻纺厂还建房）项目加快建设，推进鸭江组团用地、凤来区域拓展前期工作。氧化铝、嘉靖等12家“僵尸企业”“半拉子工程”推进处置。生态农业稳步发展，入选国家第二批农业绿色发展先行区，“2+6+N”山地特色高效农业体系初步形成，农业增加值增长4.6%。有效防控非洲猪瘟等重大动物疫情，认证“三品一标”农产品20.9万吨，农产品市场交易额9.6亿元、加工业产值15.5亿元。新增市级以上农民专业合作社示范社15家、示范家庭农场10家，市、区级农业龙头企业48家。成功创建鳅田稻国家级水稻标准示范区、17个全市休闲农业和乡村旅游示范点。

（四）城乡协调发展呈现新气象

推进产城景融合发展，编制完善产城景一体规划，推动产业与城区、景区、度假区深度融合。荣融金科酒店投入营运；五洲国际商贸物流园AB区交付业主；中堆坝步行商业街开街，市级智慧商圈启动建设；羊角古镇获评市级特色商贸小镇，大庄示范街入驻商家168户。山水之城加快建设，完成城乡建设投资51.5亿元，南滨路加高工程竣工投用，御江华府等项目竣工交房，龙山公园A区基本建成，南滨广场、乌江左岸堤防主体工程完工；中堆坝次干道二期、北滨路二桥至三桥等工程推进建设。实施棚改613户；整治城区外墙砖隐患166户；开展“马路办公”，推动国家卫生区创建，仙女山镇创建为国家卫生镇。全市农村人居环境示范区启动打造，分档建设10个“精品”、48个“示范”、带动全域建设美丽宜居村庄，农村改户厕1万余户、建公厕30座，旧房整治提升3000户，“大棚房”整治完成，创建美丽庭院750户。天池苗寨、艳山红村农旅融合项目入选2019年重庆十大最美乡村，永隆田园综合体、黄莺大峡谷入选十大特色乡村。基础设施加快完善，完成交通建设投资13.5亿元，G65武隆西互通竣工通车，武道高速完成PPP投融资建设招标；渝怀二线铁路基本完成路基建设；龙溪乌江大桥、S521江后路、S204桐后路、机场连接路、武仙路大修等项目完工，荆竹路环线等5个项目开工；武两高速、轨道交通等18个项目前期工作有序推进。完成水利投资4.5亿元，大河沟、河心、核桃、仙女山4座水库建成，沙河、龙宝塘等5座水库抓紧建设，车盘、大洞河水库前期工作推进，水利建设创武隆历史新纪录。建成天然气管道5条，12个乡镇用上了管道气。100%行政村实现4G网络覆盖和光纤通达。农网改造投资1800万元、完成项目21个。生态建设持续加强，筑牢长江上游重要生态屏障。推进三峡后续项目8个。营造林20.4万亩，森林覆盖率64.5%。新增耕地2383亩，农房复垦1950亩，建设高标准农田4万亩。治理水土流失22平方公里，治理岩溶石漠化22.6平方公里。世界自然遗产地、自然保护地得到精心呵护，成功创建市级生态文明建设示范区。

（五）发展动能转换释放新活力

强化改革推动，机构改革顺利实施，政府职能进一步优化。推动羊角镇、土坎镇撤镇合并设街道，仙女山镇撤镇设街道，凤来乡撤乡设镇。深化供给侧结构性改革，为企业减税降费超过2.5亿元。深入推进工程建设等行政审批制度改革，大幅提升“一窗受理”“网上通办”效率，审批事项窗口受理率达100%、直接签批率达65%；工商注册登记3日办结率100%；审批时限压缩50%以上、效率提高68.3%。建立9000万元风险补偿基金，银行融资15亿元，40余家企业受益。获评“2019年度中国百佳营商环境试点县市”。强力推进国企“3+1”整合，实施了8家企业的混合所有制改革，隆畅公司上市培育稳步推进。医药改革、农村“三变”等改革有序推进。强化开放带动，仙女山国家级旅游度假区完成固定资产投资16.5亿元，重庆保税港仙女山保税商品直销中心正式营业。武隆成为全市重要外事接待和入境游目的地，与瑞士、匈牙利、新加坡等11个国家进行了友好合作交流；缔结格林瓦德等3个“国际友城”；仙女山与瑞士少女峰结成“共建景区”。接待外国访团20批次、50余个国家的贵宾400余位。全年实现进出口总额1700万美元，招商引资到位资金57.5亿元。强化创新驱动，R&D经费投入6635万元；组建绿色智库研究院，聘任17位专家；成功申报市级专家服务基地，市级专家资源库达40人。建设高山蔬菜市级农业科技园区；渝鲁科技协作立项4个；新认定科技专家大院2个、工作站5个、创新及示范基地13个，推广实用先进技术33项。

（六）人民共享发展有了新提升

社会事业进步显著，新建和改扩建学校6所；各类助学政策惠及4.6万名学生。建立完善城镇职工和城乡居民养老保险待遇稳步调增机制。区社会福利综合服务中心即将投用，统筹推进“六种养老”，新增养护床位500张。发放民政救助资金1.4亿元。新殡仪馆投入运营。新中医院投用，建成凤山、芙蓉街道社区卫生服务中心，妇幼保健院、疾控中心、博爱精神病医院等改扩建项目开工，乡镇、村级医疗服务能力有效提升。建成4个社区健身点，建成24小时图书馆2个，区融媒体中心主体工程完工，完成区美术馆、非遗文化中心、乌江博物馆选址。民生实事落地见效，建成“四好农村路”720公里、在建389公里；城区投入新能源公交车28辆；新建和改造城区公厕22座、旅游公厕8座；新增城区公共停车位512个；建成仙女山镇健康养老市级示范基地；改造老旧居住消防设施20栋；硬化生产便道165公里等24件民生实事件件有着落、事事有回音。社会治理平安稳定，深化扫黑除恶专项斗争，加强社会治安防控体系建设，“雪亮工程”有序推进，现行命案破案率100%；新中国成立70周年大庆安保维稳获全市通报表彰；荣膺2019年全国社会治理创新示范区。

二、发展中存在的问题

对照全面建成小康社会目标，对照新发展理念、高质量发展要求，仍存在以下问题：投资增长后劲不足，传统消费进入瓶颈期，企业经营困难增加，经济企稳回升基础不够牢固；产业规模不大、能级不高，科技创新短板突出，构建现代产业体系任务紧迫；城乡区域发展不平衡，民生领域仍有不少短板，基础设施互联互通水平还不高；财政收支平衡压力、债务化解压力加大；少数部门和工作人员担当意识、服务意识不强，营商环境仍需优化；党风廉政建设和反腐败斗争还需常抓不懈。

三、2020年发展目标

地区生产总值增长6.5%左右；固定资产投资增长8%左右；社会消费品零售总额增长10%左右；一般公共预算收入增长5%左右，其中税收收入增长9%左右；居民人均可支配收入增长9%左右；城镇化率提高1.2个百分点；城镇登记失业率、居民价格指数均控制在3%以内；节能减排降碳完成市上下达考核任务，空气质量优良天数保持在340天以上。

一是全力打好“三大攻坚战”。在补强弱项、补齐短板方面取得显著进展，持续突破制约全面建成小康社会的瓶颈和关口。二是全力推进文旅融合发展。发挥旅游集聚效应，引领服务业发展，全年接待游客、综合收入分别增长10%、12%以上，加快建成“世界知名旅游目的地”“全国文旅融合示范区”。三是全力提档生态工业发展。以大数据智能化为引领，推动生态工业高质量发展，工业投资、工业增加值均实现增长10%以上，新升规工业企业5户以上。四是全力加快城市品质提升。把2020年作为“城市品质提升年”，做精做细城市提升和产城景融合发展，创造宜业、宜居、宜乐、宜游的良好环境，实现城市让生活更美好。五是全力促进内陆开放发展。全面融入全市共建“一带一路”和长江经济带发展、加快建设内陆开放高地的大局，努力在渝东南带头开放、带动开放。六是全力推动改革创新发展。盯紧盯牢重点领域改革，推进科教兴区和人才强区，靠改革增动力，靠创新增活力，靠人才增助力。七是全力实施乡村振兴战略。精准落实“五个振兴”要求，集中资源、强化保障、精准施策，加快补上“三农”领域短板，让农村成为农民幸福生活的美好家园。八是全力抓好生态文明建设。坚持生态优先绿色发展，加快建设“武陵山绿色发展先行区”“全市山清水秀美丽之地示范区”，成功创建“国家生态文明建设示范区”。九是全力推进民生保障改善。持续实施保障和改善民生行动计划，努力创造高品质生活，增强人民群众的获得感、幸福感、安全感。

（执笔人：李创）

城口县

城口县人民政府办公室

一、2019年发展回顾

2019年，实现地区生产总值52.5亿元、同比增长6%，一般公共预算收入4.35亿元、同比增长3.3%，社会消费品零售总额14.24亿元、同比增长8.1%，城乡居民人均可支配收入分别为29087元和10404元，同比分别增长8%和10%。

（一）脱贫攻坚取得决定性胜利

整合资金8.3亿元，统筹解决“两不愁三保障”突出问题和区域性贫困问题。累计发放扶贫小额信贷2.5亿元，建成产业扶贫基地77个、扶贫车间8个，培育致富带头人293名，90%的以上贫困户与市场主体建立利益联结机制，带动贫困户户均增收3000元以上。新开发公益性岗位2665个，8721名贫困人口纳入农村低保体系。“两不愁三保障”突出问题全面解决，减少贫困人口4532人，贫困发生率由2014年的15.6%下降到0.42%。

（二）以交通为主的基础设施建设全面提速

G69银百高速加快推进，渝西高铁完成可研报国铁集团审查，城口至巫溪、城口至万源、城口至宣汉高速公路纳入全市高速路网规划，新改建普通干线公路91公里，新建“四好农村路”通达工程350公里，通畅工程445公里，公路网密度达到130公里/百平方公里。安装公路防护栏520公里，全面落实“路长制”。龙峡水库完成主体工程，黄沙洞水库、松柏水库序时推进，新建蓄水池357口、用水管线962千米，完成节水配套改造项目。新（改）建中低压线路161千米，全面消除无电户。完成15个老旧小区天然气管道改造和4个乡镇管网铺设，新增天然气用户2400户。新建光纤网络219皮长公里、4G基站286个，光纤宽带网络用户达6.1万户，行政村光纤及4G通达率80%，启动5G试点。

（三）生态文明在齐抓共管中逐步提升

完成生态红线划定和“三线一单”编制。启动国家储备林项目建设，完成营造林改造19.8万亩，森林覆盖率达到70.2%。实施最严格的生态资源保护，完成九重山国家森林公园总体规划编制，加强自然保护区、湿地公园等自保地管理修复，管护天然林318.9万亩，整治“大棚房”6宗、违建别墅1处。行政村生活垃圾有效治理率达89%。实施环保“五大行动”，全面落实“河（湖）长制”，综合治理河道28.53公里，治理水土流失23平方公里，污水“三排三改”及河道“清四乱”全部整改销号，主要水系断面水质达到国家Ⅱ类标准，城市及乡镇饮用水源水质达标率100%，城区空气质量优良天数达到343天，生态环境综合指数连续8年位列全市第一。

（四）产业结构在调整升级中不断优化

三次产业结构比由16.3∶39.4∶44.3调整为17∶34∶49。培育市县级农业龙头企业52家、农民合作社420个，"三品一标一名牌"达到125个，七大农业扶贫产业产值12亿元，粮经结构比由56∶44调整为47∶53。建成50万吨立磨生产线，建设绿色矿山4个，智能化改造企业2家，新培育规上企业1家，规上工业总产值增长20%。建成城口电商产业园，新培育限上商贸企业3家，建成乡镇电商集配中心9个，电商交易额增长25%。启动九重山国家5A级旅游景区开发，序时推进亢家寨国家5A级旅游景区和亢谷国家级旅游度假区建设，基本建成乡村旅游集群片区3个，大巴山森林人家达到1800余家。成功举办首届全国门球邀请赛，5项文旅融合技艺纳入市级非遗，培育城口揲绳礼包等特色旅游商品，全年接待游客405万人次，实现旅游综合收入8亿元，分别增长8.9%和9.3%。

（五）城乡发展在建管并举中齐头并进

完成东北南大街立面改造、东北环路支路、城区增绿补绿、客运中心等重点工程，推进茅坪片区市政道路、旧城供水管网、县城污水处理厂三期等配套工程。完成重点片区征地拆迁2.7万平方米、回迁安置222户2.5万平方米。启动老旧小区改造工作，物业管理不断加强。查办建设领域案件46起，拆除"乱搭建"1.3万平方米，破获生态环境案件45起，查处非法营运案件86件。建成乡镇场镇垃圾中转站4座，生活垃圾分类试点示范村10个，完成2个农村人居环境市级示范片创建，建成13个市级绿色村庄、15个美丽宜居示范村庄。

（六）发展活力在改革开放创新中持续迸发

9支产业和股权投资基金规模达8910万元，撬动金融资本和社会资本达11.6亿元。深化农村综合改革，完成农村集体资产清产核资，新增市级农村"三变"改革试点村2个，培育190个新型农村集体经济组织。完成增减挂钩节余指标跨省交易725亩，实施横向生态补偿1.5万亩。引进各类人才65名，完成人才周转房和人才公寓配租。实现非涉密政务信息系统内部整合和迁移上云，启动大数据智能化发展基础建设工作。成功举办第四届创新创业大赛，组建科技特派员服务团队7个，新增科技型企业12家，新增发明专利11件、实用新型专利27件。

（七）民营经济在引育并重中稳健发展

深化"放管服"改革，行政审批服务事项网上办结率达100%，行政许可事项"只跑一次"达62%，承诺时限再压缩50.3%。取消、停征各类行政事业性收费46项，取消中介服务收费事项9项，减税降费惠及2万余户企业、1.3万余人。足额兑现各类招商引资和产业扶持政策，全年签约招商项目32个，协议引资135亿元，开工项目14个，实际到位资金18.3亿元，全年新增市场主体2713家、增长15%，民营经济占比达到53%。

（八）群众生活品质在共建共享中稳步提高

精准帮扶高校毕业生、返乡农民工等群体就业创业，发放创业担保贴息贷款9496万元，新建青年就业基地9个，返乡农民工创办实体经济404户，城镇新增就业2985人。推进7所重点学校建设，改造6所农村薄弱学校，深化"学本课堂"

等教育改革，高考上线率达99.8%。完成1家民营医院、11个尘肺病康复站和127个村卫生室标准化建设，启动县妇幼保健院迁建工作。开展国家组织药品集中采购试点，中选药品价格平均下降52%。全面启动取消公立医疗机构医用耗材加成，同步调整医疗服务项目价格。大病报销比例统一提高到60%，贫困人口县内就诊率达95%。1482套保障性住房建成投用，3700余人迁入新居。开展送文化、送电影、送图书进基层活动，丰富群众精神文化生活。稳步提高城乡低保、社会救助、残疾人保障水平，试点实施贫困失能人员集中供养，启动庙坝、巴山中心敬老院建设，城乡居民养老保险和医疗保险覆盖率均达95%，“五大保险”累计参保37.6万人次。建成三级退役军人服务保障体系，保障服务水平稳步提高。

二、发展中存在的问题

城口发展不平衡不充分问题依然比较突出。一是传统产业转型不快，新兴业态基础较弱。二是城乡基础设施短板不少，社会治理、公共服务等领域弱项很多。三是生态环境较为脆弱，自然灾害易发多发，治理修复任务艰巨。四是开放通道、开放平台不足，开放主体、开放能力不强，开放环境不优，区域协作不畅。

三、2020年发展思路

2020年是全面建成小康社会和“十三五”规划收官之年，要紧扣全面建成小康社会目标任务，坚持稳中求进工作总基调，坚持新发展理念，坚持以供给侧结构性改革为主线，坚持以改革开放为动力，坚持以脱贫攻坚统揽经济社会发展全局，坚决打赢“五大攻坚战”，深入实施“七项行动计划”，全面做好“六稳”工作，纵深推进“三件大事”，推动高质量发展之路越走越宽广，确保县域经济实现量的合理增长和质的稳步提升，确保高质量打赢脱贫攻坚战，确保全面建成小康社会和“十三五”规划圆满收官。

力争地区生产总值增长5%左右，固定资产投资增长4%左右，社会消费品零售总额增长6.5%左右，一般公共预算收入增长1%左右，城乡居民人均可支配收入与经济增长同步，农民人均可支配收入增幅高于全市平均水平。城镇调查失业率控制在5.5%以内。单位生产总值能耗、主要污染物排放等约束性指标控制在市级下达的目标任务内。

围绕年度目标实现，必须做到五个坚持：一是坚持“稳”字当头。坚持稳中求进工作总基调，落实“六稳”工作要求，稳住经济增长基本面，稳住脱贫攻坚成果，稳住“三保”要求，稳住各类风险点。二是坚持“新”字引领。坚定不移贯彻新发展理念，崇尚创新、注重协调、倡导绿色、厚植开放、推进共享，学好用好“两山论”、走深走实“两化路”，推动发展思路、发展方式持续转变。三是坚持“改”字开路。持续深化改革开放创新，以改促稳、以改提质、以改开新，加快破除影响经济社会发展的体制机制障碍，用改革的办法化解前进道路上的困难，不断增强发展后劲。四是坚持“治”字保障。深入贯彻党的十九届四中全会精神，坚持党的全面领导，推进治理体系和治理能力现代化，创新基层治理方式，推动制度优势转化为治理效能、发展效能。五是坚持“实”字托底。聚焦关键领域和薄弱环节，抓重点、补短板、强弱项，打好“五大攻坚战”，实施“七项行动计划”、落实“三件大事”，谋划项目、推动工作踏踏实实、挤干水分，不盲目上项目、铺摊子，不搞花拳绣腿、贪大求洋。

（执笔人：冯扬才）

丰都县

丰都县人民政府办公室

一、2019年发展回顾

全年地区生产总值实现305.8亿元，同比增长6.4%；规上工业总产值、增加值分别实现120.7亿元、40.0亿元，同比分别增长8.7%、3.5%；社零总额完成58.8亿元，同比增长13.6%；城乡居民人均可支配收入分别增长9.2%、11.3%。

（一）强化各类问题整改，高质量完成减贫任务

中央脱贫攻坚巡视和各类考核督查反馈问题全面整改销号。完成脱贫1367户3771人，综合贫困发生率降至0.02%。“两不愁三保障”突出问题整改专项行动成效明显，教育资助惠及6.8万人次；医疗保险实现全覆盖，累计救治贫困人口1.86万人次；全面开展“三类人员”危房鉴定，农村C、D级危房动态清零；抓好12.86万贫困人口饮水安全巩固提升工作；累计完成易地扶贫搬迁7369人、兑现资金8843万元，农村宅基地复垦6500户；新开发公益性岗位244个，促进转移就业1146人。累计发放扶贫小额信贷5.2亿元，惠及贫困户1.16万户。水利部定点扶贫“八大工程”稳步推进，争取东西扶贫协作等各类帮扶资金1.3亿元。围绕“一村一品”，发展榨菜、花椒、红心柚、滕州马铃薯等特色扶贫产业50万亩。推行资产收益、股权量化分红、代养收益等扶贫模式，增加贫困群众收益2120万元。消费扶贫成效明显，扶贫产品“五进”行动扎实推进，采购农产品4000余万元，带动2626户贫困户增收。全市扶贫小额信贷、产业扶贫、消费扶贫暨易地扶贫搬迁后续扶持工作两次现场推进会在我县召开。

（二）全面推进生态优先绿色发展，污染防治攻坚战成效明显

完成国家第二次污染源普查，中央第二轮环保督察交办问题办结率100%。县城及市级中心集镇污水处理厂达到一级A排放标准，城市、乡镇生活污水集中处理率分别达94%、83%。城市生活垃圾收运处置率达100%，行政村生活垃圾有效治理实现全覆盖，创建生活垃圾分类示范村50个。清理河湖四乱88处，长江干流、龙河、渠溪河等重点河流达到或优于Ⅲ类水质，碧溪河水质达到市上考核要求，龙河丰都段成为全市唯一纳入全国首批示范河湖建设河流。畜禽养殖废弃物综合利用率达73%以上，建成市级绿色矿山8个、规范化乡镇集中式饮用水水源地10个，完成223家餐饮单位油烟净化，巩固创建市

级扬尘控制示范道路5条、示范工地5个，空气优良天数达到342天。全面完成自然保护地、森林督察突出问题整改，强力推动土地例行督查问题整改57宗、3995亩，完成违建别墅整治18栋、6247平方米，清理整改大棚房问题24个、157.39亩。新增营造林19.3万亩，森林覆盖率达50.4%，南天湖、九重天景区成功申报“全国森林康养基地试点建设单位”。

（三）扎实开展重大风险防范，社会保持和谐稳定

严控政府债务总量，消化偿还隐性债务14.3亿元。金融风险排查清理专项整治行动有效开展，违法犯罪立案10起、起诉6人，化解积案3起。完善网格化服务管理体系，村（社区）法律顾问实现全覆盖，建立专职人民调解员制度，矛盾纠纷就地化解率达99%以上。重点领域突出信访问题化解率达94.7%，市交办信访积案化解率达100%。丰都获评全国“七五”普法中期先进县。扫黑除恶专项斗争纵深推进，判处九类犯罪71人，治安警情同比下降62.9%。安全生产事故起数和死亡人数同比分别下降14.29%、25%，未发生较大以上事故，无自然灾害亡人事故发生。强化地灾防治，完成三建乡场镇重危区搬迁、新建房屋2万平方米，完成白沙沱、韩家沱地质滑坡治理。

（四）持续推动产业能级提质，发展动能有效激发

宝丰电缆、高性能擦拭纸等重大项目相继签约，全年合同引资121.5亿元，到位资金15.3亿元。现代特色高效农业持续壮大，牛肉深加工厂房及冻库建设项目一期工程主体完工；华裕农科水天坪孵化中心一期及龙孔育雏场、种鸡场满产达能，日孵雏鸡30万羽；德青源蛋肉加工项目青年鸡区和成年蛋鸡区建成投用，日产蛋27万枚；农投智慧生猪项目树人镇存栏1万头种猪场开工建设，温氏集团3000万羽肉鸡江池养殖小区开工建设，100个温氏肉鸡代养场建成投用，全市畜禽养殖基地初具雏形。“丰都牛肉”进入中国农业品牌目录，丰都红心柚、丰都锦橙纳入全国名特优新农产品目录，光明食品晋级国家农业产业化龙头企业。横梁风电一期投产发电。东方希望25万方商砼建成投用，年纳税实现7.39亿元，绿岛源建材技改项目开工建设。全年完成工业固投17.8亿元，同比增长78.8%，增速稳居全市第1位。

（五）充分激活市场活力，消费水平稳步提升

文旅商贸持续活跃，双桂山国家森林公园完成改造提升并对外开放，丰都古城、南天湖度假区旅游集散中心主体全面完工。高质量举办丰都庙会，吸引游客180余万人次；成功举办南天湖冰爽啤酒露营音乐季、红心柚文化节、横梁避暑纳凉节等文旅活动10余场，拉动消费28亿元。全年接待游客1835万人次，实现旅游综合收入90.3亿元，同比分别增长10.9%、12.6%。国际商贸城、古城商业街正式开业，戴斯五星级酒店启动装修，永辉超市、国美电器等大型商贸企业入驻运营。建成投运电商服务中心和10个农产品产地集配中心，新增电商市场主体214家。全国首个肉牛产业电子商务平台“有牛网”上线启动，实现活牛交易1万头、1.1亿元，恒都牛肉线上销售额实现12.61亿元。

（六）强化城乡统筹融合，区域发展更加均衡协调

启动国土空间规划体系编制工作，完成1.5平方公里龙河东新区拓展工作，丰武路城区段拓宽改线加快推进，龙河新城滨江公园金科段全面

建成，火车站至迎宾大道连接道建成投用；新增市政干道 2.6 公里、雨污管网 77.1 公里；储备开发用地 510 亩，建成商品房 81 万平方米。城市管理“七大工程”深入实施，“马路办公”成为常态，拆除城区违法建筑 4.38 万平方米，城市顽疾明显遏制；生活垃圾分类全面启动，收运处置生活垃圾 18 万余吨；开工白沙沱、丁庄片区污水管网贯通项目；国家卫生县城通过复审，成功创建重庆市文明县城。城乡基础设施体系不断完善，国道 G348 龙驹至长江大桥段建成投用，南天湖—轿子山—涪陵大木等旅游联网路、青龙—十直等北岸产业路全面启动建设，新建成“四好农村路”417 公里。硝厂沟水库建成投用，龙兴坝中型水库大坝填筑至 370 米高程，沱沱坝、王家山、观音岩等小型水库工程加快推进。全县农村集中供水率达 85%，自来水普及率达 78%。

（七）深化改革开放创新，营商环境逐步优化

供给侧结构性改革持续深化，清理注销“僵尸空壳”企业 10 家，去除城区商业地产、水天坪住房库存 29.3 万平方米。“放管服”改革取得明显成效，清理精简涉企负担政策 110 项、保证金 6 项，降低或停征行政事业性收费 32 项，清理规范中介服务事项 46 项，要素成本全面降低，实现减税降费 1.94 亿元。“全渝通办”深入实施，行政许可事项承诺时限缩减为 11.5 天，减少 45%。工程建设项目审批实现流程再造，政务服务事项实现“一网通办”“异地可办”“掌上办”，企业开办时间压缩为 3 个工作日。国企改革纵深推进，市场化运营迈出坚实步伐。支持民营企业发展取得实质性成效，帮助解决困难 167 项，清理兑现拖欠民营企业账款 8000 余万元，为企业减免养老、失业、工伤等保险费 9000 余万元，补贴稳岗资金 1200 余万元。“智慧丰都”项目加快建设，大数据过渡机房基本建成，政务信息资源共享交换平台初步搭建。社会信用体系建设不断完善。“三变”改革试点在三建乡全域推广。国家级出口食品农产品质量安全示范区成果持续巩固，外贸进出口总额实现 4339 万美元。

（八）持续保障和改善民生，人民生活水平不断提升

新建、改扩建校舍 8.9 万平方米，新增城区学位 4500 个，学前教育普惠率达 96.8%，高考重本上线 1136 人，中职对口高考成绩位居全市第二，义务教育发展基本均衡县通过国家复审评估。培育创业主体 6312 户，发放创业担保贷款 9275 万元，城镇新增就业 10071 人，应届高校毕业生就业率保持在 90% 以上。人民医院新院区装修基本完成，医疗保险参保率达 95% 以上，公立医疗机构医用耗材加成全面取消，国家集中采购试点选定药品价格平均下降 52%，国家慢病防控示范区通过复评验收。新增社区养老服务站 15 个、村级互助养老点 30 个，低保兜底困难群众 2.32 万人，城镇职工和城乡居民养老保险参保率达 95.2%。完成名山棚户区改造 2697 户、拆除危房 22.81 万平方米，水天坪公租房配租 350 套，瓜草湾、峡南溪 AB 区安置房基本建成，农民工住房公积金缴存累计达 4616 户、获贷 1.3 亿元。新增城市公共停车位 2005 个，启动改造城区老旧小区 4 个。建成投用 24 小时自助图书馆，获批市级非遗项目 6 个，成功举办大型赛事活动 3 次、群众性文化体育活动 640 场次。

二、发展中存在的问题

发展不平衡不充分的问题仍然突出，工作中还存在一些短板和弱项。主要表现在：一是投资增长后劲不足，投资对经济的拉力未能充分显现；二是产业结构不优，工业产业转型升级压力

较大，畜禽养殖、种植业等农业产业现代化水平还不高，第三产业发展相对滞后；三是科技创新体系还不健全，全社会研发投入不足，创新型人才缺乏，科技孵化育成链条不完善，科技创新对产业的支撑作用不强，新旧动能转换有待加速；四是财政收支平衡压力大；五是政府职能转变还不够到位，营商环境与市场主体、人民群众的期待还有差距。

三、2020 年发展思路

坚持以习近平新时代中国特色社会主义思想为指导，全面贯彻中央、全市系列重要会议精神，认真做好县委十四届六次全会安排的各项任务，深化落实习近平总书记对重庆提出的“两点”定位、“两地”“两高”目标、发挥“三个作用”和营造良好政治生态的重要指示要求，紧扣全面建成小康社会目标任务，坚决打赢“三大攻坚战”，深入实施“八项行动计划”，全面做好“六稳”工作，扎实推进“一心两极三带”生产力布局，奋力建设“山水丰茂、物产丰盛、人文丰厚”美丽丰都，确保丰都经济实现量的合理增长和质的稳步提升，确保全面建成小康社会和“十三五”规划圆满收官。

2020 年经济社会发展的主要预期目标是：地区生产总值增长 8%；全社会研发经费支出占比达到 0.56% 以上；固定资产投资、社会消费品零售总额分别增长 11%、13.5%，一般公共预算收入持平；城镇新增就业 6000 人；居民收入增长与经济增长基本同步；生态环境进一步改善，单位生产总值能耗、主要污染物排放等约束性指标完成市上下达任务。

（执笔人：余淋）

垫江县

垫江县人民政府办公室

一、2019年发展回顾

2019年，垫江县在市委、市政府坚强领导下，坚持稳中求进工作总基调，深入贯彻新发展理念，落实高质量发展要求，深化供给侧结构性改革，持续打好“三大攻坚战”，大力实施“八项行动计划”，围绕“一个建成、六个显著”“三地一心一城”、富民强县升位奋斗目标，统筹推进稳增长、促改革、调结构、惠民生、防风险、保稳定，着力做好“六稳”工作，经济社会发展各项事业稳步向前，高质量发展态势更加明显。

2019年，地区生产总值416.9亿元、增长6.5%；一般公共预算收入16.7亿元、增长4.1%；固定资产投资149.4亿元、增长8.7%；社会消费品零售总额98.2亿元、增长8.2%；城乡常住居民人均可支配收入分别达37437元、16822元，增长8.5%、10.4%，较好完成了十七届人大三次会议确定的年度目标任务。

（一）聚力产业突破，发展质量显著提升

围绕产业突破年，三次产业齐发力，产业转型升级取得进展，产业结构优化态势渐显。工业经济增量提质。工业增加值114.2亿元、增长10.3%。战略性新兴产业、高技术产业产值分别增长20.9%、11.6%。建筑强县建设深入推进，实现在地建筑业总产值297亿元、增长17.9%。现代农业稳步发展。农业增加值52.2亿元、增长4%。聚力实施农业“品种品质品牌”建设，发展“三品一标”58个、累计171个。“3+2”特色效益农业持续壮大。旅游产业发展壮大。全年接待游客460万人次、增长30%，旅游总收入32亿元、增长35%。恺之峰旅游区成功创建国家4A级景区，上榜“2019重庆文旅新地标”。商贸物流提档升级。全年实现批发零售销售额213.3亿元、增长17.7%，住宿餐饮业营业额35.8亿元、增长14.2%。房地产市场供需平衡，房地产投资26亿元、增长11.9%，销售面积70.8万平方米、增长11%。

（二）突出城市提升，品质形象整体优化

完成城市建设投资30.1亿元。新增绿地面积70.2万平方米，超过前三年总和。建成城市道路8条，城区通车里程达112公里，绕城环线实现大贯通。东部新区提速开发。编制新区总规、重要地段详规等6项规划。建成城市地下综合管廊14公里，竣工里程和建设进度均居全市前列。基础设施加快完善。南阳大道、桂东大道全面通车，文化路等10条道路加快建设，天马大道等10条道路启动

前期工作。完成棚户区改造1125户、18万平方米。治理水平有效提升。数字城管平台全面升级，城市道路、公共照明、社会安全实现智能化监管。老旧小区加快改造，加装电梯137部，引导南城郦景、阳光尚城等47个小区规范物业管理。

（三）注重示范引领，乡村振兴成效明显

成功举办2019年中国农民丰收节。5个县级试验示范村、21个镇级试验示范村加快建设，新民明月村—沙坪毕桥村等连片示范集中打造，带动建成绿色示范村庄16个、“一村一品”特色产业村15个。基础条件不断提升。新建高标准农田4.5万亩、循环农业基地7800亩。推广农机具4400台（套）。农业综合机械化率49.6%，居全市前列。交通三年行动计划项目开工率达88.9%。乡村环境有效改善。开展农村人居环境“三清一改”，清理沟渠286公里，资源化利用畜禽废弃物33.6万吨，打造生活垃圾分类示范村90个。完成农村“八改”1.5万户。农业农村改革持续深化。壮大农村集体经济，消除“空壳村”115个。实施农业项目财政补助资金股权化改革，完成股改2900万元。增强农业金融服务能力，发放农业担保贷款4亿元。

（四）聚焦污染防治，生态环境明显改善

坚持生态优先、绿色发展，按照中央、市级环保督察反馈意见扎实整改，深入实施“康养垫江”四大行动，环境质量持续优化。环境治理有力有效。全面推行河长制，建成全市首个“环保天眼”智能监管平台，关闭禁养区畜禽养殖场19家，新增城镇主次污水管网180公里，龙溪河、卧龙河水质达到Ⅲ类。生态修复扎实推进。实施龙溪河流域生态修复，增殖放流鱼苗1000万尾。完成冬水田整治10万亩、化肥农药减量1600吨。接续开展国土绿化提升行动，整改自然保护地问题40个，治理水土流失48平方公里，完成营造林18.2万亩，森林覆盖率43.9%。生产生活方式绿色转型。严格执行产业禁投清单、工业项目环境准入规定，建设项目环境保护“三同时”执行率继续保持100%。规范投放共享单车1500辆。推动节能减排，完成重点用能企业节能改造11户，万元GDP能耗下降3.1%。

（五）激发动力活力，改革开放创新持续深化

聚焦重点领域和关键环节，深化改革、扩大开放、促进创新，不断优化市场环境，新培育市场主体8388户、增长15.7%。重点改革扎实推进。供给侧结构性改革不断深入，“三去一降一补”成果继续巩固。梳理公布“最多跑一次”事项1261项、覆盖率92%。106项行政审批事项实现“证照分离”。开放合作持续扩大。“广垫忠黔”“长垫梁开”铁路、“垫丰武”高速公路前期工作稳步推进，“垫大”高速公路纳入全市高速公路网规划。“渝长垫广经济协作区”建设等5项工作纳入川渝两地“2+16”战略框架协议。签约“智博会”“西洽会”等招商引资项目129个，完成项目投资58.2亿元、居渝东北第一。创新动力加速释放。开展知识价值、商业信用贷款改革试点，发放贷款6448万元。发放“助保贷”“应急周转贷”2.6亿元。培育国家高新技术企业5户、累计19户，新增市级科技型企业30户、累计188户。

（六）践行为民宗旨，人民福祉切实增进

全年民生支出41.1亿元，占一般公共预算支出的58.4%。对标全市安排，扎实做好15件重点民生实事。脱贫攻坚强力推进。中央脱贫攻坚专项巡视反馈意见等各类问题整改销号率100%。开展脱贫攻坚“总攻决战”专项行动，9804户建档立卡贫困户政策达标率100%，841

户2213人实现稳定脱贫，圆满完成年度目标任务。社会保障全面加强。新增城镇就业8313人。成功创建市级农民工返乡创业园区、市级大学生就业创业公共服务中心。在建项目实现“两金三制”全覆盖。打造全国试点示范型儿童之家16个。社会事业加快发展。教育强县建设扎实推进，新（改）建城区学校7所，建成市级智慧示范学校3所，渝东卫校建成投用。深化校企合作，培养“双师型”教师114人。加快“国家中医药发展综合改革试验县”建设。社会治理持续深化。“七五”普法深入开展，公共法律服务体系不断完善。信访工作“四重”攻坚专项行动深入开展，市、县积案化解率继续保持100%。各类生产安全事故死亡人数下降60%、降幅居全市第一。

（七）强化执行落实，自身建设全面加强

法治政府加快建设，政府效能有效提升，作风建设成效明显。高质量完成市委巡视整改工作任务，高效落实监察建议。坚决落实全面从严治党要求，全面彻底干净肃清孙政才恶劣影响和薄熙来、王立军流毒，一体消除罗德、李光金交叉污染。

二、发展中存在的问题

同时，我们也清醒地认识到，对照全面建成小康社会目标，对照新发展理念和高质量发展要求，对照人民群众对高品质生活的新期待，全县经济社会发展还存在一些突出问题和短板。一是经济总量不够大，结构不够优，高质量发展的基础还不够牢；二是财税收入增长乏力，刚性支出持续加大，财政收支矛盾日渐突出；三是城市功能品质有待提升，“停车难”“物管差”等问题依然存在；四是基础设施、生态环保等领域还有不少短板，安全生产、社会稳定等领域还存在一定风险；五是一些政府部门主动服务意识不强，帮扶企业力度不够，营商环境还需着力优化。需要说明的是，受中美贸易摩擦等因素影响，十七届人大三次会议确定的年度目标中还有自营进出口总额增速、居民消费价格涨幅、R&D占GDP比重等三项任务未全面完成。

三、2020年发展思路

2020年工作的总体要求是：以习近平新时代中国特色社会主义思想为指导，全面贯彻党的十九大、十九届二中三中四中全会精神和中央、全市经济工作会议精神，增强“四个意识”，坚定“四个自信”，做到“两个维护”，深化落实习近平总书记对重庆提出的“两点”定位、“两地”“两高”目标、发挥“三个作用”和营造良好政治生态的重要指示要求，贯彻落实党中央关于推动成渝地区双城经济圈建设的重大战略部署，紧扣全面建成小康社会目标任务，坚持稳中求进工作总基调，坚持新发展理念，坚持以供给侧结构性改革为主线，坚持以改革开放为动力，坚决打赢“三大攻坚战”，深入实施“八项行动计划”，全面做好“六稳”工作，推动高质量发展之路越走越宽广，确保垫江经济实现量的合理增长和质的稳步提升，确保全面建成小康社会和“十三五”圆满收官。

主要预期目标是：地区生产总值增长6.5%；固定资产投资增长8%；一般公共预算收入及税收均增长3%；社会消费品零售总额增长9%；新增城镇就业6500人以上；居民消费价格涨幅控制在3.5%左右；城乡常住居民收入增长与经济增长基本同步；现行标准下农村贫困人口全部脱贫；节能减排降碳完成市上下达任务。具体工作中，重点抓好九个方面的工作。

（一）坚持抓转型、增效益，做大做强工业经济

以大数据智能化为引领，以产业集群发展为重点，以园区提档升级为基础，坚持优存量与引增量并行，改造升级与补链成群并举，提升产业生成能力与经济产出能力并重，加快创建国家级高新区步伐。

（二）坚持推改革、促开放，着力优化发展环境

围绕重点领域和关键环节，加大改革开放创新力度，破除发展面临的各种障碍，以更好营商环境激活蛰伏的发展潜能。

（三）坚持建新区、提品质，加快建设宜居城市

坚持道法自然的城市美学和以人为本的城市哲学，优化空间布局，完善功能配套，丰富文化内涵，提升城市山水“颜值”和人文“气质”。

（四）坚持创示范、兴“三农”，争当乡村振兴排头兵

坚持农业农村优先发展，狠抓试验示范、特色农业、基础支撑、农村改革，带动“五个振兴”精准落地，争创“全国休闲农业和乡村旅游示范县”。

（五）坚持建精品、树品牌，升级发展绿色旅游

唱响“牡丹故里·康养垫江”品牌，提升景区品质，完善配套服务，实现旅游总收入51.2亿元、增长60%，人均旅游消费突破720元、增长6%。

（六）坚持优市场、活消费，繁荣活跃商贸物流

立足区位优势和产业优势，推进城市商圈、专业市场、电商物流提档升级，增强商贸物流集聚辐射能力。

（七）坚持抓保护、重治理，建设山清水秀美丽之地

深入贯彻习近平生态文明思想，抓好中央、市级环保督察反馈意见整改，启动市级生态文明建设示范县创建工作，持续提升生态环境质量。

（八）坚持解难题、办实事，更好保障社会民生

从最困难的群体入手，从最突出的问题着眼，从最具体的工作抓起，全力做好普惠性、基础性、兜底性民生工作，不断增强人民群众的获得感、幸福感、安全感。

（九）坚持防风险、守底线，提高社会治理能力

坚持共建共治共享，加快推进治理体系和治理能力现代化，建设人人有责、人人尽责、人人享有的社会治理共同体。

（执笔人：谭京川）

忠　县

忠县人民政府办公室

一、2019年发展回顾

2019年，是新中国成立70周年，也是县委确定的“高质量发展年”。这一年，是忠县发展持续向好的一年，是忠县活力加速迸发的一年，是忠县荣誉不断收获的一年。

全年实现地区生产总值396.94亿元、增长8.9%，增速高于全市2.6个百分点，增速自2017年以来12个季度位居全市前列，其中6个季度位居全市第一、9个季度位居同考核组第一；完成固定资产投资总额198.13亿元、增长10%；实现工业增加值92.74亿元、增长10.3%；实现社会消费品零售总额184.93亿元、增长12.3%。三次产业结构比优化为12∶43.6∶44.4。规上工业企业利润总额达16.94亿元、增长20.3%；完成一般公共预算收入18.67亿元、增长10.4%；全体居民人均可支配收入达2.61万元、增长11.6%。

主要做了五个方面的工作。

（一）聚力补短板强弱项，三大攻坚战成效明显

打好精准脱贫攻坚战。深入开展“两不愁三保障”突出问题“回头看”，深化“3+1”长效扶贫机制，制定实施《忠县实现高质量脱贫25条具体措施》，1368名贫困人口实现稳定脱贫，贫困发生率降至0.04%。全年发放医疗救助1690万元、教育资助1.36亿元、意外灾害救助221万元、小额信贷9206.8万元。抓好各类问题整改，国家、市级脱贫攻坚监督检查发现问题整改率达100%。

打好污染防治攻坚战。城区环境空气质量优良天数达351天，位居全市第三、渝东北第一。完成营造林23.9万亩，全县森林覆盖率达51%。深入落实河长制，全年累计巡河4万余次，长江干流忠县段水质达到Ⅱ类标准，城市、乡镇集中式饮用水水源地水质达标率分别为100%、91.6%。完成苏家二期城市污水处理厂扩建工程，城市生活污泥无害化处理率达100%。实施柑橘有机肥替代化肥3万亩，种植绿肥10万余亩，绿色防控43万亩。

打好防范化解重大风险攻坚战。坚决遏制新增政府隐性债务，政府债务总体可控。发行企业债券20亿元，有效缓解融资难问题。严厉打击金融诈骗、非法集资、电信网络犯罪等违法行为，挽回经济损失1163万元。妥善处理“1·9”火灾等突发事件，集中排查化解征地拆迁、欠薪讨薪等矛盾纠纷。

（二）聚力抓项目添动能，产业发展提质增效

特色工业加快发展。特瑞股份启动上市，天

力源聚合物锂电池等7个锂电项目建成投产。忠县工业园区获批重庆市化学原料药产业园建设基地，巨琪诺美制药天王补心片被认定为重庆市重大新产品。海螺水泥实现年产值22亿元、税收4亿元，聚融建设获评市级“专精特新”企业，石宝寨牌豆腐乳荣获第二十届中国绿色食品博览会“金奖”。

商贸服务业提档提速。忠州购物公园、建玛特购、义乌小商品市场建成开营，五洲国际商贸城一期建成试运营，爱琴海购物公园加快建设。洲际智选假日酒店开营，忠义大酒店创建为钻级酒店。新增限额以上商贸企业31家，创建星级农家乐4家、四叶级绿色饭店1家。电子商务交易额达25.13亿元、增长62.4%。“柑橘网”线上交易额突破21亿元。

文化旅游业持续升温。以“1+3+8”为抓手，加速打造全域旅游升级版，全年接待游客突破1000万人次，实现旅游综合收入51.3亿元，分别增长42.9%、46.6%。《烽烟三国》游客人数突破11万人次，石宝寨荣获重庆首届最美历史文化古迹称号，忠州博物馆正式开馆。成功举办“中国旅游日”重庆分会场活动，马灌菜花节等乡村旅游节会活动亮点纷呈。

特色效益农业不断壮大。新建高标准农田7.45万亩，新发展柑橘、茶叶等3.74万亩，粮食总产量达40.28万吨，粮经结构比优化为48∶52。新发展农产品加工企业28家，加工产值达68.82亿元。新认证绿色食品19个，无公害农产品68个，获评重庆名牌农产品16个、名特优新农产品1个。新发展农民合作社34家、专业化社会化服务组织11家。三峡橘乡田园综合体田园马拉松廊道等项目建成投用，“一镇三廊四区”架构基本形成。

（三）聚力拉骨架优环境，城乡融合不断加快

城市建设加速提质。启动国土空间规划编制工作，全面整合城乡规划、土地利用总体规划等空间规划。新增城镇建成区面积1.1平方公里，提高城镇化率1.58个百分点。完成房地产投资42.33亿元、增长15.1%。乌杨公用码头、玉溪三桥、红星湖人防工程等建成投用。完成棚户区改造2848户，启动老旧小区改造项目3个。建成柏林社区公园，北滨体育公园获评2019年市级城市体育公园。新增城市绿地15万平方米，改建绿地4万平方米。建立城管综合巡查队，“智慧城管”覆盖面积达8平方公里。

乡村振兴稳步推进。金鸡水库建成投用，杨家坝水库加快建设。完成“四好农村路”500公里，安装农村公路防护栏120公里。发放“助农贷”3000余万元，全县村集体经济组织经营性收入724.4万元，全面消除“空壳村”。农村生活垃圾分类全覆盖，创建生活垃圾分类示范村40个，农村清扫保洁率达99%，垃圾无害化处理率达100%。完成农村危房改造971户，改厕1.38万户，建成场镇污水管网22.1公里。

（四）聚力破难点解新题，改革开放纵深推进

改革力度不断加大。持续深化供给侧、“放管服”改革，盘活5000万元闲置资产，增值税降档等政策为市场主体减负3.51亿元，新发展市场主体8448户。“三并联”审批改革试点项目29个，减少综合审批时间1/3以上；发布标准化政务服务事项实施清单5255项，行政许可事项承诺时限比法定时限平均压缩55%以上。清理农村集体资产31.8亿元、土地资源282.6万亩。政府机构改革全面完成“三定”和人员转隶划转，事业单位改革稳步推进。

开放水平不断提升。广忠黔铁路完成前期可研报告编制，梁忠铁路开展规划论证。新增自营进出口备案企业7家，全年实现外贸进出口2571万美元、

增长157.1%。各级干部累计外出招商2122天，拜访企业1721家，接待企业2474家，新引进项目192个，协议引资300亿元，到位资金106亿元。

创新驱动深入实施。规上工业企业研发投入达1.6亿元，3家企业入选全市“双百企业”，新培育高新技术企业3家、科技型企业65家。发放知识价值信用贷款8024万元，新增授权专利150件。完成忠县政务信息资源共享交换平台建设，建成5G基站81个，忠县国家农业科技园区获评2019年优秀园区，电竞小镇荣获“重庆数字经济（电竞）产业示范园”称号。

（五）聚力强保障促均衡，民生福祉稳步改善

社会事业协调发展。全年民生支出43.2亿元，占一般公共预算支出的65%。城镇新增就业1.07万人，城镇登记失业率控制在3.5%以内。白公路小学鸣玉溪校区、忠州幼儿园高石坎校区投入使用；创建忠县首届名师工作室6个，全县高考重本上线率达24.3%。县中医院、县妇幼计生中心、县疾控中心搬迁投用；建成名医工作室5个，县域内就诊率达92.6%，基层首诊率达72.5%。建成县城小区文化室40个、农村文化中心户120个，公共文化服务体系不断完善。成功举办中国击剑俱乐部联赛、三峡橘乡田园马拉松等大型体育赛事活动18场次。

民生保障坚实有力。城乡居民最低生活保障标准分别提高到每人每月580元、440元。发放养老金21.66亿元、低保救助9608户9240万元，临时救助3191人次1629万元，医保参保率达95%以上。忠县社会福利中心、10个社区养老服务站建成投用，建成乌杨、三汇特困供养中心。新建安置房26.58万平方米，交房入驻16万平方米。

社会大局和谐稳定。扎实开展“扫黑除恶”专项斗争，圆满完成新中国成立70周年大庆安保维稳工作，社会治安形势持续向好，民族宗教团结进步、和顺稳定。重点行业领域安全生产突出问题得到有效整治，全年未发生较大及以上生产安全事故。“三事分流”纳入城乡社区协商内容，解决自治事项845件。国防动员和后备力量建设稳步推进，成功创建市级双拥模范县。

二、发展中存在的问题

一是受疫情影响，一些中小企业生产经营困难，消费恢复缓慢，财政收支矛盾加剧，疫情防控公共卫生应急管理存在不少薄弱环节。二是少数贫困户缺乏稳定增收产业，离高质量脱贫还有一定差距。三是重大基础设施仍然滞后，至今尚无铁路过境。四是民生短板较多，住房、养老等方面问题解决还不够到位。五是少数干部担当精神不够、服务意识不强。

三、2020年发展思路

2020年，是脱贫攻坚决战决胜之年，是全面建成小康社会和“十三五”规划收官之年，做好各项工作十分重要。2020年，政府工作的总体要求是：以习近平新时代中国特色社会主义思想为指导，全面贯彻党的十九大和十九届二中、三中、四中全会精神，增强“四个意识”，坚定“四个自信”，做到“两个维护”，深入落实习近平总书记对重庆提出的“两点”定位、“两地”“两高”目标、发挥“三个作用”和营造良好政治生态的重要指示要求，紧扣全面建成小康社会目标任务，统筹推进疫情防控和经济社会发展工作，在疫情防控常态化前提下，坚持稳中求进工作总基调，坚持新发展理念，坚持以供给侧结构性改革为主线，坚持以改革开放为动力，坚定“双特”发展思路，坚决打赢三大攻坚战，深入实施“十项行动方案”，加大“六稳”工作力

度，保居民就业、保基本民生、保市场主体、保粮食能源安全、保产业链供应链稳定、保基层运转，全面融入成渝地区双城经济圈建设，确保完成决战决胜脱贫攻坚任务、全面建成小康社会，加快打造“一地一城三区”。主要预期目标是：地区生产总值增长6%左右，工业增加值增长7%左右，固定资产投资增长4%左右，社会消费品零售总额增长8%左右，一般公共预算收入增长6%左右，全体居民人均可支配收入增长7%左右。主要约束性指标是：长江干流忠县段水质满足水域功能要求，PM2.5年均浓度控制在每立方米40微克以内，万元GDP能耗下降3.3%，居民消费价格涨幅控制在3.5%以内。

第一，紧扣决战决胜再发力，在提升脱贫攻坚质量上取得新成效。大力开展脱贫攻坚“百日大会战”，全面实现减贫目标，全面巩固72个贫困村、6万余人脱贫成果。

第二，紧扣补链成群再发力，在推动绿色工业做大做强上迈出新步伐。围绕四大产业集群不断延链、补链、强链，进一步提升产业集群化水平，力争工业投资增长10%以上。

第三，紧扣提档升级再发力，在培育壮大现代服务业上力求新突破。加快完善市场体系，释放需求潜力，推动消费升级，不断满足城乡居民高品质的消费需求。

第四，紧扣品质提升再发力，在建设山水宜居之城上展现新形象。立足“诗意山水·忠义之州”形象定位，高标准推进城市规划建设管理，切实提升宜居宜业宜游水平。

第五，紧扣“一兴四美”再发力，在打造城乡融合发展示范区上体现新水平。深入实施乡村振兴战略，持续改善农村生产生活条件，加快建设“一兴四美·七彩大地”美丽乡村。

第六，紧扣融入共建再发力，在推进高水平开放上跨上新台阶。抢抓新时代西部大开发、“一带一路”和长江经济带、成渝地区双城经济圈等重大战略机遇，积极融入“一区两群”协调发展，着力打造库区开放高地。

第七，紧扣绿色发展再发力，在打造国家生态文明建设示范区上再上新高度。学好用好“两山论”，走深走实“两化路”，加强生态保护与修复，筑牢长江上游重要生态屏障。

第八，紧扣民生民利再发力，在提升群众幸福指数上实现新作为。加强普惠性、基础性、兜底性民生建设，满足人民日益增长的美好生活需要。

（执笔人：荀巍）

云阳县

云阳县人民政府办公室

一、2019年发展回顾

全年实现地区生产总值431亿元，列全市12个县第1位、渝东北第4位；一般公共预算本级收入16亿元，同口径增长7.3%；全社会固定资产投资增长15%；社会消费品零售总额增长14.1%；城乡居民人均可支配收入20780元，增长10.8%。

（一）聚焦精准施策，持续深化脱贫攻坚

统筹推进中央脱贫攻坚专项巡视、国家市级成效考核、审计督察反馈问题整改“清零”。建立“两不愁三保障”突出问题常态化排查机制，加快实施深度贫困镇村“八大提升行动”，扎实开展“两防两促两结合”，深化“智志”扶贫，全面提升脱贫攻坚质量。创建就业扶贫示范车间8个，开发公益性岗位3330个，开展职业技能培训14150人次，发放扶贫小额信贷2.5亿元，产业扶贫带动2.1万贫困户稳定增收。东西部扶贫协作、中央单位定点帮扶、对口帮扶实施项目46个。全年减贫7238人，脱贫户“零返贫”，贫困发生率降至0.3%。被市委确定为扶贫资金管理和扶贫项目招投标“以案四改”唯一试点县，脱贫攻坚成效考核列全市优秀等次。

（二）推动转型升级，大力发展生态产业

改造升级传统产业。新创规上工业企业10家，工业增加值增长8.7%。持续壮大“新材料、智能制造、医药健康”三大产业集群，渝东北最大钢结构住宅产业基地、彩纳新材料、云海药业二期等10个项目建成投产，重庆广告材料产业园落户云阳。实施智能化改造项目16个。15家中小企业“上云上平台”。新入园企业6家。实施农业产业发展攻坚行动，培育新型经营主体261家，农业增加值增长4.3%。打造“天生云阳”品牌体验店99家，成功举办“山东行”推介活动。认证“三品一标”农产品25个、重庆优质气候农产品2个，制定“天生云阳”农产品品牌生产标准5个。新增限上商贸主体40家，农村电商销售额增长42.5%，成功举办消费扶贫系列活动。新开工商品房面积97万平方米，交易面积75万平方米。

全力推动新兴产业。完成全域旅游规划、盘龙休闲健康产业示范区规划编制工作，积极完善侏罗纪恐龙公园规划，开通梯城八景“一日游”，发布旅游“十个一”系列文创产品，成功举办文旅“双晒”活动和全国沙滩排球巡回赛等主题活动，建成投用体旅、农旅融合项目42个，接待

海内外游客2531万人次，实现旅游综合收入101亿元，分别增长26.5%、25.9%。完成“三峡健康城”战略规划编制工作，实施大健康重点项目85个、完成投资25.4亿元。围绕打造“一园一地一标杆”，建成投用政务数据资源管理和运营平台一期，引进培育大数据企业46家，着力唱响“数据加工找云阳”，开展数据加工培训参与人次达2700余人次。全面推行“云长制”，成功举办国际智博会云阳分论坛。

（三）促进城乡融合，加快推进协同发展

统筹抓好城市提升和乡村振兴两大基本面，不断提升城乡居民生活品质，让“近者悦、远者来”。以“城市客厅规范”和“城区景观升级”为主题，实施城市提升实事237件。全力推进“三环三高三大片”建设，“双五十”城市骨架加快形成，城市内环线复兴段完成总工程量的80%，外环线全线开工，高铁新城建设正式奠基，数智森林小镇完成场坪600亩。北部新区“三年成市”基本实现。环湖绿道木鱼包至陈家溪景观、“云上户外空间”对外开放，滨江公园升级改造加快推进。深入推进交通建设“三年行动计划”，郑万高铁云阳段累计完成总工程量的60%，江龙高速全线动工，G42云阳东互通立交完成总工程量的84%，全部启动3000公里“四好农村路”建设。围绕“五个振兴”加快实施乡村振兴战略，储备项目92个总投资155.8亿元，“个十百”试验示范实施项目169个。现代农业产业园建设加快推进。农村人居环境整治成果显著。实施“万人返乡百亿创业”行动，引进项目258个，落地资金29.8亿元。深入推进三峡后续项目“百日清零”行动。建成110千伏黄岭变电站。

（四）狠抓生态治理，不断改善环境质量

全面落实“河长制”，扎实推进河（库）“四乱”问题整改和陈年旧案“清零”行动，常态化开展水域清漂工作，全面取缔三峡水库云阳水域筑坝拦网养鱼，深入开展污水偷排直排乱排专项整治行动，序时推进北部新区污水处理工程前期工作，新增二、三级污水管网63公里，关拆禁养区畜禽养殖场245家。“一江四河”水质满足水域功能要求，县城和乡镇集中式饮用水水源地水质达标率分别达100%、90.2%。垃圾分类试点稳步推进，龙缸景区垃圾转运站项目投入试运行。大力实施国土绿化提升行动，开展“我为祖国植10棵树”全民义务植树活动，完成营造林18.2万亩，获全国生态建设突出贡献奖和保护森林野生动物资源表彰。土壤环境质量持续稳定。城区空气质量优良天数349天、优良率95.6%，PM2.5平均浓度27微克/立方米、下降2微克/立方米。

（五）深化改革开放，有效释放发展动能

全面完成政府机构改革。完成新一轮乡镇财政体制改革、工业园区管委会和人和投资公司改革、县城投集团和旅发集团重组合并工作。深化供给侧结构性改革，新旧动能转换进一步加快。国有资产、政府特许经营权处置绩效良好。农村集体土地确权颁证完成公示。集体经济“空壳村”全面消除。加快构建开放型经济生态圈，中国银行入驻云阳，万州海关云阳工作点完成设立，雄业保税仓完成总工程量的80%，新培育外贸主体10家，与24个“一带一路”国家实现经贸往来，柑橘、菊花首次实现批量出口。优化招商体制机制，实现协议资金303亿元，落地资金122.5亿元。加大科技创新能力建设力度，提档升级众创空间1家。新增商标1400件，成功注册马德里商标4件。持续实施全民创业就业五年行动计划，新增市场主体1.1万户，发放创业担保贷款3.1亿元，培育市级和县级创业孵化基地各1个。证券交易额89.5亿元，增长46.9%。

（六）着力惠及民生，稳步推进社会事业

全力增进民生福祉，完成民生实事35件，民生支出占一般公共预算支出的73.3%。新建和改建公厕13座、A级旅游厕所35座、农村厕所11619户，新建农村人行便道110公里、机耕道66公里，完成农村危房改造1611户。完善无障碍设施1000余处。新增生猪产能6.4万头。紫金小学、云师附设幼儿园如期实现招生，黄石实验学校、初四中（北城小学）建设序时推进，资助贫困学生4万余人，高考成绩稳居全市前列。县第二人民医院扩建工程完成70%，双江人民医院医养护理分院、妇女儿童医院开工。以新中国成立70周年大庆安保维稳为主线，狠抓安全稳定各项工作落实，持续改善安全生产和自然灾害防治基本面，各类安全事故起数、死亡人数均下降，未发生较大及以上事故。全力推进“万眼守望”工程建设，大力开展扫黑除恶专项斗争，信访稳定形势趋好。

（七）强化政务服务，全面优化营商环境

纵深推进“放管服”改革，切实转变政府职能，全面优化营商环境。取消、承接及规范行政许可、公共服务事项1053项。“双随机、一公开”监管持续深化，“互联网+监管”稳步推进。企业开办时间在要件齐全基础上压缩至3小时内，政府投资项目和一般社会投资项目审批时间分别压缩到80个、50个工作日以内。行政服务中心行政审批事项、公共服务事项入驻率分别达到100%和72%，一窗受理比例、申请类政务服务事项网上可办率均达到80%，最多跑一次事项达到998项。在全市率先推行服务非公企业标准化。

二、发展中存在的问题

同时，发展中仍然还存在一些突出问题和短板。一是新旧动能转换需持续用力，传统产业处于转型升级阵痛期，新兴产业仍处于培育成长期，科技创新水平不高，经济平稳运行的基础还不牢固。二是城乡发展不平衡，城市功能还不够完善、安全高效水平和应急管理能力有待提升，乡村振兴还有很多关键问题没有取得突破。三是脱贫攻坚任务仍然很重，污染防治任务十分艰巨，风险防控任务不可小觑。四是教育、医疗、养老、收入、住房、安全等民生领域仍有不少短板。五是政府职能转变不够到位，营商环境、政务环境与市场主体、人民群众的期待还有很大差距。

三、2020年发展思路

坚持以习近平新时代中国特色社会主义思想为指导，深化落实习近平总书记对重庆提出的“两点”定位、“两地”“两高”目标、发挥“三个作用”和营造良好政治生态的重要指示要求，认真贯彻党中央、国务院决策部署和市委、市政府工作安排，如期完成县委确定的“脱贫攻坚决胜年”“全面小康收官年”“产业发展攻坚年”各项工作任务，坚持稳中求进工作总基调，坚持新发展理念，坚持以供给侧结构性改革为主线，坚持以改革开放为动力，坚决打赢“三大攻坚战”，深入实施“八项行动计划”，持续做好“五个重点工作”，集中精力抓好“六保”“六稳”工作，加快推动成渝地区双城经济圈建设实现“四地一支撑”目标，坚持做到疫情防控和经济社会发展两手抓两手硬，确保全县经济实现量的合理增长和质的稳步提升，确保全面建成小康社会和“十三五”规划圆满收官。

（一）坚决打赢打好“三大攻坚战”

围绕抓重点、补短板、强弱项，坚持抓好

“两防两促两结合”，开展扶贫大会战，战决胜脱贫攻坚；深入实施五大环保行动，打好蓝天、碧水、净土保卫战，扎实推进污染防治取得更大成效；全力做到“七个坚决防止”，筑牢各领域风险防线，推动重大风险防范化解取得明显进展。

（二）加快推动制造业高质量发展

围绕补链成群、迭代升级、融合发展，落实以大数据智能化为引领的创新驱动发展战略行动计划和军民融合发展战略行动计划，把制造业高质量发展放在更加突出的位置，加快打造绿色消费品、装备制造、能源电子三个百亿级产业集群。

（三）加快推动新兴产业高质量发展

围绕赋能经济、添彩生活、转换动力，持之以恒发展大旅游、大健康、大数据，推动服务业提档升级，不断把资源优势转化为经济优势，打造新的经济增长点。

（四）大力促进乡村全面振兴

围绕农业强、农村美、农民富，精准落实“五个振兴”要求，落实乡村振兴战略行动计划，促进农业农村优先发展。打造以柑橘为主的水果，以菊花、天麻为主的中药材，以花椒为主的调味品，以生猪、牛羊为主的生态养殖，以绿色有机为主的优质粮油“五个特色农业产业集群”，加快推动“产业融合化、园区景区化、乡村旅游化”。

（五）大力促进城市提升

围绕拉开骨架、提升品质、夯实基础，全面贯彻“一尊重五统筹”要求，落实城市提升行动计划，加快建设公园城市。加快构建区域协调、集聚融合、全域协调的“一核两极多点”区域空间格局，引导鼓励人口有序流动，不断提高城镇化率。

（六）持续深化重点领域改革

围绕系统性、整体性、协同性，通过改革破除发展面临的体制机制障碍，加快建设高标准市场体系，激活蛰伏的发展潜能。

（七）持续扩大对外开放

围绕全方位、多层次、宽领域，落实内陆开放高地建设行动计划，坚持“走出去”与“引进来”并重、“筑巢”与“引凤”并举，不断构建开放型经济体系。

（八）切实加强生态文明建设

围绕天更蓝、水更清、空气更清新，坚持“共抓大保护、不搞大开发”，学好用好“两山论”，走深走实“两化路”，落实生态优先绿色发展行动计划，努力实现百姓富、生态美有机统一。

（九）切实保障和改善民生

围绕获得感、幸福感、安全感，落实保障和改善民生行动计划，加快补齐民生短板，滚动实施一批重点民生实事，确保民生特别是困难群众基本生活得到有效保障和改善。

（执笔人：陈相灯）

奉节县

奉节县人民政府办公室

一、2019年发展回顾

2019年，实现地区生产总值303.4亿元、增长6.3%。三次产业结构调整为15.3∶40.5∶44.2。完成固定资产投资214亿元，增长10.6%。完成财政收入36.58亿元，一般公共预算收入14.76亿元，税收9.63亿元。社会消费品零售总额78.6亿元、增长10.2%。金融机构存贷余额608.2亿元，存贷比80.22%。发展市场主休7035户，新增城镇就业18427人。科技型企业达288家。城乡常住居民人均可支配收入分别为30466元、12339元，增长8.4%、10.7%。

（一）下足绣花功夫，打造奉节样本

全面巩固提升13.37万人脱贫成果，1575户5152人实现脱贫，贫困发生率降至0.36%。现代山地特色高效农业达116万亩，奉节脐橙产业园入选市级重点现代农业产业园，新增“三品一标”农产品38个，376个村集体经济实现经营性收入1301万元。山东省及滨州市投入资金4580万元、援助项目33个。三峡集团帮扶资金7565万元，支持开展新能源开发、生态旅游等“十件大事”。辽宁对口支援、沙坪坝对口帮扶谱写了帮扶合作新篇章。“四访”“六个环节”“五个一”工作法在全国作经验交流，“八到户八到人”入选全国优秀扶贫案例。

（二）深化改革创新，释放发展动能

工程项目审批、一般社会投资、企业开办、抵押登记时间分别压缩到80个、50个、3个、2个工作日。两大集团实现运营市场化，经营收入达10.06亿元。落实3100万元项目资金深化财政补助股权化改革。积极探索集体林权制度改革，50万亩国家储备林建设顺利推进。农村“三社”融合典型经验在全国论坛交流。开发“23188”户情大数据平台助力精准扶贫精准脱贫。发布奉节脐橙全球价格指数，全球首个智能蚕桑2.0系统投人使用。创建国家创新型县，建成“夔智库”，引进培育科技型企业93家，研发平台达到23个。

（三）注重多旅融合，突出诗与远方

白帝城·瞿塘峡景区创5A通过景观资源评审，夔州博物馆、龙桥河景区新晋4A景区，白帝城遗址成为全国重点文物保护单位，大窝社区评为中国美丽休闲乡村。《归来三峡》演出204场，成为57家高校研学创作基地。举办国际诗歌节、中华诗人节、中国山水国际摄影节、中国

攀岩自然岩壁年度总决赛，诗词美景登上央视《中国诗词大会》第四季。3172人组合“夔”字成功申创吉尼斯纪录，抖音奉节小视频点击量达6783.1万次，“六言解夔”获全市“双晒”最佳作品，乡镇“晒中赛·屏中评”助推旅游形象大提升。“三峡之巅”“万重山”系列中华诗酒面世，开发“诗歌天团”等86项文创产品。购票游客145.1万人次、增长15.1%，过夜游客112.3万人次、增长16%，乡村旅游达695万人次、增长30.1%，旅游综合收入100.6亿元、增长25.4%。

（四）开展专项行动，守护绿水青山

开展环保督察问题整改销号行动，完成第一轮中央环保督察22项措施和10个具体问题整改，配合完成第二轮中央环保督察工作。推进“绿盾2019”自然保护地监督检查专项行动。开展国土绿化提升行动，完成营造林29.5万亩，矿山复垦复绿732亩。开展人居环境提升行动，改厕3.1万户，建设生活垃圾分类村100个，废弃农膜综合回收利用率达69%，完成口前污水处理厂二期工程提标改造，新建污水管网33公里，城乡生活污水集中处理率分别达到94%、83%。

（五）培植实体经济，促进转型升级

落实减税降费6.79亿元，银行支持实体经济贷款余额218.8亿元、增长10.2%。举办首届乡亲发展大会，全年招商引资签约项目41个。红星美凯龙、爱琴海城市综合体等15个项目开工建设，潮汐眼镜等10家眼镜企业落户园区投产，“菜篮子”食品产业、金刚石砂轮等5个项目签约入驻园区。草堂组团入驻企业达33家、产值23亿元，眼镜企业达16家，年产眼镜3250万副、产值5亿元，注册“三峡眼镜”“夔州眼镜”“致广大眼镜”“三峡视界”等商标。风电新投产11万千瓦，电力装机达162万千瓦，大火电发电37.2亿度、产值12.8亿元。

（六）强化马路办公，提升城市品质

高水平编制国土空间规划，深度谋划高铁生态城、环草堂湖、酒溜片区，城市“双30”格局基本形成。郑万高铁、奉建高速、“玉带双珠”、机场路等项目建设提速。鱼复公园、黑汉包公园扩建投用，朝阳农贸市场完成超市化改造，改建城市公厕9座，新增停车位6872个，整治违法建筑2.7万平方米。打造南岸幸福中学片区城市对景，持续推进“鲜花一条路”“诗歌一条街”，城市建成区绿化面积新增34.6万平方米，人均公园绿地面积达8.85平方米，夔门长江大桥夜景灯饰成网红打卡点。“马路办公”督办解决问题7658个。渝东北消费中心城市加快成型，城区商业网点总面积达175万平方米。

（七）建设诚信社会，防范化解风险

推行政府低成本运行，政务信息、权力清单、财政预决算公开率均为100%。争取债券23.33亿元，化解政府债务23.62亿元，政府债务绿色可控。银行贷款不良率降至0.65%。销售商品房94万平方米。纵深推进扫黑除恶专项斗争，“八类”刑事案件和“两抢一盗”案件同比分别下降11.67%和5.91%，现行命案连续13年全破，民意监测群众安全感评价位居全市前列。新中国成立70周年大庆安保考核获全市一等奖，民兵应急力量军地联考联评全市第一。生产安全事故下降11.1%，未发生较大及以上生产安全事故。地灾防治连续16年零伤亡。深化“枫桥经验”重庆实践行动，信访总量批次、人次分别下降17.6%、24.4%，“警保联动”新型农村交通劝导站经验模式全国推广，永安司法所被评为全国先进司法所。

（八）强化基层治理，提升文明程度

持续深化“六项专项治理”，征集家风家训5000余条，累计整治豪华墓687座、劝阻“无事酒”698次。开展“两回两讲两解”1090场次，新时代文明实践积分银行覆盖390个村（社区）。聚焦“两抓两树”，评选“感动夔州十大人物”“孝心儿媳”“身边好人”等先进典型400名，大力倡导“奉公守节、自强不息”的奉节精神。市级乡村文化振兴试验示范县创建有序，打造示范村53个，建设乡情馆、村史馆18个。全国县级文明城市创建有力。“民生之声”服务热线和网络问政平台办结群众问政事项6182件，群众满意度达97.6%。

（九）践行为民情怀，增进民生福祉

20件市级县级民生实事加快落实。城乡居民养老、医保参保率分别达95.1%、96.2%。医保基金待遇支出7.94亿元、增长28%。城乡低保标准分别提高到580元/月和440元/月。发放低保金2.2亿元、临时救助金1957.7万元、残疾人“两项补贴”1226.9万元，医疗救助11.1万人次。新改建标准化卫生室47所，华佗工程“耳鼻咽喉头颈”外科基地落户奉节。引进博士团队建立卒中中心，成功手术救治脑溢血、脑梗23例。推进高考综合改革，教育资助达1.24亿元，学生营养改善计划惠及10.1万人，城乡教育满意度居全市第一。棚改累计改造7691户110万平方米。扩建中心敬老院10所，新建社区养老服务站8个。加装老旧小区电梯68部。为1397名农民工追回拖欠工资1183.9万元。

二、发展中存在的问题

奉节经济与高质量发展、供给侧结构性改革、大数据智能化的要求相比还有一些差距。产业结构不优，农业“接二连三”不够，工业总量不大，科技创新能力不强，构建现代产业体系任务紧迫；教育、医疗等民生领域仍有不少短板，学校、医院建设进度需加快；环境保护任务较重，垃圾污水处理任务不轻。

三、2020年发展目标

（一）坚决打好三大攻坚战

坚决打好精准脱贫攻坚战。坚持“四个不摘”，打造脱贫攻坚样板县。统筹整合资金8亿元，发展农业、林业、水利、电商，改善农村人居环境、打造特色小镇、推进农业“接二连三”等。坚决打好污染防治攻坚战。扎实推进第二轮中央环保督察和“推长办”反馈问题整改。深入推动“绿满夔州·花漾奉节”。建设乡镇二、三级污水管网25公里，确保“一江四河”水质稳定达标。坚决打好防范化解重大风险攻坚战。严防重特大安全事故发生，生产安全事故死亡人数下降5%以上，森林火灾受害率控制在0.3‰以内。

（二）奋力实施三个大会战

实施交通三年行动计划大会战。建成“玉带双珠”，启动安张铁路、郑万高铁奉巫支线、巫奉利高速公路等前期工作。启动实施重要国省干线公路升级改造工程。全面提升交通互联互通能力。实施水利工程质量提升大会战。积极策划墨溪河大型水库，力争列入国家水利发展“十四五”规划储备项目库。积极推进4座小型水库前期工作。开工建设7座中小型水库。加快草坪河中型水库建设。实施优化提升营商环境大会战。持之以恒推进“四减”，全面实施市场准入负面清单制度，26个单位722个事项全部入驻新行政服务中心。

（三）全民拥抱两大新空间

全力迎接高铁新时代。提升城市发展能级，城市建成规模达到25平方公里、人口突破25万人，城镇化率提高2个百分点。融入“一区两群”大战略。带头做靓“大三峡”品牌，促进“奉巫巫”旅游联合发展，建设特色中医院，人民医院建成三级综合医院，推进职教中心升办“3+2”高职院校，打造区域公共服务高地。

（四）打造全域旅游三大升级版

产品亮出来。全力创建白帝城·瞿塘峡5A级景区，申创三峡之巅、平安乡川东游击队小镇、“三峡第一村”白龙村3个4A级景区，创成7个3A级、10个2A级景区。主题突出来。加快创建国家全域旅游示范区、九天龙凤国家级旅游度假区，全力配合创建长江三峡生态旅游示范区。服务好起来。落实刺激餐饮升级、酒店提档、产品开发的政策，做大“后备箱经济”，提升吃、住、行、游、购、娱大环境档次。全年接待游客2250万人次，过夜游客128万人次，购票人数160万人次，旅游总收入达到120亿元，游客人均消费突破850元。

（五）积蓄发展三大新动能

持续扩大有效投资。计划实施重点项目220个，完成投资170亿元。持续推进公黄隧道、半岛隧道、长江二桥、朱衣调节坝、南滨路等项目前期工作。推动消费提质扩容。加快渝东北消费中心城市建设，打造区域性农产品批发市场、家居市场、汽车市场等现代化专业市场集群。加快工旅融合，打造集研发创意、生产销售等于一体的眼镜小镇，形成奉节眼镜区域品牌。激发实体经济活力。聚焦重点领域和产业敲门招商、以商招商，签约项目40个、协议总投资100亿元，开工建设到位资金30亿元。

（六）全面走深走实“两化路”

高质量发展农业。创建1个国家级、2个市级、100个县级现代农业产业园。创建“三园两场”示范项目10个，新认证“三品一标”农产品50个，创建重庆名牌农产品20个。做优做强生态工业。打造产城融合生态工业园，启动康乐组团基础设施建设，加快草堂组团项目落地。锻造“奉节制造”生态工业，加快形成眼镜制造、生物制药、农产品加工、新型材料等优势产业集群，园区招商企业25家以上。启动大健康产业。建立中药材加工基地，规划建设中药材观光园，引进康养企业、中药饮片加工企业，落地中药材产业技术研究院。

（七）做强改革三大硬支撑

全面深化国资国企改革。做强做优国有企业，全面归集散落的国有资产，实施商业化运作。百盐集团以城市综合运营为主业，实现市场化经营收入8亿元。赤甲集团以旅游开发运营为发展方向，实现经营收入5亿元。全面推进农业农村改革。10%的行政村开展农村“三变”改革试点。推动土地整村流转，土地流转适度规模经营率达到38%以上。全面推动创新驱动发展。力争科技型企业达到300家以上，规模以上工业企业建立研发机构占比达到36%，万人有效发明专利拥有量达到4件，创新创业服务机构及研究开发机构数达到33家，力争创成国家创新型县。

（八）统筹抓好两个基本面

扎实推动城市提升。启动老旧小区改造，启动环草堂湖建设，推进“城景一体化”，完善功能、提升品质、做大容量。实施“美丽集镇”行动，把“马路办公”延伸到集镇管理，完善一批乡镇农贸市场、停车场等功能配套，推动垃圾分类试点。持续推进乡村振兴。推动乡镇因地制宜、做大做强“一村一品”，打造国家级示范村2个、市级示范村8个、县级示范村150个。推进20个特色产业小镇初见成效。

（九）做实基本民生强保障

加快发展社会事业。加快三江初中、辽宁小学西部新区分校、万胜小学、朱衣小学等项目建设，新改建幼儿园7所，着力化解“大班额”“入园难”问题。深化医药卫生体制改革，加快建设城乡医共体。传承发展中医药事业。切实加强社会保障。完善社会救助体系，实施“一门受理、协同办理”。推进多层次养老保障体系建设，推广“1235”农村养老服务模式。开发脱贫特设公益性岗位2000个以上。

（执笔人：刘畅）

巫山县

巫山县人民政府办公室

2019年，我们坚持以习近平新时代中国特色社会主义思想为指导，认真贯彻落实习近平总书记对重庆提出的“两点”定位、“两地”“两高”目标、发挥“三个作用”和营造良好政治生态的重要指示要求，紧紧围绕把总书记殷殷嘱托全面落实在巫峡大地上这条主线，坚持稳中求进工作总基调，坚持以供给侧结构性改革为主线，推动高质量发展。在市委、市政府和县委的坚强领导下，坚决打好“三大攻坚战”和实施“十项行动计划”，生态优先绿色发展理念得到生动实践。实现地区生产总值172.97亿元，增长8.6%；全社会固定资产投资133.94亿元，增长11.6%；社会消费品零售总额48.33亿元，增长12.3%；一般公共预算收入10.52亿元，其中税收7.23亿元，增长10.24%；全体居民人均可支配收入20144元，增长10.8%；人民币存贷款余额442.12亿元，同比增长15.72%。以优异的成绩、奋斗的姿态实现经济社会持续健康有序发展。

一、2019年发展回顾

（一）聚焦三大攻坚战，重点工作扎实有效

脱贫攻坚务实推进。整合资金10.24亿元，实施扶贫项目468个，“两不愁三保障”工作不断巩固提升，全县贫困发生率从0.83%降至0.14%。1204户3481名贫困群众实现脱贫摘帽，全县人民正大踏步迈向全面小康社会。巫山县承办全市东西部扶贫协作现场会。三峡集团中央定点帮扶将巫山县纳入长江大保护第二批试点。巫山脆李作为第二批产业扶贫典型案例被全国推广，中药材产业扶贫在全国作经验交流，巫山成为全国“110”消费扶贫10个核心示范县之一。卢尧荣获全国脱贫攻坚创新奖，严克美登上70周年大庆脱贫攻坚主题彩车。绿色本底更加厚重。完成“三线一单”编制。实施营造林22.9万亩，完成55个关闭矿山生态修复，综合治理石漠化56平方公里，森林覆盖率达60%。深入实施“三水共治”，长江干流水质保持Ⅱ类，三峡后续工作综合考核排名库区第一。完成8座污水处理厂脱氮除磷技改，整治污水偷排直排乱排141处，城乡生活污水集中处理率分别达94%、83%。治理水土流失28平方公里。江南垃圾填埋场建成投用，农村生活垃圾无害化处理率100%。关闭禁养区养殖场102家，整治公共机构、餐饮企业油烟污染50家。空气质量优良率达95.6%。重大风险有效防控。多措并举防范财政运行风险，政府债务风险可控。地灾防治“四重网格化”不断深化，排查地质灾害隐患点939处，治理地灾点

18个。消防救援指挥中心投用。积极应对30年难遇重大旱情。非洲猪瘟防控有效，稳产保供生猪5万头。扫黑除恶专项斗争持续深入，群众安全感指数达99.2%。

（二）聚焦绿色发展，生态产业提质增效

生态旅游蓬勃发展。成功创建首批国家全域旅游示范区。五里坡申报世界自然遗产取得重大进展，大昌湖成功创建国家湿地公园。巫山博物馆创建国家4A景区，小三峡通过国家5A景区复核，成功入榜中国最美县域榜单。设立山东、广东等5个营销组，与三峡集团开展“陆地游”，广州、烟台开展“航空游”，航空旅游组团游客首次突破3000人。全年接待游客1902.83万人次，实现旅游综合收入83.22亿元，分别增长19.02%、30.02%。生态农业提质增效。经济作物比重达67%，实现农业增加值29.17亿元。规模种植脆李25万亩，产值13.4亿元。稳定种植中药材、柑橘、核桃等产业53万亩。收购烤烟10.61万担，烟农增收1.75亿元。成功发布《地理标志农产品巫山脆李重庆市地方标准》等。巫山脆李连续两年入选“国家品牌计划—广告精准扶贫”项目向全球推介，区域公共品牌价值达16.28亿元，荣登全国区域品牌价值50强榜和知名度、好感度10强榜，位居全国李品类第一。新增“三品一标”农产品41个。100万只蛋鸡养殖项目一期投产，智能化生态养殖开端良好。生态康养稳健起步。完成云端三峡生态康养小镇总体规划和旅游专项规划编制工作，“一带三心三片区”空间布局基本形成。摩天岭哨路组团环道、水电气等配套基本完善，曲摩线供电工程投用，恒升燃气站建成供气，污水处理厂一期主体完工。摩天岭壹号、凯创·中央公社、三峡·云嶺江山项目加快推进。

（三）聚焦融合发展，新兴产业日趋渐好

生态工业科学发展。实现工业增加值14.2亿元，培育规上企业4家。创建烟台（巫山）产业园，双创中心电商平台投用，年产6000吨粉丝加工生产线投运。积极发展清洁能源产业，195MW光伏并网发电，红椿和青山头风电场有序推进。优化建筑石料用灰岩开发利用，培育绿色建筑骨料企业3家。商贸服务业繁荣发展。FM广场、尚熙台等商业综合体初具规模。荣科物流园冷链仓储投用。邮政分拣中心、美每家物流农副产品交易中心投运。商品批发中心、物流配送中心加快推进。培育限上商贸企业10家，实现电子商务交易35.2亿元。外贸出口增长76.5%。科技创新积极发展。设立烟台（巫山）博士工作站，34名博士到站工作。建成企业技术创新中心5个，培育市级创新团队2个，累计培育市级科技型企业47家。“云长制”大数据稳步推进，信息系统迁云率100%，建成政务信息共享平台。金融创新成效显著，“微粒贷”“平安助贷”等互联网金融产品效益明显，新增贷款额度40.4亿元，贡献税收6500万元。

（四）聚焦高品质生活，城乡环境更加宜居

城市拓展快速推进。江东组团土地供应413.75亩，开发中昂新天地、海城·红叶湖畔等房屋建筑41.4万平方米。精彩路、兰泽路、丰盈路等城市主干道建成投用。江东自来水厂建成并试运行。红叶广场、烟雨公园启动建设，地下综合管廊全面建成。早阳隧道、朱家坪隧道全线贯通，迎宾大道路基成形，桂花大道、高速互通、高铁站场及站前广场全力推进。边贸物流中心道路全线贯通，亿丰商贸城开市运营。南陵古道儿童游乐园建成投用，新改建房屋35栋。城市环境更加宜居。文峰公园、滨江公园等景观品质不断提升。打通宏盛大院至平湖桥、平湖路至滨江路连接道，新建停车场7个、公厕6座。神女市场完成综合改造。启动垃圾分类试点10个，完成垃圾压缩中转站技改、县城垃圾填埋场扩建。夜景灯饰五期投用。城区绿地率达37.89%。乡村振兴迈出新步伐。编制完成行政村规划189个。曲尺乡入选全国“一村一品”示范村镇。实施19个行政村农村环境综合治理，改建农村卫生厕所4493户、公厕33座，卫生厕所普及率达76.1%。创建美丽庭院1050个。官渡镇成功创建市级卫生乡镇。红椿土家族乡获全国民族团结进步模范集体，曲尺乡柑园村创建国家级乡村治理示范村，双龙镇兴凤苑创建市级示范片。

（五）聚焦共建共享，民生福祉持续增进

优先发展教育事业。新改（扩）建幼儿园7所，学前三年入园率达89.01%、普惠率达92.7%。巩固义务教育均衡发展成果，南峰小学金科校区、大昌二小投用。高中教育质量持续提升，巫山第二中学独立办学，官渡中学获评全国教育系统先进集体。稳步推进卫生事业。县人民医院早阳分院、妇女儿童医院、中医院摩天岭医院建设加快推进。疫苗全程追溯覆盖率100%，“八苗”接种率98%。繁荣发展文化事业。提档升级3个乡镇、80个村级文化服务中心。新增国家级非遗项目传承人1名，巫山烤鱼等7项产品纳入市级非物质文化遗产名录。出版“巫山诗文”系列丛书，庙宇镇玉米洞入选全国重点文物保护单位。社会保障持续加强。城镇新增就业3258人，登记失业率保持在3%以内。城乡居民养老保险、医保参保率均达95%。为2.62万名困难群体购买“民政惠民济困保”。启动龙盛家园400套人才公寓建设，完成棚户区改造900户。盼望多年的天然气长输管线与国家大网连通，完成江东新城燃气管网建设，县城气化率达95%。积极开展拥军优属、拥政爱民，顺利通过市级双拥模范县创建验收。

（六）聚焦动能转换，发展后劲持续增强

突出改革驱动。“放管服”改革扎实推进，10069项政务服务事项全面发布，70%以上的依申请类政务服务事项实现网上申请。新一轮国企改革顺利推进，47家县属国企完成重组整合。农村“三变改革”稳步开展，有效流转土地16万亩。完成农村土地承包经营权确权登记颁证和“两区”划定。突出重点项目拉动。154个重点项目完成投资174.8亿元。巫山机场建成通航，开通重庆、烟台、广州航线，架起巫山与世界的“空中走廊”。巫大高速龙雾隧道全面贯通。改造曲尺至哨路、铜鼓至官渡等12条道路。中硐桥水库引水隧洞完成93.2%。庙堂水库开建。招商引资再结硕果，签约项目32个、到位资金48亿元，成功引进山西华鑫、中云建工、中航科建、湖北国梁等一批实力企业。突出民营经济带动。支持民营企业商业价值信用贷款授信1000万元，助保贷放款480万元，减税降费1.5亿元。新增担保余额7379万元。培育市级龙头企业16家，新增各类市场主体5000户，民营经济增加值占GDP的比重达55%。

二、发展中存在的问题

同时，发展中仍然还存在一些突出问题和短板。一是巫山县经济发展不平衡、不充分，全面建成小康社会任务不轻；二是煤矿关闭、房地产开发等领域所涉信访问题还需持续化解，基础设施建设和公共服务配套还不够均衡，民生服务离人民群众期盼还有差距；三是个别干部机遇意识、忧患意识和创先争优意识还需增强，政府职能转变和政风长效机制还需进一步完善。

三、2020 年发展目标

2020 年是打赢打好脱贫攻坚战、全面建成小康社会和“十三五”规划收官之年。面对突如其来的新冠肺炎疫情，抓紧抓实抓细常态化疫情防控，奋力夺取疫情防控和经济社会发展双胜利。奋斗目标是：地区生产总值增长 9% 左右。社会消费品零售总额增长 13%。一般公共预算收入增长 6% 以上，收入质量进一步提升。投资结构持续优化，全社会固定资产投资增长 12%。现行标准下贫困人口全部稳定脱贫，全体居民人均可支配收入增长 10.5%。生态环保、安全生产、自然灾害等控制性指标达到上级要求，社会大局和谐稳定。一是以决战决胜的信心，坚决打好脱贫攻坚战。聚焦脱贫目标，全面实现“两个确保”。加快通堵消盲，全面巩固脱贫成果。二是筑牢绿色本底，坚决打好污染防治攻坚战。全面整治突出问题。持续提升生态质量。空气质量优良率 95% 以上，森林覆盖率达 62%。严格加强生态监管，坚决依法打击破坏生态环境行为。三是创新社会治理，坚决打好防范化解重大风险攻坚战。坚持整体把握、聚焦关键，推进治理体系和治理能力现代化。严守安全底线。四是打造产业高地，推动绿水青山就是金山银山巫山的实践。做靓生态旅游，做优生态农业，做特生态康养。五是推动区域协同，开创独具特色的城乡发展新格局。立足定位完善城市功能，精雕细琢提升城市品质，因地制宜加快乡村振兴。六是做大开放格局，着力打造重庆内陆开放高地“东大门”。加快拓展开放通道，全力打造开放平台，创新培育开放经济。七是增进民生福祉，竭力满足人民群众对美好生活的向往。积极发展社会事业，办好一批重点民生实事。八是突出高质量发展，保持经济发展持续健康运行。统筹投资和消费，深化改革促创新，激发实体经济活力。

（执笔人：张骞）

巫溪县

巫溪县人民政府办公室

一、2019年发展回顾

过去一年，面对经济下行压力加大、转型升级阵痛加剧、要素保障持续趋紧等诸多挑战，在市委、市政府和县委的坚强领导下，在县人大、县政协的监督支持下，团结依靠全县干部群众，紧紧围绕“1336”工作思路和“1234”工作目标，突出抓好“4个年”工作，持续打好“三大攻坚战”，深入实施“八项行动计划”，全县经济社会发展稳中向好。全年实现地区生产总值107.6亿元、增长7%，完成固定资产投资74.7亿元、增长10.6%，财政一般公共预算收入7.68亿元、同口径增长4.2%；税收收入4.27亿元、增长0.3%。金融机构人民币存贷款余额317.5亿元、增长11.6%。城乡居民人均可支配收入分别为26958元、10284元，增长8.1%、10.3%，较好完成了县十七届人大三次会议确定的目标任务。

（一）众志成城打好“攻坚战”，精准脱贫在苦干实干中卓有成效

全年整合财政涉农资金8.09亿元，实施扶贫项目949个。全力攻克深度贫困，市级深度贫困乡镇、县级深度贫困村工作取得明显成效；“两不愁三保障”突出问题有力解决，产业、就业扶贫扎实有效，教育、医疗政策全面落实，住房、饮水安全得以保障。各类问题全部整改清零。水利部、山东泰安、吉林、市委统战部、市国资委、市教委帮扶集团、市农业农村委帮扶集团、渝中区及社会各界，鼎力相助、效果明显。全县剩余8个贫困村达到销号标准，10448名贫困人口达到脱贫标准，贫困发生率降至0.65%。2019年2月，市政府宣布我县退出国家扶贫开发重点县。

（二）全力以赴建好“基础网”，基础设施在提速建设中加快改善

交通建设大突破。郑万高铁巫溪支线启动接轨工程建设；巫开、两巫高速如期开工，巫城高速纳入全市高速路网规划；巫镇高速正线全面推进。古路至文峰快速通道建成通车，文峰至红池坝道路完成升级改造，宁万路（二期）如期竣工，巫神路（三期）路基工程基本完工，天元乡高楼至城口出境道路全线贯通；“四好农村路”扎实推进，县内路网通畅水平不断提高。承载能力新提升。“南水北调大宁河补水方案”已进入可研阶段。重大水利项目完成投资6亿元。建成投用饮水安全巩固提升工程200余处，全面完工红池坝镇、天元乡防洪减灾工程，凤凰组团实现

城区一网供水。同时，电、气、讯等基础设施加快夯实，城乡承载能力稳步提升。

（三）毫不动摇下好“统筹棋”，城乡发展在建管并举中齐头并进

城市品质持续提升。竣工城镇房屋 47 万平方米，扩大城镇建成区 0.6 平方公里。棚户区改造加快推进，拆迁房屋 19.9 万平方米，征收土地 1755 亩，土地出让 273 亩、出让价款 4.47 亿元。商住小区、保障性住房加速建设，赵家坝、马镇坝城区扩容提质。凤马大道、漫滩路（三期）南门湾至交通大桥段建成通车。数字化城管平台建成投用，“马路办公”扎实开展，城区公厕、人行步道提档升级，城市创建扎实推进。镇村面貌持续改善。建成 4 个市级集中安置点、76 个县级安置点。累计完成“十三五”易地扶贫搬迁 2.39 万人。农村危房改造、旧房整治提升持续推进，乡镇污水处理设施、镇村垃圾中转站加快建设，乡村振兴示范试点积极推进，镇村人居环境不断改善。

（四）持之以恒走好“两化路”，产业结构在转型升级中不断优化

生态旅游健康发展。国内外游客接待量、旅游综合收入分别同比增长 16.4%、34.6%。红池坝景区获评“第二届重庆文旅新地标”，宁厂古镇获评“首届重庆最美历史文化古迹”。成功举办华侨城 · 红池坝文化旅游节等节庆赛事活动。红池坝镇九坪巴渝民宿基本建成，乡村旅游加快发展。特色农业提质增效。实现农业增加值 23.2 亿元、增长 4.6%。“1112”重点农业产业稳中提质，畜禽、果蔬等特色产业效果显现。粮经作物比调整为 56∶44。新增“三品一标一名牌”48 个，品牌建设成效明显。工业经济逐步发展。规模以上工业产值 9.6 亿元、增长 10.2%。园区工业企业态势良好，育才教玩具项目全面开建。水力发电 13 亿度，4 座水电站建成投产，新分水河电站开工建设。商贸服务持续发力。社会消费品零售总额增长 13%，批发零售总额增长 11%，住餐营业额增长 15.1%。工商银行入驻巫溪正式营业。建成投用电商物流分拨中心。

（五）坚定不移把好“生态关”，环境质量在齐抓共管中持续向好

生态屏障持续筑牢。划定生态保护红线 2163 平方公里，全面完成龙头山危岩治理，森林覆盖率达 69.6%。获得横向生态补偿资金 1100 万元。完成生态地票交易 1113 亩、地票价款 2 亿元，生态优势逐步向经济优势转化。环境质量持续改善。县内主次河流水域功能、城市集中式饮用水源地水质达标率均为 100%。城区空气质量优良天数 322 天，同比增加 3 天。环保突出问题扎实整改，生态环境质量持续向好。

（六）坚持不懈打好“改革牌”，发展活力在改革开放创新中持续迸发

深化重点领域改革。供给侧结构性改革、“放管服”改革持续深化，工程建设项目并联审批、商事制度、农业农村、医疗卫生体制改革有力有效，教育、财政、国资国企等领域改革稳步推进。积极推进创新开放。大数据智能化运用不断拓展，“智慧 +”建设加快推进。大力实施开放活县行动计划，招商引资不断深入，营商环境持续改善。

（七）尽心竭力办好“民生事”，群众幸福指数在共建共享中稳步提高

社会事业不断进步。义务教育发展基本均衡县创建通过国家督导评估认定。重本上线人数稳中有升。白马幼儿园建成投用。县精神卫生保健

院、妇幼保健院完成搬迁，公立医院在建项目加快推进。基本公共卫生服务能力不断提升。广播电视、文化惠民工程深入实施。社会保障不断加强。新增城镇就业4013人，“全民参保计划”深入推进，医保惠民政策全面落实，城乡低保应保尽保，养老服务加快发展，退役军人事务扎实有力。社会大局平安稳定。70周年大庆安保维稳任务圆满完成，扫黑除恶专项斗争富有成效，疑难信访问题稳妥化解，公共法律服务体系不断健全，未发生较大及以上生产安全事故。

二、发展中存在的问题

同时，发展中仍然还存在一些突出问题和短板。一是经济总量不大、结构不优；二是传统产业动力不足、新兴产业尚在培育；三是财税增收困难、收支矛盾突出；四是创新能力较弱、公共服务质量不高；五是疫情影响前所未有、风险挑战交织叠加。

三、2020年发展思路

2020年，是全面建成小康社会和“十三五”规划收官之年，是积极谋划“十四五”规划之年，也是全县脱贫攻坚迎大考、基础设施大建设之年。总体思路是：以习近平新时代中国特色社会主义思想为指导，全面贯彻党的十九大、十九届二中三中四中全会、市委五届七次八次全会和县委十三届七次八次全会精神，深入贯彻中央、全市、全县经济工作会议精神，增强“四个意识”，坚定“四个自信”，做到“两个维护”，深化落实习近平总书记对重庆提出的“两点”定位、“两地”“两高”目标、发挥“三个作用”和营造良好政治生态的重要指示要求，紧扣全面建成小康社会目标任务，坚持稳中求进工作总基调，坚持新发展理念，坚持以供给侧结构性改革为主线，坚持以改革开放为动力，继续打好“三大攻坚战”，深入实施“八项行动计划”，围绕“大投资大建设”主题，突出“脱贫攻坚、交通建设、城市开发、产业增效、服务提升”五项重点，统筹推进疫情防控和经济社会发展，以“六稳”促“六保”，着力增强人民群众的获得感、幸福感、安全感，确保全面建成小康社会和“十三五”规划圆满收官。

经济社会发展的主要预期目标是：全县地区生产总值增长6.5%，财政一般公共预算收入增长2.6%，固定资产投资增长8%，社会消费品零售总额增长9%，城乡居民人均可支配收入分别增长8%、9%，生态环境质量持续向好，节能减排降碳完成市级下达任务。重点抓好以下工作：一是全力抓好“脱贫攻坚”，同步全面建成小康社会。打赢脱贫攻坚战，聚焦剩余918户2633人减贫任务，开展脱贫攻坚“百日大会战”，实施脱贫攻坚总攻“10+4”专项行动，确保6月底前剩余贫困人口达到脱贫标准，高质量通过国家抽查验收和国家脱贫攻坚普查。推进乡村振兴，启动“十四五”巩固脱贫成果规划编制，确保脱贫攻坚与乡村振兴有机衔接。落实“五个振兴”要求，持续推进乡村振兴试点示范，加快建设美丽宜居乡村。同步全面建成小康社会，对照全面建成小康社会指标要求，认真梳理，建立台账，实行挂单销号，集中攻坚克难，加快补短强弱，确保全面建成小康社会。二是全力抓好“交通建设”，推进基础设施加快改善。加快交通项目建设，力争建成郑万高铁巫溪支线接轨工程，加快推进高铁支线可研等前期工作；加快建设巫镇高速，完成投资18亿元；完成两巫高速、巫开高速（巫溪段）征地拆迁及临建工程，尽快实现正线开工；争取巫城高速纳入国家高速路网规划；推进红池坝通用机场招商前期工作；完成8条干线公路建设，努力构建内畅外联的交通体系。加快其他基础设施建设，提速推进农田水利、乡镇天然气项目、变电站工程、通信基站等建设，着力夯实城乡基础设施。三是全力抓好“城市开发”，着力提升城市品质。坚持高起点规划，完成全县国土空间总体规划编制报批，编制大宁古城保护开发规划。坚持特色化建设，持续推进城市棚改，拆迁房屋18万平方米。结合大宁古城特色，大力实施老旧小区改造。加快推进城市商住小区、限价定向销售房建设，全面完成保障性住房建设，加快完善城市配套功能。坚持精细化管理，深化城市“细管、智管、众管”，持续开展“马路办公”，努力提升城市品位。四是全力抓好“产业增效”，推动县域经济持续向好。稳步发展山地特色高效农业，抓好“菜篮子”“米袋子”“肉盘子”工程，加快延伸农业产业链，加强农产品品牌建设，提高绿色优质农产品供给能力。着力发展绿色工业，认真落实《关于应对新型冠状病毒感染的肺炎疫情支持中小企业共渡难关的二十条政策措施》，全力推进工业经济发展。积极发展商贸服务业，加快推动消费复市，大力实施消费促销活动，努力释放市场活力，尽力夺回疫情损失。大力发展生态旅游业，完善旅游发展体制机制，不断丰富旅游业态，打造旅游业发展升级版，提升旅游经济综合效益。五是全力抓好“服务提升”，切实优化发展环境。全力抓好项目服务，全力强化项目用地、环保、林业、资金等要素保障，营造项目建设良好环境。着力优化营商环境，深化“放管服”等改革，推进“互联网+政务服务”，提高政务服务效能，为民营经济发展清障护航。六是坚持民本情怀，全力保障和改善民生。加快发展社会事业，持续加大教育、文卫等社会事业投入力度，提升基本公共服务能力和水平。切实抓好社会保障，全面落实民计民生各项社会保障政策，着力提升社会保障能力。七是坚持绿色本底，持续提升生态环境质量。打好污染防治攻坚战，开展扬尘、生活等污染综合整治，城区空气优良天数322天以上，空气质量同比全面向好。八是坚持改革开放，切实增强动力活力。更加注重改革推动，承接落实好上级各项改革部署，激发经济社会发展动力。更加注重创新开放。推广运用创新技术和成果，努力激发创新活力。深度融入成渝地区双城经济圈建设和渝东北三峡库区城镇群发展，纵深推进“开放活县”，加快建设渝陕鄂边区纵深开放门户。九是坚持底线思维，保持社会平安稳定。持续打好防范化解重大风险攻坚战，提高防范政治安全风险能力，坚决遏制新增政府隐性债务，守住不发生区域性风险底线，抓紧抓实抓细常态化疫情防控，保障经济社会秩序全面恢复。

（执笔人：赵云平）

石柱土家族自治县

石柱县人民政府办公室

一、2019年发展回顾

2019年，全县实现地区生产总值159.4亿元、增长0.8%。全社会固定资产投资110.2亿元、增长12.9%。一般公共预算收入10.02亿元、同口径增长1.63%。社会消费品零售总额64.5亿元、增长13.4%。外贸进出口总额达到1.07亿美元、增长83.3%。全体居民人均可支配收入23485元、增长10.6%。“康养经济”增加值77.4亿元、占GDP的比重达到49%。

（一）持续巩固脱贫成果

4月，全县以零错退、零漏评、综合贫困发生率0.87%、群众认可度97.91%的成绩，成功摘掉国家级贫困县“帽子”；10月，全县荣获“2019年全国脱贫攻坚奖组织创新奖”。全年累计实现85个贫困村、17229户62391人脱贫，综合贫困发生率降至0.23%。精准实施扶贫项目，整合涉农资金7.2亿元，实施项目1065个；投入专项扶贫资金3.1亿元，实施项目274个。着力攻克深度贫困堡垒，超额完成年度减贫任务，新脱贫829户2402人，中益乡脱贫攻坚取得重大进展。务实推进问题整改，组织开展6轮全覆盖集中排查，“两不愁三保障”突出问题动态清零，扶贫领域各类巡视、督查、审计反馈问题全部整改到位。不断巩固脱贫质量，大力实施产业扶贫等“六大专项行动”，建立健全稳定脱贫长效机制，确保贫困群众脱贫不返贫。广泛凝聚帮扶力量，东西部扶贫协作、中央单位定点帮扶、市委办公厅扶贫集团帮扶、南岸对口帮扶、“万企帮万村”行动取得新成效。

（二）推进产业提档升级

提质增效现代山地特色高效农业。统筹推进农业产业结构深度调整和“全国有机农业示范基地县”创建，新发展特色长效产业10万亩，新建有机农业示范基地7个，特色高效康养产业园建设有序推进，黄连产业园入选市级现代农业产业园，黄连生产系统申报世界农业文化遗产，成功创建国家莼菜种植综合标准化示范区，实现农业增加值26.9亿元、增长3.1%。认真落实粮食安全行政首长责任制。有效应对处置非洲猪瘟。培育壮大特色生态工业。实现“3+2”特色生态工业产值49.9亿元、入库税金1.3亿元。启动工业园B区商业综合配套项目，开工建设石柱西互通至工业园B区连接路，B区标准厂房陆续建成投用。做优做强康养文化旅游业。冷水特色康养小镇开工建设，大风堡—太阳湖国家5A级景区创建有序推进，千野草场、云中花都景区提档升级，万寿山成功创建国家4A级景区，“晒文化·晒风景”成效明显，京剧《秦良玉》成功首演，荣获“中国天然氧吧”“中国（重庆）气候旅游目的地”称号，接待游客1517万人次、增长42.8%，旅游人均消费640元。实施康养消费升级行动。商圈经济日益壮大，培育限上商贸单位20家。健全电商发展体系，建成网货加工中心18个，实现电商交易额28.1亿元、增长56.9%。

（三）推进城乡融合发展

抓好市级产业振兴试验示范，在乡村振兴“6+5”市级试验示范绩效评估中，获得全市“五个单项”试验示范区县第一名。实施农村人居环境整治三年行动计划，改造农村危房189户、卫生厕所1247户，整治提升农村旧房6000余户。乡村治理“贵和工作法”、乡风文明积分激励制度得到市领导肯定并在全县推广。实施“七大工程”和“五个一批”项目，改造棚户区828户，新增公园绿地面积9.7公顷、公共停车位425个，启动玉带河大桥、帽顶山郊野公园建设，建成太白岩公园主体工程，完善“智慧城市”管理平台。成功创建国家卫生县城、国家园林县城、重庆市文明县城，黄水、沿溪成功创建国家卫生乡镇，悦崃、黄鹤、三益、新乐成功创建重庆市卫生乡镇。渝利铁路沙子客运站启动建设，石黔高速完成总工程量的80%，梁平经西沱至石柱高速、石彭高速纳入全市路网规划，悦崃至黄水快速通道建成通车。新建“四好农村路”480公里，获评全国、全市“四好农村路”示范县。东方红水库下闸蓄水，曹家湾水库完成主体工程。

（四）深化改革开放创新

全面完成政府机构改革。深化“放管服”改革，成功创建国家级政务服务标准化试点，工程建设项目审批制度改革取得积极成效。全面落实减税降费政策，全年为企业减免税费3亿元。深化商事制度改革，新增市场主体4013家。完成47家县属国企重组改革，重庆康养旅游股份有限公司在“新三板”挂牌。农村“三变”改革、“三社”融合发展、农村集体产权制度改革试点取得明显成效。深化医疗卫生体制改革，县域医共体“三通”建设改革纳入全国试点，率先在全市启动长期护理保险制度试点。新增外贸企业9家，累计达到89家。莼菜直接出口额500万美元。完善招商政策和工作机制，签约项目18个，到位资金45亿元。立项争资52亿元。制定实施“智慧石柱”总体方案，启动“云长制”工作，大数据、智能化加快应用于城市管理、康养旅游、社会治安等领域。建成全市首套“智慧河长”项目。支持企业科技创新，获认定市级智能工厂1个、数字化车间6个。

（五）加强生态文明建设

生态环境质量持续改善，河流出境断面水质稳定达标，森林覆盖率达到60%，空气质量优良天数达到348天，土壤环境质量保持稳定，声环境质量全面达标，节能减排降碳年度任务全面完成。推进国土绿化提升行动，启动实施“林长制”，完成营造林13万亩。划定生态保护红线1146.4平方公里，治理水土流失58平方公里。有序推进各级环保督察问题整改，水磨溪问题整改基本完成，自然保护地、“大棚房”、违建别墅等问题整改成效明显。三峡后续工作得到加强。圆满完成第三次国土调查。成功创建藤子沟国家湿地公园。打好以大气、水、土壤为重点的污染防治攻坚战，全面完成市上下达217项目标任务。淘汰黄标车63辆，整治餐饮油烟企业82家，关闭畜禽养殖场186家。全面落实“河（库）长制”，整治河库突出问题752个。开展污水偷排直排乱排专项整治，启动4个乡镇污水处理厂技改和黄水第三污水处理厂建设，新建城乡污水管网132公里，完成27个乡镇集中式饮用水源地规范化建设，城镇生活污水集中处理率达到94%。申报国家森林乡村9个，创建绿色示范村10个。启动城乡生活垃圾分类，开工建设下路垃圾处理场和万朝垃圾焚烧发电项目，城乡生活垃圾集中处理率达到100%。

（六）全力保障和改善民生

投入民生领域资金32.4亿元，占一般公共预算支出的62%。发放创业担保贷款7104万元、低保金7964万元、供养金1310万元、残疾人“两项补贴”924万元，为1.96万名困难群众购买惠民济困商业保险。退役军人服务保障体系全面建立。义务教育均衡创建顺利通过复查，义务教育学校达标率88.3%。文化产业增加值增长2%。举办第三届民族体育运动会，开展全民健身赛事活动近200场。建成县中医院扩建项目、黄水片区精品中医馆，贫困人口大病救治率、在家贫困人口家庭医生签约服务率均为100%。公共法律服务体系基本建成。巩固提升全国民族团结进步示范县创建成果。有效防控重大风险，守住了不发生区域性、系统性金融风险底线和财政“三保”底线，政府债务风险总体可控。积极防范化解各类风险，成功处置房地产遗留问题17个。扫黑除恶专项斗争向纵深推进。强化社会治安防控，“八类主要案件”立案下降43.5%、破案上升42.9%。依法治访、应急管理、生产安全、自然灾害防治、食品药品安全、城乡消防等工作得到加强，群众安全感指数达到99.2%。圆满完成新中国成立70周年安保维稳任务。

二、发展中存在的问题

同时，发展中仍然还存在一些突出问题和短板：一是经济基本面不够牢固，工业、建筑业“短板”依然突出，规上工业企业数量减少，工业新的增量未能形成，地区生产总值、规上工业增加值、一般公共预算收入未能实现预期。二是康养产业发展不平衡，缺乏重大项目支撑，“六养”产品供给不足、质量不高。三是投资总量不大、结构不优，产业投资、社会投资占比偏低，基础设施投资仍有“欠账”。四是新增税源不足，刚性支出不断增加，财政收支矛盾较为突出。五是发展要素制约趋紧，一批重点项目建设进度趋缓。六是政府职能转变还不到位，政府公共服务水平仍需提升，营商环境亟须优化。

三、2020年发展思路

2020年全县经济社会发展主要预期目标是：地区生产总值增长2%左右；全社会固定资产投资增长10%左右；社会消费品零售总额增长11.5%左右；一般公共预算收入增长3%左右；全体居民人均可支配收入增长9.5%左右；城镇调查失业率5.5%左右；居民消费价格涨幅3.5%左右；现行标准下农村贫困人口全部脱贫；全面完成市上下达节能减排降碳任务。重点抓好以下工作：一是着力抓重点、补短板、强弱项，坚决打好“三大攻坚战”。按照“三个确保”要求，以担当之责、精准之策、有力之举，坚决打好精准脱贫、污染防治、防范化解重大风险攻坚战。二是做大做强康养产业，深入推动高质量发展。建立健全康养经济体系的跟踪服务和落地落实机制，深化“康养+”战略，提升康养产业对全县经济高质量发展的支撑力，实现“康养经济”增加值占GDP的50%左右。三是扩大投资消费，增强经济发展有效支撑。围绕扩大内需这个关键，全力推动项目建设、扩大精准招商、促进消费升级、增加财政收入，为经济高质量发展提供强力支撑。四是突出协调发展，推动形成城乡融合新局面。积极融入全国、全市重大战略布局，统筹抓好乡村振兴和城市提升两个基本面，着力构建优势互补、互促共进的发展局面。五是深化改革开放，激发高质量发展动力活力。通过改革破除发展面临的体制机制障碍，以开放增强发展动力活力。六是坚持创新引领，加快推进新旧动能转换。持续实施以大数据智能化为引领的创新驱动发展战略行动计划，让创新成为推动高质量发展的新动能。七是优化营商环境，提升发展竞争力。着力打造高效透明的政务环境、平等竞争的市场环境、公平公正的法治环境和安商亲商的社会环境，促进各类市场主体转型升级、创新发展。八是抓好生态建设，加快建设山清水秀美丽之地。强化“上游意识”，担起“上游责任”，深入实施生态优先绿色发展行动计划，加快创建长江上游生态文明建设先行示范县。九是大力发展社会民生事业，努力创造高品质生活。深入实施保障和改善民生行动计划，加快补齐民生短板，持续增强人民群众的获得感、幸福感、安全感。

（执笔人：曾倩静）

秀山土家族苗族自治县

秀山县人民政府办公室

一、2019 年发展回顾

2019 年，秀山县实现地区生产总值 283 亿元，增长 8.0%；工业增加值 95.2 亿元，增长 7.1%；固定资产投资 154.4 亿元，增长 12.2%；社会消费品零售总额 84.3 亿元，增长 9.9%；一般公共预算收入 10.4 亿元，增长 7.1%；城乡常住居民人均可支配收入分别为 35199 元、12261 元，增长 8.8%、10.3%；县内金融机构存贷款余额分别为增长 5.1%、20.6%。

（一）着力攻贫困强振兴，农业农村稳步发展

投入财政资金 5.7 亿元，实施扶贫项目 1095 个，全年减贫 624 户 2633 人，贫困发生率降至 0.32%。“两不愁三保障”突出问题实现动态监测、快速处置。资助贫困学生 7.3 万人次，办理贫困大学生生源地信用助学贷款 4711 人，无学生因贫辍学。健康扶贫救助 2.4 万人次，因病致贫群众应治尽治。完成易地扶贫搬迁 214 户 1070 人，开展房屋安全等级鉴定 2.7 万栋，全面动态保障农村困难群众住房安全。为贫困户购买“精准脱贫保”，低保兜底 1.1 万人。累计发放扶贫小额信贷 8976 户 3.2 亿元，贫困户获贷率达 53.1%。新建扶贫车间 16 个。培育贫困村致富带头人 313 人，开发公益性岗位 1683 个。实施农村土地整治 3.6 万亩，生产粮食 29.8 万吨。新增中药材、茶叶、油茶、水果基地 7.8 万亩，出栏畜禽 1100 万头（只）。新增新型农业经营主体 107 个，贫困村建社率、贫困户入社率均达 100%。“秀山毛尖”区域公用品牌授权产品 20 个。新增“重庆市名牌农产品”2 件，认证“三品一标”56 个。编制村庄规划 162 个。以“三清一改”为重点推进村庄清洁行动，改造农村户用卫生厕所 9780 户，农村生活垃圾分类和资源化利用覆盖 85% 的行政村，生活污水治理率达 64%，畜禽粪污综合利用率达 78%。新建村社便道 151.2 公里，完成农村旧房整治提升 682 户，巩固提升 9.6 万人饮水安全。兴隆坳农业园区纳入国家农村产业融合发展示范园创建。

（二）着力优存量扩增量，工业发展稳中育新

海王中医药产业园一期正式投产，万物春生、富兴通、奇秀食品、博众食品达产增效，现代中医药、休闲食品两大主导产业产值翻番。电解锰、工业硅、水泥等传统产业稳定生产。东星炭素入选全市“双百”企业。渝达制衣、迈思科电子增产增效，服装、电子产业快速发展。园区基础设施和商业、教育配套功能逐步完善，倒班

房、高端人才公寓建设有序推进，产城融合项目启动建设。华涛中药健康产业园、闽商食品产业园开工建设，工业地产、红日中药配方颗粒项目主体完工。入园企业73家，解决就业5000余人。园区二次供水系统建成投用，天然气管网完成铺设。协调一般工商业电价下调5.54分/度，指导申报直供电企业7家，工业用气门站价格下调1.48元/立方米，企业生产成本大幅降低。开设中医药产业检测人才培训班，建立园区企业金融服务站。强化企业运行监测，加快培育优质企业，新增规上工业企业8家。

（三）着力兴商旅扩消费，第三产业蓬勃发展

重点景区规划落地，土地房屋征收工作顺利推进。洪安中小学、幼儿园完成搬迁，国道242线过境公路、综合管网改造工程建成投用，岩庄、九龙安置区建设加快推进。川河盖景区户外运动基地、云端天梯、秀川路、水源头游客中心建成投用。西街、凤凰山景区业态不断丰富，黑洞河景区实现市场化运营。大溪国家湿地公园通过验收，清溪龙凤花海、隘口平所田园综合体加快建设。“金山银山”文化旅游节精彩纷呈。全年接待游客1474.6万人次，实现旅游综合收入73.7亿元，分别增长47.1%、55.5%。奥特莱斯入驻花灯广场商圈。举办展会促销活动28场次，新增限上商贸企业23家。物流园区集散功能逐步显现，5万吨储备粮直属库迁建工程基本完工，华南物资商贸市场、物流配送加工中心进行主体施工。建材、汽车、家居等专业市场县外销售比例达60%，全年实现货物到发量796万吨、市场交易额275亿元，分别增长28.2%、27.3%。“村头”平台扩展到27个省市306个区县。电商孵化园新入驻企业91家，全县电商企业1760家、网铺1.7万家。建成电商产品加工线25条。投用武陵山区唯一快递分拨中心（韵达快递秀山分拨中心），整合黔江、酉阳等周边区县快递到发业务，快递单票全程时效51.4小时，西部地区领先。电商云仓、电商大数据中心运行良好，县域快递包裹发出量实现2300万单，增长19.8%。网络零售额、农特产品电商销售额分别增长23.3%、23.8%。

（四）着力抓建设强管理，城乡发展加速融合

实施城市提升行动计划，县城建成区面积达20.2平方公里，城镇化率达43.46%。编制乡镇国土空间规划14个，新增建设用地指标2706亩。两园大道、学府二路建成通车，黄杨大道延伸至朝阳路，凤凰大道攻克最后节点，启动雷家河片区滨江路、凤鸣路（凤翔路至凤栖北路）、秀南大道、秀水路建设。完成海绵城市建设试点任务。改造棚户区2282户，逸江苑、白鹭半岛、世纪滨江等一批品质楼盘相继亮相，房地产市场健康平稳。凤凰新城公园一期、乌杨公园二期竣工投用，新增绿地30万平方米，建成区绿地率达38.5%。推行“马路办公”，不断深化“大城细管、大城智管、大城众管”。建成城市生活垃圾分类示范点46个。完善市政设施“即坏即修”机制，道路清扫率、保洁率均达100%。扎实开展城区交通秩序、夜市摊点、犬只管理整治，市容市貌明显改善。新增停车位658个。常态化推进“两违”整治，拆除违法建筑1.2万平方米。渝湘高铁黔江至秀山段前期工作、秀印高速（秀山段）招商工作有序推进，渝怀铁路二线（秀山段）进入铺轨阶段。城市外环线、国道319线官庄过境公路初步通车，县城至清溪场快速通道、四街一镇联网公路、渝湘高速洪安下道口改造工程开工建设。改造县乡道60公里，建设“四好农村路”205公里。启动桐梓、马西水库移民搬迁，完成响鼓、青岗湾、小贵、大河4座小型水库前期工

作。洪安、兴隆坳、川河盖水厂主体完工，新建城镇供水管网70公里。铺设光纤4280公里，建成4G基站513个、5G基站46个，新建公益性场所无线接入点47个。

（五）着力促改革拓开放，发展动能不断增强

推动更高水平的开放和更深层次的改革，进一步融入全市开放大格局。深化改革推动发展，推进“放管服”改革，行政审批时限压缩率达58%，“网上办”“只跑一次”“一次不跑”审批事项分别达85.1%、70.4%、14.2%，承接落实市政府取消的行政权力事项198项，编制发布本级行政权力和公共服务事项实施清单8825项。国企市场化改革初见成效，完成市场类投资50亿元。启动县级部门出资企业和经营性资产集中监管。全面落实减税降费政策，为纳税主体“减负”3.3亿元。中小微企业贷款余额增长19.4%，贷款加权平均利率较上年同期下降1.9%。农村土地承包经营权确权登记颁证基本完成，启动整县推进农村集体产权制度改革试点，农村“三变”改革、财政补助资金股权化改革试点积极稳妥推进。认定高新技术企业4家，入库市级科技型企业4家。注册商标354件，授权专利66件。秀山电商学院首届全日制专科班顺利开班。选派科技特派员15名，培育新型职业农民571名。新开办市场主体6010户，总量突破4万户大关，增速连续5年居渝东南第一。增信贷、创业种子投资、中小微企业转贷应急等8支基金为3900余户企业及个人提供融资支持9.3亿元。优化组建6个专业招商小组，赴广东、福建等地开展招商推介活动6次，洽谈拜访企业800余次，协议引资25.5亿元，到位资金19.2亿元。保税仓库完成基础设施建设。新增外贸进出口备案企业2家，实现外贸进出口总额1200万美元。

（六）着力强监管促整治，生态环境持续改善

深入开展蓝天保卫战，城区空气质量优良天数达324天。完成县城污水处理厂提标改造，新（改）建城市污水管网22公里，城市生活污水集中处理率达94%。扎实推进集中式饮用水水源地规范化建设，城镇集中式饮用水水源地水质达标率100%。治理畜禽养殖场103家，拆除围网养殖3.3万平方米，国控、市控断面水质稳定达标。噪声扰民问题得到有效控制。实施化肥减量增效示范1.3万亩，测土配方施肥技术覆盖率达97.1%。完成营造林31.9万亩，森林覆盖率达55%，湿地面积稳定在3108公顷以上。完成水土流失治理48平方公里、石漠化综合治理65平方公里。锰行业环境突出问题整治扎实推进。完善城市垃圾填埋场渗滤液处理设施，餐厨垃圾处理场启动建设。全面完成自然公园优化调整，自然保护地问题整改走在全市前列。清理整治“大棚房”问题8个。配合完成第二轮中央生态环保下沉督察，整改中央生态环保督察、市级环保集中督察反馈问题55个。“双总河长制”实现全覆盖，设立各级河长629人，污水偷排直排乱排专项整治初见成效。查处环境违法行为44件，办结信访投诉306件。生态保护红线评估按要求推进。落实生态环境损害赔偿制度，与酉阳达成酉水河流域横向生态补偿协议。完成第二次全国污染源普查、第三次全国国土调查。创建市级生态文明示范乡镇14个。

（七）着力惠民生促和谐，民生福祉显著增强

新建幼儿园6所，学前教育普及率、普惠性持续提升。凤起初级中学、学林小学顺利开学，义务教育标准班额达92.9%。普通高考一本上线1260人，核心指标连续6年领先渝东南。持续深化医药卫生体制改革，等级医院创建、学科建

设、"互联网+医疗健康"工作取得新进展。预约诊疗、"先诊疗后付费"、跨省异地就医直接结算、家庭医生签约服务等便民惠民措施受到好评。集中采购和使用试点药品价格整体下降64.6%。开展流动文化服务进村3000余场。新列入市级非遗保护项目名录7个。在第十一届全国少数民族传统体育运动会上取得2金3银的优异成绩。城镇新增就业4600人，城镇登记失业率控制在4.0%以内。提供用工岗位1.4万个，开展职业技能培训6087人。城乡居民基本医疗保险、养老保险参保率稳定在95%以上，贫困人员实现应参尽参、应助尽助。建立三级退役军人服务保障体系，完成部分退役士兵社保接续工作。启动5家特困人员供养服务中心建设工作。新配租公租房176套。深入开展大排查大整治大执法，未发生较大以上安全生产事故。治安形势持续向好，刑事立案下降11.1%。纵深推进扫黑除恶专项斗争，侦办恶势力犯罪团伙4个，破获涉恶案件29件。公共法律服务中心建成投用，"一村（社区）一法律顾问"试点工作进展顺利。健全矛盾纠纷排查化解机制，信访突出问题专项治理取得实效。非法宗教活动得到有效遏制。狠抓食品安全监管，确保了人民群众"舌尖上的安全"。

二、发展中存在的问题

一是经济总量不大，产业结构不优，创新能力不强，发展质量效益有待提升；二是资源环境约束趋紧，新旧动能转换不足，营商环境仍需改善；三是城乡基础设施互联互通和基本公共服务不平衡不充分，医疗、养老等领域仍有不少短板；四是政府效能和自身建设与发展新要求、群众新期盼还不完全适应。

三、2020年发展思路

2020年，全县经济社会发展的主要目标是：地区生产总值增长7.5%左右，工业增加值增长9.5%以上，固定资产投资增长10%以上，社会消费品零售总额增长11%以上，一般公共预算收入增长6%以上，居民收入增长与经济增长基本同步。单位生产总值能耗、二氧化碳减排等约束性指标完成市上下达任务。

（执笔人：丁文鹏）

酉阳土家族苗族自治县

酉阳县人民政府办公室

一、2019年工作回顾

2019年，酉阳自治县坚持以习近平新时代中国特色社会主义思想为指导，认真贯彻党的十九大和十九届二中、三中、四中全会精神，全面落实习近平总书记视察重庆重要讲话精神，紧扣脱贫摘帽年度目标要求，坚持以脱贫攻坚为统揽，扎实推进各项工作，有力促进了经济社会持续健康发展。

坚持调结构，去无效产能，增有效供给，地区生产总值增长0.1%，第一、三产业增加值增速分别达到4.9%、7.6%，服务业占比为62.7%；固定资产投资、社会消费品零售总额、一般公共预算支出分别增长3.6%、6.2%、10.3%；城乡常住居民人均可支配收入分别增长7.9%、10.5%；金融机构存贷款余额增长8.7%。

紧扣脱贫攻坚长效产业建设，学好用好“两山论”，走深走实“两化路”，推动产业转型升级、实现产业加快发展。油茶、茶叶等山地特色高效农业规模大增，农产品“三品一标”达106个，叠石花谷叠显远古石纹、秀出特色文化成为乡村旅游网红，全县旅游、服务业持续增长。

全力改善农村生产生活生态条件，近年来全县累计3097公里通组公路实现了硬化，到村委会所在地的农村客运全部开通，农户饮水安全有效保障；电力、通信持续完善，农村庭院干净、整洁、有序，村容村貌焕然一新；县域主要河流水质保持在Ⅲ类标准以上，森林覆盖率升至63.55%。

全面落实各项扶贫政策措施，教育资助实现从学前到大学全覆盖，营养改善计划惠及学前和义教学生12.5万余人；贫困人口就医实现“先诊疗、后付费”、“一站式”结算，实现家庭医生签约服务、健康体检全覆盖，住院合规费用报销比例达90%；持续保障失能弱能等特殊困难群体帮扶工作有序开展。

用心用情用力开展脱贫帮扶，县领导既蹲点又督战，基层干部风雨无阻、不怕苦累，帮扶干部结实亲、办实事，用脚步丈量每一寸土地，用汗水浇灌每一处贫瘠，走了最远的路、做了最难的事，在这场“攻坚战”中磨炼才干、淬炼作风，造就了一支能力出众、作风过硬、群众爱戴的干部队伍。

（一）集中资源、尽锐出战，脱贫攻坚取得阶段性成果

聚焦“两不愁三保障”，突出“三落实”和各类问题整改，集中投入资金17.1亿元，实施项

目1465个，顺利实现9个未脱贫村脱贫出列、1.6万贫困人口脱贫，贫困发生率降至0.5%，脱贫攻坚夺得关键目标，如期实现脱贫摘帽。

“两不愁”稳定实现。通过发展产业，建立利益联结机制，3.2万个贫困家庭实现增收致富。稳定公益性岗位13926个，培训贫困人口6161人次，16772名特殊贫困群众纳入低保兜底。收储农房2227户，兑付资金1.13亿元。实现地票交易3200亩、6.23亿元，惠及贫困户5223户，户均增收8万元。

“三保障”精准落实。采取通知入学、动员劝返、送教上门、远程教学等方式，保障了义务教育阶段学生不失学、不辍学。兑现各层次教育资助资金2.22亿元，惠及学生139453人次。促进乡镇卫生院规范化和村卫生室标准化建设，医疗救助54335人，使贫困患者治病有保障，就算得了大病重病基本生活也能过得去。全年完成CD级危房改造2700户，易地扶贫搬迁1072户，其他途径解决396户，有效保障农户住房安全。

深度贫困集中攻坚。两个深度贫困乡实施项目227个，累计完成投资8.3亿元，发展特色产业2.8万亩，打造乡村旅游点4个，实现了村村有产业，组组通畅路，户户能增收，完成了从贫穷落后到日新月异的转变。9个未脱贫的深度贫困村当年投入资金2872万元，倾斜支持产业发展、基础设施、环境改善等，顺利实现了脱贫退出。

脱贫成果有效巩固。实施脱贫监测427户1794人，排查认定边缘户754户2546人，防止返贫致贫。落实东西部扶贫协作、致公党中央定点扶贫、江北酉阳对口帮扶资金1.15亿元，实施项目133个，有力改善了脱贫条件。投入产业扶贫资金3.4亿元，发放扶贫小额信贷9240万元，实现乡村主导产业、到户产业全面布局。贫困群众内生动力持续增强，精神面貌大为改变，获得感、认可度、满意度大幅提升。

（二）围绕特色、精心耕耘，重点产业在逆势中转型提升

全域旅游聚焦升级，再谱新篇。推动桃花源度假区提质扩容，小坝游客集散中心、轨道观光车、自驾营地即将建成，桃源大舞台改造投用。叠石花谷开园并成为网红景区，荣获2019首届中国金羚奖，龚滩、龙潭古镇等景区配套日臻完善。菖蒲—花田景区旅游公路建成通车，高山草甸、临崖栈道等项目加快实施。打造铜麻台、山羊古寨、下拉寨等乡村旅游示范点15个，新建成“桃源人家”民宿138户。开通首趟“桃花源”号10万山东人游重庆专列，打造智慧旅游云平台，发布国内首个“星空观赏预报”，桃花源景区被评为中国（重庆）气候旅游目的地。全年接待游客1760万人次，实现综合收入81.6亿元，分别增长20.4%、23%。

工业企业大浪淘沙，去旧迎新。完成昆武制药、琥珀茶油生产扩能，投产青花椒化妆品、酵素系列产品生产线、铜鼓辣椒加工厂，润兴肉羊屠宰加工、锦宏锰合金、路宝沥青卷材、固恒新型材料、木麦实业等项目即将建成投产，九鑫水泥、永盛金属等企业技改增产，天雄锰业、武陵光伏等企业恢复生产。建成板溪综合物流市场一期，入驻签约率达68%，标准厂房陆续建成投用。全年完成工业总产值28.1亿元，实现工业税收1.7亿元。

商贸流通配套增强，产业活跃。汇升广场、华章财富、龙湾国际等商业综合体实现功能拓展，夜市经济逐步兴旺，永辉、佳惠、新兴商场、金圣达等商超同步线上线下业务，有效满足多层次、多样化消费需求。基本构建“2+7+39”冷链仓储物流体系，实现县乡村三级全覆盖。培

育各类电商主体1931户、网络店铺14325家，全年实现电商交易额50.1亿元，增长25%，农产品上行交易额7.5亿元，增长25%。

（三）加大投入、加快进度，基础设施条件日益改善

交通互联互通初具格局。全年完成交通投资20.64亿元。对外通道加快建设，渝怀铁路二线酉阳段路基完成98%，隧道完成92%，新火车站及站前广场动工建设；渝湘高铁酉阳段编制工可，吉首接轨变更设计通过审批；酉彭高速举行开工仪式，酉永高速继续开展前期工作；通用机场选址通过评审、获得批复。全年新改造国省干道138公里，建设联网公路209公里，完工投用G319龙潭过境段新改建工程，S305湖北界至县城段、S306湖南界至渤海段、S422彭水界至浪坪段路面改造工程，泔溪至车田二级公路、野人山至猫脑壳公路、两汇至小河段、大溪至五福老寨段路面改造工程，黑水平地坝至毛坝黄家槽、板溪园区至扎营改扩建工程，全县“大一环”基本构建形成。完工“四好农村路”1897公里，组通畅率达82%。实施43座隧道、34座桥梁整治，完成323公里农村公路安保工程综合治理。

重点水利工程加快进度。全年完成水利投资6.2亿元。桃花源水库开工建设，九龙眼水库大坝填筑完成，大泉水库枢纽大坝顺利封顶。县城防洪水闸除险加固工程即将完工，红卫桥至酉州桥东岸防洪度汛河堤项目正在推进，龙潭河、后河等重点河流综合治理完成7.9公里。县城供水管网升级改造工程启动建设，小坝中型灌区节水配套改造项目基本完工。

电力通信建设加大力度。实现电力投资1.3亿元，35千伏可大、万木输变电工程按期推进，完成24个乡镇低电压台区治理，完工10千伏及以下农网改造，村村通动力电有效巩固，无电户动态消除。实现通信投资1.1亿元，全县4G基站达2936个，宽带端口达44万个，20户以上居民聚居点4G通信信号基本覆盖，自然村通光纤完成60%以上。启动5G网络建设，新建5G基站34个，获批重庆市电信普遍服务试点区县。

（四）突出重点、借力改革，乡村振兴迈开步伐

特色农业规模发展。现有各类农业市场主体3580个，新发展油茶4.2万亩、茶叶5.9万亩、青花椒0.8万亩、中药材1.1万亩、蔬菜2万亩、特色水果2.9万亩，全县特色产业基地达130万亩，基本实现“一乡一业、一村一品”。引进和培育农产品加工企业87家，实现加工产值8亿元。完成订单农业40万亩，销售金额8亿元以上。新创建“三品一标”15个，重庆名牌农产品2个。琥珀茶油、五福盈被认定为农业产业化国家重点龙头企业。建成“三农”大数据共享平台，“应对气候变化·记录中国”成功走进酉阳。全年实现农业产值57亿元，增长4.1%。

人居环境整体跃升。完成村规划编制212个。投资2.4亿元，配齐生活垃圾治理设施设备，实现278个村运行管理常态化。初步建成铜鼓垃圾热解站、龙潭餐厨垃圾应急处理站，基本完成枣木垃圾填埋场防渗修复，生活垃圾无害化处理率达100%。推进垃圾分类示范建设，建成示范村12个，全县公共机构生活垃圾强制分类深入开展。投资1.9亿元，年度新建城镇二、三级污水管网201公里，大力推进管网入户，乡镇集镇生活污水收集率大幅提升。完成“一房五改”17544户，改造卫生厕所23930户，深入创建“洁美人家”“最美村寨”，促进了农村居民生活习惯大改变。

农村改革成效明显。板溪镇山羊村“三变”

改革发挥示范效应，黑水镇大涵村、浪坪乡浪水坝村新增为市级示范点。金融支持“三变”改革，发放农村产权抵押融资 1.8 亿元。完成农村承包地确权登记颁证，“两区”划定面积达 50.74 万亩。实行财政资金投入“541”模式，实现农户分红 186.8 万元。村集体地票收益 1.61 亿元，实现了村村有集体经济收益。“三社”融合发展格局基本形成。

（五）完善规划、建管并重，城市提升展现新貌

城市建设加快项目推进。启动国土空间总体规划编制，完成城区“多规合一”一张图和小坝组团重点区域城市设计。小坝新城重点实施酉阳新城医院、酉州高级中学、民宿村、综合管廊、供电设施、游农大道、塘花大道一期等 7 个项目，完成投资 8.76 亿元。在建房地产项目完成投资 3.1 亿元，办证遗留问题分步骤、分时序推进解决。锦绣华城、兰花山汽车城、县农发行、城南公交总站、老交通局等片区旧城改建加快推进。建设美丽酉城河，升级改造滨河路，整治临河排污口，建设老旧小区污水管网，完成投资 7900 万元。中医院车行桥完工投用，建成 3 座人行天桥、2 个社区公园、5 座城市公厕。全县常住人口城镇化率达 36.51%。

城市管理加大整治力度。启动 5 个公共停车场建设工程，实施路内临时停车收费管理，缓解县城停车难、停车乱问题。实施城市综合管理“七大工程”，清理占道经营 1.3 万处，清除“牛皮癣”2.2 万处；改造人行道 1.6 万平方米，维修车行道 8000 平方米；排危建筑立面 7500 平方米，新增城市绿地 2 万平方米；拆除违法建筑 1912 户 19.4 万平方米。常态化开展“马路办公”，实现“网格化”综合管理，落实“门前三包”，逐步推行“五长制”。

（六）强化防治、综合施治，环境质量进一步提高

污染防治有力。高污染燃料禁燃区扩大到 8.63 平方公里，县城区空气质量优良天数达 354 天，保持全市第一。县城污水处理厂提标改造、污泥处理厂新建正在有序实施，9 个乡镇污水处理厂升级改造基本完成，工业固体废物处置场建成投用。完成 39 个集中式饮用水水源地保护区标准化建设，水质 100% 达标。河长制从有名到有实，发布县第 1 号总河长令，扎实开展污水“三排”专项整治、河道“清四乱”专项行动，县域主要河流水质稳定达标。调整城市区域环境噪声功能区划分，噪声平均值优于国家标准。完成农用地土壤污染状况详查，全县土壤环境质量总体稳定。实施岩溶地区石漠化治理 40 平方公里，完成 41.7 万亩国土绿化任务，获评“全国绿化模范县”。在第六届绿色发展峰会上，获评“2019 生态文明建设优秀城市”。

综合治理有效。完成“三线一单”编制工作，开展生态保护红线优化评估工作，实施自然保护地范围和功能区调整。推进三黛沟大鲵自然保护区问题整治，拆除金银山森林公园违建别墅 2287 平方米，清理整治大棚房 70.88 亩。认真落实群测群防，加快实施 11 个地质灾害综合治理工程。初步形成第三次全国国土调查成果，完成第二次全国污染源普查。与江北区完成全国首单森林覆盖率横向生态补偿交易。通过环境应急标准化一级达标验收，环境投诉实现处理率、回复率、办结率“三个 100%”。强力整改中央环保督察反馈问题，完成整改 19 项，序时推进 1 项。

（七）转变职能、优化服务，发展环境不断改善

重点改革持续推进。基本投用新政务服务中

心，落实“一家牵头、并联审批、限时办结”制度，一般社会投资项目审批时间减至50个工作日内，企业开办、二手房交易3个工作日内办结。政府工作部门机构改革全面完成，事业单位和国有企业公车改革稳步推进。县属重点国有企业整合成效初显，在城市改造、农村公路、水利建设等方面发挥了支撑作用。加大筹资力度，完成中市争资61.8亿元，争取债券资金16.3亿元，实现各类融资49亿元。担保机构在保余额达4.2亿元，保险机构保费收入5.1亿元，赔付支出1.55亿元。实现建设用地占补平衡指标4000亩，完成跨省交易复垦地票1025亩、3.1亿元。完成土地调规1200亩，获批新增建设用地指标1800余亩，完成供地920亩，实现土地出让收入7亿元。

开放创新稳步提升。加强与贵州毗邻区县协作，助推渝黔合作先行示范区建设。招商签约落地项目16个，协议引资15亿元，实现投资5亿元。全县外贸进出口总额达3.1亿美元。成功申报国家高新技术企业3家，新增市级科技型企业27家。建立科技型企业知识价值信用贷款风险补偿基金，帮助25家企业获贷3600万元。

服务民营经济正在积极落实。畅通民营资本投资渠道，实现民营企业融资24亿元。为各类市场主体减税降费1.8亿元，清偿拖欠民营企业账款7500万元。认真办理集中走访精准服务民营企业收集问题，解决问题205项。为民营企业提供法律援助405场。建立县级转贷应急周转基金。全县民营经济市场主体达41272户，创造税收6.1亿元。

（八）尽力而为、办好实事，群众获得感、幸福感、安全感明显增强

社会事业提升发展。推进实施10件民生实事，完成投资5.2亿元。实现乡镇中心幼儿园建设项目全覆盖，投用项目32个。实现“一城四组团”学校项目、重点集镇“二小”建设投资3.2亿元，投用酉州小学新建、实验小学扩容工程，大班额问题正在加快解决。普高教育稳步发展，高考重本上线1164人。中职毕业生就业率达98.6%，“三残”适龄儿童入学率达99.45%。“一村一园·山村幼儿园计划”“慧育中国·山村入户早教计划”项目落地实施。深化公立医院综合改革，启动基层医疗机构“三通”建设，深入落实医改便民长效措施。县人民医院门急诊大楼、县中医院、县疾控中心等项目加快建设，基本消灭麻风病达到国家验收标准，国家卫生县城创建成果持续巩固。兑现计划生育政策资金907.8万元。完成县级国家综合档案馆馆藏档案数字化建设。完工投用270个村级文化服务中心“七个一”项目，南腰界革命根据地被命名为全市爱国主义教育基地，成功申报酉酬禹王宫、南腰界红三军旧址为市级文物保护单位。在全国第十一届少数民族传统体育运动会上夺得两金、两银、一铜的历史性好成绩。

就业社保落实到位。加强专业人才队伍建设，引进各类人才655人。发放创业扶持担保贷款1.7亿元，带动就业3153人，实现城镇新增就业4857人。解决拖欠农民工工资800余万元。精准落实个人所得税优惠政策，减免个人税收8179万元。实施城乡低保救助39044人1.86亿元，各项救助政策惠及7.2万人次。退役军人优待抚恤政策全面兑现，双拥工作深入推进。残疾儿童康复救助和“两项补贴制度”执行到位。实现留守儿童关爱保护机构设施全覆盖，建成儿童之家191个，新建社区养老服务中心（站）24个。

社会治理共建共享。全年未发生较大及以上生产安全事故，确保了新中国成立70周年大庆期间绝对安全、绝对稳定。优化应急管理机制，有效防范了重大自然灾害。贯彻“四个最严”要求，全县未发生食品药品安全事故。深入开展

扫黑除恶专项斗争，打掉黑恶势力团伙 8 个。采用县城“4+1”、重要乡镇“2+1”模式，全力加强巡逻防控，群众安全感指数达 98.35%。建设基层社会治理现代化示范点 5 个，建成信用酉阳“一网一平台”。开展普法教育 801 场次。成立全市首个区县人民调解员协会，矛盾纠纷调解成功率达 99%。打造阳光信访、责任信访、法治信访，实现“七个坚决防止”“八个零”目标。

二、发展中存在的问题

一是推动高质量发展任重道远。实体经济不强，产业结构不优，经济总量不大，融合发展不够，发展质量效益有待提升。二是财政收支矛盾突出，基础设施短板不少，居民收入仍低于全市平均水平。三是一些地方、单位工作时效性不强，优化营商环境、创新、服务工作还需不断努力。对此，我们将高度重视，认真加以解决，绝不辜负全县人民的期盼。

三、2020 年发展思路

2020 年，全县将深学笃用习近平新时代中国特色社会主义思想，全面贯彻党的十九大、十九届二中三中四中全会精神和中央经济工作会议精神，增强“四个意识”、坚定“四个自信”、做到“两个维护”，深化落实习近平总书记对重庆提出的“两点”定位、“两地”“两高”目标、发挥“三个作用”和营造良好政治生态的重要指示要求，认真落实全市经济工作会议精神，紧扣全面建成小康社会目标任务，坚持稳中求进工作总基调，坚持新发展理念，坚持以供给侧结构性改革为主线，坚持以脱贫攻坚统揽全县经济社会发展全局，坚决打赢“三大攻坚战”，深入实施“八项行动计划”，全面做好“六稳”工作，完成“六保”任务，立足“一区两群”协调发展，深度融入成渝地区双城经济圈建设，统筹推进城乡景融合、产城景融合、一二三产业融合发展，确保酉阳经济实现量的合理增长和质的稳步提升，确保全面建成小康社会和“十三五”规划圆满收官，加快建设成渝地区“两山”“两化”实践示范区、文旅融合发展示范区、产城景融合发展试验区，努力打造渝东南武陵山区城镇群重要战略支点、全国宜居宜游目的地。全县经济社会发展主要预期目标是：地区生产总值增长 5%；固定资产投资、社会消费品零售总额分别增长 6%、4%；一般公共预算收入与上年持平；居民消费价格涨幅控制在 3.8% 左右；城乡居民人均可支配收入分别增长 8.2%、9.4%；节能减排等约束性指标完成市上下达任务。

（执笔人：梁洋）

彭水苗族土家族自治县

彭水县人民政府办公室

一、2019年发展回顾

2019年，彭水自治县坚持以习近平新时代中国特色社会主义思想为指导，全面落实总书记对重庆提出的“两点”定位、“两地”“两高”目标、发挥“三个作用”和营造良好政治生态的重要指示要求，坚持稳中求进工作总基调，深入贯彻新发展理念，落实高质量发展要求，以脱贫攻坚为统揽，坚决打好“三大攻坚战”，大力实施“八项行动计划”，统筹推进稳增长、促改革、调结构、惠民生、防风险、保稳定，全县经济社会发展发生可喜变化，全面建成小康社会目标迈出坚实步伐。全年实现地区生产总值222.3亿元、同比增长6.5%，规模以上工业总产值46.7亿元、同比下降12.6%，固定资产投资86.6亿元、同比增长4.4%，社会消费品零售总额74.7亿元、同比增长13.5%，一般公共预算收入13.5亿元、同比增长3%，城镇和农村居民人均可支配收入分别达31833元、12370元，同比增长9.3%、11%。

（一）聚力脱贫攻坚，整体达到脱贫摘帽标准

动态解决“两不愁三保障”突出问题，全年实现6个贫困村、2722户9814人脱贫，115个贫困村全部销号，贫困发生率降至0.49%，如期退出国家扶贫开发工作重点县。发展龙头企业39家、农民专业合作社1224个，每个贫困村均有1~2个稳定增收产业，2.4万户在家有劳动能力的贫困户均有种植养殖增收项目。发放扶贫小额贷款1.7万笔，创建扶贫车间7个，公益性岗位安置3911个贫困劳动力就业。义务教育阶段无一名学生因贫失学辍学，贫困患者住院费用自付比例8.3%，重病和慢病门诊费用自付比例10.6%。全面消除农村C、D级危房，累计完成不安全住房改造及农房整治3.9万户、改厨3.5万户、改厕4.5万户，实施易地扶贫搬迁1.4万人。行政村通畅率、自然村通达率均达100%，农村安全饮水实现全覆盖，动力电、光纤网络、4G网络覆盖所有贫困村。

（二）聚力转型升级，生态产业体系日益成熟

摩围山、乌江画廊等精品景区提档升级，阿依河获评国家5A级旅游景区，蚩尤九黎城景区获评第二届海南岛国际电影节“优质影视取景地”，“一节一赛”“渝东南生态民族旅游文化节”成为地方文旅品牌，荣列全国旅游综合实力百强县，全年接待游客3028万人次、增长19.7%，实现旅游综合收入150亿元、增长34.2%。扎实

推进工业园区“产值倍增计划”，新招引入驻实体企业7家，新增规模以上工业企业5家，清洁能源、健康食品、特色轻工等生态工业提速发展，大数据智能化产业实现突破，成长型企业产值增长11.7%。成功创建全国甘薯绿色高质高效示范县、全国林下经济示范基地，引导培育农产品加工百强示范企业3个、百强示范户5个，打造“三品一标”27个、名牌农产品3个，全国“一村一品”示范村镇增至5个。

（三）聚力城市提升和乡村振兴，城乡融合发展纵深推进

统筹推进老城、新城、蚩尤九黎城一体化发展，加快构建“三城多镇联村落”新型生态城镇体系，常住人口城镇化率达到38.4%。着力推进新城核心区加快成型，靛水大道顺利通车，鑫沃、交建、飞洋、元亨等9个房地产项目提速实施，进驻机关企事业单位30余个，累计集聚市民3万余人。持续推进以“两江一河六岸”为主轴的老城有机更新，郁江大桥重建通车，庙咀广场建成投用，豆芽湾、十字街等节点改造完成，完成棚户区改造362户，城市主次干道“五无十净”。扎实推进乡村振兴试点示范，深入开展“五沿带动、全域整治”行动，创建大美乡村示范片3个、美丽宜居村庄6个、绿色示范村庄20个、国家森林村庄9个，农村卫生厕所普及率达到76.4%。提速推进城乡互联互通，渝湘高铁、渝湘高速扩能项目顺利启动，渝怀铁路二线、黔石高速公路建设有序实施，全县公路通车里程达7896公里。新增建设用地计划指标2850亩，全年出让土地963亩、实现收入12.3亿元。

（四）聚力生态环境保护，生态文明建设迈上新台阶

“绿色中国行”连续两年走进彭水。新建乡镇污水配套管网72公里，整治入河排污口10个，依法关闭畜禽养殖场67个，乌江、郁江彭水段水质分别保持国家Ⅲ类、Ⅱ类标准，城乡饮用水水源地水质达标率100%。县城空气质量优良天数达352天、优良率96.4%。推进山水林田湖草生态保护修复工程试点，补充新增耕地6558亩，生态修复治理矿山42个，治理水土流失35平方公里，营造林16万亩，森林覆盖率58.9%。完成行政村环境综合整治项目31个，行政村生活垃圾有效治理率100%。深入实施“宁静行动”，声环境质量主要监测指标均在国家标准限值以内。

（五）聚力改革开放创新，发展新动能加速生成

承接落实重点改革事项164个，经济体制、社会体制、文化体制、生态文明体制等领域改革取得明显进展。在全市率先推进市场监管跨部门“双随机一公开”全覆盖，持续巩固“三去一降一补”成果，政策性减税2.2亿元，社保降费1.1亿元。大力发展民营实体经济，新培育民营市场主体5279个。积极培育创新型企业，科技型企业增至83家，万户市场主体商标拥有量达1213件。建立招商引资“双组长制”，突出产业招商、专业招商，引进优质项目18个、投资总额25亿元。提升电商进农村综合示范效应，实现电商交易额34亿元，本地农产品网络零售额11.8亿元。新增外贸进出口企业6家，引进外资5100万元。

（六）聚力保障和改善民生，人民群众的获得感、幸福感、满意度明显提升

优先发展教育事业，城镇小区配套幼儿园专项整治扎实推进，国家义务教育发展基本均衡县成功创建。深化医疗卫生体制改革，获批国家紧

密型县域医共体建设试点县，医共体“三通”建设在全国作经验交流。公共文体设施免费开放，流动文化服务进村1000余场次。竣工投用新城社会福利中心，新建社区养老服务站6个，建立民政“一门受理、协同办理”制度，城乡居民低保覆盖2.9万人，特困供养3500人，临时救助3000人，医疗救助14万余人次。保障农户用益物权，实施宅基地复垦3873户、农房收储571户，地票交易1861亩，城乡建设用地增减挂钩结余指标跨省交易3.6亿元。

（七）聚力风险防控，全县社会大局平安稳定

持续深化平安建设，打掉涉恶团伙4个、依法判决68人，群众安全感指数提升到99.4%。推行企业全员安全生产责任制，连续十六年杜绝重特大安全事故，安全生产工作连续十五年名列全市先进。实施地灾隐患治理工程17处，成功处置地灾险情32起。着力打造“普惠+特惠+互联网”金融扶贫示范区，农村金融机构服务网点达493个，银行业各项存款余额、贷款余额分别增长13%、14.4%。禁止新增政府性债务，有力有效化解政府债务，政府债务率、负债率均在绿色可控区间。

（八）聚力自身建设，政治生态持续向好

扎实开展“不忘初心、牢记使命”主题教育，进一步形成了增强“四个意识”、坚定“四个自信”、做到“两个维护”的良好政治氛围。严格执行向党委请示报告制度，自觉接受人大和政协监督，定期向人大报告工作、向政协通报情况，办理人大代表建议236件、政协委员提案160件，办理满意率均达100%。强力推进法治政府建设，创建法治宣传单项示范县，建成市级民主法治示范村48个，人民调解化解矛盾纠纷4795件。持续深化“放管服”改革，行政许可事项办理时限压缩一半以上，企业开办时间压缩至3个工作日以内，政务服务“线下一窗受理、线上一网通办”。完成政府机构改革任务，持续推进事业单位分类改革，调整设置公益服务事业单位6个，政府运行更加规范高效。扎实整改巡视、督察、审计、考核等反馈问题，各类问题动态清零，建立健全36项制度。严格落实中央八项规定和市委实施意见精神，持续整治“四风”问题，为基层减负取得积极进展。

二、发展中存在的问题

对照全面建成小康社会目标，对照高质量发展要求，对照人民群众的高品质生活新期待，彭水发展中仍存在一些突出问题和短板。一是生态环境较为脆弱，经济增长支撑不足，主导产业、新兴产业和产业有待巩固提质，发展转型升级任重道远；二是产业能级不高，利益联结机制不够完善，品牌建设、质量建设相对滞后，创新资源集聚能力较弱，构建现代产业体系还需一个较长过程；三是“三大攻坚战”任务依然艰巨，交通、水利、能源等基础设施仍有短板，开放发展成效不够明显，优化营商环境还有不少工作要做；四是政府职能转变还不够到位，部分干部服务意识、执行能力还需增强，效能建设和作风建设永远在路上。

三、2020年发展思路

2020年，彭水自治县将以习近平新时代中国特色社会主义思想为指导，全面贯彻党的十九大和十九届二中、三中、四中全会精神，深化落实总书记对重庆提出的“两点”定位、“两地”“两高”目标、发挥“三个作用”和营造良好政治生态的重要指示要求，坚定落实党中央关

于推动成渝地区双城经济圈建设的重大战略部署，市委、市政府关于推动“一区两群”协调发展的战略安排，紧扣全面建成小康社会目标任务，统筹推进疫情防控和经济社会发展工作，在疫情防控常态化前提下，坚持稳中求进工作总基调，坚持新发展理念，坚持以脱贫攻坚为统揽，坚决打赢打好三大攻坚战，深入实施“八项行动计划”，着力推进产城景深度融合发展，建设生态特色宜居城、生态旅游目的地、生态产业发展区、生态文明示范县，打造武陵山区文旅融合发展示范区，做好“六稳”工作，落实“六保”任务，全力维护经济发展和社会稳定大局，确保完成决战决胜脱贫攻坚目标任务，全面建成小康社会。力争2020年底实现地区生产总值248亿元、同比增长8%，规模以上工业总产值52亿元、同比增长12%，固定资产投资93亿元、同比增长8%，社会消费品零售总额83亿元、同比增长12%，税收收入9.2亿元、同比增长7%，城镇和农村常住居民人均可支配收入分别达34600元、13500元，同比增长9%、10%，常住人口城镇化率提高1.5个百分点，城镇登记失业率控制在3.8%以内，现行标准下农村贫困人口全部脱贫，单位国内生产总值能耗和主要污染物排放量继续下降，努力完成“十三五”规划目标任务。

（执笔人：陈映儒）

第六编　附录

2019年重庆经济和社会发展要事选登

2019年1月

1月5日　重庆出台18条“干货”支持实体经济发展。

1月6日　重庆交通大学绿色航空技术研究院院士专家工作站揭牌。

1月7日　中新互联互通项目为“一带一路”注入新活力。

1月8日　重庆轨道交通运营里程位居全国第七、中西部第一。

1月10日　重庆勾画汽车产业转型升级“路线图”，2022年汽车产量占全国汽车产量的10%。

1月13日　我市与三峡集团全面合作推动长江经济带生态优先绿色发展，开展“三水共治”力促“三生共赢”，“两江四岸”“清水绿岸”首批启动项目和龙溪河治理提升工程在江北区江北嘴、巴南区花溪河、梁平区双桂街道同时开工。

1月14日　主城“两江四岸”将打造成一流生态滨水空间。

1月15日　2019年重庆市首批重点工业项目集中开工。

1月16日　重庆自然保护区矿业权全部退出。

1月17日　重庆用大数据保护治理河流湖库。

1月18日　“渝快融”上线助民营小微企业融资，申请贷款最快当天可到账。

1月19日　开通10日，兰渝线动车组列车上座率达97.4%。

1月20日　重庆工业大力实施绿色制造发展，两年内将建成国家级绿色工厂和园区超25个。

1月21日　国家林草局重庆市政府国家开发银行签署战略合作协议，共同推进重庆国家储备林等林业重点领域发展。

1月23日 重庆集成电路产业领了4个“百亿级”任务，到2022年，重庆集成电路产业销售收入预计可达1000亿元。

1月24日 市高法院全国首发《民营企业法律风险防控提示书》，涉及53个法律风险点，给民企送上“温馨提示”。

1月25日 今年重庆将开工和完工一批重大交通项目，开工渝遂扩能、渝湘扩能项目，建成潼南至荣昌高速路，力争开工渝万高铁和渝西高铁、江北国际机场T3B航站楼和第四跑道。

1月26日 重庆城市轨道交通第三期工程集中开工。

1月27日 渝企自主研发区域医疗（远程）诊断平台。

1月28日 全国首个“平面斜置式”智能停车库在南岸投用，每个停车架均配有充电桩，新能源汽车可以在停车时充电。

1月29日 重庆高新区企业获批全市单笔最大商业价值信用贷款。

1月30日 轨道环线和4号线可扫码购票，预计年内实现移动支付购票、过闸轨道交通全线网覆盖。

1月31日 今年重庆将上马1250个智能化改造项目。

2019年2月

2月1日 实惠，重庆“红眼航班”价格便宜30%。

2月2日 从市本级改起、从市领导做起，以上率下推动巡视整改工作。

2月3日 重庆湿地保护面积达12万公顷。

2月7日 西南政法大学教授登上央视话年俗。

2月8日 重庆旅游视频亮相纽约时报广场，面向全球征集“金点子”。

2月9日 新零售商超春节不打烊，让市民过个轻松年。

2月11日 重庆财政打造资金绩效管理链。

2月12日 重庆春节旅游有多火，游客净流入排全国第三，游客接待量排全国第八。

2月13日 重庆国际贸易“单一窗口”申报量居中西部第一，近三成的申报量来自沿海省市。

2月15日 今年我市继续推进粮油品种结构调整，特色粮油作物种植面积将达到1400万亩以上。

2月16日 长江入河排污口排查整治试点工作启动，我市渝北区为全国两个试点城市之一。

2月17日 440多家科技型民企获得超12亿元知识价值信用贷款。

2月18日 重庆高新区开建全市最大智能立体停车楼，搬车机器人“为你服务”，存取车不到2分钟。

2月19日 重庆拨付今年首批“四好农村路”补助15亿元。

2月20日 重庆今年将推进5G试点应用。

2月21日 记者探秘重庆机场指挥塔台——每天近千架飞机如何有序起降。

2月22日 “一带一路”国际技能大赛将于今年5月在重庆举办。

2月23日 《重庆市养老机构管理办法》4月1日起施行，新老城区、新建和已建成小区均要配套建设或配置养老机构。

2月24日 全力以赴推动铁路建设，为经济社会发展提供重要支撑。

2月25日 龙湖捐资1000万元建巫溪贫困地区

教育帮扶专项基金。

2 月 26 日　组建医疗扶贫小组一年义诊 1800 余人次，全国人大代表李延萍今年两会将关注医疗资源分布不均衡问题。

2 月 27 日　重庆高新技术企业超 2500 家，今年力争总数达到 3000 家。

2 月 28 日　重庆城乡居民大病保险年均 2600 万人参保，有效缓解居民因病致贫返贫。

2019 年 3 月

3 月 1 日　今起重庆进入 4 个月禁渔期。

3 月 4 日　借助大数据开展智能化、精准化、定制化招商，重庆将打造“慧招商”云平台。

3 月 5 日　重庆代表团提出全团建议，将“陆海新通道”明确为国家战略性项目。

3 月 7 日　重庆个人房屋信息实现网上通查。

3 月 8 日　重庆创新应用区块链技术，破解政务服务信任难题。

3 月 9 日　习近平总书记参加河南代表团审议时的重要讲话在重庆各界引起热烈反响，大家纷纷表示——实施乡村振兴战略，开创新时代“三农”工作新局面。

3 月 10 日　既能发电，也能种农作物，重庆最大光伏发电项目 5 月建成。

3 月 13 日　划重点！今年农村人居环境整治有六大任务——重庆农村人居环境整治 2019 年工作要点解读。

3 月 14 日　重庆将开展“访深贫、促整改、督攻坚”活动，为期一年参加人员在调研走访时肩负五大任务。

3 月 15 日　重庆市级行政许可事项减少六成以上，村、社区群众涉证事项压减至 10 项。

3 月 17 日　重庆多部门联合整治建设领域人员违规“挂证”。

3 月 18 日　1~2 月全市规模工业完成总产值 2905 亿元，同比增长 4.1%，重点工业项目带动有力。

3 月 19 日　华为在永川开建联合技术创新中心，核心科研团队由华为专家构成。

3 月 20 日　重庆联合阿里巴巴培育优商优品，百家渝企将借跨境电商实现“品牌出海”。

3 月 21 日　重庆启动国家组织药品集中采购和使用试点工作，25 种药品降价，慢病患者感受明显。

3 月 23 日　红岩联线步道有望上半年投用，重庆今年计划建成 11 条山城步道。

3 月 24 日　“重庆造”第二代道路 CT 车精准识别道路病害，处于国内领先水平，曾给港珠澳大桥做 CT。

3 月 26 日　《中国单轨交通发展研究报告》发布，重庆已形成跨座式单轨交通产业链。

3 月 27 日　重庆首票保税平行进口车抵达，取消保税仓储 3 个月限制，降低车商物流成本和资金压力。

3 月 28 日　国内最大高模量玻纤材料生产线在长寿区投产。

3 月 29 日　占 GDP 比重达 52.2%，刷新历史纪录——服务业成两江新区产业转型升级新动能。

3 月 30 日　下月起进口增值税税率下调，重庆外贸企业全年可减税 38 亿元。

3 月 31 日　全力打造乡村振兴“头块招牌”，2022 年各区县至少建成 1 个现代农业产业园。

2019年4月

4月1日 市人大常委会召开民营企业发展法治环境工作情况汇报会。

4月2日 渝企打造人工智能物联网，为全国70城构建社区安全网。

4月3日 江北58个项目集中签约，总投资500亿元。主要涉及大数据智能化、消费、金融专业服务等领域。

4月4日 会展业创新提升三年行动计划发布，到2020年将重庆打造成内陆国际会展名城。

4月5日 让市民“开窗见绿、出门见景、四季见花”，一季度主城建成“增绿添园”项目15个。

4月6日 无限空间西南创新设计中心落户两江新区。

4月8日 今年重庆力争新开10条国际航线。

4月9日 采用红外光谱探测技术15秒内能探测火灾现象，照母山森林公园引进智能防火系统。

4月10日 长安汽车全球研发中心昨日在渝启用，将形成以重庆为总枢纽，与“五国九地”研发中心协同开展产品开发及实验验证的创新体系。

4月11日 金康SERES两江智能工厂正式投产。

4月12日 重庆在全国率先开展知识价值信用贷款改革试点，844家民营科技型企业获贷20亿元。

4月13日 重庆去年完成智能化技改总投资450亿元，今年将建设100个数字化车间10个智能工厂。

4月14日 加氢5分钟续航1200公里，行驶中只排放水，重庆首辆氢燃料电池车下线。

4月15日 全国最大垃圾分类利用产业园明年投用，重庆推广垃圾分类建设“无废城市”。

4月16日 与中欧班列无缝对接，服务“一带一路”和长江经济带，通达71个国家166个港口，“陆海新通道”国际铁海联运班列突破900班。

4月17日 水利部定点扶贫工作座谈会在渝召开，水利部部长鄂竟平指出，今年将集中解决与脱贫攻坚相关的水利问题。

4月18日 重庆市安全生产和消防工作汇报会召开。

4月19日 紧扣“两不愁三保障”中的住房安全保障，重庆今年将改造农村危房3万户以上。

4月20日 一季度重庆地区生产总值增长6%，呈现稳中有进良好开局。

4月21日 诺贝尔奖专家作强援——中英石墨烯研究领域在重庆实现“强强联合”。

4月22日 2018年农产品网络销售额达3000亿元。

4月23日 第五届长江经济带发展论坛在渝召开。

4月24日 服役59年的白沙沱大桥，邓小平曾亲自过问选址情况——重庆首座长江大桥“退役”。

4月25日 重庆跻身中国旅行口碑榜前十。

4月26日 重庆开展国家组织药品集中采购和使用试点工作一个月来，百姓以更低价格用上高质量药品。

4月28日 重庆出台智慧园区建设导则，全市47个园区明年形成“智慧”全覆盖。

4月29日 5G来了！重庆拨通首个5G电话。

4月30日 “綦江造”芯片有望“上天”，本地企业将生产卫星电源控制模块，2021 年年产值将达 30 亿元。

2019 年 5 月

5 月 1 日　重庆落地实施降低社保费率。

5 月 1 日　重庆自启动“晒文化 · 晒风景”大型文旅推介活动以来，不少区县游客接待量呈两位数增长。

5 月 2 日　重庆未来三年投资 500 亿元为 800 家国企添“智”。

5 月 3 日　推动制造业高质量发展，重庆 3 年内创建 15 个市级创新中心。

5 月 4 日　“青春重庆”专列再出发。

5 月 5 日　三院士为重庆融入“一带一路”建设支招，抓住机遇夯实基础促进产业提档升级。

5 月 6 日　重庆共 190 款汽车入围免征车辆购置税的新能源汽车车型目录。

5 月 7 日　重庆推动实施制造业创新中心建设工程。

5 月 8 日　2019 全球半导体产业（重庆）博览会在渝开幕。

5 月 9 日　重庆成为“一带一路”侨商组织年会永久会址。

5 月 10 日　“2018 央企重庆行”签约项目已落地 24 个。

5 月 11 日　19 家澳大利亚食品行业代表团来渝寻合作商机。

5 月 12 日　第四届丝博会西安开幕重庆作为主宾市亮相。

5 月 13 日　重庆出台推动制造业高质量发展行动方案。

5 月 14 日　上合组织地方领导人会晤在渝举行。

5 月 15 日　2019 中国云计算和物联网大会在渝开幕。

5 月 16 日　一季度重庆新增减税额超过 70 亿元。

5 月 17 日　重庆 246 个茶产品亮相中国茶博会。

5 月 18 日　重庆市政府与华夏银行签订战略合作框架协议。

5 月 19 日　“陆海新通道”将建万州和达州集散中心。

5 月 20 日　近百家知名天使投资人与机构来渝融资。

5 月 21 日　重庆与“一带一路”沿线 76 国跨境收付人民币。

5 月 22 日　3 年内重庆主城区将建设 17 条约 353 公里山城步道。

5 月 23 日　陈敏尔在调研外贸企业时强调，加大内陆开放力度推动开放型经济高质量发展。

5 月 24 日　重庆首届民宿产业发展论坛在梁平举行。

5 月 25 日　重庆汽车产业加速转型升级，新能源和智能网联汽车成突破口。

5 月 26 日　“一带一路”国际技能大赛在渝举行。

5 月 27 日　“渝贸通”助力中小微企业共享开放红利。

5 月 29 日　市五届人大常委会第十次会议通报截至 2018 年末，市属国有重点企业累计处置 464 户僵尸企业，处置资产 29 亿元、债务 22 亿元。

5 月 31 日　“2019 年重庆产业互联网高峰会暨智能江北嘉年华”在重庆江北区举行。

2019 年 6 月

6 月 1 日　重庆主城计划今明两年将建 62 个“边角地”体育公园。

6 月 2 日　重庆加快布局氢能源产业，投资 10 亿元建立年产 3000 套车用燃料电池动力系统及核心零部件生产基地。

6月3日 6家国际智库加入“一带一路”智库合作联盟，重庆市成立国际交往智库。

6月4日 中国汽车重庆论坛举行，大咖论道“中国汽车往哪开”。

6月5日 参加“一带一路”陆海联动发展论坛的中外嘉宾为重庆点赞。

6月6日 2019年第二十一届中国重庆国际汽车展览会在悦来隆重开幕。

6月7日 重庆允升科技院士专家工作站揭牌，与会专家畅谈如何“破局”，推动更多中小工业企业拥抱工业互联网。

6月8日 重庆构建保险扶贫保障体系，涵盖农业健康教育等领域。

6月9日 重庆扎实推进贫困村提升工程，累计实施项目2.2万个，完成投资215.4亿元。

6月10日 首届中国智慧城市大数据开放创新应用大赛暨D++数字中国创新大赛联盟在中国工业设计院西南中心（九龙坡区）正式启动。

6月11日 重庆取消企业银行账户许可企业银行账户实现即开即用。

6月12日 2019年重庆国际汽车展览会期间，平均每分钟卖9台车，共成交27268台。

6月13日 首届长江经济带省市政协研讨会在渝召开。

6月14日 重庆企业研发的国产自主可控工业仿真软件实现自主可控。

6月15日 重庆市电力行业技术创新战略联盟、重庆市技术转移服务技术创新战略联盟等8家联盟获批成立。

6月16日 重庆首台民企自主研发6AT变速器下线。

6月17日 2019中国铝产业链创新发展高峰论坛在渝举行

6月18日 2019年1~5月，重庆市152个重点工业投达产项目合计完成产值435亿元。

6月20日 2019第一届“一带一路”国际物流企业峰会在重庆举行。

6月21日 2019第二届中国猎头行业发展峰会暨中国猎头行业排行榜单发布会在重庆人力资源服务产业园召开。

6月22日 第六届中国西部旅游产业博览会在重庆悦来国际博览中心举办。

6月23日 第六届中国西部旅游产业博览会在重庆圆满落幕，140个文旅项目签约落地，金额达4190亿元。

6月24日 首届重庆市港澳顾问年会在渝举行，深化渝港澳三地合作携手共建“一带一路”。

6月25日 重庆市政府与中国出口信用保险公司签署战略合作协议。

6月26日 向东南亚，陆海新通道重庆万州班列首发。

6月27日 向非洲，重庆首条定期货运航线开通。

6月28日 2019年1~5月重庆市装备工业发展态势良好，同比增长9.6%，完成工业总产值716亿元。

6月29日 2019中国西部国际无人机发展论坛在渝举办，专家学者纵论无人机产业发展趋势。

2019 年 7 月

7 月 1 日　“投资重庆”微信公众号正式上线。

7 月 2 日　重庆建川博物馆国家 4A 级旅游景区授牌暨二期工程开工仪式举行。

7 月 3 日　重庆市两江新区大力推广装配式建筑。

7 月 4 日　重庆市知识产权大数据应用联盟成立助推企业高质量发展。

7 月 5 日　西南首座全地埋式污水厂在渝投运。

7 月 6 日　重庆市江津第二季度签约 39 个项目，协议投资总额 256 亿元。

7 月 7 日　渝桂携手推进西部地区联动发展。

7 月 8 日　海领（临空）国际农产品交易中心在重庆市渝北空港启动试营业。

7 月 9 日　大数据和人工智能、服务“一带一路”倡议等领域的岗位是今年重庆就业热点。

7 月 10 日　第五届中以创新投资大会登陆重庆，以色列科技企业寻求在渝落地。

7 月 11 日　紫光集团助力重庆打造千亿级智能安防生态圈。

7 月 12 日　重庆市市场监管局全面推行“六个服务”，将为民服务落实到位。

7 月 13 日　第五届重庆市人生规划大赛南岸区决赛圆满落幕。

7 月 14 日　丝路与长江交汇枢纽重庆果园港，建设智慧港口向世界“中转站”迈进。

7 月 15 日　第三届国际前沿科技创新大会在渝开幕，院士专家凝智聚力。

7 月 16 日　重庆将试点医疗服务多元化监管，为市民提供优质的医疗服务。

7 月 17 日　重庆进出口总值 2663.6 亿元，进出口总值居全国第 11 位。

7 月 18 日　重庆上半年 GDP 同比增长 6.2%，总体平稳、稳中有进。

7 月 19 日　“2019 年国（境）外优秀青年人才重庆体验月”活动圆满落幕。

7 月 20 日　重庆脱贫攻坚战已取得阶段性进展，贫困区县还剩下 4 个，贫困村减少至 33 个，贫困人口减少到 13.9 万人，贫困发生率降至 0.7%。

7 月 21 日　2019 年“一带一路”国家中国问题研究专家研修班来渝考察。

7 月 22 日　重庆建设智慧供应链生态圈，打通特色农产品流通“最初一公里”。

7 月 23 日　第五届中国“互联网 +”大学生创新创业大赛重庆选拔赛决赛在璧山开赛。

7 月 24 日　重庆出台困难企业稳岗返还政策，预计返还资金 30 亿元。

7 月 25 日　全球知名摩托车企业意大利 MV 奥古斯塔公司在重庆签署了系列合作协议。

7 月 26 日　国内首个！重庆 5G 自动驾驶公共服务平台启用。

7 月 27 日　国内首个智慧铁水运输系统在重庆上线试运行。

7 月 28 日　重庆市城口县集中签约总投资额达 50 亿元的招商引资项目协议。

7 月 29 日　重庆市慈善总会获星河控股集团捐文物保护修缮资金 3000 万元。

7 月 30 日　2018 年度重庆市财政督促被审计单位上缴或归还财政资金 220.75 亿元，移送违纪违规问题线索 586 件、涉及 824 人。

7 月 31 日　2019 中国（重庆）汽摩产业高峰论坛在北碚区举行。

2019 年 8 月

8 月 1 日　重庆将新培育 500 个农民专业合作社

市级示范社。

8月2日 美国加利福尼亚州政要代表团访渝，增进两地文化、旅游和商贸往来。

8月3日 重庆工业大数据制造业创新中心通过市级认定。

8月4日 重庆成立中国首个欧盟新车安全评鉴协会官方认可联合试验室。

8月5日 第十批中国援巴布亚新几内亚医疗队出征。

8月6日 重庆果园港承接的首趟铁铁联运国际班列开行。

8月7日 《重庆市智慧园区评价标准（暂行）》正式下发。

8月8日 中央生态环保督察重庆在行动，铜梁区推进畜禽粪污循环利用。

8月9日 重庆英才·名家名师项目实施方案（试行）正式下发文件。

8月10日 重庆多措并举解决“两不愁三保障”突出问题。

8月11日 今年上半年，重庆钢铁实现钢材销量313.22万吨，同比增加18.87万吨，实现主营业务收入114.41亿元，同比增长3.39%。

8月12日 重庆社会救助标准提高。

8月13日 1~7月重庆外贸进出口增长14.8%。

8月14日 重庆全面推进农村集体产权制度改革试点。

8月16日 重庆巫山机场正式通航，助力长江三峡地区高峡平湖旅游经济。

8月17日 首届中国智慧城市大数据开放创新应用大赛在重庆举行决赛。

8月18日 2019年“重庆英才计划”申报推荐工作启动。

8月19日 打破数据壁垒推动数据“聚通用”，重庆全面推行“云长制”。

8月20日 重庆自主研发打造的全国首个智能医药交易综合运营平台药交网上线。

8月21日 世界知识产权组织发布2019年全球创新指数（GII）报告，重庆首次跻身全球创新集群百强，列第88位。

8月22日 15家重庆民企入围“2019中国民营企业500强”。

8月23日 重庆新型医疗产业链项目开园，打造“5G-医疗大健康”。

8月24日 2019重庆全球科学家高峰会开幕，重庆将建密码区块链技术研究院。

8月25日 腾讯西南总部大厦正式启用，一揽子新合作将落地重庆。

8月26日 2019中国国际智能产业博览会在重庆举行重大项目集中签约。

8月27日 “巴渝民宿”探索扶贫新路径，在扶贫实践中探索农村“三变”。

8月28日 重庆与中央广播电视总台签署2020年度“广告精准扶贫”战略合作协议。

8月29日 袁隆平超级稻“超优1000”在大足首次试种取得良好成效。

8月30日 中西部首个区域国际资本市场服务中心落户重庆江北嘴。

8月31日 科技部50个云计算大数据项目来渝进行产业对接。

2019年9月

9月1日 重庆14家企业上榜“2019中国企业500强”。

9月2日 今年山东省财政援助重庆资金已达6.29亿元。

9月3日 重庆智慧旅游成果精彩亮相芬兰。

9月4日 中铝集团携手重庆共建高端制造铝材

产业平台。

9月5日 提升科技研发的投入强度，重庆市级财政今年新增5亿元研发专项资金。

9月6日 重庆江北嘴金融核心区已注册企业2693家，金融资产规模达1.49万亿元，金融资产规模占全市近1/3。

9月7日 亚太零售商协会联盟在渝发出倡议：支持多边贸易，推动全球贸易一体化。

9月8日 重庆扎实推动网络扶贫助力脱贫攻坚。

9月9日 持续优化营商环境，重庆实现民营经济高质量发展。

9月10日 经过6年合作研发及临床试验“重庆造”国内首款人工心脏获批上市。

9月11日 中新金融合作成效明显，重庆金融政策开放水平西部领先。

9月12日 重庆出台13条税收新举措推动科技创新。

9月13日 “好”和“很好”，重庆民营企业家点赞当地营商环境。

9月14日 第八届重庆国际文化产业博览会（简称“文博会”）在重庆国际博览中心持续火热举行。

9月15日 重庆农产品加工业要走上“快车道”，更好地助力乡村振兴。

9月16日 涪陵页岩气田气井投产总数突破400口。

9月17日 国家第四批绿色制造名单发布，重庆21个单位及产品上榜。

9月18日 《重庆市科研项目及经费管理改革试点方案》发布。

9月19日 第五届全国民营企业合作大会在渝开幕。

9月20日 重庆各区县着力整改群众身边环境问题。

9月21日 “新四化”（个性化、国际化、智能化、电动化）赋能重庆摩企。

9月22日 绿色制造推动重庆工业高质量发展。

9月23日 重庆高新区体制机制改革目标确定。

9月24日 重庆推出200余项秋季旅游主题活动。

9月25日 重庆大文旅增强城市能级，“近悦远来”方兴未艾。

9月26日 打通渝东南黔东北进入长江的水运大通道，乌江白马航电枢纽工程开工。

9月27日 第二届渝南黔北区域文化和旅游发展联盟大会在重庆万盛经开区举行。

9月28日 新大正物业首发申请通过审核，将成为2019年重庆第三家新上市企业。

9月29日 西南大动脉渝昆高铁正式开建，2025年建成投用后重庆到昆明只需2小时。

9月30日 长江朝天门至涪陵段将建设11个重点碍航滩段、3个生态涵养区。

2019年10月

10月1日 国庆阅兵式上多款受阅“明星武器”都装配了中铝西南铝产品。

10月2日 接待游客525万人次、实现旅游总收入25亿元，国庆假期首日，重庆文旅“开门红”。

10月3日 国庆期间重庆机场预计迎送旅客96万人次，日均旅客达到13.7万人次。

10月4日 新兴消费助推重庆国庆消费市场更红火。

10月6日 重庆各大景区开展“吃重庆小面、庆祖国华诞”新民俗活动。

10月7日 “两江四岸”灯光秀成重庆热门打卡地。

10月8日 国庆假期重庆接待游客3859.61万人

次，实现旅游总收入187.62亿元。

10月9日 重庆跨境人民币业务年结算近千亿元。

10月10日 阿里巴巴将在渝建区域总部基地。

10月11日 今年起至2021年底重庆将培训10万名企业新型学徒。

10月12日 第六届巴渝民间艺术节在重庆渝北盛大开幕。

10月13日 兄弟齐心其利断金，西部省区市合力打造西部陆海新通道。

10月14日 “智汇两江”品牌标识征集网络投票启动。

10月15日 22家俄罗斯企业来渝寻合作机遇。

10月16日 第十一届“重庆·台湾周”两岸信息通信合作发展研讨会举行。

10月17日 重庆英才大会面向全球引才。

10月18日 从7.1%到0.7%，来看脱贫攻坚路上的“重庆实践”。

10月19日 重磅！重庆被确定为国家数字经济创新发展试验区。

10月20日 全国脱贫攻坚先进事迹巡回报告会在渝举行。

10月21日 重庆“政策直通车”上线运行。

10月22日 今年主城区已有100天空气质量为优，达标率86.1%。

10月23日 重庆市二级及以上医疗机构试点互联网医院。

10月24日 重庆加快建设出海出境大通道，构建内陆国际物流枢纽支撑。

10月25日 前三季度市属重点国企营收增6.7%。

10月26号 重庆打造贸易畅通集散地，构建内陆口岸高地。

10月27日 国内首款大范围移动作业工业机器人在渝实现产业化。

10月28日 电商产业成为秀山经济增长主引擎。

10月29日 前三季度重庆钢铁实现利润7.22亿元。

10月30日 央视三次推介巫溪坚定了巫溪人民走实文旅融合之路。

10月31日 优化营商环境促进开放，重庆政务环境建设值得肯定。

2019年11月

11月1日 重庆丰都打造全国首个肉牛产业电商平台。

11月2日 重庆江津要打造500亿级富硒产业。

11月3日 环重庆大学创新生态圈揭牌40个项目集中签约。

11月4日 内陆开放高地助力企业来渝发展。

11月5日 2019中新金融峰会在渝开幕。

11月6日 长安福特与福特汽车签署7.41亿美元采购协议。

11月7日 “两江四岸”建设应实现“三个和谐”。

11月8日 独角兽重庆峰会举行，26家企业共话新经济发展。

11月9日 2019年前三季度重庆新增减税277.44亿元。

11月10日 中科院将建设中国自然人群资源库重庆中心。

11月11日 重庆“老博会”三天累计成交金额4357万元。

11月12日 重庆江北嘴：金融产业为经济发展增添强劲动能。

11月13日 重庆大型增材制造实现零的突破。

11月14日 重庆数字商务产业园落户渝中。

11月15日 重庆市17个境外推广中心助推重庆旅游走向世界。

11月16日 重庆已培育360个“三社”融合示

范点。

11月17日 重庆1960家科技型企业已获贷近60亿元。

11月18日 山城科学院掀起科普热。

11月19日 重庆首批园区、企业用上国际数据大通道。

11月20日 重庆新增15家“智慧医院”示范建设单位。

11月21日 多家企业联合打造共享服务平台推动区块链在汽车物流领域创新应用。

11月22日 第七届开发区对话500强活动在渝举行。

11月23日 第十二届“支治会”招商引资成果丰硕。

11月24日 重庆推出200余项秋季旅游主题活动。

11月25日 重庆市促进文明行为问卷调查邀市民参与。

11月26日 重庆人力资源市场供需两旺潜力大。

11月28日 重庆3260万人参保，医保基金累计结余491亿元。

11月30日 2019年前三季度重庆民企新增减税179亿元。

2019年12月

12月1日 35家单位在渝成立长江经济带农业绿色发展联盟。

12月2日 重庆合川因地制宜打造滨江公园，多举措保护三江流域环境。

12月3日 渝鲁两省市签订产业合作协议，“点对点”帮扶重庆贫困地区发展。

12月4日 2019年1~10月重庆生活垃圾“碳减排”82.69万吨。

12月5日 重庆六区县抱团打造“大三峡”品牌。

12月6日 重庆获评十大“中国繁荣城市”。

12月7日 博众研究院文化产业学院成立，明年将开设文化产业MBA课程班。

12月8日 国际专业咨询公司戴德梁行：重庆开放程度在不断提升。

12月9日 携百亿资金渝商回乡兴业。

12月10日 重庆潼南工业园区汇达柠檬带动15亿元大产业。

12月11日 重庆出台全国首个关于认罪认罚从宽制度的监督规定。

12月12日 重庆农业品牌急需告别“小、乱、杂”。

12月13日 重庆国土空间总体规划方案初步形成。

12月14日 2019重庆百强企业发布3户企业进入千亿级。

12月15日 重庆力争2020年实现贫困地区居民健康教育全覆盖。

12月16日 重庆积极推进公租房优化利用。

12月17日 重庆市累计建成农村生活垃圾分类市级示范村899个。

12月18日 “重庆造”猪用疫苗将进军全球千亿级市场。

12月19日 重庆江津与广西防城港跨区域合作共建西部陆海新通道冷链产业。

12月20日 重庆2020年个人参加职工医保缴费标准出炉。

12月21日 2019~2020学年重庆发放资助资金3.92亿元惠及5.9万人。

12月22日 重庆2019年前三季度新增减税95.5亿元。

12月23日 “汇聚重庆”活动启动，助力重庆打造国际消费中心城市和世界知名旅游目的地。

12月24日 2020年主城餐厨废弃物日处理预计达2600吨。

12月25日 2019年1~11月重庆市规上工业增加值同比增长5.9%。

12月26日 重庆市综合科技创新指数达到69.79%，排名全国第七。

12月27日 全国首个大数据产业人才联盟在渝成立。

12月28日 重庆公路进出口货物通关将全面提速。

12月29日 “重庆造”铝材装配长征五号运载火箭。

12月30日 重庆18个深度贫困乡镇人均可支配收入近万元。

12月31日 13个管理办法打造重庆市公共资源交易一张网。

责任编辑：李 洁 唐 亮

2019年直辖市及西部省（区）经济发展统计比较

表1　地区生产总值

地　区	地区生产总值（亿元）	三次产业增加值（亿元）			人均地区生产总值（元）	构成（地区生产总值=100）			指数（上年=100）				
		第一产业	第二产业	第三产业		第一产业	第二产业	第三产业	地区生产总值	第一产业	第二产业	第三产业	人均地区生产总值
直辖市													
北　京	35371.28	113.69	5715.06	29542.53	164220	0.3	16.2	83.5	106.1	97.5	104.5	106.4	106.5
天　津	14104.28	185.23	4969.18	8949.87	90371	1.3	35.2	63.5	104.8	100.2	103.2	105.9	104.6
上　海	38155.32	103.88	10299.16	27752.28	157279	0.3	27.0	72.7	106.0	95.0	100.5	108.2	105.7
重　庆	23605.77	1551.42	9496.84	12557.51	75828	6.6	40.2	53.2	106.3	103.6	106.4	106.4	105.4
西部地区													
四　川	46615.82	4807.24	17365.33	24443.25	55774	10.3	37.3	52.4	107.5	102.8	107.5	108.5	107.0
贵　州	16769.34	2280.56	6058.45	8430.33	46433	13.6	36.1	50.3	108.3	105.7	109.8	107.8	107.6
云　南	23223.75	3037.62	7961.58	12224.55	47944	13.1	34.3	52.6	108.1	105.5	108.6	108.3	107.4
西　藏	1697.82	138.19	635.62	924.01	48902	8.2	37.4	54.4	108.1	104.6	107.0	109.2	106.0
内蒙古	17212.53	1863.19	6818.88	8530.46	67852	10.8	39.6	49.6	105.2	102.4	105.7	105.4	105.0
广　西	21237.14	3387.74	7077.43	10771.97	42964	16.0	33.3	50.7	106.0	105.6	105.7	106.2	105.1
陕　西	25793.17	1990.93	11980.75	11821.49	66649	7.7	46.4	45.8	106.0	104.0	105.5	106.8	105.4
甘　肃	8718.30	1050.48	2862.42	4805.40	32995	12.0	32.8	55.1	106.2	105.8	104.7	107.2	105.7
青　海	2965.95	301.90	1159.75	1504.30	48981	10.2	39.1	50.7	106.3	104.6	106.3	106.5	105.4
宁　夏	3748.48	279.93	1584.72	1883.83	54217	7.5	42.3	50.3	106.5	103.2	106.7	106.8	105.5
新　疆	13597.11	1781.75	4795.50	7019.86	54280	13.1	35.3	51.6	106.2	105.3	103.7	108.1	104.5

注：表中数据为初步核算数。

表 2 居民消费价格分类指数

（上年 =100）

地 区	总指数	食品烟酒	衣着	居住	生活用品及服务	交通和通信	教育文化和娱乐	医疗保健	其他用品和服务
直辖市									
北 京	102.3	105.2	101.9	101.3	99.7	97.2	101.0	108.4	103.2
天 津	102.7	104.6	102.1	102.4	100.9	99.3	104.2	100.9	105.0
上 海	102.5	105.0	103.2	101.9	100.9	97.8	101.2	103.3	103.3
重 庆	102.7	106.8	100.2	102.0	100.6	98.6	101.9	100.7	102.8
西部地区									
内蒙古	102.4	105.4	101.8	101.8	100.8	98.8	101.2	101.7	102.5
广 西	103.7	109.5	101.7	101.7	101.1	98.1	102.1	101.8	103.0
四 川	103.2	108.9	101.2	101.5	100.2	97.1	100.8	102.8	103.2
贵 州	102.4	106.4	100.2	101.1	100.1	98.5	100.6	102.9	101.9
云 南	102.5	106.6	99.9	101.5	100.6	98.2	101.9	102.0	102.3
西 藏	102.3	103.3	104.0	101.9	103.7	98.7	100.2	103.0	102.7
陕 西	102.9	105.6	102.1	102.4	101.3	98.8	102.8	101.4	104.0
甘 肃	102.3	105.4	100.7	101.7	100.8	99.0	100.7	102.0	102.8
青 海	102.5	105.3	100.4	100.7	100.5	98.8	103.7	102.1	103.5
宁 夏	102.1	104.8	100.4	101.1	100.0	98.1	100.3	104.0	103.9
新 疆	101.9	104.9	99.9	101.7	101.3	98.2	100.8	101.1	103.2

表 3　居民人均消费支出

单位：元

地　区	消费支出	食品烟酒	衣　着	居住	生活用品及服务	交通通信	教育文化娱乐	医疗保健	其他用品及服务
直辖市									
北　京	43038.3	8488.5	2229.5	15751.4	2387.3	4979.0	4310.9	3739.7	1151.9
天　津	31853.6	8983.7	1999.5	6946.1	1956.7	4236.4	3584.4	2991.9	1154.9
上　海	45605.1	10952.6	2071.8	15046.4	2122.8	5355.7	5495.1	3204.8	1355.9
重　庆	20773.9	6666.7	1491.9	3851.2	1392.5	2632.8	2312.2	1925.4	501.3
西部地区									
内蒙古	20743.4	5517.3	1765.4	3943.7	1185.8	3218.4	2407.7	2108.0	597.1
广　西	16418.3	5031.2	648.0	3493.2	944.1	2384.7	2007.0	1616.0	294.2
四　川	19338.3	6466.8	1213.0	3678.8	1201.3	2576.4	1813.5	1934.9	453.7
贵　州	14780.0	4110.2	984.0	2941.7	873.8	2405.6	1865.6	1274.8	324.3
云　南	15779.8	4558.4	822.7	3370.6	926.6	2439.0	1950.0	1401.4	311.2
西　藏	13029.2	4792.5	1446.3	2320.6	847.7	2015.2	690.3	519.2	397.4
陕　西	17464.9	4671.9	1227.5	3625.3	1151.1	2154.8	2243.4	1977.4	413.3
甘　肃	15879.1	4574.0	1125.3	3440.4	945.3	1972.7	1843.5	1619.3	358.6
青　海	17544.8	5130.9	1359.8	3304.0	953.2	2587.6	1731.8	1995.6	481.8
宁　夏	18296.8	4605.2	1476.6	3245.1	1144.5	3018.1	2352.4	1929.3	525.5
新　疆	17396.6	5042.7	1472.1	3270.9	1159.5	2408.1	1876.1	1725.4	441.7

表 4 农林牧渔业总产值及指数

地区	绝对数（亿元）					指数（上年 =100）				
	农林牧渔业总产值	# 农业	# 林业	# 牧业	# 渔业	农林牧渔业总产值	# 农业	# 林业	# 牧业	# 渔业
直辖市										
北 京	281.7	102.3	115.6	49.3	5.3	93.7	89.2	121.6	63.5	86.2
天 津	414.4	202.9	24.9	100.4	71.4	100.6	103.2	195.8	83.5	97.9
上 海	284.8	145.8	18.3	48.2	55.0	92.7	92.2	111.4	80.9	100.1
重 庆	2337.8	1397.5	113.1	679.5	105.3	102.8	105.5	110.8	94.0	102.8
西部地区										
内蒙古	3176.3	1606.3	100.9	1390.5	27.8	102.1	103.4	101.0	100.9	93.3
广 西	5498.8	3102.3	410.5	1189.7	538.9	104.8	107.4	107.3	96.1	106.2
四 川	7889.3	4395.0	372.2	2647.9	263.5	102.6	105.5	102.1	96.6	104.1
贵 州	3889.0	2535.7	275.4	829.6	57.7	105.9	108.4	108.0	98.5	106.4
云 南	4935.7	2680.2	395.5	1600.7	105.4	105.6	108.7	101.6	101.6	104.0
西 藏	212.8	94.9	3.5	108.4	0.4	107.7	106.6	109.4	109.0	103.5
陕 西	3536.8	2445.8	106.1	757.2	31.4	104.3	106.3	107.3	97.0	104.7
甘 肃	1887.6	1306.4	38.1	395.6	2.0	105.8	106.6	109.4	104.2	102.9
青 海	454.4	181.3	11.3	250.8	3.9	104.6	104.6	108.1	104.5	107.5
宁 夏	584.8	330.8	11.2	197.8	17.4	103.1	104.0	120.5	101.0	96.8
新 疆	3850.6	2616.3	65.6	915.3	27.5	103.5	104.9	99.5	99.5	90.8

注：表中绝对数按当年价格计算，指数按可比价格计算。2003 年起总产值包括农林牧渔专业及辅助性活动产值。

表 5　按领域分固定资产投资比上年增长情况

单位：%

地　区	全部投资			
		# 基础设施	制造业	房地产开发
		直辖市		
北　京	-2.5	-5.6	0.8	-1.0
天　津	13.1	14.9	9.1	11.0
上　海	5.1	-0.9	21.1	4.9
重　庆	5.6	-0.5	8.9	4.5
		西部地区		
内蒙古	6.7	-2.0	9.1	17.8
广　西	9.6	2.4	9.2	27.2
四　川	8.6	5.7	5.1	15.3
贵　州	0.9	-15.5	16.1	27.3
云　南	8.5	5.5	11.9	27.8
西　藏	-2.2	-7.8	13.5	38.8
陕　西	2.5	-1.8	8.3	10.4
甘　肃	6.6	2.4	24.8	12.7
青　海	5.0	-13.3	2.6	15.5
宁　夏	-10.3	-11.2	10.8	-10.2
新　疆	2.5	-0.4	-1.7	3.9

表6　货物进出口总额

单位：亿元

地　区	按收发货人所在地分			按境内目的地和货源地分		
	进出口	出　口	进　口	进出口	出　口	进　口
直辖市						
北　京	28689.7	5172.5	23517.2	7740.0	1828.8	5911.1
天　津	7346.1	3017.7	4328.4	9394.9	2841.0	6553.9
上　海	34054.0	13724.9	20329.2	32663.2	11733.8	20929.3
重　庆	5791.8	3713.2	2078.5	5214.1	3431.8	1782.3
西部地区						
内蒙古	1097.5	376.8	720.7	1385.7	508.1	877.6
广　西	4696.0	2597.6	2098.4	4500.9	1332.3	3168.7
四　川	6789.8	3903.6	2886.2	7201.3	3641.8	3559.5
贵　州	453.2	327.1	126.1	477.1	358.9	118.3
云　南	2323.7	1037.3	1286.4	2309.0	1001.7	1307.3
西　藏	48.8	37.5	11.3	42.7	38.5	4.3
陕　西	3514.9	1873.3	1641.6	3380.7	1829.5	1551.2
甘　肃	380.4	131.4	249.1	371.0	152.7	218.3
青　海	37.6	20.2	17.3	33.7	15.9	17.8
宁　夏	240.7	148.9	91.9	289.3	191.9	97.4
新　疆	1640.8	1250.3	390.5	2573.7	1189.2	1384.5

表 7　企业信息化及电子商务情况

地　区	企业数（家）	期末使用计算机数（台）	每百人使用计算机数（台）	企业拥有网站数（个）	每百家企业拥有网站数（个）	有电子商务交易活动）		电子商务销售额（亿元）	电子商务采购额（亿元）
						企业数（家	比重（%）		
直辖市									
北　京	38309	4859824	72	22124	58	8516	22.2	23235.9	13420.5
天　津	19519	997752	39	8474	43	1420	7.3	3226.3	2346.4
上　海	42344	4212421	61	26369	62	4660	11.0	20462.4	11367.5
重　庆	22076	1119132	25	10269	47	2737	12.4	4762.9	1719.8
西部地区									
内蒙古	9753	510975	33	3699	38	583	6.0	2568.1	1631.3
广　西	18531	815880	27	4538	25	1762	9.5	1586.5	1355.3
四　川	42111	2121513	26	24328	58	4968	11.8	5368.0	3688.8
贵　州	15782	561177	28	6562	42	1487	9.4	1415.4	612.2
云　南	16940	826983	34	6728	40	1783	10.5	1959.6	936.2
西　藏	955	36240	33	615	64	96	10.1	156.6	38.0
陕　西	24750	1250333	34	11945	48	2713	11.0	1994.3	1021.2
甘　肃	8501	353817	26	3671	43	674	7.9	553.5	788.4
青　海	2278	140076	40	1010	44	211	9.3	210.8	219.0
宁　夏	3447	155234	29	1532	44	296	8.6	243.5	171.8
新　疆	11844	517695	29	3061	26	681	5.7	718.8	764.9

表 8 规模以上工业企业研究与试验发展 (R&D) 活动及专利情况

地 区	R&D 人员全时当量（人年）	R&D 经费（万元）	R&D 项目数（项）	专利申请数（件）	# 发明专利	有效发明专利数（件）
直辖市						
北 京	44241	2851859	7671	22552	11543	48656
天 津	45685	2134320	10825	15634	4676	20856
上 海	80694	5906504	13636	35326	15239	53559
重 庆	62424	3358918	14001	16650	5565	18281
西部地区						
内蒙古	15001	1183625	2283	5064	2050	5491
广 西	22102	1044742	3937	6373	2634	8176
四 川	78289	3878572	17461	29678	11250	39658
贵 州	23164	910206	3850	6919	2985	7740
云 南	29440	1297741	6286	7611	2665	10131
西 藏	264	5574	46	51	32	156
陕 西	42983	2408037	6098	12797	5593	18774
甘 肃	8547	505544	1705	3393	1292	3413
青 海	2379	93712	451	1088	438	760
宁 夏	8073	415733	1789	2885	1087	2777
新 疆	4698	441347	1069	3632	1234	3351

编纂说明

由重庆市人民政府办公厅主管，重庆社会科学院、重庆市人民政府发展研究中心主办的《重庆经济年鉴》，是一部全面介绍重庆经济发展状况的大型工具书，极具史存性、实用性和工具性。2020 年卷为《重庆经济年鉴》的第二十卷。

一、本卷《重庆经济年鉴》的特点

本卷年鉴总体结构上由“特载、部门经济运行与管理、产业发展、开发区与园区建设、区县经济、附录”共六编组成。

二、本卷《重庆经济年鉴》的稿件来源

本卷年鉴主要收录了市第五届人民代表大会上的部分文献，其他文稿、数据、图表等主要来自市级有关部门、各区县政府，部分开发区与工业园区，围绕重庆经济社会热点难点开展的专题研究成果。

三、本卷《重庆经济年鉴》编纂的有关技术性说明

（一）本《年鉴》以编为单位进行编纂。每编大体反映一项相对独立的经济内容；编以下不设章、节；本卷共六编。

（二）本《年鉴》侧重对重庆市 2019 年度经济运行状况的反映，这与其他类型的年鉴有明显的区别。为了突出经济内容，本书对文化、教育、体育、卫生等社会发展方面的内容未专设编目。文中涉及社会事业发展方面内容的，根据具体情况，作了适当保留。

（三）本《年鉴》表现形式大体采用专题文章。文章体例大致是：年度主要状况及分析、存在的问题、发展展望。“特载”、专题研究、“附

录”等编目，则未作统一的体例要求。

（四）本《年鉴》中的统计数据，截止到2019年底，个别内容则稍作延伸。统计资料来源于重庆市统计公报和市统计局。另外，有必要指出的是，因统计口径的不同，有关部门和各区县（自治县）所用数据与“统计公报”中的数据不尽一致，采用时请予注意。

（五）本《年鉴》有关材料，系相关单位、部门所撰写，所用技术术语、专业名词、名称以稿件提供单位为准。不属于专业用语的，从习惯。

（六）根据年鉴因承相袭的惯例，本年度反映上年度的内容。2020年卷《重庆经济年鉴》也从这一惯例。

2020年卷《重庆经济年鉴》的编辑工作，得到了重庆市各部门、各单位、各级领导及广大读者的热情支持，在此深表谢意。另外，尽管编辑部的同志在编纂过程中尽了最大努力，但因时间紧、内容多、来稿渠道广，加之编辑部水平能力有限，本卷《重庆经济年鉴》存在疏漏，热忱希望得到读者的指正。

《重庆经济年鉴》编辑部

二〇二〇年十二月

图书在版编目（CIP）数据

重庆经济年鉴. 2020 / 张波主编. -- 北京：社会科学文献出版社，2021.1

ISBN 978-7-5201-7767-2

Ⅰ. ①重… Ⅱ. ①张… Ⅲ. ①区域经济-重庆-2020-年鉴 Ⅳ. ①F127.719-54

中国版本图书馆CIP数据核字（2021）第008528号

重庆经济年鉴 · 2020

主　　管 / 重庆市人民政府办公厅
主　　编 / 张　波

出 版 人 / 王利民
组稿编辑 / 梁艳玲
责任编辑 / 吴　敏

出　　版 / 社会科学文献出版社（010）59367127
地址：北京市北三环中路甲29号院华龙大厦　邮编：100029
网址：www.ssap.com.cn
发　　行 / 市场营销中心（010）59367081　59367083
印　　装 / 三河市东方印刷有限公司

规　　格 / 开　本：889mm×1194mm　1/16
印　张：32.25　字　数：774千字
版　　次 / 2021年1月第1版　2021年1月第1次印刷
书　　号 / ISBN 978-7-5201-7767-2
定　　价 / 498.00元